LIVROS QUE
CONSTROEM

Biblioteca "HISTÓRIA, EXPLORAÇÕES E DESCOBERTAS" – 7

Volumes publicados:

1. *História dos Povos da Língua Inglesa* — Winston Churchill
2. *A Revolução Russa* — Alan Moorehead
3. *Memórias de Montgomery* — Mal. Montgomery
4. *Jornal do Mundo* — Vários
5. *História das Orgias* — Burgo Partridge
6. *Os Sonâmbulos* — Arthur Koestler
7. *A Revolução Francesa* — Georges Lefebvre
8. *As Grandes Guerras da História* — H. Lidell Hart
9. *Nova Mitologia Clássica* — Mário Meunier
10. *História dos Gregos* — Indro Montanelli
11. *História de Roma* — Indro Montanelli
12. *Hernan Cortez* — S. de Madariaga
13. *História da Ciência* — W.C. Dampier
14. *De Adão à ONU* — René Sédillot
15. *Rendição Secreta* — Allen Dulles
16. *A Angústia dos Judeus* — E.H. Flannery
17. *Idade Média: Treva ou Luz?* — Indro Montanelli e R. Gervaso
18. *Itália: Os Séculos Decisivos* — Indro Montanelli e R. Gervaso
19. *Itália: Os Séculos de Ouro* — Indro Montanelli e R. Gervaso
20. *Hitler e a Rússia* — Trumbull Higgins
21. *Síntese Histórica do Livro* — J. Barboza Mello
22. *Ruínas Célebres* — Herman e Georg Schreiber
23. *Impérios Soterrados* — Herman e Georg Schreiber
24. *Romance da Arqueologia* — P.E. Cleator
25. *Autobiografia de Benjamin Franklin* — Benjamin Franklin
26. *A Declaração de Independência* — Carl L. Becker
27. *Hitler: Autodestruição de Uma Personalidade* — H.D. Röhrs
28. *Israel: Do Sonho à Realidade* — Chaim Weizmann
29. *A Conspiração Mundial dos Judeus: Mito ou Realidade?* — Norman Cohn
30. *A Longa Marcha* — Simone de Beauvoir
31. *De Leste a Oeste* — Arnold Toynbee
32. *A Manipulação da História no Ensino e nos Meios de Comunicação* — Marc Ferro
33. *Japão – Passado e Presente* — José Yamashiro
34. *História da Cultura Japonesa* — José Yamashiro
35. *Os Astronômos Pré-Históricos do Ingá* — Francisco P. Faria

A REVOLUÇÃO FRANCESA

Dados de Catalogação na Publicação (CIP) Internacional
(Câmara Brasileira do Livro, SP, Brasil)

```
        Lefebvre, Georges, 1874-1959.
L522r       A revolução francesa / Georges Lefebvre ; tra-
3.ed.   dução de Ely Bloem de Melo Pati. -- 3.ed. -- São
        Paulo : IBRASA, 1989.
                        (Biblioteca história, explorações
        e descobertas ; 7)

            1. França - História - Revolução, 1789-1799
        I. Título. II. Série.




88-2274                            CDD-944.04
```

Índices para catálogo sistemático:

1. Revolução, 1789-1804 : França : História 944.04
2. Revolução Francesa : História 944.04

LC
1. France - History - Revolution

O AUTOR

Georges Lefebvre nasceu em Lille, em 1875. Durante muito tempo professor nos liceus, passou a ensinar desde 1945 na Sorbonne. Há vinte anos dirige os "Annales Historiques de la Révolution Française" e é considerado o maior historiador atual da grande Revolução. São suas principais obras: *Les Paysans du Nord Pendant la Révolution Française*, 1924; *Questions Agraires au Temps de la Terreur*, 1932; *La Grand Peur de 1789*, 1932; *La Révolution Française*, 1930 (nova edição, revista, em 1951); *Napoléon*, 1935; *Quatre-Vingt-Neuf*, 1939.

Georges Lefebvre

A
Revolução Francesa

Tradução de
ELY BLOEM DE MELO PATI

3a. Edição

IBRASA
INSTITUIÇÃO BRASILEIRA DE DIFUSÃO CULTURAL LTDA.
SÃO PAULO

Título do original francês:

La Révolution Française

Copyright 1930 by
PRESSES. UNIVERSITAIRES DE FRANCE

Do volume publicado em 1930 e, depois, em 1938 por Georges Lefebvre, R. Guyot e Ph. Sagnac, o primeiro apresentou nova edição, revista em 1951, cujo texto, reeditado em 1956, é o que serviu de base à edição brasileira.

Capa de
CARLOS CEZAR

Direitos desta edição reservados à
IBRASA
INSTITUIÇÃO BRASILEIRA DE DIFUSÃO CULTURAL LTDA.
Rua 13 de Maio, 446 - Tel.: 3284-8382 - São Paulo - SP

03047 – SÃO PAULO

IMPRESSO NO BRASIL - PRINTED IN BRAZIL

ÍNDICE

p. 17   *Introdução*

Livro primeiro O mundo às vésperas da Revolução francesa

p. 21   I. A Europa e os novos mundos

21   1. Conhecimento do planêta
22   2. A divisão dos novos mundos
23   3. Os impérios coloniais
28   4. O perigo dos impérios e a revolução americana
30   5. As humanidades estrangeiras

p. 35   II. A economia européia

35   1. A economia tradicional e sua evolução
42   2. A revolução econômica na Inglaterra
45   3. A inferioridade da Europa continental
49   4. Enriquecimento da Europa

p. 52   III. A sociedade

53   1. Os clérigos
55   2. A nobreza
56   3. A burguesia
59   4. Os camponeses
62   5. A sociedade britânica
63   6. O proletariado

p. 66   IV. O pensamento europeu

66   1. A mentalidade tradicional e o despertar da mentalidade moderna

68	2.	O racionalismo experimental
70	3.	O deísmo. O direito natural
72	4.	A Inglaterra e a Alemanha
75	5.	A França
78	6.	As letras e as artes
80	7.	O cosmopolitismo e as nacionalidades

p. 82 **V. Os Estados e os conflitos sociais**

82	1.	O despotismo esclarecido
87	2.	A Grã-Bretanha
91	3.	As províncias unidas e os patriciados continentais
92	4.	A revolução americana
96	5.	A França
98	6.	As rivalidades dos Estados

Livro segundo O advento da burguesia na França

p. 103 **I. A revolução dos aristocratas (1787-1788)**

103	1.	Calonne e os notáveis
105	2.	Brienne e os parlamentos

p. 108 **II. A revolução da burguesia**

108	1.	Formação do partido patriota
109	2.	Necker e a duplicação
111	3.	As eleições e os cadernos
114	4.	A vitória da burguesia
118	5.	O apêlo ao soldado

p. 120 **III. A revolução popular**

120	1.	A crise econômica
123	2.	A "boa nova" e a grande esperança
124	3.	O complô dos aristocratas e a mentalidade revolucionária
126	4.	A revolução parisiense
128	5.	A revolução municipal
130	6.	A revolução camponesa e o Grande Terror
131	7.	A noite de 4 de agôsto e a "Declaração dos Direitos do Homem e do Cidadão"
133	8.	As jornadas de outubro

p. 137	IV.	O ano de La Fayette
137	1.	La Fayette e os patriotas
139	2.	Os progressos da Revolução
141	3.	O complô dos aristocratas
143	4.	A decomposição do exército

p. 145	V.	A obra da Assembléia Constituinte (1789-1791)
145	1.	Os princípios de 1789
151	2.	A organização do govêrno
152	3.	A organização administrativa
155	4.	As finanças
159	5.	A obra econômica da Constituinte. A reforma agrária
163	6.	A reforma do clero
167	7.	As colônias
169	8.	A França em 1791

Livro terceiro A Revolução e a Europa até a formação da grande coalizão

p. 175	I.	A Assembléia Constituinte e a Europa
175	1.	A propaganda
177	2.	A expansão revolucionária
181	3.	A reação e os projetos de cruzada
186	4.	Luís XVI e os emigrados. O apêlo ao estrangeiro
189	5.	A política exterior da Assembléia Constituinte
191	6.	A política européia

p. 198	II.	A fuga do rei e a declaração de guerra à Áustria (junho 1791-abril 1792)
198	1.	A emprêsa de Varennes e suas conseqüências na França
201	2.	A declaração de Pillnitz (27 de agôsto de 1791)
203	3.	A Assembléia Legislativa e a política girondina (outubro-dezembro de 1791)
209	4.	A aliança austríaco-prussïana (dezembro 1791-abril 1792)
212	5.	O ministério Dumouriez e a declaração de guerra (20 de abril de 1792)

p. 215	III.	A segunda Revolução francesa (agôsto-setembro 1792)
215	1.	O revés da ofensiva francesa (abril-junho 1792)
217	2.	Origens da segunda Revolução

9

219	3.	A queda do ministério Dumouriez e o enfraquecimento dos girondinos (junho-agôsto 1792)
222	4.	A revolução de 10 ·de agôsto de 1792
225	5.	O primeiro Terror (setembro 1792)

p. 232 IV. A invasão da Polônia e da França. A réplica revolucionária: Valmy e Jemappes (setembro 1792-janeiro 1793)

232	1.	A invasão da Polônia e a questão das indenizações
235	2.	O exército da coalizão
239	3.	Valmy (20 de setembro de 1792)
242	4.	A conquista republicana; Jemappes (6 de novembro de 1792)
243	5.	A segunda partilha da Polônia e o abalo da coalizão

p. 245 V. As origens da coalizão geral

245	1.	O início da convenção. Girondinos e Montagnards
247	2.	A luta dos partidos e a morte do rei (setembro 1792-21 de janeiro de 1793)
252	3.	A guerra de propaganda e as anexações
256	4.	A ruptura com a Inglaterra
260	5.	A ruptura com os Estados do Meio Dia

Livro quarto A coalizão e a Revolução até os tratados de 1795

p. 265 I. A coalizão européia (1793-1795)

265	1.	A formação da coalizão
266	2.	Os propósitos de guerra dos coligados
269	3.	A coalizão e a Polônia (abril 1793-outubro 1794)
272	4.	A guerra contra a França: vitórias e reveses dos exércitos coligados (1793-1794)
277	5.	A guerra naval e colonial
280	6.	A guerra econômica
284	7.	Os governos de guerra dos Estados coligados
288	8.	A reação européia

p. 296 II. O govêrno revolucionário (1793-1794)

296	1.	A queda da Gironda; a revolução de 31 de maio e 2 de junho de 1793
309	2.	A crise revolucionária durante o verão de 1793

10

317	3. A organização da ditadura montanhesa (julho-dezembro de 1793)
327	4. A descristianização
331	5. As primeiras vitórias do govêrno revolucionário (setembro-dezembro de 1793)
334	6. O triunfo do Comitê de Salvação Pública (dezembro 1793-maio 1794)
338	7. Característicos e organização do govêrno revolucionário
342	8. O exército do ano II
346	9. O govêrno econômico
355	10. A política social
360	11. O Terror
367	12. A vitória revolucionária (maio-julho de 1794)
372	13. O 9 Termidor (27 de julho de 1794)

p. 377   III.   **A reação termidoriana e os tratados de 1795**

377	1. O deslocamento do govêrno revolucionário
381	2. A crise financeira e econômica; o Terror branco
385	3. A diplomacia dos termidorianos
388	4. Os tratados de Basiléia e de Haia (abril-maio 1795)
392	5. Quiberon, o 13 vindimário do ano IV
395	6. A campanha de 1795 e a anexação da Bélgica
396.	7. A Constituição do ano III

Livro quinto A ofensiva conquistadora da Revolução

p. 403   I.   **A Europa e a Revolução no final de 1795**

| 403 | 1. Os neutros e os coligados |
| 405 | 2. As disposições dos termidorianos |

p. 406   II.   **O primeiro Diretório**

406	1. A instalação do Diretório
408	2. A crise monetária e a conspiração dos Iguais
410	3. A nova reação antijacobina
414	4. As eleições do ano V e o conflito do Diretório e dos Conselhos

p. 416   III.   **O Diretório e a coligação**

| 416 | 1. Napoleão Bonaparte |
| 418 | 2. As vitórias do diretório e a confusão da Inglaterra |

420	3.	Os reveses no outono de 1796
422	4.	A rendição da Áustria: preliminares de Leoben
424	5.	A crise inglêsa
426	6.	Aspectos conexos do 18 frutidor

p. 428 — IV. O 18 frutidor e o tratado de Campomórfio

428	1.	O 18 frutidor (4 de setembro de 1797)
430	2.	O tratado de Campomórfio (18 de outubro de 1797)

p. 432 — V. O segundo Diretório

432	1.	O terror ditatorial
436	2.	A terceira reação antijacobina: 23 floreal do ano VI (11 de maio de 1798)
438	3.	As finanças e a economia nacional

p. 441 — VI. A guerra anglo-francesa

441	1.	O esfôrço inglês
444	2.	Os projetos da França. Pródromos do bloco continental
446	3.	A expedição ao Egito

p. 450 — VII. A expansão revolucionária

451	1.	A Holanda e a Itália
452	2.	A Suíça
454	3.	O congresso de Rastatt
455	4.	As conseqüências do 22 floreal do ano VI

p. 458 — VIII. A segunda coalizão

458	1.	Os russos no Mediterrâneo
459	2.	A guerra na Itália: a República partenopéia
460	3.	A Áustria entra em guerra. Características da coalizão
462	4.	Os preparativos do Diretório
464	5.	A campanha da primavera de 1799

p. 467 — IX. A crise do ano VII na França

467	1.	A jornada de 30 prarial do ano VII (18 de junho de 1799)
470	2.	As leis jacobinas
471	3.	A última reação antijacobina
474	4.	A campanha do outono

12

p. 476   X. O 18 brumário

476   1. Os revisionistas
479   2. Os dias 18 e 19 brumário do ano VIII (9 e 10 de
              novembro de 1799)

Livro sexto O mundo na época de Napoleão

p. 485   I. Os resultados da Revolução em França

485   1. A destruição da antiga sociedade corporativa
494   2. O Estado
498   3. A secularização do Estado
502   4. Os serviços públicos
514   5. O exército
516   6. A unidade nacional
518   7. A vida intelectual
523   8. A nova sociedade
528   9. A liberdade econômica e a igualdade de direitos
533   10. O empobrecimento e a guerra
534   11. O sentido do 18 brumário

p. 536   II. A expansão revolucionária e a reação

536   1. A expansão revolucionária
539   2. A reação
542   3. Os Estados Unidos
544   4. O conflito das idéias

p. 556   III. As conseqüências da guerra: a política internacional

556   1. A guerra anglo-francesa
558   2. A guerra continental

p. 561   IV. As conseqüências da guerra: o impulso do capita-
              lismo na Grã-Bretanha; a expansão européia no
              mundo

561   1. O comércio internacional
563   2. A produção
567   3. A expansão européia
569   4. O abalo dos impérios coloniais

573   Conclusão

13

A REVOLUÇÃO FRANCESA

NOTA DA EDITÔRA: Suprimiram-se nesta edição brasileira, por desnecessárias para o leitor comum, as anotações bibliográficas que tornariam proibitivo o preço desta obra, nas atuais condições. Aproveitaram-se, porém, tôdas as notas esclarecedoras do texto, inclusive as que se encontram em apêndice na edição francesa e deixaram de ser incorporadas ao texto de outras traduções desta mesma obra. Tais notas acham-se incluídas no texto, ao pé das respectivas páginas.

INTRODUÇÃO

Por suas origens, a Revolução de 1789 tem as raízes na maior profundidade da história da nação francesa; por seu resultado essencial, ela lhe precipita a evolução, mas não lhe modifica o sentido. Iniciada pelos "patrícios", como observou Chateaubriand, aparece como o último episódio da luta sustentada pela aristocracia contra a monarquia capetiana e, assim, encerra a história antiga do reinado. Rematada pelos "plebeus", assegura a ascensão da burguesia; inaugurando dessa maneira a história moderna da França, não salienta menos o período anterior, porque a germinação de tal classe, no seio do mundo feudal por ela minado, constituía um dos traços dominantes de uma longa evolução.

Nenhum dêsses característicos a isola da Europa: a formação de todos os Estados aí se realizou à custa da nobreza, e todos se viram mais ou menos ràpidamente dominados pela ascensão da burguesia. A Revolução Francesa não foi absolutamente a primeira de que a burguesia se aproveitou: antes dela, as revoluções da Inglaterra e a dos Estados Unidos deram os primeiros passos para esta evolução.

Encarado no movimento geral da civilização, seu significado se amplia ainda mais. Após o fim das invasões bárbaras, um ardente espírito de conquista levou os europeus ao domínio do planêta, à descoberta e à submissão das fôrças da natureza, enquanto, simultâneamente, nêles se formava a audaciosa vontade de disciplinar a economia, a sociedade, os costumes, para a felicidade do indivíduo e o aperfeiçoamento da espécie. A burguesia de 1789 garantiu ao sábio a liberdade da pesquisa, ao produtor a da iniciativa; ao mesmo tempo, tentou racionalizar a organização política e social. Assim, a Revolução marca uma etapa no destino do mundo ocidental.

Todavia, a burguesia, aumentando seu poder, teria podido atingir o govêrno sem romper com a aristocracia. Na Inglaterra, após as revoluções do século XVII, nobres e burgueses associaram-se para compartilhar o govêrno com o monarca; nos Estados Unidos, de comum acôrdo, eliminaram êste último; no continente, no decorrer do século XIX, os dinastas, cedendo ao movimento da história, guardaram o seu contrôle e manejaram os compromissos. Na França, pelo contrário, a nobreza pretendia ao mesmo tempo impor-se ao rei e fazer respeitar o Terceiro Estado; contra ela a burguesia arvorou-se em apóstolo da igualdade de direitos e, com a intervenção da fôrça popular, o Antigo Regime desabou bruscamente: a aristocracia perdeu não apenas seus privilégios, mas também parte de suas riquezas e, conseqüentemente, de sua autoridade social. Mas artesãos e camponeses, após sustentarem os burgueses em seus combates, voltaram contra êstes o princípio de igualdade de direitos de que se haviam armado, e a Revolução aflorou por um instante à democracia política, depois a um esbôço de democracia social.

Precipitando assim a evolução por bruscas mutações, ela despertou, além das fronteiras da França, esperanças entusiásticas, mas, também, a violenta reação dos reis e dos aristocratas ameaçados. Assim, de 1789 a 1815, a história dos países de cultura européia se dispõe largamente ao redor dêste grande acontecimento.

Ulteriormente, sua influência não deixou de se fazer sentir na vida dos homens. No entanto, se estamos inclinados, em conseqüência, a encará-la, hoje, como um capítulo da história do mundo, não se deve de maneira alguma esperar ver-lhe atribuído êste caráter durante o período ao qual êste livro foi consagrado. Considerável parte do globo escapava ainda aos europeus; as grandes civilizações, elaboradas sob o contrôle do Islã, bem como na Índia, na China, no Japão, ainda não se abriam ao seu espírito; a maior parte da humanidade da época ignorou a ardente fogueira que acabava de ser acesa num recanto da Terra, ou não se apercebeu de seu calor. A unidade do planêta começa a se realizar sob nossos olhos: apenas com ela começará a história pròpriamente universal.

Livro primeiro

O MUNDO ÀS VÉSPERAS
DA REVOLUÇÃO FRANCESA

Primeiro capítulo

A EUROPA
E OS NOVOS MUNDOS

O entusiasmo que conquistou a Europa, já tão marcado em todos os domínios desde o século XII, imperioso no século XVI, refreado em seguida pela reação religiosa e monárquica, desencadeou-se novamente durante o século XVIII, o Grande Século, segundo Michelet, e, em todo caso, o do verdadeiro Renascimento. Convém antes de mais nada assinalar os progressos na exploração e na conquista do globo terrestre, assim como os limites, ainda relativamente estreitos, que restringiam sua extensão.

I. *Conhecimento do planêta*

A exploração marítima, abrandada no século XVII, se havia reanimado e organizado sob o impulso da ciência e com o concurso da técnica. A determinação do "ponto", de que dependiam, tanto quanto a direção do navio, a mensuração do planêta e a cartografia, encontra-se entre as grandes novidades da época. Os recentes aparelhos náuticos, a bússola, o sextante, o círculo de Borda, definiam as latitudes; a construção do cronômetro e dos relógios marítimos, o estabelecimento de tabelas astronômicas já permitiam o cálculo das longitudes, até então meramente estimadas: era uma verdadeira revolução.

Cook, na segunda de suas expedições, de 1772 a 1776, havia transportado o continente austral às confluências do pólo. A exploração do Pacífico — um têrço do globo — continuava: o mesmo Cook consagra-lhe suas primeira e terceira viagens e La Pérouse acabava de atingir suas costas americanas e asiáticas; uma multidão de ilhas se revelava: faltava apenas batizá-las e visitá-las; além disso, a procura das terras polares e das passagens árticas do nordeste e do noroeste estava pendente.

21

Os espaços continentais, mais difíceis de serem penetrados, só se abriam muito lentamente. Os canadenses atingiam o lago Winnipeg, o dos Escravos, a Colúmbia, e, além das Montanhas Rochosas, a baía de Nootka, onde encontraram os russos, provenientes do Alasca, e os espanhóis da Califórnia. Nos Estados Unidos, os "squatters" entravam nas planícies no Ohio; mas, das vastas extensões que separavam o Mississipi da Califórnia, ignorava-se tudo, e pouco se sabia a respeito da Amazônia. Sôbre a Ásia, apenas se possuíam algumas noções sumárias; quanto à África, fora a margem mediterrânea, era o grande desconhecido. A máquina ainda não devorava a distância: a Terra continuava imensa, e o mistério pairava sôbre vastas extensões. No entanto, encontrando-se desenhada em traços essenciais a divisão dos continentes e nos mares a face da terra saía da sombra; na França, Méchain, Delambre e Lalande iam empreender a medição do meridiano.

II. A divisão dos novos mundos

Por enquanto, êsses progressos não modificavam os destinos da Europa, como as descobertas dos séculos XV e XVI, que lhe haviam valido um império de além-mar cuja fragmentação congênita refletia as divisões de seus donos. A Europa que, para os novos mundos, parecia uma unidade conquistadora, não lhes opunha, entretanto, a mesma união que ao Islã, ao tempo das primeiras cruzadas. Sempre cristã, sim, mas a diferenciação religiosa estava se agravando: o Este ortodoxo, o Norte protestante, o Meio Dia católico, o Centro variado; e por tôda parte havia pensadores. Polìticamente, a dissensão ia mais longe ainda e a formação dos grandes Estados que, no século XVIII, se dirigiu para o leste, significava que, neste sentido, a Europa não existia, porque a vontade de poder das dinastias que os engendrou opunha-os inexoràvelmente uns contra os outros. A descoberta dos novos mundos aumentou o campo de suas rivalidades, com duas conseqüências: às guerras continentais juntaram-se as lutas marítimas e coloniais, tremendamente mais complexas; por outro lado, a partilha aproveitou apenas às potências costeiras ou vizinhas do Atlântico, e sua economia recebeu um impulso que reforçou a supremacia do Ocidente. A prosperidade, para não dizer a civilização, progredia cada vez mais lentamente, à medida que se afastava do Oceano. O Mediterrâneo, perdendo o monopólio da ligação com a Ásia, cessou de ser o centro vital de outrora, ainda mais que suas costas pertenciam em parte ao Islã e não possuíam os mesmos recursos naturais do Ocidente; a estrada que, através de Brenner, Augsbourg e do vale renano, conduzia de Veneza a Bruges e a Anvers, passou a servir apenas ao tráfico regional; a superioridade gozada pela Itália e pela Alemanha na economia européia desvaneceu-se, e nenhuma das duas obteve sua parte nos novos mundos; a Itália ainda preservou parte de sua riqueza, enquanto a Alemanha, arruinada pela Guerra dos Trinta Anos, apenas principiava a renascer, nas últimas décadas do século XVIII. A Europa oriental, participando do comércio internacional apenas através no Báltico, sofreu ainda mais; acentuou-se seu atraso em relação ao Ocidente; apesar dos esforços dos déspotas esclarecidos do século XVIII, ela continuava pobre. Não há muito se havia decidido considerar como europeus os moscovitas cismáticos e não se suspeitava que, ocupando a Sibéria, êles preparavam para si um império colonial: a Ásia russa ainda contava apenas com meio milhão de habitantes.

Duas conseqüências se faziam sentir no fim no Antigo Regime, devido à diversidade da Europa e à anarquia belicosa que a devastava. A partilha do mundo não estava apenas alterada após o século XVI: sem que fôsse contestada a dominação européia, os impérios coloniais pareciam ameaçados de decomposição interna. E, conquanto, não obstante isso, sua extensão aumentasse, as desavenças entre seus chefes a reprimiam, de modo que a maior parte da população do globo ainda escapava ao seu contrôle.

III. *Os impérios coloniais*

Portugal e Holanda, metrópoles exíguas, conservavam apenas fragmentos de suas antigas possessões; o primeiro, o Brasil e alguns portos africanos e asiáticos; a segunda, algumas das Antilhas, uma Guiana, o Cabo, Ceilão e principalmente Java e as Molucas. A Espanha, pelo contrário, conservava seu domínio; aumentava-o, mesmo, pela ocupação da Califórnia, onde São Francisco acabava de ser fundado, e pela aquisição da Luisiana, que lhe fornecia a embocadura do Mississipi e Nova Orleãs: controlava, portanto, as costas do Gôlfo do México e do Mar das Caraíbas, assim como duas das jóias de seu cinturão insular. Chegadas por último, a Inglaterra e a França haviam disputado entre si a posse da América do Norte, da Índia, das pequenas Antilhas. A França sucumbiu, restando-lhe apenas Haiti, Martinica, Guadelupe, a ilha de França; em 1783, recuperou Santa Lúcia, Tabago, as feitorias do Senegal; assim, malgrado suas perdas, conservava grande parte da produção açucareira. Ademais o Império Britânico, apenas fundado, parecia abalado pela

23

secessão americana, e a conquista da India passava por uma calma momentânea. A Inglaterra dominava Bengala e impunha um tributo a Oudh: Calcutá se subordinava a Bombaim e Madrasta; mas Cornwallis, sucessor de Warren Hastings, pretendendo reformar a administração, mostrava-se pacífico e recusou-se a auxiliar o Nizam, atacado por Tippou, soberano do Mysore. Não menos temível que êste último parecia a confederação dos maratei feudais que dominava Sindhia, reconhecido pelo Grã-Mongol como seu lugar-tenente hereditário. Apesar de tudo, impunha-se à Europa a ascensão da Grã-Bretanna.

Um mesmo rigor mercantil presidia à exploração de todos êsses impérios. Cada metrópole tirava, do seu, aquilo de que tinha necessidade e para êle estendia uma parte de suas exportações; a metrópole interditava-os de cultivar ou de manufaturar em concorrência com ela, de traficar com o estrangeiro; impunha o uso de seus próprios navios. Era o que em França se chamava "exclusif". A Europa possuía assim, além mar, fora os clientes obrigados, dois dos recursos essenciais que alentavam sua economia: os metais preciosos e os produtos tropicais.

A América Latina fornecia três-quartos da extração aurífera mundial e mais de 90% da prata. Esgotando-se o Potosi, a prata era proveniente principalmente do México; abrindo-se novas jazidas e o preço do mercúrio tendo diminuído pela metade após a reorganização da exploração de Almaden pelos alemães, a produção deu um salto após 1760 e atingiu o apogeu entre 1780 e 1800: cêrca de 900 toneladas por ano. A produção do ouro, processada por lavagem, diminuiu por sua vez, embora o Brasil aumentasse sua cota, e também na África, o mesmo fizesse a costa da Guiné.

As culturas alimentícias e, nos pampas, a criação do gado desenvolviam-se: exportavam-os os couros, e o pôrto de Buenos Aires, aberto em 1778, começava a prosperar. Mas os europeus apenas se interessavam realmente pelas culturas tropicais: antes de mais nada a cana de açúcar, depois o café, o cacau, o algodão e o índigo, o tabaco; o açúcar, o café e o algodão do Brasil se associavam às remessas das colônias espanholas. A flora indígena acrescentava seu contingente: baunilha e quina, pau de campeche e acaju. Os indígenas, sujeitados pela residência e pelos trabalhos forçados, forneciam a maior parte da mão-de-obra; Carlos III, em princípio, liberou-os da "mita" nas minas e da "encomienda" que agrupava as cidades ao serviço das plantações; realmente, as condições do salariado, para os "peões" do México, por exemplo, não diferiam absolutamente da servidão. Além disso, os indígenas pagavam impôsto direto e os funcionários obrigavam-nos a comprar produtos manufaturados, prove-

24

nientes da Europa, que lhes interessava distribuir. Havendo muitos fugido da opressão refugiando-se nas savanas, na montanha ou na floresta, empregavam-se também escravos negros, aliás mais resistentes. No entanto, segundo Humboldt êles não eram muito numerosos: 5% contra 47% de indígenas sôbre os 16 milhões de habitantes que êle atribui à América Latina; mas acrescenta 3% de "mestiços".

As Antilhas, a Luisiana, a região atlântica da América do Norte, da Flórida a Maryland, não possuíam minas, e as culturas tropicais aí reinavam sem rivais, o mesmo se dando nas Mascarenhas. Grande parte do açúcar e do café, por exemplo, vinha das Antilhas; inglêses e franceses consideravam ciumentamente "as Ilhas" como as mais preciosas das colônias. Os Estados Unidos exportavam tabaco, mas não ainda o algodão: a introdução do "sea island" data apenas de 1786. Nas Antilhas, as Caraíbas tinham sido exterminadas e, no continente, os colonos rechaçavam os indígenas para o interior: assim, tôda a economia dessas regiões repousava sôbre a escravidão dos negros. Segundo Humboldt, êles formavam 40% da população das Antilhas, proporção que parece fraca, pois Necker os avalia em 85% nas ilhas francesas; a Luisiana possuía 50% e os Estados Unidos cêrca de meio milhão, pelo menos.

Em 1790, calculava-se que os "negreiros" transportavam cada ano 74.000 escravos para a América. Na África, reservatório no "bosque de ébano" do Nôvo Mundo, os europeus dizimavam as populações em suas incursões e, dos negros embarcados, parte morria no mar; em suas feitorias, os brancos traficavam ocasionalmente com os indígenas; mas não procuravam submetê-los. Na Ásia, semelhante método puramente comercial prevaleceu por muito tempo: tinha-se a preocupação não de conquistas, mas de trocas, comprando-se aos soberanos permissão para estabelecer feitorias. No século XVIII, ainda sobrava alguma coisa. Por outro lado, agora que na América as companhias privilegiadas, outrora tão numerosas, apenas subsistiam no Canadá, onde recolhiam peles, as diferentes companhias das Índias orientais conservavam seu monopólio. Endividada pela guerra da América, a das Províncias-Unidas periclitava; a companhia francesa fôra reconstituída por Calonne em 1785; a supremacia pertencia à companhia britânica, reformada por Pitt em 1784.

Essas companhias vendiam pouco e compravam muito no Extremo Oriente. As exportações da companhia elevaram-se em quatro anos a 7 milhões de libras e suas importações a 50. A companhia inglêsa, na mesma época, levava um pouco de lanifício e de quinquilharia, e trazia de volta tecidos de algodão, índigo, açúcar e arroz, um pouco de salitre e deixava como saldo, cada ano, cêrca de 2 milhões de libras esterlinas. O monopólio não se estendia à China: em 1789,

25 navios de diversas bandeiras aportaram em Cantão contra 90 inglêses, além de 50 da marinha hindu, que subsistiam para o tráfico "da Índia para a Índia". Mas a balança comercial pendia para o mesmo lado: os chineses apenas compravam um pouco de ópio e vendiam imensos carregamentos de chá, porcelanas, lacas. Assim, enquanto a Europa se enriquecia na América, dava-se o contrário na Ásia: aí ela perdia numerário. Mas os acionistas das companhias não sofriam perdas: a revenda fornecia-lhes enormes lucros à custa de seus compatriotas.

Às vésperas da Revolução, holandeses e inglêses acrescentavam mais uma corda ao seu arco. Impondo seu domínio aos indígenas, como na América, êles os exploravam, sem se verem obrigados a trazer negros. Os holandeses obrigavam os malaios a trabalharem em suas plantações, impunham às comunidades rurais certas culturas e recolhiam antecipadamente parte da colheita. A companhia britânica, atribuindo a si o monopólio do sal, do ópio, do salitre, fazia com os tecelões contratos leoninos, permitindo-lhes adiantamentos, e sobretudo recolhia o impôsto predial que caberia aos soberanos depostos. As exações de seus agentes causavam indignação na própria Inglaterra, os processos de Clive e de Warren Hastings trouxeram à luz algumas delas, que os serviços por êles prestados fizeram escusar; sugerem o que podiam permitir-se fazer os subalternos. Se a Asia não conhecia os "negreiros", suportava métodos que nada deixavam a desejar aos que haviam caracterizado os conquistadores.

O abade Raynal, em sua "Histoire Philosophique des Deux Indes", se havia arremessado contra os dominadores. Era apenas a escravatura, porém, que começava a despertar os escrúpulos religiosos ou filantrópicos. Durante muito tempo os quacres foram os únicos a estigmatizá-la; em seguida, os filósofos fizeram ouvir sua palavra; fundou-se finalmente em Londres uma "Sociedade dos Amigos nos Negros", em 1787, e uma filial foi constituída em Paris, em 1788; Wilberforce e Pitt interessaram-se pelo seu programa, que visava, aliás, não a supressão imediata da escravidão, mas um desaparecimento gradual, através da abolição do tráfico. Quanto ao sistema colonial, político e homens de negócios estavam por demais interessados nêle, para que se pensasse em abandoná-lo. Aliás defendiam sua causa. Entre os continentais, o procedimento dos inglêses, tanto na Índia como na América do Norte, onde seus colonos guerreavam contra os indígenas para os expulsar e tomar-lhes o lugar, não tinha muito defensores. Mas, no que concernia à América Latina, objetava-se a Raynal que a interdição das guerras internas, o incontestável progresso técnico e econômico não tinham deixado de fornecer vantagens aos indígenas, pois era fato que seu número cres-

26

cia apesar das misérias e das epidemias; invocavam-se reformas destinadas a reduzir os abusos, a complacência paternal de uma parte dos plantadores, o zêlo dos religiosos que, como precedentemente o fizeram os jesuítas do Paraguai, congregavam os indígenas em suas "missões", para educá-los; alegava-se que se estava formando um embrião de classe média: indígenas, mestiços e mulatos educados e instruídos. Impossível contestar, todavia, que metropolitanos e plantadores não equipavam as colônias e apenas desenvolviam a produção a fim de aumentar seus ganhos e pouco se estavam incomodando em levantar a condição dos indígenas, acreditando já haverem feito muito ao impor-lhes o catolicismo. As línguas e os costumes do Ocidente se divulgavam pelo contato, pelo interêsse, pela diferenciação social; os brancos, ainda imbuídos do preconceito racial, afastavam os assimilados, mesmo os mestiços e mulatos que lhes deviam a existência. Os subjugados, todavia, em seu maior número, jamais se dobravam completamente ao conformismo: transformavam as línguas estrangeiras em fala crioula; praticavam clandestinamente seus ritos religiosos — o culto do "voudou", por exemplo, em São Domingos — e conservavam até seus costumes jurídicos.

Na Ásia tropical e na África, os brancos não tentavam instalar-se definitivamente; o clima não o permitia, e uma mortalidade assustadora dizimava os agentes e os soldados das companhias. O mesmo não se dava na América e nas Mascarenhas; além dos funcionários e militares, aí viviam plantadores, negociantes, pessoal de chefia e os "branquinhos" de profissões e condições as mais diversas; muitos dêsses residentes ali se instalavam definitivamente e, pelo fim do século XVIII, os crioulos eram infinitivamente mais numerosos que os metropolitanos.

Segundo Humboldt, a América espanhola teria contado com 19% de brancos enquanto que, para o México, êle estabelece apenas em 7% a proporção dos residentes de origem européia. Nas Antilhas francesas, Necker contava apenas 12% de brancos e 3% de homens de côr livres. Uma minoria de chefes enfrentava assim enorme maioria de servos. A se desencadear mais cedo ou mais tarde, como, porém, negar o perigo? De tempos em tempos aparecia um chefe, provocando uma rebelião: Tupac Amaru insurgiu-se no Peru, em 1781, e Tiradentes foi executado no Brasil em 1792.

Quanto aos escravos negros, os plantadores temiam os crimes na região e as revoltas esporádicas. A seus olhos, êsses eram inconvenientes inseparáveis do regime e, acomodando-se a êles, acreditavam-se tão seguros do futuro que se separavam de suas metrópoles.

IV. O perigo dos impérios e a revolução americana

Os governos europeus transportavam seus métodos para suas possessões de além-mar: o absolutismo, a centralização burocrática, a arbitrariedade militar e policial, a intolerância. Apenas a Inglaterra, atingindo o regime constitucional, concedia aos seus nacionais da América cartas que lhes conferiam alguma autonomia. A estrutura social do antigo continente não deixava de transmitir alguns de seus traços para a América Latina: os privilégios do clero, as pretensões nobiliárias, e mesmo o regime senhorial no Canadá francês. Todavia, nesses países novos, êles se atenuavam, pelo menos nas cidades. Nas Antilhas francesas, por exemplo, o impôsto direto sendo real, não comportava isenções; a propriedade eclesiástica era insignificante; nobres e plebeus se mesclavam numa burguesia moderna de proprietários, caracterizada pela riqueza, dominando os "branquinhos".

Na África e na Ásia, não podia nascer entre os brancos, residentes temporários, em número minúsculo, ùnicamente preocupados em efetuar ràpidamente, e a qualquer custo, lucros egoístas, a tentação de contestar a autoridade discricionária das companhias; se as divergências não faltavam, provinham de rivalidades e de hostilidades pessoais, que também prejudicavam as metrópoles. Mas os crioulos não pensavam assim. Êles se irritavam pelo fato de que, das questões que lhes interessavam, as mais importantes fôssem reguladas pela burocracia ministerial; invejavam os representantes do poder real e aspiravam senão independência a se governarem a si próprios; "l'exclusif" sobretudo aborrecia-os e aspiravam particularmente traficar livremente com o estrangeiro. As Antilhas, notadamente, teriam tirado grande proveito, se a Nova Inglaterra as abastecesse com regularidade, em troca de açúcar e de rum. Ao estímulo dos interêsses acrescentava-se o da filosofia das luzes, que atingia a América. Os brancos possuíam seus colégios e suas Universidades e, mesmo nas colônias espanholas e portuguêsas, os livros circulavam, apesar da Inquisição. Rodriguez, professor de Bolivar, era um discípulo de Rousseau. Aliás, vários crioulos estudavam na Europa. A revolução americana veio a propósito para levar os espíritos a não se contentarem mais com a especulação.

Na zona setentrional da costa Atlântica, a América do Norte opunha à população confusa da América Latina um povoamento exclusivamente de brancos, composto de trabalhadores em busca de terras ou de empregos, que não precisavam de escravos negros ou indígenas aprisionados, e dirigido por uma burguesia, geralmente modesta ainda, em que dominavam os homens de negócios.

Era uma terceira forma da expansão européia. Os anglo-saxões, chegados em grande número, formavam o núcleo de um nôvo Ocidente, onde se elaborava o "tipo americano", caracterizado por um espírito de aventura e de empreendimento que perpetuava o espírito europeu, mas também pelo individualismo não-conformista, hostil à intolerância, à aristocracia, ao despotismo do Velho Mundo, de que os puritanos haviam fugido. Uma preocupação comum em expulsar os indígenas e em se desembaraçar da vizinhança dos franceses, aliás execrados como papistas, a aversão idêntica à dos crioulos pelo mercantilismo autoritário e pelos representantes da metrópole, haviam aproximado dos colonos da Nova Inglaterra e da Pensilvânia os negociantes dos portos, os plantadores da Virgínia e mesmo os plantadores daqueles Estados do sul, onde os traços do caráter americano ainda se encontravam, embora modificados pelas grandes propriedades e pela escravatura. A independência puritana conservava a noção do direito natural, e as cartas outorgadas às diferentes colônias conservavam a tradição do "common law" britânico. Recusando deixar-se tributar pelo Parlamento britânico, ao qual não enviavam representantes, os colonos romperam com a mãe-pátria, e assim nasceu a República dos Estados Unidos. Seu exemplo seduziu as imaginações na Europa e contribuiu poderosamente para preparar a renovação social e política, mas era de se prever que abalaria também a autoridade de todos os domínios coloniais. Em primeiro lugar, a secessão demonstrava que, se a Inglaterra contava com o futuro das colônias povoadas pelos brancos, ser-lhe-ia necessário conceber uma estrutura imperial completamente nova; a solução, é verdade, não urgia, pois nada havia a temer dos canadenses de língua francesa, submissos a seu clero católico e isolados por sua religião, que garantia sua coesão, nem mesmo dos americanos cuja fidelidade fizera emigrar para o norte dos Grandes Lagos; era necessário apenas prevenir um conflito entre os dois elementos, e Pitt o conseguiu, em 1791, pela constituição de duas províncias autônomas, no Canadá.

Quanto aos domínios latinos, pelo contrário, a emancipação dos Estados Unidos ameaçava-os de sofrer, num futuro próximo, a mesma amputação que a Grã-Bretanha. Os crioulos esquentaram-se e seus olhares voltaram-se instintivamente para os anglo-saxões, animados pelo interêsse e pelo fanatismo, desde o século XVI, contra os Estados católicos. Os inglêses cobiçavam o admirável mercado que a abertura da América espanhola ofereceria, e invejavam também as ilhas produtoras de açúcar. Não se podia duvidar de que os Estados Unidos não tardariam a encarar com bons olhos a evicção dos europeus do nôvo continente; enquanto aguardavam, êles se fizeram admitir pelos franceses em alguns portos das Antilhas, em

1784. O venezuelano Miranda logo foi à procura de Washington e Pitt; em 1787, em Nimes, o brasileiro Maia procurou o apoio de Jefferson.

A verdade é que, se os rebeldes triunfaram, isso se deu porque as metrópoles não resistiam ao desejo de se prejudicarem reciprocamente. À França, a Espanha e a Holanda haviam apoiado as colônias rebeldes contra a Inglaterra, e os crioulos podiam, portanto, confiar em que, um dia, novas coalizões os auxiliariam. A Europa marcava com seu cunho as conquistas de além-mar, de modo que se podia perceber que uma humanidade à sua imagem ia tomando corpo ao redor do planêta. Se a hora dos homens de côr ainda não havia soado, a Europa começava, entretanto, a notar que, transportando seus filhos para além-mar, preparava-os para se destacarem dela. Ao mesmo tempo, suas desavenças acarretavam um descanso a outras partes do mundo.

V. *As humanidades estrangeiras*

Durante séculos, muçulmanos e cristãos tinham sido como inseparáveis. O mesmo fanatismo animava a guerra santa entre êles; o Islã, herdeiro da civilização greco-romana e mediador entre a Ásia e a Europa, tinha sido o fomentador do renascimento medieval; o comércio mediterrâneo unia-os entre si. Agora, o Islã continuava a recrutar fiéis no Sudão e na Malásia; mas, diante da Europa, estava reduzido à defensiva, e dobrava-se sôbre si mesmo. O tráfico asiático se havia emancipado dêle; sua economia não se renovava; sua vitalidade intelectual e artística enfraquecia.

À aurora dos tempos modernos, o sultão dos otomanos parecia prestes a lhes conseguir a unidade; mas não obteve sucesso. Marrocos ignorava-o; a Pérsia shiita resistia-lhe; os bárbaros não mais lhe obedeciam; no centro na Arábia, após Abd el Wahab, que pregava o retôrno à austeridade primitiva, Saoud preparava a guerra santa. O Império do Grande Senhor, por sua extensão, conservava uma aparência de poderio, mas era notória a sua decadência. A original armadura administrativa e militar, que os renegados lhe havia constituído, desmoronava-se depois que os guerreiros turcos, aclimatados à vida sedentária de seus "timars", levaram para os empregos seus filhos, educados nas escolas. Os paxás das províncias escorregavam para a autonomia: Ali Tebelen acabava de se tornar senhor de Janina; no Egito, os mamelucos só faziam o que bem entendiam. Os turcos, não procurando converter e assimilar os cristãos, deixavam-nos viver sob a administração de seus padres e chefes. Gregos e armênios formavam nos portos uma burguesia de comerciantes e banqueiros, em harmonia com mercadores europeus que protegiam os acordos; por outro lado, os navios helenos, única marinha comercial do Império, mostravam-se por tôda parte no Mediterrâneo. Enfim, os domínios cristãos atraíam os olhares: a França protegia os católicos; os sérvios voltavam-se para a Áustria, os montenegrinos e gregos para a Rússia. A Áustria se havia aproveitado do enfraquecimento dos Osmanlis, reconquistando a Hungria; recentemente, Catarina II, após ter atingido o Mar Negro até Boug, anexava a Criméia e o Cáucaso, pondo fim às incursões dos tártaros e abrindo as "terras negras" a seus camponeses. O Império turco não estava mais em condições de manter a Europa à distância do mundo muçulmano.

No que diz respeito à África Negra, os europeus apenas freqüentavam suas costas, principalmente as do Senegal e do gôlfo da Guiné, em busca de escravos. No seu interior, exceção feita aos colonos holandeses do Cabo, aventuravam-se apenas traficantes árabes do Sudão e das regiões orientais. Edificavam-se ainda impérios mais ou menos duráveis, tais como o reinado de Benin, onde brilhou, nos séculos XVI e XVII, a arte do bronze, e que tornou a encontrar, no século XVIII, um pouco de sua prosperidade; os Estados haúças que floresciam, após o século XVII, a leste do Níger; os do Sokoto, de Bornéus e do Kanem, que adquiriram consistência no começo do século XIX; mas não exerciam nenhuma influência sôbre a história geral.

A Ásia, pelo contrário, com suas riquezas fabulosas, e suas grandes civilizações, que atingiram o apogeu muito antes da civilização européia, continuava a excitar a curiosidade. A magnificência e os tesouros do xá da Pérsia e do Grã-Mongol não haviam perdido completamente seu prestígio legendário, mas começava-se a perceber que, tendo cessado de progredir havia vários séculos, esta parte do mundo oferecia-se como uma possível prêsa. A Índia já passava para as mãos dos inglêses. A Birmânia e o Cambodge não haviam oposto a menor resistência. Em Anã, o bispo Pigneau de Béhaine e os mercadores de Pondichery tentavam a sorte, em favor da anarquia: os Tay-Son, montanheses rebeldes, atacando a Cochinchina após se terem apossado de Tonquim e de Hué, fizeram com que NguyenAnh assinasse, em 1787, um tratado de aliança, que prometia Tourane, Poulo-Condor e o monopólio do comércio à França; Luís XVI, todavia, não ratificou o tratado. A Indochina, para dizer a verdade, atraía menos a atenção que a China e o Japão, onde missionários e mercadores haviam penetrado no século XVI, mas deixaram de ser admitidos após o século XVII.

Na China, o reinado de K'ien-Long, começado em 1736, chegava ao fim. Êste grande soberano, conquistador, bom administrador e de elevada cultura, havia prosseguido com sucesso a obra de K'ang-hi e levado ao zênite o poderio da dinastia manchu subjugando a Mongólia e o Turquestão, cujos nômades haviam sido uma calamidade, tanto para a China como para a Europa, e impondo sua soberania ao Tibé, ao Nepal, a Anã.

Por outro lado, a emigração ampliava o raio de sua influência: os chineses eram os únicos estrangeiros recebidos no Japão, instalavam-se na Cochinchina, atingiam a Bengala e as Filipinas e em tôda parte prosperavam, pelo comércio e pela usura. K'ien Long não apreciava estrangeiros; perseguia mesmo duramente aquêles de seus súditos que haviam sido convertidos pelos jesuítas ou pelos lazaristas. Por condescendência para com os bárbaros, de cujo numerário se apropriava, o Filho do Céu autorizava-os a negociar com seus súditos, mas apenas em Cantão. No Ocidente, admirava-se a China, sua filosofia puramente moral, seu imperador esclarecido, o caráter democrático de sua sociedade, onde a nobreza significava apenas uma honra sem privilégios nem funções, onde o serviço do govêrno abria-se a todos, através de concursos. É verdade que o mandarinato permanecia único no mundo e que antigamente a China possuíra inventores e pensadores.

Mas, já há muito, ela permanecia inerte em suas tradições; os mandarins recebiam apenas uma cultura formal; a abundância da mão-de-obra havia desencorajado o progresso técnico e até o emprêgo do motor animal. Realmente, a autoridade do imperador, como sempre na Ásia, resultava de seu valor pessoal e não era absolutamente favorecida pelas instituições. Teòricamente absoluta, dependia da boa vontade dos governadores das províncias, senhores das milícias e do produto dos impostos, de que o Tesouro só via pequena parte. As tropas, acampadas em redor de Pequim e em algumas cidades grandes, possuíam apenas um armamento antiquado. Enfim, embora os manchus tivessem manejado os chineses e se tivessem associado a êles, um movimento nacional estava latente em inúmeras sociedades secretas, e K'ien Long, no fim de seu reinado, precisou reprimir numerosas revoltas. Êste imenso Império não poderia oferecer aos europeus uma resistência eficaz.

O Japão era-lhes mais hostil ainda. Vendia apenas um pouco de cobre a alguns holandeses confinados numa ilha diante de Nagasaki e nada adquiria em troca. Por outro lado, os Tokugawas, embora tivessem restabelecido a ordem, submetendo os daimios a ponto de obrigá-los a não vender o excedente de suas colheitas a não ser por intermédio do Estado, conservavam a aristocracia militar, reservando-lhe o monopólio da propriedade predial, abandonando-lhe os camponeses e proibindo a emigração, para lhe conservar a mão-de-obra. O artesão japonês era hábil e, a serviço dos nobres, a pintura e a gravura atingiram a perfeição no tempo de Kiyonaga, de Outamaro, de Hokousai. Mas, como a China, o Japão desconhecia o aperfeiçoamento da técnica e a ciência experimental: o "samurai", notadamente, permanecia um guerreiro medieval.

No século XVII, êste país parecia próspero e contava, ao que parece, com cêrca de 23 milhões de almas. Mas, no decorrer do século seguinte, essa população, comprimida em suas ilhas, viu-se dizimar por misérias assustadoras. Diminuindo os rendimentos do Estado e dos daimios, os impostos, os trabalhos forçados, as corvéias, recaíram sôbre os camponeses; a moeda tornou-se instável e enfraqueceu; os "samurais", insuficientemente sustentados pelos daimios empobrecidos, começaram a se desclassificar, alguns adotando uma profissão, outros implorando um emprêgo, alguns mais entregando-se à vida errante do "rônin", o aventuroso guerreiro vivendo à margem da sociedade.

Nas mãos de Iyharou, descendente degenerado dos grandes Tokugawas, o "shogunato" e a burocracia do "bakufu" não se inquietaram por esta decadência; na realidade, êles a precipitaram pelo esbanjamento e, em Kioto, a côrte de Tenno os auxiliou, comprando sua submissão. Em 1786, subindo ao poder Iynari, que era menor, assumiu a regência seu irmão Hitotsubachi, e atribuiu-se a seu ministro, Tanuma, idéias reformadoras; os clãs Tokugawas os derrubaram em 1788. O nôvo segente, Sadanobu, tentou restaurar o regime, ou pelo menos suas finanças, por meio de disposições suntuárias, redução das dívidas, estabilização da moeda. Mas, indispondo-se em Kioto e embaraçado por seu predecessor, precisou retirar-se quando Iyenari atingiu a maioridade, em 1793. Nas grandes cidades, principalmente em Osaka, existia uma burguesia de mercadores e de banqueiros influentes, mas excluída das funções públicas e da propriedade predial. Não se sabe se ela se inspirava no confucionismo racionalista dos chineses emigrados, que ousavam afirmar, ao que parece, que os deuses não fazem distinção entre os homens e contestava a origem solar do micado. Também não se sabe se Tanuma e Sadanobu tinham alguma ligação com ela, o que lhes daria certa semelhança com os déspotas esclarecidos do Ocidente. A verdade é que uma reação mística e nacionalista, apoiada numa história legendária, de que Norinaga Motoori, discípulo de Mabuchi-Kamo, falecido em 1769, era o protagonista, começou a fazer progressos. Mabuchi havia depurado a linguagem, pregado o retôrno ao shintoísmo, combatendo a influência chinesa. Motoori recordava que o império do mundo pertencia a Tenno, descendente de Atamerasu. Aguardando melhorias, os samurais letrados aprovavam. Levado para a política, êste romantismo condenava o "shogun", como um usurpador. Mas a intervenção européia, que deveria provocar sua derrota, ia demorar ainda três-quartos de século.

A inferioridade técnica dêsses povos expunha-os à conquista. A distância, é verdade, na época dos veleiros, protegia o Extremo-Oriente: "ir à China", e de lá regressar, levava de dezoito a vinte meses. Com respeito ao Islã mediterrâneo, esta consideração perdia seu valor e, além disso, a Rússia, após a Áustria, atacava o Império otomano por terra. Mas as rivalidades intestinas retardavam a conquista da terra. A Europa possuía 100 milhões de habitantes, e a América 25; os africanos — uma centena de milhões — e a maior parte dos asiáticos — 500 a 600 milhões — ainda escapavam à sua influência, de maneira que a maior parte dos homens dessa época morreu sem ter a menor suspeita de que em um canto do mundo, a França, havia surgido uma revolução cuja influência espiritual iria afetar seus descendentes.

Segundo capítulo   A ECONOMIA EUROPÉIA

Os progressos da economia européia, contínuos durante os últimos séculos da Idade Média, acelerados pela política mercantilista dos grandes Estados e pela exploração dos novos mundos, manifestaram na Inglaterra, no decorrer do século XVIII, uma impetuosidade revolucionária e inauguraram o império da máquina e do vapor. Às vésperas da Revolução Francesa, a Grã-Bretanha gozava, assim, de uma superioridade que exerceu uma influência essencial sôbre o tremendo conflito que se ia desencadear. Entretanto, o que costumamos chamar a revolução industrial, porque, dentro da perspectiva histórica, nós aí percebemos o germe de uma renovação do mundo, desenvolveu-se lentamente, mesmo em seu país de origem, e a direção que seus primórdios já pretendiam dar aos britânicos, implica justamente no fato de que o continente ainda não se encontrava afetado: a economia do século XVIII, que findava, parecia, realmente, apesar de sua relativa prosperidade, bem próxima ainda do passado.

I. *A economia tradicional e sua evolução*

A antiga técnica da produção assegurava apenas um rendimento lento e fraco, aleatório para a agricultura exposta às variações meteorológicas, limitado, quanto à indústria, pela raridade das matérias-primas e escassez das fôrças motrizes. O camponês trabalhava a fim de atender a seu próprio consumo, não para a venda, salvo na medida em que o rei, o senhor e o proprietário exigiam dêle algum numerário; o artesão atendia à demanda de um mercado local; a extrema dificuldade das comunicações obrigava cada região a viver de seus próprios produtos; guardavam-se ciumentamente os cereais, exportava-se pouco e faltavam meios para im-

35

portar. Em geral, essa situação se repetia por tôda parte: a Inglaterra, por exemplo, não comprava senão a décima parte de suas lãs; a Europa central e oriental vivia em economia quase forçada. No entanto, a natureza impunha certa solidariedade. Antes de mais nada, devido aos cereais, cujo movimento Turgot estimava em 6 ou 7 milhões de sesteiros: a Espanha e Portugal, a Noruega e a Suécia compravam constantemente; a Suíça e a Grã-Bretanha importavam do estrangeiro 1/6 de seu consumo. Além dos cereais, as madeiras, a resina, o breu, a potassa da Polônia e da Rússia, os minerais e os produtos metalúrgicos da Suécia e da Alemanha sempre encontravam compradores. Do Meio-Dia, vinham a aguardente, o vinho, o sal, a soda e a lã espanholas, o alúmen e o enxofre italianos. O leste, o centro e o sul da Europa forneciam, portanto, víveres e matérias-primas; o oeste, em troca, os produtos manufaturados e as mercadorias coloniais.

Essas trocas internas da Europa serviam-se essencialmente da via marítima e favoreciam sobretudo aos portos e aos navios mercantes do Mar do Norte, da Mancha e do Oceano, principalmente aos inglêses, em seguida aos holandeses, aos hanseatas, e também aos escandinavos. Os portos do Mediterrâneo, Marselha, Gênova, Livorno, desempenhavam um grande papel; a grande novidade da época parecia, no entanto, o desenvolvimento do tráfico do Báltico, de que a Dinamarca, dona do Sund, mais se aproveitava; êle se tornava de importância vital para a subsistência e para a marinha da Inglaterra, e incorporava ao circuito europeu a Prússia e a Polônia, a Escandinávia e a Rússia. Em comparação, o trânsito, no interior dos Estados, fazia triste figura, mais uma vez conservando a Inglaterra a dianteira e, depois dela, a França. O tráfico fluvial era insuficiente ou nulo, raros os canais; sendo limitado o transporte por água, o único econômico, recorria-se geralmente às estradas, o que ficava bem mais dispendioso; elas eram razoáveis na Inglaterra, na França e nos Países-Baixos; nos demais lugares apenas existiam caminhos mais ou menos cobertos de pedras, intransitáveis durante o inverno; as montanhas, os Alpes, por exemplo, ainda aguardavam por estradas carroçáveis. Até nos países mais adiantados, dava-se o mesmo em relação às estradas e trilhas rurais: os animais de carga passavam a ser de uso comum. Essas dificuldades agravavam-se, à medida que se avançava para o leste e o sul da Europa, de modo que, se as feiras degeneravam no Ocidente, conservavam alguma importância no Meio-Dia, como em Beaucaire, uma grande aceitação em Francfort e Leipzig e um papel medieval mais além. Esta situação não teria permitido que nenhum Estado formasse um mercado verdadeiramente nacional, se as aduanas interiores, com exceção da Inglaterra, e os tributos senhoriais ou reais já não o tivessem seccionado.

Os fatôres que, há vários séculos, encorajavam a Europa a transformar a sua economia, iam-se sucedendo. As grandes potências do Ocidente, logo que surgiram, praticaram a política mercantilista, e os soberanos do século XVIII não renegavam nenhum de seus procedimentos: a proibição ou a pesada taxação das importações; os atos de navegação e a "exclusividade" colonial; a criação de manufaturas reais e de companhias de monopólio; os privilégios concedidos a emprêsas privadas; a regulamentação aplicada por intermédio das corporações. Na Inglaterra e na França, esta última sempre apresentou falhas: a corporação não atingia tôdas as cidades, nem tôdas as profissões; os campos ignoravam-na. Incontestàvelmente, o regime havia protegido, em cada país, contra uma concorrência mortal, as indústrias nascentes, principalmente as de artigos de luxo e têxteis; favoreceu ainda a acumulação de capitais, reservando aos nacionais o benefício do frete e da exploração colonial. Na ocasião, as críticas dos economistas agitavam-no; mas a maior parte dos déspotas esclarecidos sustentava-o com um rigor completamente "colbertista". Por outro lado, se a liberdade seduzia aos negociantes e industriais, êles absolutamente não pretendiam estendê-la à concorrência estrangeira, e permaneciam implacàvelmente protecionistas. Entre os Estados, os tratados de comércio com tendências liberais, tais como o de Vergennes e de Pitt, em 1786, ou os que Catarina II concedeu a seus portos do Mar Negro, constituíam exceções.

Os príncipes e seus cortesãos ajudavam as indústrias de artigos de luxo, por meio de suas compras, que determinavam a moda para as classes dominantes; mas os governos fizeram bem mais pela metalurgia, pelas construções navais, pela indústria têxtil e pelos curtumes, através das encomendas exigidas pelo desenvolvimento das fôrças armadas. Enfim, estabelecendo impostos indiretos, confiando aos fornecedores o cuidado de assegurar certos serviços públicos e sobretudo de prover as tropas por seus adiantamentos, tomando empréstimos, ou em caráter perpétuo, ou vitalício, ou ainda mais, a curto prazo, asseguravam a prosperidade crescente dos financistas e dos banqueiros, cuja emprêsa produtiva interessava sempre mais ou menos às tesourarias dos príncipes.

Por outro lado, a exploração dos novos mundos recobrou a influência que marcou tão poderosamente o século XVI. De início, a onda dos metais preciosos cresceu novamente, e atingiu um nível culminante a partir de 1780. No século XVIII extraíram-se 57.000 toneladas métricas de prata e 1.900 de ouro, das quais respectivamente 17.500, isto é, 30%, e 356, isto é, 19%, durante os últimos vinte anos. O ouro levando a palma, a prata só servia de contrapêso na Inglaterra após 1774, e Calonne precisou refundir os luíses em 1785 para lhes diminuir o pêso. Mais de 9/10 dêste numerário eram provenientes da América Latina; mas, saldando as importações de Espanha e Portugal, passava para a Inglaterra, Holanda, França. Daí, uma parte ia para a Ásia; o luxo e o entesouramento retinham outra parte. A circulação da moeda em França podia ser de 2 a 3 bilhões. Relativamente à população, julgava-se que fôsse mais forte na Holanda e menos na Inglaterra, onde se crê que não ultrapassasse o bilhão; mas, ali, intervinha a moeda fiduciária emitida pelos bancos. A abundância monetária colocava à disposição dos financistas capitais que, infelizmente, êles ofereciam de preferência, seguindo suas tradições, aos governos endividados, embora ainda sobrasse algo para a produção. Sob êste título, Amsterdão permanecia a maior praça do mundo; seu banco, comprometido por empréstimos feitos à Companhia das Índias e à Municipalidade, encontrava-se em má situação; mas seus financistas encontravam sempre prestamistas para os Estados estrangeiros; assegurava-se que êles podiam oferecer 14 milhões de florins anualmente, e que seus investimentos se elevavam a 1 bilhão. Gênova, Genebra, Berna, também exportavam fundos. Londres e Paris eram os principais tomadores. Os banqueiros destas grandes cidades mantinham relações estreitas entre si, e, à espreita de especulações vantajosas, teciam já, além das fronteiras, uma rêde de finança internacional. Assim Baring, em Londres, Hope e Labouchère em Amsterdão, Parish em Hamburgo, Rotschild e Bethmann em Francfort, bem como os estrangeiros que haviam invadido Paris, principalmente os suíços, e a maior parte dos protestantes. Em cada centro, os "manejadores de dinheiro" se reuniam na Bôlsa; o mercado a têrmo era praticado, já há muito, em Amsterdão e Londres.

O aumento do numerário, um pouco reforçado pela emissão fiduciária na Inglaterra, pelo papel-moeda de vários Estados continentais, por certo crédito bancário e pela circulação de letras comerciais, acarretou uma alta persistente dos preços. Após 1730, mais ou menos, um movimento de longa duração, que se prolongou até 1820, veio substituir a estagnação. A despeito de variações cíclicas, semelhante tendência encorajou os empreendimentos, abrindo perspectivas rendosas. O crescimento da população, marcante a partir de 1760, serviu de adjuvante, aumentando, de um lado, o consumo, e de outro, a mão-de-obra. Mas a alta dos preços não deixa de ter sido um dos estímulos essenciais da economia européia.

38

Finalmente, as relações com os novos mundos desenvolveram consideràvelmente o comércio do Ocidente; às vésperas da Revolução, 40% do comércio da Inglaterra e da França era feito com as colônias; grande parte daquilo que elas recebiam alimentava-lhes as exportações; fazendo fornecimentos à Espanha e Portugal, dispunham indiretamente, dentro de certa medida, das possessões dêstes últimos; a isso se juntava o "interlope", isto é, o contrabando na América espanhola e no Brasil. Entram assim em linha de conta o produto livre das plantações, subtraído por proprietários europeus e os lucros diversos da exploração colonial: em 1798, Pitt avaliou em 4 milhões de libras esterlinas o rendimento das plantações da América, e em 1 milhão o rendimento dos inglêses que se empregavam na Ásia. Finalmente, o tráfico dos negros dava enormes lucros: em 1780, calculava-se que os "negreiros" de Liverpool ganhavam 300.000 libras esterlinas por ano; de 1783 a 1793, êles equiparam de 110 a 120 navios, que venderam mais de 300.000 escravos, cujo preço ultrapassou 15 milhões de libras esterlinas. Êsses capitais, concentrados nas mãos de um número relativamente pequeno de indivíduos, foram, em parte, esbanjados em luxo, emprestados aos tesouros reais, consagrados à compra de terras ou ainda entesourados; não há dúvida, porém, de que uma fração importante financiava a produção. Do ponto de vista técnico, entretanto, nada pode igualar em porte à introdução do algodão na indústria européia; disso não resultou apenas a fabricação de telas pintadas: foi à fiação, depois à tecelagem do tecido exótico que foram consagradas as primeiras "mecânicas" inglêsas.

Fôra o comércio do mar que, no início, pela audácia e pelos riscos que comportava, fizera surgir os primeiros inovadores: o comércio de feira em feira, depois a finança ao serviço do Estado, a êle se associaram. Uma mentalidade estranha à economia costumeira animava êsses traficantes; caracterizada pela busca arriscada do lucro, por um ardor belicoso de triunfar sôbre a concorrência, que ultrapassava as características guerreiras, fêz da especulação a mola de sua atividade. Assim surgiram alguns aspectos do que nós chamamos o capitalismo, isto é, a concentração dos capitais e das emprêsas, que permite racionalizar a exploração e dá, em conseqüência, a esta modalidade econômica uma importância de primeira ordem, no desenvolvimento da civilização européia. No fim do século XVIII, o comércio interno e mesmo a finança corriam menos riscos, mas o acaso permanecia notório para o comércio marítimo e, na França, por exemplo, os fundos que nêle se aplicavam eram chamados de empréstimos "para a grande aventura": em compensação, edificava grandes fortunas. Os progressos da racionalização datavam de longe: a técnica do câmbio, da letra de câmbio, do

39

banco de depósitos, a individualização da emprêsa — a firma ou razão social — pela elaboração da contabilidade em partidas dobradas que encerrava então o costume do balanço. As companhias de monopólio realizavam uma nova melhoria, entregando sua direção a técnicos especializados. A evolução, entretanto, permanecia longe do têrmo. A confusão das funções subsistia, o armador era também negociante, o negociante era transportador, tanto um como outro comissários, seguradores, banqueiros. Os métodos não se aperfeiçoavam com rapidez: a bôlsa de mercadorias apenas oferecia um lugar de reunião, e o mercado a têrmo constituía uma exceção; sòmente algumas casas empregavam caixeiros-viajantes. Também os mercadores ambulantes — os feirantes — conservavam um papel importante, não apenas por percorrer os mercados, mas principalmente por visitar os retalhistas como semi-atacadistas. Muitos dêstes retalhistas, por exemplo os que na França eram chamados "merciers", não eram especializados e, além disso, em inúmeras regiões, mesmo na Inglaterra, as pequenas cidades não os possuíam: seus habitantes, para se abastecerem, aguardavam o vendedor ambulante.

Muito cedo o capitalismo comercial, dono dos mercados afastados, começou a se apoderar do artesanato e a desenvolver nos campos uma indústria rural, de baixos salários e subtraída a regulamentação.

A importação do algodão dava a esta indústria um impulso irresistível em tôda a Europa ocidental. A superioridade do negociante permanecia, desproporcionada. Alguns limitavam-se à coleta dos produtos da indústria doméstica; mais freqüentemente, racionalizavam a produção, fornecendo a matéria-prima e, às vêzes, a ferramenta, impondo modelos, encarregando-se do preparo e da tintura; com a atração de um salário extra, êles aumentavam a mão-de-obra rural, educavam-na, aumentavam a duração do dia de trabalho: mulheres e crianças não esperaram a oficina para se verem empregadas. Freqüentemente, o que se denominava a "fábrica" de uma cidade consistia ùnicamente no conjunto de operários a domicílio ali, ou pelos arredores, engajados pelos negociantes. Mas a palavra possuía ainda outro sentido porque, ao têrmo da evolução, todos ou parte dêstes operários encontravam-se reunidos numa mesma oficina e por vêzes obrigados a residir em construções anexas. As fabricações que exigiam um ferramental dispendioso não convinham ao artesanato; as minas, as fundições e as forjas, a indústria do vidro e do cristal, as fábricas de faiança e porcelana, a papelaria, a dobagem da sêda, as fábricas de cerveja e as destilarias agrupavam, há muito, operários sob a direção imediata do empreiteiro; com maior razão, as indústrias novas, como as telas pintadas; mas era raro que o número de trabalhadores assim empregados fôsse considerável.

40

O impulso do comércio e da indústria não impedia que a produção agrícola permanecesse fundamental. Ninguém o ignorava, nem o particular que, rico ou pobre, desejava sempre se tornar proprietário, nem o homem de Estado, porque dela dependia o aumento da população e, conseqüentemente, de contribuintes e soldados. Entretanto, o mercantilismo sacrificava freqüentemente a agricultura à indústria, interditando a saída de matérias-primas e sobretudo, apesar das exprobrações dos economistas e da aristocracia proprietários, os administradores hesitavam em abandonar a regulamentação. A liberdade do comércio dos cereais, consagrando a política do pão caro, excitaria a rebelião das multidões famintas; permanecia proibido ao agricultor vender em seu domicílio: êle era obrigado a se dirigir ao mercado, onde a pressão dos compradores e, se necessário, da Municipalidade, freava a alta; a circulação interna era controlada, quando feita por mar, por meio de "guias de alfândega" que obrigavam o expedidor a fornecer a prova de que a carga havia sido desembarcada em um pôrto nacional; a circulação por terra encontrava as suspeitas das autoridades e a hostilidade das populações; a exportação encontrava-se, em princípio, rigorosamente interdita. Quanto à liberdade da cultura, o poder titubeava em concedê-la, porque os camponeses permaneciam quase todos presos à regulamentação tradicional.

No continente, persistiam, portanto, os traços essenciais, inalterados havia séculos. Apenas Flandres praticava a cultura intensiva e estabulação do gado, suprimindo o alqueive pelas plantas forraginosas e oleaginosas. Por tôda parte contava-se sobretudo, para aumentar a produção, com o método extensivo: os arroteamentos e as dessecações. Nos países de montanha, em tôdas as regiões em que o subsolo, privado de cal, produzia a charneca, a cultura se restringia a parcelas protegidas por uma cêrca contra o gado que errava nos vastos campos comuns onde não se semeava senão após o preparo do terreno, a longos intervalos. Nas planícies aráveis, as terras da cidade, divididas em "soles", permaneciam em alqueive um ano sôbre três no norte da Europa, sôbre dois, no sul; cada rendeiro dispunha, nos diversos "soles", de parcelas espalhadas, alinhadas e paralelas no norte, irregulares nos demais lugares. O alqueive parecia indispensável por falta de adubo; faltando-lhe forragem, o camponês mantinha apenas pequeno número de animais no estábulo, durante o inverno; o resto do tempo, êstes procuravam o alimento nos alqueives, nos pastos comuns e nos bosques. Esta pastagem livre exigia que se deixassem abertos os campos; as cêrcas eram proibidas no norte e mal vistas em tôda parte, salvo nas regiões — oeste da França, por exemplo — em que as terras incultas eram muito extensas. A pastagem livre perdia sua importância nas regiões mediterrâneas, onde as zonas cultivadas, pouco numerosas, esparsas e de medíocre extensão, em parte irrigadas ou dispostas em terraços, entremeavam-se de vinhas, plantações de oliveiras e de árvores frutíferas. Sobrecarregado de tributos, o camponês não possuía dinheiro para modificar seus métodos de cultura, ou então empregava suas economias para comprar algum mantimento; aliás, quase sempre iletrado, agarrava-se à sua rotina; mais ainda, defendia desesperadamente a pastagem livre sem a qual, afirmava, lhe seria impossível criar o gado; com o uso das florestas, onde ia buscar madeira para construir e para se aquecer, ela estava em primeiro lugar entre os direitos coletivos que lhe permitiam subsistir.

Estas são as linhas fundamentais do panorama econômico. Entretanto, acontecimentos decisivos haviam marcado o século XVIII: o desenvolvimento de uma organização bancária e a invenção de novos processos, de máquinas, de uma fôrça motriz, que iriam desencadear radical transformação da produção e a substituição do capitalismo comercial pelo capitalismo industrial, como agente da economia; paralelamente, iam surgindo traços da agricultura moderna.

Essas inovações eram obra da Inglaterra: distanciava-se assim do resto do Ocidente, que apenas começava a tomar conhecimento delas, enquanto o centro e o este do continente continuavam a ignorá-las.

II. *A revolução econômica na Inglaterra*

Nos fins do século XVII, a evolução da economia enriquecia francamente a Inglaterra. No decorrer do século XVIII, o número de seus navios triplicou e sua tonelagem quadruplicou: em 1788, ela equipava 9.630 embarcações, calculadas em 1.453.000 toneladas; em 1790, seus portos viram passar três vêzes mais embarcações que em 1714; seu comércio exterior, de 6 milhões de libras esterlinas no comêço do século, atingia agora a 19 para a importação e 20 para a exportação. O tráfico interno mostrava-se aí mais fácil que nos demais Estados, graças à cabotagem, o mar nunca se encontrando excessivamente distante, e porque as condições geográficas permitiram estabelecer, sem grandes dificuldades, uma rêde de canais; por outro lado, construíam-se estradas de acôrdo com o sistema de Mac Adam. Logo estava-se empregando o carvão mais freqüentemente do que no continente. Desde o século XV, não satisfeito de controlar o artesanato das cidades, o capitalismo comercial empreendeu o desenvolvimento da indústria rural.

42

Calcula-se que, de 1740 a 1800, o capital móvel quintuplicou na Grã-Bretanha. A exportação, o tráfico e as plantações, o frete, o seguro elevaram o numerário a tal ponto que, no último quarto do século XVIII, atingiu-se pràticamente o estalão do ouro. Entretanto, em 1694, o comércio, de combinação com o Estado, havia criado o Banco de Londres sôbre bases inteiramente novas: a emissão de "bank-notes" garantidas por um depósito e, por outro lado, desconto das letras de câmbio comerciais. Em 1789, circulavam de 10 a 11 milhões de libras esterlinas em notas do banco. Mais de um milhão, é verdade, corria nos condados; mas a Escócia também possuía seu banco de emissão desde 1695, e fundou-se outro em Dublin, em 1783. Além disso, existiam cêrca de sessenta bancos privados em Londres, cêrca de 300 na província, outros na Escócia e na Irlanda, que, freqüentemente, emitiam notas, sob sua própria responsabilidade. O Banco de Londres, como os financistas do continente, curvava-se, dentro de certa medida, às necessidades do Tesouro público, admitindo em sua carteira os "exchequer bills" e os "vales de caixa" dos ministros; mas empregava também sua emissão para desconto dos efeitos comerciais, abrindo assim às emprêsas um crédito a curto prazo. É verdade que êle tratava apenas com os londrinos; mas todos os bancos privados dedicavam-se também a descontos e, abrindo contas a algumas emprêsas, assumiam, em relação a elas, o papel de superbancos.

A revolução industrial afirmava igualmente a superioridade da Grã-Bretanha. A metalurgia, renovada pela substituição da lenha pelo carvão, recebeu em 1783 o forno de fundição e em 1784 o laminador. A multiplicação das máquinas propagava o emprêgo do ferro, que já começava a ser utilizado na construção de barcas e de pontes; a quinquilharia de Birmingham tornava-se famosa; a profissão de engenheiro se sobressaia e Maudslay ia celebrizá-la. Uma fama ainda maior ligava-se à transformação da indústria algodoeira: a "jenny", o "water-frame" e, após 1780, a "mule" de Crompton mecanizavam a fiação, e Cartwright acabava de inventar uma máquina que prometia o mesmo progresso à tecelagem. A cerâmica e a pintura também se aperfeiçoavam. A invenção da máquina a vapor por Watt, que a completou entre 1764 e 1789, oferecia nova fôrça motriz, cujo alcance se ia revelar inigualável.

A regulamentação se esterelizava e os homens de negócios dedicavam-se ao monopólio da Companhia das Indias. O mercantilismo não perdia, entretanto, todos os seus direitos: contra o estrangeiro, mantinha a proteção aduaneira, a exclusividade colonial e os atos de navegação. Mas a agricultura era francamente liberada e modernizava-se pelo desmembramento do solo que, assemelhando-se a parcelas do "open field" em herdades compactas e perten-

43

centes à comunidade, permitia o cercado e eliminava a "pastagem livre". O cercado não era uma novidade, mas a aristocracia, dona do país após a segunda revolução, achava-se em condições de generalizá-la, e o Parlamento o regulamentou em 1780; os lordes escoceses estenderam-no aos Highlands. Grandes herdades, confiadas a agricultores instruídos e munidos de capitais, suprimiam o alqueive, desenvolviam as culturas de forragens, multiplicavam o gado, estabulavam-no e selecionavam-no: o rebanho britânico se celebrizava. Os grandes proprietários, logo depois de 1688, haviam sustentado a produção dos cereais inaugurando o regime da "cornlaw" que, por uma transposição surpreendente da tradição, permitia a exportação e interditava as entradas, enquanto os preços não excedessem a taxa que êles consideravam remuneradora.

A penetração, em profundidade, de técnicas novas progredia com maior lentidão do que se pode imaginar. A do cercado, a mais avançada, talvez, deixava subsistir fazendeiros em mais de uma região; apenas uma única fiação de algodão utilizava a máquina a vapor; 26 fornos em 1788, produzindo 1/5 da fundição, continuavam a se alimentar de madeira: a tecelagem do algodão ainda não adotava o tear mecânico de Cartwright; a indústria de lã ainda não estava desenvolvida; em Londres, com exceção da fabricação de cerveja e de destilaria, reinava o artesanato. Apesar do adiantamento de seu sistema bancário, a Inglaterra assegurava imperfeitamente o financiamento das emprêsas e, por conseqüência, sua concentração, pois o "joint-stock", a sociedade por ações, subordinada à autorização do Parlamento, aí não se aclimatava.

Além disso, a necessidade obrigava a renovação dos transportes pela adaptação da máquina a vapor. A construção de navios se aperfeiçoava e, após 1780, eram êles reforçados com cobre; mas, construídos de madeira, seu número e suas dimensões dependiam da exploração das florestas — eram necessários 4.000 carvalhos para uma embarcação grande — e da dimensão das árvores — em cada 10.000, apenas uma servia para um mastro; a maior parte não ultrapassava 100 toneladas e apenas a Companhia das Índias possuía alguns com mais de 800; finalmente, o velame assegurava apenas uma marcha lenta e irregular. Se a carruagem de posta e a diligência também progrediam, a mais forte carroça de transporte não comportava mais de 1.500 libras e exigia pelo menos quatro cavalos. Uma enorme mão-de-obra era empregada no transporte, o que não impedia qùe a indústria, uma vez mecanizada, se expusesse à inanição e à congestão.

Entretanto, novos tempos se anunciavam. A Inglaterra não podia mais sustentar completamente sua população desenvolvida e, em parte, industrializada. É característico que se tenha imputado ao

44

crédito e à imperfeição da mecanização a responsabilidade da crise que estourou em 1789, embora a má colheita tivesse contribuído para isso. O movimento do Banco de Londres, de 58 milhões de libras esterlinas em 1788, caiu a 35 no ano seguinte. Reprovou-se aos bancos particulares seus empréstimos imprudentes, geradores da superprodução; incriminou-se a abundância das fiações de algodão, que a tecelagem à mão não conseguia absorver; observou-se que a guerra no leste da Europa fechava os mercados e que, com isso, a paralisia atingia a economia. A supremacia da Inglaterra ia firmar-se claramente no decorrer do período revolucionário e napoleônico: ela conseguiu financiar as coalizões européias e, dominando o mar, abriu à sua indústria novos mercados para iludir o bloco continental.(*)

III. *A inferioridade da Europa continental*

Sôbre o continente, os próprios países ocidentais acusavam um atraso sensível em relação à economia britânica, sem excetuar a França que, entretanto, mantinha entre êles o primeiro lugar, e a estagnação se agravava à medida que se avançava para leste.

Foi na Itália, depois na Holanda, em Gênova, em Veneza, em Amsterdão, que se fundaram os primeiros bancos, mas permaneciam meros institutos de depósitos, cujos certificados de pagamento, embora transmissíveis, não substituíam a "bank-note" ao portador. Nenhum praticava o desconto comercial. Apenas a França possuía, após 1776, uma "Caixa de Descontos", autorizada pelo Estado a emitir notas, que ela trocava contra letras de câmbio emitidas pelos seus clientes aos fornecedores; seu papel apenas circulava em Paris e seus arredores. Os bancos particulares eram pouco nume-

---

(*) A. H. IMLAH, "Real values in British foreign trade" no "The Journal of economic history", t. VIII, 1948, p. 133-152. As exportações e as importações da Grã-Bretanha. são conhecidas pelos cálculos alfandegários, calculados de acôrdo com uma tabela de preços estabelecida no final do século XVII e início do século XVIII. Êstes "valores oficiais" não correspondem exatamente aos "valores reais". Imlah efetuou nôvo cálculo das importações, exportações e reexportações baseado nos valores reais, mas só pôde realizar êsse trabalho a partir de 1798. Êle conclui que, contràriamente à opinião corrente, o balanço comercial da Grã-Bretanha era deficitário, com muito raras exceções. Encontrar-se-á na tese de F. CROUZET, "L'économie britannique et le blocus. continental" (defendida por exemplares datilografados diante da Faculdade de Letras de Paris em março de 1956), uma comparação crítica das publicações de SCHLOTE, GAYER e IMLAH. Ver observação apresentada adiante, sôbre a conclusão de Imlah.

rosos e cidades importantes como Orleãs, por exemplo, não possuíam nenhum; constituíam exceção aquelas que se arriscavam a utilizar sua própria moeda fiduciária sob sua responsabilidade. Na França, Paris era a única cidade em que o dinheiro, trazido pelos impostos, circulava abundantemente; na província, o crédito era difícil e custava caro. Na Itália, nem mesmo se admitia o endôsso dos títulos comerciais. Geralmente o empreendedor aplicava seus capitais pessoais, os de parentes e amigos; hipotecava suas propriedades imobiliárias; obrigado a conceder longos prazos aos compradores, nestes compreendidos os mais ricos particulares, freqüentemente recorria às combiais de favor. A lei apenas reconhecia as sociedades gerais, isto é, de nome coletivo, e as sociedades em comandita. Era necessária autorização do Estado para fundar uma companhia por ações; estas eram nominativas ou, pelo menos, não se transmitiam, a não ser com o consentimento da sociedade. A responsabilidade do comanditário e do acionista ainda não se achava limitada por lei; a jurisprudência francesa, insegura, tendia a restringi-la apenas aos capitais nelas investidos. Ao contrário da Inglaterra, o continente carecia de armadura bancária apta a agrupar as economias e empregá-las para financiar as emprêsas.

Amsterdão e Hamburgo, aos olhos dos britânicos, eram centros importantes: Lisboa também, cuja praça mantinha lugar eminente em Londres, constituindo Portugal uma espécie de colônia inglêsa, após o tratado de Methuen. Sem embargo, apenas a França permanecia, aos olhos dos inglêses, como um concorrente inquietante, porque seu comércio, ultrapassando a casa do bilhão nas vésperas da Revolução, sustentava a comparação com o dêles. É verdade que seu balanço comercial era desfavorável: 542 milhões nas exportações, contra 611 nas importações, mas mais de 200 milhões das importações provinham das colônias. Sua marinha mercante, pelo contrário, crescia muito menos, embora contasse, diz-se, com 2.000 navios para longo percurso. Seus transportes internos estavam sempre em atraso. Os únicos canais em serviço eram o do Meio Dia e os de Flandres; três outros, na Picardia e em Borgonha, aguardavam ser terminados. Os rios eram utilizados medìocremente: anualmente passavam 200 navios em Château Thierry e 400 em Mantes. Grande esfôrço era feito no sentido de estabelecer a rêde das estradas reais por meío da corveia, sob a direção de engenheiros de "Pontes e Aterros", formados por uma escola especial, mas demandaria tempo terminá-la e ainda não se ocupavam das estradas secundárias e dos caminhos próximos. As alfândegas internas e·os tributos de passagem ainda agravavam o particularismo regional; não fazia muito que os cereais circulavam de uma província para outra, e quase tôdas continuavam a cultivar a vinha. A capital do Reino trabalhava para si própria e seus arredores: suas exportações não excediam 75.000 toneladas e o Meio Dia escapava-lhe completamente.

Seguindo a tradição, o comércio mantinha o primeiro lugar na França, principalmente o comércio marítimo, que continuava a florescer em Marselha e assegurou, no século XVIII, a ascensão de Nantes, depois, nas suas últimas décadas, a de Bordéus; numerosas indústrias traziam prosperidade aos portos, notadamente a refinaria do açúcar. A finança ao serviço do trono havia também edificado grandes fortunas. O capitalismo comercial açambarcava o artesanato; em Lion, após o século XVI, o "fabricante" era na realidade um negociante que importava sêda e exportava tecidos fabricados com ela: êle deixava o trabalho para os operários especializados (*canut*), como salariados. A indústria rural ia se estendendo e, em 1762, um decreto do Conselho autorizou-a oficialmente; numerosas províncias se aproveitaram disso: Flandres tecia a sêda, o *drap*, o algodão; Cambrésis, Hainaut, Vermandois, a cambraia e a batista; a Alta Normândia, os "rouenneries" (tecidos de algodão cujos fios tinham sido tingidos antes da tecelagem) e o *drap*; o Maine e a Bretanha, a tela; a Champagne e Orleanais consagravam-se à malharia e o Languedoc ao *darp*. Existiam finalmente fábricas pròpriamente ditas; os reis as haviam criado para os artigos de luxo; a elas se juntavam os arsenais e fábricas de âncoras e canhões para a marinha, de fuzis e armas brancas para o exército; particulares dirigiam as grandes emprêsas metalúrgicas, como a de Creusot e a dos Perier, em Chaillot; fábricas têxteis e especialmente de telas pintadas na Alsácia e em Jouy-en-Josas, onde se instalou Oberkampf; de produtos químicos, por exemplo a de Chaptal em Montpellier. A administração inclinava-se a abrandar a regulamentação, mas às apalpadelas. Turgot suprimiu as corporações; depois dêle, foram restabelecidas, mas reformadas. Sôbre a exclusividade e a proteção alfandegária, a opinião dos homens de negócios permanecia tanto mais intransigente quanto a produção modernizada da Inglaterra as ameaçava: o tratado de 1786 suscitou inúmeras recriminações.

Não faltava aos franceses o espírito inventivo: Berthollet transformou o processo de embranquecimento dos tecidos em 1785 e os Montgolfier haviam lançado o aerostato. As novas invenções mecânicas não os deixavam indiferentes, e várias máquinas inglêsas vieram abastecer a indústria do algodão. Todavia, em 1789, calculava-se existirem na França apenas 900 "jennys", contra 20.000 na Grã-Bretanha. Os Périer fabricavam máquinas a vapor, mas eram utilizadas sòmente nas minas de Anzin e de Aniche ou no Creusot. A metalurgia pouco se modificava; permanecia extrema-

47

mente dispersa, pois empregava apenas a madeira, como combustível.

Quanto à produção agrícola, continuava a melhorar lentamente. O milho a havia transformado no sudoeste; a vinha se propagava; a batata e as plantas forraginosas não eram esquecidas; o govêrno esforçava-se em aperfeiçoar a criação; as sociedades de agricultura prodigalizavam os conselhos. Entretanto, as tradições persistiam quanto ao essencial. O que se procurava, sobretudo, era aumentar a colheita dos cereais, e muito menos pela cultura intensiva que pelo arroteamento freqüentemente imprudente. A aristocracia inclinava-se a seguir o exemplo da Inglaterra, de acôrdo com o conselho dos fisiocratas; mas a êste respeito ainda, a administração hesitava. Luís XV contentou-se em autorizar o cercado e a partilha de terras comunais em algumas províncias, com medíocre sucesso. As mesmas tergiversações existiam para o comércio dos cereais: Bertin, depois Turgot, aboliram a regulamentação interna, que após êles tornou a aparecer.

A França continuava essencialmente agrícola e artesanal; o progresso do capitalismo e a liberdade econômica despertavam viva resistência. Foi de grande conseqüência para a Revolução: no seio do Terceiro Estado, o desacôrdo surgiu entre a grande burguesia e as classes populares; a economia dirigida do Comitê de saúde pública chocou-se com os obstáculos opostos pela dispersão da população e pela deficiência dos transportes; o poderio da "moderna Cartago", fundado sôbre o crédito e a exportação, não pareceu invencível a uma nação ainda profundamente ligada à economia tradicional.

Os países vizinhos evoluíam no mesmo sentido que a França; mas não a igualavam, pois, com exceção da Holanda, tiravam menor proveito da exploração dos novos mundos. Tendo Carlos III autorizado alguns portos a comerciarem diretamente com as colônias, e reforçado a proteção alfandegária, parece todavia que a Espanha finalmente realizava algum progresso, notadamente na Catalunha. O progresso da indústria rural, principalmente a do algodão, despertava várias regiões: a Suíça, a Floresta Negra, Saxe, a Itália do norte; mas as novas máquinas aí não penetravam a não ser a título excepcional: a Suíça adotava a "jenny"; Chemnitz veio a conhecê-la em 1788; o forno a carvão foi introduzido no Ruhr.

À parte as regiões vizinhas do Báltico, a Europa central e oriental não participava ainda amplamente do comércio internacional e o capitalismo comercial não atingia senão alguns portos e raras cidades do interior: exportavam-se sobretudo matérias-primas. Os déspotas esclarecidos praticavam o *colbertismo*, tomado de empréstimo ao Ocidente com análogas conseqüências, mas ainda discre-

48

tas. Êles favoreciam o desenvolvimento das fábricas ou, mesmo, criavam-nas. As emprêsas de mineração e as metalúrgicas da Silésia e do Ural haviam nascido e crescido. Em certas regiões, o comércio chefiava o artesanato: por exemplo, os tecelões na Silésia; a indústria rural atingia a Boêmia; na Prússia a aboliu, porque as cidades se prestavam melhor ao recolhimento do impôsto de consumo. A agricultura pouco se modificava. Alguns homens adotaram os métodos inglêses, como Thäer na Alemanha, por exemplo, e Krause em Königsberg: mas não possuíam muitos adeptos. A extensão do comércio do Báltico encorajava a seu redor a produção de cereais: êstes eram produzidos por processos extensivos, esforçando-se os senhores por desapossar os rendeiros, para aumentar seus próprios domínios, que eram explorados por meio da corveia; mas os governos nem sempre lhes deixavam o campo livre: os reis da Prússia limitavam, dentro de certa medida, o "Bauerlegen"; únicamente a Dinamarca, no Slesvig e no Holstein, permitia o cercado em proveito dos fidalgos provincianos.

Graças à revolução econômica inaugurada pela Grã-Bretanha, parecia que a supremacia da Europa se firmaria, o que se poderia duvidar em meados do século. A madeira rareava; a produção industrial aumentava lentamente; a agricultura corria o risco de não poder sustentar a mão-de-obra; se o Ocidente não conseguisse equipar os novos mundos, não iria a exploração colonial esgotá-los? Não tinha parecido impossível que a Europa experimentasse a mesma sorte de Roma, cujo capitalismo puramente comercial e financista havia terminado por arruinar os países conquistados. No presente, a esperança se justificava: o carvão e o ferro substituiriam a madeira, o vapor e as máquinas multiplicariam o rendimento da mão-de-obra, a agricultura a alimentaria. Ainda faltava que o continente se convertesse à nova economia. O que era apenas questão de tempo, desde que a paz durasse.

IV. *Enriquecimento da Europa*

A verdade é que a Europa se enriquecia; sobretudo no oeste, não é necessário dizer. Exatamente em qual proporção, não se sabe. O rendimento nacional da Inglaterra e da França havia mais que dobrado, crê-se, no século XVIII; elas puderam aumentar os impostos a fazer empréstimos: a dívida pública da primeira passou de 16 milhões de libras esterlinas, em 1701, a 257, em 1784; a da segunda, reduzida a 1.700 milhões em 1721, elevava-se a 4 bilhões e meio em 1789. A mitigação da vida material e o abrandamento das relações humanas ganhavam em profundidade, embora, naturalmente, os maiores proveitos atingissem sobretudo às classes dominantes.

A ostentação é de todos os tempos, mas a característica do século XVIII foi a busca do bem-estar e do prazer, ressaltados e moderados pelo refinamento da inteligência. Às vastas salas das moradias, destinadas ao aparato, juntaram-se e preferiram-se os apartamentos decorados para o uso quotidiano e que podiam ser convenientemente aquecidos; o mobiliário evoluindo para o mesmo fim, reduzindo as dimensões, substituindo as formas retas por linhas curvas, afofando os assentos, aumenta o confôrto, ao mesmo tempo em que atrai por sua variedade e pela delicadeza decorativa; o exotismo vem auxiliar: o mogno inaugura seu reinado; o alexandrinismo, descoberto em Pompéia, insinua-se na decoração. A circunspecção civilizou a vida mundana dos salões, onde a galanteria esforça-se por respeitar a decência pela engenhosidade das conversas. Mais mescladas e mais livres são as sociedades movediças que se formam em Paris, nos cafés. O gôsto pelo saber difundiu-se e multiplicou as academias e as salas de leitura, os cursos e as conferências. O sentimento, a sensibilidade, a beneficência e a filantropia diversificam as nuances do prazer. Muitos outros, além de Talleyrand, e menos ricos, deploraram mais tarde a "doçura de viver" de antes de 1789.

O artesanato, a loja, o camponês abastado tiravam algum proveito do enriquecimento geral: o consumo crescente de certas mercadorias parece atestá-lo. Nas vésperas da Revolução, o uso do chá se generalizava na Inglaterra; em 1784, eram importados cêrca de 8 milhões e meio de libras (pêso), sem falar do contrabando; tendo Pitt diminuído o direito alfandegário, passou-se a 12 em 1786. Na França, o café obtinha o mesmo sucesso. Com o açúcar sucedia o mesmo: o inglês consumia, diz-se, dez vêzes mais que o francês. E é preciso ainda acrescentar o chocolate e o tabaco, a cerveja, o vinho e a aguardente. Quanto aos salariados, o crescimento da população desperta a atenção: acelerou-se durante as últimas décadas. A França teria ganho 3 milhões de habitantes depois da Guerra dos Sete Anos; no decorrer ao século, a Grã-Bretanha passou de 5 milhões e meio a 9, a Áustria de 20 a 27, a Espanha de 5 a 10, a Itália de 11 a 18. A atenuação da carestia e os recursos oferecidos pelos progressos da indústria reduziam a mortalidade.

Naturalmente impõem-se algumas reservas. No centro e no leste da Europa, o aristocrata não perdia o hábito de sevícias corporais contra seus "dependentes"; no Ocidente, se os costumes se abrandavam, nem sempre o aristocrata se moralizava; julgando-se acima do comum, ostentava freqüentemente a libertinagem e o esbanjamento. Nas classes populares, a miséria e a ignorância acarretavam freqüentemente a bebedeira e a violência. A pequena burguesia, o artesanato, os camponeses abastados, constituíam o conjunto mais apegado à conduta regrada, mas não falha de grosseria e de dureza.

Finalmente o enriquecimento explica o otimismo do século do qual a idéia de processo foi a expressão intelectual e que encorajou os homens dessa época a empreenderem, com uma audácia confiante, as reformas que as transformações concomitantes da sociedade e da mentalidade lhes pareciam sugerir.(*)

(*) Observa-se que, segundo a conclusão de Imlah, o balanço comercial não enriquecia a Grã-Bretanha. O balanço das contas não era mais favorável, pois abundantes capitais puderam ser investidos na economia, notadamente na indústria, e subscrever os empréstimos governamentais. O frete, os seguros, as comissões juntavam-se, é verdade, às exportações. Mas, nessa época, a Inglaterra não fornecia capitais à Europa continental; consideráveis, ao contrário, eram nela os depósitos dos holandeses e genoveses, o que enfraquecia o balanço das contas. Estima-se então que, dos cálculos de Imlah, sobressai a importância essencial dos lucros tirados da exploração dos países de além-mar: tráfico negreiro, fundos aplicados nas plantações, emolumentos e aposentadoria dos funcionários da Companhia das índias, especulações individuais de traficantes coloniais. Sem nenhuma dúvida, a conclusão vale, não apenas para a Inglaterra, mas, numa medida mais ou menos importante, para as outras potências colonizadoras.

Terceiro capítulo

A SOCIEDADE (*)

No continente, a estrutura social conservava o cunho aristocrático, legado de uma época em que, sendo a terra pràticamente a única riqueza, aquêles que a possuíam arrogavam-se todos os direitos sôbre os homens que a cultivavam. Padres e nobres, transformando-se em súditos, permaneciam privilegiados. Se o Estado havia retirado dos fidalgos a maior parte de suas regalias, conservara-lhes, entretanto, uma autoridade mais ou menos extensa sôbre os camponeses de suas terras. A não ser em certas regiões, como a Suécia ou a Frísia, onde os camponeses eram classificados à parte, quase tôda a população era confundida em uma terceira "ordem" — o Terceiro Estado, na França — cuja inferioridade originária era perpetuada pelas prerrogativas da aristocracia.

A separação das "ordens", "Estados" ou "Stände" não esgotava a hierarquia social. Por interêsse financeiro ou político, o Estado jamais dificultou a concessão de "franquias" ou liberdades, isto é, privilégios, não apenas às províncias ou cidades, mas também a grupos constituídos no seio de cada ordem: repartindo para reinar, mantinha uma organização corporativa cujo princípio, de alto a baixo, repousava sôbre a desigualdade dos direitos.

No Ocidente, esta estrutura estava minada, sobretudo na França, pela evolução que aumentava o poderio da riqueza mobiliária e a

---

(*) Os progressos da história social são os menos pronunciados. Durante muito tempo as descrições da "sociedade" referem-se essencialmente às classes dominantes e apenas para descrever seus costumes e suas opiniões, baseados em memórias e correspondências, sem avaliar aproximadamente seu efeito e seus lucros. Depois que se começou a estudar a história econômica, a perspectiva alargou-se, mas os autores comumente unem o econômico e o social, tratam da vida moral e social ou seguem ao mesmo tempo a evolução política, econômica e social. Do ponto de vista do historiador, semelhantes sínteses explicam-se por si mesmas, mas elas ressaltam a ausência de obras aprofundadas sôbre as diversas classes ou categorias sociais, as quais suporiam monografias regionais ou locais, baseadas tanto quanto possível nos dados estatísticos fornecidos pelos documentos fiscais.

capacidade da burguesia, emancipava as classes populares e punha em evidência o papel proeminente do trabalho produtivo, da inteligência inventiva e do conhecimento científico.

Mas, também sob êste ponto de vista, os britânicos se distinguiam dos continentais. Havia séculos já, as circunstâncias históricas, explicadas, pelo menos em parte, pela insularidade, afetavam a sociedade britânica de característicos originais, que o progresso de sua economia prometia acentuar.

I. *Os clérigos*

Como tradicionalmente o direito divino entrelaçasse o trono e o altar, o príncipe impunha sua religião aos súditos. A Igreja oficial detinha o privilégio do culto público e o estado civil, dirigia o ensino e a assistência, censurava a atividade intelectual. À autoridade que lhe era conferida pelo temor e pela fé, acrescentava-se a que lhe forneciam suas terras e o dízimo. Seu clero não constituía apenas a primeira das "ordens" mas também um "corpo", o mais sòlidamente unido pela própria hierarquia e pela disciplina, o mais fortemente organizado por suas assembléias particulares e tribunais.

Todavia, nos lugares em que a Reforma triunfara, esta supremacia estava diminuída. Nos Estados protestantes, o príncipe, transformado em chefe da Igreja, encarava os pastôres como seus auxiliares; mesmo na Inglaterra, embora bispos fizessem parte do Parlamento, a Igreja estabelecida não mais se reunia em "convocação". Os bens eclesiásticos haviam sido parcialmente secularizados, e suprimidos os regulares. O espírito de livre exame multiplicava as seitas, que eram toleradas, sem que jamais se atingisse à plena liberdade de consciência, sofrendo os dissidentes de incapacidades sociais, os católicos mais freqüentemente ainda, e o liame social apenas era concebido entre cristãos, ficando o judeu à parte e o ateu excluído. Enfim, os pastôres, formados em Universidades, absorviam o pensamento racionalista. Esta evolução provocava a reação de místicos, de "despertados", de fanáticos. Entretanto, não deixava de apresentar vantagens: privado de um chefe universal, o protestantismo se amalgamava, em cada Estado, ao sentimento nacionalista nascente; indo ao ponto de apresentar seus dogmas como símbolos, adaptava-se ao movimento dos espíritos; raramente entrava em conflito com o Estado, e mantinha sua influência moral na sociedade. Na Rússia, o czar era também o chefe da Igreja ortodoxa; Catarina II havia secularizado uma imensa parte dos bens desta última; o Império, englobando uma multidão de populações

53

diversas, deixava-lhes seus cultos particulares e limitava-se a proibir aos ortodoxos a mudança de religião ou a queda para a heresia. O mesmo não se dava nos países católicos. A Igreja aí conservava sua riqueza, seus privilégios, sua organização independente; o clero, na França, apenas reconhecia ao príncipe um dote gratuito, e êle mesmo o recolhia. Na Alemanha os arcebispos-eleitores, bispos e abades, como o papa, na Itália, eram príncipes temporais. A unidade doutrinal subsistia em princípio, o recurso à autoridade pontifícia constituía um supremo baluarte contra o Estado, e a Revolução Francesa ia se aperceber disso.

Muitos alimentavam, entretanto, a ilusão de que a decadência da Igreja católica pressagiava seu próximo desaparecimento. O prestígio do papado diminuía: os Bourbons tinham-no constrangido a suprimir os jesuítas; a tradição galicana interditava-lhe qualquer interferência sôbre o poder temporal e limitava sua autoridade sôbre o clero a serviço do príncipe; José II regulamentava a organização católica até nos menores detalhes, sem que Pio VI ousasse protestar. De fato, a intolerância diminuía, e a Inquisição praticava sevícias apenas na Espanha. O espírito da época tendia a olhar o padre como um funcionário encarregado da instrução moral; desejar-se-ia subtrair-lhe a direção do ensino e da assistência, a fim de modernizá-lo; a hostilidade em relação aos religiosos, sobretudo aos monges, era fortemente difundida.

Por outro lado, a Igreja parecia minada interiormente. Os bispos, galicanos à sua maneira, defendiam mais ou menos sua independência contra a Santa Sé; na Alemanha, o febronianismo dirigia-se para o mesmo sentido, não sem sucesso, como o episcopado acabava de demonstrar pela "Punktation" de Ems; na Itália, o sínodo de Pistóia, sob a direção do bispo Ricci, seguia a mesma trilha. Na França, entre os curas, o *richerismo* deixava marcas. A êstes recalcitrantes, os ultramontanos atribuíam idéias jansenistas, o que significava que a unidade doutrinária não se encontrava em melhor situação que a disciplina.

O clero, por tôda parte, constituía apenas frágil minoria. Na França, avaliava-se comumente seu efetivo em cêrca de 130.000 pessoas, repartidas, mais ou menos pela metade, entre as facções seculares e as ordens religiosas. Do ponto de vista social, a riqueza do clero católico comprometia sua influência e coesão. Entrando em conflito com os reis, o papa expunha-se a perder suas possessões territoriais; os nobres colocavam os filhos nos bispados, nos cabidos, nas abadias; o baixo-clero e os fiéis queixavam-se de que os rendimentos da Igreja eram desviados de seus fins; o clero constituía uma ordem, não uma classe, e dividia-se entre a nobreza e os plebeus. A verdadeira aristocracia era a nobreza.

II. A *nobreza*

No continente, a nobreza constituía uma ordem; freqüentemente também, mas não em França, ela constituía um corpo: seus membros eram matriculados; os dignitários preveniam qualquer derrogação e defendiam os privilégios. Subsistiam os feudos, cuja hierarquia, de vassalo a senhor, mantinha-se pelo consentimento e o recenseamento, bem como por uma taxa para cada transferência; nos lugares onde o rei autorizava os plebeus a adquirirem feudos, uma taxa especial — na França o "franc-fief" — lhes era imposta. A nobreza conservava seus costumes, notadamente assinalados pelo direito da primogenitura. Da antiga autoridade senhorial, subsistia uma parte da justiça, o policiamento da cidade, prerrogativas honoríficas, monopólios, como a caça e as trivialidades, taxas e corvéias pessoais, a servidão, sobretudo no centro e leste da Europa, e, finalmente, a propriedade eminente do solo, que constituíam rendimentos reais dos proprietários. Os nobres, aliás, conservavam um domínio próprio, que exploravam diretamente, ou arrendavam.

A nobreza era hereditária; em princípio, era conferida pelo nascimento, e o sangue devia ser preservado de casamentos desiguais. Julgando-se superior, pela raça, ao plebeu "ignóbil", o aristocrata fazia por salientar sua dignidade através da maneira de viver. Êle carregava a espada; sua carreira era a das armas. Conselheiro nato do príncipe, acedia em servir como ministro, diplomata, governador ou intendente; Pedro, o Grande, a isso o havia coagido, ligando assim a nobreza a uma hierarquia de funções públicas. O nobre entrava também na Igreja. Mas êle praticava uma indignidade, se aceitasse um emprêgo subalterno ou procurasse ganhos mercantis; Colbert excluiu o comércio marítimo, sem grande sucesso. A evolução econômica, pelo poder do dinheiro, havia portanto sido funesta à nobreza feudal. A guerra, não mais acarretando saques ou resgates, esgotava os patrimônios, já abalados pela alta dos preços, o luxo crescente, as partilhas sucessórias. Disso resultava, no seio da aristocracia, uma desigualdade de fortuna e de condições de vida; seu efetivo diminuía. Mas, já havia muito, os burgueses preenchiam os claros nas suas fileiras.

Muito cedo o príncipe atribuiu-se a faculdade de enobrecer seus servidores; se, para aumentar seus recursos, êle delegava, a preço de ouro, sua participação na administração, na magistratura, nas finanças, no exército, associava a nobreza a alguns dêstes cargos, a fim de elevar seu valor. Foi em França que a venalidade dos "cargos", extraordinàriamente difundida, engendrou uma nobreza de toga, uma nobreza administrativa, uma nobreza municipal ou de "cloche", seja hereditária, seja pessoal, mas transmissível dentro de certas condições. Êstes enobrecidos, unidos pelo casamento e pela solidariedade profissional, constituíam uma oligarquia especial. Por sua fortuna e influência, cimentavam o poder da ordem cujos costumes, arrogância e exclusivismo esposavam apaixonadamente. Por outro lado, transformavam sua mentalidade, emburguesando-a: permaneceu convencionado que o nobre deveria consagrar-se às armas, mas êle não partia para a guerra, a não ser por ordem do rei e por dever, mais que por verdadeiro gôsto pelos combates.

À medida que se avançava para o leste da Europa, a evolução ia aparecendo cada vez menos adiantada: o enobrecimento era mais raro, e a venalidade não existia; mantinha-se melhor a coesão da ordem. Assim, o poder e a atitude política da nobreza diferiam sensìvelmente, de acôrdo com os Estados. Nos do centro e do leste, como a burguesia pouco contasse, a aristocracia invejava sobretudo a autoridade do monarca; a oeste, e principalmente na França, ela rivalizava ao mesmo tempo com o poder real e com a burguesia, nutrindo tenaz rancor contra o primeiro, que a submetera, e vivo sentimento de exclusivismo contra a segunda, cuja ascensão a ameaçava. Ela jamais constituía senão uma fraca minoria, mas as apreciações divergem ainda mais que a respeito do clero. Na França, Sieyes calculava-a em 110.000 nobres: sem dúvida êle contava apenas os chefes de família, e certamente excluía os nobres pessoais.

III. *A burguesia*

A burguesia constituía não uma ordem ou um corpo, mas a parte mais rica e mais capaz daquilo que os franceses chamavam o Terceiro Estado. Preponderante, já havia muito, nas Províncias Unidas, o desenvolvimento econômico fortificava-a singularmente na França, muito menos na Itália e na Espanha, pouquíssimo na Europa Central e Oriental. Ela se recrutava principalmente entre os camponeses de profissão e os artesãos, entre os quais alguns se destacavam, graças ao trabalho e à economia, sem dúvida, mas principalmente pelas oportunidades felizes de especulação comercial, por modesta que fôsse; o intermediário sempre atingiu ao bem-estar e à riqueza mais freqüentemente e ràpidamente que o produtor.

A composição da classe não era homogênea. Os que se consideravam burgueses, pròpriamente ditos, concentravam-se no pequeno número de plebeus afortunados que podiam dispensar-se de trabalhar e viver "nobremente e de seu patrimônio", essencialmente constituído por terras, rendimentos imobiliários e, em pequena proporção, por valores móveis. Condescendiam em se ligar, não sem reticências, aos membros dos dois outros grupos, desde que fôssem ricos e que, sem nenhuma exceção, isentos do trabalho manual, ocupassem apenas funções de autoridade e de chefia.

Dêstes dois grupos, o mais coerente e o mais estável, e também o mais culto de tôda a nação, era o dos administradores monárquicos. Era um grupo particularmente numeroso e influente em França, onde os "officiers", proprietários de seus cargos venais e, por isso mesmo, independentes do poder real, uniam-se, além disso, pelo emprêgo, em grupos zelosos de suas prerrogativas, nos tribunais, nas repartições de finanças, nas eleições. Como uma parte dos "officiers" era enobrecida, a burguesia caminhava paralelamente com a nobreza de toga e de administração. De outro lado, ligavam-se a estas instituições os numerosos homens de lei — notários, procuradores, bedéis — que igualmente compravam os cargos, e também os advogados que, como êles, constituíam corpos. Assim, estabelecia-se uma espécie de classe intermediária, através da qual a ascensão social, assegurada pelo dinheiro, tinha sido sempre possível. Quanto às demais profissões liberais, não se levavam em conta senão algumas pessoas, médicos ou sábios, escritores ou artistas, cuja reputação salientava, e sempre com a condição de que seus rendimentos fôssem dignos de consideração; caso contrário, os salões poderiam ser-lhes abertos, pelo menos na França, mas não como a iguais.

O outro grupo, menos acatado, embora freqüentemente de fortuna superior, compreendia os banqueiros e os diretores da economia. Dos primeiros, aquêles que prestavam seu concurso ao Estado — arrendatários comuns em França, fornecedores, "fabricantes de serviços" — constituíam grande número: mais de um passava, mais cedo ou mais tarde, para a nobreza; Necker, embora estrangeiro e protestante, elevou-se até o ministério. Os armadores, os negociantes, os industriais, eram em maior número, mas não gozavam da mesma influência; em certas cidades, ligavam-se a corporações, como as câmaras de comércio, ou às jurisdições consulares; industriais inscreviam-se em corporações de seu ofício. Esta burguesia do Antigo Regime constituía o que chamamos a alta burguesia; como a aristocracia, formava apenas pequena minoria; sua organização corporativa mantinha, entretanto, o mesmo exclusivismo que reprovava à nobreza: de um grupo para o outro, segundo escreveu Cournot, "uma cascata de desprêzo" prejudicava a solidariedade e, tradicionalmente, êsses burgueses sonhavam em se insinuar, um a um, nas fileiras da classe superior. Na França, todavia, sua superioridade já se impunha de tal maneira, que o govêrno começava a associá-los aos nobres que continuavam ricos, entre os "notáveis", categoria social criada pelo dinheiro e que, transcendendo a divisão legal das ordens e corporações, passara a constituir a burguesia moderna.

Todavia, o futuro reservava a seus diversos elementos um destino bem diferente. Como a aristocracia, a burguesia pròpriamente dita do Antigo Regime, aquela que vivia "nobremente", seria afetada pela Revolução. Os "officiers" e os homens de profissões liberais, fornecendo, a partir do século XVI, a maior parte dos mestres da pesquisa científica e da filosofia das luzes, ao mesmo tempo que, no conjunto, a prática das funções públicas e a gestão de seus bens os familiarizavam com o manejo da administração e a direção dos indivíduos, preparavam intelectualmente a Revolução e iriam orientá-la. Todavia, administrando prudentemente sua fortuna, e destinando suas economias a investimentos imobiliários, êles também possuíam uma riqueza adquirida e o cataclisma nem sempre os pouparia; em todo caso, êles dêle se aproveitariam menos que os banqueiros e homens de negócio. Entregues à sua paixão pelo lucro e pelo poder, êstes não viam nas novas idéias, e não retiveram da metamorfose, senão aquilo que poderia servir aos interêsses da burguesia; entretanto, de seu gôsto aventureiro pela iniciativa, pela especulação e pelo risco dependiam o impulso do capitalismo e o destino de sua classe.

O que denominaríamos classe média ou pequena burguesia, os notáveis chamavam desdenhosamente "o povo" e, quando os democratas revolucionários falavam de "povo" com carinho, era a essa classe que se referiam. Os burgueses consideravam essa espécie de pessoas como inferior porque elas trabalhavam com suas mãos, pelo menos na época, e tinham, em todo caso, provàvelmente começado por fazê-lo. Na primeira fila colocavam-se aquêles que gozavam de privilégios particulares, uma regulamentação especial, um acesso às profissões liberais, a importância excepcional de sua emprêsa: o chefe de administração, o empreiteiro, o livreiro e o impressor, o boticário, apenas alguns cirurgiões, porque a maior parte dêstes era constituída de pobres coitados, confundidos com barbeiros. Condições completamente diversas afetavam os artesãos e os retalhistas, infinitivamente mais numerosos, organizados em corporações, que asseguravam a alimentação, o vestuário e o calçado, o penteado, o arranjo da casa e o mobiliário; sua qualificação dependia da sua prosperidade e, especialmente, da qualidade de seus clientes. De degrau em degrau, descia-se até o nível francamente popular dos lojistas do bairro, dos sapateiros remendões, dos taberneiros, dos mercadores ambulantes. A qualquer categoria que pertencesse, o pequeno burguês freqüentemente se irritava por se ver tratado com superioridade pelo burguês pròpriamente dito, mas freqüentemente se comportava de maneira semelhante em relação aos proletários. Na opinião de Madame Lebas, filha do empreiteiro Duplay, anfitrião de Robespierre, seu pai teria comprometido sua dignidade, se houvesse admitido à sua mesa qualquer de seus "servidores", isto é, de seus operários.

Impõe-se importante correção a êste ensaio de classificação. No século XVIII, a capacidade intelectual tendia a rivalizar com o poderio do dinheiro, e a justificar uma hierarquia que não concordava com a outra. À margem dos ricos, professôres, homens de letras, e novelistas, sábios e artistas, músicos e cantores, atores e dançarinos constituíam um meio confuso e instável, freqüentemente necessitados, às vêzes de moralidade pouco rígida. Entre os amanuenses, os empregados de escritório, os quadros de chefia nas lojas e oficinas — que não eram vistos como estranhos à classe média, devido à sua maneira de viver e porque escapavam ao trabalho manual — não faltavam pessoas capazes de falar e mesmo de escrever. "Os homens de talento", sem fortuna — a "minoria ambiciosa", de que falará mais tarde Boissy d'Anglas — naturalmente beneficiados pela igualdade de direitos, foram sempre, e em tôda parte, um estímulo, e o pessoal revolucionário, numa proporção importante, era constituído por êles.

Notar-se-á finalmente que, se o nascimento, a corporação, a profissão e, conforme a circunstância, o talento, contribuíam para a classificação das pessoas, havia uma gradação insensivel dentro dessa classificação, pertencessem elas à grande riqueza ou ao mais restrito bem-estar.

Ela implicava uma divisão muito prolongada do trabalho e atestava, por outro lado, uma ambição generalizada de ascensão e um crescente individualismo. Êste traço, que se atenuava cada vez mais, à medida que se avançava para o centro e o leste da Europa, caracterizava a civilização do Ocidente. A condição dos camponeses acrescentava-lhe nôvo característico.

IV. *Os camponeses*

Nas regiões ocidentais do continente a servidão persistia, com o vínculo à terra, a estreita limitação da sucessão, a interdição de fazer testamento, encargos mais pesados. Comumente, no entanto, os camponeses eram livres. Em certos casos, podiam invocar a proteção da justiça do rei; na qualidade de rendeiros, detinham uma parte do solo arável e ocupavam a maior parte do resto a título de colonos ou feitôres, porque nobres, padres e burgueses raramente o exploravam pessoalmente. Na França, Luís XVI libertou os servos do "droit de suite"; cêrca de um têrço das terras se encontrava nas mãos dos camponeses; o possuidor de uma gleba livre, hereditária e alienável, dela dispunha à vontade, de modo que os juristas comumente o consideravam como um proprietário. Neste reinado, a condição dos rurais parecia bastante favorável, embora muito diversa, de acôrdo com as províncias; o mesmo se dava nos arredores, principalmente nos Países-Baixos, na Catalunha, e no país basco, no Piemonte e na Renânia; permanecia francamente deplorável em Castela e Andaluzia, assim como no sul da Itália, onde a aristocracia deixava incultos imensos "latifundia".

Mas por tôda parte, para os burgueses e para os citadinos, como para o nobre, o camponês permanecia a criatura ignorante e grosseira naturalmente destinada, seguindo a tradição, a sustentar as classes dominantes, a alimentar principalmente o tesouro real, a nutrir a população urbana. Todos os habitantes da cidade suportavam a autoridade senhorial e os encargos pessoais. A "tenure" (*) pagava os tributos reais: o censo reconhecedor da propriedade eminente; uma renda ou uma parte da colheita que em França se chamava "champart", "terrage" ou "agrier" (**) um direito de mutação chamado "lods et vente". Além disso, o clero recolhia o dízimo, às vêzes enfeudado a um leigo; em geral, pesava mais que os tributos senhoriais. O rei acrescentava o impôsto; em França, pelo menos, êste se tinha tornado o fardo mais pesado, deploràvelmente desigual, além do mais, devido, de um lado, a privilégios e à diversidade administrativa, e de outro, por falta de um cadastro e de estatísticas. O campo pagava quase todo o impôsto; aos nobres solicitava-se apenas pequena parte das taxas e dos vigésimos; o burguês era dirigido, e o clero se limitava ao dote gratuito. Entretanto, nada irritava mais ao camponês que a "gabela" (***) e os auxílios. Finalmente, obrigando-se a suprir os mercados, colocavamno a serviço dos citadinos. Êle se sentia o animal de carga que sempre havia sido.

Unida contra o senhor, o cobrador de dízimos e o impôsto, e também contra a cidade, a comunidade rural encontrava-se, entre-

---

(*) Tenure: modo de possessão de um feudo. (N. T.)
(**) Direito feudal sôbre as searas. (N. T.)
(***) Impôsto sôbre o sal. (N. T.)

tanto, afetada pela desigualdade. Alguns "coqs de village" dominavam-na, grandes fazendeiros ou lavradores proprietários, que empregavam os demais e monopolizavam a administração local; seguiam um número restrito de exploradores agrícolas, que dispunham de um domínio suficientemente extenso para se bastarem. Era uma burguesia campônia que, produzindo o suficiente para vender um pouco, podia se adaptar à renovação agrícola. Mas a maior parte dos camponeses não ocupava terra suficiente para viver: êles precisavam recorrer a um salário extra como jornaleiros, ter uma ocupação complementar, arrolar-se na indústria rural, a serviço dos negociantes. Trabalhando para viver, não para vender, êles se agarravam à regulamentação da cultura, defendiam desesperadamente seus direitos coletivos, protestavam contra a extensão das explorações pelas reuniões de fazendas. Obrigados a comprar uma parte de seus cereais, e mesmo a totalidade, quando eram vinhateiros, compartilhavam, a respeito do comércio de cereais, o sentimento dos consumidores urbanos. Finalmente, é um êrro referir-se aos camponeses como se todos fôssem proprietários ou fazendeiros: os rurais desprovidos de terra devem ser realmente considerados como proletários; nessa época, êles constituíam a maior parte da população rural, em certas regiões da França; e ainda mais na planície do Pó, no sul da Itália e na Andaluzia.

Apesar destas reservas, o Ocidente, já diferenciado pelo poderio de sua burguesia, contrastava vivamente com o centro e o leste da Europa, pelas condições de seus camponeses. Entre o Reno e o Elba, na Boêmia, na Áustria, na Prússia, a situação dos campos se havia agravado a partir do século XV, sobretudo após a guerra dos Trinta Anos: a servidão, aí, generalizou-se. No reinado da Prússia o camponês era, senão "Leibeigene", "servo" no sentido empregado no Ocidente, pelo menos "Utertan", ligado ao solo e submetido ao poder discricionário do "Gutsherr", embora em teoria êle fôsse súdito do rei e estivesse autorizado a recorrer a seus juízes. Fora exceções concedidas a burgueses pelo monarca, apenas o nobre podia possuir propriedade predial: êle concedia "tenures", a título mais ou menos precário, mas explorava pessoalmente grande parte de seus bens através de "corvées", realmente arbitrárias, impostas aos "Untertanen", às quais se acrescentava o "Gesindedienst", que subemetia seus filhos à criadagem do senhor. Na Polônia e na Hungria ainda era pior: proibia-se ao servo de recorrer à justiça comum. Finalmente, na Rússia, êle em nada diferia do escravo, pois o senhor podia vendê-lo, independentemente da terra, e deportá-lo para a Sibéria.

V. *A sociedade britânica*

Os continentais notavam na Inglaterra elementos sociais que pareciam comparáveis aos do Ocidente; mas as divergências impressionavam-lhes mais que as semelhanças: após séculos, traços originais distinguiam a sociedade britânica, e o impulso da economia, assim como sua renovação, contribuíam para acentuá-los.

Em princípio, a lei era a mesma para todos, o impôsto era geral, as funções públicas acessíveis sem privilégios de nascimento, de modo que a distinção de classes não erguia entre nobreza e burguesia uma barreira rígida. A hierarquia e as obrigações dos feudos não mais existiam; o caráter especìficamente militar do nobre se diluía; da organização senhorial apenas subsistiam convenções reais, que eram incorporadas ao direito civil e que o direito de cêrcas eliminava com as "tenures". Os fidalgos dos condados sempre haviam sentado ao lado dos burgueses na Câmara dos Comuns. Falando claramente, a nobreza e os privilégios reduziam-se aos lordes e suas prerrogativas; e ainda os filhos dêstes últimos colocavam-se com os "squires" da "gentry" entre os "commoners". Por outro lado, não ocorrendo a perda da nobreza pelo exercício de uma profissão, nada impedia que uns e outros se interessassem por negócios. A classificação social regia-se ùnicamente de acôrdo com a riqueza.

Lordes e "squires", conservando a propriedade predial e a administração local, os funcionários reais tornando-se pouco numerosos, a venalidade sendo praticada apenas no exército, não se havia constituído uma nobreza de toga. A burguesia não possuía oficiais, e o enobrecimento ou a aquisição da terra não a tentavam tanto como na França: composta sobretudo por negociantes, banqueiros e industriais, ela se voltava mais ardentemente para o empreendimento, a especulação, o lucro; é característico que o homem bastante rico para poder se dispensar do trabalho não nutria nenhum preconceito contra aquêle que dirigia uma firma para, por sua vez, enriquecer.

Quanto aos camponeses, todos livres já há muito, a "enclosure" libertava-os progressivamente de suas "tenures"; se não haviam desaparecido, cada vez mais cediam lùgar aos grandes fazendeiros, para se tornarem simples jornaleiros, incorporar-se à indústria rural ou emigrar para a cidade industrial.

O que não impede que, se os inglêses se consideravam iguais, em princípio, perante a lei, o "habeas corpus" não protegesse o pobre contra a "prensa" que fornecia marinheiros para os navios de Sua Majestade, e a desigualdade prevalecesse nos atos e nos costumes. A propriedade predial permanecia nas mãos de alguns milhares de famílias; lordes e "squires" reinavam nos condados e nas paróquias, onde, aliás, não haviam desaparecido completamente todos os traços da organização feudal; um vivo sentimento de solidariedade unia aquêles que eram "nascidos" para manter os demais à distância das relações de parentesco e de sociedade, assim como para assegurar, com o mesmo exclusivismo existente no continente, os empregos honoríficos e remuneradores.

VI. *O proletariado*

Em um ponto, nobres e burgueses combinavam-se em tôda parte, para considerar os proletários como providencialmente destinados ao trabalho manual e reduzidos, por êste fato, a um nível inferior de civilização. O sentimento religioso levou sempre a tratar os pobres com caridade, a prudência aconselhava orientá-los; logo, o abrandamento dos costumes encorajou a filantropia e a filosofia, introduzindo a noção de um dever social. Todavia, para os burgueses puritanos de Grã-Bretanha, a pobreza, sinal de reprovação divina, contrastava com o enriquecimento concedido aos eleitos e, à medida que a economia capitalista progredia sôbre o continente, difundia-se a opinião de que ser pobre representava a oportuna punição pela preguiça e pelo vício. Em todo caso, no seio das classes dominantes, reinava a repugnância ou mesmo o desprêzo para com os deserdados, e não havia quem não temesse seus delitos individuais e a revolta coletiva do "populacho", da "canalha".

Pondo de lado a criadagem doméstica, cujo efetivo permanecia considerável, o proletário espalhava-se pelos campos, tanto como pelas cidades. Os trabalhos dos campos, a debulha, a floresta, os transportes, as minas e pedreiras, o artesanato rural, mantinham nas cidades muito mais operários que hoje; os menos favorecidos eram os jornaleiros agrícolas, que a estação má condenava ao desemprêgo. Também nas cidades êles se espalhavam, a maior parte trabalhando por conta própria, ou admitindo apenas um ou dois companheiros. A mão-de-obra não era nem estritamente especializada, permanecendo boa parte meio camponeses, e deixando a oficina ao chamado da terra, nem fortemente concentrada nos bairros urbanos ou nas grandes empreitadas. Faltava-lhe o espírito de classe, para não dizer a solidariedade corporativa; não se distinguia do artesanato na França, e fêz causa comum com êle

63

no começo da Revolução. Pode-se duvidar que a burguesia francesa tivesse rompido com a nobreza, se o ano de 1789 não houvesse precedido o impulso do capitalismo industrial e a aparição de uma oposição do proletariado.

Embora os progressos da economia, eliminando a fome, tivessem sido de algum proveito para o proletariado, o crescimento da população, aumentando o desemprêgo, impedia que os salários acompanhassem a alta das mercadorias: na França, de 1730 a 1789, os salários subiram mais de 22%, enquanto o preço dos cereais subiu de 60%. Os economistas explicavam que, de acôrdo com a natureza das coisas, a remuneração do operário não podia exceder o exigido pela sua conservação e reprodução: Turgot havia formulado esta "lei inexorável". No entanto, a resistência sempre se manifestou, pela colocação no índex e pela greve, às vêzes pela sabotagem e pela violência; em algumas profissões, ela era organizada. Na Inglaterra, surgiram "unions" no decorrer do século, mesmo na indústria têxtil, e elas invocaram o "estatuto dos trabalhadores" que autorizava a taxação dos salários. Na França, as "compagnonnages" (associações de empregados) atestaram sua fôrça nas profissões de construção e outras; haviam regulamentado o "circuito da França", e conseguiam estender as senhas de uma cidade para outra; mas essas associações, estreitamente corporativas e em alguns casos rivais, invejavam-se a ponto de chegarem a rixas sangrentas. Formavam-se, também, sociedades de auxílio mútuo, perfeitamente aptas a sustentar os grevistas. De preferência, entretanto, muitos operários solicitavam, como na Inglaterra, a intervenção da autoridade. Podia suceder que, para manutenção da ordem pública, esta interviesse; mas, em princípio, ela se voltava contra o proletariado: a "coalizão", isto é, tôdas as formas de resistência coletiva, e as associações de empregados ou as "unions" eram prescritas pelo Estado e estigmatizadas pela Igreja.

Na França, um quinto da população compunha-se de indigentes e cada crise econômica aumentava-lhes consideràvelmente o número. A insuficiência de assistência, por outro lado, era notória. Na Inglaterra, a paróquia devia, em princípio, sustentar seus indigentes através da taxa dos pobres. O mesmo acontecia nos Países-Baixos. No continente, parte do dízimo deveria ser destinada para isso. Na verdade, não existia assistência aos enfermos, à velhice, à viúva; o desempregado não possuía nenhuma. Também a mendicidade atingia o estado endêmico, e em vão tentava-se suprimi-la, através do internamento. Ela acarretava a vagabundagem que, por sua vez, degenerava em bandos de ladrões; além disso, pululavam os errantes em busca de trabalho, e os contrabandistas, provocados pelas alfândegas internas. Uma colheita má e a crise industrial daí resultante infàlìvelmente estendiam o mal, reduzindo à miséria os próprios artesãos, rendeiros e fazendeiros. O temor pelos salteadores se generalizava. As classes dominantes e a autoridade esforçavam-se por acalmar os pobres, abrindo oficinas de caridade e distribuindo víveres. Mas sua preocupação principal consistia sempre em se prevenir contra os motins e as pilhagens da multidão esfomeada. Êste temor, que se transformou gradualmente em "mêdo", em pânico, era experimentado tanto pela pequena burguesia como pela grande; êle constituía no seio do Terceiro Estado um elemento de dissociação e, fora da França, constituiu um obstáculo à propagação revolucionária.

Quarto capítulo
O PENSAMENTO EUROPEU

A mentalidade dos homens transformava-se mais lentamente que a economia e a sociedade; para a maioria dêles, as condições de existência não mudavam num ritmo tal que pudesse modificar-lhes muito as idéias. Entretanto, o estado de espírito da burguesia, em harmonia com a modalidade original de sua atividade, diferia, desde o princípio, do estado de espírito do guerreiro e do padre. À medida que o capitalismo .comercial, financista e industrial acentuava seus progressos e minava a economia e a sociedade medievais, as ambições dos burgueses atiravam-se contra as idéias tradicionais. O racionalismo experimental que, após haver criado a ciência moderna, pretendeu, no século XVIII, estender seu domínio a todos os aspectos da vida humana, forneceu à burguesia uma filosofia, que contribuiu, sobretudo em França, para despertar nela a consciência de classe e a audácia inovadora. Às vésperas da Revolução, se os corifeus do século das luzes estavam mortos, nada se perdia de suas idéias. Sua herança mantinha-se singularmente complexa e, além disso, o Antigo Regime possuía defensores. Assim, é um panorama móvel e variado que o pensamento apresenta então, pelo menos nos três países onde sua vitalidade se atestava melhor: Inglaterra, Alemanha e França.

I. *A mentalidade tradicional e o despertar da mentalidade moderna*

Na antiga economia, o homem produzia pouco; a penúria, as epidemias, a guerra, as exações de seus chefes o oprimiam. Êle se acomodava em pequenas comunidades — família, vizinhos, profissão, paróquia — de que esperava auxílio e proteção; procurava a segurança, limitando a concorrência pela regulamentação, harmonizando o preço justo e o salário, a fim de respeitar o direito à vida. Trabalhava para se sustentar: gêneros e mercadorias, a seus olhos, possuíam apenas um valor utilitário; julgando a previdência sem grande esperança, de bom grado repousava. Artesãos e mercadores se haviam iniciado, por atração do lucro, à idéia do valor de troca e à especulação, mas, ainda no século XVIII, a maior parte conservava bastante do espírito medieval: contentando-se com um ganho lentamente acumulado, aguardavam o cliente, repugnavam o reclame, vendiam pouco e caro, não procuravam precipitar o giro do capital. Seu ideal consistia em comprar a terra para terminar a existência vivendo de rendimentos. O burguês logo concebeu a idéia de uma ordem, que iria substituir a anarquia das guerras feudais e o despotismo de monarquia: o homem de negócios aplicava assim, ao govêrno, o método que comandava sua loja e sua contabilidade; o juiz e o administrador defendiam a dignidade e as vantagens de sua profissão, tentando fazer com que a lei prevalecesse sôbre a violência e arbitrariedade. Entretanto, tratava-se sempre de uma sòciedade estática, onde a esperança terrestre permanecia diminuta e a vida futura seduzia fàcilmente a imaginação. A estrutura social e política, autoritária e intolerante, aristocrática e hierárquica, acarretava sôbre as pessoas um complexo de inferioridade, que mantinha o respeito, e üma resignação, impostos pela opressão e comandados pela religião.

No fim do século XVIII, se os clérigos se deixavam em parte levar pelas idéias novas, não abandonavam, entretanto, em suas relações com as classes populares, o sólido amparo da tradição. Os países protestantes haviam visto o misticismo despertar o fervor. Na Inglaterra o metodismo prosseguia em suas conquistas e as outras seitas se reanimavam; a Igreja anglicana devia contar com os "evangélicos". Na Alemanha, o pietismo continuava vivo; Kant e Herder, o discípulo de Hamann, trazem sua marca. Mas o pulular da religiosidade heterodoxa parece ainda mais significativo, porque seu sentido ultrapassa a época. A magia, a astrologia, a cabala, a alquimia combinavam-se com a interpretação venturosa e a exploração charlatanesca de descobertas científicas como o fluido elétrico e o magnetismo. Pasqualis e São Martinho sucederam a Swedenborg. Os rosa-cruzes na Alemanha e diversas lojas maçônicas apaixonavam-se por essas doutrinas confusas; na França, a Alsácia e Lião lhes forneciam inúmeros adeptos; Blake, na Inglaterra, sustentava sua arte. Cagliostro e Mesmer se impunham às multidões. Quanto ao povo, sobretudo nos campos, permanecia agarrado a superstições milenares e continuava a acreditar em bruxarias. A mentalidade mágica estava prodigiosamente longe de desaparecer.

Entretanto, outras perspectivas surgiam já há muito e, naquela época, seduziam um número crescente de indivíduos, tendo o enriquecimento da Europa aumentado seus rendimentos; a diversidade de seus gostos encontrou campo aberto, assim como o desejo de satisfazê-los; o individualismo irrita-se com os obstáculos, e o exemplo contagioso dos mais afortunados encoraja a todos aquêles que se julgam aptos a aproveitar sua oportunidade de gozar a vida; a comunidade familiar se dissolve, e cada filho reclama sua legítima; os imperativos regulamentares são contestados e esquivados. Um poderoso adjuvante foi o crescimento das cidades, pois a existência urbana enfraquece a opressão social: uma parte cada vez maior da existência escapa aos grupos tradicionais e a coletividade termina por catalogar seus membros apenas pelo seu domicílio. A mobilidade da pessoa é ainda mais eficaz; ora, ela aumenta pela atração dos novos mundos, o apêlo da indústria, a melhoria das comunicações; em todos os países, os estrangeiros e os judeus fugitivos constituíram um ativo fermento de renovação. O capitalismo, transpondo burguêsmente os pendores do guerreiro, preconiza o gôsto pela aventura e pelo risco, pelo empreendimento e pela luta competidora; êle precipita a seleção, o enriquecimento de alguns, a proletarização de outros; cria uma sociedade dinâmica e instável, onde o poder fornecido pelo dinheiro, sempre exposto a se evaporar, não inspira mais que um respeito provisório; embeleza a vida terrestre e lança a outra para a sombra; reduz a importância dos liames pessoais, que encadeiam inteiramente o indivíduo, em benefício das relações contratuais que, referindo-se a coisas, limitam as obrigações; substitui pela firma e pela sociedade anônima a associação de parentes ou amigos, pela venda através de amostras ao mercado tradicional; pelo preço fixo e predeterminado, o preço regateado; pelo contrato de trabalho a curto têrmo, comportando a troca de um esfôrço rendoso contra um salário combinado, o paternalismo, que submetia o servo, o tarefeiro, o camarada, a uma opressão mais dura e mais estrita. De mil maneiras, sob o capacete despótico, feudal e corporativo, o indivíduo desperta para a independência e sonha com a liberdade. Os "filósofos" encontraram auditórios preparados para escutá-los.

II. *O racionalismo experimental*

O caráter nôvo do racionalismo, aparente desde a primeira metade do século XVII graças aos progressos da física e da mecânica combinados com os da técnica, erigido pelo gênio de Descartes em método de pesquisa, acentuado em seguida na obra de Newton e de Locke, eliminava a concepção mágica do universo: a matéria é submetida ao determinismo, do qual a inteligência pode descobrir as regras infrangíveis, desde que verifique, por observação e experiência, as conclusões de seus raciocínios dedutivos, reduzidos ao papel de hipóteses. Baseada na ação recíproca da natureza e da razão, a ciência transformou-se naquilo em que permaneceu: um conhecimento concreto do mundo *sensível*, finalmente expresso em fórmulas matemáticas, de modo que, suas diferentes seções se conduzindo à unidade, sua suprema ambição seria a de colocar o universo em equações.

Seus progressos impressionavam a imaginação. O gênio matemático de Lagrange brilhava na França e a reputação de Legendre e Laplace se firmava. O alemão Herschel havia descoberto Urano e organizado um catálogo das estrêlas. Os físicos, com Coulomb à frente, prosseguiam o estudo da eletricidade e do magnetismo; em seguida à experiência de Galvani, em Bolonha, em 1786, Volta, já famoso, estava em vias de descobrir a corrente elétrica. Lavoisier criava a química e, explicando a respiração, inaugurava a fisiologia. A história natural e a geologia, menos adiantadas, embora a glória de Buffon fôsse universal, permaneciam descritivas, mas também se esforçavam por estabelecer métodos racionais de classificação: para a botânica, Adanson o conseguiu. As ciências da natureza atraíam particularmente a atenção do grande público, porque inspiravam aplicações práticas como o pára-raios de Franklin, a vacina de Jener, o aerostato dos Montgolfier, e começavam a renovar certas indústrias, como era demonstrado em França, por exemplo, por Berthollet. Procedendo, por acumulação, o conhecimento experimental parecia assegurar um progresso indefinido; através dêle, o homem se tornaria capaz de utilizar as fôrças da natureza em seu proveito; cumpria-se a predição de Descartes: assim "desfrutar-se-ia sem nenhuma dificuldade dos frutos da terra, e de tôdas as comodidades que nela se encontram".

Ainda Descartes, permanecendo metafísico, apresentava a razão como um dom inato da divindade e, abstendo-se de qualquer incursão no campo da política e da economia, desdenhando a história, nem mesmo sonhava em considerar o conhecimento do homem vivendo em sociedade, para uma ciência de observação. Os filósofos do século XVIII, pelo contrario, estendendo em tôdas as direções as ambições de racionalismo, iniciaram o que mais tarde foi chamado "ciências humanas". Foi um médico, Locke, quem, afastando as idéias congênitas, havia explicado pelas impressões dos sentidos as operações do espírito; seu sensualismo, revelado aos continentais por Voltaire, desenvolvido por Condillac, conduzia a uma psicologia experimental. Os mais ousados, Helvetius, Holbach, Bentham, secularizaram a moral e criaram uma "ciência dos costumes", baseando-a no interêsse do indivíduo e na utilidade social. Quanto à história, trabalhava-se já havia muito para lhe fornecer uma documentação segura, desenvolvendo a crítica filológica e definindo os métodos de erudição; continuou-se no século XVIII; os escritores ainda não tiravam daí todo o partido que se poderia desejar; pelo menos, em Voltaire, a história, harmonizando-se com as preocupações da burguesia, tomou como objeto, não mais ùnicamente as vicissitudes dos impérios, mas os progressos da civilização e a evolução das sociedades: com ela, o triunfo do regime constitucional na Inglaterra e o exotismo, trazido pelos relatórios dos missionários e dos viajantes, se prestavam às comparações: "L'esprit des Lois" e o "Essai Sur les Moeurs et l'Esprit des Nations" muito se haviam utilizado dêles e assim se anunciava o nascimento da sociologia. Não se falava ainda em história econômica: os administradores, todavia, apercebendo-se de que a estatística viria em seu auxílio, aplicavam-se em reunir elementos; sem esperar, os fisiocratas e mais recentemente Adam Smith, pretenderam criar uma ciência de economia, pela observação do tempo presente.

Assegurando-se como experimental e utilitário, designando-se como autoridade do mundo sensível e da atividade do homem, o racionalismo excluía a metafísica, onde não via senão hipóteses, que não podiam ser verificadas. Em 1781, Kant, em sua "Crítica da Razão Pura", declarou a "coisa em si", impossível de ser conhecida, e Laplace escreveria: "As causas primeiras e a natureza íntima das coisas permanecerão eternamente desconhecidas para nós." O racionalismo tendia a se tornar uma filosofia positiva, mas para isso era necessário que a opinião geral o acompanhasse.

III. *O deísmo. O direito natural*

O sensualismo não havia afastado Locke da "religião natural", e a maior parte dos "filósofos" tinha permanecido fiel a seu deísmo. Na verdade, êles se justificavam pela observação comparativa, encontrando-se seus princípios em tôdas as religiões, que os revestiam com seus dogmas contingentes; o consentimento universal atestava a existência de um Ser supremo, "grande arquiteto do universo", provava a imortalidade da alma e a necessidade de sanções na vida futura. O interêsse das classes dominantes conferia grande

70

valor a essas noções especulativas, como aptas a garantir a submissão do povo: embora utilitária e social, a moral não devia permanecer imperativa e, por conseqüência, o homem, livre e responsável. Depois veio Rousseau que, sem repudiar a razão, reclamou a primazia para o sentimento; por amor a seus semelhantes, o homem "sensível" eleva-se à verdadeira moral que é altruísta; a consciência, "voz imortal e celeste", revela a êle, além do mundo dos fenômenos, as mais importantes verdades, aquelas que esclarecem seu destino. Em 1788, Kant reconstruiu efetivamente a metafísica sôbre a pedra da consciência moral. De resto, Jacobi, na Alemanha, Hemsterhuis na Holanda, Reid na Escócia, continuavam a filosofar seguindo a maneira tradicional.

De outro lado, os inovadores não almejavam apenas conhecer o mundo; desejavam modificá-lo e conservaram a liberdade ao espírito reformador. Melhor ainda, invocaram o direito natural, que tinha sua origem nos estóicos e havia sido professado por alguns teólogos da Idade Média; lançado para a sombra pelo absolutismo, na maior parte dos países continentais, sobreviveu com os calvinistas. Locke recorreu a êle para legitimar a revolução de 1688: a sociedade, fundada para salvaguardar a autonomia do indivíduo, repousava sôbre o livre acôrdo dos cidadãos e, mesmo, a autoridade do govêrno sôbre um acôrdo entre o povo soberano e seu mandatário, que só devia usar seu poder para fazer respeitar os direitos imprescindíveis conferidos ao indivíduo pela divindade. Americanos e franceses proclamavam realmente os direitos do homem na presença do Ser Supremo. Não fazendo distinção entre os diferentes ramos da espécie humana, o direito natural perpetuava o universalismo do pensamento antigo e cristão.

Destas diversas maneiras, os racionalistas inclinavam-se muito mais para o espiritualismo do que deixavam entender pelos seus ataques contra a metafísica cartesiana. Nisto êles sofriam, de um lado, a influência do humanismo tradicional dos colégios; sua cultura científica em geral era superficial. Sua formação reforçava os preconceitos de classe ou profissionais, que os levavam a olhar como inferior a produção material. Os escritos dos fisiocratas não deixaram indiferentes os filósofos franceses, e os enciclopedistas conferiram, pela primeira vez, um lugar importante para as profissões, para as suas ferramentas; mas não se poderia dizer que êles tenham abrangido com uma visão sintética o aperfeiçoamento da técnica, a transformação da sociedade e dos costumes, a extensão do conhecimento, a liberdade da pessoa e do pensamento. Como a ciência da natureza ainda não os iniciava dentro da noção de evolução, êles não tentaram encontrar uma explicação orgânica para as vicissitudes do progresso, que julgavam discernir através da história; ou então, intérpretes da burguesia, referiam-se apenas à intolerância, ao feudalismo, ao despotismo, que ela sonhava eliminar. Atingida esta libertação, parecia-lhes que a ordem social e política estaria racionalmente estabelecida para sempre: neste quadro, o progresso certamente continuaria, mas em função do esfôrço individual. Como tôdas as classes ascendentes, a burguesia interrompia implìcitamente a história na data do seu triunfo.

Entretanto, revelavam-se adversários que, pretendendo aplicar, também êles, o método de observação à história, e deixando-se guiar, todavia, por suas preferências irracionais, interditavam ao homem a esperança do progresso organizado, e tendiam à conservação das instituições atuais, que consideravam como providencialmente engendradas ou nascidas de uma experiência coletiva. No comêço do século, Vico, hostil ao cartesianismo, como católico, não notava no passado senão um eterno retôrno, cada império nascendo, crescendo, declinando como um ser vivo, e morrendo para dar lugar a outro, de acôrdo com os desígnios misteriosos da Providência. Lessing reconheceu, na evolução religiosa, uma revelação permanente. Herder, após 1784, expunha suas "Idéias Sôbre a Filosofia da História": a natureza, num futuro que não se pode prever senão pela intuição, cria as sociedades, onde os indivíduos se encontram incorporados como as células nos corpos vivos, sem que sua vontade intervenha.

Um ou outro dêsses traços gerais predominava segundo as condições econômicas, sociais e políticas, em cada um dos três países onde a atividade intelectual brilhava particularmente.

IV. *A Inglaterra e a Alemanha*

Parece que a inteligência inglêsa logo concedeu um valor eminente à pesquisa experimental: provam isso Roger Bacon no século XIII, os ockamistas no século XIV, Francis Bacon que, antes de Descartes, enunciou os preceitos. Pelo contrário, os britânicos mostraram-se pouco preocupados em construir uma filosofia que afirmasse a unidade da ciência e conferisse às suas conclusões um valor absoluto. Do associacionismo sensualista, Hume deduziu mesmo que a aplicação dos princípios racionais, inculcados no homem pela experiência cotidiana, jamais lhe permite algo além de generalizações aproximativas e provisórias. Quanto a isso, o racionalismo experimental só se distinguia do empirismo pela sua fecundidade e, realmente, é êste — empirismo — o nome que freqüentemente lhe é atribuído, para opô-lo ao racionalismo puramente dedutivo. Pode-se duvidar de que a vitalidade de invenção técnica, na Grã-Bretanha, no século XVIII tenha aprofundado êste estado de espírito e, quando Adam Smith abordou a economia política, mostrou-se menos sistemático que os fisiocratas.

Também a dificuldade de conciliar o nôvo racionalismo, a metafísica e a religião revelada, não inquietou à maior parte dos inglêses. Aliás, tendo uma parte considerável da burguesia permanecido puritana, aderindo a uma das diversas seitas calvinistas, o interêsse geral recomendava o oportunismo aos fiéis da Igreja estabelecida, e as circunstâncias históricas agiram no mesmo sentido: expulsos os Stuarts, por serem católicos, conservaram-se afastados os seus correligionários; mas, entre protestantes, Locke preconizou a tolerância e, sem conceder plena liberdade ao "dissent", tornou-lhe suportável a vida. No início do século, alguns deístas inquietaram os cleros e, às vésperas da Revolução Francesa, Gibbon não se mostrava menos hostil ao cristianismo que Voltaire, imputando-lhe a queda do Império Romano. Entretanto, os racionalistas logo deixaram de dar a impressão de que quisessem descristianizar a opinião, enquanto os representantes da Igreja anglicana, cada vez mais latifundiários, se esforçavam, como Paley por exemplo, por demonstrar que seus dogmas estavam de acôrdo com a razão. As classes dominantes achavam-se de acôrdo em julgar a religião útil ao conformismo social e político; quando o metodismo reanimou o fideísmo, não se considerou mal que êle desviasse o povo da indisciplina.

Em política, igualmente, os inglêses mostraram-se sempre inclinados a invocar os precedentes, de preferência aos princípios. Todavia, o direito natural lhes permaneceu familiar durante muito tempo: Hobbes legitimou o absolutismo, alegando que, por contrato com o rei, o povo lhe havia concedido para sempre sua soberania; Locke justificou, em seguida, por interpretação contrária, o regime constitucional e os direitos do indivíduo, de modo que parecia que, pelo menos, os "whigs" se tornariam doutrinários. Mas, quando a oligarquia de nobres e de grandes burgueses, senhora do Estado, alarmou-se com a agitação que se iniciava em favor da reforma eleitoral, que comprometia seu poder, Locke perdeu o prestígio e, como Burke iria demonstrar, os governantes voltaram à concepção empírica, que apresentava a constituição como engendrada por uma evolução própria do povo inglês, sem nenhuma relação com qualquer pressuposto racional.

Durante muito tempo, os continentais não tomaram conhecimento disso. Montesquieu e Voltaire propuseram a Inglaterra

73

como exemplo: em 1771, o genebrino Delolme celebrou seus méritos incomparáveis. A maçonaria inglêsa, respeitando a Igreja estabelecida e o soberano, que ela aceitava como chefe, mergulhou em todos os países, difundindo as idéias de tolerância, de liberdade individual e de govêrno representativo. Sòmente ao fim do Antigo Regime a Inglaterra cessou de ser, para o francês igualitário, a mãe da liberdade.

A Alemanha protestante havia conhecido o racionalismo através de Wolf, que o professava em Halle, mais sob a influência de Leibnitz que sob a de Descartes. Pela Universidade de Göttingen, em Hanôver, que pertencia ao soberano britânico, e também por Hamburgo, ela se mantinha em harmonia com a Inglaterra, à qual se assemelhava pela diversidade de declarações, bem menos, é verdade, porque o luteranismo levava grande vantagem sôbre o calvinismo, mas que terminou por lhe alcançar a tolerância. Na Prússia, Frederico II permitiu mesmo que a especulação filosófica se desenvolvesse bastante livremente. Mais geralmente ainda que na Grã-Bretanha, os racionalistas abstiveram-se de atacar a religião revelada, que devia temer principalmente a crítica bíblica. Recìprocamente, os pastôres racionalizaram audaciosamente a sua doutrina. Quanto à pesquisa científica, ao progresso técnico, ao desenvolvimento da economia, a Alemanha não sustentava a comparação com a Grã-Bretanha: o racionalismo ali permaneceu muito mais dedutivo e metafísico que experimental. A "Aufklärung", de que a Prússia se tornou a cidadela, revelou de preferência um caráter grosseiramente utilitário, que seduzia os déspotas esclarecidos, e obtinha sufrágio dos administradores. Dêsse modo, insinuou-se nas regiões católicas, mesmo na Baviera e na Áustria e ganhou uma parte de seu clero. Todavia, sua propaganda atingiu apenas uma minoria de funcionários e intelectuais; o misticismo piedoso conservou raízes profundas; a influência de Rousseau foi notável; o "Sturm und Drang" dos literatos representou um pré-romantismo anárquico; após Kant, a filosofia não tardou em se orientar na direção de um idealismo transcendental.

O poder absoluto dos príncipes e a persistência do feudalismo diferenciavam profundamente a Alemanha da Inglaterra, e a fraqueza de sua burguesia não a distinguia menos da França. Os "Aufkärer" apenas criticaram tìmidamente os privilégios e mais raramente ainda a servidão. Êles se dirigiam aos déspotas esclarecidos para as reformas concretas, e justificaram sua prudência impotente alegando que o progresso depende do aperfeiçoamento do indivíduo, e de modo algum das instituições.

V. A França

Nos Estados católicos os racionalistas expunham-se a riscos muito mais graves que nos países protestantes. Os reinos ibéricos, sobretudo, mostravam-se hostis, e Olavide precisara fugir. A Igreja Romana era a alma da resistência. Na Itália, a atividade intelectual, entretanto, se reanimava e iniciava o "Risorgimento"; Beccaria, por exemplo, figura entre os ilustres do século dos esclarecidos. Todavia, foi em França que os filósofos atiraram-se audaciosamente contra a intolerância e a censura do clero católico; como sua autoridade dependia do apoio do poder temporal e da adesão das classes dirigentes, ridicularizaram com uma "verve" impiedosa não apenas seus privilégios e seus caprichos, mas também seus dogmas: os "voltairianos" se multiplicaram e o respeito desapareceu. As querelas dos jansenistas e dos jesuítas, dos galicanos e dos transmontanos, as desastrosas conseqüências da Revogação, o indiferentismo de inúmeros protestantes convertidos por opressão, foram favoráveis aos agressores. A fama da maçonaria, igualmente, pois ela recomendava essencialmente a tolerância e a religião natural; o papado a havia condenado, mas em vão, porque as bulas não tinham valor em França, a não ser por ordem do poder real, e êste se abstinha de agir, pois ficava satisfeito ao ver os grandes senhores levados à direção das lojas: numerosos padres, seculares ou regulares, eram maçons. Sob direção de Diderot, a "Encyclopédie" agrupou os filósofos racionalistas em uma espécie de partido, de que o "Discours Preliminaire" de D'Alembert foi como o manifesto. Conseguiram modificar a mentalidade a ponto de, sob o reinado de Luís XVI, o protestante Necker poder ascender ao govêrno, e de cair em desuso o aparelho repressivo, se subsistisse; o poder temporal se desinteressava pela freqüência à missa e pela comunhão pascal; as próprias oficialidades perseguiam raramente os contraventores.

Isto não significa que a maior parte dos filósofos, integrando o homem na natureza, o tenha submetido ao determinismo; Voltaire hesitou em fazê-lo, e Diderot, mais favorável, só o demonstrou em suas obras póstumas. Menos ainda, aderiram ao materialismo atomístico, uma das formas tradicionais da metafísica, defendida por Helvetius, Holbach e La Mettrie. Como em outros lugares, a preocupação do conformismo moral ligou-os à religião natural. "Se Deus não existisse, seria necessário inventá-lo", escreveu Voltaire. Sem dúvida, opunha-se a natureza ao ascetismo, a bondade congênita do homem ao pecado original; imputava-se à sociedade a depravação que a corrompia, e se enalteciam os méritos do bom selvagem; mas não é exato que se alimentassem tantas ilusões sôbre suas virtudes e, em todo caso, os dominantes consideravam prudente guardar para si a incredulidade, e orientar a "superstição" do povo que êles temiam. "É necessário uma religião para o povo", dizia ainda Voltaire.

As efusões de Rousseau amenizaram a secura dêste deísmo utilitário: a "beneficência", palavra nova, procura dar ao homem "sensível" o contentamento de si próprio. Esta reviravolta prestou, mesmo, ao catolicismo, o serviço de difundir uma religiosidade sentimental, que se manifestou em mais de um revolucionário, como por exemplo Mme. Roland, e que mais tarde auxiliou o sucesso de Chateaubriand. O conformismo religioso não desaparecera e para muitos não era absolutamente de pura forma: as publicações ortodoxas, muito numerosas, obtinham mais sucesso que sua mediocridade nos possa deixar supor. Todavia, se a fé permanecia viva no oeste, nas regiões fronteiriças do norte e do este, nas montanhas, a prática se atenuava em numerosas cidades e mesmo em certas campanhas, ao redor de Paris, em Champagne, no Centro, em Mâconnais, porque se enfraquecera desde que a Revolução suprimira a opressão. Os costumes não ficaram nem piores nem melhores; o desregramento de uma parte da nobreza e da burguesia opulenta não trouxe prejuízos para o século XVIII porque, anteriormente, a situação não era melhor. De resto, nem o utilitarismo, nem o sentimento eliminaram em França o sentido cartesiano e corneliano de moral, reforçado, nos colégios, pela explicação dos escritores da Antiguidade, principalmente de Plutarco.

Foi assim que em França os privilégios e as sobrevivências do feudalismo, a arbitrariedade e as imperfeições de administração monárquica foram veementemente combatidos. Também os filósofos puseram-se de acôrdo para invocar o direito natural e manter a iniciativa autônoma da razão reformadora. "O Homem nasceu livre, e em tôda parte está em grilhões"; assim começa "O Contrato Social". Mas Montesquieu, que parecia criar, por sua teoria dos climas, uma sociologia determinista, não escreveu outra coisa no início de "O Espírito das Leis": "Há uma razão primitiva...; os sêres inteligentes podem ter leis feitas por êles... Dizer que não há nada justo nem injusto, fora do que ordenam ou defendem as leis positivas, é o mesmo que dizer que antes que se tenha traçado o círculo, todos os raios não eram iguais."

Sôbre certos pontos, a desigualdade fiscal, por exemplo, ou os direitos senhoriais, os filósofos defenderam a unidade do Terceiro Estado; mas, incontestàvelmente, serviram particularmente à burguesia. Atingindo a direção do Estado, ela aí introduziria a ordem financeira e subordinaria a política à prosperidade de produção;

desembaraçaria a economia de seus entraves: a servidão, que impedia o recrutamento da mão-de-obra industrial; a mão-morta eclesiástica e as substituições nobiliárias, que restringiam a circulação dos bens cuja alta freqüência corresponde a esta paixão pelo lucro, onde os economistas viam o estímulo do trabalho e do espírito empreendedor; a desigualdade dos empregos, que diminuía o poder aquisitivo e as economias das massas; as alfândegas internas e a diversidade dos pesos e medidas, que retardavam a unificação do mercado nacional; a intolerância, que prejudicava a pesquisa científica. Não se deve dizer, entretanto, que essas reformas tenham levado o entusiasmo ao ponto de ficarem inscritas no primeiro plano, no espírito da burguesia, de modo que os homens de negócios teriam sido os primeiros agitadores da Revolução. Bem mais eficazes foram a influência da lei e a igualdade de direitos, que apelavam tanto à dignidade, como aos interêsses. É a velha burguesia do Antigo Regime, a dos oficiais e dos homens da lei que, mais ou menos independente e dispondo de certo confôrto, profissionalmente inclinada, tanto por interêsse como por sua cultura, a fazer prevalecer a lei sôbre a violência e a arbitrariedade, foi a êste respeito a orientadora da opinião.

Ela esperava tudo da realeza, e os filósofos, seus intérpretes, abandonaram-se, na maior parte, ao despotismo esclarecido que louvavam junto aos soberanos continentais. Rousseau, é verdade, pareceu instituir-se o apóstolo da democracia e da república. Se bem que o "Contrato Social" fôsse infinitamente menos lido que "Le Nouvelle Hé·●ise" ou "Émile", definia, entretanto, a "vontade geral", à qual se abandonava, como uma vontade desinteressada, de sorte que a democracia só era concebida sob o império da "virtude"; mais ainda, não admitia senão o govêrno direto do povo por si mesmo, embora a república apenas conviesse a um país pouco extenso. Quanto a Mably, sua fama data sobretudo de 1789, e pode-se atribuir ainda menos influência sôbre a opinião geral aos autores que inspiraram as invectivas de Rousseau contra a propriedade individual e hereditária, ou mesmo a tradição de um comunismo moralizante, verdadeiramente ascético, que remontava à Antiguidade. Tudo era considerado como utopia, e insistia-se na necessidade de instituições representativas, que impediriam o poder real de degenerar em tirania.

Ainda a ofensiva surgiu, não da burguesia, mas da aristocracia. Esta não escapava à influência dos porta-vozes da burguesia. A liberdade civil protegê-la-ia contra o despotismo, que ela suportava às vêzes. A liberdade econômica aumentaria o rendimento, que ela usufruía de suas grandes propriedades imobiliárias. A liberdade política seduzia-a particularmente; possuía seus próprios defensores, dos quais o mais notável foi o próprio Montesquieu que, para assegurar a liberdade civil, se referia à separação dos podêres em benefício de corpos intermediários e privilegiados: a nobreza, os parlamentos e os oficiais, protegidos pela venalidade dos cargos, o próprio clero. Invocando uma história meio legendária, êle alicerçava a preeminência dos nobres e os direitos senhoriais sôbre a conquista germânica, que as impôs pelas armas aos galo-romanos degenerados. Os parlamentos, por seu lado, apresentavam-se como herdeiros das assembléias francas, os guardiões das "leis fundamentais", da antiga constituição, obliterada pelas usurpações da realeza. No espírito dos nobres, a liberdade política lhes forneceria um papel preponderante no govêrno e libertá-los-ia da administração provincial. Unidas para reivindicar a liberdade, a aristocracia e a burguesia encontravam-se irredutìvelmente em conflito sôbre a igualdade dos direitos.

VI. *As letras e as artes*

As idéias novas, como a evolução da economia e da sociedade, exerceram certa influência sôbre a literatura e as artes. Pode-se-lhes conferir o sucesso de alguns gêneros, como o conto filosófico e o recente teatro de Beaumarchais, a moda do romance, que o classicismo desdenhava de regularizar, o aparecimento do drama burguês, os quadros de Greuze. A vida mundana dos salões aperfeiçoava a poesia ligeira. A procura do bem-estar obrigou o arquiteto a restringir, nos interiores, a disposição do aparato, em benefício do confôrto, os pintores e decoradores a se curvarem ao epicurismo erótico e ao gôsto pelo exotismo. A técnica aperfeiçoou-se na gravura e no pastel. Aliás, o realismo sempre havia defendido seus direitos no retrato e na paisagem, ou entre os pintores de animais; a pintura inglêsa permaneceu estranha à tradição acadêmica, e preparava-se a modernização da paisagem.

A reação contra o racionalismo anunciou uma transformação mais profunda. Na Inglaterra, Johnson foi o último representante do classicismo; as "Noites" de Young, os romances de Richardson e de Sterne inauguraram um renascimento sentimental. Na Alemanha, o "Sturm und Drang", cujas estréias foram embelezadas pelo gênio de Goethe e de Schiller, rompeu com as normas impostas pelo prestígio dos escritores franceses. A influência de Rousseau difundiu por tôda parte o estado de espírito pré-romântico. Acusou-se ao mesmo tempo ao racionalismo e à arte clássica de estancar a imaginação, abolir a fantasia, condenar o atrativo do mistério e da noite, de reduzir o homem à procura da utilidade e ao cálculo.

Entusiasmaram-se pelo espetáculo da natureza, que o jardim inglês copiava; descobriram-se a montanha e o mar; espreitou-se a aurora, e sonhou-se com estrêlas; a melancolia e as lágrimas, o desespêro e o horror, a meditação diante das ruínas, a paixão e o entusiasmo sacudiram a uniformidade da vida cotidiana e o tédio. A Europa germânica procurou sua inspiração em todo o passado estranho ao Renascimento clássico: Dante e Shakespeare, as obras medievais, o suposto Ossian, a Bíblia, os persas, os hindus. A música, daí para a frente munida dos instrumentos essenciais e recentemente dotada do piano, favorecia na Alemanha — com Glück, Mozart, Haydn — a fermentação romântica através da sinfonia, da sonata e da ópera. A França ressentiu-se com o ataque; as literaturas inglêsa e alemã foram aclimatadas, e Ducis traduziu Shakespeare; as publicações do Conde de Tressan inauguraram o gênero "trovador"; em 1787, "Paulo e Virgínia" trouxe celebridade a Bernardin de Saint-Pierre; comprazia-se com o idílio e a elegia. Mas os músicos davam preferência à ópera de árias ligeiras, à ópera cômica, que visava sobretudo a diversão; em Paris, como em Viena, apreciava-se sempre o "bel canto" dos italianos.

Todavia, o classicismo, consagrado pelos colégios e academias, mantinha sua influência, embora a vida se afastasse dêle. Continuava-se a escrever tragédias, notadamente Alfieri, sem entretanto ressuscitar o interêsse por elas; a poesia épica e lírica, como o poema descritivo, caído de moda, nisso não conseguiram mais; na comédia, mais livre, Goldoni, Sheridan e Sedaine mostravam-se mais felizes. A arte também conservava sua veneração pela tradição, mantida em França pela Academia e pela Escola de Roma, na Inglaterra, pela glória de Wren. Os arquitetos e também escultores permaneciam fiéis a ela, e a pintura histórica usufruía sempre honras oficiais.

A volta à Antiguidade, originalmente provocada pelas escavações de Pompéia e preconizada por Winckelmann na Alemanha, Caylus na França, Flaxman na Inglaterra, reconduziu à moda, em certa medida, o classicismo, e Barthélemy acompanhou a corrente, quando publicou em 1787, com grande sucesso, sua "Voyage du Jeune Anacharsis". Os alemães, Goethe e Schiller sobretudo, foram seduzidos. Na França, a literatura quase não sofreu essa influência, pois só mais tarde se conheceu o helenismo de André Chénier. Mas o mesmo não se passou com as artes; a arquitetura neoclássica tornou-se mais austera; com Davi, a pintura sofreu brusca mutação: a côr cedeu lugar ao desenho, e o modêlo vivo ao cânon antigo. Entretanto, ainda faltava muito para que esta tendência prevalecesse sem reservas. Fragonard e Houdon não podem ser separados da plêiade de artistas do século XVIII, cuja livre diversidade fecundava a educação clássica; nos afrescos de Pompéia a arte decorativa descobriu o alexandrinismo e, mesclando os motivos egípcios ou pretensamente etruscos, elaborou o estilo Luís XVI, que não rompia com a procura do prazer. Além disso, nos quadros de Davi, a exaltação da virtude cívica — os Horácios, de 1784 — reforçando a recordação da moral estóica dos heróis de Plutarco, já anunciava o clima revolucionário. Os discursos dos oradores e o aparato das festas nacionais testemunhariam logo que as formas clássicas absolutamente não atingiam um espírito de conservação social e político. A vida literária e artística apresentava uma variedade, que refletia o individualismo crescente na sociedade, e, em França, a juventude, com Davi à frente, aspi- rava sacudir o jugo das Academias, que a monarquia absoluta lhe havia impôsto.

VII. *O cosmopolitismo e as nacionalidades*

A vida intelectual possuía vários lares: Inglaterra, Itália, e, mais recentemente, a Alemanha rivalizavam com a França. Quanto ao movimento filosófico, cuja originalidade caracteriza o século, o papel da Inglaterra, que lhe havia dado o impulso, se desvanecia, embor: o poder marítimo e o desenvolvimento econômico dêste país assegurassem sua autoridade, enquanto a aristocracia e a alta burguesia, considerando que o regime conciliava a liberdade com seus interêsses, julgavam sua influência mais tranqüilizadora que as audácias do pensamento francês.

Êste usufruía, entretanto, não apenas de sua novidade, mas ainda da fama que a glória de Luís XIV havia concedido à língua e à civilização de seu reino. Desde que no decorrer do século XVIII o poderio político dos Bourbons estava em situação crítica, não havia pequeno príncipe que não sonhasse com Versalhes, e a língua francesa tomava um caráter de língua internacional. Juntando- se o prestígio da "filosofia" ao das letras e das artes, à sedução do luxo e dos requintes da Côrte e da Cidade, pode-se falar de "a Europa francesa no século das luzes".

Os meios cultos persuadiam-se de que estava sendo elaborada uma comunidade de civilização; unificada, para os povos de além mar que havia conquistado ou ameaçava invadir, a Europa parecia também aproximar-se da unidade interna pela cultura. Se as rivalidades políticas continuavam a estraçalhá-la, observava-se que o direito público, através da idéia de equilíbrio, tendia a atenuá-las; após 1783, esta idéia inspirava a política de Vergennes, e Pitt parecia estar de acôrdo com êste para manter a paz. Em comparação

80

com os séculos precedentes, a própria guerra se humanizava: os exércitos, em vez de tirar sua subsistência do país, viam-se abastecidos por lojas, e os oficiais, também tornados "sensíveis" e humanitários, orientavam as populações civis. Aos olhos do povo, a política dos Estados continuava a ser negócio de príncipe, e os filósofos, inclinados para o mesmo lado, repudiavam o egoísmo nacional. Os escritores alemães se persuadiam mesmo que seu país era superior aos demais, porque, faltando-lhe a unidade política e militar, o patriotismo belicoso lhe permanecia desconhecido.

Iludiam-se. O cosmopolitismo, na realidade, não passava de um verniz para a aristocracia e a rica burguesia, um capricho para os meios intelectuais. A circulação permanecia muito restrita, sob todos os aspectos, para que os diferentes grupos europeus cessassem de se fechar no seu particularismo. Notava-se apenas que, no espírito de alguns banqueiros ou de raros especuladores de alto vôo, como Talleyrand, o cosmopolitismo se integrava na perspectiva de um desenvolvimento econômico, ao qual as fronteiras só podiam constituir obstáculo: êles passavam à frente de sua época porque o capitalismo ainda não tecia, entre os Estados, uma solidariedade suficiente para que o mercantilismo, mesmo na Inglaterra, perdesse seu crédito.

Vemos antes anunciar-se a transformação dos Estados dinásticos em comunidades nacionais, à qual o organicismo de Herder e o voluntarismo francês preparavam uma ideologia. Graças à insularidade e à fraca extensão, esta mudança já se havia realizado na Inglaterra, e mesmo na Grã-Bretanha; encontrava-se muito adiantada na Holanda e na Escandinávia, na Suíça, na Espanha e sobretudo na França, onde, sem ela, a Revolução não teria sido possível; na Alemanha e na Itália o renascimento de uma literatura independente da influência francesa inaugurava um movimento político unitário; a persistência do sentimento nacional na Hungria, a das línguas e da religião ortodoxa dos eslavos, minava o Estado composto dos Habsbourg; a Polônia, desmembrada, tomava consciência de si própria, e, no Império otomano, os cristãos opunham à Turquia suas comunidades bàrbaramente autônomas. O que interditava o desabrochar das nacionalidades era o caráter dinástico de seus governos, a persistência da estrutura medieval dos Estados. Esta estrutura, malgrado os progressos da centralização monárquica, sustentava o particularismo provincial e municipal, e, antes de mais nada, a hierarquia social, baseada no privilégio. A Revolução Francesa ia derrubar ou agitar êstes obstáculos; mas, contràriamente a suas esperanças, o cosmopolitismo, simultâneamente, em lugar de conquistar as massas populares, devia retroceder.

Quinto capítulo
OS ESTADOS E OS CONFLITOS SOCIAIS

Na maior parte do continente, o absolutismo subsistia, mas um tanto modificado, e os filósofos louvavam o "despotismo esclarecido" dos soberanos, que julgavam tocados por sua propaganda. Entretanto — e ao mesmo tempo — a aristocracia queixava-se de que a realeza a havia submetido, e a burguesia irritava-se por se ver afastada do govêrno, enquanto que a rivalidade entre essas duas classes se acentuava. A França não foi absolutamente a primeira a regularizar êste conflito triangular por meio de uma revolução. Um breve conhecimento das vistas dos déspotas esclarecidos e das soluções adotadas na Grã-Bretanha e nos Estados Unidos permite-nos formar uma idéia a respeito do lugar que a Revolução Francesa iria ocupar na história do mundo.

I. *O despotismo esclarecido*

Os soberanos continentais permaneciam monarcas de direito divino, com um poder teòricamente absoluto; na verdade, não o eram, e no Ocidente menos que nunca, encontrando-se limitados pelos privilégios, pelas assembléias provinciais e as Municipalidades, que conservavam sua autonomia, enfim, pela imperfeição da centralização, entravada não apenas pela demora das comunicações, mas também pela complexidade desordenada de uma administração criada pouco a pouco, sem plano de conjunto e sob pressão das circunstâncias. No fim do século XVIII, o desenvolvimento econômico e cultural amainando os costumes, a arbitrariedade atenuava-se entre os ocidentais; a seus olhos, a monarquia distinguia-se do despotismo porque respeitava as leis que havia feito e, efetivamente, a não ser que o príncipe julgasse sua autoridade em perigo, cedesse a um capricho ou deixasse a burocracia abusar de seu poder, a pessoa e a propriedade permaneciam sob a proteção de tribunais comuns.

82

Por outro lado, na França, desde o século XVII, o cuidado de aumentar o poderio do Estado havia recomendado ao govêrno, como precedentemente aos Tudors, um mercantilismo, que encorajava os progressos do capitalismo; por tudo o que Luís XIV permitiu a Colbert que fizesse, sua monarquia, já burguesa, forneceu o esquema do que em seguida se passou a chamar despotismo esclarecido; êste caráter acentuou-se, mesmo, pela restrição do papel dos senhores e dos oficiais, em benefício dos intendentes e, no fim do reinado, pela obrigação imposta à nobreza de pagar, daí para a frente, a taxa individual e o dízimo. No século XVIII, as novas idéias atingiram. alguns ministros e numerosos administradores. A intolerância atenuou seus rigores; a regulamentação terminou por se afrouxar; na Espanha, Carlos III renunciou ao monopólio do tráfico colonial; a maior parte do tempo, autorizou-se a circulação interna dos cereais; o rei da Sardenha conquistou o primeiro lugar entre os reformadores, organizando o resgate coletivo das rendas senhoriais pelas comunidades rurais. Enfim, nos Estados católicos, o césaro-papismo dos soberanos, empenhados em governar seu clero e em restringir o poder do papado, em tudo que não se referisse estritamente ao dogma, conservou-lhes uma característica: a supressão da Companhia de Jesus e o declínio do prestígio de Roma pareceram de bom augúrio aos partidários do iluminismo. Todavia, os conflitos sociais permaneciam pendentes. Também admirava-se irrefletidamente a obra dos déspotas esclarecidos da Prússia e da Rússia, sem notar que, nesses países, não havia a preocupação de modernizar a sociedade nem mesmo de melhorar o Estado, e sim de criá-lo.

A vontade de poder de seus chefes e a condição atrasada dêsses Estados, em parte incultos e desertos, teriam sido suficientes para orientar a política. Desde o início, seus príncipes distinguiam-se dos demais pela tolerância religiosa, indispensável para atrair todos os que buscavam asilo. Entretanto, êles emprestaram muito à Holanda, à Inglaterra, à França e, por intermédio das instituições habsburguesas, à Espanha; aliás, Frederico II e seus funcionários possuíam cultura francesa e os czars mandavam sua nobreza à escola das velhas monarquias. Seu despotismo esclarecido ocasionou a expansão, para o leste, das instituições, economia e civilização do Ocidente. Esforçaram-se por constituir uma administração centralizada e burocrática, colonizaram seus domínios, praticaram um mercantilismo estrito e, sempre obtendo os louvores dos filósofos, atingiram seu objetivo: locupletar seus tesouros, aumentar sua armada e conquistar territórios. Não se percebia que essas reformas rápidas, e além do mais incompletas, eram frágeis, pois o nôvo regime, confiado a funcionários curvados à obediência passiva imposta a indivíduos indiferentes ou hostis, estava arriscado a se desmoronar, quando desaparecessem os personagens que presidiram ao seu nascimento. A Prússia não ia tardar a dar prova disso, e já Frederico-Guilherme II, sucessor de Frederico II, em 1786, mostrava-se manifestamente incapaz. Era evidente, em todo caso, que a renovação econômica, vantajosa para o Estado, os grandes proprietários e a burguesia, não auxiliava em nada o resto da população, porque se destinava a aumentar a exportação, e não ao consumo interno; além disso, os impostos tornavam-se pesadíssimos; a miséria, o desemprêgo e a mendicidade grassavam na Prússia, tanto quanto no Ocidente.

Alguns príncipes alemães mereciam os elogios dos "Aufkärer": Leopoldo d'Anhalt por ter protegido Basedow; Carlos Augusto, que transformara Weimar em uma capital intelectual; o margrave de Bade, que abolira a servidão. Mas outros salientaram-se por sua tirania: o eleitor de Hesse havia vendido seus soldados à Inglaterra e Carlos Eugenio de Wurtemberí, nas lutas com o Landtag, havia aprisionado Moser e Schubart.

Foi sobretudo na Áustria que Frederico II encontrou um êmulo. Já Maria Teresa, vencida, havia começado a reorganizar o Estado a exemplo da Prússia, mas com circunspecção; pelo contrário, após a morte de sua mãe, em 1780, José II precipitou as reformas com a energia imperiosa e a atividade impaciente de um homem sem indulgência para consigo mesmo. O conjunto de sua obra é a tal ponte coerente e original que se sente alguma dificuldade em explicá-la ùnicamente pelo desejo de poder e pelo exemplo do rival: dir-se-ia obra de um doutrinário. Entretanto, se os "Kameralisten" que o serviam aderiam de todo coração à "Aufklärung", não se pode negar que êle nutria a respeito dos filósofos, notadamente de Voltaire, desdenhosa desconfiança e que, permanecendo católico fiel, proibia seus súditos a mudança de religião. Levou a tolerância até o ponto de abrir as funções públicas aos cristãos de tôdas as seitas; melhorou a sorte dos judeus e, o que é ainda mais notável, instituiu o casamento civil. Se, apesar de tudo, se quiser afirmar que êle nada deve às idéias de sua época, deve-se concluir que poucos são os soberanos conhecidos, cujo temperamento haja marcado com tanta fôrça seu reinado. Infelizmente para êle, suas possessões ofereciam à sua tentativa o terreno mais desfavorável que se possa imaginar, comportando regiões completamente diferentes pela língua, pela cultura, pelo desenvolvimento econômico, pela estrutura social e pelas instituições, como a Bélgica e a Lombardia, as províncias, alemãs e a Boêmia, a Galícia e a Hungria. A tôdas, José II impôs sua autoridade absoluta e uma administração mais ou menos uniforme, em prejuízo da autonomia das assembléias locais e das instituições tradicionais; na maior parte das províncias, exigiu dos funcionários o conhecimento da língua alemã. Simultâneamente, sobrepujou de muito o césaro-papismo dos demais príncipes católicos, reformando completamente a organização eclesiástica, apropriando-se dos bens dos seculares transformados em funcionários assalariados e suprimindo numerosos mosteiros, sem se preocupar com a o papa. Nas próprias províncias alemãs e na Boêmia, o descontentamento começou a se manifestar. Na Bélgica, uma oposição ameaçadora organizou-se, sob a direção do clero. Na Hungria, reinado que não pertencia ao Santo-Império, ligada à Áustria apenas por uma união pessoal, e onde a constituição e a administração, completamente medievais, deixavam o poder à nobreza, a sensaçã foi violenta; atacando, finalmente, a nobreza, José II ia levar a revolta a aristocracia magiar.

Desenvolvendo a economia, os déspotas esclarecedores da Prússia e da Rússia lançavam-se pelo mesmo caminho que as velhas monarquias: êles emburguesavam o Antigo Regime. Mas uma enorme diferença os separava de seus modelos. Jurìdicamente, os reis do Ocidente mantinham a burguesia em condição inferior à da nobreza, mas não lhe proibiam a compra de terras, de feudos, de terras senhoriais e, na França, ofereciam-lhe a nobreza a preço de ouro. Por tôda parte, privilegiavam a aristocracia, mas não compravam sua submissão abandonando-lhes os componeses: todos seus súditos, mesmo os servos, podiam invocar a proteção da justiça real, sem clamarem em vão. Na Prússia, e sobretudo na Rússia, onde as revoluções palacianas não eram raras, os soberanos temiam a nobreza e, ao mesmo tempo, julgavam não poder dispensar-lhe os serviços. Êles dirigiam a burguesia, reservavam-lhe as profissões liberais e o comércio, auxiliavam-na a criar manufaturas; Catarina II concedeu-lhe a autonomia corporativa e a isenção do serviço militar; Frederico empregou-a em sua armada e na administração. Mas ela não podia adquirir terras sem autorização, e o enobrecimento, sem ser impossível, raramente acontecia, porque a venda de cargos não existia. Os nobres, pelo contrário, forneciam a maior parte dos oficiais e dos administradores de alta categoria e conservavam o monopólio da propriedade feudal; Catarina II concedeu-lhes, em 1785, uma carta que os agrupava em casta, sob a orientação de dignitários escolhidos por êles e que lhes concedia tribunais particulares; na Prússia, eram chefes dos Estados provinciais e designavam o "Landrath" do círculo; apenas para êles, o rei havia organizado um crédito hipotecário. Todavia, a sujeição dos camponeses caracterizava de maneira muito clara a conclusão da realeza com a aristocracia. Frederico II mostrou-se favorável à abolição da "Leibeigenschaft", à fixação e à comutação das jornadas de trabalho obrigatório, das taxas da "Utertan"; mas não se arriscou a intervir no "Gut", onde o "Junker" conservava um poder arbitrário e recolhia mesmo o impôsto feudal por conta do rei. Na Rússia, Catarina II estendeu a servidão à Ucrânia, e distribuiu aos favoritos imenso número de camponeses arrebatados ao domínio imperial, ou procedentes dos bens secularizados do clero; o poder discricionário do nobre era pior que na Prússia, e êle escolhia entre seus servos os recrutas exigidos pela armada.

O espetáculo dos países limítrofes — Dinamarca, Suécia, Polônia — apenas podia reforçar a prudência dos soberanos da Prússia e da Rússia, com relação à aristocracia. Em Copenhague, a instauração do absolutismo havia custado a vida a Struensée, e Bernstorff, governando de acôrdo com a nobreza, embora abolisse a servidão, encetava uma reforma agrária de acôrdo com o modêlo inglês. Na Suécia, os camponeses eram livres e, entre Gustavo III e os nobres, o conflito era apenas político: entretanto, em 1772, o soberano só reconquistou o poder ao preço de um golpe de Estado, e já pensava em outro. A Polônia, sobretudo, oferecia aos príncipes um exemplo instrutivo: êles pouco se incomodavam com o fato de serem os camponeses aí oprimidos; mas a anarquia feudal não podia deixar de colocá-los de sobreaviso, pois dela haviam tirado partido justamente para desmembrar a República.

Longe de entregar as rédeas aos inovadores, certos soberanos alarmaram-se, na Alemanha, com o declínio das ideias tradicionais no clero, na burguesia, e mesmo na nobreza. A lealdade da maçonaria, dirigida por Fernando de Brunswick, não podia ser suspeita; mas alguns impacientes irritavam-se com sua brandura, notadamente na Baviera, onde persistia a influência dos jesuítas. Em 1776, Weishaupt fundou em Ingolstadt a ordem dos "iluminados", e de acôrdo com o Kinigge, de Hanôver, forneceu-lhe uma hierarquia e uma disciplina. Em 1782, no convento de Wilhelmsbad, perto de Hanau, êles tentaram, sem sucesso, atingir as celas; entretanto, agruparam mais de 2.000 prosélitos na Alemanha do sul e em Viena, nas profissões liberais, entre os funcionários e os fidalgos. Os partidários do iluminismo criticavam amargamente os podêres estabelecidos e a sociedade; nada prova, é verdade, que tenham pensado numa ação revolucionária; a esperança era atingir os governos, nêles multiplicando os adeptos, como o desejavam os filósofos. Na Baviera, foram denunciados pelos inimigos como agentes da Áustria, pois esta desejava anexar o eleitorado; a ordem foi suprimida em 1785, e os partidários dos jesuítas desencadearam uma campanha contra o livre pensamento; Weishaupt fugiu; seus adeptos foram perseguidos e, a partir de 1787, expostos a processos criminais.

Simultâneamente, os rosa-cruzes fomentavam na Prússia uma repressão governamental contra a "Aufklärung". A morte de Frederico II, em 1786, fornecia-lhes êste reinado, pois Frederico Guilherme II, sobrinho e sucessor do grande rei, era partidário dêles. Wöliner e Bischoffwerder aproveitaram-se disso para fazer carreira, o primeiro como ministro da Justiça e chefe do "Geitesdepartement", o segundo como ajudante-geral no gabinete militar do soberano. O rei, bígamo, não dava exemplo aos fiéis: mas entendeu de reconduzir os pastôres e os professôres à ortodoxia, e o "edito de religião" abriu uma época de intrigas administrativas para êles, de exigências dogmáticas para os candidatos; a censura e a inspeção dos manuais de que se serviam os alunos tornaram-se severas. A reação atingiu Saxe e Hanover.

Em vez de procurar sua adesão, José II nem mesmo tomou conhecimento da atitude assumida por seus poderosos vizinhos em relação à aristocracia, e seus dissabores acabaram por lhe recomendar prudência. Declarando-se contra o regime senhorial, aboliu a servidão, admitiu o "Utertan" diante de seus tribunais, determinou a fixação das "convés" e dos impostos, autorizou sua comutação em numerário, depois tornou-a a obrigatória; finalmente, em 1789, associou esta transformação à do impôsto feudal e ao estabelecimento de um cadastro: 70% do rendimento deveriam ficar com o fazendeiro, 12.1/3 passariam para o Estado, de maneira que o senhor deveria se contentar com 17.2/3. Preparou-se contra êle uma coalizão geral, principalmente na Hungria, e, graças à guerra, difícil e dispendiosa, iniciada contra os turcos em 1787, provocou a decomposição da monarquia. O revés de Habsburgo ajustava-se com o sucesso de Frederico II e de Catarina II para demonstrar que, no leste da Europa, o déspota esclarecido apenas poderia ser bem sucedido, se se conciliasse com a aristocracia, à custa do Terceiro Estado. Já há muito habituada à submissão e entorpecida na Itália e na Espanha, ela se mantinha tranqüila, desde que a hierarquia social não fôsse gravemente ameaçada; mas, mesmo no leste, não era caso de abolir os privilégios.

II. A Grã-Bretanha

A evolução da Inglaterra trazia à luz o caráter atrasado do continente. A ascensão da burguesia, favorecida pelo progresso da eco-

87

nomia, ao qual se associava a nobreza, aí havia provocado, sob a coberta do conflito entre anglicanos e calvinistas como da luta contra o catolicismo, as duas primeiras revoluções modernas. Com efeito, elas conduziram a compromissos que permaneceram em vigor até o século XIX. Por um lado, a aristocracia e a alta burguesia entraram em acôrdo para dominar a sociedade e dirigir o govêrno em seu proveito; por outro, a realeza teve que reconhecer definitivamente os princípios do regime constitucional; a liberdade em princípio, pelo menos assim o entendiam as classes superiores, e, como natural conseqüência, foram na prática muito incompletamente realizadas. O soberano compartilhava o poder com o Parlamentarismo, isto é, com a aristocracia, que formava a Câmara dos Lordes, graças a um sistema eleitoral mantido no caos e na corrupção, permanecia em parte senhora do recrutamento da Câmara dos Comuns, respeitando a parte dos ricos notáveis e cedendo hábilmente, de vez em quando, um de seus "burgos de bolso" (*) ou "burgos corrompidos" a qualquer "capacidade" que se revelasse nas Universidades, como o jovem Pitt, por exemplo.

Era porém a "prerrogativa" real — os burgos de que a coroa dispunha, a distribuição de sinecuras, de "honrarias" e de pensões, a concessão de provisões — que permitia ao govêrno assegurar-se de uma maioria dócil; durante o reinado dos dois primeiros Hanovers, sendo os "tories" suspeitos de simpatias jacobitas e criticando a "gentry" a nova dinastia, os reis tiveram que auxiliar os "whigs" a se tornarem chefes do Parlamentarismo e escolherem os ministros em suas fileiras; assim esboçou-se o regime "parlamentar", segundo o qual o poder real pertence a um "gabinete" homogêneo que representa a maioria, e muda com ela. Mas a recordação dos Stuarts se desvanecendo, George III considerou-se livre para usar a prerrogativa a fim de dar à coroa a direção do govêrno e, após 1784, Pitt, tendo rompido com os "whigs", a exerceu de acôrdo com êle. Como se entendessem no sentido de conferir a maioria aos "novos tories", Pitt ficou com a reputação de haver consolidado o regime parlamentar; na realidade, não chefiando senão pequeno número de partidários pessoais, êle havia concedido ao rei a faculdade de prejudicar as reformas que desaprovava e, ávido do poder, persuadido aliás, como seu pai, que êle assegurava melhor que ninguém a grandeza e a prosperidade do país, resignou-se sempre aos dissabores que lhe eram infligidos pelo soberano.

(*) *Bourgs pourris*, têrmo da língua inglêsa política, empregado em 1771 por Smollett para designar as localidades onde um número muito pequeno de eleitores elegia numerosos deputados para a Câmara dos Comuns. (N. T.)

O compromisso social não se prejudicou, e domina o período. Instalada no govêrno e no Parlamento, dirigindo a administração local — as "justices of peace" nos condados, a "gentry" nas paróquias — a aristocracia legislava em seu próprio interêsse: o direito de cêrca e a "corn-law" atestam-no claramente. A alta burguesia abocanhava a sua parte: ela cuidava da manutenção da proteção aduaneira, dos atos de navegação, do monopólio colonial e das leis que submetiam a mão-de-obra; o interêsse da enorme dívida pública, os fornecedores de guerra, os saques que as exações nas Índias acarretavam para os "nababos", aumentavam seu capital. Criando o império britânico, o primeiro Pitt havia previsto a fusão de poder dos dois grupos associados. Seu filho, reparando pacientemente os estragos da guerra da América, podia legìtimamente sustentar que realizava o mesmo trabalho. Êle restaurou as finanças, impondo um ligeiro sacrifício à riqueza móvel, reorganizou o tesouro e amortizou a dívida; embora a paz lhe parecesse necessária para atingir tal fim, não deixou de reconstruir a frota de guerra, aguardando a ocasião oportuna para dar maior intensidade à posição diplomática de seu país.

As sombras, todavia, não faltavam. Mais que nunca, o poder do dinheiro era imenso. Tudo podia ser comprado, e freqüentemente procurava-se acesso ao Parlamento com o fim de aumentar o campo de operações rendosas; a venalidade, a cooptação, o favoritismo viciavam a administração, já por si mesmo fraca, por estar em grande parte abandonada à aristocracia. Os dissidentes permaneciam submetidos ao "test", e subsistiam as leis de exclusão contra os católicos. Os costumes de várias oligarquias escandalizavam o puritanismo, que alentava o renascimento religioso; desejava-se depurar a vida pública; a beneficência e a utilidade social uniam-se à caridade, para aconselhar a organização da assistência, da instrução popular ou para melhorar as condições das prisões; uma sociedade reclamava a abolição do tráfico de negros. A situação da Irlanda, além disso, não cessava de ser inquietante; a grande maioria dos habitantes, conservada católica, irritava-se por ter que pagar o dízimo e as taxas paroquiais à Igreja oficial e por se ver privada do direito de voto. Os protestantes entendiam-se com seus compatriotas para se queixar de que a indústria da ilha estava sendo entravada pelo fechamento do mercado inglês; Grattan, seu chefe, queria que o Parlamento de Dublin obtivesse a autonomia legislativa. Os miseráveis fazendeiros, explorados pelos "middlemen", rendeiros gerais dos lordes, vingavam-se por meio de crimes agrários que acarretavam a insegurança; aliás, êles começavam a emigrar para os Estados Unidos. Durante a guerra da América, havia-se deixado que os irlandeses se engajassem como voluntários, para expulsar os franceses: êste precedente poderia ter sérias conseqüências.

Mas não se devia esperar muito do Parlamento britânico, enquanto uma reforma eleitoral não lhe modificasse a atmosfera. Expulsos do poder, os "whigs", sob a direção de Fox, de Sheridan, de Burke, formavam um partido de oposição, sem dúvida pouco coerente, mas combinado para criticar sistemàticamente o govêrno: uma das condições essenciais do parlamentarismo estava em vias de se realizar; êles atacavam a proteção real e preconizavam a reforma "econômica", isto é, a redução das sinecuras e outros meios de corrupção. Percebiam perfeitamente que o essencial teria sido a reforma eleitoral; mas, aproveitando-se do regime, não se apressavam em realizá-la. Fox preferia aguardar a ascensão ao trono de seu amigo, o Príncipe de Gales, para retomar as rédeas do govêrno. A agitação democrática no seio da pequena burguesia, dentro em pouco, parecia muito mais temível. Ativa depois de 1760, sob a direção de Wilkes, não havia atingido o proletariado e, no momento, estava inerte; mas a Revolução Francesa iria reanimá-la. Enquanto isso, a principal ameaça para o Antigo Regime era resultante de uma ruptura eventual entre a aristocracia e a burguesia capitalista; esta não gozava, dentro do Estado, de tôda a influência de que se considerava digna, e o impulso da indústria poderia um dia lançar os manufatureiros contra os proprietários feudais; êste perigo, entretanto, não era iminente. Pitt, consciente de suas dificuldades, desejava afastar algumas, emancipando dissidentes e católicos, suprimindo o tráfico de escravos, abrindo o mercado inglês à Irlanda, operando uma modesta reforma eleitoral. O rei fêz com que tôdas essas sugestões fôssem rejeitadas. O ministro conseguiu apenas atenuar a proteção aduaneira e concluir o tratado de comércio com a França. Apesar de tudo, os descontentes não deixavam de esperar, tendo em vista o caráter constitucional e representativo das instituições, que a oligarquia terminasse por capitular pacìficamente.

Os compromissos que os dirigentes britânicos, com um oportunismo realista de homens de negócios, haviam feito prevalecer sôbre os audazes revolucionários, conquistaram-lhes vários admiradores. O que mais impressionou a burguesia francesa em 1789 foi que, na Grã-Bretanha, não se gostava de falar em igualdade; realmente, para as classes dominantes, a liberdade e os direitos políticos deviam ser proporcionais ao nascimento e à riqueza; elas encaravam a igualdade de direitos como uma máquina de guerra, preparada para agitar a hierarquia social, em benefício do povo. Associada à aristocracia, a alta burguesia não via razão para colocar semelhante princípio em cartaz: o que não se dava na França.

III. *As províncias unidas e os patriciados continentais*

Existiam no continente alguns Estados de pequeno porte, que se poderia ficar tentando a comparar com a Inglaterra. Em geral, diferenciavam-se dela pela posição subordinada da nobreza militar e pela origem burguesa, em geral antiga, da oligarquia governante, cujos membros excluíam do poder seus congêneres de ascensão recente.

As Províncias Unidas, federação republicana de Estados autônomos, aos quais se acrescentavam territórios dependentes, eram reputadas como o país mais liberal, e ocupavam posição eminente na história da civilização. A nobreza sobrevivia e conservava uma parte da autoridade senhorial, sobretudo no leste; mas desvaneceu-se após o século XVII, quando a Holanda brilhava na primeira fileira dentro da economia européia. Se o príncipe de Orange, Guilherme V, nascido de mãe inglêsa e cunhado do rei da Prússia, conservava o "Stadhalter", que comandava as fôrças armadas e era suspeito de aspirar à realeza, a alta burguesia continuava a controlar o Estado, a Companhia das Índias e o Banco de Amsterdão. Mas a decadência parecia sensível. No mar e na Ásia, tiveram que ceder a supremacia aos inglêses. Desprovida de carvão e de matérias-primas, a indústria não se renovava, e os capitais eram empregados de preferência no financiamento das grandes potências; o burguês neerlandês, voltando às suas rendas, perdia o entusiasmo. O favoritismo e a cooperação concentravam o poder público nas mãos de pequeno número de famílias: a alta burguesia tornava-se um patriciado unido para manter seu monopólio, e afetado pela corrupção. Entre aquêles que ela mantinha à parte, recrutava-se um partido "patriota", que ambicionava uma revisão da organização política para subir ao poder, dar consistência ao govêrno e transformar a federação em uma república unitária. A guerra da América acabava de pôr à mostra a fragilidade do regime, e o Banco, por seus empréstimos à Companhia das Índias e à cidade de Amsterdão, via-se em perigo. Entretanto, os reformistas nada obtinham. Aliás, temiam o proletariado que, por hostilidade contra a burguesia, havia sempre pendido para o lado da facção orangista.

A Suíça não constituía um Estado; não passava de uma confederação de cantões independentes, dos quais muitos dominavam países dependentes, unidos apenas pela necessidade da defesa comum. Subsistiam nobres; mas os direitos senhoriais pesavam menos que o dízimo, que em grande parte passava para as mãos dos governos protestantes. Em cada cantão, a autoridade pertencia a uma oligarquia, particularmente bem provida em Basiléia, Zurique e Berna; todavia, o trânsito, a indústria rural, os empréstimos ao estrangeiro favoreciam também famílias burguesas excluídas do poder, que almejavam depois a unidade nacional e uma reforma política. Em Genebra, república estrangeira, mas aliada à Confederação, o conflito transformou-se em revolução: o patriciado dos "negativos" viu-se destronado em 1782 pelo partido dos "representantes", isto é, dos burgueses que teriam sido admitidos às assembléias gerais, se se organizassem, e pelos "nativos", privados dos direitos políticos. A França e os "senhores de Berna" pretenderam estabelecer a ordem; os emigrados genebrinos e suíços iriam logo assumir um papel importante na Europa agitada.

Os patriciados geraram igualmente, na Alemanha, as numerosas repúblicas urbanas, que dependiam diretamente do imperador; à parte os portos hanseatas e Francfort, elas vegetavam obscuramente. Na Itália, Veneza e Gênova constituíam também repúblicas patrícias; mas, nelas, cessando a evolução, as famílias governamentais, enriquecidas pelo comércio e pelas finanças, arrogavam-se a nobreza; em Veneza, inscritas no "livro de ouro", elas se perpetuavam em casta, e seu absolutismo policial gozava de legítima fama.

Todos êsses Estados apresentavam alguns traços comuns. Sua posição geográfica havia-os mantido fora da expansão oceânica, ou sua debilidade territorial e demográfica havia reduzido sua parte; seus recursos naturais não lhes permitiam ultrapassar francamente o estágio comercial do capitalismo. Os patriciados, fechados e esclerosados, mantinham-se, porque a burguesia que êles afastavam do poder, fraca por si mesma, não encontrava no que ainda restava de nobreza militar nem exemplo, nem aliança, enquanto que, em relação às classes populares, nutria a mesma desconfiança que nos demais lugares.

IV. *A revolução americana*

Os anglo-saxões da América ofereciam um exemplo sugestivo. Em conflito com a metrópole, os "rebeldes" opuseram-lhes não sòmente as franquias tradicionais, mas o direito natural, que permanecera vivo entre os puritanos, enunciaram as prerrogativas do homem e do cidadão em declarações universais, e criaram uma república em nome da soberania do povo.

A comoção agitou profundamente o mundo europeu. A excitação romântica, suscitada pela rebelião vitoriosa, abalou, como sempre, a submissão à ordem estabelecida, e as conseqüências foram diversas. A Irlanda aproveitou-se das inquietações do govêrno britânico; deixando-a armar voluntários para resistir a uma eventual invasão, êle considerou-se obrigado a conciliá-la, abrindo-lhe o mercado colonial, autorizando-a a exportar suas lãs e vários produtos manufaturados, atenuando as medidas de exceção contra os católicos. O primeiro desmembramento de um Império colonial encorajou por tôda parte os crioulos a reivindicar a autonomia, para não dizer a independência. Na Inglaterra, a revolução americana entusiasmou os democratas, a ponto de Thomas Paine ir se juntar aos "insurretos"; ela iniciou assim o renascimento de sua propaganda, que os acontecimentos da França não iriam demorar em desenvolver. No continente, todos os fiéis da filosofia das luzes se agitaram: a popularidade inaudita de Franklin é um exemplo; filho de um pequeno merceeiro, durante muito tempo tipógrafo, alcançando a abastança como livreiro e traficante, conseguindo se impor na burguesia, conseguindo posição no jornalismo e na maçonaria, e finalmente na política e na diplomacia, parecia o símbolo da nova ordem. Entre os franceses, a recordação da Guerra dos Sete Anos muito valeu para o desejo de auxiliar os colonos revoltados contra a Inglaterra; mas, combatendo por seu lado, a educação política de numerosos oficiais — a maior parte fidalgos e na dianteira o marquês de La Fayette — ampliou-se singularmente e destinou-os, de regresso à pátria, a formar, no decorrer da crise próxima, o núcleo da nobreza liberal. Certos revolucionários, notadamente Condorcet, deveriam à nova república algumas de suas inspirações.

Nos Estados Unidos, como na Inglaterra, em 1688, o sucesso da revolução dependia de um compromisso entre uma aristocracia de grandes proprietários feudais e uma alta burguesia de financistas, negociantes, armadores e manufatureiros, com essas diferenças capitais que, por um lado, não tendo as colônias jamais possuído Câmara de Lordes, não conservaram, uma vez desaparecida a realeza, nenhum poder político hereditário, e que, por outro lado, os fidalgos, entre outros Washington, privados de privilégios, não se distinguiam senão pela predominância da terra em seus patrimônios. Nesta sociedade em que a riqueza, mais claramente ainda que no velho mundo, constituía a base da hierarquia, a preocupação das classes dominantes não diferia essencialmente da dos chefes da Grã-Bretanha: tratava-se de saber se a república não evoluiria para a democracia. Todavia, as conseqüências da guerra, mais que a preocupação pelo futuro, puseram os dirigentes em defesa, porque seus interêsses imediatos se prejudicariam. Os diversos Estados e o Congresso confederado emitiram papel-moeda e contrataram empréstimos; eram cotados muito baixo e os credores privados arriscavam-se a serem reembolsados a péssimo preço. A navegação, o comércio, a indústria haviam periclitado durante as hostilidades e, estabelecida a paz, a concorrência inglêsa era temível.

Tendo participado da luta pela independência, as classes populares se agitavam, principalmente os pequenos proprietários e os fazendeiros que, devedores, tiravam vantagens da inflação. Certa hostilidade manifestava-se em relação à burguesia capitalista e aos plantadores; visava-se especialmente os especuladores, que resgatavam a preço ínfimo os bilhetes e títulos de empréstimos depreciados; também causava indignação o fato de êles se apresentarem como compradores de glebas enormes de terras disponíveis. a fim de loteá-las antes de revendê-las; a revolução acarretou realmente, como logo após na França, uma transferência de propriedades feudais, confiscadas aos conservadores emigrados. Além disso, os *squatters* penetravam nas planícies do Ohio e, em 1787, o Congresso regulamentou a tomada de posse dêsses "territórios do oeste"; os homens de negócio tentavam mesmo interessar nêles os europeus. Enfim, o espírito da revolução contestava a escravatura: muitos Estados, suprimindo o tráfico, mostravam-se dispostos a extingui-la.

Em princípio, cada um dos treze Estados permanecia independente e não se sabia se a União, como a Confederação helvética na Europa, não ficaria limitada à defesa comum; a autoridade federal não detinha poder algum, que lhe permitisse pôr fim à inflação e sanear a moeda, consolidar a dívida e desobrigar-se das obrigações assumidas; estabelecer uma tarifa aduaneira, manter as fôrças armadas, a fim de se impor ao estrangeiro, e proteger os dominantes. Os que tomaram a iniciativa de provocar a adoção da Constituição de 1787, que criou o govêrno dos Estados Unidos, qualquer que tenha sido o alcance de seu ato e qualquer glória que lhes tenha valido, não obedeceram ùnicamente ao desejo de formar uma nação: o interêsse de sua classe, e mesmo o interêsse pessoal os guiaram em parte. O próprio Washington era um dos mais ricos proprietários da República; Robert Morris era um especulador de alto vôo; Franklin não desdenhava o lucro. Hamilton, que morreu pobre, mereceu, parece, menos que qualquer outro os cruéis ataques que seu desempenho eminente lhe atraiu; mas sua política tendia abertamente a favorecer o desenvolvimento do capitalismo comercial e industrial. Os grandes proprietários, entretanto, se uniram a favor do projeto, a fim de que um executivo federal eficaz os garantisse contra uma eventual revolta dos negros, e com a condição de que a questão da escravatura fôsse abandonada à decisão particular de cada Estado. O direito de voto e a elegibilidade encontravam-se subordinados a um censo; aliás, as massas populares, em uma região imensa, de povoamento esporádico, desprovida de estradas, não possuíam a menor organização, diante de uma minoria rica e instruída; o proletariado das cidades ficou indiferente ou seguiu os empregadores; a oposição só se mostrou vigorosa entre os rurais e os combatentes licenciados que tinham sido pagos com moeda depreciada.

Chefes da Convenção da Filadélfia, os dirigentes, reconhecendo a soberania popular, deixaram subsistir o regime eleitoral particular dos Estados, e aplicaram-se em dividir os podêres federais de maneira a prevenir qualquer empreendimento que lhes pudesse fazer sombra. O Senado e a Câmara dos Representantes, eleitos logo após, não eram senão um prolongamento da Convenção; quando Washington assumiu a presidência, em 1789, mais de metade daqueles que haviam redigido a Constituição entrou em seu govêrno. Hamilton, secretário das Finanças, pôde pôr mão à obra: os anos de 1790 e 1791 viram o Congresso consolidar a dívida a par, inclusive a dos Estados, que dobrava o total; criou-se um banco nacional em que o capital era constituído, em cêrca de três-quartos, de títulos de empréstimo federal; votou-se uma tarifa aduaneira; venderam-se as terras públicas igualmente mediante o pagamento, em parte, em títulos de empréstimos; autorizou-se o recrutamento de fôrças de terra e de mar; finalmente, completaram-se os recursos financeiros por meio de um impôsto sôbre o álcool que atingiu as inúmeras pequenas destilarias dos camponeses. Constituindo o aparelho do Estado, a reação satisfez seus interêsses e barrou o caminho da democracia. Se dependesse apenas de Hamilton, ter-se-ia ido ainda mais longe, porque êle admirava a constituição inglêsa, devido aos seus lordes hereditários; John Adams pensava também que, pelo menos, os governadores deveriam ser vitalícios, para maior tranqüilidade. Agrupando os oficiais do exército da libertação na Sociedade de Cincinnatus, já se havia tentado, para dizer a verdade em vão, constituí-los em uma aristocracia hereditária.

Parece duvidoso que, na Europa, os democratas tenham conhecido as raízes econômicas e sociais desta atividade política. Todavia, por comparação com os princípios proclamados no início da revolução americana, êles encontraram apoio em sua obra. Quando ela falava da liberdade de consciência, apenas interessava aos cristãos; para os negros, a escravatura subsistia; como na Inglaterra, os dirigentes se abstinham de insistir sôbre a igualdade dos direitos, sem dúvida porque consideravam que seria uma conseqüência natural em um país que não conhecia privilégios legais, mas também porque êste princípio podia servir de pretexto para as reivindicações das classes populares; e, para maior segurança, abafavam-no, recusando-lhes o direito de voto.

V. A França

Entre a Inglaterra constitucionalista e o continente despótico, os característicos da monarquia francesa colocavam-na numa posição intermediária: não partilhava o poder com a aristocracia, como na Grã-Bretanha; não lhes abandonava os camponeses, como na Prússia e na Rússia; conservando-lhes seus privilégios, deixavam ao mesmo tempo formigar os enobrecidos e aumentar a burguesia.

Tendo a monarquia, no tempo de Luís XIV, se tornado absoluta, centralizadora e burocrática, parecia que nada agitaria mais sua supremacia, e a submissão da nobreza parecia definitiva. Na realidade, a reação aristocrática caracterizou o século XVIII, assim como a ascensão da burguesia: ela não pensou em recorrer às armas e foi por processos burgueses — a oposição das côrtes supremas e o apêlo à opinião — que criou embaraços e destruiu a autoridade do rei. A nobreza de espada, de origem duvidosa, apesar de suas pretensões, não ficou atrás e os "oficiais" aderiram, porque os intendentes pouco a pouco iam retirando dêles a administração local. Os gentis-homens aliados aos bispos dominavam os Estados provinciais; onde êstes últimos haviam desaparecido, sonhava-se em restabelecê-los; progressivamente, os sucessores do Grande Rei, abandonando, em relação a êles, a desconfiança do ancestral, entregavam-lhes as altas funções de autoridade; sob o reinado de Luís XVI, um Saint-Simon não teria podido recriminar o soberano por se cercar apenas de "burguesia vil": todos os ministros eram nobres, pelo menos em parte, menos Necker; e os intendentes, da mesma origem, residindo por muito tempo em suas divisões, aí se casando, aí comprando terras, fraternizavam com os senhores do país.

Também o despotismo esclarecido, na França, só se mostrou eficaz pela ação prática de um pessoal administrativo freqüentemente notável. As tentativas de reformas estruturais de Machault, de Maupeou e de Turgot malograram diante da resistência dos órgãos da aristocracia. A organização tampouco se aperfeiçoou; Luís XVI governava, com pequena diferença, com os mesmos ministérios e os mesmos conselhos de Luís XIV. Sem dúvida a unidade nacional continuava progredindo pelo desenvolvimento das comunicações e das relações econômicas, a educação dos colégios, a atração do capital; a França não era mais dividida em "país de eleições", em que o intendente, chefe de sua divisão, só temia ao Parlamento, e em "país de Estados", em que necessitava contar com os Estados provinciais que aumentavam sua autonomia, sobretudo na Bretanha. O Meio Dia permanecia fiel ao direito romano e o Norte a seus numerosos costumes; a nobreza conservava os seus; as oficialidades aplicavam o direito canônico, e os decretos reais se sobrepunham a tudo. As alfândegas internas e os tributos, a diversidade do regime fiscal, entravavam a constituição de um mercado nacional; os pesos e medidas variavam de uma região a outra, ou mesmo entre as paróquias; as circunscrições administrativas, judiciárias, financeiras, religiosas, apenas ofereciam confusão. Províncias e cidades, freqüentemente dotadas de privilégios e considerando-os como uma proteção contra o absolutismo, manifestavam um particularismo obstinado. Era como a missão histórica dos Capetos de dar à comunidade que havia constituído, congregando as terras francesas sob seu cetro, a unidade administrativa que se harmoniza com a consciência que tomava de si própria e que, por outro lado, seria tão favorável ao exercício de seu poder, quanto cômoda e útil a todos. Seus funcionários não teriam desejado outra coisa, porque, ao mesmo tempo em que aumentou o poder real aumentava também sua própria influência; mas, exatamente por esta razão êles se defrontavam antes de mais nada com a resistência apaixonada da aristocracia. A conclusão da grande obra monárquica punha em discussão a estrutura da sociedade que era, em si, a própria negação da unidade.

Se as circunstâncias viessem a fornecer ocasião, o poder real, enfraquecido, corria o risco de ver a reação nobiliária acentuar-se ainda mais audaciosamente contra êle, e a burguesia poderia sustentá-la. Nobres de espada ou de toga, que se apoiavam sôbre os precedentes históricos, "oficiais" agarrados à sua tradição profissional, homens de lei e filósofos que invocavam o direito natural e a especulação racionalista, todos, igualmente, pretendiam restringir, pela lei, o poder do príncipe, e garantir o indivíduo contra a arbitrariedade. Grandes proprietários feudais e burgueses capitalistas viam com bom olhos a liberdade econômica. Sôbre inúmeras reformas administrativas, não havia dificuldades de princípios, tampouco. Nesse sentido, seria realizada em França uma coalizão de notáveis, para impor à realeza o regime constitucional e o respeito da liberdade, tal como triunfara na Inglaterra: realmente, ela se esboçará no Delfinado.

Mas a solução britânica não comportava apenas um compromisso entre o soberano e os notáveis; ela implicava um outro, entre nobres e burgueses; ora, semelhante acôrdo não era desejado pela aristocracia francesa, a não ser por uma minoria que compreendia, devido ao exemplo da Grã-Bretanha e dos Estados Unidos, que nada tinha a perder com isso. Os gentis-homens não ignoravam o poder do dinheiro, e sabiam perfeitamente que, sem êle, o nascimento nobre não permitia fazer carreira; na Côrte, êles solicitavam os favores reais; foi em benefício de grandes proprietários feudais que, em certas províncias, foram permitidos os cercados e o loteamento de áreas coletivas; fazia-se um grande esfôrço para retirar dos camponeses um rendimento crescente, e é o que chamamos a "reação senhorial". Entretanto, enquanto alguns se aproximavam da alta burguesia, devido aos negócios e ao gênero de vida, outros não podiam acompanhar mais a sua classe; Mirabeau se desclassificava, vendendo sua pena; Chateaubriand obscuramente ansiava por novidades que abririam caminho para sua ambição: "Erguei-vos, desejadas tempestades!" Com uma mentalidade militar e feudal, a maior parte dos nobres franceses não sabia adaptar-se à ordem burguesa e, por outro lado, não queria fazê-lo, preferindo empobrecer e mesmo viver como fidalgos necessitados a condescender. O remédio, êles o viam dentro de um exclusivismo exagerado: que sua ordem se constituísse em casta fechada; que fôsse suprimida a venalidade de cargos, que permitia aos plebeus nela se introduzirem; que lhes fôssem reservadas tôdas as funções compatíveis com sua dignidade; que se multiplicassem as escolas especiais para os filhos e filhas. Já diversos Parlamentos haviam deixado de aceitar os plebeus, e o rei, primeiro gentil-homem do reino, tomava em consideração êsses desejos; todos os bispos eram nobres e, após 1781, não se podia ser oficial, sem passar por uma escola militar, a não ser fazendo prova de nobreza. A êste respeito, os nobres franceses se assemelhavam a seus congêneres do continente, sem perceber que o poder da classe rival, que desdenhavam, lembrava, pelo contrário, aquêle que ela possuía nos países anglo-saxãos. "Os caminhos estão fechados por todos os lados", escrevia Barnave, e Sieys, cônego em Chartres, constatava que jamais alcançaria o episcopado. Desde que as portas se fechavam, não restava senão forçá-las. Para defender sua causa, a burguesia francesa, contràriamente à da Inglaterra e dos Estados Unidos, foi levada a pôr em relêvo a igualdade dos direitos, e daí tirar a Revolução Francesa seu significado original na história do mundo.

VI. *As rivalidades dos Estados*

A formação dos grandes Estados, eliminando dentro de cada um a anarquia feudal, havia favorecido o desenvolvimento da civilização européia; mas a vontade de poderio dos dinastas que os criaram deixou-os apreensivos: julgando-se proprietários, sua ambição suprema era engrandecê-los, à custa de seus vizinhos. Se lhes tivessem dito que, desmoronando sùbitamente em França o Antigo Regime, ir-se-ia assistir, não apenas à agitação da estrutura hierárquica da sociedade e de sua própria autoridade, mas também à transformação do Estado em comunidade nacional, os soberanos teriam replicado que um cataclisma no reino dos Bourbons seria favorável a êles, pois o excluiria da política européia, cujas vicissitudes monopolizavam suas atenções.

Que estavam para ocorrer complicações internacionais, não se duvidava. Como crer que a Inglaterra não tentaria desforrar-se de sua recente derrota? A despeito da atitude pacífica de Vergennes, que Pitt parecia imitar, aguardava-se nova batalha entre a Grã-Bretanha e a França, sustentada por suas aliadas marítimas, sobretudo a Espanha, sempre inquieta por suas possessões da América e, por outro lado, ligada aos Bourbons de França pelo "pacto familiar". Sabia-se que o Foreign Office, em semelhante caso, trataria de dividir as fôrças de seu inimigo, por meio de hostilidades continentais, e financiara as coalizões. Após o século XVI, essas hostilidades causavam danos principalmente na Itália e na Alemanha: para os diplomatas e militares, a primeira não passava de um nome, e o Santo Império romano-germânico encaminhava-se para a ruína, depois que a Prússia se erguera como rival da Áustria. A França havia durante muito tempo criado embaraços aos Habsburgos na Alemanha, onde ela sustentava os príncipes, e na Itália, onde auxiliara a Espanha a reinstalar um infante em Nápoles e outro em Parma. Após 1756, a aliança franco-austríaca apaziguara a rivalidade. Na França, na verdade, a opinião não via com bons olhos essa aliança; não se renunciava sem pesar à Belgica, que passara às mãos dos Habsburgos; a hostilidade, tradicional após o século XVI, em relação à casa da Áustria, acarretando uma simpatia interesseira dos Estados que temiam seu poderio, e particularmente dos príncipes alemães, continuava a preocupar os espíritos. A aliança prussiana conservava adeptos e a própria côrte de Versalhes aplicava-se, até, a alimentar sua influência nos países renanos. Choiseul, depois Vergennes, nem mesmo haviam mantido o pacto de 1756, reduzindo-o à manutenção do *status quo.* Em Testchen, Vergennes havia entrado em acôrdo com Catarina II, para impedir nova guerra entre a Áustria e a Prússia, a propósito da sucessão da Baviera, e para colocar sob a proteção da França e da Rússia a constituição do Santo Império, tal como haviam regulado os tratados da Vestfália. Mais recentemente, tendo José II tentado abrir ao tráfico a embocadura do Escalda, fechada desde 1648, Vergen-

99

nes colocou-se como mediador entre êle e a Holanda. Êle tampouco havia apoiado o imperador contra Frederico II e a Liga dos Príncipes que se opunham à troca da Baviera pelos Países-Baixos austríacos. Podia-se pensar que a paz seria duradoura no Ocidente.

Era no leste que, no momento, se ameaçava um conflito. Catarina II e José II meditavam sôbre nôvo desmembramento do Império otomano, e a Prússia contava aproveitar-se disso, para lhes impor uma segunda partilha da Polônia. Vergennes rejeitava o oferecimento da Síria e do Egito; mas Pitt alarmava-se, ao pensamento de que os antigos caminhos da Índia cairiam nas mãos dos russos, e a questão do Oriente, tornando-se européia, corria o risco de provocar uma guerra geral.

Além disso, as reformas precipitadas de José II expunham o império dos Habsburgos à decomposição, se as hostilidades terminassem mal para êle. Quantas guerras intestinas não resultariam disso para a Europa?

Pòliticamente, esta Europa não existia mais que a Itália e a Alemanha. Ela não sabia unir-se, para manter a paz interna, como não sabia fazê-lo para subjugar os povos de além-mar; as próprias revoluções não pareciam a seus soberanos senão ocasiões de pescar em águas turvas; as dos anglo-saxões deviam em parte sua realização a esta anarquia internacional; a dos franceses iria, por seu lado, tirar proveito disso.

100

Livro segundo

O ADVENTO DA
BURGUESIA NA FRANÇA

Primeiro capítulo

A REVOLUÇÃO DOS ARISTOCRATAS (1787-1788)

A Revolução Francesa foi iniciada e vitoriosamente conduzida, durante sua primeira fase, pela aristocracia: fato de capital importância, mas que, por diferentes razões, o Terceiro Estado e a própria aristocracia se empenharam em conservar na sombra. A causa imediata foi uma crise financeira, cujas origens remontam à guerra da América: Necker a havia sustentado à custa de empréstimos e, depois dêle, Calonne havia consolidado a retaguarda pelo mesmo processo. O deficit tornou-se tal que, em 20 de agôsto de 1786, êle enviou a Luís XVI um memorial que apresentava como indispensável uma reforma do Estado.

I. *Calonne e os notáveis*

A administração financeira estava tão desordenada, que a situação apenas pode ser descrita por aproximação: uma lista de previsões levantada em março de 1788, primeiro — e último — orçamento do Antigo Regime, calculou as despesas em 629 milhões e a receita em 503, ou seja, um deficit de 126 milhões ou 20%. Os contemporâneos atribuíram a responsabilidade disso ao esbanjamento da Côrte e aos lucros dos financistas. Na verdade era possível fazer-se economias, e algumas foram feitas; mas o serviço da dívida exigia 318 milhões, mais de metade de despesas: não era possível reduzi-la a não ser pela bancarrota. Aumentar novamente os impostos? Já eram considerados excessivamente pesados. Pelo menos restava um recurso: certas províncias pagavam pouco, os burgueses menos que os camponeses, a nobreza e o clero menos ainda. Do ponto de vista técnico, a crise poderia ser superada: bastava para isso que se decretasse a igualdade fiscal.

103

Sem se mostrar tão audacioso, Calonne propunha que, pelo menos, se generalizasse a gabela, e ainda o monopólio do tabaco, e se substituíssem a capitação e os vigésimos por uma "subvenção territorial" que abrangesse todos os proprietários de terras sem exceção. Simultâneamente, contava estimular a atividade econômica e, por conseqüência, as entradas fiscais, concedendo liberdade completa ao comércio dos cereais, suprimindo as alfândegas internas e renunciando a certas taxas indiretas. Indo ainda mais longe, êle pretendia confiar a repartição dos impostos a assembléias provinciais eleitas pelos proprietários, sem distinção de ordem e, para libertar o clero de sua dívida, pôr à venda seus direitos senhoriais. O poder real ficaria fortificado e o equilíbrio financeiro reduziria à insignificância a oposição parlamentar; a unidade do reino daria um grande passo; a burguesia ver-se-ia associada à administração.

Embora o sacrifício solicitado aos privilegiados fôsse modesto, pois ficariam isentos da talha e da taxa que êle propunha viesse substituir a corveia das estradas, Calonne não tinha nenhuma ilusão sôbre a acolhida que os Parlamentos dariam a seu projeto. Talvez os tivesse afrontado abertamente se tivesse podido contar com o rei. A sorte de Turgot e de Necker não o animava; além disso, se a realeza conservava seu prestígio, Luís XVI, pessoalmente, não possuía nenhum: aficionado da caça e dos trabalhos manuais, grande comilão e bebendo em excesso, não gostando nem das pessoas, nem do jôgo, nem da dança, era objeto de escárnio dos cortesãos; os rumores que corriam a respeito da rainha tornavamno ridículo, passando Maria Antonieta por uma Messalina, e o caso do colar, em 1785, prejudicou a sua reputação. Calonne então resignou-se a tergiversar: imaginou reunir uma assembléia de notáveis onde figurariam principalmente diversos elementos da nobreza; escolhendo-os pessoalmente, contando com a influência administrativa e o respeito devido ao rei, supôs que êles seriam dóceis e que sua aquiescência dominaria os Parlamentos. Não deixaria de ser uma primeira capitulação: o rei consultava a aristocracia em lugar de lhe comunicar a sua vontade.

Reunidos em 22 de fevereiro de 1787, os notáveis receberam tremendamente mal a eleição das assembléias provinciais sem distinção de ordem, a estreiteza de suas atribuições, o prejuízo aos direitos senhoriais do clero; naturalmente, êles atacaram com suas críticas sobretudo a subvenção territorial e solicitaram que antes de mais nada lhes apresentassem as contas do Tesouro. Declarando-se dispostos a lutar em benefício do Estado, pretendiam ditar suas condições. Compreendendo que Calonne nada obteria, Luís XVI demitiu-o em 8 de abril.

104

II. *Brienne e os parlamentos*

Na primeira linha de seus adversários havia-se distinguido Loménie de Brienne, arcebispo de Toulouse, que desejava tornar-se ministro, o que não tardou a suceder. Para lisonjear os notáveis, submeteu-lhe as contas, prometeu conservar as ordens nas assembléias provinciais, não tocar nos direitos senhoriais do clero. Mas retomou o projeto de subvenção territorial e acrescentou-lhe um aumento de sêlo. Os notáveis responderam que não tinham podêres para aprovar o impôsto, fazendo alusão aos Estados gerais. Em 25 de maio, êles foram licenciados: o expediente de Calonne havia malogrado e Brienne teve que enfrentar os Parlamentos a descoberto.

O de Paris registrou sem pestanejar a liberdade do comércio de cereais, a comutação da corvéia, a criação das assembléias provinciais; mas, sôbre o impôsto do sêlo, redigiu admoestações e, quanto à subvenção territorial, rejeitou-a, referindo-se categòricamente aos Estados gerais. Em 6 de agôsto *lit de justice* (*); o Parlamento declarou-o nulo e não sucedido, em seguida leu depoimento contra Calonne, que se refugiou na Inglaterra; em 14, os magistrados foram exilados para Troyes; as outras côrtes soberanas os apoiaram e Brienne não tardou em recuar: em 19 de setembro, o Parlamento reinstalado reassumiu suas funções.

Brienne restringiu-se ao empréstimo. A dificuldade era idêntica: era-lhe necessário o consentimento dos parlamentares. Alguns, tendo aceitado negociar, não hesitaram em apresentar a condição decisiva: o govêrno prometeria convocar os Estados gerais. Brienne solicitou 120 milhões realizáveis em cinco anos: os Estados gerais se reuniriam em 1792. Mas, não estando seguro da maioria, êle fêz com que o rei apresentasse precipitadamente o édito, em 18 de novembro, numa "sessão real", isto é, um *lit de justice* em que as formalidades tradicionais de convocação não haviam sido observadas. O duque de Orléans protestou, e o registro foi declarado nulo. Luís XVI replicou exilando o duque e dois conselheiros; o Parlamento assumiu a sua defesa, condenando os avisos régios (*lettres de cachet*) e reivindicando para os súditos do rei a liberdade individual. Em 3 de maio de 1788, na previsão de um golpe de fôrça, êle publicou uma declaração das leis fundamentais dô reinado: a monarquia é hereditária; o voto dos subsídios pertence aos Estados gerais; os franceses não podem ser presos e detidos

---

(*) "Leito de Justiça" — assento ocupado pelo rei, nas sessões solenes do Parlamento. (N. T.)

arbitràriamente; seus juízes são irremovíveis; os costumes e privilégios das províncias invioláveis.

Viu-se então que o govêrno havia decidido imitar Maupeou. Em 5 de maio, a fôrça armada cercou o Palácio de Justiça até que dois conselheiros fôssem libertados. Em 8 de maio, Luís XVI registou seis éditos preparados pelo ministro da Justiça Lamoignon: o registo passava a uma "côrte plenária" composta de príncipes e oficiais da coroa; ao mesmo tempo, reformava-se a organização judiciária em prejuízo dos Parlamentos, sem todavia eliminar a venalidade, e suprimia-se a questão prévia, isto é, as torturas que precediam a execução dos criminosos — a questão preparatória que acompanhava a instrução havia desaparecido desde 1780; finalmente, um nôvo golpe atingia a aristocracia: o litigante podia declinar a jurisdição senhorial, apelando preventivamente para os tribunais reais.

Desta vez, a resistência foi mais ampla e violenta. Os Parlamentos de província e a maior parte dos tribunais subalternos protestaram. A assembléia do clero, já irritada pelo édito recente que havia concedido um estado civil aos protestantes, criticou a reforma e não concedeu senão um magro dote gratuito. Estouraram motins em Paris e em várias cidades: em 7 de junho, em Grenoble, realizou-se a "jornada das telhas". Paralelamente, como a instalação das assembléias provinciais, ao término de 1787, em nada havia satisfeito a opinião pública, diversas províncias reclamavam para seus antigos Estados o direito de votar os impostos: no Delfinado a nobreza uniu-se à burguesia, em 21 de julho de 1788, no castelo de Vizille, para convocá-los "ex officio" e Brienne cedeu.

O Tesouro estava vazio: tinha sido necessário suprimir as pensões; os rendeiros nada recebiam; os bilhetes da Caixa de descontos receberam crédito forçado. Sem dinheiro, Luís XVI deixou os prussianos invadirem a Holanda para sustentar, contra a burguesia, o estatuderato que rompeu a aliança com a França e se uniu aos inglêses. Brienne capitulou uma última vez: os Estados gerais reunir-se-iam em assembléia em 1.º de maio de 1789; finalmente, êle retirou-se em 24 de agôsto. O rei tornou a chamar Necker, cujo primeiro cuidado foi afastar Lamaignon e restabelecer o Parlamento. Em 23 de setembro, êste empenhou-se em estipular que os Estados gerais se constituiriam, como em 1614, em três ordens, cada uma dispondo do mesmo número de representantes, pronunciando-se separadamente e possuindo o direito de veto em relação às outras: a nobreza e o clero, portanto, seriam os senhores. Era o triunfo da aristocracia.

Contra o poder real, os privilegiados haviam esboçado solidàriamente, sobretudo na Bretanha, uma organização de propaganda e de resistência, intimidando ou recebendo o apoio dos intendentes e chefes da armada, sublevando às vêzes seus rendeiros e seus domésticos. Êsses precedentes revolucionários não serão esquecidos. Os Parlamentos sobretudo fizeram escola: sua tática encontrará equivalentes na do Terceiro nos Estados gerais; haviam mesmo pretendido acusar um ministro, e Calonne foi o primeiro emigrado.

Segundo capítulo

A REVOLUÇÃO DA BURGUESIA

Para iludir os ministros, numerosos plebeus, notadamente os homens de lei, haviam-se mostrado favoráveis à revolta nobiliária; muitos outros, os Roland, por exemplo, como nada esperavam, permaneceram neutros. No verão de 1788, nada ainda fazia prever a intervenção da burguesia. Mas à nova de que os Estados gerais iam ser novamente convocados, ela sobressaltou-se: o rei autorizava-a a pleitear a sua causa. No primeiro momento, aliás, não se repudiou um acôrdo com a aristocracia: o exemplo do Delfinado, em que ela concedera ao Terceiro Estado o voto individual e a igualdade fiscal, provocou entusiasmo. Tudo se modificou bruscamente após a manifestação parlamentar de 23 de setembro: da noite para o dia, a popularidade dos magistrados desvaneceu-se e, de um lado a outro do reino, elevou-se um clamor. "O debate público mudou de aspecto, constatará Mallet du Pan em janeiro de 1789. Não se trata mais, a não ser muito secundàriamente, do rei, do despotismo e da constituição: é uma guerra entre o Terceiro Estado e as duas outras ordens."

I. *Formação do partido patriota*

A ruptura, todavia, não foi completa. Grandes senhores liberais uniram-se à alta burguesia para formar o partido "nacional" ou "patriota". No "Comitê dos Trinta", que parecia exercer sôbre êle grande influência, figuravam o duque de la Rochefoucauld-Liancourt, os marqueses de La Fayette e de Condorcet ao lado de Talleyrand, bispo de Autun, e do abade Sieyes; Mirabeau também aí apareceu. Êstes dois últimos estavam em entendimentos com o duque de Orléans, que dispunha de muito dinheiro e de certa influência em seus vastos domínios. Além das relações pessoais, as ligações estabelecidas pelas associações, numerosas no século XVIII — academias, sociedades de agricultura, grupos filantrópicos, salões de leitura, lojas maçonicas — foram utilizadas tanto nas províncias como em Paris. Um papel diretivo foi atribuído ao Grande-Oriente, de que o duque de Orleáns era grão-mestre, embora o duque de Luxembourg, administrador geral, tenha permanecido ardentemente fiel à causa da aristocracia e que, formigando as lojas de nobres, não se possa conceber como teriam elas tomado partido pelo Terceiro Estado sem se verem estraçalhadas por conflitos, de que não subsiste nenhum traço.

A propaganda dos patriotas suscitou réplicas; mas o govêrno não opôs obstáculos: o rei havia convidado seus súditos a expor seus conhecimentos e seus pontos de vista sôbre os Estados gerais e, sob o pretexto de responder a seu apêlo, multiplicaram-se os folhetos onde se expunha livremente tudo que se desejava. Os patriotas manobraram com prudente habilidade: limitaram-se a solicitar para o Terceiro Estado tantos deputados quantos tinham o clero e a nobreza reunidos, invocando o exemplo das assembléias provinciais e dos Estados do Delfinado. A ordem do dia era sobrecarregar o govêrno de petições pela quais as Municipalidades, de bom ou de mau grado, eram responsáveis. Realmente, contava-se com Necker.

II. *Necker e a duplicação*

O diretor das Finanças atendia às necessidades mais urgentes, através da Caixa de Descontos e delegando aos financistas, em garantia de seus empréstimos, "antecipações" sôbre o produto futuro dos impostos: isso apenas para ganhar tempo até a reunião dos Estados gerais, quando esperava a abolição dos privilégios fiscais. Se a nobreza dominasse, o govêrno encontrar-se-ia à sua disposição. Necker, portanto, inclinava-se a favorecer o Terceiro Estado, sem, entretanto, colocar-se em suas mãos. Concedendo a duplicação e limitando o voto por cabeça nas questões financeiras, conciliava-se tudo; a igualdade fiscal seria adotada, enquanto que a reforma constitucional desencadearia a luta entre as ordens e ficaria sujeita ao arbítrio do rei. Sôbre o regime a ser instituído, as intenções de Necker não suscitam dúvida: êle admirava o da Grã-Bretanha; por um lado, a criação de uma Câmara de Lordes, e por outro, a admissão às funções públicas sem distinção de nascimento, pareciam-lhe adequadas para assegurar a aristocracia e satisfazer a burguesia.

Êle nem sonhava em revelar semelhantes intenções. Financista estrangeiro, protestante, êle sempre fôra suspeito à aristocracia, à

Côrte, ao rei; vários de seus colegas criavam-lhe embaraços, sobretudo Barentin, o nôvo ministro da Justiça; desejando antes de mais nada conservar o poder, êle avançava apenas em passos lentos. Como Calonne, esperava persuadir os notáveis a apoiar a duplicação do Terceiro Estado e reuniu-os novamente em 6 de novembro de 1788. Êles o decepecionaram e, em 12 de dezembro, os príncipes de sangue enviaram a Luís XVI uma súplica que, por sua clareza e seu acento patético, pode ser considerada como o manifesto da aristocracia: "O Estado está em perigo...; prepara-se uma revolução nos princípios do govêrno...; logo mais os direitos da propriedade serão atacados, a desigualdade das fortunas será apresentada como um objeto de reforma: já se propôs a suspensão dos direitos feudais... Vossa Majestade poderia se determinar a sacrificar, a humilhar sua brava, antiga e respeitável nobreza?... Que o Terceiro Estado cesse de atacar os direitos das duas primeiras ordens...; que êle se limite a solicitar a diminuição dos impostos, de que pode estar sobrecarregado; então, as duas primeiras ordens, reconhecendo na terceira cidadãos que lhes são caros, poderão com a generosidade de seus sentimentos, renunciar às prerrogativas que têm por objeto um interêsse pecuniário, e consentir em suportar, na mais perfeita igualdade, os encargos públicos."

Entretanto, Necker foi mais longe, sustentado por alguns de seus colegas, e o suprimiu, provàvelmente porque a queda de Brienne havia descontentado a rainha e a revolta nobiliária indispusera o rei. O "Resultado do Conselho" de 27 de dezembro concedeu a duplicação. Censurou-se Luís XVI por não haver, ao mesmo tempo, regulamentado a modalidade do voto. Na realidade, a censura não tem fundamento, porque Necker, em seu relatório, recordava que o voto por ordem era a norma. Mas o decreto omitia isso, e o ministro havia insinuado que talvez os Estados gerais considerassem conveniente votar por cabeça em matéria de impostos.

O Terceiro Estado proclamou-se vitorioso e fingiu considerar conquistado o voto por cabeça. A nobreza negou a conseqüência e, em Poitou, no Franco-Condado, na Provença, protestou violentamente contra a duplicação que permitia formulá-la. Na Bretanha, a luta de classes degenerou em guerra civil e, em Rennes, ela explodiu em fins de janeiro de 1789. O Terceiro Estado, irritado, passou para as soluções radicais. Em fevereiro, Sieyes, em sua famosa brochura "Qu'est-ce que le Tiers État?" (Que é o Terceiro Estado?) exprimiu, com fria violência, o ódio e o desprêzo inspirados pela nobreza: "Esta classe é seguramente estranha à nação pela sua ociosidade." Ao mesmo tempo, Mirabeau, no discurso que havia projetado pronunciar nos Estados de Provença, louvava Marius "por haver exterminado, em Roma, a aristocracia da nobreza". Palavras temíveis, que anunciavam a guerra civil.

III. *As eleições e os cadernos*

O processo comportava numerosas variedades: mas o regulamento da burguesia atribuindo aos Estados provinciais que subsistiam a designação de deputados ou reservando aos campos parte das cadeiras do Terceiro Estado. Alguns nobres recomendaram êsses expedientes: Necker os afastou.

O processo comportava numerosas variedade: mas o regulamento de 24 de janeiro de 1789 foi o mais geralmente aplicado. Êle adotava, como circunscrições eleitorais, os bailiados e as jurisdições dos senescais, a despeito da extraordinária desigualdade dessas alçadas judiciárias em matéria de extensão e de população. Todos os nobres foram chamados a comparecer na assembléia de sua ordem, mesmo que não possuíssem feudos, contràriamente ao costume; cometeu-se, não obstante, o êrro de magoar os enobrecidos em caráter pessoal, rejeitando-os para o Terceiro Estado. Para o clero, associaram-se os curas aos bispos, enquanto que cônegos e religiosos apenas enviaram representantes; os curas, quase todos saídos do Terceiro Estado, ficaram com a maioria e, mais de uma vez, deixaram de eleger seu bispo nobre. A assembléia de bailios do Terceiro Estado foi composta de delegados das aldeias e paróquias, nomeados pelos chefes de família submissos às imposições, diretamente nas aldeias, a dois graus nas cidades; quando se tratava de um pequeno bailiado, cognominado "secundário", ela se limitava a redigir um caderno de queixas e enviava uma quarta parte de seus membros para a assembléia do bailiado "principal", ao qual êle tinha sido anexado. Nestas reuniões, os camponeses eram mais numerosos; mas, pouco instruídos, incapazes de discursar e, intimidados porque, para apresentar o caderno, começava-se por examiná-los, quase invariàvelmente elegiam os burgueses.

Entre os eleitos do clero e da nobreza, alguns adversários das reformas não deixavam de ter talento, como Cazalès e o abade Maury; mas as circunstâncias permitiram apenas aos liberais, Du Port, Alexandre de Lameth e sobretudo La Fayette, que se elevassem ao primeiro plano. Os deputados do Terceiro Estado eram, na maioria, de idade madura, quase sempre ricos ou abastados, instruídos, trabalhadores e probos, alcançando às vêzes honrarias, como os acadêmicos Bailly e Target, mais freqüentemente che-

111

gando a uma reputação provincial: Mounier e Barnave, no Delfinado; Lanjuinais e Le Chapelier, na Bretanha; Thouret e Buzot, na Normandia; Merlin de Douai, em Flandres; Robespierre, em Artois. Parece tanto mais característico que a burguesia tenha tido, durante muito tempo, por ídolo, o marquês de La Fayette, deputado da nobreza de Riom, e que, de seus deputados, os mais célebres, Sieyes e Mirabeau, lhe tivessem sido fornecidos pelos privilegiados: percebe-se por aí o lugar que a nobreza tinha assegurado a si, realmente, na sociedade modernizada, aliando-se à burguesia. Sieyes e Mirabeau eram ambos provençais. O primeiro, filho de um notário de Frejus, tornando-se cônego em Chartres, eleito em Paris, guiou o Terceiro Estado durante as primeiras semanas. Suas brochuras forneciam-lhe a reputação de um oráculo. Êle foi o teórico do "poder constituinte": à nação apenas pertence a soberania e, até que a constituição fôsse terminada e posta em vigor, seus representantes se encontrariam investidos de uma autoridade ditatorial. Fiel intérprete da burguesia, será êle quem fará a distinção entre os cidadãos "ativos" e "passivos". Mas, faltando-lhe aplicação e talento oratório, logo recolheu-se ao isolamento. Mirabeau, pelo contrário, possuía a previsão realista do homem de Estado, o dom de dirigir os homens, uma eloqüência fora do comum. Infelizmente, sua escandalosa juventude e sua venalidade cínica roubavam-lhe tôda consideração; ninguém duvidava de que a Côrte o compraria assim que o desejasse. Como Sieyes, não pôde conduzir o Terceiro Estado, cuja obra permaneceu coletiva.

Sôbre a redação dos cadernos de queixas, Necker teria podido exercer grande influência. Malouet, intendente da marinha e deputado do Terceiro Estado em Riom, fêz-lhe ver que era indispensável formular um programa real a fim de orientar a opinião, impor-se à nobreza e sobretudo conter a efervescência do Terceiro Estado. Não se duvida que o ministro reconhecesse a sabedoria dêste aviso; mas como os ataques que sofrera devido à duplicação lhe recomendassem reflexão, recusou-se a correr êste nôvo risco, já feliz por ter persuadido Luís XVI a se manter na neutralidade.

A burguesia interveio, portanto, livremente na redação dos cadernos de paróquia; ofereceram-se modelos, vindos de Paris ou redigidos na região; homens de lei e curas manejaram a pena mais de uma vez. Numerosos cadernos são entretanto originais: indiferentes à reforma constitucional, limitam-se à crítica dos encargos que sobrecarregavam as classes populares, sem ser, aliás, o espelho fiel de seus sentimentos profundos, desde que, em presença do juiz senhorial, os camponeses estavam longe de dizer sempre o que pensavam e que, por outro lado, os proletários raramente participavam das deliberações. Os cadernos dos bailiados ainda o são

112

menos, pois a burguesia que os redigia eliminava os desejos dos cadernos primários que não lhes agradavam ou não lhes interessavam. O que apaixonava o povo dos campos e das aldeias, não era apenas a igualdade fiscal e o alijamento dos impostos, mas o desaparecimento do dízimo, dos direitos e da autoridade do senhor, assim como o respeito dos usos coletivos, a regulamentação do comércio dos cereais e a taxação que poria um freio à expansão capitalista: ameaçava a aristocracia em seus bens ao mesmo tempo que em seus privilégios, e a burguesia em suas ambições. Mas como o povo não anuísse aos Estados gerais, o rei, a aristocracia e a burguesia aí se encontrariam a sós para regular seu conflito triangular.

Em seus cadernos, a nobreza e a burguesia exprimem unânimemente sua dedicação à monarquia; mas estão de acôrdo para substituir o poder absoluto pela lei consentida pelos representantes da nação, garantir a liberdade individual contra a arbitrariedade do policial e do juiz, conceder à imprensa uma liberdade razoável, renovar os diversos ramos da administração sem excetuar a organização eclesiástica. Ao sentimento de unidade nacional une-se um gôsto muito intenso pela autonomia regional e comunal que, descerrando a administração, porá fim ao despotismo ministerial. Elas aprovam a tolerância religiosa, mas não levam além a secularização do Estado, porque conservam à Igreja católica o privilégio do culto público e não sonham em separá-la do ensino e da assistência, nem mesmo em criar o estado civil. O clero não se dá por satisfeito: não admite que a imprensa possa criticar-lhe as doutrinas e que os hereges sejam tratados em pé de igualdade com os fiéis; o recente édito que assegura um estatuto legal aos protestantes suscita mesmo vários protestos. À parte essas reservas, que não são poucas, exprime-se no mesmo sentido que as outras ordens. Concebida mais ou menos amplamente, a liberdade foi um desejo nacional.

Mas o conflito de classes não é menos aparente. Se os privilegiados se resignam aos sacrifícios de ordem fiscal, com bastante reticências sôbre seu alcance e sôbre as modalidades da contribuição que lhes será solicitada, opõem-se êles geralmente ao voto "per capita" e estipulam expressamente a conservação das ordens, das prerrogativas honoríficas e dos direitos senhoriais, enquanto que, para o Terceiro Estado, a igualdade dos direitos é inseparável da liberdade.

Faltava muito, todavia, para que uma arbitragem real fôsse revogada. Pelo que concerne ao monarca, ninguém lhe contestava a sanção legislativa e a integralidade do poder executivo. Renunciando à arbitrariedade e governando de acôrdo com os Estados gerais, a dinastia capetiana acentuaria seu caráter nacional, e sua autoridade não ficaria menor devido à modernização. Entre a aristocracia e a burguesia, não faltavam homens que, de bom ou mau grado, se dobrassem a um compromisso. Entre os nobres, a fidelidade, em presença da vontade do príncipe, teria abalado a oposição. Burgueses como Malouet e Mounier, desejando antes de mais nada terminar com o despotismo, achavam que a briga entre as ordens acarretava o risco de perpetuá-lo e, pouco temendo dos camponeses, não repugnavam em respeitar o poder senhorial e a primazia honorífica do nobre. Nuns como noutros, o pavor da guerra civil, já então perceptível, pleiteava secretamente em favor da conciliação.

Teria sido de um grande rei ou de um grande ministro o tomar a iniciativa. Luís XVI não era Henrique IV; Necker via claro, mas suas origens o paralisavam. A nação foi abandonada a si própria.

IV. *A vitória da burguesia*

Longe de pensar num compromisso, a Côrte tentou se desembaraçar de Necker, e o Parlamento, tomado de arrependimento, ofereceu seu auxílio: em abril, correu o rumor de um nôvo govêrno, cujo primeiro cuidado seria adiar "sine die" os Estados gerais. Entre os ministros, a verificação dos podêres acarretava a discórdia: Barentin sustentava que os precedentes o atribuíam ao Conselho de Estado; Necker o negava. Finalmente, Luís XVI ficou fiel a êste último: a revolução de palácio abortou e a competência em matéria de verificação ficou em suspenso. Essas divergências provàvelmente explicarão o adiamento da abertura dos Estados que, fixada para 27 de abril, se viu transladada para 5 de maio.

A prudência aconselhava que os deputados se reunissem longe de Paris: preferiu-se Versalhes, o rei por suas caças, a rainha e sua côrte pelos divertimentos. A Côrte cometeu outras imprudências, agarrando-se à etiquêta que humilhava o Terceiro Estado: designou-se um vestuário particular para cada uma das ordens; em 2 de maio, foram apresentados ao rei separadamente; em 4, pela procissão do Espírito Santo, desfilaram, de Notre-Dame a São Luís, em massas distintas, os representantes do Terceiro em roupa negra, desconhecidos à parte a imperiosa feiúra de Mirabeau, mas aplaudidos sem receio por uma imensa população, os nobres dourados e empenachados, a multidão obscura dos curas, depois, após a música do rei, os bispos resplandecentes, Ulteriormente, esta pequena guerra do cerimonial prolongou-se até o 14 de julho: fora das sessões reais, o Terceiro Estado pretendia vestir-se como os privilegiados; Bailly deixou entender que as deputações que êle conduziria ao rei não se ajoelhariam diante dêste.

Avenue de Paris, o hotel dos Menus-Plaisirs, simples loja na realidade, havia sido preparada para o clero e a nobreza; atrás dêle, na rua dos Chantiers, a sala, construída para os notáveis, aumentada e novamente decorada, oferecia-se às sessões plenárias, presididas pelo rei; mas, como nenhum local conviesse ao Terceiro Estado em razão do seu efetivo, esta "sala nacional" foi-lhe atribuída em tempos comuns. Tribunas aguardavam os espectadores; êstes afluíram e deixou-se que tomassem o hábito, que conservaram até o fim da Convenção, de participar das deliberações: esta disposição desatenta realçou a importância do Terceiro Estado e colocou os tímidos sob o contrôle e a pressão da opinião intransigente e audaciosa.

Luís XVI veio abrir a sessão em 5 de maio. Aplaudiu-se seu breve discurso; depois Barentin, a quem não se escutava, Necker e o suplente que o substituiu arengaram para os deputados ansiosos e prontamente fatigados e decepcionados, porque o discurso do diretor das Finanças, descrevendo, durante três horas, os detalhes da situação do Tesouro e das melhorias almejadas, não fêz nenhuma alusão à reforma constitucional; o diretor entregou-se à generosidade dos privilegiados, repetiu a respeito da modalidade de voto o que já havia dito em dezembro. Na manhã seguinte, a nobreza e o clero tentaram verificar separadamente os podêres, o Terceiro Estado absteve-se, e os Estados gerais encontraram-se paralisados.

Os bretões e os delfinados não teriam visto empecilhos em repudiar o voto por ordem; mas era infringir a legalidade, e os políticos não queriam arriscar-se tão depressa: os deputados não se conheciam e ninguém sabia até que ponto êles consentiriam em avançar; visìvelmente, o ardor dos bretões amedrontava a mais de um. Uma tática dilatória impunha-se e, recusando atribuir a verificação ao Conselho de Estado, Necker havia preparado a escapatória. O Terceiro Estado alegou que convinha a cada ordem constatar que as duas outras estivessem legalmente constituídas e que os podêres deveriam, portanto, ser controlados em comum. Esperando, evitou constituir-se: nada de processo verbal, nem de regulamentação; nem mesmo uma junta, mas apenas um deão, que, a partir de 3 de junho, foi Bailly. Por outro lado, desde o começo, êle se atribuiu o nome de "communes": embora, salvo alguns eruditos, se ignorasse o que haviam sido realmente as comunas medievais, ligava-se ao vocábulo a vaga lembrança de uma resis-

115

tência popular aos feudais, fortificada pelo que se conhecia da história da Inglaterra; mas o Terceiro Estado queria, sobretudo, significar que não reconhecia mais a hierarquia social que o relegava para o terceiro lugar.

Sua atitude não deixava de ser inconveniente, porque demonstrava ao povo que ela retardava a abolição dos privilégios fiscais. Quando Malouet propôs negociar, oferecendo a garantia dos direitos e das propriedades da aristocracia, foi asperamente tratado; mas todo mundo sentia a necessidade de um nôvo tema de manobra. Foi o claro quem o forneceu. A nobreza não se havia deixado abalar: em 11 de maio, ela declarou-se constituída. Como uma forte proporção de curas sustentava o Terceiro Estado, sua ordem propôs, ao contrário, uma conferência entre comissários das três ordens; para lisonjeá-la, o Terceiro Estado terminou por aceitar. As discussões de 23 e 25 de maio não tiveram resultado, os nobres entrincheirando-se atrás das precedentes, o Terceiro Estado contestando-lhes ou opondo-lhes a razão e o direito natural. Desde então, a tática foi de adjurar o clero a aceitar a fusão, e os bispos, sentindo os curas escaparem-se-lhes, suplicaram a intervenção do rei. Em 28, Luís XVI solicitou, realmente, que se reabrissem as conferências em presença de seus ministros e, em 4 de junho, Necker apresentou um projeto de acôrdo: cada ordem verificaria os podêres de seus membros, comunicaria o resultado às outras e examinaria suas objeções; se não se conseguisse a harmonia, o rei decidiria. O Terceiro Estado encontrou-se novamente em apuros; desta vez, a nobreza se encarregou de salvá-lo, recusando a arbitragem do rei a não ser para as delegações "inteiras", as que, no Delfinado e em alguns bailiados, haviam sido escolhidas em comum pelas três ordens. Foi o sinal para a ação revolucionária.

Em 10 de junho, por proposição de Sieyes, o Terceiro Estado convidou os privilegiados a se unirem a êle, caso contrário dar-se-ia falta aos ausentes. Iniciada em 12 de abril, a chamada terminou em 14: vários curas haviam respondido, mas nenhum nobre. Às três ordens reunidas, o Terceiro Estado, após dois dias de debate, conferiu, em 17 de junho, o nome de "Assembléia Nacional" e, imediatamente, confirmando a título provisório os impostos existentes, atribuiu-se o consentimento. Passaria a soberania à nação? Não precisamente, pois, no dia 20, Bailly reconheceu que estas resoluções revolucionárias exigiam a sanção do rei.

Luís XVI não tinha a intenção de concedê-la. Depois da morte do delfim, em 4 de junho, êle se retirara para Marly, onde a rainha e os príncipes o doutrinavam. A nobreza, abdicando finalmente em benefício do poder real, suplicava-lhe que fizesse o Terceiro Estado retornar ao dever. Em 19, a maioria do clero pronunciando-se a favor da reunião, correram os bispos a suplicar auxílio. Os ministros e o próprio Necker concordavam em que era necessária uma intervenção. O Conselho anunciou uma sessão real para o dia 22. Mas que diria o rei? Necker, sustentado por Montmorin e Saint-Priest, desejava que, para manejar o Terceiro Estado, se contentasse em ignorar seus decretos, em lugar de cassá-los. Pondo-se finalmente a descoberto, êle pretendia impor a igualdade fiscal, admitir todos os franceses às funções públicas e autorizar o voto "per capita" para a organização dos futuros Estados gerais, estipulando que o rei não o aceitaria a não ser que ela comportasse duas Câmaras e se lhe atribuísse, com a sanção legislativa, o poder executivo inteiramente. Êle ainda colocava as prerrogativas e as propriedades da aristocracia sob a proteção do voto por ordem. Nem mesmo chocou com a oposição de Barentin: ia-se chegar à Constituição britânica? Luís XVI, hesitante, adiou a decisão, e a sessão real foi mudada para o dia 23.

Em 20 de junho, a sala estava fechada para o Terceiro Estado, ao qual não se tivera a cortesia de avisar. Êle terminou por encontrar asilo num "jeu de paume" vizinho. Como se falasse em ir para Paris a fim de se colocar sob a proteção do povo, Mounier interpôs-se, propondo o famoso juramento de permanecerem unidos até o estabelecimento de uma constituição. A indignação provocada pelo "leito de justiça" iminente ocasionou a adesão, com poucas exceções: o Terceiro Estado, como o Parlamento, rebelava-se antecipadamente contra a vontade real.

No dia 21, Luís XVI admitiu seus irmãos no Conselho e, finalmente, abandonou Necker, cujo projeto foi derrubado no dia seguinte. Em 23, um grande contingente militar postou-se ao redor dos Menus, donde o público foi excluído. Acolhido em silêncio, Luís XVI fêz ler duas declarações de interêsse capital, pois que traziam à plena luz a posição do conflito. Elas reconheciam aos Estados gerais o consentimento do impôsto e dos empréstimos, assim como a aplicação dos créditos sem excetuar a manutenção da Côrte; a liberdade individual e a da imprensa seriam garantidas; Estados provinciais assegurariam a descentralização; um vasto programa de reformas seria estudado pelos Estados gerais. Assim, o regime constitucional, a liberdade civil, o aperfeiçoamento da unidade nacional constituíam o patrimônio comum da monarquia e da nação. Luís XVI não fazia exceção a não ser em favor do clero, cujo consentimento especial se exigia para tudo que concernia à sua organização e à religião. Além disso, êle tinha o ar de arbitrar entre as ordens: se o Terceiro Estado via seus éditos anulados, os mandatos imperativos que os privilegiados invocavam para impor o voto por ordem e, adiar a igualdade fiscal eram também anulados. A verificação dos podêres operar-se-ia no sentido proposto em 4 de junho. As ordens poderiam convencionar deliberar em comum a respeito dos negócios de interêsse geral. A forte esperança era de que o clero e a nobreza aceitassem assumir suas partes nos cargos públicos.

Mas, não impondo a igualdade fiscal, guardando silêncio sôbre o acesso às funções públicas, mantendo expressamente as ordens e subtraindo ao voto por cabeça a organização dos futuros Estados gerais, o regime senhorial, os privilégios honoríficos, a realeza punha seu poderio na balança para conservar a hierarquia social tradicional e a preeminência da aristocracia. Resultava, desta decisão, que a Revolução seria a conquista da igualdade dos direitos.

Luís XVI terminou prescrevendo às ordens que se separassem e dando a entender que dissolveria a assembléia se êles não se submetessem. Depois saiu, seguido pela nobreza e pela maior parte do clero. O Terceiro Estado permaneceu impassível e, quando Brezé, mestre de cerimônias, veio recordar-lhe a ordem do soberano, Bailly replicou: "A nação em assembléia não pode receber ordens." Sieyes concluiu: "Sois hoje o que éreis ontem." Assim como outrora o Parlamento, o Terceiro Estado, considerando a sessão como não realizada, confirmou seus éditos e declarou seus membros invioláveis. A plenitude oportuna das reflexões de Bailly e de Sieyes merecia reter a atenção da posteridade; ela preferiu a apóstrofe de Mirabeau: "Nós não deixaremos nossos lugares a não ser à fôrça de baionetas." O Terceiro Estado não poderia sustentar êste repto; mas a fermentação era já tão ameaçadora que, na ocasião, a Côrte não se julgou apta para rebatê-la. Desde então, a resistência se desagregou: a maioria do clero e 47 nobres reuniram-se ao Terceiro Estado e, em 27, o rei convidou os recalcitrantes a seguir-lhes o exemplo.

A revolução burguesa, jurídica e pacífica, realizada pelos homens de lei por meio de processos emprestados ao Parlamento, parecia vitoriosa. Em 7 de julho, a Assembléia nomeou um comitê de constituição, cujo primeiro relatório foi apresentado no dia 9 por Mounier: para a história, daí por diante, ela é a Assembléia Constituinte; no dia 11, La Fayette apresentou seu projeto de declaração dos direitos do homem.

V. *O apêlo ao soldado*

O Terceiro Estado não perdeu o sangue-frio. A ditadura do poder constituinte, preconizada por Sieyes, não prevaleceu, porque a sanção real não deixou de ser considerada como necessária; a noção moderna da constituição que cria os podêres antes de organizá-los não existia ainda: Luís XVI, investido de um poder próprio, nascido da história, faria um pacto com a nação. Por outro lado, o Terceiro Estado, para ter reunidos os representantes das três ordens, não sugeriu a supressão destas últimas no seio da nação e evitou provocar a eleição de nova assembléia: a burguesia não se atribuiu, portanto, uma ditadura de classe. Pelo contrário, a formação de uma maioria moderada parecia concebível: o clero todo conquistado, os nobres liberais também, e igualmente parte do Terceiro Estado. Mas a maior parte dos nobres declararam que não consideravam o fato consumado definitivamente, e suspeitou-se de que Luís XVI preparava um golpe de fôrça, quando se viram tropas afluírem ao redor de Paris e de Versalhes. Os pretextos não faltavam: a agitação aumentava; a miséria multiplicava as desordens; em fins de junho, a insubordinação dos guardas franceses provocou um motim em Paris.

A Côrte não possuía nenhum projeto de decreto e, para elaborar um, seria necessário primeiro afastar Necker e seus amigos. Havia-se chamado o marechal de Broglie e o barão de Breteuil: a sabedoria ordenava que se constituísse um govêrno oculto, pronto a entrar em cena quando tivesse nas mãos fôrças suficientes. Era uma partida duvidosa que se empreendia; julgava-se que o rei olhasse os deputados do Terceiro Estado como rebeldes e que, para a nobreza, a capitulação fôsse uma injúria. Mas, se o golpe falhasse, o sangue vertido cairia tanto sôbre uns como sôbre os outros. Entretanto, em 11 de julho, Necker viu-se apressadamente demitido e banido da França; seus amigos cederam o lugar a Breteuil e a seus auxiliares. Nenhum ato se seguiu. Mas a Assembléia esperava o pior, e a revolução burguesa parecia perdida. A fôrça popular os salvou.

Terceiro capítulo A REVOLUÇÃO POPULAR

O recurso à fôrça armada transformou o conflito das ordens em uma guerra civil que, estabelecendo à Revolução o caráter de uma mutação brusca, lhe conferiu uma alçada cuja amplitude ultrapassava as intenções primitivas e as previsões da burguesia. A intervenção popular, que provocou o desmoronamento súbito do Antigo Regime social, havia sido preparada pela mobilização gradual das massas sob a influência simultânea de uma crise econômica e da convocação dos Estados gerais: estas duas causas se combinaram para criar uma mentalidade insurrecional.

I. *A crise econômica*

Após 1778, o progresso da produção — "esplendor de Luís XV" — que se seguira à Guerra dos Sete Anos, via-se prejudicado na França pelas dificuldades nascidas, como sempre na economia tradicional, das vicissitudes agrícolas; perpetuando-se através de crises periódicas e dando assim a impressão de um caráter intercíclico, elas provocaram o que seu historiador chamou "declínio de Luís XVI". Em primeiro lugar, ocasionada por vindimas de uma extraordinária abundância, houve uma assustadora retração na compra do vinho, cujos preços caíram pela metade; após 1781, êstes subiram um pouco sem que a situação do vinhateiro se endireitasse, porque, como esta melhoria resultasse da raridade, não havia muito que vender. A cultura da vinha praticava-se ainda em quase todo o reino e fornecia a grande número de camponeses o produto comerciável mais rendoso: seus recursos foram cruelmente diminuídos e reduzidos a nada no caso dos rendeiros. Depois o preço dos cereais recuou e ficou relativamente baixo até 1787. Finalmente, em 1785 a sêca dizimou o gado.

120

O poder de compra dos rurais, que formavam a maioria dos consumidores, encontrando-se diminuído, a produção industrial, por seu lado, periclitou depois de 1786, e o tratado de comércio franco-britânico, sem ter sido, como se afirma tradicionalmente, a causa original de sua penúria, não pôde deixar de embaraçá-la momentâneamente, obrigando-a a se modernizar para suportar a concorrência estrangeira. O desemprêgo agravou-se, e os campos, onde se havia desenvolvido a indústria rural, sofreram tanto quanto as cidades.

Foi, portanto, despojadas de tôdas as reservas que, em 1788, as classes populares viram uma colheita desastrosa anunciar a miséria; o preço do pão não cessou de subir e havia atingido, em princípio de julho de 1789, o preço de 4 *sous* a libra em Paris — onde o govêrno, entretanto, vendia com prejuízo os cereais que importava — e até o dôbro em certas províncias, enquanto que os salariados achavam que êle não devia exceder de 2 *sous* para que a vida fôsse possível, porque o pão constituía seu principal alimento, e o consumo quotidiano atingia em média 1 libra e meia por cabeça, até duas ou três para o trabalhador braçal. Necker ordenou grandes compras no estrangeiro; como sempre, abriram-se casas de caridade e organizaram-se distribuições de sopa e arroz. Após um inverno rude, a carestia tornou-se cada vez mais cruel à medida que se aproximava da colheita. É conveniente que não se cometa um êrro sôbre o alcance social do enriquecimento causado pelo progresso da economia; a prosperidade do reino veio à luz depois de meio século, principalmente por Jaurés, para explicar o crescente poder da burguesia e, neste sentido, é com razão que se objeta a Michelet que a Revolução surgiu numa sociedade em pleno progresso, não decrépita e como levada ao cataclisma pela parcimônia providencial da natureza. É necessário observar, entretanto, que os lucros da exploração colonialista se realizavam principalmente pela reexportação, de modo que o trabalho nacional não obtinha todo o lucro que se imagina, e que a alta de longa duração aumentava as rendas dos grandes proprietários e da burguesia sem que os salários fôssem elevados em proporção. Como se sabe agora que a produção se desequilibrara e enfraquecera durante a década que precedeu a Revolução, é verdade que a existência das massas foi se estreitando, de modo que, finalmente, a miséria os abateu.

No "povo" (artesãos, lojistas, empregados) como no proletariado ("a populaça"), entre os camponeses — pequenos proprietários e rendeiros que não colhiam o suficiente para o sustento ou vinhateiros que não produziam cereais — assim como entre os citadinos, a unanimidade levou-os a imputar a responsabilidade dêsses males

121

ao govêrno e às classes dominantes. O impôsto absolutamente não diminuía, enquanto o rendimento se esgotava; os direitos de consumo e as concessões pareciam mais odiosos em tempos de carestia; se o vinho não era vendido, era que os auxílios restringiam o consumo. O pão faltava porque Brienne, em 1787, havia liberado de todos os entraves o tráfico e a exportação dos cereais. Necker, é verdade, havia interditado esta última, e dado uma vantagem à importação e restabelecido a venda no mercado. Tarde demais! Já se havia feito o jôgo do monopólio; quem quer que detivesse uma autoridade, todos os agentes de administração nisso eram suspeitos de participação, e o próprio govêrno, porque o "pacto de fome" não era considerado lenda. O cobrador de dízimos e o senhor não despertavam menos cólera: êles se tornavam monopolizadores devido a suas antecipações, que, amputando uma colheita fraca, cerceavam a subsistência do cultivador e, para cúmulo, acarretavam tanto mais lucro quanto a carestia aumentava a miséria. Enfim, a solidariedade do Terceiro Estado abalava-se: o mercador de cereais, o padeiro, o moleiro viam-se ameaçados; o burguês, partidário da liberdade econômica, via-se tolhido ante esta hostilidade popular contra o capitalismo que levava naturalmente à requisição e à taxação; em abril, Necker permitiu a exigência de contingentes para guarnecer os mercados, mas os intendentes e as Municipalidades não fizeram uso da autorização.

À medida que o ano de 1789 avançava, as rebeliões mantiveram em suspenso as autoridades extenuadas e amedrontadas. Em Paris, a 28 de abril, no bairro Saint-Antoine destruíram-se as manufaturas de Réveillon e de Henriot. Por todo o reino, os mercados eram perturbados a cada instante; o mesmo se dava com a circulação dos cereais, que as condições dos moinhos e do transporte obrigavam o percurso pelas estradas e rios às barbas dos esfomeados. A armada e a polícia montada extenuavam-se a correr de um lugar para outro e, inclinadas à indulgência pelos revoltosos de cujas privações compartilhavam, preparavam-se inconscientemente a fraternizar com êles. A armadura do Antigo Regime enfraquecia ràpidamente.

O abalo foi particularmente perigoso nos campos. Era a êles principalmente que o fardo dos impostos aniquilava e que o dízimo e os recolhimentos senhoriais exasperavam. Assim sendo, a comunidade camponesa, que já se sentia desunida, pois reunia jornaleiros, rendeiros, pequenos proprietários e os grandes fazendeiros, estava solidária contra a fiscalização real e a aristocracia. Bem antes de 14 de julho, a revolta agrária irrompeu na Provença, aliás, em fins de março, na região de Gap em abril, no Cambresis e na Picardia em maio; nos arredores de Versalhes e Paris a caça foi exterminada e as florestas desvastadas. Mas, por outro lado, o povo sentia-se amedrontado porque a mendicidade, flagelo endêmico, estendia-se a olhos vistos, ficando numerosos jornaleiros e pequenos proprietários, por sua vez, reduzidos à miséria. Os pobres, abandonando as aldeias, amontoavam-se nas cidades onde, vagabundando, agrupavam-se, percorriam depois o país, invadiam as fazendas mesmo à noite, e impunham-se pelo temor do incêndio e de atentados contra o gado, as árvores, a colheita, tanto mais que podiam fazer colheita antes do tempo, enfim, pela ameaça de pilhagem. As autoridades, também inquietas pela colheita, consentiam em permitir que as aldeias se armassem para protegê-la. Pânicos estouravam aqui e ali porque, tornando-se geral o mêdo dos "facínoras", bastava o menor incidente para que um tímido acreditasse estar a vê-los e fugisse, espalhando o terror.

II. A "boa nova" e a grande esperança

Não se pode assegurar, todavia, que a crise econômica teria levado o povo em auxílio da burguesia se a convocação dos Estados gerais não o tivesse emocionado tão profundamente. Os destinos que tiveram os burgueses eleitos por êle absolutamente não o preocuparam; mas um acontecimento tão estranho foi acolhido como uma "boa nova", anunciadora de uma metamorfose milagrosa no destino dos homens; êle acordou a esperança, luminosa e nebulosa ao mesmo tempo, de um futuro em que todos seriam mais felizes. A burguesia, aliás, compartilhou desta esperança; esta uniu os elementos heterogêneos do Terceiro Estado e foi também o lar onde se alimentou o idealismo revolucionário. Mas, entre as pessoas do povo, ela conferiu à Revolução um caráter que se pode dizer "místico", definindo-se o "mito" como um complexo de idéias sôbre o futuro, geradoras de iniciativa e de energia. Assim, em seus inícios, ela suporta a comparação com certos movimentos religiosos em estado nascente, em que os pobres discernem voluntàriamente um regresso ao paraíso terrestre.

Em 12 de julho, subindo a pé a costa das Islette, na Argônia, Arthur Young encontrou uma pobre mulher que lhe descreveu sua miséria: "Dizia-se que grandes personagens iriam fazer qualquer coisa para aliviar as penúrias dos pobres; mas ela não sabia nem quem nem como; entretanto, que Deus nos envie melhores tempos, porque as talhas e os direitos nos aniquilam."

Desde que o rei consultava seu povo, era porque tinha piedade dêle: que poderia fazer por êle, senão mitigar seus encargos, quer

123

dizer, o impôsto, o dízimo, os censos? Ser-lhe-ia portanto agradável que se percebesse sua intenção; após as eleições, elevaram-se de todos os lados gritos de alarma da aristocracia: os camponeses declaravam abertamente que não pagariam mais nada.

Simultâneamente, esta grande esperança inflamou paixões perigosas, de que a burguesia absolutamente não se eximiu. A mentalidade revolucionária penetrou por tôda parte e, por conseqüência, a história do período é profundamente marcada por ela.

III. *O complô dos aristocratas e a mentalidade revolucionária*

O Terceiro Estado persuadiu-se imediatamente de que os nobres defenderiam obstinadamente seus privilégios e, desta previsão confirmada pela oposição à duplicação, depois ao voto por cabeça, nasceram mil suspeitas, oportunamente convertidas em certeza. Os nobres não se furtariam a nenhum meio para "esmagar" os camponeses. Êles enganariam o rei liberal para obter a dissolução dos Estados gerais. Tomariam armas, entrincheirar-se-iam em seus castelos e, para sustentar a guerra civil, recrutariam tropas entre os "facínoras", como os recrutadores do rei alistavam os miseráveis; as prisões e as galés forneceriam um contingente. Conservando já seus cereais · para privar o Terceiro Estado de víveres, os nobres veriam com bons olhos a pilhagem da colheita. Entre o mêdo que êles inspiravam e o mêdo dos facínoras, a união generalizou-se ràpidamente, conjugando assim as conseqüências da convocação dos Estados gerais e as da crise econômica. Além disso, as fôrças seriam chamadas em auxílio; o conde de Artois ia emigrar para conseguir o apoio do rei da Sardenha, seu sogro, dos Bourbons da Espanha e de Nápoles, do imperador, irmão da rainha; a França teria o destino da Holanda, subjugada pelos prussianos; a colusão com o estrangeiro que influiu tão pesadamente sôbre a história da Revolução foi admitida desde o início e, em julho, temeu-se sèriamente a invasão. Todo o Terceiro Estado acreditou num "complô aristocrático".

O pêso da centralização monárquica e o conflito das ordens dominavam a representação que êle se fazia da crise; negligenciando de incriminar a natureza e incapaz de analisar a conjuntura econômica, êle imputava a responsabilidade da crise ao poder real e à aristocracia. Incompleta sim, mas não se pode dizer que a concepção fôsse também inexata. É verdade que a liberdade do comércio dos cereais decretada por Brienne favorecia o especulador se se alegava que ela dirigia· o progresso da produção, o povo replicava que ela aproveitaria em primeiro lugar à aristocracia e à burguesia e que, êle mesmo, enquanto esperava, assumia os encargos. Do mesmo modo, se o Terceiro Estado atribuía à aristocracia uma capacidade maquiavélica que ela não possuía, é verdade que a Côrte, de acôrdo com ela, sonhava em puni-lo por sua insubordinação e que o complô dos aristocratas, prematuramente denunciado, não ia tardar em se tornar uma realidade. Esta mentalidade, em todo caso, apresenta para o historiador o interêsse capital de mostrar que os fatos encontram seus fatôres imediatos, não nos seus antecedentes, mas nos homens que se interpõem, interpretando-os.

Se o complô dos aristocratas e os "facínoras" inspiraram realmente a muitos um receio que acarretou mais de uma vez o pânico, outros não tiveram senão um temor razoável e afrontaram o perigo, de modo que as denominações "terrores", de "Grande terror", estendem abusivamente ao conjunto do Terceiro Estado uma passividade apavorada. Na realidade, a mentalidade e revolucionária soube opor à inquietação vigorosa reação defensiva. Informado pelas cartas de seus representantes, o Terceiro Estado encorajou-os por inúmeros memoriais. A burguesia de bom grado teria ido mais longe, desejando extorquir a autoridade municipal da pequena oligarquia de proprietários de ofícios, muitas vêzes enobrecidos. Em Paris, os eleitores que haviam nomeado os deputados formaram, em fins de junho, uma Municipalidade oculta na casa da Câmara Municipal. Os notáveis desejavam igualmente organizar uma "milícia nacional": os eleitores parisienses propuseram sua constituição à Assembléia Constituinte, que não ousou autorizá-la. A intenção era dupla: resistir eventualmente às tropas reais e tornar o povo respeitado. Enquanto se esperava, fêz-se fôrça para obter o apoio do exército. Não sem sucesso, porque os pequenos oficiais não podiam esperar promoções e os soldados, pagando com o sôldo parte de sua subsistência, sofriam com a carestia. Em Paris, os guardas franceses fraternizavam no Palais-Royal e, no fim de junho, o povo libertou aquêles que haviam sido presos na Abadia. Conhecem-se diversos personagens que distribuíram dinheiro aos soldados ou indenizaram revoltosos de julho; não se duvida de que os agentes do duque de Orléans os tenham imitado.

Enfim, à reação defensiva, juntou-se uma vontade punitiva, tanto para reduzir à impotência o complô aristocrático, os açambarcadores e todos os inimigos do povo, como para condenar êstes últimos: a partir de julho ela se traduziu por encarceramentos, sevícias, massacres populares.

Êstes três traços da mentalidade revolucionária — o "terror", a reação defensiva, a vontade punitiva — constituem uma das chaves

125

da história que se seguirá. O complô pareceu frustrado em fins de 1789 e a repressão acalmou-se. Êle tornou a surgir em seguida, afetado pelos característicos que lhe haviam sido antecipadamente atribuídos, e o estrangeiro veio em seu auxílio: a reação defensiva fêz surgir os voluntários e decretar depois recrutamento geral. A vontade punitiva provocou os massacres de 1792 e, quando o perigo novamente se agravou em 1793, a Convenção não soube preveni-lo a não ser organizando o Terror. O "mêdo" e sua comitiva só se eclipsaram, pouco a pouco, depois da vitória incontesté da Revolução.

IV. A revolução parisiense

Tal sendo o estado dos espíritos, a demissão de Necker causou o efeito de uma tocha num paiol de pólvora: o complô aristocrático entrou em ação. A novidade propalou-se em Paris, no domingo, 12 de julho; era um dia lindo e havia uma multidão no Palais-Royal, cujos jardins e galerias, recentemente abertos pelo duque de Orléans, constituíam o centro dos prazeres. Fizeram-se agrupamentos ao redor de oradores improvisados, dos quais apenas um, Camille Desmoulins, deixou um nome. Logo comitivas de manifestantes atingiram os bulevars, depois a rua Saint-Honoré. A cavalaria tentou dispersá-los e na praça Luís XV carregou contra a multidão, provocando, em outro lugar, a reação dos guardas franceses. O barão de Benseval, comandante militar, à noite, concentrou todo seu pessoal no Campo de Marte.

Os parisienses absolutamente não pensaram em correr em auxílio da Assembléia: êles a salvaram, mas por ricochete. O que os angustiava era sua própria sorte, porque se persuadiam de que sua cidade, cercada pelas tropas reais e pelos facínoras, ver-se-ia bombardeada de Montmartre à Bastilha, depois abandonada ao saque. Os pânicos foram contínuos durante êsses dias, primeiro ato do Grande Terror. Por outro lado, tendo a polícia desaparecido, incendiavam-se os postos de alfândega e saqueou-se Saint-Lazare; a segurança das pessoas e dos bens parecia em perigo, e o temor pairava sôbre a capital abandonada a si própria.

A reação defensiva foi imediata. As ruas se guarneceram de barricadas, e esvaziaram-se as lojas dos armeiros. Os eleitores nomearam um comitê permanente e formaram uma milícia. Para armá-la, apropriaram-se de 32.000 fuzis nos Inválidos, na manhã do dia 14, e dirigiram-se à Bastilha em procura de outros. Seu governador, de Launey, parlamentou. Não dispondo senão de uma fraca guarnição, havia evacuado as alamêdas avançadas, e a multidão ocupou-as; atrás dos muros de 30 metros de altura, marginados por um fôsso com 25 metros de largura e cheio de água, não havia que temer de um golpe a mão armada. Entretanto, perdendo seu sangue-frio, terminou por abrir fogo. Homens tombaram; outros recuaram em desordem, gritando que tinha havido traição e convencidos de que só lhes tinham permitido o avanço para fuzilá-los mais fàcilmente. Os que estavam armados começaram a metralhar, e o combate prolongou-se, completamente desigual: os agressores perderam uma centena de mortos, enquanto que apenas um sitiado foi atingido. Os "vencedores da Bastilha" tendo sido posteriormente recenseados, conhecemos um bom número dos combatentes: tôdas as classes da sociedade estão representadas entre êles, mas a maior parte pertencia ao artesanato do bairro Saint-Antoine.

Nenhuma decisão estava esboçada quando guardas franceses e guardas nacionais, sob a direção de Hulin, antigo suboficial, e do lugar-tenente Élie, chegando da casa da Câmara Municipal, penetraram nos corredores da Bastilha e, sob o fogo, assestaram canhões contra a porta. De Launey, amedrontado, ofereceu render-se. Élie aceitou; mas alguns combatentes protestaram: nada de capitulação! No cúmulo da confusão, o governador fêz baixar a ponte levadiça, e a multidão se precipitou na fortaleza. Conseguiu-se salvar a maior parte de seus defensores; três oficiais e três homens, entretanto, foram massacrados. De Launey, transportado à custa de grandes esforços até às portas da Câmara Municipal, aí morreu por sua vez; pouco depois, Flesselles, o preboste dos mercadores, teve a mesma sorte. Exibiram-se pela cidade, na ponta de chuços, as cabeças cortadas.

Besenval bateu em retirada sôbre Saint-Cloud. Os eleitores apoderaram-se da autoridade municipal, nomearam Bailly prefeito e ofereceram o comando da guarda nacional a La Fayette. Êste, logo após, deu-lhe um capacete com as côres de Paris, o vermelho e o azul, entre as quais colocou o branco, que era a côr do rei: por seus cuidados, a bandeira tricolor, emblema da Revolução, associou a antiga e a nova França.

Ninguém havia pensado que a Bastilha fôsse o início do conflito; no primeiro momento, ninguém pensou tampouco que sua queda determinasse o seu desenrolar: o pânico continuou. Todavia, a tomada da Bastilha, de importância medíocre em si, quebrou a resistência da Côrte; as fôrças que tinha nas mãos não eram suficientes para tomar Paris, tanto mais que elas não estavam seguras. O rei hesitou: fugiria? A despeito do conde d'Artois, resignou-se a ceder. No dia 15, rendeu-se à Assembléia e anunciou a retirada das tropas; no dia 16, tornou a chamar Necker; no dia 17, rendeu-se a Paris e aceitou a bandeira.

Não se concluiu que a aristocracia estivesse desarmada, e os rumores apaixonados persistiram. O conde d'Artois e vários outros emigraram; contava-se que uma esquadra inglêsa vigiava Brest. O comitê permanente esquadrinhava os arredores da capital, à procura de facínoras; não encontrava senão errantes que mandava de volta a suas paróquias de origem. Como os subúrbios receavam ver-se infestados, o pânico se propagou. O intendente de Paris, Bertier de Savigny, assim como seu sogro Foullon de Doué e o próprio Benseval tendo sido presos, os massacres recomeçaram: em 22 de julho, enforcaram-se os dois primeiros na praça de Grève, e no dia 30, Necker, oportunamente reintegrado, apenas conseguiu salvar o terceiro pela precisão. Estas mortes provocaram veementes protestos. Mas alguns burgueses, animados pelo perigo corrido, compartilhavam do furor do povo. "Então êste sangue é tão puro?", gritava Barnave em plena Assembléia Constituinte. Como discordar, entretanto, de que era necessário pôr fim às execuções sumárias? Em 23 de julho, um notário da rua de Richelieu veio propor, em nome de seu bairro, a criação de um tribunal popular e, no dia 30, Bailly voltou à carga. A Assembléia fêz ouvidos moucos; foi apenas em outubro que ela instituiu a perseguição aos crimes de lesa-nação, e encarregou disso o Châtelet de Paris, isto é, um tribunal comum. Em julho, ela criou um "comitê de pesquisas", protótipo do Comitê de segurança geral, e a Municipalidade de Paris instituiu outro que foi o primeiro comitê revolucionário. Ao mesmo tempo, a respeito do segrêdo das cartas, deputados de tôdas as côres, o marquês de Gouy d'Arsy e o acadêmico Target, como Barnave e Robespierre, alegaram fortemente que não se governa em tempo de guerra e de revolução da mesma maneira que em tempo de paz, e, portanto, a extensão dos direitos que se projetava reconhecer aos cidadãos é relativa às circunstâncias: tal será a doutrina do govêrno revolucionário.

V. *A revolução municipal*

Na província, a reintegração de Necker suscitou também viva emoção e reação imediata. Não se tomavam mais em consideração os requerimentos, muitas vêzes ameaçadores agora; em muitas cidades, lançou-se mão das caixas públicas, dos arsenais, das lojas militares; um comitê encarregou-se de organizar uma milícia, fêz apêlo às comunas vizinhas, quer dizer, aos camponeses. Em

Dijon, o governador foi prêso, os nobres e os padres detidos em suas casas: é o primeiro exemplo da detenção de suspeitos. Em Rennes, a população corrompeu a guarnição e sublevou-se: o comandante militar deixou a cidade.

À notícia da tomada da Bastilha e da visita do rei a Paris, celebradas por várias festas, a burguesia encorajada apropriou-se do poder por quase tôda parte. A "revolução municipal", como a chamamos, realizou-se pacìficamente durante quase todo o tempo: a Municipalidade do Antigo Regime uniu-se aos notáveis ou eclipsou-se diante dos eleitores; muito freqüentemente, foi obrigada a criar ou deixar que fôsse constituído um comitê permanente encarregado de organizar a guarda nacional, mas que pouco a pouco se apoderava de tôda a administração. Todavia, sucedeu também que o povo, associado às manifestações da burguesia, exigia uma diminuição do preço do pão e que, como tardasse, a revolta se desencadeou; saquearam as casas das autoridades e dos monopolistas, dispersando freqüentemente a antiga Municipalidade.

A revolução municipal ofereceu, portanto, variadas características e, por várias vêzes, parou em meio do caminho; mas, por tôda parte, não se levava mais em conta senão as ordens da Assembléia Nacional e o rei viu-se destituído de tôda autoridade. Ao mesmo tempo, a centralização desmantelou-se: cada Municipalidade exercia um poder absoluto, não apenas interno, mas também sôbre as paróquias das redondezas; a partir do mês de agôsto, as cidades começaram a realizar pactos de auxílio mútuo, de modo que a França se transformou espontâneamente em uma federação de comunas. Esta autonomia abriu carreira a uma minoria de homens decididos que, sem aguardar as instruções de Paris, impuseram medidas que consideravam necessárias à salvação pública e esta foi a mola essencial da defesa revolucionária.

Mas o reverso foi logo em seguida visível. A Assembléia Constituinte gozava de um prestígio que nenhuma outra tornaria a encontrar; entretanto, a população apenas tomava em consideração os decretos que lhe convinham. Que desejava ela acima de tudo? A reforma do impôsto, a abolição das taxas indiretas, a regulamentação do comércio dos cereais. A arrecadação encontrava-se suspensa; a gabela, os auxílios, as concessões eliminadas; a circulação dos cereais abolida ou contìnuamente entravada; proclamações e decretos nada conseguiam. Em Paris, ia-se ainda mais longe: nos distritos, circunscrições constituídas para as eleições aos Estados gerais, os cidadãos convocados, à imagem dos eleitores, pretenderam controlar a Municipalidade que êles elegeram para substituir êstes últimos: a seus olhos, a soberania nacional ocasionava a democracia direta, e esta concepção será cara aos sans-culottes.

VI. *A revolução camponesa e o Grande Terror*

Os campos haviam-se associado às cidades; mas a repercussão da revolução parisiense aí se amplificou ainda mais eficazmente. Em diversas regiões, a revolta agrária estourou. No bosque Normando, no Hainaut, na Alta-Alsácia, assaltaram-se castelos ou conventos para queimar os arquivos e impor o abandono dos direitos senhoriais. No Franco-Condado e no Mâconnais, os aldeões incendiaram ou devastaram numerosos castelos. A burguesia nem sempre se viu poupada: foi obrigada a contribuir; na Alsácia, os judeus sofreram muito. Por outro lado, a hostilidade dos camponeses em relação ao capitalismo, de que se havia feito instrumento a reação senhorial, manifestava-se claramente; a "vaine pâture" recuperou seu império; os cercados foram destruídos, as florestas invadidas, as comunas retomadas ou reivindicadas: a revolução camponesa era duplamente feroz. Também se esboçou uma aproximação entre os notáveis. As milícias urbanas iriam restabelecer a ordem. Em Mâconnais, ao lado da justiça prebostal, a burguesia instituiu tribunais extraordinários: 33 camponeses foram enforcados. As revoltas assaltaram as imaginações; de maior importância, entretanto, foi a resistência passiva que, em todo o reino, contrariou o recolhimento do dízimo e da jugada sôbre a colheita: pagava quem desejava. Aliás, o Grande Terror veio dar ao movimento uma fôrça irresistível.

Os acontecimentos parisienses reforçavam o temor ao complô aristocrático, à invasão estrangeira que poderia sustentá-lo, aos "malfeitores" que êle poderia contratar. Êstes últimos atemorizavam cada vez mais, agora que o trigo estava maduro e que Paris, com outras grandes cidades, anunciava a expulsão dos mendicantes e dos vagabundos. Os motins do trigo e as revoltas agrárias aumentavam ainda a ansiedade, assim como as marchas dos guardas nacionais das cidades que vinham revistar os castelos ou exigir cereais. O Grande Terror nasceu de seis incidentes locais, análogos àqueles que já haviam desencadeado tantos pânicos; mas, desta vez, deram origem a correntes alimentadas no caminho por novas "emoções", que lhes serviam de reserva, algumas das quais podem ser seguidas por centenas de quilômetros, com ramificações que cobrem províncias inteiras. É a extensão extraordinária da propagação em cadeia que confere ao Grande Terror sua originalidade e traz à luz a mentalidade que o tornou possível.

De Nantes, uma "emoção" alarma o Poitou; de Estrées-Saint-Denis, no Beauvaisis, no sul da Champagne, propaga-se o terror no Gâtinais, no Bourbonnais, e na Borgonha; uma quarta, nascida na região da floresta de Montmirail, vizinha de La Ferté Bernard, alerta o Maine, a Normandia, o Anjou e a Touraine. Dos limites da floresta de Chizé, o terror ganha Angoulême, propaga-se pelo Berry e o Maciço Central, atinge a Aquitania até os Pirineus. No leste, a revolta agrária do Franco-Condado e do Mâconnais propaga o terror até o Mediterrâneo.

Revolucionários e aristocratas acusaram-se recìprocamente de havê-la maquinado. Os inimigos da Revolução, afirmaram os primeiros, semearam a anarquia para paralisar a Assembléia Nacional. Os burgueses, replicaram os segundos, alarmaram o povo para levá-lo a se armar e a se revoltar, enquanto que êste não desejava senão continuar pacífico. Esta última versão foi feliz porque o Grande Terror suscitou uma reação defensiva que se voltou contra a aristocracia. Perto do Mans e em Vivarais, três de seus membros foram condenados à morte e os camponeses do Delfinado forneceram ao pânico um impulso formidável, incendiando castelos. Em seguida repetiu-se que o terror havia irrompido em tôda parte ao mesmo tempo, propagado por misteriosos divulgadores e engendrando a revolta agrária. Na realidade, êle não foi universal: a Bretanha, a Lorena, o Baixo Languedoc, entre outras regiões, não o conheceram. Êle desencadeou de 20 de julho a 6 de agôsto. Os documentos designam freqüentemente os que o propagaram de boa fé. Fato característico enfim: foi ignorado nas regiões anteriormente sublevadas, e a insurreição do Delfinado foi a única provocada por êle. Se encorajou a revolução dos camponeses, não foi, entretanto, a origem dela: êles já estavam levantados.

VII. *A noite de 4 de agôsto e a "Declaração dos Direitos do Homem e do Cidadão"*

Enquanto a revolução popular se desenvolvia, os debates da Assembléia prosseguiam sem resultado. Seria conveniente publicar imediatamente uma declaração de direitos? Não seria preferível adiá-la até à conclusão da constituição, a fim de pô-las de acôrdo? Davam-se argumentos de ordem geral sem fazer alusão às verdadeiras razões que inspiravam as opiniões opostas: a existência das ordens e dos privilégios. Os princípios que iam ser proclamados condena-las-iam; os aristocratas sustentavam, portanto, o adiamento, esperando conseguir manter algumas de suas prerrogativas, enquanto os patriotas, impacientes, acusavam-nos de obstrução e os esclarecidos suspeitavam que os privilégios das províncias e das cidades forneciam à nobreza secretas complacências no seio do Terceiro Estado. Na manhã de 4 de agôsto, a Assembléia decidiu que votaria, em primeiro lugar, a declaração; mas podia-se contar que a deliberação provocaria novas resistências.

A revolução popular, por outro lado, exigia uma solução. A Assembléia, que ela havia salvado, não podia deixar de aprová-la; mas a ordem devia ser restabelecida e o povo esperava pacìficamente as reformas que seus representantes julgassem convenientes. Nas cidades, podia-se esperar que a burguesia conseguisse contê-lo. Para os camponeses, a situação era outra: êles destruíam o regime senhorial sem se incomodar com a Assembléia. Que fazer? Recorrendo ao exército e à justiça militar, a Assembléia romperia com o povo e por-se-ia à mercê do rei e da aristocracia. A outra solução era satisfazer os revoltosos; mas que diriam os curas e os nobres liberais cujo apoio havia assegurado a vitória ao Terceiro Estado?

Os têrmos da decisão e a tática propícia a impô-la foram concluídos na noite de 3 para 4 de agôsto por uma centena de deputados reunidos, no café Amaury, num "clube bretão" cujas origens remontavam aos fins de abril, tendo os deputados da Bretanha adquirido o hábito, desde sua chegada, de se reunir, admitindo logo às suas deliberações seus colegas de outras províncias. Decidiu-se seduzir a Assembléia "por uma espécie de mágica" e, no que concernia à feudalidade, o duque de Aiguillon encarregou-se da iniciativa.

Na tarde de 4 de agôsto, todavia, o visconde de Noailles adiantou-se a êle, que foi obrigado a apoiá-lo. Sem discussão, a Assembléia adotou com entusiasmo a igualdade diante do impôsto e a remissão dos direitos senhoriais, com exceção de servidões pessoais que desapareceriam sem indenização. Depois outras propostas se sucederam com igual sucesso: igualdade de penas, admissão de todos às funções públicas, abolição da venda de cargos, conversão do dízimo em recolhimento resgatável, gratuidade do culto, interdição de acumular benefícios, supressão das "anatas", isto é, do ano de rendimento que o bispo devia ao papa quando era investido. Foram os privilégios das províncias e das cidades que por último se ofereceram ao sacrifício: todavia, a operação "mágica" havia obtido sucesso.

Estas resoluções exigiam redação, de modo que o debate se reabriu na manhã seguinte e durou até 11 de agôsto. O decreto definitivo começa assim: "A Assembléia Nacional destrói inteiramente o regime feudal." Estava longe de ser exato, porque não se tocara no direito de primogenitura e nas prerrogativas honoríficas, enquanto que a obrigação de resgatar as rendas anuais prometia longa duração a estas. Pelo contrário, o dízimo foi suprimido sem indenização; mas, assim como as rendas permaneciam exigíveis enquanto as modalidades do resgate não tinham sido determinadas, êle continuaria a ser recolhido até que uma lei dotasse o culto público.

Em todo caso, na noite de 4 de agôsto, a Assembléia realizou em princípio a unidade jurídica da nação, suprimiu, com o regime feudal, a soberania da aristocracia nos campos, e esboçou a reforma das finanças da Igreja. Desentulhado o terreno, ela pôde abordar a discussão da declaração que, iniciada em 20 de agôsto, foi terminada, sem se interromper, no dia 26. Proclamando a liberdade, a igualdade e a soberania nacional, êste texto constituía "o atestado de óbito" do Antigo Regime anulado pela revolução popular.

VIII. *As jornadas de outubro*

Mas Luís XVI não sancionou o decreto de 5-11 de agôsto nem a declaração, e a crise se reabriu. A Assembléia considerava os dois textos como constitucionais, e Mounier declarou que, sendo soberano o poder constituinte, a Constituição, "anterior à monarquia", não tinha necessidade do consentimento do rei: a tese de Sieyes a suprimia, e a Constituição, deixando de ser um contrato, adquiria figura moderna.

A cisão que ameaçava o partido patriótico levava Luís XVI a ganhar tempo. Nobres liberais, curas, burgueses possuidores de direitos senhoriais ou de cargos agrupavam-se para evitar a revolução, reconciliando-se com o rei, pela concessão do "veto absoluto" — a sanção legislativa que Necker estipulava para êle em junho — e com a aristocracia, pela criação da câmara alta que êle havia igualmente previsto. Êles eram chamados "anglomaníacos" ou "monarquistas". A Lally-Tolendal, a Clermont-Tonnerre, a Malouet, unia-se Mounier e, a respeito do veto absoluto, Mirabeau os apoiou. Du Port, Barnave, Alexandre de Lameth — o "triunvirato" — tomaram desde então a direção do partido patriota e o arrebataram: em 10 de setembro, o bicamerismo foi rejeitado e, na manhã seguinte, um veto suspensivo foi concedido ao rei com respeito às leis, estando entendido, como se fizera saber a Necker, que êle renunciaria tàcitamente à sanção constitucional aceitando os decretos de agôsto. Êle não fêz nada. A Assembléia, entretanto, apenas em 1.º de outubro decidiu-se a apresentá-los à "aceitação" do monarca, sem se mostrar mais apressada porque êle podia perfeitamente tanto recusar como sancionar. Não restava portanto senão coagi-lo mais uma vez.

Em Paris, a agitação não se acalmava. Jornais e folhetos pululavam, e Marat, em setembro, fundou o "Amigo do Povo", onde atacava furiosamente Bailly, La Fayette e Necker. Em fins de agôsto, esboçou-se no Palais-Royal uma marcha sôbre Versalhes; a tentativa fracassou. Mas, logo, o complô aristocrático pareceu ameaçar novamente, tendo o rei chamado o regimento de Flandres que chegou em 23 de setembro; desde então, a guarda nacional, que La Fayette havia aburguesado completamente, assim como as companhias pagas que êle havia organizado, admitiram a eventualidade de uma nova "jornada". Embora não se conheçam as circunstâncias nem os têrmos, não se pode duvidar de um acôrdo entre os revolucionários parisienses e os deputados patriotas. Provàvelmente, Mirabeau entrou no jôgo por conta do duque de Orléans. Apesar do que disse La Fayette, parece que nem êle nem Bailly desaprovavam o projeto, porque não tomaram nenhuma medida para reprimi-lo.

As circunstâncias políticas apareciam assim como a causa essencial das jornadas de outubro. Entretanto, assim como em julho, a perturbação teria sido menos profunda sem a crise econômica. Estrangeiros, nobres, ricos, abandonavam a capital, despedindo seus domésticos; o dinheiro era escondido ou enviado para o exterior; as indústrias de luxo periclitavam; jamais os desempregados tinham sido tão numerosos. Por outro lado, o pão continuava caro e, às vêzes, raro; a colheita era boa, mas não explorada, os mercados vazios e a circulação difícil; os moinhos giravam pouco, o ar estando calmo e os rios baixos. Novamente, ligava-se a penúria ao complô: pôr a mão sôbre o rei parecia uma solução. Mais uma vez, a crise econômica e a crise política conjugaram seus resultados.

Em 1.º de outubro, os oficiais do corpo de guardas ofereceram um banquete aos do regimento de Flandres; no final, a família real apareceu e foi aclamada; os convivas prorromperam em manifestações hostis à nação e ultrajaram a bandeira. A exemplo da demissão de Necker, a notícia dêstes incidentes deu impulso à insurreição. No dia 5, as mulheres do bairro Saint-Antoine e de Halles reuniram-se na Câmara Municipal para reclamar pão: não podia ser um acaso, mas nada sabemos dos preparativos. Nem Bailly nem La Fayette estavam presentes. Elas puseram à sua frente Maillard, um dos "voluntários da Bastilha" e tomaram o

134

caminho de Versalhes. Pelo meio-dia, guardas nacionais reuniram-se à sua volta e declararam a La Fayette, finalmente chegado, que também desejavam ir a Versalhes. Pouco a pouco a multidão aumentou e ameaçou. A Comuna terminou por ordenar a partida e forneceu a La Fayette dois comissários encarregados de convencer o rei: o aspecto político do movimento se descobria.

A Assembléia acabava de solicitar, mais uma vez, a Luís XVI que aceitasse os decretos de agôsto, quando as mulheres de apresentaram. Maillard solicitou que se reabastecesse Paris e se desse baixa ao regimento de Flandres, mas não falou no rei. Mounier, então presidente, foi enviado ao castelo. Luís XVI, chamado da caça, recebeu as mulheres com bonomia e prometeu-lhes que faria abastecer Paris. Parte da multidão regressou, e a Côrte, ignorando ainda a partida da guarda nacional, acreditou-se livre do perigo. Logo, esclarecido por uma mensagem de La Fayette, o rei, cedendo ao conselho de Saint-Priest, decidiu partir para Rambouillet, depois mudou de parecer: provàvelmente pensou que lhe seria solicitada a aceitação dos decretos e pensava terminar a crise participando-a a Mounier. Mas, quando, às 11 horas da noite, La Fayette surgiu com os comissários da Comuna, êstes solicitaram ao soberano que se fôsse instalar na capital. Era a primeira vez que se lhe falava disso: êle concordou na manhã seguinte. Desta jornada, a aceitação dos decretos constituía, para a Assembléia, uma vantagem substancial. No dia 6, os manifestantes penetraram, de madrugada, no pátio do castelo; os guardas do corpo os reprimiram e seguiu-se um tumulto. Um operário foi morto, depois vários guardas. A multidão abriu caminho até a antecâmara da rainha que se refugiou junto ao rei. Enfim, a Guarda nacional veio fazer evacuar o palácio; La Fayette, por sua vez, apareceu e mostrou-se no balcão com a família real. Foram aclamados, mas gritando: a Paris! — Luís XVI cedeu e a Assembléia declarou que o seguiria.

À 1 hora, o indescritível cortêjo moveu-se: guardas nacionais, com um pão na baioneta, carroças de trigo e de farinha guarnecidas de folhagens, os mercadores e as mulheres, algumas sentadas ou montadas nos canhões, os guardas do corpo desarmados, o regimento de Flandres e os suíços, as carruagens do rei e de sua família, La Fayette cavalgando ao lado, os carros de cem deputados representando a Assembléia, ainda os guardas nacionais, a multidão enfim. Avançou-se assim na lama; chovia; o dia terminava cedo. Insensível a esta tristeza, o povo acalmado e confiante no momento, rejubilava-se com sua vitória: êle reconduzia "o padeiro, a padeira e o moço da padaria". Bailly recebeu o rei e o conduziu

135

à câmara de onde finalmente êle atingiu as Tulherias. A Assembléia deixou Versalhes apenas no dia 19; depois de ter ficado no arcebispado ela se instalou, em 9 de novembro, numa sala de equitação dependente das Tulherias e precipitadamente transformada para isso.

Com a aristocracia, parte da burguesia indignou-se com a violência feita ao rei. O partido patriota livrou-se dos monarquistas que passaram para a oposição, enquanto Mounier voltava para o Delfinado de onde logo passou para o estrangeiro. Geralmente, desejava-se pelo menos persuadir de que a insurreição tendo salvado e amplificado a da burguesia, a crise iria ter um fim. Na realidade, as conseqüências da revolução popular iam agravá-la. Atingida em seus bens e não mais apenas em seu orgulho pela supressão das ordens e dos privilégios, a maioria da nobreza votava à Revolução um ódio inexpiável, e o complô aristocrático ia se tornar uma realidade, preparando a guerra civil e o apêlo ao estrangeiro. Simultâneamente, o Terceiro Estado se dividia: a pequena burguesia, senão o proletariado, não se deixaria afastar da vida política sem protestar, agora que havia combatido; nas Municipalidades e nos distritos parisienses desabrochava o movimento democrático.. A Assembléia gozava de um respeito sem limites: não se obedecia senão a ela; mas com a condição de que estivesse de acôrdo com a opinião. Ora, recusava-se a pagar os antigos impostos e as rendas anuais. Um decreto havia restabelecido a liberdade do comércio de cereais: ninguém o cumpria.

Como Mirabeau a representasse, faltava à burguesia um govêrno enérgico para consolidar sua posição; mas, por sua tentativa de julho, Luís XVI permanecia suspeito. Durante meses, ela afirmará seu apêgo à constituição, e a Assembléia se responsabilizará por sua lealdade para tranqüilizar os tímidos; a dúvida sempre permanece. Desconfiando dêle, a Constituinte subordinou o poder executivo a suas comissões e, realmente, exerceu a ditadura, sem entretanto conseguir conferir-lhe eficácia porque os ministros e seus secretários permaneciam capazes de sorrateiramente criar-lhe embaraços. É porque Sieyes, Mirabeau e vários outros pensaram em obter a abdicação de Luís XVI para substituí-lo, no lugar de seu filho, por um regente que gozasse da confiança da nação. Não dispondo senão de Philipps d'Orléans, desacreditado, sem prestígio e sem caráter, não obtiveram sucesso. A Revolução reduziu Luís XVI à impotência: mas, até 1793, ela não teve govêrno.

136

Quarto capítulo   O ANO DE LA FAYETTE

O Antigo Regime destruído em princípio, a maior parte de suas instituições e de seu pessoal administrativo não permaneceram em seus lugares até que as leis os tivessem substituído por outros. Durante longos meses, a Constituinte prosseguiu a obra construtiva começada em setembro, fiscalizando os conluios dos aristocratas e a fermentação popular. A popularidade de La Fayette, ídolo dos partidários da revolução burguesa transformada em monarquia constitucional, que se deleitava, como êles, em conciliar os adversários, caracteriza muito bem o período.

I. *La Fayette e os patriotas*

La Fayette, considerando que, em 6 de outubro, salvara o rei e a rainha, instituiu-se seu mentor, e, para ganhar tempo, os soberanos simularam acolher êste "chefe do palácio" que execravam; quando do complô de Favras, Luís XVI deixou-se levar à Assembléia, em 4 de fevereiro de 1790, e jurou fidelidade à constituição. O "herói dos dois mundos", por sua generosidade cavalheiresca, seduzia a burguesia, deslumbrada por possuir semelhante chefe. Fidalgo, magnífico e liberal, êle se impunha ao povo: sua autoridade parecia a garantia da ordem. Êle sonhava em ser o Washington da França, em conseguir a adesão do monarca e da nobreza à Revolução e levar a Assembléia à formação de um govêrno enérgico. Cheio de um otimismo ingênuo e, por outro lado, cônscio de seu gênio, avançava sôbre a corda bamba, enquanto Jefferson, de volta para a América, tremia por êle e o nôvo representante dos Estados Unidos, Governador Morris, sarcàsticamente predizia sua queda.

Como bom "americano", pretendia manter seu poder sôbre a opinião pública, mas desenvolveu uma atividade muito realista

137

para dirigi-la. Vários jornais, o "Moniteur", o "Patriote Français", de Brissot, a "Chronique de Paris", de Condorcet, obedeciam à sua influência. Não era orador, o que constituía grande fraqueza; mas criou para seus partidários, com o auxílio de Sieyes, um centro de debates e de ação: a "Sociedade de 89", onde os deputados e os noveleiros conviviam com os nobres e os banqueiros. Não desdenhava os homens assalariados: quando os democratas se emanciparam, publicou fôlhas de combate, e uma claque ocupou as tribunas da Assembléia. Mas sua principal oportunidade de sucesso foi o ter unido estreitamente os patriotas para regular e apressar os debates da Assembléia, e para agrupar seus chefes em um ministério estável e ativo. No seio da maioria, não podia reinar o acôrdo perfeito: o individualismo revolucionário sempre repudiou com horror a disciplina de partido. A Assembléia também não conseguiu regularizar rigorosamente seus trabalhos: além dos incidentes contínuos que a oposição e as circunstâncias lançavam no caminho, a imperiosa necessidade de manter contacto com a opinião obrigava-a a interromper-se para escutar a leitura das petições e receber uma multidão de delegações que desfilavam diante do presidente. No que concernia ao govêrno, oferecia-se a ocasião para reconstituí-lo: a estrêla de Necker apagava-se, porque a bancarrota se avizinhava; seus dois empréstimos do mês de agôsto haviam malogrado, e a contribuição patriótica de um quarto do rendimento, decidida em 29 de setembro, não alimentaria o Tesouro por muito tempo. La Fayette negociou com Du Port, Lameth e Mirabeau. Tendo se desembaraçado do duque de Orléans, enviando-o a Londres, êle pretendia afastar Mirabeau, considerado seu cúmplice, oferecendo-lhe a embaixada de Constantinopla. Longe de aceitar, o orador levou o debate à Assembléia, em 24 de outubro; êle fêz ver que o regime constitucional só se conciliaria com a existência de um govêrno eficaz se o rei, escolhendo os ministros entre os deputados, assegurasse assim uma cooperação confiante dos dois podêres. Tese sustentável, conduzindo ao regime parlamentar e admitida pela Inglaterra. Mas êle revelava sua ambição; ora, os patriotas consideravam-no mais que suspeito e, além disso, percebiam perfeitamente que a isca atrairia outros trânsfugas: em 7 de novembro, a Constituinte proibiu que seus membros aceitassem ministérios. O projeto de La Fayette abortou, e os apetites se exasperaram. Mirabeau fêz-se comprar pela Côrte, intervindo o conde de La Marck, e passou a lhe enviar relatórios (o primeiro data de 10 de maio de 1790) aos quais ela não deu atenção. No início, Luís XVI associou-o a La Fayette para tentar fazer com que se reconhecesse a êle o direito de paz e de guerra. O acôrdo não teve duração; Mirabeau, que tinha ciúmes de "Gilles-César",

138

passou a desacreditá-lo perante o rei e esforçou-se por arruinar-lhe a popularidade. Aconselhou Luís XVI a constituir uma vasta organização de propaganda e de corrupção para criar um partido, depois de deixar Paris, quando dissolveria a Assembléia, faria um apêlo à nação e desencadearia, se necessário, a guerra civil, evitando todavia de se aproximar da fronteira e de despertar a menor suspeita de que faria aliança com o estrangeiro. Du Port, Barnave e Lameth — o triunvirato — também invejavam La Fayette. Nada, entretanto, os separava dêle, no fundo. Mas, para prejudicá-lo, mais de uma vez êles foram aos extremos.

II. *Os progressos da Revolução*

Entretanto, a obra da Constituinte pouco a pouco se estabilizava. Em 7 de novembro, um decreto estabeleceu que as ordens haviam cessado de existir; outro, de 28 de fevereiro de 1790, que a venalidade tinha sido abolida no exército e que todos podiam ter acesso às patentes; em 23 de setembro seguinte, uma quarta parte dos postos de alferes foi reservada aos suboficiais. Em fevereiro de 1790, cada comuna elegeu sua Municipalidade de acôrdo com a lei de 14 de dezembro de 1789: a autoridade senhorial viu-se eliminada das aldeias. A nova divisão territorial e a reorganização administrativa, tendo sido adotadas de novembro a fevereiro, os conselhos e os diretórios de departamento e de distrito entraram em função no início do verão. A venda dos bens nacionais, regulamentada em 14 de maio, ia ter início e, em setembro, o "assignat" transformou-se numa moeda. O nôvo estatuto do clero coroou-se em 12 de julho pelo voto da Constituição civil. Enfim, em 16 de agôsto, realizou-se a transformação dos corpos judiciários.

Por outro lado, os patriotas aperfeiçoavam seu grupo e desenvolviam sua propaganda. Encontravam-se na guarda nacional e sobretudo nos clubes. Em novembro de 1789, o clube bretão se reconstituiu em Paris, no convento dos Jacobins-Saint-Honoré, sob o nome de "Sociedade dos Amigos da Constituição" e, seguindo seu exemplo, outros se criaram em tôdas as cidades, sendo logo afiliados à sociedade-matriz. Os "irmãos e amigos" eram nobres liberais e burgueses ricos ou abonados, moderados, prudentes no fundo, que seguiam La Fayette e a Assembléia, mas fiéis à Revolução e, por isso mesmo, freqüentemente em choque com os corpos administrativos, onde se haviam introduzido numerosos aristocratas ou fracos, que viam quase sempre com maus olhos essas associações a vigiá-los e a incitá-los à ação. Os jornais se multiplicavam:

139

"Révolution de Paris", de Loustalot, "Révolutions de France et de Brabant", de Camille Desmoulins, "Courrier", de Gorsas, "Annales", de Carra. O principal sucesso dos patriotas exprimia-se nas "federações" que atestavam a adesão da nação. As primeiras datam de 1789: Valence teve uma desde 29 de novembro. Elas se multiplicaram em 1790: em Pontivy e em Dole, em fevereiro, em Lião, em 30 de maio, em Estrasburgo e em Lille, em junho. Elas resultaram na Federação nacional de 14 .de julho de 1790, onde a unidàde francesa encontrou sua expressão solene e definitiva. La Fayette aí surgiu em tôda sua glória; após a missa celebrada por Talleyrand no altar da Pátria, êle prestou juramento em nome do exército popular, e o rei teve que imitá-lo; a despeito do aguaceiro, o povo, entusiasmado, demonstrou sua confiança cantando o "Ça ira".

Sombras, entretanto, vieram estragar o quadro. Era perceptível que a educação cívica do Terceiro Estado permanecia nula e que, agarrado às vantagens que usufruiria com a Revolução, êle mostrava pouco zêlo em realizar os esforços que ela lhe solicitava: 9/10 dos cidadãos ativos não haviam tomado parte nas eleições e os guardas nacionais ràpidamente se aborreciam com o serviço. Entretanto, os cidadãos passivos viam com amargura que eram excluídos da vida municipal; indiferentes ao sufrágio universal, defendido em vão por Robespierre e alguns democratas, a pequena burguesia e os profissionais liberais irritavam-se com o censo de eligibilidade que os afastava das funções eletivas. Enfim, os cidadãos que se interessavam pela vida pública pendiam para o govêrno direto e tornavam a vida dura para seus representantes; em Paris, os distritos criavam embaraços a Bailly e a La Fayette; o dos franciscanos, dirigido por Danton, insurgiu-se, em janeiro de 1790, para subtrair Marat às perseguições judiciárias. Em junho. a Assembléia, modificando a organização administrativa da capital, substituiu os 60 distritos por 48 seções, mas estas não tardaram em manifestar a mesma turbulência.

Todavia, era a segurança das pessoas e dos bens que causavam maiores preocupações. Assim que a Assembléia chegou a Paris, um padeiro foi morto perto do arcebispado onde ela se instalara. Ela ficou tão emocionada que votou logo após, em 21 de outubro, a famosa "lei marcial". Cada Municipalidade, em caso de perturbações, estava autorizada a pôr esta lei em vigor, quer dizer, a alçar a bandeira vermelha e, a partir dêsse momento, a abrir fogo após três intimações. Mas obedeceria a guarda nacional? Em Paris, La Fayette, não sem ilusões, contava com ela: êle a reduzira a 24.000 homens que, obrigados a comprar seu uniforme, eram recrutados entre as pessoas abastadas, e reforçada por companhias assala-

140

riadas, corpo permanente de 6.000 homens tirados principalmente das guardas francesas. Mas, por todos os demais lugares, a situação era outra, sobretudo nas aldeias; além disso, faltavam fuzis: o Ministério da Guerra, que teria de bom grado desarmado o povo, como se julga, declarava que os arsenais estavam vazios e reduzia as encomendas. As Municipalidades, é verdade, podiam requerer o concurso do exército; opunham-se a isso, e a direita solicitou que a autoridade militar pudesse intervir por sua própria iniciativa: a Assembléia jamais o consentiu, não lhe escapando as intenções ocultas. Quanto à justiça prebostal, havia sido suprimida, em princípio, em 9 de outubro de 1789, e, em março de 1790, foi-lhe interditada qualquer demanda.

As perturbações dos mercados e os entraves à circulação dos cereais persistiram; a excelente colheita de 1790 acalmou a situação geral sem eliminar as crises locais. As revoltas agrárias também não cessaram. Camponeses, intimidados, pagavam os impostos; mas a obrigação do resgate, confirmada pela lei de 15 de março de 1790, sustentava a fermentação. Em janeiro explodiram revoltas no Quercy e no Périgord, bem como na Alta-Bretanha, de Ploërmel a Redon; em maio, no Bourbonnais e nos arredores; na ocasião da colheita, recusaram-se o dízimo e a jugada em todo o Gâtinais; no fim do ano, o Quercy e o Périgord novamente se sublevaram. A aristocracia, cada vez mais ameaçada, foi assim levada a fortalecer sua resistência, e as reações, por vêzes sangrentas, que ela suscitava, agravavam a desordem e aumentavam o antagonismo das classes. A esperança de um compromisso, acariciada por La Fayette, tornava-se quimérica.

III. *O complô dos aristocratas*

Os "negros" desprezavam os monarquistas que pactuavam com a Revolução; de seus oradores, o abade Maury dedicava-se à obstrução, e Cazalès, mais político, não foi seguido. Seus jornalistas, Montjoie, Riverol, o abade Royou no "Ami du roi", atacavam tôdas as novidades, elogiavam o Antigo Regime e desaprovavam até a Revolução dos aristocratas; Suleau, nos "Actes des Apôtres" e no "Petit Gautier", vilipendiava os patriotas e ridicularizava o "patrulhotismo". Em outubro e novembro de 1789, os "negros" procuraram servir-se dos Parlamentos e dos Estados do Delfinado e do Cambrésis. Reclamaram novas eleições e, na primavera, o Terceiro Estado imputou aos comissários do rei, encarregados de instalar as novas administrações, a intenção de fazê-las proceder. Depois que dom Gerle propusera em vão, em 13 de abril, que o catolicismo permanecesse a religião do Estado, um protesto foi assinado por 249 deputados, entre os quais o conde de Virieu, presidente da Assembléia, que teve que solicitar sua demissão. Mais tarde, os aristocratas lançaram o descrédito sôbre os "assignats" e tentaram prejudicar a venda dos bens nacionais; êles advertiam aos pobres que a ruína dos privilegiados privava-os de trabalho e de esmolas. Por tôda parte abriam-se clubes contra-revolucionários dos "amigos da paz".

Parte dos descontentes fugia para o exterior em busca de tranqüilidade; outros emigravam para se armar, aguardando a intervenção estrangeira, que o conde d'Artois, instalado em Turim, solicitava de todos os lados; outros ainda, de acôrdo com êle, preparavam a guerra civil do Meio Dia. Elaborou-se primeiro o "plano do Languedoc": contava-se com Imbert-Colomès, antigo prefeito de Lião; com Monnier de La Quarrée, no Condado; com Pasqualis, em Aix; com Lieutaud, comandante da guarda nacional de Marselha; com Froment, de Nîmes, que queria sublevar os operários católicos contra os manufatureiros protestantes. O complô resultou apenas nos conflitos sangrentos de Montauban, em 10 de maio, e de Nîmes, em 13 de junho. Veio em seguida o "plano de Lião", onde uma revolta contra a alfândega municipal, em 25 de julho, permitiu a La Tour du Pin, ministro da Guerra, que enviasse regimentos seguros e um comandante de confiança. O conde de Bussy trabalhava o Beaujolais, os irmãos Allier o Gévaudan, e em agôsto, Malbos reuniu os católicos de Vivarais em Jalés. Os nobres do Poitou e de Auvergne formaram "coalizões" que prometeram marchar sôbre Lião, onde o conde d'Artois esperava reunir as tropas sardas. Desejava-se que o rei também fôsse para lá. Após as jornadas de outubro, Augeard, depois Mahy de Favras, em nome de Monsieur, havia tentado preparar sua fuga. Em 1790, com a aproximação do verão, os revolucionários deixaram a família real instalar-se no castelo de Saint-Cloud; a evasão pareceu fácil, e o clube dos negros, o "Salon français", o propôs: a insurreição de Lião foi fixada para 10 de dezembro. Mas Luís XVI afastou esta sugestão bem como a de Mirabeau: em outubro êle havia começado seus próprios preparativos para a fuga. Os patriotas estavam alerta. Denunciava-se incessantemente a partida do rei; desde fevereiro, Favras tinha sido condenado e enforcado; numerosos conspiradores foram presos: Bonne de Savardin, em abril, Trouard de Riolles, em julho, Bussy, em setembro; finalmente em dezembro, expurgou-se Lião. Os nobres de Auvergne, que chegavam, emigraram. O conde d'Artois deixou Turim e, após uma entrevista com Leopoldo II, em Mântua, em maio de 1791, tomou o caminho de Coblence.

Os receios populares engendraram novos terrores em Thiérache, na Champagne, na Lorraine, especialmente ao redor de Verennes, até que, em julho e agôsto de 1790, correu o rumor de que as tropas austríacas, enviadas contra os belgas, estavam entrando na França. As massas aprontaram-se para a reação defensiva; Marat, em julho, incitou-se a ganhar a dianteira. A reação punitiva, em todo caso, não se fêz faltar: Pascalis foi massacrado em Aix.

IV. A decomposição do exército

Infelizmente para La Fayette, o conflito atingiu o exército. Os oficiais nobres permaneceram fiéis, até o fim, à Revolução; mas a atitude da maior parte dêles, a princípio reticente, tornou-se francamente hostil à medida que as reformas da Constituinte os atingia. Seus soldados também se dividiam, uns desprezando a guarda nacional, "a faiança azul que não vai ao fogo", outros freqüentando os clubes e voltando-se contra seus chefes. Nos portos de guerra, os marinheiros e os operários dos arsenais não se agitavam menos. Os patriotas nutriam grande desconfiança com relação aos oficiais aristocratas dos quais um número cada vez maior emigrava; êles os tomavam à parte ou faziam causa comum com os soldados rebeldes. Mas, diante da Europa hostil, a Assembléia não ousava licenciar os oficiais para expurgá-los, como solicitava Robespierre. Quanto aos soldados, recrutados entre a gente pobre, não lhe inspiravam muita consideração; transformar o exército real em um exército nacional, pelo serviço obrigatório proposto por Dubois-Crancé, não entrava em seus planos, porque ela conhecia a hostilidade que, sob o Antigo Regime, a milícia inspirava aos franceses. Pareceu-lhe suficiente aumentar o sôldo e decretar algumas reformas administrativas e disciplinares.

Os portos de guerra e as guarnições amotinaram-se sucessivamente. Militar de carreira, La Fayette não gracejava com a disciplina. Em agôsto de 1790, êle quis terminar com isso; a guarnição de Nancy tendo se revoltado, êle apoiou seu primo, o marquês de Bouillé, que a dominou após grande luta, fêz executar alguns insurretos e enviou às galeras 41 suíços de Châteauvieux. A Assembléia, no início, aprovou. Mas La Fayette havia provocado a queda de sua popularidade. Imediatamente os patriotas protestaram, e logo a maioria da Constituinte ficou perplexa, porque se soube que Bouillé, em Nancy, tratava como suspeitos todos os partidários da Revolução. Em outubro, o barão de Menou propôs fazer-se uma acusação aos ministros; contentou-se em declarar que êles não mais gozavam, com exceção de Montmorin, da confiança da nação, e êles se demitiram. Mas seus sucessores não foram mais bem vistos. Nessa ocasião, a Constituição civil do clero fomentava o cisma, e Luís XVI fazia apêlo ao estrangeiro: a Revolução encaminhava-se para nova explosão.

Quinto capítulo

A OBRA DA ASSEMBLÉIA CONSTITUINTE (1789-1791)

Burke, que foi seguido por Taine, reprovava aos constituintes o haver transtornado a sociedade francesa ao aplicar princípios abstratos sem levar em conta a realidade. Se os princípios de 89 são de valor universal, não nos cabe examinar aqui, mas êles libertaram energias e pautaram uma sociedade que teve duração. Quanto aos constituintes, se tinham lido os filósofos, a cultura não contrariava nem atenuava nêles o senso das realidades. Ameaçados pela contra-revolução, excedidos pelo povo, dirigindo os curas e os nobres patriotas, êles jamais deixaram de levar em consideração as circunstâncias. E é mesmo porque estava profundamente marcada por elas que sua obra, em diversas partes, se mostrou decrépita.

I. *Os princípios de 1789*

Abatido o Antigo Regime, os constituintes puseram-se a justificar sua vitória: a fôrça se havia colocado a serviço do direito. Ao mesmo tempo, os franceses seriam instruídos, por um "catecismo nacional", segundo a expressão de Barnave, com os princípios da nova ordem. Os americanos lhes haviam ensinado como fazê-lo e, por sua vez, êles promulgaram uma Declaração dos direitos do homem e do cidadão. Como se verá, todavia, seu pensamento completo não se acha aí incluído, e é necessário ir buscá-lo também em suas leis e no preâmbulo da Constituição de 1791.

Êles tinham sob os olhos as declarações americanas, e La Fayette submeteu seu projeto a Jefferson, que representava então os Estados Unidos, em Versalhes. Todavia, há um parentesco mais profundo do que se possa imaginar apenas pela comparação literal dos

145

textos: afirmando a dignidade da pessoa e o valor da iniciativa individual, as declarações traziam igualmente a marca que a filosofia helênica e o cristianismo imprimiram ao pensamento europeu; elas se colocam sob a tutela do Ser supremo, e a maior parte de seus redatores, fiéis da religião revelada aos adeptos da metafísica espiritualísta, encaravam a liberdade como a conseqüência e a garantia do livre arbítrio da alma. A esta explicação, a observação histórica acrescenta outra: o individualismo simboliza o entusiasmo do europeu, impaciente diante de qualquer obstáculo, por conquistar o mundo, tornar-se senhor da natureza pelo conhecimento e pela invenção, e finalmente dirigir êle mesmo a sua conduta, o govêrno e a sociedade; neste sentido, os novos princípios formulavam um ideal, salvação terrestre do homem transformado em seu próprio Deus, do qual êle se aproximaria pouco a pouco ao preço de esforços sustentados através dos séculos.

A obra dos constituintes também não deixa de atestar uma originalidade particular: à liberdade ela associa estreitamente a igualdade, à qual a revolução popular, provocando o desmoronamento retumbante dos privilégios e do feudalismo, conferia um brilho que os anglo-saxões não lhe concediam. Foi à conquista da igualdade que os revolucionários, e a própria burguesia, mais se empenharam. A seus olhos é livre o homem que não depende de nenhum outro, excetuados aquêles que a lei, voluntàriamente aceita pela comunidade, investiu do poder de comandar em seu nome. O desaparecimento da autoridade senhorial permaneceu para os camponeses franceses o resultado essencial da Revolução.

Pode-se, portanto, considerar dois os princípios de 1789. Em primeiro lugar, "os homens nascem e vivem livres e iguais em direitos": são donos de suas pessoas; desde que respeitem a liberdade alheia, sua atividade física e intelectual se desenvolve sem obstáculos: podem falar e escrever, trabalhar e inventar, adquirir e possuir; a lei é a mesma para todos; profissões e funções públicas são acessíveis a todos, sem distinção de nascimento. Em segundo lugar, o Estado não encontra seu fim em si próprio; sua razão de ser reside na missão de conservar ao cidadão o gôzo de seus direitos; o soberano é o conjunto dos cidadãos, a nação, que delega sua autoridade a um govêrno responsável; se o Estado falta a seu dever, os cidadãos resistirão à opressão.

Invocando o direito natural cujo valor filosófico e eterno dirigia uma expressão de valor universal, os constituintes, como os "insurretos" dos Estados Unidos, usaram fórmulas gerais que serviram de pretexto para apresentá-los como ideólogos perdidos no abstrato. O caráter "histórico" da Declaração não é menos evidente: sob cada artigo, êles alinhavam mentalmente, e com êles seus con-

146

temporâneos, os fatos concretos que haviam suportado. Nenhum homem deve ser prêso e detido a não ser em virtude de um mandado judiciário, o que significa que não se concederá mais avisos régios. Os cidadãos são iguais perante a lei, o que significa que os privilégios serão condenados. A resistência à opressão é legítima: assim, a insurreição de 13 de julho encontra-se justificada. Como disse Aulard, a declaração representa acima de tudo "o atestado de óbito" do Antigo Regime. A Assembléia também não enunciou os princípios numa ordem dedutiva, nem com igual insistência: a liberdade individual ocupa três artigos; a liberdade de consciência não nos parece menos importante, e, no entanto, contentou-se com uma alusão discreta à tolerância religiosa, por consideração aos padres patriotas. As lacunas da Declaração não são menos concludentes. Não deveria ela explicar-se sôbre a propriedade e estipular sua hereditariedade? No entanto, ela a menciona simplesmente no artigo 2, sem defini-la: a questão não se apresentava; e torna a surgir no artigo 17, acrescentada à ultima hora, e apenas para confirmar implicitamente a remissão das rendas senhoriais, prevendo justa e prévia indenização em casos de desapropriação para utilidade pública. Tardou-se até 1791 a proclamar a liberdade econômica, à qual a burguesia se agarrava acima de tudo: é que o Antigo Regime não se mostrava mais hostil a ela, e que, sôbre as corporações, o Terceiro Estado não se sentia unânime. Também não se citaram os direitos de reunião e de petição; só em 1791 prometeu-se organizar um sistema de instrução e de assistência publicas: tudo isso dizia respeito ao futuro, não ao passado.

Entretanto, os princípios enunciados para condenar o Antigo Regime comprometiam o segundo. Ora, se sua interpretação não deixava dúvidas com relação ao primeiro, desde que todo mundo reprovava os fatos que êles visavam, ela permanecia indeterminada no que dizia respeito ao segundo e, por conseqüência, sujeita a controvérsias. Além disso, alguns haviam insistido para que não se redigisse a Declaração a não ser após o término da Constituição, a fim de que não surgisse nenhum desacôrdo entre elas. Outros propuseram que pelo menos a completassem. Sieyes queria estipular que não se estendesse a igualdade aos meios, a fim de barrar o caminho à igualdade social, e o abade Grégoire desejava que se enumerassem os deveres do cidadão ao mesmo tempo que seus direitos. A maioria foi mais longe, e o caráter da Declaração apareceu novamente: no espírito de seus autores, seu sentido não se prestava à discussão e os alarmas os deixavam incrédulos. Era a obra de uma classe triunfante, segura de seu futuro, convencida de que a ordem que ela concebia, de conformidade com as leis da natureza ou com a vontade racional da divindade, asseguraria para sempre o bem da humanidade.

Pelo menos, decretando a liberdade e a igualdade dos direitos, esta classe servia seus interêsses e, ao mesmo tempo, conquistava numerosos adeptos para a Revolução. Abrindo a carreira às fôrças individuais, à inteligência, ao espírito de empreendimento, a burguesia conclamava os mais capazes a se separarem da multidão para tomar a direção econômica e política; e seleção, que provocaria a concorrência, preservava-a do envelhecimento inseparável da hereditariedade. Convidando todos a tentarem sua sorte, ela despertou a esperança, excitante da energia. Ora, os transtornos que a Revolução operou concederam a essas promessas uma eficácia extraordinária. Enorme parte da riqueza territorial foi posta à venda; a circulação fiduciária multiplicou os capitais e deixou a descoberto imensas perspectivas de especulação. Tendo sido abolida a propriedade corporativa, interditos os arrendamentos perpétuos, sendo as fortunas incessantemente divididas por igualdade sucessória e suprimido o direito de primogenitura, de morgadio, de fideicomisso, todos os bens, no futuro, viriam oferecer-se àqueles que tivessem feito esforços para adquiri-los. Para os que eram pobres, mas instruídos, a admissão aos empregos públicos, cujo número iria aumentar, o renovamento periódico do pessoal político, o desenvolvimento do jornalismo, os progressos da ciência e da indústria mecânica abriram novos caminhos. Em face da Europa monárquica, incapaz de quebrar as limitações que comprimiam e desencorajavam o entusiasmo social, êste apêlo às iniciativas individuais constitui para a Revolução, como em seguida para a sociedade moderna, uma fonte incomparável de vida e de poderio; ela encontrou, para sua defesa, organizadores, sábios e generais, e atraiu, através do espaço, todos aquêles a quem arrebatava alegria de experimentar seu gênio e demonstrar sua capacidade.

O arrebatamento concorrencial do individualismo acarretava conseqüências que não podiam escapar. O forte eliminaria o fraco — e o forte, em vários casos, eram o rico e seus herdeiros. Proclamada a igualdade de direitos. deixava-se a cada um o cuidado de conquistar os meios para usufruí-los. A desilusão não tardaria. Mas, no estado da economia que ainda não era dominada pela concentração capitalista, os deserdados, no primeiro momento, não desesperavam completamente do futuro. Aliás, a solidariedade do Terceiro Estado, em face da aristocracia, sustentava uma união, uma fraternidade que mascaravam, em parte, o antagonismo das classes que o constituíam. Também a liberdade e a igualdade exerceram sôbre as imaginações um encanto irresistível. O povo francês acreditou que sua existência ia melhorar, que, pelo menos, seus filhos

148

viveriam felizes; esperou mesmo que os outros povos também o seriam e que, livres e iguais, reconciliar-se-iam para sempre. Então a paz reinaria sôbre a Terra, liberta da opressão e da miséria. O caráter mítico da Revolução desvaneceu-se. Uma causa tão nobre despertou um ardor que a necessidade do sacrifício extinguiu em muitos homens, mas que exaltou os outros até o heroísmo e que resplandeceu através do mundo. Michel Beaupuy explicava a boa nova a Wordsworth antes de ir combater os tiranos, e o sonho deslumbrante resplandecia ainda nos versos do "Prélude". À energia realista, a Revolução acrescentou o entusiasmo: foi o duplo segrêdo de sua vitória. Em todos os países, ela despertou inteligência e tocou as almas, que se ofereceram espontâneamente à sua propaganda.

Estas esperanças eram compartilhadas, pelo menos, por uma parte da burguesia: ela não se via como uma casta e acreditava mesmo ter suprimido as classes porque abolia as ordens e abria suas fileiras para todo mundo. Todavia, ela jamais esqueceu a realidade presente, nem a preeminência que pretendia exercer. Para opô-las ao Antigo Regime, declarou os direitos do homem naturais e imprescritíveis. Eram êles então anteriores à sociedade, efetivamente reconhecidos a todos, intangíveis para a própria soberania nacional? As opiniões divergiram às vêzes, sem que o debate chegasse a ser violento. Mas, na prática o espírito positivo dirigiu a aplicação dos princípios em função das circunstâncias, subordinou-a ao bem público e restringiu sua universidade. A Declaração observava que os direitos são regulamentados pela lei; de absolutos que pareciam tornaram-se relativos, não constituindo seu enunciado um código, mas exprimindo um ideal, uma direção de intenção cujo alcance se regula pelas circunstâncias, e, inevitàvelmente, pelos interêsses de classe dominante: abundam as provas de que os constituintes se julgavam senhores de aplicar diversamente seus princípios, até de protelar as conseqüências ou contradizê-los.

No que concerne à liberdade individual, a Assembléia mostrou-se plenamente fiel à Declaração pela reforma do processo criminal, um de seus mais belos títulos de glória: a prisão supõe um mandado do juiz, salvo em caso de flagrante delito; nas primeiras vinte e quatro horas, o juiz faz comparecer o acusado e convida-o a designar ou lhe designa "ex officio" um advogado que se comunicará livremente com êle; a acusação e o julgamento, retirados ao juiz, são entregues a júris de cidadãos; o processo escrito, segundo o qual o tribunal decidia através dos autos, é substituído pelo debate público e contraditório entre o acusador, as testemunhas, o acusado e seu advogado. No que diz respeito à tolerância religiosa, a Declaração foi ultrapassada; admitem-se os protestantes ao direito de cidadania, em 27 de dezembro de 1789, depois os judeus do Meio Dia um mês após e, apenas em 27 de setembro de 1791, os do Este. Mas a liberdade de consciência não triunfou completamente: não se criou o estado civil e o culto público permaneceu o monopólio da Igreja católica. Como o individualismo desconfiasse da associação, a organização corporativa da sociedade desapareceu e as congregações religiosas foram em grande parte dissolvidas. Mas, como a contra-revolução ameaçasse, deixou-se que aumentassem as sociedades políticas e toleraram-se suas petições coletivas; depois, como os democratas a inquietassem, a Constituinte, prestes a se separar, adotou contra os clubes uma lei repressiva. A liberdade econômica terminou por acarretar a abolição das corporações de ofícios; mas, proibindo a "coalizão", a burguesia não dissimulou que visava as associações de operários e a greve.

Sôbre dois pontos, a escravatura e o regime eleitoral, a alteração em face da Declaração foi particularmente manifesta. Não contentes de delimitar a liberdade pela lei, os constituintes pensavam que o homem deve usufruí-la de acôrdo com a razão, inspirando-se na "virtude", isto é, no espírito cívico; grande número de homens não lhe pareciam suficientemente maduros para usar da plenitude dos direitos; o interêsse da nova ordem, ao qual se acrescentava o da burguesia, conduzia a restringi-los, ou recusá-los a êsses homens. A servidão foi abolida na França sem indenização; mas a escravatura e o tráfico de negros subsistiram, porque a exploração colonial teria sido prejudicada, e terminou-se mesmo por abandonar a condição política dos "homens de côr" — mulatos e negros livres — à decisão dos colonos que não era senão muito previsível. A Declaração reconhecia a "todos" os cidadãos o direito de concorrerem "pessoalmente ou por seus representantes" ao estabelecimento da lei. Pessoalmente? A Constituinte estabeleceu um regime exclusivamente representativo, não se exercendo a soberania nacional senão no momento das eleições, e sendo os delegados do povo em seguida investidos sem contrôle. Ela nem mesmo submeteu a Constituição de 1791 à ratificação popular, e a revisão, aliás cercada de minuciosas restrições, escapou completamente à iniciativa dos cidadãos. Pelo menos, representariam os deputados a todos os cidadãos? Absolutamente: Seyes alegou que o eleitor e o eleito preenchiam uma função que, como tôdas as demais, implica uma capacidade, e a burguesia teve o cuidado de afirmar que esta estava na abastança, porque o mérito, quando unido à fortuna, transforma-se fácilmente em fermento revolucionário. A Assembléia privou de sufrágio os cidadãos "passivos", os que não pagavam uma contribuição de, pelo menos, três jornadas de trabalho ou que eram domésticos, e excluindo-os, além do mais, da guarda nacional. Mesmo a opinião

150

dos "ativos" viu-se filtrada pela eleição em dois graus, dotada de uma influência tanto mais favorável aos notáveis que os "eleitores", em número limitado, deviam pagar 10 libras de impôsto; enfim, o censo exigido dos representantes elevava-se a um marco de prata (cêrca de 52 libras), e era-lhes necessário possuir uma propriedade predial qualquer. Alguns chegaram mesmo a defender a "gradualidade", que não teria permitido alcançar uma função eletiva a não ser após haver tomado parte nas administrações subordinadas.

Desviar os princípios ou contradizê-los, tanto para combater a aristocracia, quanto para conter o povo ou conciliá-lo, não é absolutamente fazer uma obra abstrata, mas realista. Encontrar-se-ão outros exemplos nas páginas que se seguem.

II. A organização do govêrno

A Declaração estipulava que todos os governantes deviam receber "expressamente" seu poder da nação e que todos eram responsáveis perante ela. Incontestàvelmente, definiu-se a noção moderna de constituição após as jornadas de outubro: Luís XVI não teve senão que "aceitar" a Constituição: ela "criou" seu poder e não se tardará a chamar o rei "o primeiro funcionário da nação", sem intenção difamante aliás, pois, na época, chamavam-se funcionários os próprios mandatários políticos do povo, e não seus empregados salariados. (*) Permanecia, no entanto, o fato de que êste mandatário real é, a despeito da Declaração, hereditário, irresponsável e inviolável, sem que seja previsto o caso de alta traição: todos percebiam essa eventualidade, mas como reconhecê-la, quando do se celebrava o acôrdo entre o rei e a Assembléia? Contra êle, a Declaração havia multiplicado as precauções: os funcionários são responsáveis; a fôrça pública não obedece senão à lei; o impôsto deve ser aprovado; os três podêres, Legislativo, Executivo, Judiciário, permanecerão separados e independentes, com riscos de paralisar o aparelho governamental. Todavia, Luís XVI conservou prerrogativas importantes: uma lista civil de 25 milhões, a iniciativa diplomática, a nomeação de seis ministros escolhidos à sua vontade, dos chefes militares, dos embaixadores; sem se levar em conta a separação dos podêres, foi-lhe mesmo concedido um veto suspensivo sôbre as decisões da Assembléia Legislativa para duas legislaturas, isto é, por mais quatro anos.

(*) A distinção durou muito tempo: um romance de BALZAC, "Les employés", apenas põe em cena o pessoal burocrático de um ministério, sem excluir os chefes.

Esta grande autoridade, êle não a exerceu jamais, pois, para dar uma ordem, era-lhe necessária a assinatura de um ministro que, êste, podia ser denunciado pela Assembléia, ser destituído do cargo e não era autorizado a sair de Paris a não ser após a quitação. Ora, sôbre a Assembléia o rei não tinha poder algum: ela era permanente, inviolável e indissolúvel; apenas ela possuía a iniciativa das leis, e o próprio veto não podia ser oposto às leis fiscais, aos decretos de acusação, às proclamações que ela dirija à nação. Apenas a ela pertencia o poder regulamentar, isto é, a interpretação de seus decretos e as instruções relativas à sua aplicação. A obstrução dos Parlamentos não renasceria, pois os tribunais deviam sujeitar-se às leis sem discuti-las, e não existia nenhuma jurisdição, como nos Estados Unidos, para examinar se elas respeitavam a Constituição: assim como o regime puramente representativo, a subordinação do poder judiciário ia permanecer um princípio invariável do direito público francês.

A Assembléia Legislativa via-se, portanto, senhora do Estado. E esta Assembléia era a burguesia. Malgrado a exclusão de 3 milhões de "passivos", segundo se calcula, restavam 4 milhões e um quarto de cidadãos ativos para compor as "assembléias primárias"; mas êles não designavam mais que cêrca de 50.000 "eleitores", que se reuniam na sede do distrito ou, notadamente para escolher os deputados, na sede do departamento. Tudo era calculado para reservar as cadeiras aos notáveis. Esta monarquia constitucional era uma república burguesa.

Mas ela não possuía um verdadeiro govêrno, porque os ministros nada podiam sem a autorização da Assembléia, e esta êles não a conseguiriam sendo os ministros nomeados pelo rei tão suspeitos quanto êste. Criticados na Assembléia, convocados diante dela, minuciosamente vigiados pelas comissões que ela multiplicava enquanto o Parlamento britânico não as nomeava, êles a viram além do mais acolher os pedidos de instruções que lhe eram diretamente enviados pelos corpos administrativos e responder sem consultá-los. Aliás, a organização dêsses corpos não lhes deixava nenhum meio eficaz de agir e nem mesmo de se fazer obedecer.

III. *A organização administrativa*

A Constituinte, realmente, descentralizou completamente a administração: ela dobrou-se a isso, porque suprimia ao rei um de seus recursos possíveis; mas respondia também ao profundo desejo do país. Submetidas durante muito tempo à autoridade dos inten-

152

dentes, as províncias e as comunidades paroquiais eram unânimes em reclamar a sua supressão. Esta hostilidade com relação ao poder central havia tomado, nos cadernos, a forma de um particularismo municipal e freqüentemente estreito; ela aproveitou-se, como se disse, da revolução municipal e absolutamente não se dissipou após a noite de 4 de agôsto. Se os franceses abandonaram seus privilégios locais e aderiram à unidade nacional, foi porque se julgavam livres, daí para diante, para se administrarem êles mesmos.

O decreto de 14 de dezembro de 1789 atribuiu, portanto, às Municipalidades podêres extensos: a base e a percepção do impôsto; a manutenção da ordem com a direção da guarda nacional assim como o direito de requerer a fôrça armada e de proclamar a lei marcial; finalmente a jurisdição de simples polícia, dificuldade suplementar à separação dos podêres. Entretanto, não se podia dispensar os intermediários entre elas e o poder central: os cadernos haviam reconhecido isso e solicitavam o estabelecimento de Estados provinciais. A França foi dividida em 83 departamentos, êstes em distritos, e êstes últimos em cantões. Criando as generalidades, a monarquia já havia empreendido a quebra dos limites tradicionais da vida provincial: a nova organização terminou sua obra. Mas o intuito imediato da reforma foi menos ambicioso: como o indicou Thouret, os franceses desejavam simplesmente unidades administrativas claramente delimitadas, agrupando as cidades ao redor de sedes fàcilmente acessíveis e já providas de um mercado; do. momento em que se criava uma representação nacional passaram a ser necessárias as circunscrições eleitorais, tendo todo mundo reconhecido que os bailiados não convinham mais. Os deputados de cada região se entenderam para redigir a carta: não há nada mais realista e mais terra-à-terra que as suas discussões.

O decreto de 22 de dezembro de 1789 deu ao departamento um Conselho Geral, um Diretório ou corpo executivo e um procurador-geral-síndico, e ao Distrito, um Conselho, um Diretório e um procurador-síndico; os procuradores, encarregados de requerer a aplicação da lei, tornaram-se na realidade secretários gerais, diretores de escritórios. Os "eleitores" escolhiam entre êles todos êstes administradores; também êstes corpos pertenciam aos notáveis; os departamentos mostraram-se freqüentemente mais moderados ainda que os distritos. Ao contrário, nas municipalidades reinou freqüentemente um espírito mais democrático que na própria Assembléia nacional, porque o prefeito e os oficiais municipais — "o corpo municipal" — assim como os notáveis e o procurador que formava com êle o Conselho Geral da Câmara, eram nomeados para o cargo pelos cidadãos ativos que, nos campos, onde freqüentemente faltavam os elegíveis com 10 jornadas de trabalho, retiravam de suas

153

fileiras os eleitos, apesar da lei. Entretanto, em plena efervescência revolucionária, o pobre ficou estupefato por se ver pôsto de lado; pelo menos, no Antigo Regime, êle participava das assembléias de habitantes. Entretanto, a comuna, durante a Revolução, conservou uma vida muito ativa e é êste um dos traços originais da época.

Esta organização suscitou não poucos descontentamentos. As reuniões eleitorais, bastante freqüentes, pois os corpos administrativos se renovavam pela metade cada dois anos, duravam muito tempo; e era preciso estar presente para responder à chamada dos votantes; a maioria dos cidadãos se desinteressou; mesmo os "eleitores" não faziam mais com boa vontade as despesas de uma viagem à sede. Também não se assumiam mais sem hesitação, devido ao prejuízo que acarretavam para os seus negócios, as funções absorventes. Muitas comunas, muito pequenas, não encontraram conselhos municipais capazes: haviam-se adiado para mais tarde as reuniões que não se fizeram e repelido a criação de "grandes comunas" que teriam agrupado diversas sob uma Municipalidade coletiva, porque cada aglomeração desejava sua autonomia.

Todos os serviços administrativos foram adaptados à nova divisão territorial. Ela notadamente forneceu aos tribunais jurisdições apropriadas. Os franceses de então, muito demandistas, queriam ter juízes ao alcance da mão: também a instalação de um juiz de paz em cada cantão para os processos civis foi particularmente popular; além disso, o distrito recebeu um tribunal do qual se apelava a um tribunal vizinho, tendo a Constituinte se recusado a criar uma jurisdição superior que teria recordado os Parlamentos. Ao criminoso, a Municipalidade julgava as contravenções, o juiz de paz os delitos, um tribunal departamental os crimes. Havia dois tribunais nacionais: o tribunal de cassação e a Alta Côrte. Os tribunais de comércio foram conservados; mas o contencioso administrativo, onde se dispunha tudo que concernia aos bens nacionais e mais tarde os emigrados, foi atribuído aos diretórios de distritos e de departamento.

A venalidade estava suprimida, e as pessoas sujeitas à ação da justiça não teriam tolerado que o rei preenchesse os novos tribunais com os juízes do Antigo Regime. Os juízes foram, portanto, eleitos como os administradores; escolhido por seis anos entre os homens de lei profissionais há pelo menos cinco anos, o novo pessoal judiciário encontrou-se geralmente bem constituído. Os notários foram escolhidos por concurso; a profissão dos procuradores, daí para diante chamadas "avonés", tornou-se livre; a ordem dos advogados desapareceu. A nação teria desejado que ela fôsse associada mais diretamente à justiça, para lhe dar a eqüidade, de uma maneira diligente e econômica. A Constituinte apenas concedeu um júri composto de cidadãos em matéria criminal: ao lado do tribunal de justiça, para a denúncia, ao lado do tribunal criminal para o julgamento. Ao covil ela apenas admitiu a arbitragem facultativa e o tribunal de família subordinando as decisões, no primeiro caso, ao apêlo perante o tribunal de distrito, e, no segundo, à homologação dêste.

Sôbre os corpos administrativos, a autoridade do poder central reduzia-se a quase nenhuma. O rei tinha apenas o direito de suspendê-los: apesar disso a Assembléia podia restabelecê-los. Era uma reforma capital de separar a justiça civil e penal da administração. Todavia, o ministério público incontestàvelmente encontrava-se enfraquecido, dividido como estava entre quatro homens, diferentes pelas suas origens e por suas inclinações: o oficial do corpo de polícia; o presidente do tribunal de distrito; o presidente do júri de acusação, e o acusador junto ao tribunal criminal, ambos eletivos; enfim, o comissário do rei que representava o monarca perante cada um dêsses tribunais. Não mais que o rei, a Assembléia não possuía o meio de obrigar eficazmente os franceses a pagarem o impôsto ou a respeitar a lei. Aconteceu mesmo que corpos eleitos tornando-se contra-revolucionários invocaram o princípio de resistência à opressão contra a própria Assembléia. Se a crise se agravasse, a existência da nação correria perigo pela descentralização administrativa; no fundo, o estado de espírito que provocou esta última e que ela encorajou, tendia ao federalismo. Felizmente para a Revolução, havia lugar também para as iniciativas de seus partidários, para o que se chamou um federalismo jacobino.

IV. *As finanças*

A descentralização, que favoreceu as agitações, foi igualmente desastrosa para as finanças. O povo armado recusava-se a satisfazer os impostos indiretos e não se apressava em pagar os outros, as Municipalidades pouco se incomodando em obrigá-lo. Reprova-se à Constituinte ter consagrado a abolição dos primeiros que, sòzinhos, teriam fornecido receitas imediatas, e haver empreendido a modificação dos outros. Mas teria sido pelo menos tão difícil de receber a gabela e os auxílios quanto o dízimo e as taxas senhoriais; quanto às contribuições diretas, não se podia exigir as antigas a não ser a título provisório, porque sua reforma figurava entre os pedidos mais instantes dos cadernos.

O impôsto predial ficou sendo o mais importante, porque a terra era a principal riqueza: êle devia recolher 240 milhões; a isso acrescentou-se uma contribuição pessoal e mobiliária de 60 milhões e uma taxa sôbre os lucros comerciais e industriais, a patente, que era de quota e não de distribuição. Em princípio, êstes impostos eram reais e assentados sôbre as representações exteriores; a taxação de ofício não desapareceu completamente, todavia, para a contribuição mobiliária. Os cadernos haviam solicitado a confecção de um cadastro; enquanto esperava, a Constituinte ordenou que se estabelecessem matrizes baseadas nas declarações dos contribuintes. No interior de cada comuna, o progresso foi real porque elas permitiram uma distribuição relativamente eqüitativa dos cargos, na proporção que os privilegiados no momento suportavam sua parte. Mas os cadernos erguiam-se também contra a extrema desigualdade de uma província para outra ou entre comunidades; ora, sem um cadastro nacional, como operar uma "para equação"? Provisòriamente, a Constituinte, depois os corpos administrativos tiveram que fixar os contingentes de acôrdo com o montante das antigas imposições, muito pouco corrigido ao acaso. Todo mundo havia contado pagar menos; muitas comunas pagaram tanto quanto antes e outras mais ainda. Paradoxalmente, a contribuição mobiliária, em particular, sobrecarregou os camponeses, enquanto a burguesia das cidades ficou poupada. O descontentamento trouxe um vivo auxílio à popularidade da Revolução.

O encaminhamento das novas contribuições demandava tempo; as Municipalidades rurais não tinham o desejo de fazê-lo depressa, nem os meios para fazê-lo bem. A própria Constituinte não se apressou: os antigos impostos desapareceram em 1.º de janeiro de 1791; entretanto, ela estabeleceu a contribuição predial apenas em 23 de novembro de 1790, a contribuição mobiliária no início de 1791, a patente em 2 de março. A contribuição patriótica de quarta parte da renda, estabelecida em 1789 sôbre declarações que por muito tempo permaneceram voluntárias e não controladas, também não podia fornecer receitas antes de passar muito tempo. O Tesouro, portanto, continuou vazio. E infelizmente subtraíam os meios que, mesmo em tempos normais, o alimentavam enquanto se aguardava a arrecadação dos impostos. Os dois empréstimos de agôsto de 1789 malograram; a Assembléia proibiu as "antecipações" que podiam garantir os empréstimos dos financistas; substituindo por arrecadadores salariados os que comprovavam seus cargos e recolhiam uma porcentagem sôbre suas receitas, ela privou-se, ao mesmo tempo, dos adiantamentos que êles forneciam ao Tesouro, sôbre o produto dêstes últimos, sob forma de obrigações chamadas "rescrições" que os banqueiros descontavam. Entretanto, as despesas aumentaram com as pensões eclesiastivas e a manutenção do culto. Enfim, o Antigo Regime deixava, além de seu débito consolidado, uma dívida enorme: a Assembléia ordenou, por exemplo, que se suspendesse o pagamento dos juros e, em dois anos, isso lhe custou 370 milhões. Ao mesmo tempo, a dívida flutuante aumentou de um bilhão, pelo reembôlso dos empréstimos do clero, dos cargos vendidos e das cauções dos oficiais, dos dízimos "enfeudados", quer dizer cedidos aos leigos.

Desde o mês de outubro de 1789, a situação pareceu desesperada. Necker vivia sem olhar para o futuro graças aos adiantamentos da Caixa de descontos: esta, tendo 114 milhões de notas em circulação, das quais 89 milhões entregues ao Estado, declarou-se esgotada. Era absolutamente necessário encontrar recursos, se se desejasse terminar a Revolução: em semelhante situação, restava apenas recorrer ao papel-moeda. A Constituinte descobriu pelo menos o meio de ganhá-lo. Assim, a crise financeira impôs-lhe duas de suas medidas essenciais: a venda dos bens do clero e a emissão de "assignats".

Alegou-se que, cessando o clero de formar um corpo, suas propriedades, daí para diante sem dono, revertiam para o Estado; que as intenções dos doadores seriam respeitadas, se êsses últimos se encarregassem do culto, da instrução, da assistência; que, enfim, e êste era o argumento menos contestável, o interêsse geral obrigava a pôr em circulação os bens de mão morta. Em 2 de novembro, êles foram postos "à disposição da nação": a questão da propriedade, a qual se prestava às objeções tradicionais do clero, permanecendo em suspenso e sendo prometido ao clero paroquial um tratamento conveniente, a maioria de seus representantes votou o decreto. Necker propôs que se erigisse a Caixa de descontos em banco nacional. Se se emitisse papel, a Assembléia não consentiria que isso se desse às ordens do rei: em 19 de dezembro, ela criou uma "caixa de extraordinários", encarregada de mobilizar cêrca de 400 milhões de bens do clero e do domínio real sob forma de "assignats", ou reconhecimentos de dívidas, com juros de 5%. Elas não se colocaram fàcilmente: o clero conservava a administração de suas propriedades; a reforma eclesiástica não tinha começado; não se sabia quais as terras que seriam oferecidas aos credores. A Constituinte foi assim obrigada a suprimir o clero regular, com exceção dos estabelecimentos de ensino ou de assistência (13 de fevereiro de 1790) a retirar do clero a administração de seus bens (17 de março), a criar o orçamento do culto (17 de abril), a decretar as modalidades da venda (14 de maio). Desde então, ela pôde impor aos credores o pagamento dos "assignats".

Mas era evidente que muitos tinham necessidade de dinheiro líquido, e o reconhecimento de dívidas não satisfazia às necessidades correntes do Tesouro. Por causa disso o debate começou em agôsto, decisivo desta vez: o "assignat" transformou-se num bilhete de banco e procedeu-se à emissão de 1.200 milhões. Dupont de Nemours, Talleyrand, Lavoisier, Condorcet predisseram a inflação e suas misérias. Mas o interêsse político unia-se à necessidade financeira. Os primeiros "assignats" teriam entregado os bens aos únicos credores do Estado, isto é, aos financistas, aos fornecedores, aos possuidores de cargos; os novos permitiam que todo mundo os adquirisse; houve mesmo quem comprasse para se desembaraçar do papel, cuja depreciação favoreceu aos menos afortunados ao mesmo tempo que os especuladores. Poder-se-ia dizer que a operação devia obter tanto mais sucesso a êste respeito quanto malograria mais completamente do ponto de vista financeiro.

A depreciação do "assignat" era inevitável, tanto mais que se recordava a sorte de Law e que os aristocratas repetiam a todos que, repostos no poder, não reconheceriam a moeda revolucionária. A Constituinte deu-lhe um impulso autorizando o tráfico do numerário, em 17 de maio, e o próprio Estado comprou "assignats" para pagar as tropas. A moeda metálica foi escondida. A Assembléia, entretanto, não queria criar pequenas frações, porque desejava que os salários não fôssem pagos em papel. Para completar a quantia, a iniciativa privada multiplicou os bilhetes de confiança e, em 1791, um decreto terminou por criar a nota de 5 libras. A alta dos gêneros começava a se manifestar e distinguiam-se dois preços: um em espécie, outro em papel. A carestia da vida não ia tardar em produzir os mesmos efeitos que a miséria e em tornar a pôr em movimento as massas populares relativamente adormecidas.

Esta política, perigosa porque a emissão servia a satisfazer o deficit do orçamento e não apenas a liquidar a dívida, não era, entretanto, mal concebida. Ao fim de alguns anos, erstabelecida a arrecadação dos impostos, a venda dos bens nacionais e o empréstimo poderiam absorver a inflação. Ademais permitiu à Revolução ganhar tempo, deu, como sempre no início, uma chicotada na economia, tirou-a do marasmo e acarretou trabalho. O câmbio baixou: no início de 1790, 100 libras em Londres eram trocadas por cêrca de 90; em maio de 1791 elas não valiam mais que 73. Os exportadores, mandando gêneros para o estrangeiro e pagando salários que não aumentariam senão tarde e muito pouco, encontravam-se favorecidos. Foi a guerra que, exigindo uma emissão torrencial, matou o "assignat": depois, emitiram-se várias outras moedas que, além do mais, não tinham, como êle, um penhor de valor incontestável.

V. A *obra econômica da Constituinte*. A *reforma agrária*

A Declaração de Direitos não fêz menção à economia: é que as classes populares permaneciam profundamente ligadas à regulamentação e que a própria burguesia dos homens de lei não confiava nos financistas e não se entusiasmava unânimemente pela grande cultura e grande indústria. A liberdade não se realizou senão pouco a pouco, para ser finalmente consagrada na Constituição de 1791 e no código rural de 27 de setembro.

Desde 12 de outubro de 1789, o empréstimo a juros foi legalizado; mas as corporações e os regulamentos de fabricação não desapareceram senão em 16 de fevereiro de 1791. Também o emprêgo de capitais, de ferramentas e de novos processos, cujas patentes de invenção garantiriam a criação, recebeu liberdade de ação. O comércio dos cereais viu ser-lhe restituída, no mês de agôsto de 1789, a completa independência que Brienne lhe havia dado, com exceção, entretanto, da faculdade de exportar. Os monopólios foram abolidos: o Estado conservou os do salitre e da pólvora, assim como o da cunhagem de moedas, mas abandonou o do tabaco; a Companhia das Índias perdeu o seu, e o tráfico tornou-se livre adiante do Cabo da Boa Esperança; suprimiu-se também o privilégio de Marselha no que dizia respeito ao comércio do Levante. Os portos francos subsistiram: será o Legislativo que os reconduzirá ao direito comum. Para as minas, a lei de 1791 manteve o princípio da concessão pelo Estado, adotado pela realeza em 1744; ainda fêz exceção para as minas da superfície, que eram muito numerosas.

Por outro lado, a unificação do mercado nacional foi executada; o "recuamento das barreiras", isto é, transferência da arrecadação aduaneira para as fronteiras políticas, incorporou-lhe províncias como a Alsácia e a Lorena, que eram chamadas o "estrangeiro efetivo", porque elas traficavam livremente com o anterior; a circulação interna desembaraçou-se dos tributos dos contrôles exigidos pela gabela e pelos auxílios, cuja taxa variava segundo as regiões, e enfim das alfândegas que separavam a zona das "cinco grandes fazendas" das "províncias reputadas estrangeiras" e estas do "estrangeiro efetivo".

Continuou-se a proteger a produção contra a concorrência internacional. Os manufatureiros teriam acolhido com prazer a declaração do tratado de 1786 com a Inglaterra; mas a Constituinte limitou-se, em sua tarifa de 1791, a direitos moderados e não admitiu senão pequeno número de proibições seja à entrada, para os fios, por exemplo, seja à saída, para algumas matérias-primas.

Libertar a produção de seus entraves não era o suficiente para modificá-la. É porque se afirmou mais de uma vez que, dêste ponto de vista, a Revolução não influiu na evolução. Ela com efeito nem a seduziu, nem a acelerou: a guerra ia mesmo moderá-la. Mas a Constituinte abriu-lhe o porvir. Nada testemunha melhor a nossos olhos a elevação da burguesia que a liberação da economia proclamada na Europa pela primeira vez.

Os contemporâneos não podiam prever suas conseqüências em tôda sua extensão, o triunfo da máquina, os progressos da concentração capitalista. Ela encontrou mesmo uma viva resistência. Em algumas profissões, a abolição das corporações apresentava um caráter democrático, porque os operários abririam fábricas ou oficinas com poucas despesas; mas todos os donos não se consolavam por perder seu monopólio. Contra a liberdade do comércio de cereais, a hostilidade foi geral, não apenas no proletariado, mas no seio do artesanato; não apenas entre os citadinos, mas entre os jornaleiros dos campos e os cultivadores que não faziam a colheita suficiente para a sua subsistência; as assembléias não conseguiram fazê-la respeitar. Por seu lado, a maior parte dos camponeses se alarmou; a liberdade da cultura voltava a consagrar definitivamente a propriedade predial em sua plenitude e concluía bruscamente a evolução jurídica que tendia, no século XVIII, a libertá-la de qualquer servidão: desaparecimento do afolhamento obrigatório; faculdade de eliminar o alqueive; direito de cercar à vontade. A êste respeito, a pastagem livre parecia condenada e o código rural isentou, pura e simplesmente, os prados artificiais. Na realidade, a Constituinte absteve-se de assegurar a aplicação do princípio; ela devia saber que, na Inglaterra, o restabelecimento do solo tinha sido a condição e, entretanto, não fêz a menor alusão a isso; permitindo o cercado, ela teve o cuidado de estipular, para agradar aos agricultores, que aquêle que excluísse assim, de seu domínio, o gado alheio renunciaria automàticamente a enviar o seu para o domínio dos outros, o que até então provocava dissensões. Nada se fêz: os camponeses se obstinaram em defender seus direitos coletivos, que subsistiram ainda por muito tempo, porque ninguém, nem mesmo Napoleão, ousava se arriscar a invocar sua autoridade para despojá-los. Mas desvaneceu-se para êles tôda a esperança de obter a divisão das grandes propriedades, a reforma do "métayage", (*) a taxação das rendas das herdades: a Constituinte permaneceu insensível a tôdas as petições.

(*) Contrato pelo qual o proprietário de um terreno o cede a outro, com a condição de receber a metade dos frutos. (N. T.)

Por outro lado, como para a reforma do impôsto, a maneira pela qual ela regulamentou o desaparecimento dos direitos senhoriais e a venda dos bens nacionais, decepcionou profundamente a maior parte da população rural. Ela aboliu sem escrúpulos o dízimo, porque o considerava como um impôsto ou como uma propriedade corporativa. Não viu também dificuldades em suprimir a hierarquia dos feudos, sua legislação particular e notadamente o direito de primogenitura, o franco-feudo que pagavam seus detentores plebeus; todavia, impôs a remissão dos direitos de mutação que atestavam a propriedade eminente do suserano. Ao sacrificar esta, ela com efeito temia criar um precedente funesto para a propriedade individual em geral. Assim, quando fixou definitivamente, pelo decreto de 15 de março de 1790, a aplicação do decreto de 5-11 de agôsto de 1789 sôbre os direitos senhoriais, distinguiu, conforme o relatório de Merlin de Douai, os que presumiu usurpados em prejuízo do Estado ou criados pela violência — justiça e direitos honoríficos, caça e pesca, coelheira e pombal, trivialidades, peagem e direitos de mercados, taxas e corvéias pessoais, e especialmente a servidão — todos desapareceram sem indenização; decretou-se o mesmo a respeito dos loteamentos dos bens comunais operados após trinta anos em contradição ao decreto de 1667. Mas deu-se o contrário para as rendas prediais ou "reais", superiormente mais pesadas — censo, jugadas, juros, direitos "fortuitos" ou de mutação — porque a Assembléia os supôs aprovados em troca da concessão da "tenure" pelo senhor proprietário: ela os submeteu, conseqüentemente, ao resgate, cuja taxa foi fixada, em 3 de maio, em vinte vêzes a renda em dinheiro, em vinte e cinco vêzes a renda em espécie, e para os direitos fortuitos em proporção a seu pêso. Esta classificação sofria contestação, tanto do ponto de vista jurídico como em nome da história; em todo caso, os camponeses sustentaram que, assentado o princípio, era necessário obrigar o senhor a apresentar o título primordial de sua concessão, o qual, em geral, ou jamais havia existido ou não mais subsistia; enquanto se aguardava, êles não resgatariam e muito menos pagariam.

Aliás, a Constituinte estipulou que o desaparecimento do dízimo reverteria em benefício do proprietário, não do rendeiro ou do colono. Quando o Legislativo e a Convenção abolirem o resgate das rendas reais, elas decidirão o mesmo. A supressão dos direitos pessoais não oferecia, por comparação, senão pequena vantagem, e o camponês, que não possuía terras, não obtinha outras. Assim, a alienação dos bens nacionais, na medida em que multiplicassem as propriedades rurais, conferiria à abolição do feudalismo parte de sua fôrça social. Desde que a grande maioria dos camponeses não detinha terras ou o suficiente para viver independentes, o destino

161

determinado ao patrimônio nacional apresentava ainda maior interêsse: êle podia atenuar a crise agrária. Se a Assembléia cedesse as terras às comunidades rurais para que as repartisse, ou se decretasse que fôssem divididas em pequenas porções, seja para as distribuir contra uma renda anual, seja para vendê-las mediante avaliação e sem leilão, à prefeitura da cidade, mesmo o pobre jornaleiro poderia obter um pedaço onde construiria sua cabana; e mesmo, a êste indigente, não lha dariam gratuitamente?

Êste sonho era incompatível com as necessidades financeiras e os interêsses dos credores do Estado; a lei de 14 de maio de 1790, agravada em 2 de novembro, fê-lo desvanecer-se. Os arrendamentos foram mantidos, para não irritar aos colonos, e as propriedades vendidas em bloco, em leilão, e na sede do distrito. A Constituinte, todavia, desejava que certo número de camponeses se tornassem proprietários para vinculá-los à Revolução e à ordem burguesa: ela autorizou o pagamento em doze anuidades e permitiu que os diversos lotes de uma propriedade fôssem adjudicados separadamente, se o produto ultrapassasse um lanço global. Esta última eventualidade não se podia realizar a menos que os camponeses se associassem. Felizmente para êles, muitas terras, sobretudo os bens de paróquia, estavam arrendadas por parcelas, e os especuladores prestaram-lhes assim o serviço de lotear para revender. Enfim, em algumas regiões, os camponeses se coligaram para comprar as terras da aldeia. A revolta agrária terminou assim para atingir seu objetivo principal; de 1791 a 1793, os camponeses do Cambrésis adquiriram dez vêzes mais terra que a burguesia; o mesmo se deu no Laonnois e na planície picarda; a parte dos rurais foi muito importante também no Sénonais, numa parte de Flandres e do Hainaut, no distrito de Saint-Gaudens.

Embora as pesquisas precisas sejam pouco numerosas, não parece duvidoso que essas eram exceções. O número de proprietários aumentou um pouco; o dos colonos também, graças à divisão dos grandes domínios; mas a venda em leilão aproveitou sobretudo aos cultivadores já garantidos; na maior parte dos distritos, ela afastou a maioria dos camponeses e notadamente dos jornaleiros. A questão agrária não recebeu solução. Nenhum golpe mais duro foi desferido contra o entusiasmo revolucionário nos campos.

Quanto ao proletariado, absolutamente não se pensou nêle, a não ser para confirmar, em 14 de junho de 1791, pela lei de Le Chapelier, a proibição das associações de operários e da greve. A Constituinte recusou assim aos operários o meio de defender seu salário, ao mesmo tempo em que repelia qualquer taxação sôbre as mercadorias. Conservando as oficinas de caridade, ela conseguiu

162

trabalho durante algum tempo; mas não queria reconhecer-lhes um direito a êste respeito e, em maio de 1791, decretou seu fechamento. Um auxílio aos inválidos foi o único a ser admitido; infelizmente, mantiveram-se firmes ao princípio; longe de se desenvolver, a assistência encontrou-se gravemente atingida pelo desaparecimento das esmolas do clero. Em tudo isto, os salariados e os indigentes não tiravam nenhum proveito da Revolução. Pelo menos, a Constituinte prometera a criação de um ensino nacional popular: na ocasião, o relatório de Talleyrand permaneceu letra-morta. Os democratas souberam explorar a desilusão das massas, mas os aristocratas também, e com êles os padres refratários.

VI. *A reforma do clero*

O Clero não podia ver sem tristeza sua preeminência enfraquecida — o culto católico cessando de ser a religião do Estado e inscrevendo-se na lei a tolerância — e sua independência comprometida, pois não formava mais um corpo, e seus membros encontravam-se reduzidos, pela secularização de seus bens, à condição de funcionários salariados. Entretanto, o conflito religioso, tão favorável à contra-revolução, não tinha sido previsto pelos constituintes. Muito menos desejado, porque, para êstes homens educados pelos padres e nutridos pela antiguidade que a ignorava, a idéia de secularização permanecia desconhecida: longe de pensar em separar a Igreja do Estado, êles sonhavam em uni-los mais estreitamente. Os filósofos estavam de acôrdo com isso: a cidade não podia viver sem religião e, na França, esta religião não podia ser senão o catolicismo. Êles teriam preferido, é verdade, uma religião cívica, e o idealismo revolucionário tendia a criar para si um culto, com seu altar da pátria, suas festas, seus símbolos. Mas o povo associava espontâneamente estas cerimônias ao culto católico, e os curas patriotas justificavam, pelo Evangelho, os direitos do homem e do cidadão. Os constituintes sentiam bem que lhes era necessário, em cada comuna, um mediador que explicasse seus decretos à massa inculta e lhe ordenasse que obedecesse à lei. O catolicismo conservou, portanto, o privilégio do culto público; apenas, o clero foi sustentado pela nação; não se substituíram por estado civil os registros de catolicismo e, pelo menos na ocasião, a Igreja conservou a direção do ensino e da assistência.

Entretanto, segundo a célebre fórmula de Camus, "a Igreja está dentro do Estado, o Estado não está dentro da Igreja". Embora êle acrescentasse: "Nós certamente possuímos o poder de mudar a religião", apressou-se aliás a declarar: "Mas não o faremos; nós não poderíamos abandoná-la sem crime." Os juristas da realeza haviam sempre ensinado que, reservado o dogma, o Estado tinha tôda autoridade para reformar a organização e a disciplina da Igreja; José II havia usado essa autoridade e, na França, a monarquia não se privara, no século XVIII, de dar golpes bem rudes às ordens religiosas; acima de tudo reconhecia-se que existiam matérias "mistas", cujo domínio jamais foi delimitado. Que a Igreja galicana devia ser reformada, o clero estava de acôrdo. Quanto mais seu papel permanecia considerável na nova sociedade, tanto menos êle concordava em deixar ao rei a escolha dos bispos e, no momento em que o Estado se encarregasse de sustentar os clérigos após ter vendido os seus bens, era-lhe necessário reduzir seu número para equilibrar o orçamento. Desde 12 de agôsto de 1789, a Constituinte havia nomeado um Comitê eclesiástico.

Previa-se que a Convenção não sobreviveria; já os decretos de 5-11 de agôsto de 1789 suprimiam as "annates", as dispensas da côrte de Roma e a pluralidade dos benefícios. Mas ninguém se inquietava com um conflito com o papado. Pio VI' não tinha muito prestígio: não havia rompido com José II, nem mesmo com a cismática Catarina II quando esta havia, sem o consultar, transtornado a organização das dioceses polonesas. O clero francês mostrava-se, em parte, hostil ao Acôrdo e o galicanismo, que absolutamente não era ainda contrário ao dogma, permanecia muito forte.

A Constituinte atirou-se primeiro aos regulares, malvistos há muito pelos homens de Estado e pelos economistas; além do mais, sua decadência era certa, pelo menos no que concernia aos monges. Em 13 de fevereiro de 1790, foram suprimidos: os religiosos que o desejaram retomaram a vida leiga com uma pensão; os outros foram reunidos em alguns mosteiros provisòriamente conservados; as ordens instrutoras e de caridade foram poupadas temporàriamente; seu recrutamento não foi menos prejudicado pela interdição de pronunciar os votos.

Discutiu-se a reforma dos seculares dentro da maior calma a partir de 29 de maio de 1790 e, em 12 de julho, adotou-se a Constituição civil do clero. As circunscrições administrativas tornaram-se o quadro da nova organização eclesiástica: cada departamento teve seu bispo, cada comuna um ou vários curas. Êles seriam eleitos como os outros funcionários, e o cura escolheria seus vigários. Ressuscitou-se na Igreja o poder deliberante: eram previstos sínodos provinciais e, em lugar do cabido, que fôra suprimido, o bispo se cercaria de um conselho cujas decisões era obrigado a acatar. O papa não poderia mais retirar dinheiro da França; a "primazia" era-lhe reconhecida, mas não a "jurisdição"; o bispo eleito pôr-se-ia em comunhão com êle, sem poder lhe solicitar confirmação e, sagrado pelo bispo metropolitano, êle mesmo confirmaria seus curas.

Mas o galicanismo dos juristas diferia profundamente do do clero francês: se a Igreja nacional defendia sua autonomia contra a cúria romana, não pretendia sacrificá-la ao Estado, e Roma oferecia um recurso contra as usurpações dêste último. Além disso, os bispos não viam com bons olhos que se lhes diminuíssem as prerrogativas. Os que tinham assento na Assembléia abstiveram-se de votar, sem se mostrar formalmente hostis; muitos outros mostraram-se dispostos à conciliação. Todavia, o arcebispo de Aix, Boisgelin, declarou claramente que estas reformas deviam receber a consagração canônica; em outras palavras, a Igreja não recusava a se pôr em harmonia com o Estado, mas contestava-lhe a supremacia. Restava saber quem representava a Igreja: o concílio nacional ou o papa? Os bispos não solicitaram mais que uma reunião entre si; os constituintes não o permitiram, temendo ver os bispos, todos nobres, deixar que o concílio se transformasse em máquina de guerra nas mãos dos contra-revolucionários. Neste caso, declarou Boisgelin, apenas o papa pode "batizar" a Constituição civil. A Assembléia não queria pedir-lhe isso. Entretanto, ela admitiu tàcitamente que o rei e os bispos o fizessem. Assim, a Constituinte e o clero francês abandonaram-se entre as mãos do papa: dependia dêle jogá-los um contra o outro. Sendo o decreto constitucional, estava entendido que o rei não podia usar do veto; era-lhe solicitado aceitar, não sancionar. Aconselhado por Boisgelin e Champion de Cicé, arcebispo de Bordéus e ministro da Justiça, Luís XVI cedeu, em 22 de julho. Em 1.º de agôsto, o cardeal de Bernis, embaixador em Roma, recebeu ordem de obter a acessão de Pio VI.

Êste já havia manifestado sua hostilidade. A pedido do rei, êle não havia protestado, no ano precedente, contra a supressão das anatas; mas, desta vez, tratava-se de sua autoridade. Além disso, Avinhão havia repudiado sua soberania e solicitado, em 11 de junho, sua anexação à França. Pio VI, aliás gentil-homem, era tão ciumento de seu poder temporal quanto de suas prerrogativas espirituais; a Declaração dos direitos do homem o ofendia: condenou-a secretamente em 29 de março. Em 10 de julho, dois outros breves declararam inaceitável a Constituição civil. Quando chegaram a Paris, o rei já havia notificado sua aceitação; os bispos que o haviam aconselhado não perderam a esperança: êles mantiveram em segrêdo os breves, e o papa, por seu lado, não os divulgou. A Constituinte e o Ministro dos Negócios Estrangeiros, Montmorin, sabiam que êle contavá com a França para restabelecer seu poder em Avinhão: acreditava-se que êle terminaria por ceder. Mas êle aguardava propostas, e como fazê-las? Embora a Assembléia tivesse adiado o caso

165

de Avinhão, não podia ser o caso de se apoiar a contra-revolução. Por outro lado, Bernis, em combinação com o conde d'Artois, encorajava o papa à resistência. Temendo sem dúvida indispor os galicanos, Pio VI não se apressou em intervir pùblicamente e esperou conhecer a atitude do clero.

Arrastando-se o caso, a Constituinte reclamou sua promulgação; bispos e curas morreram: foram eleitos seus substitutos. Elevaram-se protestos; o silêncio do papa agitou os conciliantes. Entretanto, quando, em 30 de outubro, os bispos-deputados publicaram uma declaração de princípios, não condenaram a Constituição civil e limitaram-se a solicitar que, para pô-la em vigor, se aguardasse a aprovação do Pontífice. Mas, como o clero detivesse o estado civil, não se podia deixar vagas as paróquias. A Constituinte, perseguida pelas administrações, terminou por assumir uma atitude extremada.

Em 27 de novembro, ela exigiu que todos os padres funcionários públicos prestassem juramento à Constituição do reino e, conseqüentemente, à Constituição civil que estava incorporada a ela; caso contrário, êles seriam substituídos e não poderiam mais ministrar os sacramentos; todavia, êles receberiam uma pensão. Terminou-se por arrancar ao rei a sua sanção, em 26 de dezembro. Os constituintes ficaram estupefatos com o resultado: como havia prelados escandalosos e como os padres disputassem entre si os benefícios, êles não tinham em alta conta o clero e pensavam que êste se submeteria por interêsse; na realidade, apenas sete bispos prestaram o juramento e, quanto aos curas, dividiram-se mais ou menos em metade do conjunto, mas muito desigualmente segundo as regiões: por exemplo, os ajuramentados ou constitucionais formaram esmagadora maioria no suleste; ao contrário, havia muito poucos em Flandres e em Artois, na Alsácia e sobretudo no oeste. Parece que a proporção variou também com a popularidade do bispo, o espírito que reinava em seu seminário, a recordação que persistia das contendas entre galicanos, jansenistas e transmontanos; a tradição richerista também não havia desaparecido. Alguns departamentos, malgrado o concurso de antigos monges, não puderam reconstituir o clero paroquial; o perigo de ver o culto se interromper era tão temível que foi necessário deixar em seus lugares os refratários.

Entretanto, Talleyrand, bispo de Autun, e Gobel, bispo de Lydda e futuro bispo de Paris, consentiram em consagrar os bispos eleitos: a Igreja constitucional organizava-se. Foi então que Pio VI rompeu o silêncio; condenou oficialmente os princípios da Revolução e a Constituição civil (11 de março e 13 de abril de 1791): consumava-se o cisma e, fato de alcance incalculável, a Igreja romana opunha sua doutrina à Declaração dos direitos do homem e do cidadão.

166

A agitação contra-revolucionária recebeu com isso um impulso extraordinário. Os refratários esforçaram-se em conservar seus atestados e ministraram os sacramentos em segrêdo; alguns, como o bispo de Langres, chegaram a solicitar que se secularizasse o estado civil — para retirá-lo dos constitucionais. Freqüentemente tornou-se necessário usar a fôrça para instalar a êstes, e êles se viram expostos a graves sevícias. Camponeses e operários, até então unânimes, dividiram-se: muitos não quiseram arriscar sua salvação renunciando aos "bons padres". Por outro lado, êles nem sonhavam em restabelecer o dízimo e os direitos senhoriais; e assim foram levados a unir-se aos aristocratas que os dirigiram para a insurreição. O pior foi que Luís XVI terminou por se comprometer. Em fevereiro de 1791, suas tias emigraram, não sem dificuldades; quando, em 18 de abril, êle desejou partir para Saint-Cloud após ter assistido, na véspera, à missa de um refratário, um ajuntamento tumultuoso o impediu.

Os revolucionários, por seu lado, trataram como inimigos públicos aquêles que não prestaram juramento. Desde êsse momento, as administrações propuseram expulsá-los de suas paróquias. A multidão interveio: em Paris, em abril, devotos foram açoitados. Em conseqüência do Departamento de Paris, a Assembléia tentou intervir legalizando o culto não-conformista; o decreto de 7 de maio mandou fechar as capelas e oratórios onde se tivesse atacado a Constituição, mas declarou que os refratários podiam oficiar nas mesmas igrejas que seus rivais. Êste "simultaneum" prestou-se, como se podia esperar, a contestações tempestuosas. Como não concedia aos refratários a administração dos sacramentos nem a manutenção dos registros de catolicismo, não os satisfez. Os constitucionais, ciosos de sua dignidade, mostravam-se freqüentemente combativos, e vários dêles se inclinaram para os jacobinos que os apoiavam; ora, alguns dêstes últimos consideravam a Constituição civil muito tímida: teriam desejado o culto em francês, o casamento dos padres. A Igreja constitucional viu-se assim ameaçada desde seu nascimento. Bem mais, viu-se nascer um partido anticlerical hostil ao próprio cristianismo: em todo caso, ambos os cleros pregavam a mesma religião; esta tornou-se suspeita porque um dêles rompia com a Revolução.

VII. *As colônias*

Pelo menos a burguesia não previa que sua revolução pudesse ameaçar a prosperidade colonial, uma das fontes principais de seu poderio; a rivalidade das ordens, os privilégios, os direitos senhoriais não contavam absolutamente nas possessões de além mar e, contra o despotismo administrativo, não poderiam elas colaborar com a metrópole? No primeiro momento, pareceu mesmo que os liames que as ligavam à França iriam se apertar. Os colonos influentes de São Domingos, de acôrdo com os proprietários de plantações que residiam em Paris, não tendo conseguido obter uma representação nos Estados gerais, designaram deputados por sua própria vontade; a Constituinte admitiu seis dêles, após o que acolheu igualmente os das outras colônias. Elas tornavam-se assim parte integrante da unidade francesa.

Logo surgiram graves dificuldades. A descentralização podia ser estendida às colônias; mas a Assembléia Nacional, onde elas não dispunham senão da ínfima minoria, conservaria o poder legislativo e não se podia duvidar de que ela manteria a exclusividade. O caráter universalista da Declaração dos direitos deixava prever que os homens de côr — mulatos e negros livres — reclamariam o seu benefício. E a escravatura? Os "amigos dos negros" não pediam a abolição imediata, mas desejavam prepará-la e, de início, suprimir o tráfico; em todo caso, não era concebível que a Constituinte pudesse inscrever o princípio. A êste respeito, o interêsse unia estreitamente aos plantadores os armadores e os negociantes dos portos e das grandes cidades, enquanto a exclusividade se opunha radicalmente a êles. Mais ainda, na metrópole não se estava inclinado a recusar a igualdade de direitos aos homens de côr, sendo a França alheia ao preconceito racial. Em presença dêste caos, a Assembléia refugiou-se na abstenção. Era a pior solução, porque os colonos se adiantaram para lhe forçar a mão e conquistar a autonomia.

Em Paris, deixando de lado seus representantes impotentes, êles se agruparam, em casa do conde de Massiac, em um clube que recebeu o nome dêste último. Em 8 de março de 1790, devido a Barnava, parente do mais empreendedor dos plantadores e relator do Comitê colonial, um decreto, esclarecido pelas · instruções do dia 23, concedeu a criação de assembléias coloniais com a promessa de consultá-las sôbre os projetos de lei que lhes dissessem respeito. Elas seriam eleitas pelas "pessoas" impostas; como a Assembléia se recusou a especificar que os homens de côr contavam entre estas últimas, colonos e mulatos cantaram vitória; mas, além-mar, êste decreto equívoco já estava prescrito.

Em São Domingos, aproveitando-se da anemia do poder central, os plantadores constituíram uma assembléia que se instalou em São Marcos, nomeou como presidente· Bacon de La Chevalerie, parente de Barnave, e terminou, em 28 de março, uma ·constituição

168

que, negligenciando a Assembléia nacional, submeteu apenas à sanção do rei. Na Martinica uma assembléia semelhante apoderou-se do poder e fêz ocupar militarmente a cidade de São Pedro, cujos negociantes se mostraram hostis. A Assembléia da Ilha de França legislou igualmente sem se importar com a metrópole. A unidade francesa reduzia-se a uma comum lealdade para com a pessoa do rei. A exclusividade iria desaparecer em prejuízo da burguesia metropolitana; os brancos reinariam sós, com exclusão dos homens de côr, e conservariam seus escravos.

Era ir muito longe ou muito depressa. O governador real de São Domingos dispersou militarmente a assembléia de São Marcos, em 8 de agôsto, e remeteu para a França parte de seus membros; em 11 de outubro, a Constituinte declarou-a dissolvida. Em 29 de novembro, suspendeu a da Martinica e enviou comissários civis para as ilhas do Vento. Em 15 de maio de 1791, Barnave nada conseguiu, no sentido de que ela se comprometesse a não mais legislar sôbre o estado das pessoas, senão à solicitação dos colonos. Na verdade, a oposição agora elevava sua voz e foi-lhe concedido que os homens de côr nascidos de pais livres gozassem dos direitos cívicos. Mas, em 24 de setembro, o estado das pessoas foi abandonado sem restrições às assembléias coloniais: pelo menos sôbre êste ponto, a Assembléia havia terminado por capitular.

Nesse ínterim, sobreveio a anarquia. Os "pompons vermelhos" da assembléia de São Marcos combatiam os "pompons brancos" que se recusavam a romper com a França. Os mulatos enfileiravam-se: em outubro de 1790, Ogé, regressando a Paris após uma estada na Inglaterra e nos Estados Unidos, tentou prematuramente um levantamento e, vencido, foi submetido vivo ao suplício da roda. Em Guadelupe e na Martinica, os governadores Clugny e Behague, favoráveis à contra-revolução, tornaram-se chefes do poder, de conivência com os plantadores. Enfim, a agitação atingiu os escravos: no fim de agôsto de 1791, êles se revoltaram em São Domingos, na região do Cabo; os mulatos lutaram a miúdo contra êles, mas também voltaram suas armas contra os brancos. Pouco a pouco, as devastações atingiram tôda a colônia e arruinaram um dos principais alimentos da riqueza na metrópole.

VIII. *A França em 1791*

A partir da primavera, percebeu-se que o edifício levantado pela Constituinte iria rachar-se antes de estar concluído; a política de La Fayette malograva diante da resistência da aristocracia, que encorajava o cisma religioso. A guerra civil, é verdade, não causava ainda estragos a ponto de alarmar a nação; mas ia crescendo o número dos descontentes. Além da nobreza, a abolição do feudalismo e da venalidade lesava grande número de burgueses. A supressão das antigas instituições privava de emprêgo imenso número de pessoas: era-lhes necessário encontrar outro ganha-pão, que nem sempre elas encontravam. O desaparecimento da gabela, por exemplo, reduzia ao desespêro os falsos salineiros, e um dêles daria seu nome à sublevação da Vendéia (chounnerie). Ainda mais grave, entretanto, era a desagregação do Terceiro Estado, que os progressos dos democratas manifestavam.

Desde 1789, os contra-revolucionários não deixavam de advertir a burguesia que, contestando as vantagens do nascimento para abolir os privilégios nobiliários, ela não tardaria em ver o argumento voltar-se contra si própria: alegar-se-ia que, por herança de fortuna, o nascimento também lhe assegurava um privilégio de fato. Nos primeiros tempos, todavia, não foi para criticar a ordem social que se invocou a igualdade proclamada pela Declaração: ela foi atacada indiretamente, do ponto de vista político, na investida contra o regime censitário. Alguns deputados, entre os quais Robespierre, defenderam o sufrágio universal; jornalistas também; mas o decreto do marco de prata, que denegava a elegibilidade ao mérito, se êste não estivesse associado à abastança, emocionou-os ainda mais. O partido democrático desenvolveu-se sobretudo pela criação de clubes populares, obra de chefes obscuros, e não de membros da Assembléia ou da Sociedade dos Jacobinos. Passando-se o tempo, viu-se com efeito agitarem-se os temperamentos impacientes ou audaciosos, homens que, até então, não conseguiam atrair a atenção e criar para si uma situação regular — atores, novelistas, artistas, professôres — e que, freqüentemente, recém-chegados numa comuna, não se encontravam contidos pelo conformismo criado por longas relações de negócios, de parentesco, de vida local. Em Paris, Dansard, um pobre dono de pensão, fundou, em 2 de janeiro de 1790, a primeira "sociedade fraternal dos dois sexos" e, de mês em mês, grupos semelhantes se multiplicavam; em abril de 1790, abriu-se o clube dos Franciscanos; em março de 1791, os dos Indigentes. Êles admitiam os cidadãos passivos, e a cotização era mínima. Anunciando-se a eleição da futura Assembléia Legislativa, acentuou-se a agitação. Em maio, as sociedades populares criaram um comitê central e, em 15 de junho, apresentaram à Constituinte uma petição contra o censo. Por seu lado, no Palais-Royal, o "círculo social" inaugurava sessões públicas, em que o abade Fauchet explicava o "Contrato Social". Bonnéville, na "Bouche de fer", defendia a democracia. Marat, no

"Ami du peuple", encorajava o movimento. Após o outono, alguns democratas, principalmente Robert, no "Mercure national", confessavam-se republicanos.

Entre alguns escritores, entretanto, a verdadeira questão social transpareceu: a igualdade de direitos iludia apenas àqueles a quem faltava o poder para tirar partido dela. À sua maneira, os aristocratas prestavam auxílio, advertindo o povo de que êle não tardaria a ter saudades das esmolas do clero e do paternalismo dos senhores dos bons tempos antigos. Não se tardou em denunciar o "nôvo feudalismo" que a liberdade econômica ia engendrar em benefício dos ricos empregadores, que reconduziriam seus operários à servidão. As massas populares não viam tão longe; mas aplaudiam os ataques contra os "manejadores de dinheiro" e os "açambarcadores", a respeito de quem os burgueses de fortuna adquirida, os antigos oficiais, os homens de lei não nutriam menos hostilidade e se mostravam tão virulentos quanto os democratas.

Todavia, foi, como de ordinário, a "conjuntura" que pôs os salariados em movimento. Na ocasião, o abastecimento não suscitava inquietação geral; mas a atividade econômica, favorecida pelo início da inflação, levava os proletários a julgar chegado o momento de aumentar os lucros. Os tipógrafos parisienses organizaram-se para exigir um salário mínimo; no fim do inverno, os construtores entraram em greve; os ferradores os imitaram; as associações de operários tentaram movimentar a província. As sociedades fraternais e os jornais democráticos os apoiaram. Ninguém, para dizer a verdade, defendia o direito de greve. Os próprios assalariados, habituados à intervenção da autoridade, tendiam antes a solicitarlhe a intervenção. Razão a mais para que os democratas se fizessem escutar: se as classes populares conquistassem a igualdade eleitoral, a fôrça do Estado poderia passar para o seu serviço. Era justamente o que amedrontava a burguesia.

Mirabeau ardentemente enviava à Côrte seus projetos; ela apenas se recordava da corrupção: Talon recrutava agentes e subornava cúmplices à custa da lista civil. O tribuno, felizmente para sua memória, faleceu em 2 de abril de 1791: seu desaparecimento prematuro salvou sua reputação de estadista, porque êle se enganava, como La Fayette, sôbre as intenções de Luís XVI e o revés o espreitava. Seu lugar foi imediatamente ocupado por Du Port, Lameth e Barnave. Alarmados pelo progresso dos democratas, e pela agitação operária, os triúnviros, por sua vez, queriam fazer parar a Revolução. Êles receberam dinheiro da Côrte para fundar seu nôvo jornal, o "Logographe" e, em maio, encontravam-se a ponto de se reconciliar com La Fayette. Guiada por êles, a maioria concedeu à direita o decreto de 7 de maio, que reconheceu

171

oficialmente o culto refratário. Ao mesmo tempo, os cidadãos passivos viram-se excluídos, para o futuro, da guarda nacional; proibiram-se as petições coletivas; Bailly expulsou os franciscanos do convento onde se reuniam; em 14 de junho, a lei Le Chapelier interditou a "coalizão" e a greve. Os jornais constitucionais já se punham de acôrdo com os contra-revolucionários para denunciar o movimento popular pressagiado pela "lei agrária", isto é, a partilha dos bens em favor da pilhagem. A burguesia assustada desejava que se iludisse o povo: o desmembramento do Terceiro Estado se agravava. La Fayette e os triúnviros chegavam a pensar que seria necessário rever a obra da Constituinte, agravar o censo, suprimir os clubes, restringir a liberdade da imprensa. Mas deter a Revolução, quebrando o ímpeto popular com o concurso dos "negros", exigia que ela retrocedesse: êles almejavam aumentar os podêres do rei e criar uma segunda Câmara. Antes de tudo, era-lhes necessário perpetuar-se no poder, autorizando a reeleição dos constituintes, e apoderar-se do ministério, revogando o decreto de 7 de novembro. Robespierre, tornado chefe do partido democrata, aplicou-lhes um golpe fatal fazendo ser rejeitada a reeleição. Êles não se afastaram de seus desígnios. Como Mirabeau, êles consideravam os princípios de 1789 intangíveis, e seu plano, como o daquele, presumia que Luís XVI lhes permaneceria fiel. Bruscamente, o solo se abriu sob seus pés: o rei fugiu.

Livro terceiro

A REVOLUÇÃO E A EUROPA ATÉ A FORMAÇÃO DA GRANDE COALIZÃO

Primeiro capítulo

A ASSEMBLÉIA CONSTITUINTE E A EUROPA

Se Luís XVI fugiu, foi na esperança de obter finalmente o apoio que implorava aos soberanos estrangeiros. Que êstes fôssem hostis à Revolução, ninguém duvidava. Os princípios por ela proclamados e aplicados renovavam o direito internacional, tanto quanto o govêrno e a sociedade. Todavia, suas rivalidades os desviaram dos negócios da França até o momento em que a iniciativa de Luís XVI lhes chamou a atenção. "O acontecimento de Varennes", fatal para a monarquia francesa, não foi menos decisivo para as relações da Revolução e da Europa.

I. *A propaganda*

Foi sobretudo por seu âmbito internacional que a Revolução, antes de mais nada, inquietou aos reis; logo no início êles incriminaram a propaganda dos "clubistas" e reprovaram o govêrno francês por tolerá-la ou até encorajá-la. Na realidade, durante longos meses, a agitação revolucionária propagou-se espontâneamente, como as "luzes" durante todo o século XVIII. Era natural que os acontecimentos da França excitassem insaciável curiosidade. Na Alemanha e na Itália, as gazetas puramente literárias perderam seus leitores. As livrarias francesas cuidaram de não negligenciar a nova clientela que poderiam esperar; desde o mês de agôsto de 1789, Nuñez, embaixador da Espanha em Paris, assinalava a impressão de traduções destinadas à Catalunha; empregaram-se mil ardis para frustrar a polícia do despotismo, e a própria Inquisição espanhola não conseguiu pôr fim ao contrabando. Entre os residentes franceses, a Revolução encontrou mil agentes benévolos e talvez se tenha assegurado ainda mais entre os estrangeiros que afluíam em França.

175

Jamais se havia visto tantos. Após o 14 de julho, chegou, de Dessau, o cônego Campe, sucessor de Basedow, trazendo seu discípulo Guilherme de Humboldt. George Forster, já célebre por ter acompanhado Cook, veio da Mogrencia assistir à Federação. Estrasburgo atraía renanos e suábios; o capuchinho Euloge Schneider, da Universidade de Bonn, ali se fixou em 1791. Da Inglaterra acorreram, em 1789, Holcroft, amigo de Danton; em 1790, o quacre Pigot, amigo de Brissot, o poeta Wordsworth e Miss Williams, logo admiradora de Mme. Roland. Da própria Rússia, chegaram o escritor Karamzine e o filho do príncipe Stroganov, conduzido por Romme, seu preceptor. Um bom número dêsses hóspedes envolveuse abertamente nas contendas dos franceses. O cosmopolitismo da época não permitiu que isso causasse espanto, e os revolucionários, que acreditavam que o mundo se ia regenerar pelo seu exemplo, acolheram os neófitos com entusiasmo. Nem todos os estrangeiros, é certo, se deixaram seduzir: o barão Grimm permaneceu hostil; foi o conde de La Marck quem comprou Mirabeau; a baronesa de Korff e o inglês Crawford favoreceram a fuga do rei; Mallet du Pan, diretor do "Mercure", passou finalmente para a contra-revolução. Êles também contaram em suas fileiras com agentes secretos, os inglêses Elliott e Milnes, o prussiano Ephraïm, a baronesa de Aelders, espiã do estatuderato. Mas foram muito numerosos aquêles que um entusiasmo sincero ligou, como Wordsworth, à causa da liberdade. Eram encontrados no clube de 89 e nos jacobinos, como no "círculo social" e nos franciscanos. Alguns logo se tornaram famosos: conhece-se o papel de Marat e o do barão Cloots, orador do gênero humano", que, em 19 de junho de 1790, veio apresentar à Constituinte uma multidão cosmopolita, para a qual êle reclamou a honra de representar o Universo na Federação. Por suas relações com seus países de origem ou, se para lá regressassem, por sua ação pessoal e relatórios de viagem, êstes "patriotas" transformaram-se em propagandistas, sem prévia combinação e quase sem pensar nisso.

Todavia, alguns refugiados políticos se distinguiam entre êles e se mostraram mais comprometedores. Após as agitações de 1781 e de 1782, tinham chegado exilados de Neuchatel e Genebra; em 1787, holandeses; em 1790, refugiados de Liège, Savóia e Brabante; inflamados pela perseguição, exasperados pelo exílio, a propaganda foi para êles uma vingança; enganados pelo afastamento, tomavam fàcilmente seus próprios desejos pela realidade e fizeram com que seus amigos franceses compartilhassem de suas ilusões. Desde 1790, os suíços formaram em Paris um "clube helvético" e o advogado Castella agitava os cantões; no decorrer do verão, Berna e Friburgo protestaram oficialmente.

Logo depois, no decorrer do outono, parece que alguns democratas pensaram em imitá-los. Os oradores do círculo social e o jornal de Bonneville, "Bouche de fer", começaram a dirigir apelos a todos os homens para realizar a paz universal pela liberdade; depois Bancal des Issarts tentou criar em Londres um círculo afiliado. O círculo social havia sido fundado pela loja dos "Amigos da Verdade"; Bonneville era influente na de "Saint Jean d'Écosse", cujos folhetos Dietrich, prefeito de Estrasburgo, encarregou-se de difundir na Alemanha. Os Iluminados haviam tentado, em 1787, fazer prosélitos na maçonaria francesa, e Bonneville mantinha relações com êles. Verossìmilmente, a propaganda utilizou mesmo, na Savóia, as lojas escocesas que, desde o fim do Antigo Regime, recebiam sua senha de Lião, e sobretudo aquelas que eram afiliadas ao Grande Oriente da França. Desde a época da Revolução, os polemistas atribuíram, sem fornecer nenhuma prova, uma influência desmesurada às sociedades secretas. Aquêles dêsses grupos que eram bastante homogêneos para desempenhar um papel político, certamente eram muito raros. Mas pode ser que tenham prestado à Revolução alguns serviços, que é necessário, de resto, tomar cuidado para não exagerar. Em todo caso, pode-se concluir que a propaganda, nas vésperas de Varennes, tendia a se tornar um instrumento de combate.

II. *A expansão revolucionária*

Esta propaganda encontrou obstáculos, cuja solidez foi demonstrada pelos acontecimentos, e é um lugar comum o tachar os revolucionários de frivolidade e cegueira fanática, por não os terem percebido, ou por tê-los desdenhado. No entanto, é bem verdade que a tomada da Bastilha havia inspirado, tanto a nobres como a burgueses, um entusiasmo capaz de enganar os franceses, e era com todo direito que os "peregrinos da liberdade" lhes afirmavam que êles contavam, em todos os países, com partidários. Na Europa oriental, êstes permaneceram evidentemente pouco numerosos e sem influência. Alguns russos isolados, Novikov, o poeta Raditchev, o príncipe Galitzine, manifestaram simpatias liberais; mas êles apenas aguardavam o progresso do poder central, talvez dos netos de Catarina II, cuja educação tinha sido dirigida por Laharpe. A czarina chamava de jacobina a nobreza polonesa, a *szlachta,* porque ela mantinha um clube em casa do príncipe Radziwill e modelava a constituição de 3 de maio de 1791 pelo exemplo do Ocidente; todavia, a despeito da tímida reclamação das cidades e dos esforços de Kollontaj, esta nobreza não admitiu alguns burgueses à Dieta senão para discutir os negócios comerciais e municipais; tudo o que ela concedeu aos camponeses, foi colocá-los sob a proteção teórica da lei. Na Hungria, a efervescência permaneceu muito viva em 1790. Centenas de panfletos reclamavam, em nome do "povo", o restabelecimento do regime representativo e a adoção do magiar como língua oficial. Mas o "povo", ainda ali, era a nobreza. Tal senhor podia admirar Voltaire e Rousseau, como êsse conde Feketi de Galantha, que foi um dos chefes da oposição contra José II; isso não impediu os magnatas, quando fizeram a paz com Leopoldo II, de exigirem que êle renunciasse a emancipar os camponeses. Alguns escritores, é verdade, como Batthiany e Hajnóczy, sob a influência combinada de José II e dos franceses, elevavam a voz contra a aristocracia. Alguns mostravam-se mesmo agressivos, notadamente Laczkovicz, filho de funcionário e antigo oficial, e Martinovics, sábio professor, afiliado aos Iluminados, que estava ligado a Paris com Condorcet. Mas êles não tinham a menor ação sôbre a massa da população. Protegidos pela distância, êsses países não se prestavam à propaganda. Para dizer a verdade, isso pouco importava aos revolucionários: o essencial, no momento, era conquistar a opinião nos Estados vizinhos da França; por parte dêstes, apenas, a hostilidade parecia temível, porque, sem êles, a invasão não seria possível. A êste respeito, convinha, sobretudo, conquistar a Alemanha e a Inglaterra; e justamente, o progresso das luzes aí prometia o maior sucesso.

É incontestável que a Revolução despertou curiosidade simpática entre muitos alemães notáveis ou ilustres. Contaram-se entre êles nobres e mesmo príncipes, como o duque e a duquesa de Gotha, mas sobretudo literatos, jornalistas e professôres; por exemplo, em Mogríncia, então o centro intelectual mais livre, Jean de Müller, historiador suíço, secretário do arcebispo d'Erthal, e Forster, bibliotecário da Universidade; em Göthingen, Schlözer e o poeta Stolberg; em Brunswick, o major Mauvillon, um dos "fabricantes" de Mirabeau; em Hamburgo, Klorstock. Foi, sem dúvida, o círculo de Weimar que mostrou maior reserva: Herder, vice-presidente do consistório, Wieland, diretor do "Merkur", e Jean-Paul Richter aprovavam, enquanto Goethe e Schiller, sem se declararem hostis, hesitavam. Além do Elba, a Universidade de Kiel dividiu-se igualmente: Niebuhr reprovou a Revolução. Na Prússia, muitos sentiram prazer em criticar Wöllner, louvando-a com Archenholz, redator do "Minerva", Nicolaï, editor da "Biblioteca alemã", e Reichhardt, diretor da Ópera de Berlim. Os grandes filósofos Kant e Fichte não deviam jamais retirar sua adesão. Mesmo em Viena, os círculos da "Aufklärung" se agitaram. Apenas a Baviera, dominada pelos jesuítas, resistiu por muito tempo ao contágio.

O movimento não permaneceu puramente intelectual. Em Hamburgo, a burguesia celebrou o 14 de julho de 1790. Alguns noveleiros solicitaram ação em têrmos violentos e, logo, acusaram-se os Iluminados de preparar revoltas. Fato mais grave, na região renana, as massas se agitavam; a penúria perturbara as cidades onde as oligarquias viram sua autoridade contestada; a Alsácia ensinando os camponeses em sua própria língua, êles se puseram a recusar o pagamento das rendas no Palatinado e ao longo do Reno. A perturbação parecia atingir as profundezas da Alemanha: uma espécie de insurreição de camponeses rebentou na ilha de Rügen; perturbações agrárias em redor de Meissen, no Saxe eleitoral; greves em Hamburgo, em 1791.

A expansão revolucionária teria sido mais fácil na Alemanha se a Bélgica e a Suíça, revoltando-se, tivessem auxiliado a propaganda. Esperou-se isso por um momento em Paris. O arcebispado de Liège, tranqüilo até 1787, entrou pouco a pouco em ebulição tomando conhecimento das notícias da França. A nobreza aí era fraca e a burguesia já poderosa, graças ao progresso da indústria; Lebrun, futuro ministro girondino, aí publicava o "Journal Général de l'Europe". Quando se soube da tomada da Bastilha e da noite de 4 de agôsto, a insurreição estourou, em 18 de agôsto, sob a direção de Bassange, Fabry e Ransonnet. O bispo refugiou-se em Trèves onde, por contágio, as perturbações não tardaram. Logo, os operários e os camponeses se emanciparam, e o principado pareceu em vias de se colocar espontâneamente no diapasão da Revolução francesa: devia ser o único. Entretanto, seu exemplo, após o da França, encorajou os belgas em sua resistência contra o imperador. A centralização burocrática, introduzida em 1787, suscitou violenta agitação de que o clero, que tolerava até então sem dizer uma palavra o josefismo, se aproveitou para se rebelar por sua vez. Os Estados provinciais resistiam e, em 18 de junho de 1789, os de Brabant foram suprimidos. O advogado nobre Van der Not, refugiado em Breda, implorou a seu favor o auxílio da Inglaterra e da Prússia, que não o desencorajaram, a fim de atrapalhar a Áustria. Êstes Estados, divididos em três ordens, obedeciam à aristocracia; o Terceiro Estado nêles não representava realmente a burguesia: no Brabante, seus membros eram eleitos apenas pelos corpos de ofício das três cidades principais, Bruxelas, Antuérpia e Louvain. Existia, entretanto, um partido reformador, dirigido por Vonck, outro advogado de Bruxelas, apoiado pela burguesia rica, de cultura francesa mesmo em país flamengo, por uma parte do baixo clero e por alguns nobres: foi êle que preparou a revolta, organizando, em terras liegenses, bandos comandados por Vandermersch, antigo oficial a serviço da França e da Áustria. Van der Noot resignou-se a aceitar seu con-

179

curso. Em novembro, os Vonckistas surpreenderam Gand; Mons e Bruxelas se sublevaram e, em dezembro, os austríacos evacuaram as províncias belgas.

Na Suíça germânica, a influência da Alsácia teve o mesmo efeito que na Renânia. Ochs e Gobel, futuro bispo do departamento de Paris, trabalharam tão bem em Basiléia que o bispo, em 1790, solicitou aos austríacos que ocupassem os territórios que lhe sobravam, depois que êle havia sido expulso dessa cidade pela Reforma. Em Zurique, Lavater, amigo dos Roland, agrupava ao seu redor os partidários da nova França. Em Genebra, os "negativos" tiveram que aceder, a partir de fevereiro de 1789, à revisão da Constituição, depois a uma segunda, em dezembro. De São Petersburgo, Laharpe excitava os Vaudois e os Valaisans. Os cantões dominantes inquietavam-se cada vez mais pelo risco de ver acender-se perto dêles nova fogueira revolucionária: a penúria provocava perturbações na Savóia e os camponeses recusavam-se a pagar para resgatar seus direitos senhoriais suprimidos; o médico savoiano Doppet fugiu com vários outros, e foi buscar apoio em Paris.

Na Inglaterra, pelo contrário, nem perturbações, nem mesmo agitação popular. A Revolução aí não podia atingir as massas, senão por intermédio do movimento radical; ela encorajou a ressurreição dêste, mas isso demandava tempo. As classes dirigentes aprovaram, com condescendência, os primeiros esforços dos franceses para transplantar entre êles o regime constitucional. Fox e seus amigos, Sheridan, Stanhope, Lauderdale e Erskine, testemunharam sua simpatia. Bentham escreveu um projeto de reforma judiciária, que foi apresentado por Mirabeau à Constituinte. Os mais ardorosos foram os dissidentes. Em conseqüência do discurso de Price, em 4 de novembro de 1789, êles arrastaram a "Sociedade da Revolução" (de 1688) a enviar uma nota à Assembléia Nacional da França; a sociedade festejou o 14 de julho de 1790 e entrou em entendimentos com os clubes. Os dissidentes insistiram mais que nunca para obter as reformas prometidas; mas, como os tories se esfriassem à medida que a Revolução se desenvolvia, Pitt guardou silêncio. Então, os dissidentes acentuaram pouco a pouco a sua atitude: em 1791, reconstituíram a "London society for promoting constitutional information", criada anteriormente pelos partidários da reforma eleitoral. Nessa época, existiam, na maior parte das cidades, grupos de homens cultos, geralmente não conformistas, que preconizavam uma renovação mais ou menos profunda do regime político. Em Londres, enfileiravam-se, ao lado de Price, Horne Tooke, Godwin, Thomas Paine e Mary Wolstonecraft, o apóstolo do direito das mulheres. Em Birmingham, assinalava-se o químico Priestley. Em Manchester, fundou-se, em 1790, uma "constitutional society". A

180

Escócia despertava para a vida política, oprimida até então pelo ministro Dundas graças ao emprêgo, hábil e sem escrúpulos, do patronato e da corrupção. Todavia, no momento de Varennes, nada anunciava que as massas fôssem envolvidas pela propaganda; elas não começaram a se interessar senão no fim de 1791. A Irlanda era um pouco mais sensível a ela, porque lá a agitação não fôra mais sufocada depois de 1782. Ali, os católicos aprovavam os franceses por terem proclamado a tolerância religiosa e abolido o dízimo. Ao mesmo tempo, a soberania nacional inclinava pouco a pouco o católico Fitzgerald e o protestante Wolf Tone a reclamar a independência para a Irlanda. Desde 1789, criaram-se "whig clubs" em Dublin e em Belfast. Se Grattan, o líder parlamentar, tinha conseguido até então manter as aspirações na legalidade, foi também em fins de 1791 que êle começou a perder completamente o contrôle.

Os países meridionais encontravam-se ainda menos atingidos. A Revolução despertou alguma simpatia na Itália, nos meios literários; Ciaja e o conde Govani em Nápoles, Parini, os dois Pindemonte, o próprio Alfieri, no norte, aplaudiram, pelo menos no início. A hostilidade que o concílio de Pistóia havia manifestado com relação ao poder pontifício não estava extinta; o bispo dessa cidade, Scipion Ricci, correspondia-se com Gregoire e com Clément, que se tornou bispo constitucionalista de Versalhes. Aqui e ali, alguns homens, notadamente Buonarroti, mostraram-se dispostos à ação. Todavia, a contaminação por muito tempo permaneceu superficial. Foi pior ainda na península ibérica: alguns amigos das "luzes", Jovellanos, Camponês, o voltairiano d'Aranda, nenhum ousou se pronunciar pela Revolução.

Os revolucionários sabiam que a Itália estava desarmada; êles desdenhavam a Espanha. Tanto de uma como de outra, nada tinham a temer. Mas não lhes pôde escapar que, na Alemanha e na Inglaterra, a reação crescia a par com sua influência, e a revolução dos Países Baixos os decepcionou cruelmente.

III. *A reação e os projetos de cruzada*

Suas ilusões provinham dos próprios acontecimentos de 1789, e sobretudo da insurreição popular; o povo ergueu-se, diziam êles, e derrubou os tiranos. Esqueciam-se de que o povo só interviera em último lugar; de que mesmo a burguesia só entrara em ação graças à convocação dos Estados gerais; de que, enfim, esta última tinha sido imposta pela aristocracia. Ora, logo após a revolta agrária e a

181

noite de 4 de agôsto, foi possível medir o valor da "filosofia" do que a nobreza européia havia alardeado para lograr o absolutismo: por tôda parte, ela se tornou contra-revolucionária, com muito raras exceções; logo, a venda dos bens do clero terminou de amedrontar tôdas as Igrejas. Esclarecidos pelo êrro de seus congêneres franceses que, para paralisar o poder real, viam o Antigo Regime desmoronar-se sôbre suas cabeças, os grandes, em quase todos os reinos, lançaram para a sombra suas queixas contra o despotismo do monarca e uniram-se a êle para proteger seus privilégios e bens. Sua atitude extinguiu na burguesia, aliás ainda muito fraca, a menor veleidade de ação; de resto, se os burgueses absolutamente não repudiavam os novos princípios, êles se atemorizavam com a desordem popular e tremeram por seus negócios e bem-estar; dezenove de cada vinte dos inglêses que tinham um teto sôbre a cabeça e uma boa vestimenta nas costas, disse Macaulay, tomaram partido contra a Revolução. Desde então, se acontecia que o povo se agitasse acidentalmente, todos os dirigentes estavam de acôrdo para fazê-lo voltar à razão, seguindo a tradição. Assim, o próprio triunfo da Revolução francesa provocou ao redor dela uma evolução exatamente contrária àquela que seu sucesso havia assegurado.

Os emigrados franceses fizeram o melhor possível para difundir o alarma. O conde d'Artois em Turim, o cardeal de Bernis e o duque de La Vauguyon, embaixadores em Roma e Madri, protegeram-nos o melhor que puderam. Em 1790, ajuntamentos armados começaram a se constituir nos domínios do eleitor de Trèves. Mas a maior parte dos emigrados, contando com que o exílio logo tivesse fim, não pensava senão em se divertir. Pródigos, embora logo ficassem necessitados, êles faziam encarecer a vida; muitos se mostravam altaneiros e impertinentes, frívolos e enredadores. Ninguém os estimava. Para as pessoas de sua casta, êles representavam um exemplo vivo; seus relatos horripilantes, alimentando gazetas e brochuras, causaram impressão duradoura. Êles asseguravam que seus compatriotas suportavam impacientemente a tirania de um punhado de malfeitores e que tropas bem dirigidas atingiriam Paris sem obstáculos. Representaram no estrangeiro um papel semelhante ao dos refugiados políticos na França.

Nada deveria ter edificado os revolucionários como os acontecimentos dos Países-Baixos. Retirados os austríacos, Vonck submeteu seu programa a Van der Noot: igualdade de direitos, reforma dos Estados provinciais pelo desdobramento do Terceiro Estado e eleição de seus representantes nas paróquias, convocação de uma assembléia geral das províncias. Êle absolutamente não nutria o desejo de tratar a aristocracia proprietária, e sobretudo o clero, à maneira dos franceses. Mas os "statistes" julgaram que essas reformas, por

182

moderadas que pareçam, não pressagiavam nada de bom e, em 12 de janeiro de 1790, ao proclamar a independência dos "Estados Unidos Belgas", confiaram o govêrno a um congresso de delegados dos Estados provinciais, pura e simplesmente restaurados, e guardaram-se de tentar completar a unidade nacional pela anexação dos liegenses: êsses revolucionários teriam fornecido aos adversários um concurso muito precioso. Cada um dos dois partidos procurou em vão um apoio no estrangeiro, Van der Noot na Prússia e na Inglaterra como anteriormente, Vonck na França, de onde não vieram senão alguns emissários de La Fayette, portadores de conselhos, e o duque de Béthune-Charost, que se oferecia como rei. Os Vonckistas puderam constituir comitês em algumas cidades, mas a burguesia se dividiu: as corporações de ofício pronunciaram-se a favor do Antigo Regime. O clero, dirigido pelo cônego Van Eupen, de quem Van der Noot se tornou instrumento, e pelo jesuíta Feller, encetou uma campanha furibunda contra as reformas que preludiavam, dizia êle, a subversão da religião; obteve o apoio dos operários e camponeses, a quem, aliás, nada no programa de Vonck apto estava a entusiasmar; o próprio homem, ao contrário de seu rival, não tinha absolutamente os dons de um chefe popular. Os "statistes" desconfiavam dos voluntários de Vandermersch e os acusaram de complô: finalmente, de 16 a 18 de março de 1790, algumas centenas de arruaceiros acossaram em Bruxelas os Vonckistas, que emigraram para a França. Tornando-se senhores do poder, os privilegiados mostraram-se incapazes de organizar a defesa contra a Áustria e aguardaram, resignados, o golpe de graça. Em novembro e dezembro de 1790, as tropas austríacas restabeleceram, em Liège, a autoridade do príncipe-bispo e recuperaram as províncias belgas.

Na Inglaterra, foi também a Igreja que, parece, deu o alarma em primeiro lugar. A aristocracia proprietária não tardou em imitála. Nas eleições de 1790, a maioria *tory* se reforçou. As novas tentativas em favor da abolição do "test" e da reforma parlamentar obtiveram menos sucesso que nunca. Pitt declarou que essas medidas pareceriam um sinal de fraqueza e que as circunstâncias obrigavam a adiá-las: de fato, tudo permaneceu no mesmo estado durante uma geração. Os *whigs* dividiram-se: Windham, para grande escândalo de Fox, aterrorizou as Comunas fazendo uma descrição dramática dos perigos que ameaçavam a Igreja; depois, em abril de 1791, como se discutisse o "bill" que organizou o regime constitucional do Canadá, Burke rompeu solenemente com Fox: assim começou o cisma *whig*. Já, em novembro de 1790, Burke havia publicado suas famosas "Reflexões Sôbre a Revolução Francesa" que se tornaram e continuam sendo o evangelho da contra-revolução. Nessa obra êle

183

mostràva com vigor que um decreto não é suficiente para dar aos homens o sentido da liberdade e a virtude cívica, introduzindo assim na história e na política a noção de evolução, o que era próprio de um pensador. Mas, ao mesmo tempo, apresentava uma barreira à evolução social, e foi isso que fêz a fortuna de sua obra: a hierarquia das classes parecia-lhe de ordem divina e, se êle condenava a Revolução francesa como infernal e destruidora de tôda a ordem social, era porque ela arruinava a aristocracia; melhor que qualquer outro, êle discernia em sua obra a parte essencial e definitiva. Seu sucesso, muito vivo, teve um contragolpe imprevisto. Entre seus numerosos contraditores, a maioria dirigiu-se à burguesia e contestou apenas a interpretação estreita que êle apresentava da revolução de 1688 e da evolução progressiva: assim o escocês Mackintosh, em seus "Vindiciae Gallicae". Mas houve um, Thomas Paine, já célebre por ter tomado o partido dos insurretos da América, que, por suas invectivas contra a desigualdade política e social, por seus ataques apaixonados contra o rei e os lordes, ia direito ao coração do povo. Os "Direitos do Homem", de que a primeira parte surgiu em 1791, difundidos em todo o país em edições a preço acessível, fizeram compreender às massas em que o exemplo da França poderia lhes interessar.

Na Alemanha, desde o início de 1790, Schlözer, sem renegar os princípios liberais, pôs-se a atacar a "ochlocracia", a turba demagógica que dominava na França. Denunciou-se "o catavento de Göttingen", sem impedir os noveleiros de se enfileirarem, cada vez mais numerosos, a seu lado: Ottokar Reichard, Girthammer, Brandes, conselheiro secreto do Hanôver, e sobretudo Rehberg, o Burke germânico, na "Gazeta Literária" de Iena. Em Viena, Hoffmann, protegido de Leopoldo, empreendeu, na "Weiner Zeitung", uma campanha violenta contra os liberais. Por tôda parte, as sociedades secretas e as universidades tornaram-se suspeitas. Desde 1791, um panfleto anônimo, as "Cartas de um Viajante", denunciava as primeiras por terem desencadeado as agitações na França e foi necessário, em Viena, interditar a "Flauta Encantada", em que os ritos maçônicos manchavam, parece, o livrete. E eis aqui talvez o sintoma mais grave: sempre continuando a louvar as reformas da Constituinte, os liberais defendiam-se de pretender introduzi-las durante a sessão, na Alemanha, e pretendiam nada esperar a não ser o progresso cultural e moral dos indivíduos; o objeto imediato e preciso da Revolução, a transformação das instituições, desvanecia-se numa perspectiva longínqua: êles testemunhavam assim sua impotência.

A evolução da opinião não podia senão favorecer a reação começada antes de 1789, na Prússia, contra a "Aufklärung". Frederico Guilherme II sustentou mais que nunca Wöllner em seus esforços

184

para reconduzir pastôres e professôres ao estrito conformismo religioso, a despeito de sua viva resistência; o rei impôs uma revisão do código Frederico, para depurá-lo de tôda disposição suspeita à autoridade do soberano e do "junker"; manifestou claramente a intenção de nada modificar no regime senhorial. Nos Estados habsburgueses, a revolta dos belgas em 1789 e a insubordinação insurrecional dos húngaros provocaram igualmente o recuo da política reformadora: antes de morrer em fevereiro de 1790, José II revogou ou suspendeu várias de suas inovações. Em seu ducado de Toscana, que abandonou para suceder a seu irmão, Leopoldo II era tido como um dos déspotas mais esclarecidos; mas faltava-lhe antes de mais nada salvar a herança dinástica, e não viu outro meio senão reconciliar-se com a aristocracia e satisfazer o particularismo, salvando assim o que era possível da obra de José II. Para acalmar o clero, êle suprimiu a nova liturgia e os seminários, devolveu aos religiosos a administração de suas casas e prometeu não suprimir nenhum outro convento, abandonou as escolas aos bispos e restabeleceu o dízimo. Conservou pelo menos as secularizações, recusou-se a perseguir a tolerância e não modificou a atitude independente do Estado com relação ao papado. Restabeleceu os Landtags, a constituição húngara e os comitatos; devolveu mesmo à Bélgica dominada suas instituições tradicionais; a diversidade caótica reapareceu assim em seus domínios. Enfim, renunciou definitivamente à reforma fiscal e agrária; o regime senhorial se confirmou, a despeito das agitações rurais que sacudiram a Boêmia e a Hungria; a abolição da servidão pessoal foi a única que permaneceu.

Nos outros países católicos, os governos colocaram-se na defensiva. Em dezembro de 1790, a Baviera renovou suas medidas contra os Iluminados; a censura aí proibiu mesmo o "Moniteur" parisiense. No mesmo ano, o rei da Sardenha convidou as lojas a deixarem de se reunir, e José de Maistre converteu à reação seu amigo Costa de Beauregard. O papa, ordenando preces e jejuns para o bem da Igreja, assinalou a reprovação aos dissidentes; na Itália, foram ràpidamente sufocadas as tímidas aprovações que a Revolução suscitava; franco-maçons, jansenistas e liberais viram-se confundidos, pelas gazetas e academias, numa condenação comum; muitos franceses foram detidos ou expulsos. A Itália, entretanto, possuía, como a Alemanha, príncipes pouco inclinados à repressão: assim o duque de Toscana. Na Espanha, pelo contrário, Florida Blanca e a Inquisição puseram-se de acôrdo, no fim de 1789, para apreender os livros e jornais franceses, abrir as cartas e revistar as mercadorias importadas. Jovellanos foi exilado; Campomanès saiu do Conselho de Castela. Os franceses eram estreitamente vigiados, aprisionados, como o próprio Cabarrus, expulsos em número cres-

185

cente. O mesmo se dava em Portugal. Os rigores agravaram-se quando um francês, não se sabe por qual motivo, feriu Florida Blanca, em 18 de junho de 1790. Enfim, em março de 1791, estabeleceu-se um cordão de tropas ao longo dos Pirineus, para impedir a "peste francesa".

Burke desejava que tôdas as potências fizessem o mesmo e que o govêrno inglês tomasse a direção de um bloco pacífico que restringiria a propaganda. A seus olhos, isso não passava de uma preliminar. Contra a nação devolvida à barbárie, êle pregava a cruzada e, logo, o barão Grimm e o conselheiro Zimmermann, médico suíço transformado em nobre hanovriano, fizeram-lhe eco na Alemanha. Quando Pio VI, na primavera de 1791, condenou solenemente os princípios da Revolução, pareceu que os reis não poderiam deixar de se pronunciar por sua vez, e de defender sua própria causa contra os novos infiéis. A questão estava bem colocada.

IV. *Luís XVI e os emigrados. O apêlo ao estrangeiro*

Ela não o era apenas pelos polemistas e pela razão de Estado: os emigrados pùblicamente, Luís XVI, secretamente, suplicavam aos reis que passassem aos atos. Em Turim, o conde d'Artois havia implorado ao rei da Sardenha e enviado o conde de Vaudreuil a Roma e a Madri; em maio de 1791, solicitou a Leopoldo II em Mantua. Pedindo insistentemente sobretudo subsídios, reclamava também uma intervenção militar para apoiar as insurreições fomentadas no Meio Dia. Em junho, foi instalar-se, com Mme. de Polastron, no castelo de Schönbornbust, nos domínios de seu tio, o eleitor de Trèves; uma côrte dispendiosa e dissipada o cercou, enquanto aquêles que aspiravam combater estavam completamente ausentes de Worms, onde os reunia o príncipe de Condé. Sem negligenciar o imperador, Calonne, tornado ministro do príncipe no fim de 1790, contava principalmente com a Prússia e oferecia à Inglaterra a aliança da França com qualquer colônia. A armada de Condé abrindo caminho para as tropas estrangeiras, estabelecer-se-ia o Antigo Regime: os emigrados fulminavam as mais terríveis ameaças contra seus compatriotas e falavam com desprêzo de seu soberano, que suportava dòcilmente o jugo da Assembléia.

Na realidade, a submissão de Luís XVI não foi jamais senão aparente. Tremendo à idéia de uma nova "jornada", êle se condenava a uma duplicidade que terminou por lhe retirar todo o prestígio; mas, desde novembro de 1789, êle repudiou, junto a seu parente Carlos IV de Espanha, as concessões que lhe haviam sido

186

impostas, e Maria Antonieta não cessou de exprimir a seu amigo, o conde sueco Axel de Fersen e ao embaixador da Áustria, o conde de Mercy-Argentiau, o ódio que sentia por La Fayette e os constitucionalistas. O abade de Fontbrune, que levou o protesto do rei a Madri, foi encarregado de sondar a Côrte sôbre o apoio que poderia prestar e de lhe solicitar dinheiro. Em 1790, êle partiu para Viena: Leopoldo II, que havia sucedido a José II em fevereiro, era, como êste último, um dos irmãos de Maria Antonieta; um terceiro ocupava o arcebispado de Colônia; uma de suas irmãs governava os Países-Baixos; outra reinava em Nápoles. Entretanto, Fontbrune não obteve mais que boas palavras. O mês de junho chegava ao fim; assim, não foi absolutamente a Constituição civil do clero que ditou o apêlo de Luís XVI ao estrangeiro. Se se admite que escrúpulos de consciência fortificaram, a partir de então, a sua decisão, outros motivos ainda contribuíram para confirmá-la: a organização administrativa, criada pela Constituinte, começava a funcionar; os ministros escolhidos por Luís XVI retiravam-se um após outro; era-lhe necessário confessar que a Revolução era bem diferente de uma fronda. Quando, em outubro, o bispo de Pamiers, d'Agoult, já emigrado, veio apressá-lo a agir, não teve dificuldades em convencê-lo. O barão de Breteuil recebeu plenos podêres: êle tornou-se o chefe do serviço secreto e autorizou agentes nas côrtes estrangeiras. Luís XVI decidiu fugir e encarregou o marquês de Bouillé, o vencedor de Nancy, que comandava em Metz, de fazer preparativos a fim de recebê-lo; em dezembro, Fersen começou, por seu lado, os preparativos de evasão.

Luís XVI e Maria Antonieta embaraçavam a diplomacia dos emigrados; disso resultou mesmo séria briga entre o conde d'Artois e o marquês de Bombelles, embaixador em Veneza, que, sem se preocupar com suas funções, empenhava-se em servi-lo, mas sem deixar de obedecer às ordens secretas do rei. Os soberanos acusavam os fugitivos de tê-los abandonado e de comprometer sua segurança por empreendimentos temerários e prematuros; êles temiam também cair na dependência da aristocracia vitoriosa. À irrupção das tropas de Condé, êles preferiam acôrdo dos podêres, que intimariam a Assembléia a rever os decretos de acôrdo com as conveniências do rei e apoiariam suas ameaças mediante uma demonstração militar na fronteira. Luís XVI, instalado em Montmédy, interpor-se-ia como mediador, e ficaria senhor dos acontecimentos. Êle declarava com insistência que não solicitava a entrada das tropas estrangeiras na França; mas a rainha, senão êle, pensava que os reis, assim comprometidos, não deixariam de ordená-la, se a Assembléia resistisse. Sem dúvida, seria necessário pagar-lhes o auxílio: o reembôlso de suas despesas era evidente; ceder algumas províncias repugnava a

187

Luís XVI; entretanto, aconselhado por Bouillé, êle mandou, em maio de 1791, que se oferecesse à Inglaterra parte das colônias, em troca de sua neutralidade.

Os reis dividiram-se entre êle e os emigrados. Catarina II recebia êstes últimos de braços abertos e mostrou-se cheia de zêlo pela cruzada, sem misericódia: "Destruir a anarquia francesa, é preparar para si uma glória imortal." Tal foi também a opinião de Gustavo III da Suécia que, na primavera de 1791, veio instalar-se, pessoalmente, como na vanguarda, em Spa e em Aix-la-Chapelle. O rei da Sardenha, Vítor Amadeu III, parecia conquistado, como o papa, às vistas do conde d'Artois. Frederico Guilherme II, fazendo alarde de cavalaria, aparentemente estava decidido a auxiliar Luís XVI; mas, assim como seu ajudante de campo Bischoffwerder e tôda sua camarilha, êle igualmente dava atenção aos emigrados. Na Espanha, Florida-Blanca, pelo contrário, os mantinha à distância, julgando-os tão comprometedores quanto dispendiosos. Quanto ao imperador, nem queria ouvir falar em cooperar com êles. Em janeiro de 1791, Leopoldo II recusou-se a ver Calonne e ordenou-lhe que abandonasse Viena; em maio, delicadamente recusou os pedidos do conde d'Artois, em Mantua. Na Inglaterra, o rei, os ministros e o Parlamento estavam de acôrdo em recusar intervir, fôssem quais fôssem seus sentimentos, enquanto o interêsse nacional não o exigisse. Quando falava em cruzada a seus compatriotas, Burke pregava no deserto.

Os amigos dos emigrados mostravam-se os mais animados contra a Revolução; mas, sem o imperador, nada podiam fazer. Catarina II, que animava os demais a irem para a frente, estava bem decidida a não segui-los. Frederico Guilherme acolheu favoràvelmente o barão de Roll em agôsto de 1790 e fêz, em setembro, suas primeiras propostas em Viena; mas êle não podia comprometer-se sem a Áustria, e Leopoldo que, pela situação geográfica de seus Estados e seu parentesco com Maria Antonieta, aparecia como o chefe indicado para a coalizão, sentia-se justamente o menos belicoso de todos. Devido à sua obra anterior na Toscana, a maior parte das reformas da Constituinte não lhe inspiravam horror; aliás, restaurar o Antigo Regime na França não lhe parecia possível nem útil. Certamente, êle se recusaria a abandonar a menor parcela de sua autoridade; mas não achava nada mal que a do rei da França fôsse enfraquecida. Enfim, em seus próprios Estados, a liquidação da herança de José II o cumulava de preocupações. Portanto, êle não encorajava seu cunhado, preferia vê-lo arranjar-se com os constitucionalistas e fazia as coisas se arrastarem, escusando-se com a morosidade e as divisões dos outros e com a atitude enigmática da Inglaterra. Seguem-se, na correspondência de Maria Antonieta e também na do embaixador Nuñez, os vãos esforços e as alternativas lastimáveis em que a família real, aliás dividida — porque Mme. Elisabeth e as tias do rei eram a favor dos emigrados — se consumia de mês em mês. A rainha acusava os soberanos, e sobretudo seu irmão, de egoísmo e de cegueira. Depois, aplicaram-se em demonstrar que êles não nutriam com efeito nenhuma intenção agressiva contra a Revolução, a fim de lançar sôbre esta a responsabilidade do conflito. Na realidade, o próprio Leopoldo não era insensível ao perigo da propaganda, nem aos deveres que lhe eram impostos pelos laços do sangue e pela solidariedade monárquica; mas, como os outros soberanos, êle julgava, com razão, que, no momento, nada tinha a temer da Revolução; obrigado a reconquistar a Bélgica, a pacificar a Hungria, a terminar a guerra turca, êle pensava que antes de se ocupar com os negócios de Luís XVI, tinha o direito e o dever de reorganizar os seus.

V. A *política exterior da Assembléia Constituinte*

Na verdade, entre os soberanos e a Revolução, surgiam conflitos de direito público e de ordem territorial. A abolição dos direitos senhoriais lesava os príncipes alemães, que conservavam domínios na Alsácia; êles invocaram os tratados de Westfália e fizeram apelos à Dieta; bispos franceses, os de Estrasburgo e de Verdun, não repugnaram em imitá-los. Por outro lado, Avinhão e o Condado, renunciando ao Antigo Regime, entraram em conflito com o papa; em 12 de junho de 1790, Avinhão solicitou sua anexação à França; Carpentras contentou-se em adotar a Constituição Francesa, mas não levou na menor consideração o veto pontifical. Não se pronunciando a Constituinte, a guerra estourou entre Avinhão e Carpentras, enquanto que, mesmo dentro de Avinhão, aristocratas e patriotas se combatiam mùtuamente.

Foi a propósito dêstes dois conflitos que a Revolução foi levada a distinguir de seus princípios um nôvo direito internacional que, desde 1789, deixava pressentir, pela admissão da Córsega ao número dos departamentos. Em novembro de 1790, a Constituinte respondeu aos príncipes alemães, pela voz de Merlin de Douai, que a Alsácia era francesa, não porque os tratados de 1648 haviam entregue seu território a Luís XIV, mas porque os alsacianos atestavam, especialmente por sua representação na Federação, sua vontade de permanecer unidos a seus compatriotas. A Revolução liberava, portanto, as nações tanto como o homem e o cidadão, e, mesmo, ela as chamava à vida. Até então, não tinha havido no direito senão os Estados: o homem seguia a sorte da terra conquistada ou cedida. Em 22 de maio de 1790, a Constituinte repudiou solenemente o direito de conquista; doravante, a vontade do homem, livremente expressa, dominava o solo: o Estado territorial e dinástico cedia o lugar à nação. Em conseqüência, a esquerda solicitou que, de acôrdo com os desejos do povo de Avinhão, se pronunciasse sua anexação. Em maio de 1791, não surgiu senão uma fraca minoria para rejeitá-la; ela ainda decidiu ocupar o Avinhão e o Condado para aí restabelecer a ordem e consultar a população; a anexação terminou por ser adotada em setembro. Nessa ocasião, o papa, já há muito, fazia apêlo à Europa. Aos olhos dos reis, êste nôvo direito internacional resumia-se em proclamar, em proveito da França, a faculdade de anexar, pacìficamente e sem nenhuma despesa, todos os países cujos habitantes, desejando por sua vez fazer uma revolução, entrassem em conflito com seus soberanos. Todos os tratados estavam desfeitos e todo liame jurídico rompido entre a França e a Europa. Havia de que se indignarem os diplomatas e os soberanos!

Todavia, êles não se contentavam com palavras. As questões da Alsácia e de Avinhão guardavam seu interêsse no sentido de que permitiam, quando se desejasse, a declaração de guerra; mas não atingiam os grandes Estados; para que êstes se sentissem ameaçados, teria sido necessário que as fôrças da França permanecessem intactas: não lhe restava exército, nem marinha, nem finanças, e ela rompia suas alianças. As pretensões dos revolucionários causavam piedade e seriam rebatidas no primeiro dia.

Parecia, com efeito, que a Constituinte temia a guerra: por princípio, sem a menor dúvida, mas também porque a guerra reforçaria o rei. Ela recusou-se a receber as comunicações dos Estados gerais da Bélgica; se interditou a passagem às tropas austríacas enviadas aos Países-Baixos, deixou-as, entretanto, ocupar o arcebispado de Basiléia. Após haver negado, em princípio, os direitos dos príncipes alemães, ela lhes ofereceu uma indenização, e Luís XVI teve que se apressar em lhes enviar Augeard, para impedi-los de aceitar. À Constituinte adiou, tanto quanto pôde, a anexação de Avinhão. Em maio de 1790, para impedir o rei de lhe forçar a mão, subordinou seu direito de paz e de guerra à autorização legislativa e, embora a Constituinte reservasse ao soberano a direção dos negócios estrangeiros, criou, em 1.º de agôsto, um comitê diplomático. Enfim, como as alianças do Antigo Regime podiam implicar a nova França em algum conflito, a despeito de sua vontade, ela preferiu isolar-se, a correr êste risco. Com os Habsburgos, na verdade, a aliança se desfazia sòzinha: o imperador não tomava mais conhecimento de uma França impotente e, animada pelo ódio que a rainha inspirava, a tradição antiaustríaca, que as obras de Favier notadamente haviam transmitido aos revolucionários, levava-os em direção da Prússia. Goltz, embaixador, e Ephraim, agente secreto de Frederico Guilherme, encorajavam suas esperanças. Esta tradição era tão poderosa, que os emigrados, como se disse, tinham as mesmas preferências que seus adversários. A aliança espanhola, que havia permitido à França vencer a Inglaterra na última guerra, não servia para as mesmas objeções; todavia, a Constituinte abandonou-a igualmente. É verdade que as simpatias de muitos revolucionários se voltavam também para a Inglaterra e, naturalmente, financistas e negociantes, como Talleyrand, eram anglófilos. Em maio de 1790, a Espanha, ameaçada por Pitt, invocou o pacto de família. A Assembléia terminou por votar em 26 de agôsto o equipamento de 45 navios mas declarou prescrito o acôrdo dinástico: a aliança estava morta e os agentes de Pitt Miles e Elliott que haviam censurado e sem dúvida pago Mirabeau se felicitaram por isso.

A impotência da França parecia evidente. Através da história, tal foi sempre, dizia-se, o efeito das revoluções. A sabedoria ordenava aos soberanos que a abandonassem a si própria e prosseguissem seus desígnios. Sempre seria ocasião de restaurar a autoridade de um rei que podia embaraçá-los.

VI. A *política européia*

Durante seus primeiros anos, faltou muito para que a Revolução francesa chamasse a atenção da Europa, porque esta se julgava às vésperas de uma guerra geral. Aliado a Catarina II após 1782, José II havia terminado por ceder à sedução do "projeto grego", que comportava a restauração do Império do Oriente, em proveito do neto da czarina, e a criação de uma Dácia que vigiasse Potemkine, mas que concedesse também à Áustria, além das províncias sérvias do Império otomano, as possessões territoriais de Veneza: estas a uniram à Lombárdia e promoveram singularmente a conquista da Itália, que, após 1715, constituía uma de sua principais ambições.

Nem Vergennes, nem Pitt aprovaram o desmembramento da Túrquia. A França aí ocupava uma situação privilegiada; Pitt desejava manter os russos a uma boa distância do Mediterrâneo e dos caminhos da Índia. Mas, em 1787, tendo o estatuderato, em conflito com a burguesia, solicitado o apoio da Inglaterra e da Prússia, esta última havia invadido as Províncias Unidas, e Pitt aproveitou a ocasião para fazer brilhar a diplomacia britânica, separando-as da França. Êle deixou claro que interviria, se o

191

exército francês fôsse combater os prussianos. Briene lutava com os Parlamentos; Montmorim, sucessor de Vergennes, que acabava de morrer, abandonou a partida. O estatuderato, restabelecido, apossou-se do poder, e uma Tríplice Aliança o uniu à Prússia e à Inglaterra. Êste desastre, que contribuiu não medìocremente para diminuir na França o prestígio da monarquia, persuadiu José II de que sua aliada nada pretendia do Oriente; em todo caso, êle excluiu um acôrdo entre as potências ocidentais.

Além do mais, se os embaraços interiores paralisavam a França, não pouparam o próprio Pitt. Em 1788, Jorge III perdeu a razão; seu filho reivindicou a regência e, embora fôsse um triste personagem, parecia difícil recusá-la. Pitt sustentou que a escolha do regente cabia ao Parlamento e, sem eliminar o príncipe, fêz votar um "bill" que lhe limitava os podêres. Se manteve a reputação de haver sustentado o regime parlamentar, apesar de Jorge III, êste episódio contribui para isto. De fato, êle sabia responder às intenções do rei, e evitàva principalmente aborrecer o príncipe, que devia infalìvelmente demiti-lo, assim como Fox, que o substituiria. Mas êsses longos debates foram em pura perda: em fevereiro de 1789 o rei recuperou a saúde e Pitt permaneceu no poder. Nesse intervalo, porém, havia começado a crise européia.

Em agôsto de 1788, os turcos, já há muito irritados, tomaram a dianteira e, logo de início, a guerra voltou-se a seu favor. Os russos atiraram-se sôbre Otchakov, que conservava a embocadura do Dnieper e do Boug: o lugar resistiu. Para os austríacos, foi pior: tendo malogrado diante de Belgrado, tiveram que bater em retirada, e os turcos invadiram o Banat. Ulteriormente, êstes acabariam por se enfraquecer: Laudon tomou Belgrado e Souvorov Otchakov; parecia, entretanto, evidente que não se realizaria o projeto grego. Por outro lado, o revés retumbante de José II havia encorajado seus súditos à revolta, a tal ponto, que o Estado dos Habsburgos parecia se decompor, quando seu soberano morreu em fevereiro de 1790. Disso resultou nova perspectiva de agitação.

A Suécia e a Prússia aproveitaram a conjuntura. A primeira atacou a Rússia e chegou às portas de São Petersburgo. A nobreza sueca salvou Catarina II, aproveitando a ocasião para arrancar o poder de Gustavo III: parte dos oficiais não hesitou em recusar o serviço. Todavia, por um nôvo golpe de Estado, o rei consolidou e aumentou sua autoridade; a guerra recomeçou, e os suecos, batidos em terra, levaram-na para o mar em 1790. A Prússia apoiou os liegenses insurgidos em 1789 e fêz intrigas na Bélgica para prejudicar a sua rival; ela não desejava que a Rússia dominasse o Báltico; Pitt muito menos, uma vez que o comércio britânico e holandês aí reinava sem contestação: os dinamarqueses viram-se proibidos de intervir contra a Suécia. Todavia, a Prússia achava sobretudo que, se a Áustria e a Rússia se engrandeciam à custa da Turquia, ela merecia uma compensação na Polônia. Catarina II, que ocupara este país após a partilha, não estava pelo autos; também os prussianos aplicaram-se em incitar a aristocracia polonesa à revolta, prometendo-lhe sua aliança. Um partido "patriota" crescia na Polônia; êle melhorava a organização do ensino, aplicava-se em despertar o sentimento nacional, e pretendia pôr fim à anarquia, pela supressão do "liberum veto". O rei Estanislau Poniatovki, criatura de Catarina, negociava bem um tratado que devia enviar contra os turcos o que havia sobrado do exército da "República"; mas, quando a Dieta se reuniu em setembro de 1788 — devia ser a "Grande Dieta" — os patriotas, sensíveis aos oferecimentos capciosos de Frederico Guilherme, não quiseram escutar coisa alguma: em maio de 1789, exigiram a retirada das tropas de ocupação. Ninguém acreditou que a Prússia estivesse satisfeita; atribuíam-lhe grandes desígnios e grandes meios; mas o acontecimento demonstrou a mediocridade de seus dirigentes e foi um digno prólogo à lamentável aventura de 1792. De fato, ela oscilava entre duas políticas. De acôrdo com o "grande plano" que Herzberg apresentou ao rei em maio de 1789, a Áustria, estando estabelecida na Turquia, restituiria a Galícia aos poloneses, que, em troca, cederiam Dantzig, Thorn e Posen a Frederico Guilherme: êle imaginava que as demonstrações militares seriam suficientes para impor estas trocas. O rei, menos crédulo, ou mais belicoso, sonhava, pelo contrário, em retirar da Áustria os Países Baixos e talvez reivindicar a Boêmia para si; êle corajava os belgas e os húngaros, contava com a Inglaterra e, em agôsto de 1789, reuniu uma armada na Silésia. Então, quando se tornaram necessárias decisão e audácia, êle adiou a ação para a primavera seguinte. No intervalo, José II desapareceu, e a aliança inglêsa desfez-se.

Pitt julgava preciosa a aliança com a Prússia, que lhe prestava o serviço de conter a Rússia, e podia ajudá-lo nos Países Baixos; mas não tinha a menor preocupação em aumentá-la, sobretudo pelo preço de um conflito armado. A Holanda era ainda mais pacífica, tendo emprestado grandes somas a Catarina II. A dissolução da monarquia austríaca as inquietava, pois romperia o equilíbrio continental e abandonaria à influência francesa a Bélgica independente. O que lhes importava, era restabelecer o "statu quo". Pitt, por outro lado, tinha os olhos voltados para o mar e as colônias; administrador e financista, antes de mais nada, não desejava a guerra; mas, quando percebia que o adversário se inclinava a recuar, de bom grado mostrava-se audacioso e, naturalmente, os vencedores da guerra da América impunham-se como alvos preferíveis. Em 1787, êle havia assim intimidado a França e pôsto a mão sôbre a Holanda; em 1790, foi a vez da Espanha. Ela havia apreendido alguns navios inglêses em Nootka-sud, na costa do Pacífico, ao norte da Califórnia, baía cuja possessão se mostrava contestada já há muito. Pitt exigiu reparação e, em maio de 1790, êle se armou. A Inglaterra dispunha então de 93 embarcações, e a Espanha contava apenas com 34. Como a França se esquivasse, Madri revogou a apreensão e, sob um ultimato cedeu a baía, em 24 de outubro. Assim ocupado, compreende-se que Pitt, durante todo êsse ano, não tenha cessado de fazer ver aos prussianos que seus planos eram estranhos à aliança.

Ter-lhe-ia sido entretanto difícil conter Frederico Guilherme, se êste último se tivesse aproveitado da morte de José II. Como nada fêz, Pitt teve tempo para se colocar como mediador, de se entender com Leopoldo. Êste príncipe era de imaginação menos turbulenta que o irmão. Para salvar a Áustria, e ao mesmo tempo conservar-lhe o que pudesse das conquistas feitas aos turcos, era-lhe necessário, em primeiro lugar, isolar a Prússia. Quando, em abril, os inglêses ofereceram seus bons ofícios na base do "statu quo ante", apressou-se em aceitar. Além do mais, êle fazia distinção entre o "statu quo" puro e simples e o "statu quo" aperfeiçoado, de modo que não se absteve de negociar com a Prússia, para obter o segundo. Na verdade, Kaunitz opôs-se a isso, mas Leopoldo tinha o seu "segrêdo": o vice-chanceler, Filipe Cobenzl, e o referendário Spielmann o serviram, a despeito do "velho papai". As conferências abriram-se em Reichenbach, na Silésia, onde 170.000 prussianos faziam frente a 150.000 austríacos. Herzberg modificou seu plano para conciliar tudo: a Áustria não devolveria mais que um sexto da Galícia, e reduziria, em proporção, suas conquistas na Turquia; a Prússia contentar-se-ia com Dantzig e Thorn. Os inglêses não concordaram, e os poloneses protestaram. Perturbado, Frederico Guilherme renunciou sùbitamente a qualquer aquisição e Spielmann, magoado, teve que aceitar o "statu quo" puro e simples, em 27 de julho.

Na realidade, Leopoldo tirou do arranjo todos os benefícios que quis; em junho, êle se havia reconciliado com a aristocracia magiar; em novembro, seu exército entrou na Bélgica; e, no início de dezembro, Bruxelas e Liège tombaram em suas mãos. Em 10 de dezembro, em Haia, a Tríplice Aliança impôs-lhe a concessão de uma anistia e a manutenção dos privilégios provinciais, mas êle não ratificou a convenção. O Estado austríaco recuperava sua estabilidade. Era, para a Prússia, um desastre.

Ela preparou-se um segundo. Catarina II, por sua vez, viu-se intimada a aceitar a mediação. Ela o esperava e, vendo Leopoldo

194

abandonar a partida, reconciliou-se com Gustavo III. Souvorov, vencedor em Foczany em 1789, chegou ao Danúbio; apoderou-se, em 22 de dezembro, de Ismália, onde fêz na guarnição e da população um massacre espantoso. Catarina recusou qualquer ajuste e, tendo a Prússia deixado entender que permanecia disposta a um acôrdo, pouco faltou para que êle se concluísse sôbre as costas da Polônia: em 26 de março de 1791, partiu um despacho para Berlim, oferecendo uma segunda partilha. Toda ação contra-revolucionária teria tomado outra direção; mas o despacho chegou tarde demais.

Frederico Guilherme, na incerteza, continuava a se agitar. Sua camarilha aconselhava-lhe que se reconciliasse com a Áustria, a fim de isolar Catarina, e também agora tinha o seu "segrêdo". Deixando Herzberg na ignorância de seus manejos, Bischoffwerder, após uma primeira investida a Leopoldo em setembro de 1790, dirigiu-se para Viena em fevereiro de 1791. Sem desejar indispor-se com a Rússia, Leopoldo julgava de boa política manejar a Prússia: êle escutou o favorito sem nada prometer; não era necessário mais nada ao enredador crédulo: de regresso, êle assegurou que a Áustria permaneceria neutra, em caso de conflito. Em 11 de março, o rei intimou a Inglaterra a se pronunciar sôbre uma ação coercitiva sôbre a Rússia.

Pitt, tendo humilhado a França e a Espanha, tendo depois salvo a Áustria, atingia agora o apogeu. A frota inglêsa permanecia mobilizada, e Whitworth, embaixador em Petersburgo, assegurava que a Rússia não agüentava mais. O blefe tinha valido a Pitt até então, e parece que o sucesso o havia embriagado. Ewart, seu embaixador em Berlim, animava-o a coligar a Suécia, a Polônia, a Turquia e a Prússia que, sob a égide da Inglaterra, conteria definitivamente a expansão russa; êle deixou-se persuadir. Em 21 e 22 de março, o gabinete decidiu enviar um ultimato a Catarina; os prussianos apressaram-se em aderir. Mas não levara em consideração os "whigs". Com a cumplicidade de Vorontzov, representante da Rússia, êles sublevaram a opinião contra semelhante guerra: os inglêses forneciam três-quartos das importações dêsse país; sustentá-las-iam contra êle os turcos, clientes da França, e ainda por cima infiéis? Nessa época, Pitt era o único a prever um perigo para os caminhos da Índia. Na Câmara dos Comuns sua maioria se esterilizou, e o ministério se dividiu. A partir de 6 de abril, Pitt resignou-se à palinódia para salvar sua pasta; a intervenção de Bernstorff, o ministro dinamarquês, assegurando que Catarina não ultrapassaria os limites do Dniestr, permitiu-lhe salvar as aparências. Ewart foi reenviado para Potsdam, no dia 20, com a missão de advertir a Prússia que a Inglaterra a abandonava. Catarina triunfou: "Cão

195

que ladra não morde." Pelo tratado de Jassy (9 de janeiro de 1792) ela conservou Otchakov e a linha do Dnieser.

Desta vez, a Prússia não era a única atingida: a Polônia viu-se entregue à vingança de Catarina II. O perigo reconciliou o rei e os chefes dos patriotas, Estanislau e Jean Potocki, Malachovski, Kollontaj a Czartoryski. Em 3 de maio de 1791, êles fizeram a Dieta aceitar em bloco uma nova constituição, que abolia o "liberum veto" e organizava uma monarquia constitucional, sendo a sucessão de Estanislau assegurada para a filha do eleitor de Saxe. Devia-se prever que faltaria tempo à Polônia para se pôr na defensiva, e que os russos a ocupariam novamente. Semelhante perspectiva pareceu desastrosa para a Prússia e para a Áustria; ela as reconciliou definitivamente. Tombando Herzberg na desgraça, Bischoffwerder conseguiu, em 12 de maio, que se fizessem propostas ao imperador e, em 11 de junho, em Milão, êle mesmo viu Leopoldo aceitar a aliança e prometer assinar a paz com os turcos; combinou-se que os dois príncipes se encontrariam em Pillnitz, em Saxe. Em troca, Leopoldo solicitou que a Prússia reconhecesse com êle a constituição polonesa, compreendida a sucessão saxônica. O tratado definitivo seria assinado em Viena. As duas potências alemãs, pareciam, portanto, de acôrdo, para fazer frente à Rússia. Mas seu acôrdo repousava sôbre um equívoco. Leopoldo desejava salvar a Polônia, enquanto Frederico Guilherme aspirava e desmembrá-la; para êste último, a aliança polonesa perdia todo o valor, tendo a Dieta interditado, em 6 de setembro de 1790, a cessão de qualquer parte do território nacional, a constituição tinha ainda menos valor, pois podia regenerar a Polônia: destacando a Áustria da Rússia, êle contava impor a esta uma nova partilha. No fim das contas, os acontecimentos podiam seguir a mesma marcha que em 1772: a Áustria teria cedido, e a Tríplice Aliança restaurada teria tombado, com todo seu pêso, sôbre a França. Mas já os projetos contra-revolucionários se infiltravam na política européia; antes de regular a questão polonesa, as duas côrtes alemãs comprometeram-se imprudentemente no Oeste, para maior proveito de Catarina, e condenaram sua coalizão à ruína, antes mesmo de formá-la.

Foi a Prússia que formulou as primeiras propostas de intervenção na França, no dia seguinte ao revés em Reichenbach. Frederico Guilherme apresentou duas condições: a cooperação da Áustria e uma compensação pelas despesas da guerra; a Baviera ceder-lhe-ia Juliers e Berges e compensaria, assim como o imperador, na Alsácia e na Lorena; estas considerações serviram de pretexto às primeiras propostas de aproximação com a Áustria, em setembro de 1790. Não se pode negar que os sentimentos pessoais do impulsivo rei da Prússia, com relação a Luís XVI e aos emigrados, tenham contribuído para esta iniciativa mas foi, evidentemente, sua derrota em Reichenbach que, por um rodeio singular, lhe apresentou a contra-revolução como uma revanche: ela devia fornecer-lhe, ao mesmo tempo, um aliado, no lugar da Inglaterra enfraquecida, e o engrandecimento indispensável à glória. Ulteriormente, as novas peripécias orientais não o fizeram esquecer estas perspectivas: em fevereiro de 1791, Bischoffwerder declarou novamente ao imperador que a Prússia o seguiria contra a França; êle o repetiu em Milão, em junho.

Leopoldo, a princípio, fêz ouvidos moucos. Em 18 de maio, êle despediu, como se viu, o conde d'Artois, em Mântua. Catarina não cessava de lhe recomendar que entrasse na França: era uma razão a mais para adiar. De repente, em Milão, êle fêz uma boa acolhida aos oferecimentos de Bischoffwerder, e a contra-revolução eventual constituiu uma das bases do acôrdo: é que êle acabara de receber uma carta de Maria Antonieta, anunciando-lhe a fuga iminente. Exagerou-se, com efeito, a indiferença de Leopoldo: êle teria preferido abster-se, para não se colocar entre dois fogos: era sabedoria; mas, se a sorte de Luís XVI e de sua irmã se agravasse, êle não tinha dúvidas de que tinha o dever de correr em seu auxílio. Semelhante estado de espírito colocava-o à disposição de Luís XVI: fugindo, êste lhe forçou a mão.

Segundo capítulo

A FUGA DO REI
E A DECLARAÇÃO DE
GUERRA À ÁUSTRIA

(junho 1791-abril 1792)

A fuga de Luís XVI foi um dos fatos essenciais do período, tanto para a Europa como para a Revolução. Esta sabia que os reis lhe eram hostis; mas, como estavam ocupados alhures, ela teria podido, pelo menos ainda durante algum tempo, continuar calmamente sua obra. Foi a iniciativa de Luís XVI que precipitou o conflito, cujo primeiro efeito deveria ser a sua queda.

I. *A emprêsa de Varennes e suas conseqüências na França*

Há tanto tempo Fersen preparava a evasão da família real, que não se teria podido evitar as indiscrições, e Marat, entre vários outros, não cessava de predizê-la. Na noite de 20 de junho, Bailly, inquieto, enviou às Tulhérias La Fayette, que as julgou bem guardadas, exatamente no instante em que os fugitivos dali saíam. Devido a qual negligência ou a qual cumplicidade? Êste ponto, o mais importante da aventura, é também o mais obscuro. Uma pesada e suntuosa berlinda levou Luís XVI e os seus para Châlons, de onde êles deveriam atingir Montmédy. Bouillé, instalado em Stenay, enviou destacamentos até além de Saite-Menehould. Mas a berlinda tinha cinco horas de atraso; a população, alarmada devido aos terrores que se sucediam no leste depois de 1789, mostrava-se nervosa e suspeitosa; os chefes, desorientados, retiraram-se. Quando o rei chegou, em plena noite, no alto da costa de Varennes, não encontrou os cavalos de muda, sôbre os quais se tinha combinado, e parou: foi a sua perda.

Êle não se ocultou; mas, dos que o reconheceram, nenhum ousou agir, salvo Drouet, o chefe da posta de Saite-Menehould, cuja de-

198

cisão e energia forçaram o destino. Tendo alcançado a galope a berlinda parada êle a ultrapassou, para atingir a ponte de Aire, que fêz barricar. Quando, finalmente, o rei aí chegou, foi detido e confessou. O toque a rebate reuniu os camponeses; os hússares, chegando às pressas, fraternizaram com êles. De dia, os mensageiros de La Fayette apareceram e notificaram-nos dos decretos da Assembléia: era necessário regressar. A volta foi trágica, no meio de multidões ameaçadoras; o conde de Dampierre vindo saudar o rei, foi morto pelos camponeses. Em 25 de junho, a família real tornou a ocupar as Tulhérias sob uma boa guarda.

A Assembléia deu um exemplo de sangue-frio: suspendeu o rei e o veto, subjugou os ministros e, realmente, transformou a França em República; depois, retomou sua ordem do dia. Mas, até o interior dos campos, a emoção sacudiu o país. Que a fuga do rei anunciava a invasão, ninguém duvidava: ao longo das fronteiras as praças fortes puseram-se espontâneamente em estado de sítio, e, desde o dia 21, a Assembléia decidiu retirar da guarda nacional 169 batalhões de marcha. Foi mais uma vez um "Grande Terror", com suas conseqüências naturais. A alegria efêmera dos aristocratas aumentou a reação punitiva: freqüentemente eram molestados nobres e padres refratários; castelos eram queimados. Mas o inimigo mais temível, daí para a frente, não era Luís XVI? Num impulso, correu-se a agarrá-lo. Como refém, não como rei.

Em Paris, a notícia de sua fuga suscitou, contra êle e a rainha, uma tempestade de invectivas às vêzes grosseiras. Os republicanos exultaram. "Eis-nos enfim livres e sem rei", diziam os franciscanos em sua proclamação. Êles esperaram o apoio dos democratas e, no dia 21, solicitaram à Constituinte que proclamasse a República, ou, pelo menos, que nada decidisse antes de ter consultado as assembléias primárias. Brissot Benneville e, ainda a 8 de julho, o marquês de Condorcet aderiram à República. Na província, certo número de clubes se pronunciaram, mais ou menos claramente, no mesmo sentido. Mas o regresso do rei e a atitude da Assembléia reprimiram o movimento e, aliás, nem todos os democratas se deixaram convencer: uma República, sem o sufrágio universal, e presidida por La Fayette, Robespierre não a queria. Muitos continuavam a pensar no duque de Orléans, e Marat, como de hábito, reclamava um ditador. Robespierre insistiu para que se contentassem em julgar Luís XVI e fazer eleger prontamente o Legislativo, a fim de se desembaraçar da Constituinte, que se tornara suspeita.

A Assembléia Nacional, permanecendo inabalável, desdenhou tôdas as petições. Proclamar a República era provocar a guerra; era também abrir caminho para a democracia, encorajar a surda revolta dos camponeses e as greves que, na primavera, haviam alarma-

199

do a burguesia. A Constituinte havia espontâneamente tomado partido, desde a primeira hora, denunciando "o rapto do rei" e criando, assim, a ficção que permitia absolvê-lo. Os triúnviros e La Fayette se reconciliaram e, na noite de 21, Bernave deu a senha aos jacobinos: "A Constituição, eis nosso guia; a Assembliéa Nacional, eis nosso ponto de reunião." A Revolução terminou, será logo dito na Assembléia; diante, não há mais que a subversão da sociedade. Para impedir as assembléias eleitorais, já convocadas, de exprimirem votos favoráveis aos republicanos, um decreto adiou as eleições. Regressando o rei, Du Port e Barneve ensinaram-lhe as respostas, e Barnave manteve daí para diante uma correspondência secreta com a rainha; Luís XVI reconheceu que se enganara sôbre o estado de espírito dos franceses, e deixou entender que aceitaria a Constituição. Dois decretos dos dias 15 e 16 de julho acusaram os autores de um "rapto" e desculparam os soberanos.

Entretanto, na noite do dia 15, os jacobinos, invadidos por uma multidão proveniente do "círculo social" e chefiada pelos franciscanos, aceitaram participar de uma nova petição que solicitaria à Assembléia que substituísse Luís XVI — "por todos os meios constitucionais", acrescentou Brissot, que corrigiu o texto na manhã seguinte. No Campo de Marte, onde ela deveria ser assinada, os franciscanos protestaram contra êste acréscimo, que só poderia favorecer ao duque de Orléans. Recorreu-se aos jacòbinos: tendo recebido o decreto que acabava de absolver o rei, êles renunciaram ao projeto. Robespierre aprovou esta decisão; mas os franciscanos persistiram e, no dia 17, foram fiéis ao encontro; redigiu-se, durante a sessão, no Campo de Marte, novo texto sôbre o altar da pátria.

Esta multidão não estava armada e, aliás, uma insurreição não teria tido a menor chance de sucesso, porque a guarda nacional, exclusivamente burguesa, mostrava-se fortemente animada contra a "canalha". Todavia, as petições sucessivas, provocando manifestações tumultuosas, mobilizavam pouco a pouco os operários das oficinas de caridade, que tinham sido há pouco fechadas. Relatavam-se propósitos ameaçadores e incidentes graves: na mesma manhã massacraram-se dois homens, surpreendidos sob o altar da pátria. Bailly e La Fayette, encorajados pela Constituinte, resolveram dar um exemplo. A bandeira vermelha foi desfraldada, a guarda nacional invadiu o Campo de Marte e fêz fogo: numerosos peticionários foram mortos ou feridos. Incontinenti, foram acusados de complô; as prisões se encheram; vários jornais democratas desapareceram; os franciscanos viram-se ameaçados de dissolução, pela cisão de quase todos os deputados, que foram instalar nôvo clube nos Feuillants: Robespierre ficou pràticamente sòzinho e terminou por salvar a associação. O partido também se encontrou dividido em dois:

200

de um lado, os constitucionalistas, a burguesia censitária, que, para manter sua obra comprometida, se mostravam dispostos a entender-se com o rei e os "negros"; de outro, os democratas, entre os quais os republicanos, cada vez com mais ascendência; entre êles, o sangue do Campo de Marte e o terror "tricolor".

Senhores da situação, Du Port, Barnave e os Lameth tentaram conseguir a adesão da direita, para rever a Constituição: ter-se-ia aumentado os podêres do rei, agravado o censo, estabelecido uma segunda câmara, restabelecido a nobreza, autorizado a reeleição e o acesso dos deputados ao ministério. Esta tentativa falhou, em relação ao essencial: os "negros" permaneceram irredutíveis, e parte dos patriotas recusou-se a ir tão longe. Luís XVI, entretanto, resignou-se a aceitar a Constituição e foi novamente investido de sua autoridade. Mas não era possível nenhuma ilusão sôbre seus sentimentos reais. Varennes havia "rasgado o véu".

II. A declaração de Pillnitz (27 de agôsto de 1791)

Por tôda a Europa, a prisão do rei tocou os corações e, sobretudo na Inglaterra, ofendeu o monarquismo. Os soberanos fizeram um rodeio sôbre si próprios. "Que exemplo assustador!", gritou o rei da Prússia. A Espanha foi a primeira em intervir; em 1.º de julho, Florida-Blanca expediu uma nota ameaçadora. Montmorin e o embaixador Nuñez, igualmente inquietos, a suavizaram: Nuñez foi censurado e chamado. Todavia, Carlos IV não insistiu: atirou-se sôbre os residentes franceses que intimou, em 20 de julho, a lhe prestar juramento, sob pena de expulsão. Todos os olhos se voltavam para o imperador. O acontecimento o havia apavorado; mas não hesitou: em 6 de julho, de Pádua, propôs às côrtes que se unissem, para salvar a família real e a monarquia francesa; depois, em 4 de agôsto, assinou a paz com os turcos em Sistova. A Dieta, novamente, agitou-se e concluiu por uma intervenção do Império em favor dos príncipes lesados pela Revolução. Bischoffwerder regozijou-se por ver Leopoldo disposto à ofensiva e, sem solicitar autorização, assinou, em 25 de julho, em Viena, a convenção prevista em Milão. O rei da Prússia a ratificou, em 12 de agôsto, malgrado seus ministros, e partiu para Pillnitz com uma comitiva de oficiais, sem nenhum diplomata.

Entretanto, Leopoldo já voltava às moderações. As respostas que recebia não se mostravam encorajadoras. Na Inglaterra, Jorge III manifestou que, apesar do interêsse que tinha por Luís XVI, manteria

201

sua neutralidade; Carlos IV de Espanha e Vitor Amadeu III da Sardenha esperavam que a Áustria começasse a guerra, para não se exporem aos primeiros golpes; apenas Catarina II e Gustavo III da Suécia aderiram com calor à ação combinada. Leopoldo compreendia muito bem que o exército russo, antes de combater os franceses, ocuparia a Polônia, e a atitude da Prússia, com relação a êste país, o inquietava. Em junho, Frederico Guilherme havia comunicado aos poloneses que a aliança de 1790 não garantia a constituição adotada posteriormente e, em 9 de agôsto, advertiu os austríacos que não poderia manifestar-se sôbre esta última, enquanto a Rússia guardasse silêncio.

Se a Constituinte houvesse destronado Luís XVI, Leopoldo teria ido mais longe; a prudência e a moderação da Assembléia permitiram-lhe pensar em seus interêsses. Em 11 de julho, Barnave, Du Port, Lameth e La Fayette anunciaram a Mercy, que representava então o imperador em Bruxelas, a discussão iminente do relatório desculpando o rei; se os soberanos insistissem no pior, dariam a seus súditos "o exemplo contagioso de um rei destronado". Em 30 de julho, êles ditaram à rainha uma carta aconselhando a paz a Leopoldo. Enviaram o abade Luís a Mercy, para tratar de reconduzi-lo a Paris.

A rainha, é verdade, contradisse sua diligência oficial no mesmo dia. "Trata-se apenas de adormecê-los e torná-los confiantes, para melhor os vencer depois", repetia ela em 26 de agôsto; "nós só temos recursos nas potências estrangeiras; é necessário, a qualquer preço, que elas venham em nosso socorro, mas cabe ao imperador pôr-se à frente de todos". Leopoldo achou mais sábio, para Luís XVI e para êle mesmo, aceitar a oferta dos Feuillants. Em 20 de agôsto, fêz saber que as potências reconheceriam a Constituição que Luís XVI aceitasse e, em Pillnitz, Frederico Guilherme teve que renunciar a exortar a intervenção armada.

A sabedoria, a partir de então, obrigava ao silêncio: uma ameaça sob condições só podia perder aos Feuillants. Mas era justamente isso o que desejava o conde d'Artois, e nem Leopoldo nem Kaunitz perceberam a armadilha: calculavam, pelo contrário, que um manifesto intimidaria os sediciosos, e aumentaria a autoridade dos constitucionalistas. Os dois soberanos decidiram então publicar a declaração de 27 de agôsto; sendo de intêresse europeu o restabelecimento da ordem em França, convidaram os outros monarcas a unir suas fôrças às deles; "então e nesse caso", êles passariam à ação. Como a Inglaterra, pelo menos, ficaria fora do acôrdo, Leopoldo teria as mãos livres. "Então e nesse caso", dizia êle, "são para mim a lei e os profetas." Todavia, convinha-lhe que os jaco-

202

binos se atemorizassem, e êle deixou os príncipes franceses interpretarem a declaração como um ultimato.

Em 14 de setembro, Luís XVI aceitou a Constituição e, conseqüèntemente, foi restabelecido; no dia 30, a Constituinte se separou. Leopoldo felicitou-se pela decisão do rei, e não deixou nenhuma ilusão a Maria Antonieta. "Que infelicidade", escreveu ela, "que o imperador nos haja traido." Em 3 de dezembro, Luís XVI escreveu pessoalmente ao rei da Prússia, para lhe solicitar auxílio contra seus súditos rebeldes: Frederico Guilherme declarou-se incapaz de agir só. Leopoldo não perdia de vista a aliança prussiana; em novembro, reabriu as negociações para a conclusão definitiva do acôrdo; mas tratava-se, para êle, de arrancar da Rússia a garantia do nôvo estado de coisas na Polônia.

Entretanto, persuadido de que havia salvado Luís XVI, intimidado a Constituinte, persistia em refrear a audácia dos facciosos pela ameaça; em 12 de novembro, uma circular convidou mais uma vez as côrtes a fazerem o acôrdo. A declaração de Pillnitz corria o mundo, e segundo a opinião geral, as potências preparavam a guerra para a primeira. Pouco a pouco, os sentimentos dos jacobinos se manifestavam completamente contrários à expectativa de Leopoldo; longe de se humilhar diante dêle, aceitavam a partida, e iam transtornar todos seus planos.

Tornou-se um lugar comum vituperar sua falta de habilidade ou sua tolice; por que não se dirigiam aos diplomatas? Ter-se-lhes-ia explicado as regras do jôgo. Pode ser. Todavia, era com razão que êles julgavam a Revolução ameaçada. Sobretudo pela Prússia, na verdade, e, a êste respeito, seu êrro foi profundo; mas, regularizado o caso da Polônia, Leopoldo podia voltar-se contra êles. Os franceses, de resto, ignorando o segrêdo das côrtes, compreenderam necessàriamente a declaração no sentido que os emigrados lhe davam, com o consentimento de seus autores. Enfim, é preciso esquecer que tôda ameaça de intervenção, mesmo inofensiva, é uma ofensa? A prudência, talvez, aconselhava desdenhá-la; mas nenhuma nação a teria perdoado.

III. *A Assembléia Legislativa e a política girondina (outubro-dezembro de 1791)*

Após o caso do Campo de Marte, os Feuillants pareciam donos da França. Não se falava mais em República, e Callot d'Herbois publicava seu monarquista "Almanach du Père Gérard". O Legislativo, que se reuniu em 1.º de outubro de 1791, compreendia enorme maioria de constitucionalistas sinceros. Du Port, Barnave e Lameth acreditaram manejar o rei e a rainha; êles escolheram vários ministros, notadamente de Lessart e Narbonne, que substituíram Montmorin, nos Negócios Estrangeiros, e Duportail, na pasta da Guerra. Na realidade, sua influência era fraca; Barnave censurou em vão o recrutamento contra-revolucionário da guarda constitucionalista do rei, e insistiu inùtilmente para que se formasse a casa civil chamando para ela certo número de constitucionalistas. Êles não mantinham boas relações com La Fayette, que após a revisão não os havia seguido sempre, e deixaram eleger contra êle, para a Prefeitura de Paris, um democrata evidente, Pétion. Sobretudo, não tinham assento na Assembléia, e não controlavam a maioria: sòmente 264 deputados se inscreveram nos Feuillants, 136 nos jacobinos e nos franciscanos; sobrava uma massa incerta de 350 constitucionalistas, metade da Assembléia, nos quais a recordação de Varennes e de Pillnitz despertava contra o rei uma desconfiança invencível.

A opinião permanecia inquieta. Aristocratas e padres refratários agitavam-se mais do que nunca. Em agôsto, haviam suscitado tumultos em Vendeia e, em fevereiro de 1792, sublevaram a Lozère; em Avinhão, a 16 de outubro de 1719, condenaram à morte o prefeito Lescuyer, que os patriotas vingaram pelo massacre da Glacière. Após Varennes, a emigração se acentuava, especialmente no exército. O rei conservava seu homem no govêrno: Bertrand de Moleville, ministro da Marinha; os ataques contra o "comitê austríaco", em que a suspeita confundia os agentes do rei e os triúnviros, perturbava os próprios moderados; as intimações do estrangeiro revoltavam La Fayette, cioso da dignidade nacional. O "assignat" baixava. As notícias de São Domingos consternavam a metrópole: também os mulatos lutavam agora contra os brancos, e Port-au-Prince foi devastada em novembro. A incerteza enervava os revolucionários e, quando a esquerda propôs "grandes medidas" para restabelecer a segurança e a confiança, os moderados cederam fàcilmente.

Esta esquerda sofreu a influência de homens novos, cujo estímulo, até junho de 1792, foi decisivo, e na primeira fila dos quais se colocaram Brissot, deputado de Paris, e Vergniaud, o mais conhecido dos deputados da Gironda. Eram chamados brissotinos e, sobretudo após Lamartine, nós os chamamos girondinos. Esta segunda geração revolucionária, à qual os Constituintes abriram o caminho interditando-se a reeleição, recrutava-se em parte na pequena burguesia, instruída mas pobre, de advogados e novelistas. O entusiasmo e a ambição não os impeliam apenas ao poder, onde fariam carreira: mais de um foi igualmente sensível a seus prazeres e ao encanto dos salões que a política lhes abria. Êles conviveram com a burguesia dos negócios — armadores, negociantes, banqueiros — que desejaria terminar com a contra-revolução, para restabelecer o "assignat", e que não sentia aversão por uma guerra em que os fornecedores ganhariam muito dinheiro, desde que, permanecendo continental, ela não comprometesse a prosperidade dos portos — Marselha, Nantes, sobretudo Bordéus — centros vitais do capitalismo dessa época, que desempenharam tão grande papel na história do partido.

Devido a suas origens e formação filosófica, os girondinos aceitavam a democracia política; mas seus gostos e suas ligações os levavam a exigir que ela respeitasse a riqueza e consagrasse os talentos. De fato, a Brissot e Vergniaud não faltavam méritos; mas pecavam pelo caráter. Após uma vida errante, de novelista assalariado, Brissot havia atingido a notoriedade graças aos "amigos dos negros", e aos "Patriote Français". Necessitado, havia servido ao duque de Orléans, a especuladores como Clavière, e também a La Fayette; contestavam-se seus escrúpulos mas êle morreu pobre. Tendo viajado na Inglaterra, na Suíça, nos Estados Unidos, acreditava conhecer as côrtes e os povos: instituiu-se o diplomata da Gironda. Foi também o seu "fabricante" por suas relações esparsas, sua atividade incessante, sua alegria, e sua facilidade, que o tornavam sociável. Mas êle era enredador; a impressão de leviandade e de irreflexão deixada pela conduta dos girondinos, provém sobretudo dêle, embora seu romantismo político estivesse em harmonia com a juventude e a proveniência social da maior parte dêles. Vergniaud respira principalmente a fraqueza e a indecisão. Filho de um mercador de Limoges, havia terminado, após longas apalpadelas, por encontrar seu caminho na barra do tribunal de Bordéus, onde se ligara com Guadet, Gensonné, Grangeneuve; a Revolução uniu-o a negociantes, Ducos e Boyer-Fonfrède. O grupo encontrou nêle seu melhor orador. Pela investida de repetições apaixonadas, algumas de suas arengas figuram entre as mais patéticas. Por várias vêzes êle foi a voz da nação, e soube evocar as decisões trágicas, que a política de seu partido devia impor à Revolução, com uma lógica implacável, que já parecia um ato. Mas seu epicurismo elegante e medido adiava as iniciativas perigosas. Êle buscou nos girondinos o meio de se estabelecer, na mesa e nos salões luxuosos de Mme. Dodum, viúva de um diretor-geral, na praça Vendôme; sob o encanto de seus próprios discursos, êles esqueciam de dar suas conclusões.

Para se fazerem escutados pela Assembléia, os girondinos não viram outro meio senão atacar violentamente os inimigos da Revolução. E incontinenti, a partir de 20 de outubro, Brissot, Vergniaud e Isnard lançaram-se contra o conde d'Artois o conde de Provence,

205

que havia fugido ao mesmo tempo que o rei, os emigrados; obtiveram contra êles dois decretos, o de 31 de outubro e o de 9 de novembro. Atacaram também os refratários. Não que fôssem muito afeiçoados à Igreja constitucionalista: a maior parte seguia Voltaire e os enciclopedistas, mais que Rousseau, e não tinha alma religiosa; mais tarde, em 26 de março de 1792, Guadet criticará abertamente Robespierre por ter assegurado, numa circular aos jacobinos afiliados, que a Providência protegia a Revolução, e Sonthonax escreverá: "Nada de capucinadas". Em 3 de novembro de 1791, o relatório de Gensonné condenou implìcitamente a Constituição civil do Clero e aconselhou a criar o estado civil e estender a secularização ao ensino e à assistência; pelo menos conservava o orçamento do culto; mas, alguns dias antes, Ducos havia solicitado a separação do Estado e da Igreja. Tendo a Constituinte, no curso da revisão, destacado da Constituição a Constituição civil do clero, o Legislativo podia revogá-la; mas êle não pretendia abandonar os padres fiéis à Revolução. Por outro lado, não concernindo à Constituição civil do clero o juramento à Constituição, prescrito em 27 de novembro de 1790, as objeções dos refratários perdiam seu valor; entretanto, nenhum sonhava sequer em prestá-lo: confirmando-se político o conflito, êles faziam o jôgo dos aristocratas. Sob êste título, embora a Assembléia se tenha recusado a interná-los, submeteu-os, em 27 de novembro, a sanções, em casos de perturbações, e suprimiu o "simultaneum".

Às sanções contra os emigrados, o rei opôs seu veto. De resto, não se podia dissimular seu caráter ilusório; uma intimação ao eleitor de Tréves, para que dissolvesse suas reuniões, atingi-los-ia mais seguramente; assim, em 29 de novembro, solicitou-se a Luís XVI que a enviasse. Sendo o arcebispo príncipe do Império, certamente solicitara conselho e auxílio à Dieta e ao Imperador. O ataque dos girondinos, desenvolvido com uma espécie de "audácia sorrateira", escreveu Jaurés, inflamava também a opinião, para levá-la a se voltar contra a Áustria. Que esperavam êles desta tática? Antes de tudo, e para êles, um grande desempenho e a popularidade. Mas contavam também colocar o rei contra a parede e exonerar a Revolução da opressiva suspeita. Se Luís XVI interpelasse o eleitor, estaria de fato renunciando ao veto; restar-lhe-ia impor ministros patriotas, que conduziriam à guerra. Brissot considerava o sucesso certo e rápido, se se surpreendesse a Áustria, porque o apêlo aos povos oprimidos seria de um efeito irresistível. "O momento é chegado", dizia êle em 31 de dezembro, "para nova cruzada; é uma cruzada de liberdade universal." Os refugiados aplaudiram, e os girondinos recrutaram para suas fileiras o banqueiro Clavière, imigrado genebrino; em 18 de dezembro, uma deputação inglêsa, conduzida pelo filho de

206

Watt, provocou nos jacobinos uma cena de entusiasmo. No norte, os belgas organizavam-se para o combate e os liegenses solicitavam a formação de uma legião. A Bélgica e a margem esquerda do Reno seriam incontinenti libertadas. Nada era mais propício a inflamar os idealistas, convictos de dar a liberdade ao mundo, e a conquistar os realistas, seduzidos pelas vantagens da expansão francesa.

Entretanto, os girondinos talvez não tivessem conseguido arrastar o govêrno sem sua colusão com os partidários de La Fayette, e sem mudança secreta, da Côrte. La Fayette e seus amigos contavam assumir o comando dos exércitos, e a guerra que, no espírito da Gironda, devia anular o poder do rei, parecia-lhe propícia, pelo contrário, a fortificá-lo; ela justificaria as medidas a serem tomadas contra os facciosos e, se necessário, das tropas vitoriosas aproveitar-se-ia para aniquilá-los. O salão de Mme. de Staël era o centro dêste grupo e, em 9 de dezembro, seu amante, o conde de Narbonne, nobre da côrte ligado aos Bourbons pelo nascimento, mas adepto da Revolução, tornou-se ministro da Guerra: suas segundas intenções o punham de acôrdo com os Lafayettistas. O marquês de Condorcet serviu de traço-de-união com os brissotinos. Editor de Voltaire, representante da filosofia, ia se tornar o pensador da Gironda e o renovador da instrução pública. Antes de aderir à República, havia figurado no clube de 89 e, diretor da Casa da Moeda, mantinha relações com as finanças: levou Brissot e Clavière para o salão de Mme. de Staël. Os dois partidos corriam atrás de fins opostos; mas, tendo ambos a guerra como primeiro objetivo, podiam entender-se para provocá-la. Em 29 de novembro, foi Daverhoult, um lafayettista, de origem holandesa, quem propôs a intimação ao eleitor. Todavia, o acôrdo viu-se ameaçado pela oposição dos amigos de La Fayette que sustentaram o triunvirato, sôbre êste ponto, no decreto contra os refratários, que Luís XVI rejeitou, em 19 de dezembro, por solicitação do Departamento de Paris. A Gironda cedeu e manteve seu apoio total a Narbonne.

Du Port, Barnave e os colegas de Narbonne eram hostis à política dêste último: resignaram-se, entretanto, à intimação, contando com Leopoldo, a quem os dois primeiros enviaram um memorial para lhe recomendar que dispersasse os emigrados. Esta diligência marca o fim de seu esfôrço coletivo: Barnave retirou-se para o Delfinado, de onde, vindo a raciocinar como La Fayette, terminou por aconselhar seus amigos a apoiarem os ministros patriotas.

Em 14 de dezembro o rei anunciou à Assembléia que iria enviar a intimação ao eleitor, e Narbonne solicitou a constituição de três exércitos, um dos quais para La Fayette. Feuillants e girondinos ficaram bastante surpresos vendo que Luís XVI cedia de boa vontade. Desesperando do acôrdo, êle se decidira a forçar a mão, ainda uma vez, aos reis a quem implorava em vão: atacados, convir-lhes-ia vir em seu auxílio. Os revolucionários faziam seu jôgo. A rainha escreveu a Fersen, em 14 de dezembro: "Os imbecis! Êles não perceberam que é nos servir." E Luís XVI a Breteuil, no mesmo dia: "Em lugar de uma guerra civil, será uma guerra política e as coisas ficarão bem melhores. O estado físico e moral da França faz com que lhe seja impossível sustentar uma meia-campanha."

Foi mesmo no seio da esquerda que a guerra encontrou o adversário mais decidido, e o único que se obstinou. Regressando de Arras, em fins de novembro, Robespierre, no início se mostrou desfavorável; logo mais, a atitude de La Fayette, de Narbonne, e do rei esclareceu-o sôbre a reação que a guerra teria. Em 16 de dezembro, pronunciou contra ela seu primeiro discurso, nos jacobinos. Durante algum tempo, Danton. Camille Desmoulins e alguns jornais o apoiaram; êles se calaram pouco a pouco, enquanto Robespierre persistiu até o fim. Com uma calarividência surpreendente, êle mostrou os perigos: a resistência dos povos contra os "missionários armados", a ditadura inevitável, os tributos aniquiladores, a lassitude e os aborrecimentos. Exasperou sobretudo a Gironda, denunciando sua situação equívoca: ei-la que se fazia responsável por La Fayette, o homem do Campo de Marte, e que exigia que se fizesse crédito a Narbone, ministro do rei, porque a guerra exigia a união! Percebendo as intenções dos Feuillants, sustentava que era necessário, antes de combater, dominar o rei e expulsar do exército os oficiais contra-revolucionários.

Entretanto, êle difamava a Gironda em excesso: ela não se enganava ao julgar a Revolução ameaçada, enquanto que êle insistia sôbre as intenções pacíficas dos soberanos; a propaganda não correspondia às esperanças, mas não ficou sem eco; êle não denunciava a cumplicidade de Brissot com a Côrte, mas deixava suspeitar, e, aliás, os girondinos lhe retribuíam na mesma moeda. Em todo caso, seus esforços não impediram a propaganda belicosa de conquistar a adesão de maior parte dos patriotas; os perigos que descrevia, muito reais, mas longínquos, não comoveram os franceses; a guerra não os inquietava, porque, como os voluntários iriam encarregar-se dela, êles nem pensavam que logo seriam também chamados. Embora Roberspierre tivesse sempre conservado partidários nos jacobinos, sua popularidade, tão grande no fim da Constituinte, chegou a decrescer visìvelmente até julho.

A guerra, a um tempo defensiva e ideológica, que os girondinos pregaram, exerceu sôbre a imaginação dos revolucionários incontestável sedução, e seu prestígio sobreviveu às catástrofes por ela engendradas. Seus promotores permaneceram populares, porque pareciam encarar a nação, em sua juventude, tôda fremente pela libertação e orgulhosa de oferecer a liberdade a "suas irmãs". Não foi o imprudente desígnio dêles que ocasionou sua perda, mas a fraqueza na execução. Porque êles désejavam, pela guerra, desmascarar e abater os traidores. "Marquemos inicialmente um lugar para os traidores e que êste lugar seja o patíbulo", gritou Guadet em 14 de janeiro de 1792. E Brissot já havia dito: "Temos necessidade de grandes traições; o povo aí está!" "Mas vós, representantes do povo." retrucou Robespierre, "não estais aí também? E que fazeis vós se não sabeis senão abandoná-lo ao terrível direito de insurreição?". No momento decisivo êles não ousaram.

IV. A aliança austríaco-prussiana (dezembro 1791-abril 1792)

Luís XVI e os partidários da guerra imaginavam que o eleitor e o imperador rejeitariam a intimação. Pelo contrário, tremendo pânico agitou o país renano, e a aristocracia estava convencida de que a revolta estouraria com a aparição dos franceses. Quando o eleitor apelou para o imperador, êste, que não tinha pelos emigrados estima nem simpatia, só lhe prometeu proteção com a condição de que êle ôs dispersasse em fins de dezembro: êles debandaram então, aliás sem ir muito longe; apenas os irmãos de Luís XVI foram tolerados abertamente em Coblença. O Legislativo, em troca, ordenou que fôssem dispensados no norte os ajuntamentos brabançônicos.

Mas, adiando ainda uma vez a intervenção, Leopoldo não permanecia menos fiel à intimidação. Em 10 de dezembro ratificou a resolução da Dieta que concedia a proteção do Império aos príncipes que tinham possessões na Alsácia. No dia 21, advertiu a França de que suas tropas dos Países Baixos defenderiam Trèves. Ao mesmo tempo, condenou a conduta dos jacobinos; exprimindo a esperança de que êles não o obrigariam a vir reduzi-los, renovou as ameaças de Pillnitz. Kaunitz devia desenvolver o mesmo tema, em 17 de fevereiro e em 18 de março, com mais virulência ainda.

Por outro lado, Leopoldo prosseguia suas negociações preparatórias. Em 20 de dezembro, insistiu junta à Prússia para que assinasse o tratado, do qual, até então, parecia fazer tão pouco caso. Foi Frederico Guilherme quem, desta vez tergiversou; êle fêz ver que a Áustria se enganava sôbre o sentido do acôrdo de 25 de julho: não era a livre constituição polonesa, isto é, aquela de 3 de maio de 1791 que se havia garantido, mas uma constituição livre.

Estava-se então abandonando a Polônia? Leopoldo, entretanto, não fêz a menor objeção e, a êste preço, obteve o tratado de 7 de fevereiro, que estipulava a remessa de 20.000 homens em auxílio da potência atacada. Precaução defensiva, dir-se-á, e que justificava a atitude da França. Esquece-se de que esta aliança jamais funcionou; no mesmo instante em que foi concluída, ela já se encontrava ultrapassada. Em 17 de janeiro, com efeito, uma conferência ministerial adotava, em Viena, um plano de harmonia européia, que foi submetido à Prússia, no dia 25. Seu sucesso parecia cada vez mais improvável; no começo do ano, a Rússia, de acôrdo com a Espanha, declarava que se limitaria a deixar agir os emigrados, apoiando-os eventualmente; aliás, o convite não foi apresentado senão em 12 de abril. Na realidade, a Áustria propunha à Prússia uma ofensiva a dois, fornecendo cada potência 50.000 homens, dos quais 6.000 seriam postos em marcha imediatamente: intimar-se-ia a França a reintegrar os príncipes alemães e o papa em seus domínios, a enviar a família real para lugar seguro e a garantir a forma monárquica de seu govêrno. A Prússia aderiu imediatamente e exigiu, além do mais, que as manifestações jacobinas fôssem interditadas, o que tornaria a guerra mais segura. Concordemos em que Leopoldo esperava sempre não ter de combater; êle acreditava provàvelmente que os jacobinos eram "por demais covardes", como dizia Maria Antonieta, para não capitular diante dos exércitos das potências. No entanto, é difícil negar que tudo agora estava pronto para a intervenção. Em 16 de fevereiro, Frederico Guilherme mantinha uma reunião em Potsdam com o duque de Brunswick, que propusera como general em chefe, e estudava com êle o plano de campanha; no dia 18, tornava a enviar Bischoffwerder a Viena, para estimular seu aliado. Leopoldo morreu em 1.º de março, e a sucessão de Francisco II só podia precipitar o conflito: faltava-lhe a prudência e o liberalismo de seu pai, e a intervenção na França recebeu sua aprovação sem reservas.

Contràriamente à sua expectativa, a Revolução adiantou-se a êle. Em 26 de março, Maria Antonieta anunciava-lhe que, na véspera, o ministério havia decidido declarar a guerra e invadir a Bélgica. Consternado, o Conselho áulico decidiu, em 13 de abril, enviar para lá tôdas as tropas disponíveis, e reduzir a 15.000 homens o contingente destinado à ofensiva.

Os prussianos protestaram: com 65.000 homens, a invasão da França tornava-se impossível, de modo que êles não combateriam senão para defender a Áustria. Em 18 de abril, Frederico Guilherme fêz saber que não mobilizaria, antes que a Áustria tivesse fixado a data em que seus 50.000 homens estariam preparados para entrar em França. Ela logo cedeu e fixou a ofensiva para os fins de julho. A Prússia lançou a ordem de mobilização na noite de 4 para 5 de maio. Três meses de espera eram oferecidos aos franceses.

A sorte já estava lançada: precipitando-se para o oeste os alemães abandonavam a Polônia a Catarina. Aplaudindo sua iniciativa, ela recebeu, em 15 de março, poloneses que, desde o verão precedente, se esforçavam por obter seu apoio contra a nova constituição: Félix Potocki e Rzewuski, ciosos de manter antes de mais nada o poderio da aristocracia, e Branicki, cuja avidez habituara à traição. A "Confederação" foi estabelecida em São Petersburgo, em 27 de abril, mas datada, para salvar as aparências, de Targovitsa, 17 de maio, véspera do dia fixado para a invasão. A partir de 28 de fevereiro Catarina anunciou a intervenção, em têrmos vagos, aos embaixadores, Goltz e Luís Cobenzl; mas ninguém supunha que ela pudesse ocupar a Polônia tôda, e o rei da Prússia regozijou-se mesmo, persuadido de que ela estava do seu lado. Em 15 de fevereiro, Goltz revelou-lhe que ela se dizia decidida a um segundo desmembramento e, no dia seguinte, êle tomava a decisão fatídica: sem cessar de falar de Juliers e de Berg, de compensação em dinheiro e de aquisições territoriais à custa de Luís XVI, no caso de faltarem recursos a êste último, decidiu se indenizar, na Polônia, pelas despesas da campanha da França, e comunicou essa decisão a Catarina, em 12 de março.

Frederico Guilherme não suspeitava dos obstáculos que o aguardavam; quanto à Áustria, ela se destinava os piores, porque assumia, nesta guerra, todos os riscos territoriais; a Prússia encontrava-se em situação de abandoná-la, e acabava de demonstrá-lo. Ora, Kaunitz, fiel à política de Leopoldo, não queria saber de uma partilha de terras polonesas, e agarrava-se a uma indenização pecuniária, que excluiria o engrandecimento da Prússia. Neste caso, se Catarina entrasse na Polônia — e como impedi-lo? — a aliança austríaco-prussiana não se manteria. É o que viram claramente Spielmann e Felipe Cobenzl, os subordinados de Kaunitz. Habituado por Leopoldo a negociar sem que seu chefe o soubesse, Spielmann, desde 17 de janeiro, advertia a Prússia de que a Áustria trocaria de bom grado a Baviera pela Bélgica e, em 28 de março, fêz, pela primeira vez, alusão a uma partilha da Polônia entre a Rússia e a Prússia. Mas a chanceleria austríaca, assim dividida, não apresentou suas condições, e entrou na campanha sem que um tratado formal tivesse regulamentado a questão das indenizações. É que, até Valmy, os aliados não acreditavam na resistência dos franceses, e na duração da guerra. Censurou-se, sem misericórdia, a leviandade dos girondinos. Que tinham êles a invejar aos políticos engaloados da velha Europa?

V. *O ministério Dumouriez e a declaração de guerra (20 de abril de 1792)*

Em 6 de janeiro de 1792, o Legislativo soube que os emigrados se dispersavam; de Lessart podia sustentar que a França obtinha satisfação. Mas, desde 31 de dezembro, tinha-se conhecido o despacho de Leopoldo e suas novas ameaças: os girondinos puderam atirar-se contra êle. Em 13 de janeiro, Gensonné, em nome do comitê diplomático, propôs um ultimato à Áustria: antes de 1.º de março ela devia declarar se pretendia manter a aliança de 1756, e renunciar ao acôrdo. Brissot e Vergniaud empenharam-se profundamente, e no dia 25 a Assembléia adotou o decreto; depois, em 9 de fevereiro, pôs sob sequestro os bens dos emigrados. Narbonne assegurava que o exército estaria preparado: encarregou o filho do conde Custine de ir propor ao duque de Brunswinck o comando das fôrças francesas. Ao mesmo tempo, de Lessart deixava-se persuadir a enviar Ségur a Berlim, para obter a neutralidade do rei, comprando seus favoritos, e Talleyrand a Londres, para assegurar os inglêses, e obter um empréstimo. Talleyrand negociou secretamente um mercado com financistas, agentes de colonos britânicos de Tabago, para lhes obter, em troca, a retrocessão da ilha.

Entretanto, de Lessart confiava ainda em Leopoldo. Em 21 de janeiro, protestou tìmidamente contra sua pretensão de intervir nos negócios internos do reino, e afirmou que a França desejava a paz. Nada era mais indicado para confirmar Kaunitz em sua arrogância; denunciando "pùblicamente", em 17 de fevereiro, "a seita" que se recusava a deixar rever a Constituição, lançou fogo à polvora. La Fayette e Narbonne protestaram contra a humilhação infligida ao país, e brigaram com Du Port e Bertrand de Moleville. Num memorial que leu a Luís XVI, em pleno Conselho, Narbonne intimou o rei a atestar sua fidelidade à Constituição, notadamente por uma depuração dos que o cercavam e pela formação de sua casa civil com o concurso dos Feuillants. Em lugar de Bertrand, foi êle o expulso. Girondinos a lafayettistas responderam, acusando Lessart, em 10 de março. Os outros ministros, assustados, demitiram-se. Du Port aconselhava um golpe de Estado a Luís XVI. Mas por qual meio? Assustado, o rei cedeu. Todavia, não aceitou os candidatos de La Fayette, e deu carta branca a Dumouriez.

Após brilhantes inícios durante a Guerra dos Sete Anos, Dumouriez havia tentado fortuna na diplomacia secreta; nomeado, em seguida, comandante militar de Cherburgo, aí envelhecia sem glória, quando a Revolução lhe abriu nova carreira: êle aderiu. Enviado a Vendéia, fêz-se jacobino e entrou em entendimentos com Gensonné, encarregado, pela Constituinte, de uma missão na região. Mas, ao mesmo tempo, êle se ofereceu ao rei, por intermédio de seus amigos, Laporte, intendente da lista civil, e o banqueiro Sainte-Foy, que o fizeram unir-se a de Lessart. Tinha o mesmo desígnio de La Fayette e Narbonne: fazer uma guerra curta, depois levar a armada vitoriosa a restaurar o poder do rei, e governar em seu nome. Êles eram odiosos à Côrte; êle, um homem nôvo, agradou a Luís XVI por sua vivacidade e sua conversação espirituosa. Esforçou-se por desarmar os democratas, concedendo algumas pastas à Gironda. Foi, mesmo, o caso de Danton e de Collot d'Herbois. Jacobinos ministros, dizia Sainte-Foy, não serão ministros jacobinos. Indicaram-se Clavière, para as Contribuições públicas, e Roland, precedentemente inspetor das manufaturas, para o Interior. Os outros ministros eram indicados pelo rei, mas foram colocados alguns jacobinos em lugares subalternos: Bonnecarrère, Lebrun-Tondu e Noël, amigo de Danton, nos Negócios Estrangeiros, Lanthenas e Pache, no Interior.

A esperança de Dumouriez realizou-se. Desta vez, Robespierre tinha bons motivos para denunciar o compromisso dos "intrigantes" com a Côrte. A ruptura tornou-se definitiva: foi o germe do duelo mortal entre a Montanha e a Gironda. Esta se extraviava numa perigosa aventura, aceitando a responsabilidade do poder, sem tomar sua direção: equívoco que subsiste, porque até hoje ainda se fala no ministério "girondino". Mme. Roland percebeu-o imediatamente e, esforçando-se por remediar, fêz nomear Servan para a pasta da Guerra, em 9 de maio, e foi a animadora do Ministério do Interior. Já na primavera de 1791, em seu salão da rua Guénégaud, ela se irritava pela indolência dos amigos. Instalada no magnífico palácio, onde o marido sucedia aos controladores gerais das finanças, tornou-se a Egéria da Gironda, e impeliu-a à ação. Acreditava-se digna do poder, devido à sua vontade corneliana; mas a ingerência de uma mulher na política parecia, então, ridícula: ela enfraqueceu o seu partido. Além do mais, era mais indicada para reinar, que para governar, porque não tinha programa estabelecido. Enfim, sempre pregando a união, acabou por dividir os democratas: julgando os homens de acôrdo com sua fisionomia e sua submissão, não gostava de Vergniaud, tomou horror a Danton, e impôs suas prevenções a todos aquêles que eram seduzidos pelo seu encanto.

Mas a Gironda despreocupada não pensava senão na declaração de guerra, de que, agora, não tinha mais dúvida. Dumouriez estreou, em 18 de março, por uma nota bastante moderada, mas que se cruzou com a de Kaunitz; em 25, decidiu-se dirigir um ultimato definitivo à Áustria, que não respondeu. Em 20 de abril, sem oposição séria — futuramente Montagnards, Cambon e Carnot, Chabot, Basire e

Merlin de Thionville adeririam como os outros — a Assembléia votou a guerra ao rei da Boêmia e da Hungria, isto é, apenas à Áustria, e não ao Império. Um nôvo período abria-se na história da França e da Europa.

Terceiro capítulo

A SEGUNDA REVOLUÇÃO FRANCESA
(agôsto-setembro 1792)

A guerra desfez tôdas as previsões daqueles que, de um lado e de outro, a haviam provocado. Ela devia transtornar a Europa, e durar, salvo um breve intervalo, até 1815. Mas foi na França que se manifestaram seus primeiros efeitos: a queda da monarquia e a ascensão da democracia política.

I. *O revés da ofensiva francesa (abril-junho 1792)*

Dumouriez, que se via antes de mais nada como um diplomata, havia-se encarregado dos Negócios Estrangeiros. Gabava-se de isolar a Áustria e de sublevar a Bélgica, onde ela não possuía senão uns quarenta mil homens; após o que, sem ter muito combatido, êle assinaria a paz. Como pensava persuadir Francisco II a fazê-lo, pode-se entrever pelos entendimentos que seu agente Benoit celebrou, em Berlim, sôbre a revisão da Constituição.

A Prússia, a Sardenha e os turcos constituíam os elementos clássicos de uma coalizão antiaustríaca. Mas os emissários franceses viram-se repelidos por tôda parte. A Inglaterra repeliu igualmente as tentativas de Talleyrand, enviado a Londres com o marquês de Chauvelin. A morte de Gustavo III, assassinado por um de seus nobres, em 16 de março, e a desgraça de Florida Blanca, que d'Aranda substituiu, abriam perspectivas mais favoráveis; não se podia, portanto, esperar da Suécia e da Espanha nada mais que neutralidade. O revés diplomático foi completo.

Dumouriez e Brissot contavam demais com a propaganda que, daí para a frente, se organizou oficialmente. Constituíram-se legiões estrangeiras: belga, liegense, germânica, holandesa, savoiana. A rea-

215

ção, severa em Liège, havia sido menos dura na Bélgica; mas o regime austríaco permanecia suspeito ao clero, e o descontentamento muito vivo. De Estrasburgo, o prefeito Dietrich, o jacobino Laveaux e o refugiado Euloge Schneider trabalhavam a Alemanha; de Paris, o clube helvético que, por volta de 10 de agôsto, se transformou em clube dos Allobroges, agia na Suíça e na Savóia, sob a direção de Clavière e de Doppet. Chantreau, antigo professor da Escola Militar de Ávila, foi encarregado de uma missão secreta na Catalùnha. Acolheu-se Miranda, que prometia sublevar a América espanhola. Os desertores receberam gratificações. Os franceses se persuadiam de que seriam acolhidos como libertadores, para além da fronteira: mas era necessário transpô-la.

A despeito das promessas de Narbonne, o exército não estava preparado. As tropas de linha não preenchiam suas vagas, porque todos preferiam engajar-se nos batalhões de voluntários, mais bem pagos, que elegiam seus oficiais, e podiam retirar-se após a campanha. Apesar dessas vantagens, êsses batalhões estavam se organizando com lentidão; os voluntários pròpriamente ditos, animados pelo entusiasmo revolucionário, não formavam senão uma parte; frequentemente os guardas nacionais, não desejando deixar os lares, ofereciam brindes para reunir o contingente solicitado, e era necessário aguardar os recrutamentos. O equipamento, fornecido pelas autoridades locais, levava tempo, e as armas eram escassas. A instrução militar fazia falta a estas novas tropas. Seus quadros, constituídos pela elite da burguesia, forneceram numerosos generais à República; mas êles tinham tudo a aprender a respeito do procedimento da guerra. Dumouriez sabia tudo isso: mas o exército se adestraria ao combater, e o essencial era enfrentar a luta, pois o adversário não lhe opunha, em campanha, mais que 30.000 homens, dispostos em fila, do mar à Lorena; partindo em 29 de abril de Furnes, Lille, Valenciennes e Givet, quatro colunas, contando mais de 50.000 homens, transporiam esta rêde. Infelizmente, os generais, preparados para a guerra regular, nada compreendiam dêste plano, e os oficiais não confiavam nas tropas indisciplinadas, porque, dos 9.000 oficiais, metade pelo menos já tinha emigrado; alguns desertaram às vésperas da ofensiva; outros, em maio, passaram para o inimigo, com três regimentos. Em 29 de abril, à vista dos primeiros austríacos, Dillon e Biron ordenaram a retirada; suas tropas, clamando contra a traição, debandaram; Dillon foi massacrado em Lille. Carle e La Fayette se retiraram, sem haver visto o adversário. O exército do Reno não se movia, a fim de não provocar a Dieta; apenas Custine obteve sucesso: fêz evacuar Porrentruy.

Os generais rejeitaram qualquer responsabilidade sôbre a indisciplina e sôbre o ministério, que a tolerava. A Gironda fêz perseguir os assassinos de Dillon, e também a Marat, que excitava os soldados a se desembaraçarem de seus generais; um decreto reforçou a justiça militar e autorizou os generais a promulgarem regulamentos comportando penalidades: incontestável abdicação do poder legislativo. Em vão: em 18 de maio, reunidos em Valenciennes, os chefes dos exércitos, a despeito das ordens reiteradas do ministro, declararam impossível a ofensiva, e se permitiram a aconselhar ao rei a paz imediata. Em junho, Luckner decidiu-se a tomar Courtrai, para evacuá-la imediatamente. O revés militar também foi completo. Os motivos invocados pelos generais não podem ser contestados; mas sua incapacidade também não. E êles dissimulavam suas verdadeiras razões: polìticamente, La Fayette dava uma reviravolta.

II. *Origens da segunda Revolução*

Excitada pela propaganda dos girondinos, a agitação aumentava dia a dia. O apêlo ao "amor sagrado pela pátria" aquecia os espíritos e, em 26 de abril, em Estrasburgo, Rouget de Lisle exprimia o ardor que os animava em seu "Chant de guerre pour l'armée du Rhin", destinado a se tornar, sob outro nome, o hino nacional da República. Mas os patriotas de 1792 eram os sustentáculos da Revolução; os aristocratas opunham o rei à pátria, e achincalhavam a nação; aguardavam impacientemente a chegada dos alemães, ou combatiam em suas fileiras; Rouget aconselhava a magnanimidade com relação aos inimigos — "Perdoem estas tristes vítimas, contra sua vontade armadas contra vós" —, enquanto se mostrava implacável para com os "traidores", "parricidas", "pérfidos" cúmplices dos "tiranos". Assim, o entusiasmo nacional e a efervescência revolucionária caminhavam lado a lado. Tendo sido os reveses de abril imputados à traição, um padre refratário foi massacrado em Lille, como Dillon e, no mesmo dia, o Diretório do Departamento do Norte decidiu internar os insurretos em Cambrai. O complô aristocrático excitava cada vez mais as imaginações, pois os aristocratas se regozijavam abertamente com a derrota em seus propósitos e jornais, e redobravam de atividade. A Rouerie no oeste, Monnier de La Quarrée, no sudoeste, os Charrier e vários outros no Vivarais, no Gévaudan, no Velay, preparavam insurreições que auxiliariam os invasores; em Yssingeaux houve uma revolta em maio; após Varennes, os contra-revolucionários dominavam em Arles e aí se fortificavam.

A reação defensiva e punitiva retomou vigor. Em fevereiro e março, os jacobinos de Marselha encarregaram-se espontâneamente de tôda a Provença e, em armas, dominaram os adversários em Arles, sobretudo, e em Avinhão. Marselha passou daí para a frente a ser a esperança suprema dos patriotas. O movimento democrático aprofundou-se. Os girondinos, no decurso do inverno, puseram na moda o barrete vermelho entre os "sans-culottes" e aconselharam os cidadãos passivos a se armarem com lanças. As sociedades fraternais se repovoaram. Obteve-se da Assembléia o perdão dos suíços de Châteauvieux, enviados às galés após o caso de Nancy, e, a despeito das invectivas de André Chenier, êles foram festejados em Paris, em 15 de abril. A anistia, concedida pela Constituinte para todos os fatos relativos à Revolução, foi estendida aos assassínios cometidos, tanto de um lado como do outro, no Comatat, a fim de subtrair às perseguições os assassinos da Glacière, e notadamente Jourdan-Coupe-tête, que tornara a entrar em Avinhão com os marselheses.

No seio das classes populares, a ação revolucionária revestia um aspecto social que, mais ainda que em 1789, inquietou a burguesia. Um pouco por tôda parte, obrigavam-se os ricos a fazerem contribuições para recompensar ou equipar os voluntários. A revolta agrária continuava latente; no fim do inverno, ela se reanimou no Quercy; depois, tendo um navio, que transportava guardas nacionais enviados em auxílio dos marselheses, se introduzido no Rodano, novamente gritou-se que tinha havido traição e desencadeou-se uma formidável insurreição de camponeses no Gard, em Ardèche e no Hérault. Couthon propôs impor-se aos senhores a produção do título primitivo da concessão das terras, o que significava suprimir sem indenização quase tôdas as rendas; a Assembléia aceitou, em 18 de junho, mas apenas para os direitos fortuitos.

Ainda de maior conseqüência, porque atingia as cidades, era a crise econômica que novamente abalava as massas. Provinha, desta vez, não da penúria, mas da inflação, aumentada de 600 milhões após outubro. A baixa do "assignat" prosseguia, e mais ainda a do câmbio: em Paris, 100 libras sôbre Londres, cotadas ao redor de 70 nas vésperas de Varennes, não valiam mais que 50 em março, para subir um pouco de abril a agôsto. O dilúvio de bilhetez de confiança agravou ainda a inquietação, porque os especuladores abusavam: em Paris, em março, o "monte de socorro" entrou em falência e, durante um ano, o Estado teve que prover aos reembolsos. Os preços, felizmente, não seguiam senão de longe o curso do ouro, não os elevando a alta a não ser de um têrço, ou da metade, em lugar de dobrá-los; mas, numa época em que os operários dificilmente obtinham elevação dos salários, isto era o suficiente para superexcitá-los. Por outro lado, o açúcar tornava-se raro: continuavam as agitações das Antilhas, e foi em vão que Brissot obteve, enfim, em 24 de março, a igualdade dos direitos para os homens de côr. A chegada de mercadorias diminuía, e os monopólios tomavam conta das mercadorias coloniais: em janeiro, saquearam-se lojas em Paris; depois, em fevereiro, o sabão provocou novas desordens. Ainda bem mais angustiante anunciava-se o abastecimento em cereais. Os grandes cultivadores, não pagando rendas nem impostos, e adquirindo as fazendas por meio de "assignats", esperavam a alta, tanto mais que agora podiam vender pessoalmente. A circulação tornou-se difícil; em fevereiro, acorreu-se, de dez léguas ao redor, perto de Noyon, para fazer parar os barcos de trigo sôbre o Oise; em Dunquerque, um tumulto suspendeu os embarques destinados ao oeste e ao sul; os operários do Perche e do Maine desceram para Beauce e taxaram as mercadorias nos mercados; em 3 de março, Simoneau, prefeito de Étampes, foi massacrado. A guerra agravou a situação, porque a requisição de cavalos e de veículos retardou a debulha e o transporte dos cereais, enquanto as compras do exército os tornavam mais raros e mais caros. A regulamentação e a taxação, estimadas pelo povo, tornaram a encontrar defensores. Em maio, Jacques Roux, vigário de Saint-Nicolas-des-Champs, em Paris, reclamou a pena de morte contra os monopolistas; em junho, Lange, oficial municipal de Lyon, propôs o *maximum* nacional de cereais. Procurando assim restringir o que encaravam como um abuso de propriedade, alguns tinham a idéia de limitá-la; como Pierre Dolivier, cura de Mauchamp, em sua defesa dos revoltosos de Étampes, e em sua propaganda a favor da obrigação dos proprietários de dividir suas grandes fazendas.

Mais que nunca, os jornais dos Ferrilants gritavam que a Constituição não era a única a estar ameaçada, e alarmavam a burguesia com o espectro da "lei agrária". Os girondinos inquietavam-se também: em 3 de junho, honraram oficialmente a memória de Simoneau. Responsáveis pela ordem, como associados ao govêrno, estreitamente ligados à burguesia, professando — sobretudo Roland — uma simpatia sem reservas pela liberdade econômica, apavoraramse com os "sans-culottes" e começaram uma evolução que deveria transformá-los em conservadores. Mas, na ocasião, o perigo contrarevolucionário dominava seu pensamento.

III. *A queda do ministério Dumouriez e o enfraquecimento dos girondinos (junho-agôsto 1792)*

La Fayette tolerava com pesar um ministério que êle absolutamente não havia constituído e onde figurava gentalha, como Roland. Os reveses do exército o mortificavam. A emoção dos Feuillants atingiu-o. Recebeu Du Port, em Givet, e admitiu a necessidade de fechar os clubes e revisar a Constituição, por um golpe de Estado militar. Enviou um emissário a Mercy, para propor um armistício que lhe permitisse marchar sôbre Paris. Não recebeu resposta, sabendo que Luís XVI não desejava ser salvo por êle. Nada impedia, entretanto, que o rei se aproveitasse de sua ruptura com os jacobinos, para demitir os ministros girondinos. Desde que se apercebeu disso, Dumouriez tomou partido contra êles.

Na segunda quinzena de maio, os patriotas recearam um golpe de fôrça: no dia 18, o juiz de paz Larivière ousou mandar prender o "trio franciscano", Basire, Chabot e Merlin de Thionville. Os girondinos não tiveram outro recurso senão voltar à política de intimidação, que os havia levado ao poder. No dia 23, Vergniaud e Brissot denunciaram o "comitê austríaco"; a 26, um decreto ordenou a deportação de qualquer refratário, denunciado por vinte cidadãos do departamento; a 28, a Assembléia declarou-se em sessão permanente e, no dia seguinte, pronunciou a dissolução da guarda constitucional do rei; a 30, Gensonné propôs confiar a polícia política aos corpos administrativos, com direito de prender os suspeitos; enfim, a 6 de junho, Servan fêz decidir o apêlo de 20.000 guardas nacionais, que assistiriam à Federação, e formariam, em seguida, um acampamento. Tratava-se de proteger Paris contra o inimigo, sem dúvida, mas, enquanto se aguardava, de auxiliar eventualmente os patriotas; também uma petição, chamada dos 8.000, suscitada pelo guarda nacional parisiense, protestou que esta era suficiente para manter a ordem. Luís XVI recusou-se a sacrificar os refratários e a autorizar a criação do acampamento. A 12 de junho, uma carta de Roland intimou-o a ceder, declarando que sua conduta ia provocar a queda do trono e o massacre dos aristocratas. Êle recebeu sua demissão, a 13, com Clavière e Servan. Mas, a 15, a Assembléia recebeu Dumouriez de tal maneira, que êle temeu a acusação e, obstinando-se o rei em dar sua sanção apenas para a dissolução de sua guarda, apresentou sua demissão, e partiu para o exército do norte. Os Feuillants retomaram o poder, e La Fayette julgou o momento favorável: a 18, a Assembléia recebeu dêle intimação para destruir o movimento democrático.

A partir do fim de maio, os subúrbios pareciam estar a ponto de agir. Os girondinos até então os continham pela intervenção de Pétion: êles lhes cederam por ocasião da manifestação prevista para 20 de junho, aniversário do juramento do Jeu de Paume, que o Diretório do departamento proibiu em vão. A multidão desfilou diante da Assembléia, depois invadiu as Tulherias. O rei sofreu com dignidade as objurgações e ameaças; recusou-se obstinadamente a

220

retirar seu veto e readmitir os ministros girondinos. O insulto que lhe foi feito em vão lhe valeu ardentes protestos de lealdade, e êle suspendeu Pétion, assim como Manuel, procurador da Comuna. A 28, La Fayette, tendo deixado seu exército sem autorização, surgiu na Assembléia, ameaçador. Abandonado pela Côrte, não conseguiu arrastar a guarda nacional dos quarteirões ricos do oeste, e tornou a partir, decepcionado. Mas absolutamente não renunciou. Em fins de julho, viram-se suas tropas operar, com as de Luckner, em presença do inimigo, uma assombrosa contradança, que lhes permitiu aproximarem-se de Compiègne, onde se suplicou a Luís XVI que se rendesse. O rei persistiu em sua recusa; êle não escutava mais nem mesmo aos Feuillants, que queriam transportá-lo para Ruão, de onde poderia ganhar o mar. Acreditava poder sustentar-se até a chegada dos prussianos, contando com o manifesto que lhes suplicava fizessem publicar, com a corrupção, com as fôrças de que ainda dispunha, e também com as hesitações dos girondinos. Desconcertados por um momento pelo revés de 20 de junho, êstes últimos retomaram a direção do ministério. Um decreto de 2 de julho autorizou os guardas nacionais a irem ter à Federação: vários se haviam pôsto a caminho espontâneamente. Outro decreto instituiu, no dia 5, a requisição geral de homens válidos e de armas, em caso de perigo nacional, e a Assembléia declarou efetivamente, no dia 11, a pátria em perigo. Vergniaud, no dia 3, e Brissot, no dia 9, denunciaram veementemente a traição do rei e dos ministros, solicitaram que êstes fôssem declarados solidàriamente responsáveis pelo exercício do veto, ameaçaram de pô-los em acusação e deram a entender que isso poderia dar lugar a se pronunciar a queda do rei. Êles trabalharam tão bem, que o ministério solicitou sua demissão no dia 10. Restava obter que Luís XVI tornasse a chamar os ministros girondinos. Então, como outrora os triúnviros, Vergniaud, Guadet e Gensonné conferenciaram secretamente com êle, fazendo-o receber uma carta, em 20 de julho, pelo pintor Boze, ligado a Thierry de Ville-d'Avray, primeiro camareiro do monarca; Vergniaud escreveu outra, no dia 29; Guadet, diz-se, viu a família real nas Tulherias. Luís XVI não lhes concedeu o ministério, mas deixou-lhes esperanças, para manietar-lhes as mãos; com efeito, de atacantes, êles se transformaram sùbitamente em defensores do trono. Se êle os chamasse novamente, o que o impediria de tornar a demiti-los em plena invasão? Os federados e as seções viam as coisas mais claramente: decidiram terminar com isso. Girondinos tentaram opor-lhes obstáculos: a 26 de julho, Brissot ameaçou os republicanos com o poder da lei, e pronunciou-se contra a queda do trono; a 4 de agôsto, Vergniaud fêz anular o decreto da seção Mauconseil, declarando que "ela não reconhecia mais Luís XVI como rei dos franceses"; Isnard falava em denunciar Robespierre. Rompiam assim o contacto com o povo revolucionário, no momento em que êle ia dar à sua política seu coroamento lógico. A 3 de janeiro de 1793, Guadet explicaria a carta ao rei pelo temor de que, desencadeando-se a insurreição, as conseqüências fôssem ainda piores do que a 20 de junho. Entretanto, causas mais profundas explicam o desfalecimento. No fundo, êstes "homens de Estado" não tinham pelos "sans-culottes" senão uma simpatia distante, e a insurreição os assustava porque temiam, se não permanecessem senhores, que ela pusesse em perigo a riqueza, como o prediziam os Feuillants, para não dizer a propriedade. Mas recuar nesse momento supremo, era trazer, contra si e contra seu partido, um fim mortal.

IV. *A revolução de 10 de agôsto de 1792*

Após Varennes, a província não havia ajudado em nada os republicanos parisienses; dela, pelo contrário, veio o reconfôrto após a jornada de 20 de junho; porque, enquanto as administrações dos departamentos e mesmo dos distritos se indignavam, muitas Municipalidades se pronunciaram contra o rei, sobretudo no sudoeste. No perigo em que se encontravam os "sans-culottes", foi aos marselheses, famosos por sua campanha vitoriosa da primavera, que êles se dirigiram, como também a Montpellier e a Nimes. Barbaroux, então em Paris, solicitou a seus compatriotas 500 homens que soubessem morrer. Os jacobinos de Montpellier enviaram Mireur, futuro general da República, para se entender com seus irmãos de Marselha, e êle lhes revelou o "Canto de Guerra" de Rouget de de Lisle que, ao subir para Paris, êles cantaram ao longo do caminho; apenas partira o batalhão de 10 de agôsto, a Municipalidade, em primeiro lugar, reclamou a República. Muito antes que os meridionais, outros guardas nacionais chegaram a Paris: a 11 de julho, Robespierre publicou uma súplica aos federados; entusiastas e militarmente organizados, constituíram um refôrço inestimável. A 17 e 23, êles apresentaram à Assembléia petições, solicitando a suspensão do rei. Neste sentido, a revolução de 10 de agôsto não foi absolutamente parisiense, como a de 14 de julho, mas nacional.

Os federados criaram um comitê central e um diretório secreto, onde entraram os chefes parisienses, que asseguraram a ligação com as seções. Em cada uma delas, no momento, as reuniões eram feitas diàriamente; a 25 de julho, a Assembléia autorizou sua "permanência"; a 27, Pétion permitiu a instalação, na Prefeitura, de uma repartição de correspondência. Nem todos se mostravam hostis ao rei. Mas os cidadãos passivos se infiltraram: a 30, a seção do Teatro francês instituiu para si o sufrágio universal. Jacobinos e "sans-culottes" bateram-se com os moderados, e pouco a pouco os dominaram. A 30 de julho, um decreto admitiu os passivos na guarda nacional.

Uma após outra, 47 seções se pronunciaram pela deposição de Luís XVI, e a nomeação de um Conselho executivo. Mas Robespierre observava que nada teria sido feito, se não se desembaraçassem da Assembléia: era necessário eleger pelo sufrágio universal uma Convenção, quer dizer — o nome vinha da América — uma Constituinte. Nos últimos dias de julho, acontecimentos dramáticos acabaram de inflamar os espíritos. De 22 a 24 proclamou-se, pelas ruas, a pátria em perigo: o arrolamento começou; os prussianos iam deixar Coblença e, a 1.º de agôsto, conheceu-se o manifesto de Brunswick, que ameaçava Paris de "execução militar e destruição total" se fôsse feito "o menor ultraje" à família real; a 25, chegaram os federados de Brest e, a 30, os marselheses desfilaram no "faubourg de gloire" cantando o hino que, depois, levou seu nome, e permaneceu assim associado à queda da monarquia e ao advento da democracia política. A insurreição quase estourou a 26, depois a 30. Pétion, que devia apresentar, a 3 de agôsto, a petição das seções, obteve que se esperasse. O bairro Saint Antoine, seção dos *Quinze-Vingts*, deu à Assembléia o último prazo, até o dia 9. Gensonné afirmou mais tarde que se havia pronunciado em comitê pela deposição; não havia nenhuma oportunidade de levar o Legislativo a decretá-la: a 9, êle recusou, mesmo, pôr La Fayette em acusação. Durante a noite, soou o toque a rebate.

Longe de crer assegurado o sucesso, os chefes dos "sans-culottes" temeram, pelo contrário, até o último momento, nova tentativa do complô dos aristocratas, contra os subúrbios e a Assembléia. Êste "terror" não era sem motivos: os suíços estavam concentrados nas Tulhérias; várias centenas de monarquistas, entre os quais numerosos futuros vendeanos, os reforçavam; a Côrte contava seguramente com Mandat, comandante da guarda nacional. Na falta de ofensiva, ela podia reprimir o assalto e dispersar o Legislativo. Que um chefe resoluto e capaz — Barras ou Bonaparte — tomasse a direção, e a jornada permitiria a Luís XVI receber os prussianos como vencedores. Neste sentido, a insurreição foi, ainda uma vez, uma reação defensiva. Os revolucionários perceberam o risco, e o enfrentaram.

O bairro Saint-Antoine convidou as outras seções a enviarem à prefeitura comissários que se instalaram ao lado da Comuna legal e, em 24 horas, tomaram o seu lugar; Mandat foi chamado, prêso e massacrado, suas ordens revogadas. Nas Tulhérias, a guarda nacional desertou ou dispersou-se. Então interpôs-se Roederer, o procurador-geral-síndico, a favor dos girondinos: êle persuadiu a família real a se refugiar na Assembléia, esperando assim prevenir uma luta armada e, com isso, deixar a decisão aos deputados.

Não ficaram no castelo senão os suíços, em presença dos marselheses, logo levados por Chaumette e Gorsas. Deixou-se que êstes entrassem nos pátios e avançassem até a grande escadaria, para confraternizar; de repente, os suíços abriram fogo, depois saíram e evacuaram o Carroussel. Reforçados finalmente pelos subúrbios, os federados retomaram a ofensiva e repeliram os defensores no castelo. Como na Bastilha, gritava-se que tinha havido uma cilada de conspiradores. Quando, pelas 10 horas, o rei ordenou aos sitiantes que cessassem fogo e se retirassem, os assaltantes recusaram quartel e massacraram grande número dêles; 50 suíços, levados à prefeitura, foram condenados à morte. Poupou-se, entretanto, parte da guarnição, que foi aprisionada.

O 14 de julho havia salvado a Constituinte; o 10 de agôsto condenava o Legislativo: os vencedores pensaram em dissolvê-lo, para permanecer os únicos senhores do poder. Todavia, a nova Comuna, formada de desconhecidos, temia alarmar a província, onde os girondinos continuavam populares: foram portanto conservados como fiadores, e a Revolução se enterrou num compromisso. A Assembléia subsistiu provisòriamente; mas reconheceu a Comuna insurrecional, que as eleições elevaram a 288 membros, entre os quais Robespierre. Decretou-se não a deposição, mas apenas a suspensão de Luís XVI; a Comuna internou-o no Templo com a família; mas reservou-se a decisão para uma Convenção eleita pelo sufrágio universal, como Robespierre havia proposto. A Assembléia nomeou um Conselho executivo provisório, onde colocou Monge e Lebrun-Tondu ao lado dos antigos ministros girondinos; ela lhes acrescentou Danton, contando servir-se dêle para lisonjear a Comuna.

Filho de um procurador de Arcis, antigo advogado do Conselho, tornando-se em 1791 membro do Diretório do departamento, depois substituto do procurador da Comuna, Danton era conhecido como democrata, depois de 1789. Mas, sùbitamente, começou a surgir cheio de dinheiro, e dizia-se que o recebia do rei. Mirabeau, numa carta íntima, atesta tê-lo comprado. Todavia, o que a Côrte obtinha dêle, não o sabemos. Sôbre seu papel na jornada de 10 de agôsto, que, diante do tribunal revolucionário, êle se vangloriou de ter desempenhado, as testemunhas são raras e contestadas. Entretanto, para que os girondinos tivessem recorrido a êle, era necessário que continuasse popular, e engajado com os insurretos. Como Mirabeau, era de temperamento impetuoso, ávido de poder, e a moral nunca o embaraçava; bondoso, aliás, na vida privada. Não escrevia, e suas idéias políticas, assim como suas intenções, fre-

224

qüentemente nos escapam. Ao que parece, como político astuto farejava o vento antes de tomar partido. Todavia, demonstrou os dons de um homem de Estado: o golpe de vista pronto, a decisão rápida e audaciosa, o realismo sem escrúpulos, uma eloqüência abundante, em fórmulas atraentes; o ciúme e o rancor permaneceram estranhos a êle, e sempre se declarou pronto à união para a ação. O Mirabeau do populacho, como o chamam os inimigos da Revolução, permaneceu simpático a muitos franceses "médios", que o sentem perto de si por seu patriotismo, e por sua preocupação pela ação positiva, ao mesmo tempo ardente pelo progresso e atento ao sacrifício. No Conselho, na realidade êle era o chefe e prestou serviços à Revolução.

Na província, o perigo principal vinha de La Fayette, que seduziu o Departamento das Ardenas e desejava marchar sôbre Paris, enquanto seu amigo Dietrich tentava sublevar Estrasburgo. Estas tentativas abortaram: abandonado por suas tropas, La Fayette, em 19 de agôsto, passou para os austríacos, que o aprisionaram. No interior, alguns diretórios de departamentos resistiram: foram suspensos, e isso foi tudo. Entretanto, grande número de administrações permaneciam nas mãos dos constitucionalistas e em conflito com os clubes jacobinos. A Assembléia enviou-lhes, como aos exércitos, representantes em missão, e o Conselho executivo, comissários escolhidos por Danton entre os rebeldes; Roland também teve os seus; a Comuna criou outros ainda. Alguns comissários tomaram medidas revolucionárias: prisão de suspeitos, nomeação de comitês de vigilância, seleção de autoridades. Estas lhes resistiram e, por vêzes, fizeram-nos prender. Como em Paris, freqüentemente havia um caos de autoridades rivais.

Era bem uma "segunda revolução": ela trouxe o sufrágio universal e, de fato, a República. Mas não recolheu, como a primeira, a adesão calorosa e quase unânime da nação. Após 1789, muito haviam feito os padres refratários; dos que permaneciam fiéis à Revolução, uns reprovaram o 10 de agôsto, outros deixaram correr as coisas, temendo pelo que se seguiria. Os que haviam agido, ou que aprovaram sem reservas, constituíam apenas uma minoria. Êles estavam resolvidos a desfazer a contra-revolução, por todos os meios: o Terror começou. Mas constata-se que permaneceu anárquico: faltou-lhe o Comitê de salvação pública.

V. *O primeiro Terror (setembro 1792)*

O primeiro cuidado dos vencedores foi impor a ditadura. Desde o primeiro momento, a Comuna suprimiu os jornais de oposição, fechou os obstáculos e, por visitas domiciliares repetidas, capturou numerosos refratários e notáveis aristocratas. A 11 de agôsto, o Legislativo autorizou as Municipalidades a deterem os suspeitos. A aplicação dêste decreto dependia das autoridades locais: se, na Costa do Ouro, elas ordenaram múltiplas detenções, parece que, na maior parte do tempo, mostraram-se discretas no exercício de seu poder, ou nem mesmo chegaram a fazer uso dêle. A notícia da invasão e a aproximação das eleições decidiram a Assembléia, em 26 de agôsto, a ordenar a deportação ou, mais exatamente, o banimento de todos os refratários. Em Paris, êles foram conservados na prisão; nos departamentos, a grande maioria dentre êles se exilou, mas não todos, e não se buscou mais os recalcitrantes. Por outro lado, muitas detenções não foram mantidas. Mesmo em Paris, o número de prisioneiros foi exagerado. Em 2 de setembro, os nove depósitos visitados pelos assaltantes não continham senão cêrca de 2.600, dos quais menos de mil tinham entrado após o 10 de agôsto. Somando tudo, o primeiro Terror, malgrado o pavor que inspirava, teria sido muito benigno, se tivesse tido que contar apenas com as administrações, porque elas, em geral, não tinham sido renovadas, e porque à burguesia republicana repugnava suspender os direitos do homem e do cidadão.

Infelizmente, era necessário contar com a excitação popular: antes e depois de 10 de agôsto, tinha havido na província bom número de revoltas mortíferas, e pouco faltou para que em Cambrai, a 30 de agôsto, a notícia da tomada de Longwy não provocasse o extermínio de todos os padres internados. Os voluntários mostravam-se freqüentemente os mais dispostos às execuções sumárias. Em Paris, a vontade de vingar as vítimas da cilada de 10 de agôsto aumentava o perigo. Desde o primeiro momento, os rebeldes ameaçaram suprimir os prisioneiros, se não fôssem ràpidamente julgados por um tribunal popular. A 17 de agôsto, a Assembléia resignou-se a criar um, eleito pelas seções; mas êle se mostrou mais lento e mais clemente do que se poderia crer. O massacre exaltou mais ainda os espíritos, quando a invasão se tornou conhecida. Aliás, as proposições violentas se multiplicavam, mesmo na Assembléia, onde Merlin de Thionville solicitou que se detivessem como reféns as mulheres e os filhos dos emigrados, enquanto Debry desejava criar um corpo de tiranicidas, que iria cuidar dos soberanos. Marat havia, por várias vêzes, recomendado uma hecatombe de aristocratas, como o único meio para salvar a Revolução. O "amigo do povo", amargurado pelo insucesso, a pobreza, as perseguições judiciárias, a doença, gozava de certa influência, porque suas predições sinistras se realizavam, e porque êle mostrava um sentido dos sofrimentos e dos desejos obscuros da multidão. Também tem-se o costume de lhe imputar a responsabilidade das jornadas de setembro; mas a mentalidade coletiva, que as tornou possíveis, resultava das circunstâncias, não da vontade de um indivíduo.

Longwy tinha-se rendido; no domingo, 2 de setembro, soube-se que Verdun, sitiada, ia sucumbir; o toque a rebate e o canhão de alarma soaram; os voluntários preparavam-se para partir em massa. Corria o rumor de que, atrás dêles, os prisioneiros se sublevariam, para correr em auxílio dos patriotas. Na verdade, se êles aguardavam os prussianos com impaciência, nem mesmo sonhavam em se revoltar; mas o estado das prisões, confiadas a um pessoal pouco numeroso e de qualidade medíocre, tornava a suspeita razoável; evasões e rebeliões repetiam-se, e as autoridades já haviam exprimido o temor de ver os detidos de direito comum se espalharem em chusma pela cidade; êles eram apenas menos odiosos ao populacho que os contra-revolucionários, porque, sendo fácil o acesso às cadeias, fabricava-se aí uma quantidade de "assignats", que infestavam as seções.

Durante a tarde, transferiram-se imprudentemente os detidos da prefeitura para a Abadia: à chegada, uma turba os condenou à morte. Neste momento, as seções se reuniam. A de Poissonière solicitou um decreto exigindo que os prisioneiros fôssem julgados imediatamente; é provável que, em várias outras, os partidários de semelhante medida se entendessem para executá-la. No fim da tarde os agrupamentos passaram aos atos, nos Carmos, depois na Abadia, em seguida na Fôrça, no Chatelet, na prisão e em outros lugares. Foram estabelecidos tribunais populares e tiveram início as execuções sumárias; elas continuaram nos dias que se seguiram, estenderam-se à Salpêtrière e a Bicêtre, e duraram até o dia 6. Os assassinos, entre os quais se contavam muitos pequenos burgueses e federados, não parece terem sido muito numerosos; mas nenhuma tentativa séria de repressão se manifestou. Danton manteve-se à parte e, quanto aos girondinos, ficaram aterrorizados: a suspeita flutuava sôbre êles e, no dia 2, Robespierre assinalou Brissot e Carra como cúmplices do inimigo, o segundo tendo tido recentemente a idéia incrível de propor Brunswick ou o duque de York como rei. Fêz-se uma busca em casa de Brissot, e resultou, parece, em detenções às quais Danton se opôs. Os documentos que subsistem não permitem fixar o número de mortos a não ser aproximadamente, entre 1090 e 1395, ou seja, metade dos prisioneiros. Duzentos e vinte e três padres e outros "políticos" não perfazem senão cêrca de um-quarto dessa cifra; os três-quartos de vítimas foram detidos de direito comum. No dia 3, o comitê de vigilância da Comuna, ao qual se associara Marat, redigiu uma circular aos patriotas da província, para chamá-los em defesa de Paris, e convidá-los a se desembaraçarem, antes de partir, dos contra-revolucionários. Em conseqüência, os girondinos fizeram grande barulho; mas nada atesta sua influência. Os assassínios continuaram, como antes, a ensangüentar a província até à evacuação do território: a mentalidade coletiva é suficiente para explicá-los.

O Terror acentuou as conseqüências políticas, religiosas e sociais do 10 de agôsto. Não se ousou mais defender a monarquia; a 4 de setembro, o Legislativo exprimiu o desejo de que a Convenção a abolisse, e os deputados de Paris receberam o mandato formal para isso. Êstes últimos haviam sido nomeados em alta voz, e, nos departamentos, algumas assembléias eleitorais fizeram o mesmo ou até começaram por se expurgar. O número de abstenções foi enorme. As eleições para a Convenção marcaram bem menos a instauração do sufrágio universal que a ditadura dos partidários de 10 de agôsto.

A Assembléia fechou, a 11 de agôsto, os mosteiros que subsistiam; suprimiu, a 15, as ordens docentes e hospitalares; pôs em vigor o decreto contra os refratários, rejeitado pelo rei: a deportação do dia 26, as prisões e os massacres os eliminaram. Quanto aos padres romanos, que não tinham prestado o juramento de 27 de novembro de 1790, tiveram que jurar fidelidade à liberdade e à igualdade, em virtude do decreto de 14 de agôsto, que visava os funcionários e que se aplicou, em 3 de setembro, a todos os cidadãos. O papa jamais condenou oficialmente êste "pequeno juramento", e o clero dividiu-se mais uma vez, submetendo-se, uma parte dos padres, como Emery, diretor do Saint-Sulpice. Dali para diante, várias paróquias refratárias aceitaram um constitucionalista, por falta de outro. Não os havia para tôdas, e a Assembléia votou, a 20 de setembro, a secularização, do estado civil, que vinha discutindo há meses. No mesmo dia, ela instituiu o divórcio. O clero constitucional encontrou-se assim atingido, exatamente no momento em que parecia triunfar. Sôbre êle, a autoridade do Estado fazia-se cada vez mais pesada: era-lhe proibido cobrar uma espórtula, usar a roupa eclesiástica fora de suas funções, manter registros de catolicismo, subordinar o casamento a outras condições, fora das previstas pela lei e, conseqüentemente, recusar-se a casar divorciados e seus próprios padres; os sinos e as pratarias foram retiradas das igrejas, os bens destas postos à venda. A ruptura dos republicanos com o clero constitucional não era senão uma questão de tempo.

A ordem social instaurada pela Constituinte sofreu igualmente o contragolpe da vitória popular. Os camponeses deram um grande passo em direção da liberação: a 25 de agôsto, os impostos senhoriais desapareceram sem indenização, a menos que o título primordial subsistisse; a 27, pôs-se igualmente fim ao domínio anulável da Baixa Bretanha; a 28, as comunas recuperaram os bens que os fidalgos haviam obrigado a cederem ou haviam usurpado. Além disso, a 14 de agôsto, facilitou-se ao proprietário rural a aquisição da terra: as propriedades dos emigrados, cuja venda tinha sido determinada por um decreto de 27 de julho, seriam divididas em pequenos lotes, os quais poderiam ser cedidos contra uma renda anual, e autorizou-se a partilha dos comunais. Em Paris, a Comuna recrutou os desempregados para os trabalhos de fortificações.

Como o problema dos víveres se tornasse agudo, a Comuna solicitou, a 11 de agôsto, que se interditasse o comércio de dinheiro e a prática dos dois preços. Uma terrível rebelião suspendeu a circulação sôbre o canal do Meio Dia. Outras revoltas impuseram a taxação a Lião e a Tours. Quase que por tôda parte, as autoridades voltaram novamente por sua própria conta à regulamentação. Finalmente, os decretos de 9 e 16 de setembro permitiram aos Diretórios de distrito recolher os cereais e exigir contingentes para guarnecer os mercados: a Assembléia não ousou fazer mais que recusar a taxação. Estas medidas pareciam pressagiar outras; alguns jacobinos fizeram sôbre isso inquietantes comentários: no Eure e no Calvados, Dufour e Momoro declararam que as propriedades industriais e comerciais estavam garantidas pela nação, mas que esta, respeitando sempre provisòriamente a propriedade predial, tinha sôbre os produtos um direito de regulamentação. "Cuidado com a lei agrária", escrevia o bispo Lindet. No Cher, o cura Patitjean convidava suas ovelhas a porem os bens em comum e a não pagarem mais as rendas das herdades.

Os montanheses, eleitos em Paris, viam-se mais ou menos ultrapassados. Aquêles mesmos que escusavam os massacres não gostavam da anarquia da rua e nenhum dêles jamais pensou em suprimir a propriedade, Marat e Hébert não mais que os outros; êles não apreciavam a regulamentação, nem, sobretudo, a taxação. Mas, a romper com o povo, êles teriam feito o jôgo dos moderados, como os Feuillants faziam o da contra-revolução, e, por outro lado, pensavam que, para defender a Revolução, algumas das medidas exigidas pelo povo poderiam ser úteis. O inimigo contava na França com cúmplices mais ou menos conscientes. A 21 de agôsto, a primeira insurreição vendeana tomou posse de Châtillon, e a conspiração de La Rouërie, na Bretanha, tinha sido revelada a Danton; foram os monarquistas que provocaram a capitulação de Verdun. Muitas pessoas encorajavam a resistência aos recrutamentos e às requisições, prediziam a vitória dos aliados e se regozijavam com isso. O Terror devia reduzir os suspeitos à impotência e assegurar a obediência de todos. A requisição e a taxação permitiriam abastecer os exércitos, controlar a despesa e assegurar a ordem. É porque o ano II recebeu, a partir dêsse momento, um primeiro esbôço. De comum acôrdo, a Comuna e a Assembléia chamaram 30.000 homens para os arredores de Paris, e impeliram os batalhões para a fronteira. No norte e no leste, fizeram-se recrutamentos em massa dos guardas nacionais. A Comuna, procedendo a um ensaio de mobilização geral, requisitou armas, cavalos e luxo, sinos, bronzes e pratarias das igrejas; organizou fábricas de roupas. Enfim, a 4 de setembro, o Conselho executivo prescreveu a requisição e a taxação dos cereais e forragens, em benefício do exército. Era preciso tempo para que êsses esforços dessem frutos. Todavia, não foi em vão que a defesa nacional recebeu êste vigoroso impulso. Uns vinte mil homens partiram para a Campanha. Após Valmy, êsses reforços impressionaram os prussianos, e alimentaram a ofensiva da Bélgica. O exército sentiu que o govêrno, daí para diante, estava decidido a lutar. Esta vontade de vencer, Danton a exprimiu melhor que qualquer outro. Sem êle, alguns de seus colegas fraquejariam: a 28 de agôsto, êles estudaram a possibilidade da retirada no Loire. Teria sido o desmoronamento moral do país. Menos seguro da vitória do que dizia, êle demonstrou a imperturbável energia de um chefe e, nesse dia, mereceu muito da Revolução.

Sobressalto popular, ou medida de govêrno, o Terror, expediente temporário contra o perigo, devia ter um fim após a vitória. Valmy deu o sinal de repouso. Os girondinos, aliás, não chegaram a aguardar êste momento para tomar a desforra. Os massacres e as detenções arbitrárias suscitavam violenta reprovação. O regime das requisições e as declarações com tendências socialistas atemorizavam a burguesia: instintivamente, ela formou coluna cerrada atrás da Gironda que, como anteriormente os Feuillants, denunciava o perigo social. Ora, o partido dominava a Assembléia e detinha a maioria no Conselho; o resultado das eleições o encorajava, sendo a maior parte dos eleitos favorável a êles: nos departamentos, os revolucionários não seguiam nos detalhes as lutas de seus irmãos de Paris e, menos numerosos, não se interessavam muito por elas; a seus olhos, os girondinos surgiam como os homens de 10 de agôsto, pois esta jornada os havia levado ao ministério.

A 13 de setembro, Roland denunciou os comissários da Comuna; a 17, Vergniaud voltou-se contra o comitê de vigilância: a Comuna dobrou-se imediatamente, cassou seu comitê, pediu pùblicamente perdão. A 20, estava decidido que se elegeria outra. Isso não passava de um início. Os brissotinos não perdoavam aos "sans-culottes" parisienses nem suas angústias, nem seu afastamento, nem a eleição dos montanheses. Mme. Roland votou um ódio violento a Robespierre, e sobretudo a Danton, que não deixava a seu marido a

230

menor autoridade. Foi ela quem lançou a idéia de uma guarda departamental, destinada a proteger a nova Assembléia: poder-se-ia então pôr os Montagnards em acusação. Antes mesmo que ela se reunisse, a luta inexpiável dos partidos destruía a Convenção.

Quarto capítulo

A INVASÃO DA POLÔNIA E DA FRANÇA. A RÉPLICA REVOLUCIONÁRIA: VALMY E JEMAPPES

(setembro 1792-janeiro 1793)

A inação dos franceses permitiu aos prussianos e aos austríacos prosseguirem tranqüilamente com os preparativos militares. Mas os coligados não souberam aproveitar-se desta pausa; sua lentidão deu tempo aos republicanos para se desembaraçarem do rei; suas desavenças logo permitiram aos exércitos revolucionários reassumir a ofensiva.

I. *A invasão da Polônia e a questão das indenizações*

Em Berlim, e sobretudo em Viena, não havia senão morosidade e desarmonia. Francisco II passou o verão fazendo-se coroar em Buda, em Francfort e em Praga; aborrecia-se no Conselho e não tomava decisões, a não ser de má vontade. Spielmann havia definitivamente ligado sua fortuna à aliança prussiana, e Filipe Cobenal seguia-o tìmidamente, enquanto Kaunitz e seus colegas permaneciam fiéis à tradição, e detestavam o filho da fortuna. Entre os prussianos, os ministros tinham ciúmes dos favoritos, sobretudo o incapaz Bischoffwerder, e criticavam vivamente a aliança austríaca; submetidos às ordens do rei, que queria guerrear em França, consideravam, entretanto, o empreendimento supérfluo, e mesmo perigoso, naquela ocasião, quando a questão polonesa se apresentava. Entretanto, é preciso convir, a audácia e a desenvoltura de Catarina frustraram tôdas as previsões.

232

A czarina não se deixara dominar pelos acontecimentos: animando os alemães contra a Revolução, ela se preparava para entrar na Polônia, assim que êles voltassem as costas. No próprio dia em que o Legislativo declarou a guerra, ela lançou o despacho anunciando aos alemães que iria intervir na Polônia; na noite de 18 para 19 de maio, cêrca de 100.000 russos cruzaram a fronteira na Lituânia e na Ucrânia. A Dieta conferiu podêres ditatoriais a Estanislau e desapareceu, no dia 29. Os dois exércitos poloneses contavam com pouco mais de 30.000 homens. Poniatovski, que comandava no sul, não tinha experiência e decisão; mas um de seus lugares-tenentes, Kosciuzko, antigo combatente da guerra da América, soube manobrar; mudando constantemente de direção, os poloneses evitaram o cêrco. Êles terminaram, entretanto, por defender a linha do Boug; ela foi forçada em 18 de julho, e êles foram obrigados a se retirar de Varsóvia. Sua situação não era absolutamente desesperada, porque os russos se afastavam de suas bases, e os voluntários estavam afluindo: a Polônia começava a se agitar. Infelizmente, seu rei a traía: desde o início, êle tomou o partido de abandoná-la, a fim de salvaguardar sua situação pessoal; a 19 de junho, êle implorou clemência a Catarina e, a 22 de julho, recebeu ordens de aderir pura e simplesmente à Confederação de Targovitza. Os russos ocuparam tôda a Polônia; os confederados restabeleceram a antiga constituição, e apoderaram-se do poder; êles espalharam o exército através do país, e a maior parte dos chefes patriotas emigrou.

Prussianos e austríacos ficaram consternados. Estavam bem combinados de não defender a constituição de 3 de maio, e o tinham feito saber a Varsóvia, mas esperando que o sucesso de Catarina fôsse menos imediato e menos completo, e que pelo menos ela se entendesse com êles sôbre o destino da Polônia. Em vão lhe propuseram que acedesse ao seu tratado de fevereiro e restaurasse, assim, a Tríplice Aliança: ela fêz ouvidos moucos e propôs apenas, em 14 de julho, renovar o acôrdo com a Áustria, depois, a 3 de agôsto, unir-se novamente à Prússia; ou, em outras palavras, queria negociar separadamente com cada uma delas. As duas potências, desconfiando uma da outra, não buscaram mais que se entender com a todo-poderosa imperatriz e conquistar-lhe as boas graças.

Sôbre o destino reservado à Polônia, o círculo de Catarina não se entendia, e é provável que ela mesmo hesitasse. Comumente admite-se que ela pensava em conservá-la intacta, sob seu protetorado. A realidade é mais complexa. Ela sabia perfeitamente que a Polônia, na primeira ocasião, poderia escapar-lhe, com o apoio de seus vizinhos, como em 1789; anexar a Ucrânia seria mais seguro, e satisfaria seu amor-próprio. Por outro lado, desejava sinceramente que os franceses voltassem à razão, e não duvidava que a Prússia abandonasse seu empreendimento, se lhe fôsse recusada sua parte na Polônia. É, portanto, provável que uma segunda partilha tivesse reaproximado os três cúmplices e consolidado a coalizão se, para desarmar Kaunitz, Spielmann não tivesse entendido de reclamar, em lugar de um pedaço da Polônia, a troca dos Países-Baixos pela Baviera, há muito desejada pelo velho chanceler.

Idéia verdadeiramente desastrosa: Catarina aproveitou a oportunidade, pois o que subsistiria do Estado polonês sob seu protetorado deveria ser maior ainda. Assim, a Áustria a levava a se entender separadamente com a Prússia, para entrar imediatamente em posse, enquanto a troca só poderia ser executada após a paz com a França, sem contar que o duque de Deux-Ponts, herdeiro presuntivo da Baviera, era hostil a isso, e que as potências marítimas opor-se-iam à instalação, na Bélgica, de um príncipe incapaz de defendê-la; se a guerra se prolongasse, a Áustria ficaria de mãos vazias em face dos seus aliados satisfeitos, a menos que lhes suplicasse para esperar que ela também se pudesse prover: de um modo ou de outro, a coalizão seria moralmente atingida. Mas, nessa ocasião, pensava-se que a expedição da França se reduziria a um passeio militar; também a Prússia admitia sem dificuldades que a Áustria entrasse na posse, ao mesmo tempo que ela, de uma indenização igual à sua. Spielmann pôde, portanto, se desviar à vontade. E, apesar de tudo, talvez êle tivesse obtido da Prússia um tratado em boa e devida forma, se não tivesse sido meio contraditório.

Quando, em conseqüência das conferências de Potsdam (12-15 de maio), Schulenburg fêz proposições oficiais, foi necessário que Spielmann pusesse o imperador e Kaunitz ao corrente. O chanceler gritou que a Áustria seria vítima de um lôgro, e tornou-se intratável. Em agôsto, Francisco II aceitou sua demissão, o que não o impediu de dar ouvidos aos outros ministros, que combatiam oblìquamente o plano de Spielmann: o rendimento da Baviera não igualava o da Bélgica; a Áustria reclamaria, portanto, um "suplemento", e êste era oportunamente encontrado nos principados de Anspach e de Baireuth que Frederico Guilherme acabava de herdar. Na ocasião da partida para Francfort, a indecisão ainda continuava, e o compromisso não foi adotado senão em 17 de julho: Francisco II ainda reservou o consentimento da Inglaterra. Que a Prússia tivesse que arcar com as despesas do suplemento, foi um choque para Schulenburg, que todavia não se negou a referir isso ao rei. Os aliados se separaram, portanto, sem nada assinar, de modo que, no início de agôsto, quando a Rússia se informou a respeito do plano de indenização detido em Francfort, a Prússia respondeu que êle se mantinha em suspenso para a Áustria, mas que sua própria decisão estava tomada; isto permitiu que a negociação entre Berlim e Petersburgo fôsse aberta. Então, Schulenburg alegou que o rei não cederia os principados, e que a Áustria teria que se limitar à troca ou propor outro "sobrerrogado". Reiniciou-se a discutir infatigàvelmente em Viena. Enfim, a 9 de setembro, o imperador pronunciou-se: sem os principados, não podia haver questão de trocas nem, por conseqüência, de indenizações territoriais; se a Prússia não cedia, deveria contentar-se, como a Áustria, com uma indenização pecuniária. Spielmann partiu, no dia 12, para apresentar êste belo programa a Frederico Guilherme; viajou com Haugwitz, o nôvo embaixador prussiano em Viena, que, até então, parecia resolutamente favorável à aliança. Êle não se desesperava: a rigor, não aceitaria o imperador a Alsácia e a Lorena até o Mosela? Precisamente era em Paris que êles contavam encontrar o rei da Prússia.

II. O exército da coalizão

A Europa não forneceu auxílio algum aos coligados. A contra-revolução havia perdido um de seus protagonistas na pessoa do rei da Suécia, assassinado em 16 de março: o duque de Sudermânie, tornando-se regente, aproximou-se da França. Na Espanha, d'Aranda esforçava-se por se acomodar com êle. Quanto a Pitt, permanecia impassível. Apenas a Sardenha e a Rússia responderam favoràvelmente à circular de 12 de abril. Mas tudo que Vítor Amadeu, ameaçado de uma invasão francesa, prometeu, foi defender-se; ainda solicitava que o auxiliassem. Quanto a Catarina, ofereceu 15.000 homens, em lugar dos 12.000 previstos por sua aliança com a Áustria, observando todavia que êles não se poderiam pôr em marcha senão após a pacificação da Polônia; propuseram-lhe então que substituísse o contingente por um subsídio, e ela ofereceu generosamente 400.000 rublos.

Esta guerra não pareceu nacional aos alemães, e menos ainda aos italianos: êles viram aí uma guerra de classes ou ideológica, e seus príncipes, uma guerra política. A reação marcava progressos na Alemanha: ela acabava de convencer Frederico de Gentz, que traduziu Burke em fins de 1791. Os amigos da Revolução não permaneciam menos numerosos e temerários, sobretudo nos países renanos; condenavam a intervenção, e prognosticavam a vitória dos jacobinos; os reveses dos franceses, em abril, foram para êles uma grande decepção, e Burger exprimiu sua amargura em seu "Chant de reproche" — "Quem não pode morrer pela liberdade é digno dos grilhões" —, enquanto que os contra-revolucionários forneciam aos "sans-culottes" nova divisa: "Vencer ou correr." Quanto aos príncipes, nada vendo a ganhar neste negócio, abstiveram-se de tomar parte. Foi mesmo em vão que Vítor Amadeu tentou, em outubro de 1791, confederar os Estados da península italiana. Contavam-se pelo menos com os soberanos da Renânia: enquanto os austro-prussianos não estiveram em condições de protegê-los, êles negociaram com os franceses, para não se exporem à invasão; se romperam em seguida, apenas Hessen pôs alguns regimentos à disposição dos coligados.

Nem a Áustria nem a Prússia pensaram em engajar tôdas as suas fôrças, que, oficialmente, se elevavam a 223.000 e 171.000 homens, respectivamente. O duque de Brunswick só dispôs dos 100.000 homens convencionados, não compreendendo os hessenianos e as guarnições dos Países-Baixos, e, quando chegou, em julho, a Coblença, constatou que não os teria. A Prússia forneceu seu contingente, que, dedução feita da guarda das lojas, não representava mais que 42.000 combatentes. A Áustria não pôde reunir o seu, tendo-se chocado com a má vontade da Dieta húngara e dos Estados provinciais da Bélgica. O rei da Prússia não era rico e, de 1789 a 1791, tinha dissipado em parte o tesouro de Frederico; todavia, pôde contratar um empréstimo na Holanda. A Áustria, esgotada pela guerra turca, não satisfazia sequer às suas despesas normais; era-lhe necessário, aliás, reforçar-se nos Países-Baixos, e a deserção grassava entre suas tropas. Ela apenas enviou 29.000 homens a Brunswick, dos quais 15.000 sob Hohenhole-Kirchberg e 11.000 vindos dos Países-Baixos, sob Clerfayt. A instâncias o duque resignou-se a levar 4 a 5.000 emigrados, mas êle considerava seu valor militar desprezível. 16.000 austríacos permaneceram no Reno, e 25.000 nos Países-Baixos: o governador, Albert, duque de Saxe-Teschen, empregou 13.000 no ataque de Lille.

A qualidade, pelo menos, segundo o julgamento dos contemporâneos e dos próprios franceses, compensava a quantidade. As tropas prussianas passavam por serem as melhores da Europa, pela precisão mecânica de suas evoluções nos campos de manobra, e por uma disciplina brutal, mas exata, que abolia qualquer iniciativa, tanto da parte do oficial, como de seus homens. Frederico II havia levado à perfeição o treinamento do soldado, o "drill", que os militares de todos os países admiravam e se esforçavam por imitar. De fato, êste método respondia às condições do recrutamento, compondo-se o exército de camponeses iletrados e voluntários, que só inspiravam suspeita, e respondia melhor ainda à ordem linear, concebida para dar ao fuzil o máximo de eficácia por fogos de salva e um tiro tão acelerado quanto possível. Todavia, o exército de Frederico Guilherme II jamais havia combatido: na primeira prova, o verniz quebrou-se. Deficiências graves se revelaram: a artilharia mostrou-se medíocre, o gênio incapaz, o serviço médico inexistente, a administração rotineira. Já, em 1790, os defeitos da mobilização haviam acarretado o suicídio do ministro. O soldado não vivia no país: êle ganhava o pão para nove dias, e comprava o resto com seu sôldo; em seguida, era necessário estabelecer nova base e depósitos, ou fazer o reabastecimento por carretos; como se deixava que os oficiais levassem uma bagagem enorme, a marcha tornava-se extremamente pesada. Estimava-se menos o exército austríaco, porque imitava o de Frederico II; em 1753, Maria Teresa havia submetido suas províncias alemãs ao recrutamento por sorteio, seguindo o sistema prussiano dos "Kantonisten"; imitava-se também o "drill". Todavia, os austríacos acabavam de fazer a guerra contra os turcos: superioridade incontestável sôbre os prussianos; seu comissariado civil tinha aprendido a nutrir as tropas num país com poucos recursos e desprovido de comunicações; na fronteira da França, êle se desembaraçou melhor que o outro.

O duque de Brunswick não se incomodava muito com as demoras. A política monárquica prescrevia, em primeiro lugar, que não se arriscasse levianamente um exército, que só poderia ser reconstituído à custa de muito tempo e dinheiro; por outro lado, pensava-se menos em destruir o adversário que em obter garantias, em vista das próximas negociações. As condições do levantamento e a tática da infantaria não encorajavam a procurar a batalha decisiva: era necessário que se encontrassem sôbre um terreno propício, e como no campo de manobras. A ordem linear prestava-se melhor à defesa que ao ataque, porque a marcha desmanchava o alinhamento e interditava os fogos de salva; estava aliás à mercê de uma carga de cavalaria, e não se adaptava à perseguição. Estas objeções datavam de longe; mas o próprio Frederico II não tinha superado as dificuldades: a ordem profunda, a coluna, restituindo à infantaria sua propriedade de choque, extinguia seu fogo; a ordem dos atiradores não inspirava confiança, porque não permitia que se formasse o quadrado contra a cavalaria, e favorecia a deserção: não era empregada a não ser para começar a ação ou para abordar os entrincheiramentos. Sob êste aspecto, também, os austríacos levavam vantagem: êles dispunham de infantaria ligeira, os tiroleses e os croatas; mas ela continuava pouco numerosa. A escola aconselha então evitar-se a batalha, manobrar para ameaçar as comunicações do inimigo, constrangê-lo a ceder terreno, deixando atrás de si praças fortes, que, em seguida, se poderia sitiar à vontade. Como o adversário se regulasse do mesmo modo, era importante cobrir cuidadosamente seus flancos, e sobretudo os depósitos, assim como as rotas dos comboios: o exército estirava-se em "cordão" e acabava por perder todo vigor ofensivo. Na França, o conde de Guibert havia desejado que um exército, tornado nacional, de patriotismo ardente e confiante em sua massa, renovasse a tática e a estratégia: apenas a Revolução pôde realizá-lo. À Prússia, o grande Frederico não deixou nem mesmo discípulos: além do fato de contar com vários reveses, observava-se que êle se tinha tornado cada vez mais prudente no fim de sua carreira, e atribuíam-se suas vitórias, obtidas apesar dos princípios, à incapacidade dos adversários ou ao acaso. Assim pensava o duque de Brunswick, general famoso, bravo e refletido, mas ao qual faltava a qualidade essencial do grande homem de guerra: êle receava arriscar-se. Temendo além disso comprometer sua glória, êle obliterou sua autoridade, estipulando que Hohenlohe executaria, sob sua própria responsabilidade, o plano estabelecido; cheio de respeito pelo rei, não ousou também afastá-lo do exército nem contradizê-lo, de modo que, na realidade, os invasores tiveram três chefes.

Segundo o projeto que o duque expôs em fevereiro e que expôs, em maio, nas conferências de Sans-Souci, os prussianos deviam marchar por Longwy sôbre Verdun, separando o exército de. Sedan, observado por Clerfayt. Atingido o Mosa, far-se-ia o bloqueio dos lugares deixados para trás e tomar-se-iam medidas para marchar sôbre Paris na primavera. Esta concepção se conformara com os princípios. Mas a opinião geral considerava "o exército dos sapateiros" como incapaz de resistência: evaporar-se-ia da França como da Holanda em 1787. Bouillé assegurava, além do mais, que tinha nos bolsos as chaves das fortalezas, e que a maioria dos franceses aguardava a libertação com impaciência; acreditava-se que um manifesto ameaçador conseguiria a adesão dos indecisos. Frederico Guilherme queria, portanto, entrar em Paris logo no fim do verão. O duque considerava seus efetivos muito magros, e a estação por demais avançada: calou-se, sem renunciar a seu plano. Puseram-se em marcha, sem estabelecer positivamente o que iriam fazer.

Os últimos preparativos ficaram terminados durante as festas do coroamento de Francisco II, quando a velha Alemanha, pela última vez, se sobressaiu. Foi então que Mallet du Pan apresentou aos soberanos o projeto de manifesto que Luís XVI havia recebido dos Feuillants; o marquês de Limon opôs-lhe o seu, que Fersen aprovou. Os diplomatas os examinaram distraìdamente e preferiram o segundo, sem que se saiba bem por quê. A 25 de julho, Brunswick lhe endossou a responsabilidade: arrependeu-se disso durante tôda sua vida.

III. Valmy (20 de setembro de 1792)

Finalmente, a 30 de julho, o exército deixou Coblença; só atravessou a fronteira em 19 de agôsto. Imediatamente, começou a chover e, em seguida, um temporal quase contínuo transformou a Woëvre e a Argônia em um lamaçal assustador, em que o exército pesado se afundou pouco a pouco: a chuva foi para a Revolução o mais precioso dos aliados. O duque atacou Longwy, no dia 22; desprovido de equipagem de cêrco, bombardeou a cidade que capitulou a 23. Verdun, sitiada a 29, rendeu-se igualmente a 2 de setembro, após o suicídio ou o assassínio do comandante Beaurepaire. Não que os lorenos fôssem hostis à Revolução: os invasores constatavam-no com tristeza. Mas os cidadãos fraquejaram sob o bombardeio, e ali não havia ainda govêrno revolucionário, para obrigá-los ao sacrifício, e para abater os monarquistas: êstes se aproveitaram para intimidar a autoridade militar. Se as "virgens de Verdun", que foram mais tarde guilhotinadas, não juncaram de rosas o caminho do rei da Prússia, pelo menos apresentaram-lhe um bom semblante.

Até então, Brunswick não tinha renunciado a seu plano; como o rei se obstinasse, sob a influência de Calonne e de Bretenil, êle finalmente cedeu. De resto, os exércitos de Sedan e de Metz recuavam: êle não temia mais ser contrariado, e chamou a si Hohenlohe, que deixou uma cortina diante de Thionville. A 8 de setembro, o exército coligado abordou a Argônia, Hohenlohe nas Islettes, onde passou a estrada de Châlons, o duque em direção de Grandpré, na abertura de Aire, Clerfayt ao norte. Por tôda parte, encontraram os franceses comandados por Dumouriez.

Abandonado por Luís XVI e brigado com a Gironda, Dumouriez havia visto, sem se desconcertar, sua estrêla eclipsar-se. No campo de Maulde, êle fêz prodígios e, contrariando La Fayette, readquiriu a confiança dos jacobinos. Quando o exército de Sedan se encontrou sem chefe, o Conselho executivo o confiou a êle: aí chegou em 28 de agôsto. Seu desígnio continuava o mesmo: continuava a desejar entrar na Bélgica, persuadido de que Brunswick correria em auxílio do duque de Saxe-Teschen. Servan, pelo contrário, apressava-o a cobrir Paris, porque desejava manejar a opinião; de resto, do ponto de vista estratégico, era bem duvidoso que Brunswick se afastasse de sua rota para ir defender os Países-Baixos e, entrando os prussianos em Paris, que sucederia a Dumouriez na Bélgica? Êle mesmo mudou de opinião, quando viu o inimigo sôbre o Mosa; a 1.º de setembro deixou Sedan e, graças a uma marcha de flanco que Clerfayt, por incrível inércia, nem mesmo tentou atrapalhar, conduziu seus 23.000 homens contra a Argônia. Duval e Beurnonville lhe traziam do norte uns dez mil homens; Kellermann chegava de Metz com 18.000 outros.

O exército francês realizava progressos desde a primavera; a guerra de postos o entusiasmava e, embora o Legislativo se recusasse obstinadamente a enviar voluntários para as tropas de frente, a amálgama começava, associando os generais em suas formações batalhões de origem diferente. Ainda estouravam pânicos e Dumouriez não se julgava em estado de travar batalha em campo aberto; pelo menos a defesa parecia possível, sobretudo numa região como a Argônia. A artilharia levava grande vantagem sôbre a do inimigo, e La Fayette a havia dotado de baterias a cavalo. Os generais franceses conservavam, em muito, a tática tradicional: o regulamento de agôsto de 1791, elaborado de acôrdo com as lições de Guibert, preconizava a ordem escassa, sendo a infantaria disposta em duas linhas, de três fileiras cada uma, e admitia o ataque em ordem profunda, por batalhão em colunas. Todavia, a fôrça das coisas começava a transformar o combate: a defensiva, a guerra de postos, a necessidade de utilizar os voluntários, que não podiam ser adestrados para a ordem linear, mas que eram vistos repletos de ardor e de iniciativa, levava a conduzir, como atiradores, uma parte, sem cessar crescente, do efetivo. O exército possuía agora um chefe. Como general, com efeito, Dumouriez manifestou eminentes qualidades: bravo e tolerante, sabia falar ao soldado e fazer-se amar; cheio de animação e de alegria, ostentava confiança nas piores conjunturas e jamais perdia o sangue-frio. Infelizmente, tanto no exército como no gabinete, êle conservava um quê de leviandade e irreflexão, que quase o perdiam.

Atendo-se ao chefe que comandava no desfiladeiro de Croix-aux-Bois, deixou desguarnecer êste pôsto. Clerfayt o arrebatou, em 12 de setembro, e Dumouriez viu-se cercado; conseguiu escapar de Grandpré por uma marcha noturna, e veio acampar ao redor de Saint-Menehould, apoiando-se a Dillon, que continuava nas Islettes, e logo reforçado por Beurnonville e Kellermann. A estrada de Paris encontrava-se aberta. Mas Brunswick não podia avançar, deixando sua retaguarda exposta a um ataque: permaneceu inativo até o dia 17, depois atravessou a Argônia e, cercando as posições dos franceses, veio ameaçar a estrada de Vitry, sua única linha de retirada, para obrigá-los a retirarem-se. A 19, o rei, aflito por terminar, desdenhando as regras da arte, ordenou que se marchasse direto contra o inimigo. A 20, os prussianos abordaram as tropas de Kellermann, alinhadas para a batalha sôbre as elevações de Valmy e de Yvron; desencadeou-se uma canhonada furiosa: depois, à tarde, a infantaria avançou; como os franceses mostrassem capacidade e

240

redobrassem o fogo, as colunas de ataque, impressionadas, hesitaram, e Brunswick julgou a situação perdida: ordenou a retirada. Não tinha sido uma grande batalha; todavia, os franceses conquistavam uma grande vitória, vitória moral da Revolução, no próprio espírito de seus inimigos e da qual Goethe, ao que parece, entreviu incontinenti as repercussões infinitas; sucesso militar também, e muito depreciado, porque as circunstâncias estavam a favor dos franceses, assegurando assim a derrota dos adversários.

A princípio acreditou-se estar a partida empatada. Dumouriez, de modo algum tranqüilizado, desejava adiar. Sempre lisonjeiro, êle se gabava de explorar o mau humor dos prussianos, de obter sua retirada, graças a que poderia conduzir finalmente a guerra para a Bélgica, e talvez mesmo assinar a paz, assim como fazer uma aliança contra a Áustria. Êle tentou, a 22, uma negociação. Os prussianos responderam-lhe com solicitude, imaginando que êle queria, como La Fayette, marchar sôbre Paris, para restaurar pessoalmente a monarquia: que Luís XVI fôsse recolocado no trono, e êles se declaravam prontos a negociar. Mas, a 23, Dumouriez teve conhecimento da proclamação da República e notificou-a ao rei, que rompeu as negociações, a 28, através de violento manifesto. Entretanto, as tropas de Brunswick, mal abastecidas de Verdun, expostas noite e dia em plena Campanha piolhenta, às adversidades do outono, dizimadas pela disenteria, diminuíam a olhos vistos; não restavam mais que 17.000 homens válidos, e a retirada foi decidida para 1.º de outubro. A situação pareceu muito crítica: à passagem da Argônia, os prussianos estariam à mercê de Dumouriez. A 29, êles próprios reabriram a discussão e, justamente nesse momento, chegaram as intruções, que o Conselho Executivo, pôsto ao corrente, decretara, nos dias 25 e 26.

Danton experimentava as mesmas inquietações que Dumouriez; no meio do mês, Lebrun havia tentado sondar o rei da Prússia, tendo em vista um armistício; Servan desejava sempre levar o exército para trás do Marne ou sob Paris; o norte estava invadido, Lille atacada pelos austríacos. Registravam-se aborrecidas conseqüências do 10 de agôsto no estrangeiro: a Inglaterra, a Rússia, a Espanha, a Holanda e Veneza rompiam relações com a França; os cantões suíços se armavam e os bernenses ocupavam Genebra; aguardava-se um ataque dos sardos. Montesquieu e Anselme receberam ordem de avançar na Savóia, em direção de Nice; Gustine, a autorização de marchar sôbre Spire; mas no que dariam estas diversões? A negociação de Dumouriez pareceu uma oportunidade inesperada; foram-lhe conferidos plenos podêres. Todavia, o Conselho, não prevendo a retirada voluntária do inimigo, não recomendou que lhe permitissem escapar sem garantias.

Foi entretanto o que fizeram Dumouriez e Westermann, o enviado de Danton. Suas conferências permaneceram um mistério; mas os fatos falam: o exército prussiano tornou ao Mosa sem dar um tiro. Nessa ocasião, Custine ultrapassou Spire: os austríacos abandonaram os prussianos, e os kessinianos tomaram precipitadamente a estrada de Coblença: Brunswick, com pressa de segui-los, deixou Verdun, a 8 de outubro, depois Longwy, a 22, para Kellermann. Entrementes, as negociações prosseguiam lentamente; depois o rei, tirado do vespeiro, recusou-se a negociar. Deve-se acreditar que êle teria iludido os franceses? Não é certo; a evacuação do território, a faculdade de atacar a Bélgica, a perspectiva de destacar a Prússia da coalizão, puderam levar Dumouriez e o Conselho, que o aprovava, a poupar o inimigo. Alguns, diante desta política, supuseram segredos inconfessáveis, e não se esqueceram disso. Mas, a despeito do rumor, esta retirada surpreendente pareceu um estrondoso triunfo da jovem República, e é necessário reconhecê-lo, ela precipitou um outro.

IV. *A conquista republicana; Jemappes (6 de novembro de 1792)*

Montesquiou, tendo conquistado Montmélian a 22 de setembro, entrou em Chambéry a 24; tôda a Savóia acolheu-o como um libertador. Foi-lhe determinado expulsar os fernenses de Genebra; preferiu negociar e obteve sua partida. Anselme chegou a Nice a 29 de setembro, Custine ocupou Spire a 30; tendo os austríacos tornado a passar o Reno, êle continuou a marcha sôbre Worms, depois sôbre Mogúncia que atingiu em 21 de outubro, e finalmente sôbre Francfort.

Todavia, o duque de Saxe-Teschen bombardeou Lille, sem poder sitiar a cidade. A assembléia eleitoral do Norte, então reunida no Quesnoy, decidiu transportar-se para lá; reduzida a um punhado de jacobinos, dirigidos pelo cura Nolf, ela preveniu qualquer desfalecimento. Os representantes, em missão, mobilizavam uma quarta parte dos guardas nacionais. Os austríacos retiraram-se para Mons, a 8 de outubro. A 6 de novembro, Dumouriez, tendo reunido 40.000 homens, atacou o inimigo, adiante da cidade, nas elevações de Jemappes, que tomou de assalto. Tôda a Bélgica tombou em suas mãos; êle ocupou Aix-la-Chapelle e prosseguiu até o Roër.

Em França e no estrangeiro, esta reviravolta da sorte causou prodigiosa impressão. Jemappes, eco formidável de Valmy, foi uma verdadeira vitória revolucionária, obtida por um ataque frontal, sem manobra engenhosa, pelos "sans-culottes" correndo contra o inimigo ao som da "Marselhesa" e da "La Carmagnole", e derrotando-o pela superioridade numérica: ela fêz germinar a idéia do recrutamento geral, e de uma guerra popular, em que se poderia dispensar a ciência e a organização.

Entretanto, a campanha tinha sido mal dirigida. Se Dumouriez tivesse perseguido os prussianos e Custine ocupado Coblença, Brunswick ter-se-ia encontrado na ratoeira e, se abordasse em seguida a Bélgica através do Mosa, exterminaria o exército austríaco. Dumouriez fêz os coligados recuarem, em lugar de destruí-los. A menos que a paz fôsse feita, podia-se ter certeza de que, pela primavera, êles tornariam a atacar.

V. *A segunda partilha da Polônia e o abalo da coalizão*

Todavia, seu entendimento periclitava: tal foi ainda a conseqüência de Valmy. Quando Haugwitz e Spielman chegaram a Verdun, a 8 de outubro, encontraram o exército em debandada, o rei furioso e humilhado, Bischoffwerder desprestigiado e substituído por Luchesini, inimigo da Áustria. Haugwitz imediatamente mudou de campo. Para a Prússia não se tratava mais de invadir a França, mas de defender o Império e os Países-Baixos! A Áustria, desde então, tornava-se "parte principal", e a Prússia, não sendo mais que sua "auxiliar", podia renegar o princípio da concomitância de indenizações, senão de sua igualdade: ela se precaveria, sem se incomodar com sua aliada, e não participaria de nova campanha antes de ter ocupado sua parte da Polônia. Na verdade, Frederico Guilherme, mais escrupuloso que seus ministros, afirmava que não cessaria de combater os franceses; todavia, êle sabia que os russos se impacientavam, e Goltz assegurava que Catarina aceitava negociar separadamente com êle. O rei, a 17 de outubro, enviou plenos podêres a seu embaixador e, a 25, no campo de Merle, em Luxemburgo, expôs suas pretensões aos austríacos; em caso de recusa, êle se limitaria a fornecer um corpo de 20.000 homens, previsto pelo tratado de 8 de fevereiro, ou ainda o contingente do Império, se a Dieta declarasse guerra à França.

A nota de Merle chegou a Viena, a 20 de novembro, ao mesmo tempo que a notícia de Jemappes, que reforçava a sua significação: a Áustria devia resignar-se a perder sua aliada, ou a desistir provisòriamente de qualquer indenização. Entretanto, Spielman e seus colegas não perderam as esperanças de escapar dêsse funesto dilema; contavam com a versatilidade do rei e, tentando ganhar tempo, só responderam a 11 de dezembro: admitiram que a Prússia ocupasse "eventualmente" sua parte da Polônia. Haugwitz protestou, a sustentou mais tarde que lhe fôra consentida verbalmente uma ocupação "de fato"; êle acreditou, parece, ter conseguido carta branca. Na realidade, a Áustria convidou secretamente a Inglaterra a opor-se à partilha; solicitou a Catarina que a adiasse, e diminuísse, além disso, a parte da Prússia; sabia-se que, após Valmy, Catarina manifestava propósitos desprezíveis contra os vencidos. Mas a Áustria tinha esperado demais; refletindo, Catarina temeu que Frederico Guilherme não assinasse a paz com a França, e que a Inglaterra não interviesse. A 13 de dezembro ela decidiu a se pronunciar e, a 16, Ostermann indicou a Goltz o que ela iria tomar: a Ucrânia e a Rússia branca, quatro vêzes maior que a Prússia, em superfície, e 3 milhões de almas contra um. Entretanto, o ganho de Frederico Guilherme, Dantzig, Thorn, Posen e Kalisch, não era de desdenhar. O tratado foi concluído em seis dias, e assinado em 23 de janeiro de 1793. A Prússia comprometia-se a continuar a guerra no oeste: realmente, ela enviou uma parte de suas tropas para a Polônia, e não pensou mais senão em privar a Áustria de todo auxílio eficaz e de tôda indenização. Convidou-se, todavia, o imperador a dar sua adesão, após o que lhe seria facilitada a famosa troca, com tôdas as vantagens complementares que fôssem possíveis. Quando, em Viena, se recebeu notificação do tratado, foram indiscutíveis a consternação e a indignação.

Quinto capítulo

AS ORIGENS DA COALIZÃO GERAL

Se a Revolução, vitoriosa e na posse de garantias territoriais, tivesse contemporizado até a ocasião da segunda partilha da Polônia, não teria ela obtido a paz de uma coalizão desfeita, oferecendo devolver suas conquistas, com a condição de que se respeitasse a sua independência? Sim, provàvelmente, e tal era sem dúvida a perspectiva que Danton encarava no início de outubro. Mas esta solução postulava que, no intervalo, se resistisse à embriaguez da vitória, que impelia à guerra de propaganda, às anexações e, por conseqüência, à ruptura com a Inglaterra; era preciso, também, que se poupasse Luís XVI. Semelhante política supunha o acôrdo de todos os republicanos. A Convenção, dilacerada, não pôde oferecer a paz à Europa.

I. *O início da Convenção. Girondinos e Montanheses*

A Convenção Nacional reuniu-se pela primeira vez a 20 de setembro, à tarde, no momento em que terminava a batalha de Valmy. Constituída, ela veio, a 21, substituir o Legislativo na sala do Manège. No final da sessão, Collot d'Herbois, calorosamente apoiado por Grégoire, propôs abolir a monarquia e arrebatou fàcilmente a assembléia; no dia seguinte, Billaud-Verene obteve, sem dificuldade, que, daí para frente, se datassem os decretos do ano I da República. Esta encontrou-se, assim, estabelecida indiretamente, não por preferência teórica e solenemente expressa, mas porque a França revolucionária, tendo, para sua segurança, afastado Luís XVI, encontrava-se obrigada a se governar a si própria.

A Convenção não podia ser a imagem fiel do país. A revolução de 10 de agôsto dela excluía, necessàriamente, os monarquistas cúm-

245

plices dos estrangeiro, ou suspeitos de complacência pela traição; a massa, que não havia votado, sentia-se inquieta e surdamente descontente: ela teria querido gozar dos benefícios da Revolução e repudiar seus encargos. A nova assembléia emanava da minoria, que repelia qualquer compromisso e recusava tergiversar em presença do perigo. Constituinte, por seu próprio nome, e encarnando assim a soberania nacional, segundo a teoria de Sieyes, ela gozava de to-. dos os podêres sem restrição: de fato e de direito, encontrava-se investida da ditadura. Mas sua composição estava longe de satisfazer à Comuna e aos insurretos de 10 de agôsto. Por um lado, mais de um eleito não se dizia republicano a não ser para se dobrar às circunstâncias. Por outro, os "sans-culottes" das "jornadas", os adeptos do Terror e da regulamentação, aí não possuíam intérpretes próprios; a Montanha só os representava imperfeitamente, não tendo ainda programa econômico e social, e as crianças perdidas da "lei agrária" viam-se unânimemente condenadas. Ausentes da Convenção, os extremistas dominaram prontamente os franciscanos, e os acontecimentos lhes permitiram, em 1793, seduzir ao mesmo tempo a Montanha e as seções, para forçar a mão à Assembléia.

No seio desta última, dois estados maiores, os girondinos e os montanheses, entraram logo em luta. Não eram partidos organizados e disciplinados; um e outro tiveram seus dissidentes e agiram em ordem dispersa. Êles não defendiam mais doutrinas claramente postas e manifestavam antes tendências, que sua rivalidade e as dificuldades a resolver tornaram cada vez mais divergentes. A origem de seu antagonismo remontava ao conflito de Brissot e de Robespierre sôbre a oportunidade da guerra, às acusações recíprocas de conivência com a Côrte. Depois sobrevieram o 10 de agôsto e suas conseqüências: Mme. Roland não perdoava a Danton sua superioridade, e agrupou a seu redor uma facção particularmente intransigente, onde figurava Barbaroux, Buzot e Louvet; Pétion guardava rancor aos parisienses, por não o terem eleito; todos ainda se impressionavam pelo terror de setembro. A querela não tardou a se envenenar. Contra a ditadura centralizadora, os girondinos invocavam o apoio das administrações locais, onde a burguesia moderada permaneceu entrincheirada, mesmo depois que a Convenção tinha decretado a reforma, e êles encorajaram a paixão pela autonomia, que corria livremente após 1789. Embora alguns mostrassem simpatia pelo federalismo, o partido jamais concebeu a intenção de introduzi-lo na França; mas se apoiava sôbre o particularismo, o que era pior. Ligados à burguesia de negócios, convivendo pouco com o povo, tendo abandonado os jacobinos para se entender com Mme. Dodun, em casa de Mme. Roland ou de Valazé, êles permaneciam agarrados à liberdade econômica, sobretudo Roland, e se desentenderam assim com os pequenos personagens tão atingidos pela taxação. Desde então o conflito revestiu um caráter social. A burguesia, quase inteira, agrupou-se atrás dos girondinos, cujo nome serviu de pára-vento, na Convenção, e mais ainda na província, a suas preferências monarquistas. Os montanheses, deputados de Paris, inclinavam-se naturalmente para a multidão dos "seccionários" "sans-culottes"; chefes do clube dos jacobinos aí se comunicavam com êles e defendiam sua causa. Ameaçados pela gironda e, além do mais, julgando-a incapaz senão de votar, pelo menos de aplicar vigorosamente as medidas que a guerra impunha, terminaram por adotar, nem sempre sem pena, o ponto de vista popular e puseram-se à frente da extrema esquerda revolucionária, que não tinha lugar na Assembléia. Sua união não foi íntima e, à medida que o grupo foi recebendo progressivamente os provinciais, tornou-se menos homogêneo.

Entre as duas "facções", o centro, do qual dependia a maioria, jamais optou sem voltar atrás. Bem decididos a defender a Revolução e a integridade nacional, êstes convencionais mostraram-se oportunistas na escolha dos meios. Muito burgueses, êles temiam o povo, no fundo; a violência arbitrária e sanguinária lhes repugnava e, para êles também, a liberdade econômica tinha o valor de um dogma. Mas, enquanto a República estivesse em perigo, parecia-lhes imprudente romper com os homens do 10 de agôsto, principalmente porque as medidas que êstes reclamavam podiam ser úteis, a título provisório, até à vitória. É porque certo número dentre êles — Barère, Carnot, Lindet, Cambon — se reuniu aos montanheses. Mais clarividentes que os chefes de partido, já enraivecidos pelo rancor, a maior parte dos deputados percebia que os republicanos eram muito pouco numerosos, para se entredespedaçarem sem se perder. Trocando de campo, êles obrigaram a Convenção a incríveis palinódias; mas um realismo profundo os guiava.

II. *A luta dos partidos e a morte do rei (setembro 1792-21 de janeiro de 1793)*

Durante algumas semanas, os girondinos conservavam o prestígio e pareceram senhores da Convenção; o ciúme dos provinciais contra a Comuna e os "sans-culottes" de Paris, o temor que os massacres inspiravam, a cólera despertada pelos propósitos julgados ameaçadores para a propriedade, o sentimento de segurança que as vitórias espalharam prontamente e a reação geral contra o Terror, que se espalhara pelo país, tudo inclinava a maioria na direção dêles. Danton, optando pela deputação, deixou o Conselho executivo, e o "virtuoso" Roland acreditou-se o chefe daí para a frente. A Comuna só foi dissolvida nos fins de novembro; mas havia perdido seus podêres de exceção e suprimido seu comitê de vigilância. Os comissários do poder executivo receberam seu apêlo. A alta polícia encontrava-se nas mãos de Roland e do Comitê de segurança geral da assembléia: as perseguições foram suspensas; por tôda parte, libertaram-se os suspeitos, e deixou-se entrar vários padres deportados e vários emigrados. Depois, o tribunal de 17 de agôsto desapareceu e, restabelecido o curso normal da justiça, não mais subsistiu jurisdição especial para os contra-revolucionários, porque a Alta Côrte já havia sido suprimida. A regulamentação do comércio dos cereais caiu em desuso, sem que os decretos de setembro tivessem jamais sido aplicados exatamente; Roland não cessava de condená-lo e, como os taxadores vinham de desencadear mais uma vez violentas perturbações entre o Eure e o Loire, êle fêz restabelecer a liberdade, a 8 de dezembro. Depois do início da guerra, os fornecedores tinham bom jôgo e as operações da Bélgica constituíam uma pechincha para aquêles que se tinham associado a Dumouriez, notadamente para o abade de Espagnac. Tendo Pache, o nôvo ministro da Guerra, substituído um dos seus "diretórios de compras", o general protestou sem descanso até que por fim a Convenção lhe devolveu a liberdade de decidir à vontade as despesas necessárias para o abastecimento de seu exército. Ao mesmo tempo, renunciando a fortificar Paris, licenciavam-se os trabalhadores e, nas manufaturas nacionais, Roland restabelecia o salário por tarefa. Êle aplicava-se em denunciar a prodigalidade da Comuna, que mantinha o pão a 3 soldos, à custa dos contribuintes. Os camponeses também foram atingidos: adiaram-se a partilha dos bens comunais e a venda das propriedades prediais dos emigrados. Esta política amargurava cada vez mais os "sans-culottes" contra os "rolandinos". Mas, na Convenção, ela não encontrava mais tanta resistência quanta se poderia ter suposto; no decorrer do grande debate sôbre o comércio dos cereais, Saint-Just, como economista ortodoxo, mostrou que o único remédio para a carestia era reprimir a inflação; se Robespierre exprimiu eloqüentemente as queixas do povo e solicitou que se pusesse fim ao açambarcamento, não propôs, entretanto, a requisição nem a taxação. Em relação ao clero, os republicanos pareciam quase de acôrdo; êles recusaram suprimir o orçamento do culto, como desejava Cambon; mas, em dezembro, discutiram calmamente, aliás sem nada concluir, a organização de uma instrução pública, leiga, gratuita e obrigatória, seguindo os princípios do famoso relatório apresentado por Condorcet ao Legislativo. Enfim,

248

Danton não compartilhava a invencível hostilidade de Robespierre contra os girondinos: êle ofereceu-lhes o seu apoio.

No fundo, êle pertencia principalmente ao centro, como salienta Levasseur. Não pedia senão renunciar às medidas extremas e, em outubro, prometia a Theodoro de Lameth, vindo de Londres para solicitar seu concurso, dedicar-se a salvar Luís XVI; êle sabia que esta era uma das condições para a paz. Para concluir esta, teria talvez chegado a restabelecer a monarqùia constitucionalista, em favor do duque de Chartres, por exemplo. A partir de 4 de outubro, êle propôs declarar que a pátria não estava mais em perigo. Mas, em sentido inverso, a conciliação e a moderação supunham a paz: grande dificuldade, que só poderia ter bom êxito através da união dos partidos; pelo menos, era necessário obter o silêncio dos montanheses. A 21 e 25 de setembro, Danton reprovou a ditadura e a lei agrária, ao mesmo tempo que o federalismo. A sabedoria ordenava aos girondinos que se entendessem com êle.

Mas êles queriam derrotar completamente seus adversários. Rejeitaram Danton para a esquerda, reclamando-lhe a conta de suas despesas secretas, que êle foi incapaz de fornecer, enquanto Mme. Roland lhe imputava a pilhagem do guarda-móveis da coroa, que acabava de ser roubado. A 25 de setembro, Marat e Robespierre viram-se violentamente denunciados como aspirantes a ditadores; os ataques contra a Comuna multiplicaram-se; a 29 de outubro, Louvet retomou a ofensiva contra Robespierre. Os girondinos procuravam visìvelmente pôr em acusação os autores do 10 de agôsto, que não mais se uniam a êles, como Carra e Barbaroux, imputando-lhes os massacres e a ditadura revolucionária. Êles bem compreendiam que assim incriminando e impacientando os "sans-culottes" parisienses, êles próprios expunham-se ao risco de uma nova jornada; também, a 23 de setembro, Roland solicitou que a Convenção nomeasse uma guarda para si, e Búzot, cujo amor por Mme. Roland o fazia voltar-se contra seus antigos companheiros, fêz-se o apóstolo da "fôrça departamental", destinada a proteger a representação nacional.

Embora compartilhasse das antipatias da Gironda, a maioria não deixou de recusar a liberação de seus adversários. Assim, revelou-se a existência de um terceiro partido, que em seguida se chamou a Plaine (planície), por oposição à Montanha ou que se difamou com o nome de Marais (pântano). Implìcitamente, esta maioria admitiu a tese que Robespierre defendeu com brio a 5 de novembro: certas conseqüências do 10 de agôsto pareciam lamentáveis, mas não podia ser justificativa para banir os homens que haviam demitido Luís XVI e estrangulado a traição; por outro lado, a Convenção censu-

249

raria tàcitamente a insurreição, e arruinaria assim sua própria autoridade; além do mais, se ela empregava a fôrça contra os "sansculottes" parisienses, pôr-se-ia à discrição dos monarquistas. A Assembléia limitou-se portanto a manifestar seu desprêzo por Marat. Robespierre não foi acusado: a prova o engrandeceu, e fêz dêle o chefe da Montanha. Evitando lançar os departamentos contra a capital, contentava-se em aplaudir seus requerimentos em favor da Gironda, e deixava-se que êles enviassem espontâneamente a Paris numerosos federados.

Não tendo conseguido, desta vez, convencer a Convenção, os girondinos viram seu poder diminuir. No Conselho executivo, os ministros da Guerra e da Marinha, Pache e Mongue, separaram-se de Roland. Persistindo em não votar, os jacobinos apoderaram-se do Diretório do departamento e, na Comuna, um prefeito moderado viu-se cercado por Chaumette, como procurador, por Hébert, como substituto. Mas o pior foi que os montanheses, ameaçados, replicaram a seus adversários, censurando-os por adiar o processo do rei.

Tal era o seu desejo. A orientação de sua política interna conduzia a poupar Luís XVI. Mas Danton já havia dito a Lameth: "Podese salvar um rei pôsto em julgamento? Êle está morto, no momento em que aparecer diante dos juízes." De fato, a Convenção precisava declará-lo culpado, a menos que ao mesmo tempo condenasse o 10 de agôsto, sua própria existência e a proclamação da República, como Robespierre lhes recordou, a 2 de dezembro, com uma lógica irrefutável: "Se o rei não é culpado, os que o destronaram o são... A Constituição vos proibia tudo o que fizestes... Ide aos pés de Luís, invocar sua clemência." Reconhecida a culpabilidade, seria bem difícil à Convenção deixar de pronunciar a pena capital contra aquêle que havia recorrido ao estrangeiro, e que os "sans-culottes", obstinados em vingar seus mortos, consideravam responsáveis pela cilada das Tulhérias. Para salvar o rei, era necessário que a questão não fôsse apresentada: tal era o desejo da Gironda. Mas, aplicandose em banir os montanheses, ela não podia impedi-los de romper o silêncio: a cabeça do rei tornou-se a parada dos partidos.

A discussão só se abriu em novembro, após os medíocres relatórios de Valazé e de Mailhe, e eternizava-se, quando, a 20 de novembro, a descoberta do armário de ferro, no castelo em que Roland cometeu a insigne imprudência de examinar, em primeiro lugar, sem testemunhas, os papéis comprometedores, tornou o processo inevitável. A 11 de dezembro, Luís XVI compareceu: êle negou ou entrincheirou-se atrás da Constituição. Foi-lhe permitido consultar Tronchet e Malesherbes. A 26, o advogado de Sèze apresentou a defesa: também negou a traição; mas aplicou-se, sobretudo, em contestar a competência da Convenção, e em invocar a inviolabilidade.

250

Investida de todos os podêres como Constituinte, a maioria não tinha dúvidas sôbre os seus direitos; após Varenes, Brissot e Robespierre concordavam em que a irresponsabilidade do monarca só valia para seus atos constitucionais, rubricados por um ministro; a 3 de julho de 1792, Vergniaud indignava-se com o fato de que o silêncio respeitoso da Constituição sôbre a traição pudesse ser interpretado irrisòriamente como uma absolvição. Todavia, os girondinos recorriam à obstrução. Solicitaram o banimento de todos os Bourbons, alegando que aquêles que desejavam suprimir Luís XVI pretendiam substituí-lo pelo duque de Orléans, transformado em Filipe-Igualdade e deputado de Paris, o que obrigou a Montanha a defendê-lo, e permitiu acusá-lo de monarquismo. Depois, sustentaram que a decisão deveria ser ratificada pelo povo: Barè replicou-lhes, a 4 de janeiro de 1793, com o mais notável de seus discursos. Em desespêro de causa, êles vieram demonstrar que o regicídio provocaria, contra a República, uma coalizão geral, que a tornaria a pôr em perigo. Motivo decisivo para evitar o processo, mas inoperante na ocasião, e que, aliás, parece ter sido apenas argúcia da parte dos girondinos, que, em novembro, preconizaram a guerra a todo transe.

Os escrutínios começaram, a 14 de janeiro de 1793, explicando-se cada deputado na tribuna. A culpabilidade foi pronunciada por unanimidade, e o apêlo ao povo rejeitado. A trágica votação teve início no dia 16 e prolongou-se por vinte e quatro horas: de 721 deputados presentes, 387 declararam-se a favor da morte, 334 contra. Mas 26 partidários da pena capital tinham proposto examinar se não seria conveniente conceder o "sursis", como Mailhe, o primeiro nomeado, havia hàbilmente sugerido. Se seu voto tivesse sido condicional, a maioria se reduzia a uma meia-voz: era necessário obrigá-los a tomar partido. Decidiu-se então fazer um escrutínio supremo sôbre o "sursis": êste foi rejeitado por 380 votos contra 310. Ambas as vêzes, os girondinos se tinham dividido.

Durante o processo as seções se agitaram, e não faltou quem sustentasse que os convencionais cederam ao temor. Em todo caso, a única vítima foi um montanhês, Lepeletier de Saint-Fargeau, assassinado, a 20 de janeiro, por um monarquista. Por outro lado, a corrupção aumentou a minoria: não contente de tentar uma diligência oficial, Ocariz, encarregado de negócios da Espanha, distribuiu dois milhões, adiantados pelo banqueiro Le Coulteulx. Até o último momento, os monarquistas conservaram esperanças, e o resultado os surpreendeu.

A 21 de janeiro, pela manhã, a Comuna alinhou tôda a guarda nacional ao longo da estrada, que o rei percorreu até o cadafalso: Luís XVI foi guilhotinado na praça da Revolução. Com poucas ex-

251

ceções, o país manteve-se silencioso, mas a impressão foi profunda. Discutir-se-á sempre sôbre os efeitos dêste suplício. Êle excitou a piedade e exaltou convicções. Mas não parece duvidoso que o sentimento monárquico tenha recebido um golpe decisivo: um rei tinha sido condenado à morte, como um homem comum; a realeza perdeu, para sempre, o caráter sobrenatural, que a própria Revolução até então não destruíra. Todavia, naquele momento, a consternação levou grande parte dos franceses a pensar nas conseqüências: entre os "votantes" e os "apelantes", o rancor tornou-se inexplicável; a Europa decretou contra os regicidas uma guerra de extermínio. No fundo, o processo do rei desencadeou a briga entre aquêles que, para obter a paz, se dispunham, mais ou menos conscientemente, a faltar ao compromisso com a contra-revolução, e os intransigentes, que não deixaram à nação nenhuma outra chance de salvação, fora da vitória.

III. *A guerra de propaganda e as anexações*

Evitar a ditadura e salvar o rei, esta política dos girondinos fazia supor a paz. Ora, êles eram o partido da guerra, e assim permaneceram: vendo os "sans-culottes" desviarem-se dêles, esforçaram-se mesmo por tornar a conquistá-los, evocando, temeràriamente, o fantasma de uma França libertadora do universo. Não era ùnicamente o espírito de facção que os inspirava: o sonho romântico os deslumbrava. Todavia, o instinto os favorecia: a guerra de propaganda permaneceu sempre cara ao povo revolucionário, como também a muitos montanheses, e êste povo condenou a Gironda, não por tê-la empreendido, mas por não ter sabido fazê-la.

Todavia, a Convenção esperou, por muito tempo, embora, de todos os lados, se visse instalada a fornecer, para certas questões urgentes, soluções que iriam comprometer o futuro. Não se duvidava absolutamente que os países ocupados não aspirassem a se libertar do Antigo Regime. Entretanto, dever-se-ia deixar-lhes a escolha? Ou seria melhor adiantar-se aos seus desejos, "municipalizando-os" imediatamente? E, por outro lado, a França os libertaria à sua custa, exportando seu numerário? Ou sustentaria suas tropas por meio de requisições e de contribuições de guerra? Os refugiados agitavam-se, e um dêles, Clavière, era ministro: êle fêz destituir Montesquiou, que manejava a aristocracia genebrina. Em novembro, nicenses, savoianos e renanos apresentaram um problema nôvo: solicitaram sua anexação à França. Os generais, não recebendo instruções, agiam segundo sua inspiração. Em Nice, Anselme renovou as autoridades: êle "municipalizou", enquanto Montesquiou, na Savóia, deixou apenas que os clubes se multiplicassem e que, a 20 de outubro, se reunisse uma "assembléia nacional dos Allobroges". No Reno, Custine organizou pessoalmente os clubes o de magúncia é o mais famoso — e desejou abolir o regime feudal. Mais tarde, Dumouriez, que esperava tornar-se o chefe de uma Bélgica independente, contentou-se em fazer eleger, de acôrdo com os vonckistas, assembléias provinciais, para substituir os Estados; não foi necessário mais nada para indispô-lo com os estadistas; aliás, êle não pôde impedir os democratas anticlericais de triunfar em Liège, e abrir, por tôda parte, clubes turbulentos, que provocaram imediatamente a hostilidade da Igreja. Os métodos financeiros variaram igualmente: Anselme, Montesquiou e Dumouriez solicitaram o menos possível às populações; êste último tentou obter um ·empréstimo do clero, e seus fornecedores pagaram as compras em numerário; na Renânia, pelo contrário, Custine viveu do país, taxando os privilegiados, que eram freqüentemente burgueses, como os banqueiros de Francfort. Até meados de novembro, a Convenção não se pronunciou.

Então sobreveio Jamappes. A confiança e o entusiasmo exaltaram-se sem medidas; os montanheses não se mostraram menos ardentes que os outros, e Robespierre, desta vez, não tentou resistir à torrente. Não se deu mesmo tempo para refletir. A 19 de novembro, como Rühl expunha os temores do clube de Mogúncia e seus desejos de obter a garantia da França, La Revellière-Lepeaux fêz votar, num ímpeto, o famoso decreto que concedia "fraternidade e auxílio" a todos os povos que desejassem recuperar a liberdade. A sorte estava lançada: a Revolução, tornada guerreira, desafiava o mundo. A 27, recebendo uma delegação inglêsa que vinha cumprimentar a jovem República, Grégoire saudava adiantadamente aquela que, logo mais, nasceria às margens do Tâmisa. Brissot lutava, com tôdas suas fôrças, pela ruptura com a Espanha: "Nossa liberdade jamais será tranqüila enquanto restar um Bourbon sôbre um trono. Nada de paz com os Bourbons e, desde já, é preciso pensar na expedição para a Espanha." E êle reclamava a Dumouriez seu lugar-tenente Miranda, que sublevaria a América Latina. A Alemanha e a Itália não eram olvidadas. "Nós não podemos estar tranqüilos, escrevia ainda Brissot em 26 de novembro, a não ser quando a Europa, e tôda a Europa, esteja em chamas"; a 16, Chaumette havia profetizado que, logo mais, ela seria municipalizada até a Rússia. Os refugiados incitavam enèrgicamente à cruzada; na primeira fila brilhava Cloots; os holandeses solicitavam que Dumouriez invadisse seu país; de Bayonne, Marcheña e Hévia organizavam a propaganda na Espanha.

A natureza das coisas conduzia a regular em primeiro lugar a sorte dos países ocupados e, como êles se estendiam até à crista dos Alpes e às margens do Reno, elevaram-se vozes para designar à expansão francesa a conquista das "fronteiras naturais". Depois, numerosos historiadores apresentaram esta doutrina, que prometia uma fama duradoura, como um legado da monarquia e uma tradição nacional. Na realidade, não parece que os reis da França a tenham concedido. Muitos dentre êles estenderam-se pelos Países-Baixos, onde o conde de Flandres, até o século XVI, foi um de seus grandes vassalos, e cuja fronteira estava muito próxima de Paris, para sua segurança; mas, no século XVIII, Luís XV não mais os imitou. O acaso conduziu Henrique II nas três dioceses e Richelieu na Alsácia; mas, mais para o norte, a diplomacia francesa não procurou senão assegurar-se dos protegidos à margem esquerda do Reno. Seria, então, sob a romântica excitação da vitória que se veio sustentar que a natureza havia providencialmente constituído uma fronteira para a nação? Esta influência não parece contestável. Entretanto, não é seguro que os espíritos não estivessem preparados para prestar-se a isso complacentemente. A noção dos limites naturais remontava, pelo menos, a alguns dos novelistas que serviram Richelieu, e Mézeray, historiador que o século XVIII honrava como um clássico, expressamente a formula; além do mais, é provável que a recordação fôsse mantida pela explicação, nos colégios, dos "Comentários" de César onde, desde o início, êle fixa à Gália os limites de que se prevaleceram os revolucionários. Sempre é verdade que Brissot escreveu, em novembro: "A República francesa não deve ter por limite senão o Reno", e que, a 16, o Conselho executivo abriu aos navios a embocadura do Escalda, para favorecer os anversenses, como se a Bélgica já tivesse sido reunida, sem se incomodar com os tratados da Vestfália, que tinham fechado a entrada do rio. A emprêsa de libertação arriscava, portanto, de se transformar em conquista. O malôgro da propaganda e as necessidades militares precipitaram a evolução: não foram necessárias mais que algumas semanas.

A Convenção, como os girondinos, teria preferido que a França se cercasse de repúblicas-irmãs. Mas logo se tornou evidente que a maioria das populações se mostrava hostil ou reservada por prudência; em todos os lugares, a ocupação, aliás, acarretava males ou um mal-estar de que se anelava libertar. Apenas a Savóia pronunciou-se francamente: aboliu o Antigo Regime e solicitou a anexação. Ao contrário, uma deputação belga veio, a 4 de dezembro, solicitar à Convenção que reconhecesse a independência de seu país: êstes delegados não pretendiam adotar tôdas as reformas revolucionárias, por mêdo da Igreja. O mesmo se dava na Renânia. Em suma, os

254

povos mostravam-se incapazes de se libertarem, ou não desejavam ser libertados. Os republicanos irritavam-se com isso. "Ao mesmo tempo em que devemos dar aos povos a liberdade, gritava Danton desde 28 de setembro, declaro que temos o direito de lhes dizer: vós não tereis mais reis." Os amigos estrangeiros da Revolução alegaram que a independência os deixara à mercê dos inimigos, tanto quanto a vitória dos coligados. Os nicenses disseram-no a 4 de novembro; em Mogúncia, o clube sentia-se isolado, e Forster terminou por propor a reunião.

A 27 de novembro, a Convenção deu o grande passo, anexando a Savóia. Grégoire justificou o decreto, invocando a soberania nacional, a natureza que havia feito dêste país uma região francesa e, enfim, o interêsse comum da Savóia e da França. Pelo menos estas condições exigiam que se deliberasse separadamente sôbre cada um dos países ocupados. Mas as necessidades do exército e e do tesouro precipitaram a decisão.

A 30 de novembro, no auge da campanha conduzida por Dumouriez e os fornecedores contra o diretório de compras, que êles acusavam de deixar o exército na penúria, a Convenção havia enviado comissários à Bélgica. Camus regressou para confirmar, em nome dêles, que as tropas efetivamente sofriam, e foi êsse o motivo pelo qual o general, levando vantagem sôbre Cambon, recebeu carta branca. Mas Camus informou os Comitês que Dumouriez não encontraria suficientes empréstimos para prover às suas necessidades: seria, portanto, necessário que a República se encarregasse das despesas. Cambon respondeu que era impossível continuar a guerra, nestas condições. Ela devia tornar-se revolucionária. Os bens do clero, do príncipe e dos "fautores ou satélites voluntários" seriam sequestrados, e serviriam de garantia aos "assignats", os quais, introduzidos nos países ocupados, dispensariam a França de exportar seu numerário. O dízimo e os direitos senhoriais seriam abolidos e os antigos impostos substituídos por taxas sôbre os ricos. Novos administradores aplicariam as reformas: apenas seriam eleitores e elegíveis aquêles que prestassem juramento à liberdade e renunciassem aos privilégios. Também os benefícios da Revolução se tornariam sensíveis às massas populares: "Guerra aos castelos; paz nas choupanas!" Êste célebre decreto foi adotado por aclamação, a 15 de dezembro: sob a proteção das baionetas francesas, êle instituía a ditadura das minorias revolucionárias, e tentava tornar os povos felizes, sem os consultar, e à custa dêles. Desta vez, Dumouriez levava desvantagem. Não contente de se tornar financeiramente independente, esforçava-se por orientar, a fim de preparar para si uma candidatura, no caso de obterem êles um govêrno independente: não fazia ainda um ano de guerra, e Bonaparte já se anunciava.

Comprometidos todos seus planos, Dumouriez atirou-se para Paris, em 1.º de janeiro: nada obteve.

O resultado, outrora predito por Robespierre, foi desastroso. O próprio popular repeliu presentes, que considerava irrisórios, pelo preço do "assignat". Trinta comissários se distribuíram pela Bélgica e fizeram executar o decreto pela fôrça. Cambon felicitou-se, a 1.º de fevereiro, por já ter retirado 64 milhões da Bélgica; mas, espoliando a Igreja, perdera-se a simpatia da população, como José II, e, a 17, os comissários não escondiam que ela se revoltaria ao primeiro revés dos franceses. O mesmo se dava em outros lugares; a desafeição atingiu mesmo a Savóia. Impôs-se a conclusão de que a anexação apenas preveniria a contra-revolução nos países ocupados. Nice foi anexada em 31 de janeiro. Nesse mesmo dia, Danton solicitou que se estendesse a medida à Bélgica, e formulou, com uma concisão impressionante, a doutrina aplicada, a partir de então, pela Convenção: a República devia estender-se até os limites "marcados pela natureza". A 14 de fevereiro, Carnot completou esta declaração por um apêlo à história: dêste domínio natural, "as partes que foram desmembradas não o foram a não ser por usurpação". Não se ousou reunir uma Convenção belga: as reuniões foram votadas província por província, sob a direção dos agentes franceses e de seus amigos. Na Renânia, uma assembléia, eleita nas mesmas condições, aprovou a anexação, a 17 de março. A Convenção ratificou, no decorrer do mês. A diocese de Basiléia, erigida em República da Raurácia em novembro de 1792, tornou-se, a 23 de março de 1793, o departamento do Mont-Terrible.

IV. *A ruptura com a Inglaterra*

Pitt tinha sido colhido de surprêsa pelos acontecimentos. A 17 de fevereiro de 1792, apresentando seu orçamento, êle assegurava que a Inglaterra podia permitir-se quinze anos de paz; em conseqüência, reduziu as fôrças de 2.000 marujos e de mais de 5.000 soldados. Quando a guerra rebentou no continente, êle observou rigorosamente a neutralidade. Provàvelmente pensava, como todo mundo, que a Revolução não tardaria a ser sufocada, e regozijava-se com isso, porque, por contragolpe, a agitação ver-se-ia desencorajada no Reino Unido.

A propaganda democrática avultava. Em abril, vários chefes "whigs" formaram uma nova "Sociedade dos Amigos do Povo". Mas êstes radicais viam-se ultrapassados: por uma inclinação natural, os democratas, como na França, abordavam o programa social. Em fevereiro, Pine, publicando a segunda parte de seus "Direitos do Homem", atacava violentamente a aristocracia britânica, e propunha um impôsto severamente progressivo, que absorveria a totalidade da renda a partir de 23.000 libras esterlinas. Gadwin preparava sua "Justiça Humana", que chegava ao comunismo utópico, e apareceu em 1793. Ora, nos fins de 1791, um pobre sapateiro de Londres, Thomas Harday, havia agrupado alguns operários num cabaré, e, a 25 de janeiro de 1792, êles fundaram, a oito, a "Sociedade Londrina de Correspondência", fixando sua cotização em um "penny" por semana; ao mesmo tempo, cinco a seis operários de Sheffield faziam o mesmo. A intervenção do artesanato, senão do proletariado, na vida pública era um grande acontecimento: a questão social tornou-se uma realidade política. "É nosso trabalho que sustenta a monarquia, a aristocracia e o clero", dirá logo mais o clube de Stockport, "nós não somos a vil multidão de que fala Mr. Burke." O poeta escocês Burns exprimia com maior rudeza o sentimento popular. Os recém-chegados imprimiram vivo impulso ao movimento democrático; a 24 de março, os delegados dos clubes, reunidos em Norwich, exprimiram a esperança de uma união geral de todos os amigos da liberdade. Assim surgiu a idéia desta convenção popular, que iria tornar-se o terror da aristocracia; ela acreditou ver ressuscitar os "niveladores" do século XVII. Como em França, a propaganda tirou partido das circunstâncias econômicas. Em 1791, a "corn-law" havia sido agravada; foi aliás o último ano em que a Inglaterra exportou trigo; a partir do inverno, o pão encareceu; a colheita de 1792 anunciava-se má; em maio, estouraram revoltas; as greves se multiplicaram. Os soldados, que não estavam aquartelados, e deviam alimentar-se por sua própria conta, sofriam com a alta dos preços; trabalhados pelos clubes, assinaram petições, e a disciplina relaxou-se. A situação não parecia melhor na Irlanda, e as perturbações agrarias aí reapareceram; os "defenders" católicos e os "peep of day boys" protestantes inclinaram-se desde então a fazer causa comum com as associações políticas. Estas últimas — os "Irlandeses unidos", organizados por Wolf Tone, em fins de 1791, sem distinção de credo religioso, e o "Comitê católico", que, em fevereiro de 1792, reuniu todos os delegados afiliados — entraram em acôrdo para reclamar a abolição do "test" e o direito de voto para os católicos. Grattan defendeu êste programa do Parlamento, reprovando a agitação; os católicos acabaram por obter satisfação, um pouco antes da guerra com a França, mas as outras proposições malograram.

Até maio de 1792, não parece que Pitt se haja alarmado. Nesse mesmo mês, embora recusasse nova moção de Grey, a favor da reforma eleitoral, também não deixava passar o "bill" de Fox, que deferia ao júri o julgamento dos libelos. Mas, a 21, uma proclamação real denunciou de um só golpe as publicações incendiàrias, e ordenou que fôssem perseguidas; ao mesmo tempo, o govêrno pôs-se a subvencionar uma propaganda conservadora. Em junho, tendo se desembaraçado do chanceler Thurlow, que o enfrentava há muito, Pitt abriu as negociações com a ala direita dos "whigs", dirigida por Portland, tendo em vista constituir um ministério de união; sem a oposição do rei, Pitt teria admitido Fox, cuja exclusão fêz malograr esta tentativa.

O triunfo dos democratas franceses agravou singularmente a situação. Desta vez, Pitt e Grenville não ocultaram seus sentimentos pessoais, que tinham sido sempre os de Jorge III e do país legal. O embaixador em Paris, Lord Gower, foi chamado, sendo rompidas tôdas as relações oficiais com Chauvelin; ora, a fria reserva de Pitt e a sobranceria desdenhosa de Grenville tornavam difíceis os entendimentos oficiais, em que os franceses, aliás, solicitavam que se reconhecesse antecipadamente seu nôvo govêrno; além disso, Chauvelin viu-se acusado de encorajar a oposição "whig" e, mesmo, de dirigir e financiar a propaganda democrática. Os massacres de setembro e o afluxo de refugiados — 3.772, entre os quais 2.000 padres — emocionaram violentamente a opinião: contou-se que os jacobinos, em Paris, comiam empadas de carne humana. Os amigos da Revolução, o bispo Watson entre outros, ficaram abalados, e as palinódias começaram; no decorrer de setembro, Noël, enviado de Danton, não escondia que a situação se tornava perigosa.

A propaganda democrática também não fêz progressos rápidos no decorrer do outono; como na França, as vitórias da Revolução exaltaram seus partidários, que as celebraram pùblicamente, e a sociedade de Hardy mandou uma delegação felicitar a Convenção. Os delegados dos clubes foram convocados em assembléia geral para 11 de dezembro. Na Escócia, Muir fundou, a 3 de outubro, a "Sociedade da Constituição e do Povo"; Burns comprava canhões para enviar aos franceses, e declamava o "Ça ira", em pleno teatro. Denunciou-se a fabricação de armas e, em dezembro, Burke levou a acusação às Câmaras, atirando, como prova, um punhal no solo. A 24 de novembro, Noël assegurava que não tardaria um movimento revolucionário. Era favorecer as ilusões da Convenção. Além de não haver nenhuma prova de que os clubistas inglêses tenham pensado em se insurgir, a reação violenta da aristocracia e da burguesia, que lhes atribuía essa intenção, mostrava que Pitt poderia resistir. O historiador Reeves constituiu uma sociedade "antiniveladora", e o pânico fêz, mesmo, surgir grande número de associações monarquistas e galófobas. Desde que a guerra pareceu iminente, foi popular entre as classes dominantes: sempre servindo seus interêsses e abrindo a perspectiva de uma desforra imperialista contra a França e de aquisições coloniais, ela forneceria a oportunidade de esmagar os democratas. Esta manobra interior não pôde senão tornar a ruptura agradável a Pitt e a Grenville; desde que êles tivessem declarado que o decreto de 19 de novembro, prometendo fraternidade e auxílio aos povos, era um "casus belli", os democratas inglêses se encontrariam virtualmente inculpados de alta traição. Pame, que tomava parte na Convenção como deputado do Pas-de-Calais, foi julgado por contumácia e, em janeiro de 1793, começaram perseguições contra Muir, que partira para Paris. Por outro lado, a guerra teria a vantagem de reforçar, no seio do Parlamento, a autoridade do govêrno, porque parte dos "whigs" abandonaria Fox, para se unir à maioria.

Todavia, Pitt não se decidiu à ruptura senão para salvaguardar os interêsses particulares da Grã-Bretanha. A 6 de novembro ainda, Grenville declara a Auckland, embaixador em Haia, que êle não via nenhuma vantagem em abandonar a neutralidade. Embora Pitt tivesse escrito, a 16 de outubro, que, se a França conservasse a Savóia, isto poderia mudar a face das coisas, pode-se perguntar se as conexões alpestres e mesmo renanas o teriam decidido a recorrer às armas. Mas que Dumouriez e os convencionais tenham imaginado que êle lhes deixaria anexar ou dominar a Bélgica, é um êrro inconcebível; no máximo pode-se supor que êle lhes teria permitido guerrear, através da promessa formal de não dispor da Bélgica sem o seu consentimento. Em vão Lebrun enviou-lhe Maret para assegurar-lhe que a República não conservaria a Bélgica: a abertura do Escalda anulava a diligência e, para Pitt, foi um símbolo; aliás, o decreto de 15 de dezembro justificava sua opinião. A Inglaterra, além do mais, era aliada da Holanda, a quem o fechamento do Escalda interessava diretamente. Uma esquadra francesa, forçando as barras, empurrou os holandeses: o estatuderato, sabendo-se ameaçado de invasão, reclamou o apoio da Inglaterra, e Pitt lho prometeu sem tardança.

E dezembro, os girondinos hesitaram: haviam contado com a Inglaterra, como com a Prússia; a burguesia de Bordéus e dos outros grandes portos, já atingida pela anarquia colonial, não via com bons olhos uma guerra naval. Após Jemappes, Dumouriez insistia por entrar na Holanda e, como Amsterdão era a maior praça bancária da Europa, não faltava quem argumentasse que, dessa maneira, a guerra "pagaria". Entretanto, a 5 de dezembro, o Conselho executivo adiou sua decisão; depois, o processo do rei, como se viu, terminou por incitar os girondinos a brandir a ameaça do perigo exterior. Todavia, ainda sôbre êste ponto, o partido se dividiu; a 1.º de janeiro, Kersaint, oficial de Marinha, enumerou as razões que levavam os franceses a acreditar a Inglaterra vulnerável: o poderio

259

desta moderna Cartago, repousando sôbre o crédito, desmoronaria, como um castelo de cartas. Quanto aos montanheses, não se opuseram a nenhuma das medidas que tornaram inevitável a extensão da guerra, ou, mesmo, as aplaudiram. Mesmo Robespierre guardou silêncio. Dissimulando suas próprias hesitações, os girondinos não teriam deixado de denunciar a resistência de seus adversários: a luta dos partidos, mais uma vez, deu seus frutos. Vindo a Paris, Dumouriez obteve, a 10 de janeiro, a adesão do Conselho; a ordem, entretanto, só lhe foi expedida no dia 31. A Gironda perdeu assim dois meses, durante os quais a ocupação da Holanda não teria tido nenhuma dificuldade.

Pitt e Grenville mostraram maior decisão. A 29 de novembro, Grenville deu audiência a Chauvelin, e fêz-lhe ver que os decretos de 16 e 19 deviam ser revogados. A 2 de dezembro, Pitt dirigiu-se na mesma linguagem a Mareth; na véspera, êle convocara a milícia. A 13, o Parlamento se reuniu; os "whigs", com poucas exceções, decidiram sustentar o govêrno; Fox, Landsdowne e Sheridan censuraram as iniciativas dos franceses, mas protestaram com coragem contra a guerra, desde que, todavia, a Holanda permanecesse indene. Pitt o venceu fàcilmente; a 20, êle solicitou 20.000 marujos; a 31, fêz votar um "alien bill"; em janeiro, suspendeu os carregamentos de cereais e de matérias-primas destinados à República. A morte de Luís XVI apressou o desenlace. A 24 de janeiro de 1793, Chauvelin recebeu seus passaportes; Lebrun, prevendo o que ia suceder, o mandou chamar, a 25. À sua chegada, 1.º de fevereiro, a Convenção votou a declaração de guerra. O relator tinha sido Brissot!

V. *A ruptura com os Estados do Meio Dia*

Para a Inglaterra, a execução do rei não tinha sido senão um pretexto; para a Espanha, ela foi a causa da guerra. Depois do 10 de agôsto, d'Aranda continuava a manejar a França; tomou mesmo medidas desfavoráveis contra os padres refugiados; malgrado Brissot, Lebrun moderava o embaixador Bourgoing e propunha um desarmamento simultâneo, assim como uma declaração de neutralidade, esperando que a Espánha reconhecesse a República. Mas, a 15 de novembro, uma revolução de palácio substituía d'Aranda por Godoy, amante da rainha Maria Luísa de Parma. Logo o processo de Luís XVI provocou manifestações contra a França; Godoy subordinou sua neutralidade à saída do processo e, após 21 de janeiro, rejeitou as propostas francesas. Bourgoing deixou Madri a 22 de fevereiro, e a Convenção declarou a guerra a 7 de março.

O Mediterrâneo abriu-se assim aos inglêses, e os príncipes italianos julgaram-se livres para se voltarem contra a República.

A ruptura com Roma era já um fato decidido. Como o papa havia encarcerado dois discípulos da Academia de França, que, aliás, soltou logo mais, Mackau, representante da França em Nápoles, enviou-lhe um secretário, Hugo de Bassville, que levou ostensivamente o barrete vermelho e pretendeu arvorar a bandeira tricolor. No decorrer de uma rebelião, êle foi massacrado a 13 de janeiro: uma mensagem do Conselho, redigida por Mme. Roland, denunciou "o insolente hipócrita de Roma".

Nápoles, ameaçada em dezembro pela esquadra de Latouche-Tréville, aguardou a chegada dos navios inglêses; então, Fernando IV e seu ministro Acton entraram na coalizão. A própria Toscana teve que romper com a França; Veneza igualmente; Parma imitou a Espanha e Modena a Áustria. E até junto ao Grão-Turco, o embaixador Choiseul-Sauffien lançou desconfiança sôbre seu sucessor Descorches. Com exceção da Suíça e dos dois Estados escandinavos, a França estava em luta com tôda a Europa, enquanto seu exército diminuía dia a dia: como os voluntários tivessem sido engajados para a campanha, êles se retiraram durante o inverno, pois a pátria não parecia mais em perigo. A Gironda não estava melhor preparada para combater que na primavera precedente.

Sua política não foi senão de contradição. Ela tentou restabelecer o regime liberal e salvar o rei, o que fazia supor a paz; e, provocou a guerra geral. Ela não podia perdoar Luís XVI e estabelecer a paz senão de acôrdo com todos os republicanos; e, encarniçando-se contra os montanheses e os "sans-culottes", excluiu qualquer oportunidade de união. Os coligados, como o esperavam, obtiveram no início sucessos brilhantes, e suas vitórias selaram o destino dêste grupo, que não havia superado nenhuma destas contradições.

Livro quarto

A COALIZÃO E A REVOLUÇÃO ATÉ OS TRATADOS DE 1795

Primeiro capítulo

A COALIZÃO EUROPÉIA
(1793-1795)

Embora a maior parte dos Estados europeus estivessem agora em guerra com a França, ainda não se tinham unido: foi a Inglaterra quem formou a coalizão. Mas não conseguiu, em parte por sua própria culpa, insuflar-lhe vida; os aliados jamais se puseram de acôrdo sôbre seus intuitos de guerra, e dispersaram suas fôrças. A Polônia, a guerra naval e colonial, preocuparam-nos tanto ou mais que o ataque continental contra a França. O resultado foi que seus exércitos, após alguns sucessos, se detiveram ou recuaram; depois, em 1794, êles cederam à ofensiva revolucionária e, como a aliança austro-prussiana após Valmy e Jemappes, a coalizão européia entrou em decomposição.

Todavia, as discussões dos aliados não são suficientes para explicar seus reveses. Há causas mais profundas que, por comparação, colocam em evidência os caracteres originais da Revolução. Os coligados não souberam, absolutamente, tirar partido de seus recursos; não souberam perceber a novidade desta guerra, e conduziram-na segundo o costume, sem modificar seus processos de govêrno e métodos de combate. E sua paralisia não foi provocada apenas pela rotina: êles hesitaram em exigir demais de seus súditos, porque temiam vê-los reclamar concessões, em troca de seus sacrifícios, e não percebiam que, dessa maneira, a vitória voltava-se contra êles.

I. A formação da coalizão

Quando a Inglaterra entrou em guerra contra a França, sua tradição prescrevia-lhe suscitar, para aquela, inimigos no continente, a preço de ouro, se fôsse necessário. A Holanda já era sua aliada e, desde novembro, Grenville dava oportunidades à Áustria. Após a declaração de guerra, êle uniu-se sucessivamente a todos os beligerantes: a 25 de março, a Catarina II; a 25 de abril, ao rei da Sardenha; a 25 de maio, à Espanha; a 12 de julho, ao Bourbon de Nápoles; a 14, a Frederico Guilherme II; a 30 de agôsto, à Áustria; a 26 de setembro, a Portugal; depois que, em março de 1793, o Império decidiu declarar a guerra à França, Baden e os dois Hesses também se entenderam com os inglêses; quanto ao Hanôver, pertencia a Jorge III. Assim, constituiu-se, pouco a pouco, o que chamamos a primeira coalizão. Ela só existia pela Inglaterra; se a luta contra um inimigo comum criava entre as potências certa solidariedade, ela jamais se exprimiu por um pacto geral; de um comando único, ou de uma reunião de fôrças, jamais se concebeu nem mesmo a idéia.

Entre os aliados da Inglaterra, reinava uma desigualdade evidente. Os sardos, os napolitanos, os portuguêses, os hanovrianos, os badenses e os hessensses forneciam contingentes, contra subsídios: Pitt encarava-os como seus mercenários. A Holanda contribuía a financiar a guerra, mas não podia defender-se sòzinha. Pelo contrário, a Prússia e a Áustria, esperando obter, um dia ou outro, ajuda pecuniária, não pretendiam receber ordens. Quanto aos tratados com a Espanha e a Rússia, apenas previam a organização do bloco. Se a unidade da Alemanha e da Itália já tivesse sido realizada, estas duas nações, pesando com tôda sua massa sôbre a França, ter-se-iam arrogado de fato a direção da guerra continental, e a Revolução teria provàvelmente sucumbido. Na situação em que se encontrava então a Europa, a coalizão não se podia mostrar eficaz, a não ser que as intenções da Inglaterra e dos Estados que escapavam à sua hegemonia concordassem, a respeito do alvo a atingir. Em caso contrário, ela nada era.

II. *Os propósitos de guerra dos coligados*

Dois propósitos de guerra podiam reunir a unanimidade dos aliados. O primeiro, há muito preconizado por Burke e pelos emigrados, consistia em salvar a civilização européia, isto é, o domínio da aristocracia, destruindo a obra da Revolução em França: era uma cruzada supostamente idealista e, na realidade, uma guerra de classes. O outro, que Pitt e Grenville preferiam, destinava-se a restaurar o direito das gentes — a França devia respeitar os tratados, renunciar à propaganda e para restabelecer-se o equilíbrio europeu, deveria restituir suas conquistas: era uma guerra política.

É necessário não haver enganos: nenhum dêsses dois propósitos foi repudiado pelos coligados. Pitt recusou-se a publicar o manifesto proposto por Burke: a aristocracia inglêsa não se inclinava ao idealismo e não se preocupava em vingar a nobreza francesa; além de que, se se quisesse restabelecer o Antigo Regime em França, tornar-se-ia mais difícil a vitória. Os continentais não convieram também em operar a contra-revolução e, nas conferências de Antuérpia, em abril de 1793, os inglêses não se opuseram aos seus desígnios. Êles se executaram sobretudo no departamento do Norte, onde um conselho de funcionários austríacos, a "junta" de Valenciennes, governou uma parte durante um ano: ela restabeleceu o dízimo e os direitos senhoriais, reconduziu os refratários e os religiosos a seus postos, devolveu-lhes os bens nacionais disponíveis, e anunciou que recuperariam os outros. Por aí pode-se julgar o que se teria passado, se a França tivesse sido subjugada. Além disso, o próprio Pitt estava decidido, pelo menos em seu fôro íntimo, a restaurar-lhe a monarquia e a preponderância constitucional da nobreza e da alta burguesia, à imagem da Grã-Bretanha. Quanto à guerra política, tal como êle a definia, os continentais certamente se interessavam por ela muito menos do que êle. Nem todos 'se sentiam lesados pelas conquistas dos franceses; os Estados em crescimento, Rússia, Prússia e Sardenha, as teriam tolerado, com a condição de fazerem equivalentes. Todos, enfim, sabiam por que a Inglaterra prezava o equilíbrio continental: porque êle lhe asseguraria o império dos mares. Todavia, os princípios de Pitt pareciam tão razoáveis, que ninguém jamais os contestou.

O que não impede que cada um dos coligados contasse obter uma indenização territorial. Burke predizia que êstes objetivos disseminariam entre êles a separação, e superexcitariam o espírito nacional na França. Entretanto, Pitt não podia pregar o desinterêsse, porque necessitava de aliados, e a questão das indenizações, acessória à origem, tinha de tal modo se tornado a principal preocupação dos continentais, que a haviam resolvido, antes mesmo de que a Inglaterra entrasse em guerra. Além do mais, logo ficou evidente que Pitt aderia ao princípio: êle contava aumentar o Império britânico, apoderando-se da Córsega e das colônias francesas; apesar de seus protestos, desconfiava-se de que êle desejava também anexar Dunquerque e Toulon. Em todo caso, nas conferências de Antuérpia, os inglêses protestaram, como os outros, contra o manifesto do príncipe de Cobourg que, para favorecer o empreendimento de Dumouriez contra a Convenção, garantia a integridade da França. Em conseqüência, no departamento do Norte, os austríacos recusaram-se a proclamar Luís XVII e mesmo a deixar entrar novamente os emigrados que aí não eram domiciliados. Em

267

Toulon, tendo Howe reconhecido Luís XVII e hasteado a bandeira branca, Pitt não o aprovou e recusou ao conde de Provence acesso à cidade. Revelando-se a conquista o fim essencial dos aliados, os acontecimentos tomaram uma feição ainda mais aborrecida do que a prevista por Burke.

A Revolução, com tôda evidência, não podia ser esmagada, a não ser no continente. Ora, apressado em ocupar as colônias da França, aniquilar sua marinha, em conquistar seus mercados, Pitt negligenciou-a. Assim, irritou a Espanha, agarrada à guerra de princípios, e alarmou-a sôbre seus interêsses marítimos e coloniais, embora a guerra naval, por falta de sincera cooperação espanhola, não tivesse dado resultados decisivos, e Carlos IV abandonasse a coalizão. O exemplo da Inglaterra encorajou seus aliados a procurar, em primeiro lugar, o seu benefício. Ora, geogràficamente, êles não podiam ou não queriam todos se prover em França: o plano de Spielmann reconhecia isso. Então, desde que os esforços pareciam deverem se reunir contra o inimigo comum, a Rússia e a Prússia, senão a Áustria, acharam maior interêsse em atacar a Polônia. Pelo menos o plano de Spielmann impunha às duas primeiras a obrigação moral de se interessarem pela guerra ocidental, porque, para que fôsse possível a troca dos Países-Baixos, era necessário recuperá-los aos franceses; Catarina, pelo tratado de 23 de janeiro de 1793, efetivamente obrigou o rei da Prússia a contribuir para isso. Do momento em que admitiu o princípio das indenizações, Pitt, infelizmente para êle, não podia mais se desinteressar completamente das suas modalidades. Êle fêz uma pechincha da Polônia; nos fins de 1792 e ainda a 12 de fevereiro de 1793, Grenville protestava contra a partilha; em julho, no momento de fechar negociações com a Prússia, foi-lhe necessário conceder sua adesão. Ao contrário, Pitt mostrou-se intratável a respeito da troca dos Países-Baixos; para encorajar a Áustria a conservá-los, êle lhe sugeriu que os estendesse até à Somme. Mas êste nôvo plano não comprometia a Prússia: ela aí achou um pretexto para se libertar de suas obrigações; a Áustria, motejada, foi incitada a levar para o leste parte de suas fôrças.

Assim, as grandes potências continentais distribuíram suas tropas entre a Polônia e a França; a Inglaterra consagrou-se principalmente à guerra naval e colonial, sem poder dar à Revolução o golpe decisivo; os outros aliados, compreendendo que os Quatro absolutamente não pensavam em fazê-los compartilhar, limitaram ao mínimo a sua contribuição. Foi esta uma das causas essenciais do triunfo da Revolução.

III. A coalizão e a Polônia (abril 1793-outubro 1794)

A segunda partilha da Polônia só terminou em setembro de 1793. Terminando a ocupação prussiana a 4 de abril, pela capitulação de Dantzig, os manifestos de anexação foram publicados a 7; restava fazê-los ratificar pela Dieta. Sievers, encarregado por Catarina desta missão, não conseguiu realizá-la fàcilmente; apesar de sua subtileza e da corrupção, 25 patriotas foram eleitos e, reunida a Dieta, Estanislau e os confederados, envergonhados de seu papel, prestaram-se secretamente à obstrução. Para conseguir seu intento, Sievers seqüestrou os rendimentos do rei, deteve vários deputados, ameaçou os oponentes de seqüestrar-lhes as propriedades: o acôrdo com a Rússia foi ratificado em 22 de julho. Com réspeito à Prússia, a resistência continuou, tanto mais que agora Sievers se mostrava conciliante. Enfim, a 2 de setembro, sob as ordens de Catarina, as tropas cercaram a Dieta: ela cedeu, sob reserva de concessões comerciais, que a Prússia repeliu. A 23, recorreu-se novamente à violência; o silêncio dos infortunados poloneses, enfraquecidos e esgotados, foi considerado um consentimento e, a 25, assinou-se o tratado. Já a 22, Frederico Guilherme, exasperado, tinha partido para a Polônia, renunciando à guerra contra a França, e abandonando virtualmente a coalizão.

No intervalo, realmente, a hostilidade entre êle e a Áustria não tinha deixado de aumentar. Anunciando-se a partilha em Viena, em fevereiro, esperava-se, para dar a cônhecer as condições, que, iniciada a campanha nos Países-Baixos, a Áustria se encontrasse incapaz de entrar na Polônia. Quando enfim, a 23 de março, comunicou-se o tratado, desencadeou-se a tempestade, porque as aquisições dos dois cúmplices ultrapassavam tôdas as previsões. Cobenzl e Spielmann foram desfavorecidos, a 27, e cederam lugar a Thugut, nomeado diretor dos Negócios Estrangeiros.

Era um aventureiro, devotado ùnicamente à sua própria fortuna, que considerava assegurada, se satisfizesse o apetite territorial dos Habsburgos, concedendo-lhes qualquer território extorquido pela fôrça, ou por torpes negociações. Mostrou-se superior a seus predecessores; todavia, substituindo por seu egoísmo ávido e feroz a brandura incapaz de Cobenzl e de Spielmann, afrouxou os liames da coalizão.

Para começar, travou violenta polêmica com Haugwitz, acusado de duplicidade. Os prussianos tiveram a última palavra: êles aguardavam que sua aliada tornasse à razão. Catarina esclareceu que, se a Áustria se obstinasse, devia temer ver-se abandonada por Frederico Guilherme. Thugut bem o sabia, e não tinha a intenção de

269

recusar sua adesão ao tratado de 23 de janeiro; êle simplesmente contemporizava, esperando que lhe garantissem formalmente uma compensação; os compromissos da Prússia só concerniam à campanha em curso, e êle previa uma terceira; pois, tendo renunciado secretamente à troca dos Países-Baixos sob pressão de Pitt, era-lhe necessário obter em França a linha do Somme e a do Mosela. Os ministros de Frederico Guilherme, invocando a situação na Polônia, faziam pressão sôbre seu chefe, para não fortalecer o imperador, e ficaram encantados ao saber dos inglêses que a Áustria renunciava à troca: quando as negociações se abriram, em agôsto, Lucchesini declarou que a Prússia, pelo contrário, se mantinha firme e que, estando reconquistada a Bélgica, ela considerava ter cumprido lealmente seu dever de aliada. Depois, complicando-se os negócios cada vez mais, em Varsóvia, o rei deixou-se persuadir a declarar à Áustria que êle isentara de sua adesão ao tratado de 23 de janeiro: em troca do que, abandonava-lhe o cuidado de tomar à França o que lhe aprouvesse. Por um último escrúpulo, admitiu que poderia consentir numa terceira campanha, se lhe fôssem fornecidos os meios para tal. Nessa ocasião, deixou o Reno; atrás dêle, Branswick deixou vencer Wurmser e, logo mais, cedeu o comando a Mollendorf, um dos mais determinados partidários da paz com a França.

Thugut, assim abandonado, não perdeu tôdas as esperanças de uma conquista em França, graças ao apoio da Inglaterra; mas pôsse à procura de uma prêsa mais fácil, e lançou os olhos sôbre Veneza, como anteriormente havia feito José II. Apercebeu-se de que agora Catarina se mostrava muito fria, em relação à Prússia: tendo-a aumentado, a czarina considerava oportuno contê-la, aproximando-se da Áustria. Thugut favoreceu esta evolução, reconhecendo o tratado de 23 de janeiro, no que concernia à Rússia; a 27 de fevereiro de 1794, estabeleceram-se as bases de uma nova aliança austro-russa, que abandonaria Veneza a Francisco II, na falta de conquistas em França. Thugut, de resto, certamente ocultava segundas intenções: ainda restava uma Polônia. Visìvelmente, a guerra ocidental interessava-lhe cada vez menos: no mesmo dia, êle repeliu a solicitação de subsídios apresentada por Frederico Guilherme, e recomendada pela Inglaterra, declarando contentar-se com os 20.000 homens que a Prússia lhe devia, de acôrdo com o tratado de 7 de fevereiro de 1792. O rei replicou, ordenando a Mollendorf que se retirasse para a Vetsfália. Se, apesar disso, suas tropas tomaram parte na campanha de 1794, foi porque Pitt se encarregou de mantê-las. Sacrifício inútil, aliás, porque a crise polonesa se reabriu.

Os patriotas não se resignavam a deixar desmembrar seu país, sem combater. Kosciuzko, refugiado em Saxe, preparava a insurreição, e acorreu a Cracóvia, quando o licenciamento dos regimentos poloneses a precipitou, em março de 1794; a 4 de abril, os russos foram derrotados em Raglawice; Varsóvia sublevou-se, e êles a evacuaram, a 29; quase imediatamente, bandos se infiltraram na Polônia prussiana. Kosciuzko, todavia, julgava certa sua derrota, se não obtivesse a neutralidade das duas potências alemãs: ofereceulhes negociar, deixando-lhes as províncias que lhes foram atribuídas pelas duas partilhas; mas Frederico Guilherme recusou-se a parlamentar, e Thugut deu uma resposta dilatória. Era evidente, com efeito, que aquêles que esmagassem o movimento nacional, tomariam para si o que restava da Polônia. Ora, Catarina, desta vez, via-se em dificuldades; contava com pouca gente e era-lhe necessário tempo, para trazer da Ucrânia o exército de Souvorov: a hora pertencia aos austro-prussianos. Também Thugut acorreu precipitadamente dos Países-Baixos, e o imperador não tardou a segui-lo; tôdas as fôrças disponíveis, de 15 a 20.000 homens, dirigiram-se para a Galícia. O acôrdo austro-russo precisou-se: convencionou que a Áustria ocuparia os palatinados meridionais e notadamente a Cracóvia. Mas os prussianos tomaram a dianteira: à notícia de insurreição, houve um único grito no ministério e no exército; o próprio rei pôs-se a caminho, com 50.000 homens; em 3 de junho êle estava em Wola e, a 15, as tropas entravam na Cracóvia. Em julho, 25.000 prussianos e 13.000 russos cercaram Kosciuzko, entrincheirado em Varsóvia. Infelizmente, os poloneses se dividiam: preparava-se uma constituição democrática, à moda francesa, e falava-se em emancipar os camponeses; a aristocracia não o entendia assim; conflitos sanguinolentos rebentavam entre os "amigos da liberdade" e os "monarquistas". Entretanto, os sitiados fizeram uma bela defesa e, como em 1792, a lentidão dos transportes e as hesitações do rei impediram que os prussianos vencessem. A trincheira não se abriu antes de 28 de julho, e só avançou muito lentamente; uma sublevação na Posnânia ameaçou as comunicações: a 6 de setembro, Frederico Guilherme suspendeu o sítio. Imediatamente, Dombrovsky apoderou-se de Bromberg, e os prussianos se perguntaram se conseguiriam conservar o Vístula e proteger o Óder.

Ora, os russos chegavam: em outubro, Souvorov bateu os poloneses em Maciejowice e capturou Kosciuzko; a 4 de novembro, êle conquistou Praga e passou os habitantes pelo fio da espada; Varsóvia, onde a revolta era violenta, capitulou a 6. Por outro lado, Thugut, tendo perdido os Países-Baixos, havia notificado aos inglêses, em agôsto, que lhes deixava o cuidado de reconquistá-los: os prussianos continuavam a ocupar a Cracóvia, e êle não tinha um minuto a perder; daí para diante consagrou tôda sua aplicação em

271

severely injured burn patient that most of these pacativar Catarina, e em preparar a terceira partilha: se Frederico Guilherme se visse excluído, a Áustria teria sua desforra.

Isso foi perfeitamente compreendido em Berlim. Para aparar o golpe, não havia outro meio senão tratar com a França, a fim de levar para leste tôdas as tropas da monarquia: se ela se mantivesse fortificada ali, a Áustria, exposta aos golpes dos revolucionários, não ousaria provocá-la. Já Mollendorf, prevendo isso, havia feito, a 31 de julho, acenos a Barthelémy, que representava a França em Basiléia. O rei hesitou por muito tempo; mas a retirada de Varsóvia, assim como a imperícia de Pitt que, justamente nesse momento, lhe cortou os víveres, coroaram a obra de Valmy: a 25 de outubro de 1794, êle ordenou que se negociassem com os regicidas.

Assim, a crise polonesa não cessou de manter longe da França não só a Rússia, mas também parte dos exércitos prussiano e austríaco; ela terminou por deslocar a coalizão no continente. Ao preço da sua independência, a Polônia contribuiu para a salvação de República.

IV. *A guerra contra a França: vitórias e reveses dos exércitos coligados (1793-1794)*

O assalto contra a França, em 1793, pareceu duvidoso. Cobourg entrou em combate com 5.500 austríacos e 11.000 prussianos; gradualmente, êle se reforçou com os inglêses e holandeses, depois com os hanovrianos e hessenses; em agôsto, dispunha de 110.000 combatentes entre o mar do Norte e o Meuse. O rei da Prússia marchou sôbre Mogúncia com 42.000 homens, conservando outros 33.000 em Vestfália; Wurmser sustentou-o com 24.000 austríacos, aos quais deviam se juntar 14.000 alemães. A Inglaterra assalariava 20.000 sardos e 6.000 napolitanos; a Espanha armava cêrca de 50.000 homens e Portugal enviava-lhe uma divisão. Mas, se o perigo, até o outono, não cessou de aumentar para a Revolução, foi também porque ela se via atacada por trás, pelos seus inimigos do interior, que estendiam as mãos aos coligados: em março, a Vendéia chamou os inglêses; depois de 2 de junho, todo o Meio Dia viu-se na luta: sardos e espanhóis podiam aproveitar-se dessa situação.

E, todavia, a luta terminou pela vitória dos "Carmagnoles". Os contemporâneos souberam atribuir sua parte nas responsabilidades aos prussianos e aos austríacos: os prussianos da Vestfália partiram para a Polônia; os dos Países-Baixos foram reunir-se ao exército do Reno, que permaneceu pràticamente passivo; Thugut, por conseqüência, trouxe da Itália, para reforçar Wurmser, as tropas que deviam embarcar para Toulon e sustentar os sardos; êstes, inquietos, não se engajaram a fundo e, em Toulon, não chegaram a aparecer 1.600. A censura tombou também sôbre Pitt, não sem razão. Como diplomata, êle já vira sua estrêla empalidecer em 1791; como chefe de guerra, apenas manifestou uma das qualidades que haviam celebrizado seu pai: a perseverança tenaz; se sua vontade não lhe permitiu sucumbir sob o pêso dos acontecimentos, seu espírito ficou incapaz de dominá-los.

Êle absolutamente não percebeu a novidade desta guerra e que não se tratava mais de arrancar a paz da lassitude de um rei. Os jacobinos recusavam-se a qualquer transação, e não desejavam optar entre a vitória e a morte. Para negociar, era necessário derrubar seu govêrno, e isto só era possível tomando Paris. Burke via claro: "Será uma guerra longa e perigosa", dizia. Pitt e Grenville, pelo contrário, não se davam conta do poderio do adversário: a crer nêles, uma ou duas campanhas seriam suficientes. As fraquezas da coalizão não lhes surgiam em tôda sua extensão. Pitt, como num sonho, adicionava no papel os efetivos prometidos. Contava com 34.200 homens, em Toulon, para o fim de outubro: viu chegarem 17.000, dos quais apenas 12.000 utilizáveis.

Seguro de uma vitória fácil e próxima, Pitt preocupou-se então, antes de mais nada, de pôr em segurança o espólio da Inglaterra e, em conseqüência, voltou-se para a tradição, a fim de determinar o papel de seu país no plano da guerra. Aos aliados e aos mercenários, o ataque no continente; à Inglaterra, o mar e as colônias; as tropas britânicas, sem dúvida, poderiam participar das operações na Europa, mas para servir diretamente aos interêsses inglêses ou para se garantir, e sempre com efetivo muito pequeno. Nada é mais instrutivo que a atitude de Pitt na campanha da Bélgica, exatamente o país de onde, todavia, êle desejava tão fortemente expulsar os franceses: o duque de York só partiu a 20 de fevereiro de 1793, e levou apenas quatro batalhões, com ordem de não ultrapassar a fronteira holandesa; após Neerwinden, êle foi autorizado a marchar sôbre Antuérpia e Gand; em fins de abril, ainda não contava senão com 6.500 inglêses. Pitt, é verdade, só dispunha de muito poucas tropas; pelo menos, deveria ter evitado dispersá-las.

Sua política acarretou duas conseqüências fatais: em primeiro lugar, deixou escapar uma das melhores oportunidades da coalizão, que era de responder ao apêlo da Vendéia. Apenas a Inglaterra podia socorrê-la. Burke e Windham consideraram que, se o empreendimento não era fácil, pois a frota britânica não possuía a supremacia do mar, todavia, valia a pena assumir o risco. Seus esforços foram vãos: um levantamento popular só provocava riso aos militares, e as classes dominantes jamais o viam com bons olhos. Uma

273

nova perspectiva apresentou-se quando o almirante Hood, respondendo espontâneamente ao apêlo dos monarquistas de Provença, ocupou Toulon. Desta vez, Pitt se agitou, porque êste pôrto constituía uma garantia, e punha em suas mãos metade da frota francesa. Entretanto, êle só empregou meios insuficientes; procurou tropas e embarcações em Turim, em Milão, em Nápoles. Finalmente, em dezembro, tirou reforços da Irlanda, mas tarde demais; ora, a 26 de novembro de 1793, 7.000 homens embarcaram para o Haiti.

E, por outro lado, o mal que paralisa as coalizões, a extrema dificuldade que elas sentem em coordenar a ação de seus exércitos, exerceu livremente seus estragos. Numa época em que as comunicações permaneciam tão lentas, que era preciso onze dias, pelo menos, a fim de transmitir uma ordem, de Londres para Toulon, um sincronismo perfeito era impraticável entre as operações, em tôdas as frentes ao mesmo tempo. Todavia, sôbre a do nordeste, onde se jogava a partida decisiva, os chefes podiam entender-se para avançar simultâneamente. Obstáculos, é verdade, talvez intransponíveis, aí se opunham: o antagonismo entre prussianos e austríacos; a imperícia dos chefes, que se obstinavam em tomar praças fortes, em lugar de procurar o adversário para destruí-lo; a preocupação de conseguir prêsas, que encorajava os generais em sua estratégia obsoleta. E, ainda por cima, sendo a Inglaterra o centro da coalizão, apenas Pitt, que falava em seu nome, podia tentar apressar e coordenar a ofensiva geral: êle nem sequer pensava nisso, e teria sido preciso, para tanto, que a Inglaterra enviasse uma grande armada para os Países-Baixos, e não desse o exemplo de suspender a guerra de movimento para se apoderar de Dunquerque.

Na realidade, se a coalizão triunfou durante alguns meses, foi porque as fôrças francesas estavam divididas, e mal conduzidas: entre os exércitos de Custine e de Dumouriez, Brunswick e Cobourg ocupavam posição central, propícia à ofensiva; Custine estava muito avançado em Mogúncia, e o exército de Dumouriez dispersado atrás de uma fraca cobertura, que guardava o Roër; para cúmulo, a 26 de fevereiro, exatamente no momento em que Cobourg ia se movimentar, Dumouriez entrou na Holanda. Elogiou-se pomposamente a genialidade de Mack, chefe do estado-maior de Cobourg, que dirigiu a campanha: êle não teve senão que tocar para a frente. A 1.º de março, os aliados destruíram os adversários no Roër, e atacaram Liège violentamente. Dumouriez acabou por se resignar a voltar para a Holanda, e travou batalha antes de ter concentrado suas tropas. Batido em Neerwinden, a 18 de março, depois em Louvain, podia defender a linha do Escalda; mas acabara de romper com a Convenção, e queria marchar sôbre Paris; assinou um armistício com Mack e evacuou a Bélgica. Cobourg deteve·se na fronteira, seguindo o acôrdo estabelecido.

Reunidos em Antuérpia, os diplomatas da coalizão protestaram, a 8 de abril, contra esta atitude, que impedia qualquer conquista, e Thugut, após haver ratificado o armistício, no dia 9, denunciou-o no dia seguinte. O revés de Dumouriez tornava-o caduco, e Cobourg já havia transposto a fronteira. Todavia, os reforços só lhe chegaram pouco a pouco; Dampierre resistiu-lhe durante várias semanas, nos bosques da Escarpa; em seguida, o campo de Famars resistiu até 23 de maio. Então, os franceses retiraram-se para o campo de César, entre o Escalda e o Sensés, e Cobourg viu-se livre para sitiar tranqüilamente Condé e Valenciennes; aí passou dois meses, não estando em boas condições seus depósitos e suas munições. Obteve a rendição de Condé a 10 de julho, e a de Valenciennes a 28. Enfim, em agôsto, esboçou. um grande movimento, voltando através do Cambrésis; mas, em lugar de tomar Cambrai ou de passar o Escalda ao norte da fortaleza, êle o transpôs ao sul, e sem empregar sua cavalaria. O exército francês, contando ainda com 40.000 combatentes, pôde recuar atrás do Scarpe. Todavia, a estrada de Paris estava aberta, e Cobourg tinha, então, em campo aberto, 110.000 homens.

Durante êsse tempo, os prussianos, atravessando o Reno ao norte de Bingen, cercavam Mogúncia; Wurmser passou igualmente o rio ao sul de Mannheim: Custine recuou precipitadamente para Landau. O sítio de Mogúncia começou: durou tanto tempo, quanto o das fortalezas do norte, e só terminou a 23 de julho. Em agôsto, Landau foi bloqueada, e Wurmser penetrou no Bienwald, entre o Queich e o Lauter. Nas outras frentes, os aliados igualmente levavam vantagens. Os sardos avançavam em Tarentaise, em Maurienne e em Faucigny; ora, o sítio de Lião apenas começava. A 29· de agôsto, os monarquistas abandonaram Toulon aos inglêses, e por pouco deixaram de ser bem sucedidos em Marselha. A oeste dos Pirineus, Caro atingiu o Nivelle; Ricardos tomou as fortalezas que cobriam o Roussillon e, em setembro, cercou Perpignan. Enfim, a Vendeia reprimia todos os assaltos. O govêrno revolucionário se constituía, é verdade, mas Cobourg ainda tinha tempo para agir.

Ora, nessa mesma ocasião, seu exército se deslocou. Os inglêses não consentiam, sem dificuldades, em adiar o sítio de Dunquerque; impacientaram-se,· e o duque de York recebeu ordem de tomar esta cidade; os holandeses o seguiram. Os prussianos foram levar reforços a Brunswick. Cobourg, enfraquecido, contentou-se em fazer capitular o Quesnoy a 12 de setembro, após o que, atacou Maubeuge. Ainda assim, demorando-se Brunswick na defensiva do Palatinado, Wurmser não ousou passar o Reno ao sul da Lauter, e teve

275

que abordar de frente as linhas de Wissembourg; apenas decidiu-se a fazê-lo a 13 de outubro, e pôde então avançar até o Zorn. Era tarde demais: os franceses tinham se aproveitado desta inação para agrupar as fôrças no norte, e vencer os corpos desunidos de York e de Cobourg em Hondschoote, a 6 e 8 de setembro, e em Wattignies perto de Maubeuge, a 16 de outubro. Depois, Wurmser foi, por sua vez, atacado e rechaçado nas linhas de Wissembourg; finalmente, êle foi expulso e teve que levantar o sítio de Landau, em fins de dezembro. Os acontecimentos seguiram o mesmo curso no Meio Dia. Os sardos, a despeito de um sustentáculo austríaco, detiveram-se e, tendo Lião sucumbido a 9 de outubro, foram repelidos da Savóia. Do lado dos Pirineus, Caro recuou até Bidassos e Ricardos, no campo de Boulou. Os franceses puderam então apertar o sítio de Toulon, cuja queda, a 19 de dezembro de 1793, marcou o fim da campanha. Os aliados haviam reconquistado a Bélgica e a margem esquerda do Reno; conservavam três fortalezas no norte da França. Mas os exércitos revolucionários, retomando a ofensiva, mostravam-se muito mais temíveis que antes.

Pitt, é necessário reconhecê-lo, esforçou-se enfim por aperfeiçoar os métodos dos coligados. Criticou vivamente a incapacidade de Cobourg; não podendo obter sua substituição, fêz-lhe anexar Mack que, ferido, tinha voltado para a Áustria em maio de 1793. Convencionou-se que Francisco II iria pessoalmente aos Países-Baixos, para assegurar a unidade do comando. Mantiveram-se, em Bruxelas, e depois em Londres, conferências para preparar a próxima campanha entre o Reno e o mar: Mack insistiu para que se concentrassem nos Países-Baixos tôdas as fôrças disponíveis, 200.000 homens pelo menos, que marchariam sôbre Paris. Como os prussianos ameaçassem de se retirar, as perspectivas não pareciam brilhantes. Pitt tornou a soldar momentâneamente a aliança, enviando Lord Malmesbury aos prussianos. Thugut recusava sua quota-parte dos 22 milhões de "thalers" exigidos por Frederico Guilherme para a manutenção de 100.000 homens, e Mollendorf recebeu logo ordem de passar o Reno novamente. Malmesbury obteve consentimento para que êle ficasse e, acompanhando Haugwitz a Haia, determinou-lhe que assinasse o tratado de 19 de abril de 1794: a Inglaterra tomou a seu sôldo 62.400 prussianos, à razão de 50.000 libras esterlinas por mês, mais 300.000 depositadas numa só vez.

Nada, disso tudo, modificou essencialmente a situação. A Inglaterra continuava a não ter mais que uns doze mil homens nos Países-Baixos, e sua autoridade aí continuava a ser bem medíocre. O círculo de Francisco II denegria Mack; quando a crise polonesa levou o imperador a Viena, em fins de março, Mack deixou a partida, e o comando voltou ao que era antes. Pitt não tinha mais o poder

276

de aparar as conseqüências dos acontecimentos na Polônia; mas, por sua falta de habilidade, contribuiu poderosamente para encorajar a deserção da Prússia. Sòmente em 22 de março, ratificou o tratado concluído por Malmesbury; depois, manifestou a pretensão de dispor, à sua vontade, das tropas que pagava. Finalmente, decidiu levá-las do Palatinado para os Países-Baixos: resolução evidentemente sábia; mas o rei da Prússia ofendeu-se pelo fato de deslocarem seus soldados sem que fôsse consultado, e Mollendorf recusou-se a empreender esta marcha de flanco em presença dos franceses. Como Thugut não enviasse reforços, Cobourg só conseguiu alinhar 185.000 homens do mar do Norte a Luxemburgo. Os franceses contavam mais ou menos com o mesmo número. Cobourg atacou o centro, mas não concentrou suficientemente suas fôrças: iniciou em primeiro lugar a ofensiva sôbre o Sambre e apoderou-se de Landrecies; depois, atirou uma ponte contra Lille e deixou-se derrotar em Tourcoing, a 13 de maio de 1794. A inação de Mollendorf, análoga à de Brunswick em 1793, provocou a decisão. Os franceses levaram para o Sambre parte da armada do Mosela que, unida à de Ardennes, derrotou Cobourg: a batalha de Fleurus, a 26 de junho, reabriu a Bélgica aos republicanos. Pitt absolutamente não renunciou às suas ilusões: calculava que os austríacos levariam 100.000 homens para os Países-Baixos no fim do ano. Mas, quando os viu de volta sôbre o Reno, enquanto o duque de York, puxando para o seu lado, tornava a entrar na Holanda, perdeu a calma e, atirando a responsabilidade do desastre sôbre os prussianos, suprimiu todos os subsídios, a 17 de outubro. Foi êste último golpe que decidiu Frederico Guilherme a negociar com os franceses. E, sem dúvida, deve-se pensar que Pitt não teria conseguido salvar a coalizão; todavia, o fato de que êle tenha feito tão pouco para assegurar a vitória, e contribuído tão manifestamente para a sua ruína, não o assinala como um grande homem de Estado.

V. A guerra-naval e colonial

A tarefa essencial, que Pitt havia reservado para si, parecia menos árdua. Para restabelecer o equilíbrio no curso da guerra da América, a França tivera necessidade do concurso dos espanhóis e dos holandeses; voltando-se contra ela, êles tornavam certa a sua derrota. Entretanto, durante os primeiros anos da guerra, a Inglaterra não exerceu nos mares um império absoluto, e sofreu sérias decepções.

Seus aliados prestaram-lhe poucos serviços. A Holanda possuía 49 navios, mas muito frágeis: foram utilizados para os comboios e o bloqueio. Nápoles apenas oferecia quatro; Portugal, seis, que foram concedidos a oficiais britânicos. Apenas a Espanha poderia ter sido muito útil, tendo 76 navios de linha, dos quais 56 equipados em 1793; sua aliança abria o Mediterrâneo aos inglêses e, sustentando-os resolutamente neste mar, ela lhes teria permitido empregar a maior parte de suas fôrças na Mancha e no Oceano. Mas ela desconfiava dêles e não pretendia instalá-los na Córsega; em Toulon, Langara discutiu com Hood, que desejava atacar a esquadra francesa; posteriormente, Hotham não recebeu auxílio algum da Espanha. Esta se inquietava ainda mais pela anexação das Antilhas francesas pelos inglêses, e sobretudo da anexação de Haiti. De resto, Valdès, o ministro da Marinha, era francamente anglófobo.

A frota inglêsa, é verdade, possuía, sôbre a da França, superioridade numérica evidente: no início da guerra, 115 navios de linha mobilizáveis, contra 76. Tinha também alguma superioridade técnica, embora sua artilharia fôsse proporcionalmente menos poderosa: mastreação menos pesada, melhor aparelhamento, soquete de peça ágil, precioso em caso de abordagem. Mas não podia servir para tôdas as necessidades: combater, assegurar o bloqueio e proteger o comércio contra os corsários. Em todo caso, ela não estava completamente pronta. Sentiam-se grandes dificuldades e seriam necessários vários anos para levá-la ao ponto conveniente. A técnica não mudou nada; o vaso de guerra típico continuou a ser o de 74 canhões, de 200 pés por 50 de largura no *maître-beau*, com dois pontos de combate e 600 homens de equipagem. Lord Spencer, que se tornou em seguida Lorde Barham, sucessor de Middleton como primeiro Lorde do Almirantado de 1792 a 1801, pôde resolver fàcilmente os problemas de construção. Ao carvalho inglês e ao "fir", ou pinho silvestre da Escócia, que ainda não eram raros, acrescentaram-se as madeiras do Báltico, que os franceses não podiam mais comprar, e também o "pine" ou pinho branco da América. Mas a Inglaterra não contava senão com medíocres arsenais: em 24 vasos de guerra construídos de 1793 a 1801, apenas 2 saíram dos estaleiros do Estado. Ela dificilmente recrutava seus marinheiros; em 1792, a frota contava com 16.000, e acrescentaram-se-lhe 9.000 em dezembro; mas, em 1790, as esquadras mobilizadas contra a Espanha levavam 40.000 e, em 1799, empregaram-se mais de 120.000. Se os inglêses tomaram logo de início a dianteira, foi porque a frota francesa se encontrava desorganizada pela emigração, pela traição e também pela indisciplina. Todavia, no início êles tiveram que se limitar a vigiar o adversário para destinar quase todos seus navios às patrulhas e às escoltas; foi pouco a pouco que passaram ao ataque e, em 1795, ainda não haviam varrido dos mares as esquadras republicanas.

Até essa data, é verdade, os chefes administrativos da marinha, Chatham e Richmond, mostraram-se tão despreocupados quanto incapazes, e o comando utilizou mal as suas fôrças. Certamente êle valia mais que o do exército de terra. Como eram necessários muitos oficiais, não se dava mais muita importância ao nascimento e chegava-se até a retirá-los da marinha mercante; como subordinados, já serviam homens de grande valor, que deviam renovar a tática: Collingwood, Cornwallis, Troubridge e Nelson, destinado a se tornar o mais célebre, já capitão aos 34 anos; entre os almirantes formados pela guerra da América, contavam-se bons chefes como Duncan e Jervis; mas Howe, e Hotham ainda mais, pareciam inferiores à sua tarefa. As instruções do Almirantado prescreviam que se buscasse o inimigo para destruí-lo: Howe pensava antes de mais nada em dirigir suas embarcações; obstinava-se em não bloquear os franceses em seus portos, pois êsses cruzeiros fatigavam demais os navios; e continuava a praticar a velha tática, o combate em linha, embarcação contra embarcação. Hood, mais hábil, não alcançou muito sucesso.

O fato nôvo da guerra, durante êsses primeiros anos, foi a importância das operações mediterrâneas, que os inglêses puderam empreender graças à aliança com a Espanha. Apenas em julho Hood conseguiu bloquear Trogoff, em Toulon. Mas, quando a traição lhe entregou a esquadra francesa, êle fêz conduzir quatro embarcações e, após sua evacuação, queimou outras nove. Pôde então, calmamente, conquistar a Córsega, onde Paoli dirigia um movimento separatista e oferecia a coroa a Jorge III; todavia, como lhe faltavam tropas de desembarque, três praças resistiram por muito tempo; Calvi caiu em mãos de Nelson apenas em agôsto de 1794. Os chefes inglêses, é verdade, não se entendiam melhor que em Toulon, e Pitt absolutamente não lhes enviou reforços. Durante êsse tempo, os franceses trabalhavam e, em junho de 1794, recuperaram o mar; Hood os repeliu para o gôlfo Jouan, sem poder atacá-los e quando, no início de 1795, seis embarcações chegaram de Brest, sua situação tornou-se crítica. Êle se queixou: foi demitido. Seu sucessor, Hotham, embora com reforços, viu-se desafiado pelo general Martin nas águas corsas em maio e em julho, sem que ousasse arriscar-se a uma batalha decisiva. O bloqueio de Toulon só foi restabelecido em novembro, por Jervis.

Os inglêses não obtiveram outras vantagens decisivas no Oceano. Em julho de 1793, Howe não quis bater-se contra Morard de Galles nas águas de Belle-Isle; em seguida, recusou-se a cruzar diante de Brest. Vivamente criticado, abriu as velas, em maio de 1794, para interceptar o grande comboio que a França esperava da América, e defrontou-se com Villaret-Joyeuse, saído para protegê-lo; as duas esquadras se bateram em 26 e 29 de maio e em 1.º de junho. Embora Howe tivesse capturado 6 navios e lhe restassem 15 embarcações utilizáveis, contra 9, Villaret pôde regressar a Brest e o comboio aí chegou são e salvo. Em dezembro, Villaret tornou a partir: a tempestade, e não o inimigo, o fêz regressar ao pôrto. No verão de 1795, Bridport e Cornwallis forçaram-no a se refugiar em Lorient, durante o desembarque de Quiberon. Todavia, em janeiro de 1796, a expedição de Hoche conseguiu ainda alcançar a Irlanda.

Nestas condições, os franceses sustentaram a guerra colonial por mais tempo que se poderia supor. Ela se concentrou nas Antilhas, onde as ilhas de açúcar atraíam especialmente a cobiça britânica. Após a insurreição de escravos em São Domingos, os plantadores apelavam ao estrangeiro para que os socorressem. Os espanhóis preferiam auxiliar os revoltosos, aborrecidos com a Revolução. Pitt reservou-se até a guerra; se, em seguida, tratou com os colonos, foi para favorecer uma conquista que esperava fôsse definitiva. Aí empregou fôrças que teriam sido de grande pêso em Toulon e na Vendéia. A partir de setembro de 1793, elas ocuparam, pouco a pouco, diversos portos de São Domingos e, em junho de 1794, Port-au-Prince. Mas, em maio, Toussaint-Louverture rompeu com os espanhóis e aliou-se ao general Lavaux. A abolição da escravatura pela Convenção reconduziu os negros aos franceses. Além disso, as doenças dizimavam os inglêses. Nos fins de 1795, confinados nas cidades da costa, êles confiavam em deixar o Haiti. Nas Ilhas do Vento aclimatavam-se melhor. A partir de abril de 1793, ocuparam Tabago, sem desferir um tiro. Na Martinica, a princípio sofreram um revés; mas, em março de 1794, chegou Jervis, que dela se apossou. Depois, Santa Lúcia e Guadelupe tiveram a mesma sorte. Víctor Hugues restabeleceu um pouco a situação: reconquistou Guadelupe, soube conservá-la e, desta base, molestou bastante o inimigo. As colônias da Holanda, após a ocupação desta pelos republicanos, ofereceram uma nova prêsa: os inglêses ocuparam o Cabo, em 16 de setembro de 1795, assim como a Guiana Holandesa. A balança pendia cada vez mais a favor dêles. Todavia, a última palavra ainda não fôra dita: após a Holanda, a Espanha abandonou a coalizão.

VI. *A guerra econômica*

Durante muito tempo, Pitt e Grenville, para justificar seu otimismo, evocaram a miséria da França: a fome e o desmoronamento do "assignat" iam obrigá-la a se curvar. Aliás, apressar-se-ia êsse momento feliz. Já em 1792 os emigrados propunham ao rei da Prússia que fabricasse falsos "assignats": êle recusou-se a isso. Pitt não teve o mesmo escrúpulo, e mandou imprimir grandes quantidades, para espalhar pela França. Por outro lado, em julho de 1793, foi acusado, na Convenção, de abrir créditos aos banqueiros para lhes permitir vender em Paris letras sôbre Londres e de fazer assim baixar o câmbio francês, favorecendo a fuga de capitais; a imputação é verossímil, porque Pitt, e isto é seguro, mantinha relações com os financistas parisienses, tais como o inglês Boyd e o suíço Perregaux. Mas, para enfraquecer a França, a tradição apresentava-lhe um meio ainda mais eficaz: o bloqueio, cujas regras tinham sido determinadas durante as Guerras dos Sete Anos e da América. A 8 de junho de 1793, Pitt acrescentou os cereais ao contrabando de guerra, uma vez que o govêrno francês, pela requisição, dispunha então de todos os recursos do país, e que, assim, as importações poderiam reverter em benefício do exército; realmente, esta medida, que foi renovada a 25 de abril de 1795, tratava pela primeira vez tôda a população civil de um país como a de uma cidade assediada. Por outro lado, o bloqueio tornou-se mais severo que antes. Nas guerras precedentes, as fronteiras terrestres da França permaneciam abertas, pelo menos em sua maior parte; muitos Estados continentais permaneciam neutros ou se aliavam a ela; o Mediterrâneo escapava ao contrôle britânico. Já os coligados se empenhavam em fechar seus portos aos franceses, a seqüestrar seus bens, a interditar a expedição, em seu benefício, de mercadorias visadas pelo bloqueio, assim como todos os empréstimos e pagamentos; os exércitos fechavam hermèticamente as fronteiras, a não ser do lado da Suíça; os inglêses cruzavam pelo Mediterrâneo. O cêrco achava-se pràticamente completo: as relações bancárias, que jamais cessaram na época napoleônica, interromperam-se desta vez, pelo menos em princípio.

Todavia, o bloqueio estava longe de ser cerrado. Nem todos os coligados aplicaram com o mesmo zêlo as medidas convencionadas; o imperador, por exemplo, aguardou até 17 de março de 1794 para interditar, nos Países-Baixos, os pagamentos aos franceses; a Dieta admoestou em vão o senado de Hamburgo, que deixava os negociantes e banqueiros traficar com a República; foi preciso um ultimato, e longos cruzeiros para fechar Livorno; na Holanda, mesmo, eludiu-se o bloqueio. No tempo das embarcações a velas, êle era constituído por malhas muito frouxas e não incomodava demais a cabotagem: com Gênova, êle continuou sempre; para informar os cruzadores, faltava uma organização internacional de espionagem comercial e, também, de meios de comunicação. Enfim, restavam os neutros: alguns, suecos, dinamarqueses, americanos, só observavam o bloqueio, quando obrigados; outros, genoveses e suíços, escapavam a êle graças à sua posição geográfica. Através da Suíça, a França pôde fazer compras na Alemanha, na Áustria e na Itália.

É preciso observar, além do mais, que o bloqueio, nas mãos dos inglêses, não visava ùnicamente nem mesmo essencialmente à resistência militar do inimigo: unindo-se ao sistema mercantil, êle libertava os inglêses da concorrência dos franceses, e permitia-lhes conquistar os mercados dêstes; pela regulamentação draconiana aplicada aos navios mercantes, êle tendia a eliminar os neutros e mesmo os aliados, em benefício dos britânicos. A "ordem do Conselho" de 6 de novembro de 1793 sôbre o tráfico colonial, renovando a de 1756, deixa bem claro êste aspecto do bloqueio: ela proibia os neutros de comerciarem com as colônias francesas que lhes tinham sido fechadas antes da guerra, mas que a Convenção lhes abrira; a Inglaterra atribuía-se, assim, o monopólio das mercadorias coloniais. Ora, do ponto de vista mercantil, um bloqueio hermético parecia absurdo: se havia proveito em impedir o inimigo de vender, havia-o também em enviar-lhe, se fôsse possível, mercadorias inglêsas, o que permitia subtrair-lhe numerário, ou obter dêle os produtos de que necessitasse. Em conseqüência, o govêrno distribuiu licenças, à medida das circunstâncias, para serem destinadas aos portos inimigos. Na verdade, a Convenção abolia o tráfico com a Grã-Bretanha, mas "neutralizavam-se" fàcilmente as mercadorias; em Emden, por exemplo, esta operação era praticada largamente, e não custava senão uma comissão de 1 a 2%; quanto ao transporte, os inglêses recorriam, por sua vez, aos navios neutros; realmente, as saídas com destino à França e aos Países-Baixos, de 15% do total das exportações inglêsas em 1792, desceram apenas a 12% em 1800. Parece mesmo que, para manejar os interêsses mercantis, a autoridade mostrou-se indulgente com o contrabando de guerra. Como os neutros prestassem serviços, notadamente para escapar aos corsários, foi-se obrigado a lhes fazer concessões; a proibição de importar cereais para a França foi mesmo levantada em agôsto de 1794. Assim, os inglêses teriam de bom grado suavizado o bloqueio, para continuar a exportar: a vontade dos franceses e sobretudo sua economia dirigida os impediu de fazê-lo.

Tal como foi, o bloqueio criou dificuldades aos coligados. A princípio, êle os indispôs com os neutros. O ministro dinamarquês Bernstorff e o regente da Suécia sustentaram enèrgicamente seus direitos, e terminaram por concluir, em 27 de março de 1794, uma convenção que previa o armamento de 16 embarcações, para a proteção de seu comércio, e até o fechamento do Báltico aos beligerantes. Grenville não se alarmou, porque soube que Bernstorff

282

não pretendia uma ruptura, e que, em todo caso, não se passaria à ação antes da primavera do ano seguinte. Mais ameaçadora pareceu, por um momento, a atitude dos Estados Unidos; quando lhe capturaram 300 navios, que traficavam com as Antilhas francesas, êles puseram um embargo sôbre os navios britânicos; a 29 de abril de 1794, os escandinavos comunicaram seu acôrdo aos americanos, e correu o rumor de que êstes iam aderir a êle. Mas a atitude do agente francês indispunha Washington; quanto a Hamilton, o secretário de Estado, desejava, a todo preço, evitar conflito com a Inglaterra. Em junho de 1794, Jay chegava a Londres e, a 19 de novembro, foi assinado o tratado que traz seu nome. Os Estados-Unidos comprometiam-se a não mais admitir os corsários franceses em seus portos, enquanto abriam êstes às embarcações e às prêsas da Grã-Bretanha; como o acôrdo nada dizia do bloqueio, êste era tàcitamente admitido. Jay havia mesmo consentido em reduzir a quase nada o tráfico americano com as Antilhas, e a renunciar ao transporte, para a Europa, das mercadorias coloniais. O Senado recusou-se a levar tão longe a capitulação; mas ratificou o resto do pacto, porque a Inglaterra se comprometia a evacuar os postos que ainda ocupava no norte dos Estados-Unidos, e também no interêsse da paz.

Por outro lado, as medidas adotadas pela França, conjugadas com as atividades de seus corsários, causaram graves danos ao comércio dos aliados. A despeito da navegação em comboios escoltados, os inglêses perderam mais de 600 embarcações por ano, em 1794 e 1795; a taxa de seguros elevou-se muito; a parte dos neutros no tráfico dos portos britânicos passou de 10% da tonelagem em 1792 a 25 em 1793.

Todavia, a Inglaterra não sentiu grandes dificuldades, a não ser no primeiro ano. A declaração de guerra, estreitando o crédito, acarretou o fechamento de uma centena de bancos e numerosas falências; a importância em caixa do Banco de Londres reduziu-se a 4 milhões de libras esterlinas, em fevereiro de 1793. No decorrer do ano, a tonelagem global dos portos diminuiu de 17% e as exportações, de 24 milhões de libras esterlinas em 1792, desceram para 19; o preços das mercadorias coloniais caiu: Hamburgo ficou transbordante. Mas o Banco se sustentou, descontou largamente o papel comercial, emitiu bilhetes de 5 libras esterlinas para dissimular o entesouramento do numerário. O ouro fugia da França: ela comprou cêrca de 4 milhões de libras esterlinas e o depósito elevou-se. Seus adiantamentos permitiram a Pitt destinar 5 milhões de libras esterlinas para auxiliar os chefes das emprêsas. Transposto êste mau momento, as importações e exportações não cessaram mais de crescer; as últimas subiram a 25 milhões em 1794 e 1795, a 28, em 1796

O tráfico de escravos que tinha tomado prodigioso impulso em 1792, após as perturbações que paralisavam as Antilhas francesas, permaneceu florescente: importaram-se 27.000 escravos em 1792 em lugar de 11.000 em 1789; trouxeram-se ainda mais 14.000 em 1794. Certas indústrias periclitaram, é verdade: assim, os tecelões de sêda e de brocado encontraram-se desempregados em Spitalfields. Mas os continentais sofreram muito mais. Uns, como os italianos e os espanhóis, clientes da França, sofreram privações. Outros, como os alemães, que lhes forneciam metais preciosos e produtos químicos, viram-se privados dêste mercado. A crise polonesa, coincidindo com o bloqueio, piorou a situação: a atividade da indústria têxtil na Alemanha, sobretudo na Silésia, reduzia-se a nada. Em certos países, o abastecimento tornara-se difícil; não se conseguia mais muito cereal da Prússia e da Polônia, enquanto a Holanda e os Países-Baixos, obrigados a nutrir os exércitos, também não lhes podiam vender. Em Barcelona, comeu-se pão misturado desde a primavera de 1793. A situação tonrou-se sombria quando, em 1794 e 1795, as colheitas foram medíocres em todo o Ocidente. A Inglaterra ressentiu-se particularmente com isso: o preço do trigo elevou-se sem cessar, até atingir, em 1796, 6 guinés o "quarter", ou seja, 28 libras o quintal francês, duas vêzes o máximo do ano II; em 1795, os preços ultrapassaram de 26% os de 1790 e a alta não parou mais. Anos sacrificados começaram para essa potência.

O desemprêgo e a carestia produzem por tôda parte os mesmos efeitos: como na França, as classes populares se agitaram. Eram as que mais temiam os governos do Antigo Regime, e êste temor exerceu influência sôbre a condução da guerra. Contribuiu para impedir os coligados de "popularizá-la", de torná-la uma guerra nacional, ao exemplo da Revolução Francesa.

VII. *Os governos de guerra dos Estados coligados*

As causas imediatas dos reveses da coligação foram sua incoerência e a mediocridade de seus diplomatas, incapazes de sair de sua rotina. Mas é no próprio Antigo Regime que réside a causa mais profunda. Durante muito tempo, esta guerra, conduzida pelos franceses de maneira completamente nova, nada modificou, entre os coligados, no que dizia respeito aos métodos de govêrno. Monarcas e aristocratas, anquilosados pela hereditariedade, o privilégio e o preconceito, não souberam inventar, nem fazer apêlo às novas fôrças. Certamente, não é espantoso que os governos continentais não se tenham renovado: à parte Catarina, cuja paixão contra-revolucionária permaneceu platônica, o acaso quis que seus príncipes fôssem medíocres. Os dois mais poderosos eram o imperador e o rei da Prússia. O primeiro, Francisco II, deixava-se guiar pela imperatriz, filha de Fernando de Nápoles, e por um loreno, o general Rollin, seu ajudante de campo, que, de acôrdo com Thugut, avaliou as escolhas militares e fêz afastar Mack. O outro, Frederico Guilherme II, a partir de Valmy, ficou sendo o único prussiano que teimou em continuar a guerra contra a França; seus ministros, aprovados pelo príncipe Henrique, atacavam-no incessantemente e, quanto ao exército, era um Estado dentro do Estado, a tal ponto que Mollendorf, seu chefe, terminou por negociar, por sua própria conta, com os franceses. Fica-se ainda mais surpreendido de que o govêrno da Inglaterra, sem apresentar a mesma anarquia, não tenha penetrado mais depressa nas necessidades da guerra, para, conseqüentemente, se reformar.

Pitt bem teria modificado seu ministério, mas por tática parlamentar. A guerra consumiu definitivamente o cisma "whig"; enquanto Fox, Sheridan, Landsdowne apresentavam periòdicamente moções em favor da paz, Windham teria aceitado participar do govêrno. Pitt associou-se a êle de bom grado: ia de encontro à oposição de Dundas que, detendo o "Home office", a Guerra, a Irlanda e a caixa da marinha, recusava-se obstinadamente a reduzir êste extravagante acúmulo. De ministro da Guerra, Dundas só possuía o título: não entendendo nada do exército, êle o abandonava a Yonge, primeiro escrevente do "War office", que não tinha assento em seu gabinete. De fato, Pitt e Grenville manejavam as operações; ora, nem sempre êles concordavam, mesmo sôbre a diplomacia, e nada os preparava a conduzir a guerra, Jorge III aproveitou-se para agir a seu modo: impôs o sítio de Dunquerque, imaginou levar Mollendorf para os Países-Baixos em 1794, impediu, durante mais de um ano, que se fizesse voltar o duque de York, embora êle fôsse objeto de escárnio do exército. A Marinha não estava melhor aquinhoada: de seus dois senhores, sabia-se que Lorde Chatham, irmão de Pitt, era de uma nulidade aflitiva, e o duque de Richmond, de uma preguiça e de uma incúria legendárias; a frota não participou do sítio de Dunquerque; quando Toulon reclamou reforços, deixouse Lorde Moira imóvel em Portsmouth e quatro regimentos inativos nas ilhas da Mancha; quando as tropas da Irlanda estiveram prontas, faltaram transportes para embarcá-las. Foi necessária a derrota de Fleurus bem como a perda da Bélgica, para que Pitt se decidisse a modificar esta situação. Dundas, finalmente, abandonou a administração da guerra, da qual se fêz um secretariado para Windham; o duque de York logo foi chamado; Spencer substituiu Chatham, e Cornwallis, Richmond. Estas últimas escolhas revelaram-se boas;

285

mas Windham mostrou-se um ministro medíocre: empenhou-se em organizar a expedição da Vendéia, que sempre havia preconizado, a qual levou ao desastre de Quiberon.

Os coligados nada modificaram no recrutamento de seus exércitos. Em 1794 falou-se muito, na Alemanha, de um armamento geral do povo, mas ficou só nas palavras. Os voluntários faziam-se cada vez mais raros, e o alistamento por sorteio tornou-se mais freqüente, por tôda parte; as dificuldades que êle encontrava explicam em parte o deficit dos efetivos, e a lentidão no envio de reforços. Até 1794, a Inglaterra contentou-se em apelar aos voluntários, fornecendo a aristocracia os oficiais, que compravam seus cargos; formaram-se 34 novos regimentos; a Irlanda protestante mostrou-se devotada e forneceu 25.000 homens. A milícia, com 30.000 homens, devia assegurar a defesa territorial sob a direção da "gentry"; formaram-se espontâneamente companhias para manter a ordem ou cooperar com ela. Aos voluntários, aceitos sem distinção de nacionalidade, a Marinha acrescentou todos os homens que o sistema da "prensa" lhe fornecia, marinheiros ou não, a despeito da lei, estrangeiros também, malgrado os protestos americanos; ela embarcou igualmente os condenados e, após a suspensão do "habeas corpus", os suspeitos políticos. Finalmente, foi necessário impor a convocação por sorteio: a princípio, em 1794, para a milícia, o que foi suficiente para multiplicar as revoltas; depois, em 1795, para 30.000 marinheiros; finalmente, em 1796, para o exército de linha. Bem entendido, comportou os mesmos abusos que no continente, e o fardo tombou sôbre os pobres. Como os novos recrutas não eram instruídos, foram enviados para as colônias, a fim de substituir os soldados de ofício: aí foram dizimados pelo clima. Os marinheiros improvisados sofreram ainda outros males: alimentação detestável, diminuída pelo peculato; nada de serviço médico; nenhuma licença; não é de espantar que o motim tenha sido um mal endêmico na frota inglêsa.

Embora os efetivos que cada uma das potências havia reunido não fôssem comparáveis aos dos franceses, todos os coligados sentiram muita dificuldade em armá-los e equipá-los pelas vias normais, e, mesmo, em nutri-los. Todavia, em lugar algum tentou-se mobilização civil, e a população, indiferente à guerra, opôs sempre a fôrça da inércia às requisições; nos Países-Baixos, os austríacos não tiveram êxito. Na origem dessas dificuldades, descobre-se quase sempre a insuficiência dos recursos financeiros. A Prússia, Estado pobre, muito atingida pelo fechamento do mercado polonês, viu suas receitas diminuírem consideràvelmente. Como ela exportava, cada ano, de 18 a 20 milhões de táleres para as necessidades do exército, viu-se logo diante de uma crise monetária. Além disso,

Struensee, o ministro das Finanças, defrontou-se com grandes obstáculos administrativos, porque Frederico II, reservando para si a gestão da "Dispositionskasse" onde se depositavam os fundos sem destinação particular e atribuindo-lhe os rendimentos da Silésia, a única das províncias que era verdadeiramente produtiva, tinha enfraquecido a centralização tão penosamente realizada por seu pai, o Rei-Sargento. Struensee, na realidade, só dirigia as caixas do exército e dos domínios, cujos recursos, distribuídos antecipadamente e sempre insuficientes, deviam ser completados pelos depósitos da "Dispositionskasse" que Frederico Guilherme II abandonava a Wöllner. Struensee, com grande esfôrço, conseguiu que se diminuíssem as despesas de luxo; foi entretanto necessário esgotar os 19 milhões de táleres que o tesouro de guerra ainda continha nos fins de 1792 e também fazer empréstimos na Holanda e em Francfort: 5 milhões de "gulden" em 1793, 8 milhões em 1794, sem contar com os adiantamentos a prazo curto. Em 1795, um empréstimo interno malogrou lamentàvelmente. Apenas o dinheiro inglês tinha permitido à Prússia que se sustentasse. Assim que ela se viu privada dêle, Struensee, em outubro de 1794, não encontrou outro remédio senão suprimir os privilégios: a guerra levava aos expedientes revolucionários; assim, não restava senão restabelecer a paz.

A angústia do imperador, obrigado a administrar a Hungria e a Bélgica, não foi menor. O deficit, que era crônico, atingiu 30 milhões de "gulden" em 1793 e 66 em 1795; desde 1793, fizeram-se empréstimos no interior e no exterior; de 362 milhões de "gulden" em 1789, a dívida passou, em 1796, a 477 milhões. Entretanto, a Áustria não conseguiu viver, a não ser emitindo papel-moeda: circulavam 23 milhões em 1789 e 35 em 1796; ela teria podido continuar a guerra se, após os tratados de Basiléia, Thugut, por sua vez, não tivesse obtido os subsídios da Inglaterra.

Quanto à Espanha, distribuiu a mancheias os "vales reales" do Banco de São Carlos; em 1794 apanhou-se parte das pratarias das igrejas; em 1795, com a permissão do papa, o rei atribuiu a si o rendimento dos benefícios disponíveis e decidiu não conceder mais nenhum, antes de um ano: caminhava-se para a venda dos bens do clero. Após haver denunciado os expedientes dos franceses, cediase, como êles, à necessidade, e terminava-se por imitá-los.

Ter-se-ia podido supor que as classes abastadas, as quais, na Inglaterra, aprovavam a guerra e lucravam com ela, consentiriam em suportar suas despesas; mas Pitt poupou-lhes esta obrigação o mais tempo que pôde, suprindo o deficit crescente, por meio de empréstimos. As receitas estavam longe de aumentar: 14.284.000 libras em 1792, 13.557.000 em 1795, enquanto as despesas da Marinha passavam de 1.985.000 libras a 6.315.000, e as do Exército, de 1.819.000

libras a 11.610.000. O empréstimo forneceu 4.500.000 libras em 1793, perto de 13 milhões em 1794, 19.500.000 em 1795. Entretanto. Pitt mantinha a amortização, que alimentava através de fundos de empréstimos, a taxas cada vez mais elevadas; o capital disponível esgotou-se. Paralelamente, o Banco aprovava adiantamentos e aceitava "exchequer bills", no total, 18 milhões de libras em 1793: a Inglaterra, também, caminhava na direção de uma crise monetária, onde a reputação de Pitt, como financista, ia ser posta à prova.

VIII. *A reação européia*

Não ousando imitar as medidas dos jacobinos, a aristocracia tomou o partido de se indignar, e delas fazer um espantalho. Por tôda a Europa, novelistas, escritores, oradores e pregadores denunciaram os canibais que, sob a ameaça da guilhotina, constrangiam seus compatriotas ao serviço militar, arruinavam-nos pelo papel-moeda, cortavam-lhes os víveres pela requisição e, em resumo, levavam-nos à barbárie. Os emigrados contribuíam para esta propaganda. Em Verona, d'Antraigues fabricava documentos acusadores, que eram traduzidos e espalhados aos borbotões; o abade Barruel preparava-se para agrupar as imputações que Hoffmann havia dirigido contra os franco-maçons e os iluminados, aos quais êle acrescentava agora os protestantes; logo mais, também Joseph de Maistre que, de Lausanne, dirigia então a espionagem piemontesa, iria fazer a síntese de todo êsse trabalho e representar, atrás da Revolução, a sombra de Satã. Os genebrinos de Ivernois e Mallet du Pan, constitucionalistas como Mounier, doutrinavam a burguesia liberal. Esta propaganda surtiu grande efeito; e alarmou os interêsses talvez ainda mais que as consciências; por mais amigo que se fôsse da liberdade e da igualdade de direitos, era necessário convir que os franceses as pagavam caro. A todos os que contemplavam de longe a fornalha, também o Terror parecia indefensável; os mais ousados tentavam apenas explicá-lo, sempre condenando-o.

O mêdo ou a piedade multiplicaram as palinódias, mas por tôda parte restaram liberais e democratas, e a guerra, por suas consequências imprevistas, não tardou em lhes oferecer novas oportunidades. Tudo que era incriminado entre os franceses, os recrutamentos de homens, as requisições, o papel-moeda, o desemprêgo, a carestia, a penúria surgiu pouco a pouco, aqui e ali, através da Europa. As pessoas ricas ou abastadas viam um abismo entre a França e os coligados, porque o Antigo Regime, ao contrário dos terroristas, os poupava tanto quanto possível. Mas as classes populares, que sofriam, faziam também a comparação e, de resto, a miséria já era bem suficiente para levá-las à revolta. À medida em que a guerra se prolongou, a reação agravou-se e, por vêzes, tornou-se sanguinolenta. No continente, nada havia de comum e de semelhante ao despotismo; na Inglaterra, suspenderam-se as liberdades constitucionais, tornando-se manifesta sua relatividade, como a analogia com a França; para se defender, a aristocracia britânica instituía a ditadura pelo terror e tentou desarmar as iras populares por uma espécie de mínimo de salários, enquanto estigmatizava os demagogos da França, que haviam estabelecido um máximo de lucro.

No norte e no leste da Europa, os oposicionistas logo desapareceram. Catarina fechou as lojas, aprisionou Novikov e enviou Raditchev para a Sibéria, por haver encarado a abolição da servidão. Em Estocolmo, em janeiro de 1793, o advogado Thorild foi detido. Em Copenhague, Baggesen escrevia odes contra o Terror, e Malte-Brun refugiava-se em França. Na Noruega, o processo de Lofthuus, chefe da ação camponesa, prosseguia.

Na Espanha, a guerra não acarretou modificações, porque os que não se inclinavam diante da Inquisição estavam refugiados em França: a Convenção tinha dado asilo a Olavide. No início das hostilidades, Godoy conseguiu, graças ao clero, tornar popular a guerra; mas o povo, não vendo chegarem os "sans-culottes", não tardou a recair em sua apatia; pouco a pouco, o descontentamento o alcançou. As classes dominantes e o exército também se irritaram, sobretudo devido à falta de confiança que os inglêses inspiravam. Os adversários de Godoy procuraram aproveitar-se disso para derrubá-lo; em 1795, êle pretendeu ter descoberto um complô, que almejava obter a anexação de Cortès. É provável que, se não houvesse concluído a paz, êle não tivesse podido se manter; mas não parece que a oposição pudesse assumir um caráter revolucionário.

Os sintomas fizeram-se mais ameaçadores na Itália. Na aparência, os liberais haviam desaparecido: estavam reduzidos ao silêncio, ou renunciavam; os dois Pindemonte mudaram de campo; Alfieri, tendo se queixado dos revolucionários em abril de 1793, durante sua estada em Paris, rompeu com os franceses, "nascidos para a servidão", embora seu "Misogallo" só tenha sido publicado mais tarde; após o assassínio de Bassville, Monti elogiou a reação em sua "Bassvilliana", que foi o principal acontecimento literário da época. Roma permanecia o centro da propaganda contra-revolucionária; alguns franceses, Bernis, Hesmivy d'Auribeau nela tomavam sua parte; mas, em todos os lugares, academias e jornais trabalhavam no mesmo sentido. Todavia, a fermentação não cessava. A Toscana permaneceu por muito tempo aberta aos franceses e, em

Gênova, o contrabando de livros e de gazetas continuou sempre, sendo essa cidade uma das principais praças de comércio do Comitê de salvação pública. Por ali, o Piemonte encontrava-se contaminado; Turin, Saluces, Asti, Verceil mostravam-se os principais centros de irradiação; o descontentamento atingiu o exército; a atividade indiscreta dos esbirros exasperava todo mundo, como no resto da Itália; a própria côrte teria assinado a paz, por aversão à Áustria, se não tivesse tido mêdo desta. Na Romagna e em Veneza os espíritos igualmente despertavam; em novembro de 1794, em Bolonha, dois jovens içaram as três côres italianas e incitaram o povo à insurreição. Mesmo no sul, o govêrno napolitano não estava tranqüilo: em 1795, descobriu-se, ao que parece, um complô em Palermo, e os camponeses se sublevaram em Basilicata, gritando: "Queremos fazer como os franceses." Entretanto, o Terror dominava êsse reinado desde 1793; uma junta extraordinária aí instruiu 813 processos e ordenou 51 execuções. Em 1794, o rei da Sardenha recorreu ao mesmo expediente: uma côrte especial decretou, em julho, 14 condenações à morte. Quanto aos dois bolonheses, foram enforcados; mas outros seguiam suas pègadas. Não se tratava mais apenas de derrubar os tiranos e pôr fim aos privilégios; como logo se iria perceber, a unidade nacional juntava-se agora, na Itália, ao ideal revolucionário.

A Suíça também se agitava. Nos fins de 1791, a repressão começou no país de Vaud e no Valais, onde se contaram cinco condenados à morte. Movimentos agrários foram esboçados, nos fins de 1793, nos domínios do abade de Saint-Gall. Em 1794, o povo russo sublevou-se. Em Genebra, uma insurreição triunfou, a 19 de julho de 1794, e um tribunal revolucionário proferiu onze sentenças capitais. Encorajados talvez por êste exemplo, os habitantes de Staffa, no cantão de Zurique, apresentaram, em 1795, suas queixas ao patriciado; êle respondeu por detenções em massa; a intervenção de Lavater impediu que se procedesse a execuções, mas foram pronunciadas 260 condenações.

Na Alemanha, a atitude dos clubistas renanos acentuou e justificou a reação; desde outubro de 1792, o imperador tinha proibido em seus domínios os jornais franceses; em fevereiro de 1793, êle propôs à Dieta que interditasse a propaganda sob tôdas as formas, e notadamente nos clubes; uma proclamação de 30 de abril denunciou os "princípios perigosos da Revolução, favorecidos e divulgados por filósofos ignorantes"; a 14 de junho, a Dieta suprimiu as associações de estudantes. Por tôda parte, a espionagem e a delação se desenvolveram; a polícia abria as cartas e multiplicou as visitas domiciliares; muitas Municipalidades proibiram "qualquer argumento inoportuno nos albergues e nas ruas"; a biblioteca foi estreitamente vigiada: em Viena o arcebispo assumiu a direção da censura; cá e lá atiraram-se contra as lojas: a de Carlsruhe foi fechada. Em 1794, o terror agravou-se na Baviera, onde se organizou grande processo de traição, sobretudo em Viena e Budapeste, onde êle se fêz sangrento. Um comitê de propaganda havia empreendido a divulgação de cópias de um catecismo republicano, redigido por Martinovics; êle foi perseguido por conspiração, e, em novembro de 1794, detiveram-se numerosos suspeitos; sete liberais, entre os quais Martinovics e Lascovics, marcharam para o suplício em maio de 1795, e muitos outros permaneceram na prisão. Expurgou-se o corpo docente de Buda; as obras de Kant foram interditadas e queimadas; Thugut reduziu ao silêncio Alxinger e Sonnenfels, amigos de José II, enquanto Hoffmann, sustentado agora por Gentz, continuava sua campanha.

O terror desbastou as fileiras dos liberais. Ewald teve que deixar Detmold; Posselt, sua cadeira de Carlsruhe. Fichte, chamado em 1794 à Universidade de Iena, viu-se logo exposto aos ataques; Rebmann refugiou-se em Altona, de onde atingiu Paris; Cramer, Reichardt, o barão de Trenck o seguiram. Por outro lado, os acontecimentos na França desencorajavam os amigos da Revolução; Klopstock e Herder se levantaram contra os terroristas; quanto a Goethe e Schiller, tornaram-se francamente hostis a êsses "servos de verdugos".

Todavia, o movimento liberal não desapareceu completamente. As brochuras anônimas não cessavam de circular; Kant persistia em sua fidelidade aos princípios de 1789; Richter continuou a celebrar os girondinos; Wieland manteve-se hostil à intervenção armada; viram-se Dahlberg e o próprio Mounier tomar a defesa da francomaçonaria e das luzes; em Brunswick, Benjamin Constant, então camareiro da côrte, tomava-se de simpatias pelos republicanos, desgostoso com os obscurantistas. Enfim, como noutra parte, a guerra terminou por suscitar perturbações populares: na primavera de 1793, os tecelões da Silésia encetaram represálias violentas contra os negociantes que, não podendo mais exportar, os reduziam a salários irrisórios; em 1794, os operários de Breslau se insurgiram; a província foi ocupada militarmente e a revolta afogada em sangue. Ninguém, na Alemanha, tentou explorar essas circunstâncias contra o Antigo Regime. Em 1793, as cidades do Saxe, burgueses e camponeses do Hanôver limitaram-se a reclamar, sem sucesso, a igualdade fiscal. Em 1794, no Landtag da Baviera, os nobres apresentaram uma lista de agravos; quanto ao Landtag de Wurtemberg, continuava a querelar com o duque; mas os "Stände" privilegiados só pensavam em si.

291

O mesmo não se dava na Inglaterra, e a história dêste país assume um vivo interêsse. O cisma "whig" mostrava que, nas classes dominantes, a guerra acentuava os sentimentos contra-revolucionários. Fox, seus amigos e Wilberforce, que reprovou a guerra, sentiam-se, por outro lado, visìvelmente mortificados pelas anexações da Convenção, a morte do rei e os excessos terroristas. Os poetas, logo no início, resistiram; Wordsworth aprovou a execução de Luís XVI e pronunciou-se a favor da República; êste estado de espírito transpareceu no "The Borderer" e também no "Wat-Tyler", de Southey. Entretanto, colocados no "index" pela sociedade, êles se desencorajaram pouco a pouco: em 1794, Coleridge e Southey lastimavam o sonho desfeito, e o primeiro celebrou a queda de Robespierre. Os chefes democratas, pelo contrário, não se revoltaram; os clubes continuaram a se multiplicar; Hardy e seu lugar-tenente, o alfaiate Place, venderam, em 1794, 200.000 exemplares dos "Direitos do Homem", de Paine; em Norwich, contavam-se trinta sociedades populares, e as do distrito de Sheffield registravam 5.000 afiliados.

Logo a opinião *tory* exigiu perseguições. Pitt, nos primeiros tempos, não recorreu a medidas de exceção e contentou-se em deixar Dundas e o chanceler Loughborough colaborar com as associações de voluntários para organizar a repressão; êsses agrupamentos se erigiram em comitês de vigilância: praticaram a denunciação cívica, a espionagem nos lugares públicos, a busca de brochuras e de cartazes suspeitos. Os juízes acolheram com solicitude suas indicações e distribuíram com abundância condenações a multas, ao pelourinho e à prisão. Na Escócia, Braxfield e Dundas, sobrinho do ministro, tornaram-se famosos por sua parcialidade e habilidade em formar os júris. "Deus salve o povo que tem tais juízes!", protestava Fox. Êles recorriam de bom grado aos agentes provocadores; mas o simples delito de opinião lhes parecia suficiente: qualquer propaganda a favor das reformas era sediciosa. Como os escoceses se mostrassem mais audaciosos que os inglêses, foram reprimidos primeiro. O advogado Muir, acusado em 2 de janeiro de 1792, no momento em que partia para a França, viu-se condenado, à sua volta, após notável defesa, a 14 anos de destêrro, na Austrália. O pastor Palmer, de Dundee, teve o mesmo destino, apenas devido à redação de um cartaz. A excitação aumentou. Em outubro, nova convenção escocesa agrupou 35 sociedades; York, Londres e a Irlanda fizeram-se representar; ao mesmo tempo, uma assembléia se reunia em Londres e solicitava o sufrágio universal e um Parlamento anual; em fins de novembro, agentes provocadores persuadiram a convenção escocesa a votar a organização de uma convenção geral do Reino Unido. Dundas e Braxfield dispersaram-na pela fôrça e aproveitaram para obter três condenações a mais.

292

Os clubes inglêses fizeram comícios de protesto e, a 27 de março de 1794, decidiram convocar nova convenção; os "whigs" recusaram-se a defender no Parlamento as vozes dos democratas, e pretendeu-se, em conseqüência, que êstes últimos desejavam recorrer à violência e fabricavam armas secretamente; mas jamais foi fornecida alguma prova disso. Watt, executado por haver projetado uma revolta em Edimburgo, era um agente secreto que parece ter-se deixado levar por suas próprias tramóias provocadoras. Entretanto, Pitt interveio, dessa vez, pessoalmente: foi mesmo nessa ocasião que a coligação dos "tories" e dos velhos "whigs" foi oficialmente realizada, e êsse traço ilustra a solidariedade profunda dos dois partidos políticos que compunham o Parlamento. A 12 de maio, foram detidos Hardy, Tooke, Thelwall e muitos outros, e apreendidos os papéis dos clubes; um comitê parlamentar examinou-os e, de acôrdo com êle, Pitt ordenou, no dia 16, a suspensão do "habeas corpus", e não se tentou escolher os jurados de Londres, ou não se conseguiu fazê-lo; Erskine conduziu magnìficamente a defesa e, em outubro, o processo terminou pela absolvição; apenas um dos companheiros de Hardy foi, mais tarde, punido com dois anos de prisão. O govêrno renunciou às perseguições; mas êle podia, daí para diante, prender e deter arbitràriamente os suspeitos, ou embarcá-los como marinheiros nos navios de guerra.

Todavia, êle não conseguiu reduzir os democratas a uma impotência completa. É que as perturbações econômicas atingiam o povo: havia desempregados, e os víveres encareciam. Desde 1793, as especulações dos negociantes em cereais tinham sido violentamente denunciadas, como na França, e Pitt atribuiu-se o direito de preempção sôbre os carregamentos de cereais que os neutros destinavam à França. As más colheitas de 1794 e 1795 e a dificuldade de importar agravaram a situação. Em 1795, ela se tornou inquietadora: as rebeliões se multiplicaram, notadamente em Londres, em Birmingham e em Dundee; nos campos, ameaçavam-se os "justices of peace"; cercados provocaram agitações; assinalaram-se crimes agrários. Nessa época, o sorteio militar suscitava revoltas; em Liverpool, foi necessário renunciar à prática da "prensa". Tornando-se o exército cada vez mais sensível à propaganda, procederam-se a execuções por insubordinação. Os reveses da coalizão exerciam, aliás, influência deprimente. A crise atingiu seu ponto culminante em outubro de 1795, no momento da reunião do Parlamento; após grande comício realizado a 27, o rei e Pitt foram ultrajados pelos arruaceiros, a 29. Então a reação acentuou-se: a 4 de novembro, uma proclamação prescreveu que se perseguissem as assembléias e publicações sediciosas; a 14 de dezembro, um "bill" subordinou as reuniões de mais de 50 pessoas à declaração e à presença de um

293

magistrado. Em imensos comícios, protestou-se em vão. Mas, até o fim, para grande tristeza de Malmesbury, os democratas se abstiveram de recorrer à insurreição.

Sua influência, desde então, começou a declinar, menos ainda pelo efeito da repressão que pela melhoria relativa das condições de existência. Por um lado, a colheita de 1796 foi satisfatória; por outro, adotou-se um expediente para socorrer os operários inglêses contra a carestia das mercadorias. A 26 de maio de 1795, o "justices of peace" de Berkshire estabeleciam, em função do preço do pão, uma lista dos recursos indispensáveis à vida de um trabalhador, levando em conta os encargos de família e, para lhos assegurar, decidiram completar eventualmente seu salário à custa dos contribuintes. Em dezembro, Whitbread aconselhou estabelecer um mínimo de salário a ser pago pelo patrão: a Câmara dos Comuns afastou essa sugestão. Mas Pitt deu sua adesão ao sistema adotado no Berks e, em novembro de 1796, propôs sua inscrição na lei; êle acrescentava mesmo a autorização às paróquias para fornecer a seus indigentes uma vaca e fundar escolas de instrução profissional: o Parlamento considerou-o excessivamente generoso. Pelo menos, todos os condados imitaram o exemplo de Berks. Pode ser que o sentimento religioso o tenha recomendado como um paternalismo, conciliável com o interêsse das classes dominantes. O resultado não fica menos claro. Desarmaram-se assim os democratas e consolidou-se por muito tempo o regime aristocrático, assegurando aos industriais mão-de-obra barata, à custa da classe média, que fazia, em grande parte, as despesas da assistência. Os proprietários rurais vendiam trigo muito caro; os fornecedores do exército e da marinha, os industriais, desembaraçados da concorrência francesa, realizavam lucros honestos; uns e outros escapavam aos encargos da guerra, graças aos empréstimos, que êles mesmos subscreviam com grandes juros. A coalizão estava desfeita, é verdade, mas a aristocracia e a alta burguesia nada sofriam em seus negócios.

Todavia, os acontecimentos não tomavam o mesmo rumo na Irlanda. Em janeiro de 1793, Pitt cedeu ao movimento de reforma e fêz conceder o direito de voto aos católicos. Esta concessão pareceu ser suficiente para fazer voltar a calma; o comitê católico separou-se, e Grattan pôde assegurar à Inglaterra o monarquismo irlandês no conflito com a França. Mas, quando os "whigs" entraram no ministério, estipularam a nomeação, para vice-rei da Irlanda, de Fitzwilliam, o qual anunciou a intenção de dar o poder a Grattan e de emancipar os católicos. Os Lordes irlandeses protestaram altamente, e o rei deu seu veto. Pitt inclinou-se, como sempre, e Fitzwilliam, chegado a Dublin a 4 de janeiro de 1795, foi chamado de volta em 19 de fevereiro. Já os católicos tinham sido despertados

294

e apresentavam suas reivindicações. Quando o nôvo vice-rei, Camden, desembarcou, a revolta estourou em Dublin. Os orangistas de Ulster responderam, voltando-se contra os católicos. A miséria acabou, em 1796, de lançar a Irlanda na anarquia. Ora, em 1795, o Comitê de Salvação Pública enviou para lá o velho pastor Jackson que, detido, se envenenou. Wolf Tone recolhia fundos nos Estados Unidos; Fitzwilliam, em Hamburgo, negociava com os franceses. A tempestade rugia na Irlanda, enquanto se acalmava na Grã-Bretanha. Se, desde 1794, a Inglaterra tivesse tido sua Vendéia, a aristocracia teria corrido grande perigo e o terror, talvez, se tivesse tornado sangrento, em lugar de permanecer "sêco".

Os coligados, comparando-se à França, prevaleciam-se de sua benignidade, e pode-se sustentar, realmente, que, por suas medidas preventivas, pouparam a si grandes rigores. Todavia, por mais moderadas que elas fôssem, não tendiam menos a comprimir o entusiasmo democrático; por conseqüência, elas lhes interditavam de apelar ao sentimento nacional e de "popularizar" a guerra; foi para êles um pretexto a mais para se confinarem em seus preconceitos tradicionais e em sua mediocridade rotineira, exatamente no instante em que a Revolução concedia liberdade de carreira aos talentos individuais, e mobilizava tôdas as fôrças da nação francesa. Como Mallet du Pan escreveu, "êles temiam quase tanto os súditos quanto os inimigos": esta foi a causa profunda de suas derrotas.

295

Segundo capítulo

O GOVÊRNO REVOLUCIONÁRIO
(1793-1794)

Apenas a Revolução declarou a guerra à Europa, viu-se em perigo de morte: ameaça estrangeira, guerra civil, crise econômica, tudo a empurrava para o abismo. Ela tinha sonhado em libertar o mundo: viu-se expulsa da Bélgica e da Renânia, a ponto de ser atacada na própria França e, disse Michelet, apunhalada nas costas pela Vendéia. Ela retrucou, organizando o govêrno revolucionário. Juridicamente, entendia-se êsse govêrno como um regime provisório, que cederia lugar quando uma nova constituição fôsse adotada: nesse sentido, êle datava de 10 de agôsto. Mas foi também um regime de guerra, destinado a defender a Revolução contra os inimigos de dentro e de fora, por medidas de exceção, que limitavam ou suspendiam os direitos do homem e do cidadão: assim, êle foi mais ou menos rigoroso, conforme o perigo se mostrou mais ou menos ameaçador. Após Valmy e Jemappes, a Gironda havia abandonado os expedientes adotados em agôsto e setembro; em 1793, a Montanha os retomou e desenvolveu-os. Finalmente, embora uma constituição tivesse sido votada, o regime adquiriu certa firmeza e decidiu-se que êle duraria até a paz. Criado pouco a pouco, sob pressão das circunstâncias, atravessou um período de gestação longo e confuso: é êste período que estudaremos em primeiro lugar, para examinar, em seguida, os característicos e a obra do regime.

I. *A queda da Gironda; a revolução de 31 de maio
e 2 de junho de 1793*

Foi apenas a 25 de janeiro de 1793 que um relatório de Dubois-Crancé expôs a necessidade de levantar 300.000 homens para elevar a 500.000 o efetivo dos exércitos, e estabelecer a unidade para a organização militar, pela fusão dos voluntários e da infantaria de linha, continuando a cavalaria e a artilharia a serem recrutadas por alistamento. A Convenção adotou a "amálgama", em princípio. Tinha sido preparada, em 21 de dezembro, pela unificação do sôldo; acrescentou-se a do uniforme — o azul dos guardas nacionais — e do adiantamento, assim como novas denominações dos corpos e dos graus. Mas, abrindo-se a campanha, adiou-se a constituição de novas "semibrigadas". Quanto aos 300.000 homens, só se decidiu seu recrutamento a 23 de fevereiro, entre os celibatários e viúvos de 20 a 40 anos; ninguém pareceu suspeitar de que a repugnância, todavia notória, ao serviço militar, iria suscitar violenta resistência.

Sôbre as perspectivas da guerra naval, não se podiam criar ilusões, nem, conseqüentemente, sôbre a sorte das colônias. A própria Córsega escapava à República. À Constituinte tinha aí deixado entrar Paoli, recentemente chefe da resistência aos genoveses e aos franceses; encarando a ilha como seu feudo, êle foi até à secessão, de acôrdo com o procurador-geral-síndico, Pozzo di Borgo, e chamou os inglêses. Contava-se pelo menos com os corsários; se êles causavam danos ao inimigo, a marinha mercante da França sofreu ainda mais. As embarcações neutras transformaram-se, para o comércio externo, em intermediários essenciais. Nas guerras precedentes, o rei se arvorava em defensor da "liberdade dos mares"; sustentava, de acôrdo com os neutros, que "a bandeira cobre a mercadoria" e assegurava-se assim seu concurso para eludir o bloqueio britânico. A Convenção adotou a política contrária. Não contente em denunciar os tratados de comércio realizados com seus adversários, principalmente o de 1786, e em proibir numerosas mercadorias provenientes da Inglaterra, ela decretou, a 9 de maio, que, submetendo-se os neutros às ordens da Grã-Bretanha, a propriedade inimiga seria daí para diante confiscada em seus navios. Os industriais protecionistas, sobretudo os do ramo do algodão, dos quais o antigo consul Ducher se fazia intérprete no "Moniteur" e junto de Barére, não deixaram de se regozijar; a alta burguesia dos portos, pelo contrário, lamentou-se em vão: sob êste ângulo também, a intransigência da Convenção testemunha o enfraquecimento da Gironda.

Assim reforçado, o bloqueio não podia senão agravar a situação econômica. Já a vida tornava-se cada vez mais difícil, devido à baixa que a morte do rei e a guerra geral acarretavam para o "assignat"; no início de janeiro, sua cotação era ainda de 60 a 65%; em fevereiro, êle desceu a 50 e, até outubro, a degringolada não parou mais. Os revolucionários incriminaram os banqueiros estrangeiros, Baring de Londres, Hope de Amsterdão, Parish de Ham-

297

burgo, que especulavam de comum acôrdo e também, dizia-se, por conta de Pitt, com a cumplicidade dos financistas parisienses, em grande parte igualmente estrangeiros. Mas não escapava a ninguém que muitos franceses manobravam no mesmo sentido e que vários outros, fugindo diante da moeda, compravam a todo prêço. Tudo encareceu tão depressa, que os salários não puderam acompanhar; em janeiro, em Lião, os operários reclamaram uma tabela dos prêços de fabricação. As populações, desatinadas, cessaram completamente a circulação dos cereais; o govêrno remediava como podia, recorrendo a cereais comprados no estrangeiro, mas êstes se faziam raros. Em Paris, a Comuna continuava a manter o pão a 3 "sous" a libra, arrancando fundos da Convenção; mas, de 25 a 27 de fevereiro, assaltaram-se mercearias e barcos de sabão.

Todavia, o govêrno enfraquecia. A Gironda perdeu Roland, que se demitiu a 22 de janeiro; em fevereiro, ela conseguiu, pelo contrário, expulsar Pache do Ministério da Guerra, e Beurnonville, que o substituiu, tendo feito jôgo duplo junto aos dois partidos, expulsou os "sans-culottes" dos escritórios e deu tôda licença aos fornecedores. Mas Marat, que assumiu o Ministério do Interior, embora de coração com a direita, não pretendia se comprometer, e Gohier, levado ao da Justiça, passava, como Monge, por jacobino. Lebrun e Clavière viam-se cada vez mais atacados, e Lamarche, diretor do serviço dos "assignats", foi acusado. A Convenção bem teria criado, a 1.º de janeiro, um Comitê de defesa geral, onde a Gironda reinaria; mas, por respeito pela separação dos podêres, não se lhe conferiu senão direito de vigilância sôbre os ministros, que se sentiram com maior inclinação para a inércia. Em fevereiro, Condorcet apresentou seu relatório sôbre o projeto de constituição; foi pouco apreciado, e os montanheses julgaram que as circunstâncias não permitiam que se ocupassem disso. A discussão só começou em abril, quando os girondinos conceberam a idéia de apressar sua promulgação, na convicção de que as eleições eliminariam os montanheses. No fundo, nem uns nem outros se incomodavam de criar um poder forte, onde o adversário se instalaria. Entre êles, a luta prosseguia inexpiável e sem resultados. A decisão veio de fora.

Após o processo do rei, os "sans-culottes" atiravam-se constantemente contra os "apelantes" e logo terminaram por desejar expulsá-los da Convenção; o govêrno tornaria a encontrar, em seguida, com a unidade, a energia necessária, e poder-se-ia terminar com o complô dos aristocratas pela prisão dos suspeitos e pela instituição de um tribunal revolucionário. Em contacto direto com a plebe, os chefes populares iam notando que as preocupações da massa concerniam antes de mais nada a seus meios de existência: êles reclamavam, portanto, a taxação das mercadorias, a requisição de cereais, auxílio para os pobres e as famílias dos soldados, a formação de um exército revolucionário que teria a dupla vantagem de assegurar sua autoridade e dar ocupação aos desempregados; quanto aos recursos, seriam obtidos através de taxas sôbre os ricos. Estas medidas eram, sobretudo, preconizadas por aquêles que eram cognominados os "Enragés", o padre Jacques Roux, Varlet, empregado dos Correios muito abastado, e seus êmulos de província, como Chalier e Leclerc, em Lião, o advogado Taboureau, em Orléans. Êles não reclamavam a "lei agrária": aliás, um decreto de 18 de março puniu semelhante proposição com a pena de morte. Mas, a seus olhos, as questões sociais levavam vantagem sôbre os problemas econômicos; o povo era agora soberano: que adiantava, se morria de fome? Os clubistas ou jornalistas reputados, como Hébert e Marat, os invejavam; mas terminarão por imitá-los. A maior parte dos "sans-culottes" voltavam seus olhares para os montanheses e os jacobinos, aguardando da parte dêles senha. Entretanto, não faltavam impacientes, notadamente Varlet, que, julgando-os muito modestos e muito moderados, achavam que seria necessário tomar a iniciativa; êles não teriam hesitado em dispersar a Convenção e apoderar-se do poder. Alguns, mesmo, que haviam talvez participado dos massacres de setembro, queriam aproveitar-se da crise para levar os girondinos e os suspeitos diante de um tribunal revolucionário ou de justiças populares improvisadas.

Até o último momento, Danton desejou restabelecer a união dos republicanos. Robespierre e os montanheses, que seguiram os jacobinos e a Comuna, julgando impossível esta união, pensavam, como os "sans-culottes", que era necessário terminar com os girondinos e que a salvação pública exigia um govêrno ditatorial. Como estavam ameaçados de exclusão e de acusação por seus adversários, sua segurança pessoal inclinava-os no mesmo sentido. Sôbre o programa social, o acôrdo foi mais difícil, porque comportava a taxação; burgueses acostumados com a liberdade econômica, os montanheses não acreditavam nas virtudes da regulamentação. A política, na sua opinião, arrebatava tudo: quando das rebeliões de fevereiro, Robespierre indignou-se com o fato de que "insignificantes mercadorias" desviassem a atenção dos conluios contra-revolucionários, e, na Comuna, Chaumette oferecia apenas perseguições contra os açambarcadores e grandes trabalhos para ocupar os desempregados. Êles cederam em abril; mas sua repugnância persistiu, como se viu no decorrer dos meses seguintes, e o acôrdo jamais foi completo. Restava aliás saber se a Planície se resolveria a eliminar os girondinos. Robespierre parecia tê-lo esperado por muito tempo, por escrúpulo doutrinário sem dúvida — coagir a Convenção, não concordando com o regime representativo — mas também por des-

299

confiança contra as conseqüências da insurreição. Como antes de 10 de agôsto, êle não cessou de representar que a responsabilidade do povo não cedia em nada à de seus mandatários e que cabia a êle, pela manifestação legal de sua vontade, persuadir êstes últimos a se conformarem com isso. Era ilusão demais e, enquanto os jacobinos o aplaudiam, os "sans-culottes" das tribunas o tratavam de enfadonho. De fato, êle teve que se valer de uma demonstração ameaçadora que obrigaria a assembléia a ceder. Mas, se ela resistisse? Os montanheses não queriam que ela fôsse dispersada, e menos ainda que se repetissem as cenas de setembro: em semelhante caso, o poder lhes escaparia, para passar à Comuna e aos chefes "sans-culottes"; a província não o toleraria; para conseguir sua adesão, era necessário que a Convenção, sustentada, garantisse a ditadura dos montanheses. Estas tendências divergentes são de grande importância; elas explicam que a queda da Gironda não se tenha dado senão no fim de quatro meses; como elas se perpetuaram, a estabilidade do govêrno revolucionário jamais foi assegurada, e elas contribuíram para a sua queda.

Após a relativa calmaria que se seguiu à morte do rei, a crise reabriu-se quando o perigo se revelou ao mesmo tempo nas fronteiras e no interior. A 1.º de março, logo após a entrada de Dumouriez na Holanda, sua cobertura foi aniquilada no Röer por Cobourg que, logo, ocupou Liège e franqueou o Mosa. Durante vários dias, Beurnonville e os girondinos mostraram-se pródigos em afirmações tranqüilizantes; mas, a 7, Danton, chegado da Bélgica, lançou o alarma. No curso dos dias que se seguiram, êle manteve a mesma linguagem que em 1792: "Eu só conheço o inimigo; batamos o inimigo." Como o tempo urgia, solicitou aos patriotas de Paris nôvo esfôrço para salvar a Bélgica; como êles replicassem, como em setembro, que não partiriam, deixando a cidade exposta aos empreendimentos dos traidores, Danton propôs a criação de um tribunal revolucionário, para prevenir novos massacres, e Pache o apoiou, a 9, em nome das seções. Simultâneamente, um movimento insurrecional esboçava-se por fora: à noite do dia 9, as tipografias de vários jornais girondinos foram assaltadas; delegados das seções se reuniram em Eveché e, a 10, Varlet convenceu os franciscanos a tomarem a iniciativa de uma jornada; malogrou, porque nem a Comuna, nem os jacobinos a ela se associaram. A Convenção adotou, sôbre o relatório de Lindet, a instituição de um tribunal de exceção, sem apêlo nem cassação, mas reservando-se a escolha dos juízes, dos jurados, e sobretudo a acusação. Danton convidava-o também a criar um comitê investido do poder executivo, com a aprovação não apenas de Robespierre, mas de Cambacères. Os girondinos protestaram contra a ditadura e, no dia 11, La Revellière-Lepeaux fêz rejeitar a moção: quanto ao essencial, a crise abortou.

Na Bélgica, durante êsse tempo, os comissários, que os representantes em missão haviam enviado para as províncias, prosseguiam na evacuação das caixas públicas e apreendiam os tesouros das igrejas; os populares protestavam ou resistiam, e a anarquia se generalizava. Dumouriez, regressando da Holanda, correu a Bruxelas, tomou o clero sob sua proteção e maltratou os clubistas; depois, a 12 de março, enviou à Convenção uma carta ameaçadora, onde recapitulava seus prejuízos e incriminava especialmente o decreto de 15 de dezembro. O Comitê de defesa geral deliberou no dia 15: Danton, intervindo, empenhou-se em levar o general à resipiscência. Voltou desiludido e, todavia, guardou silêncio. Batido em Neerwinden no dia 18, em Louvain, a 21, Dumouriez entabulou com os austríacos um armistício para marchar sôbre Paris, onde êle restabeleceria Luís XVII e a Constituição de 1791. Decidindo-se o Comitê a chamá-lo diante do tribunal, a Convenção enviou-lhe, a 31, a fim de notificar seu decreto, Beurnonville e quatro de seus membros; a 1.º de abril, Dumouriez os entregou ao inimigo. Renovando a tentativa de La Fayette, não notava fôrça alguma que lhe barrasse a estrada de Paris. Mas seu exército recusou-se a segui-lo e, a 5 de abril, êle passou a fronteira. Na mesma ocasião, Custine, vencido no Nahe em 27 e 28 de março, abandonou a margem esquerda do Reno e retirou-se para Landau, deixando os prussianos sitiarem Mogúncia.

No interior, a leva dos 300.000 homens espalhava a desordem. O decreto deixava aos subjugados a escolha daqueles que deviam formar o contingente solicitado. Uns recorreram à eleição, que deu extravagantes resultados; na maioria dos casos, procuraram-se voluntários a preço de ouro; em outros lugares, disputava-se, sem chegar a uma conclusão; mas, mais de uma vez também, entrou-se em acôrdo para apupar as autoridades que a Convenção havia desobrigado, e mesmo para se insurgir. A 9 de março, uma missão geral de 82 representantes foi nomeada para a aplicação da lei, e um decreto de 19 condenou à pena de morte os promotores de rebelião. Em geral, chegou-se ao têrmo muito ràpidamente, mesmo na Bretanha; mas, de 10 a 15 de março, a Vendéia se sublevou em bloco. Os camponeses aí não eram monarquistas, nem partidários do antigo regime; mas o cisma e os rigores das administrações e dos jacobinos das cidades contra os refratários os revoltavam profundamente, pois, tendo a Reforma criado fortes raízes no Poitou, os missionários da Companhia de Maria, fundada por Grignion — os Mulotins — assim como as Filhas da Sabedoria, catequizavam ardentemente as populações após o fim do século XVII. Em agôsto de 1791, os rurais, entretanto, não sustentaram a revolta nobiliária; em 1792, também não se revoltaram para preservar, da deportação, os bons padres. Mas, em agôsto, o recrutamento provocou entre êles um primeiro movimento popular, e era de se prever que não consentiriam em se bater pela Revolução. Todavia, tôdas as tropas tinham se dirigido para as fronteiras.

Estourando simultâneamente, as rebeliões devem ter sido combinadas; mas parece que elas surpreenderam os nobres, que, pensando também numa revolta, julgaram-nas prematuras. Muitas sedes de distritos foram invadidas, notadamente Cholet, a 14 de março, as administrações dispersas, os burgueses que as compunham maltratados ou, em Machecoul, torturados e condenados à morte. Logo, nobres puseram-se à frente dos bandos, sem eliminar completamente os plebeus, como Stofflet e Cathelineau. Antigos oficiais, êles fàcilmente assumiram o comando e dividiram os setores. Charette foi o soberano do Marais; Royrand e os Sapinaud administraram o Bocage; os Mauges permaneceram o domínio do exército "católico real" onde comandavam Bonchamp, d'Elbée, Stofflet, Lescure, La Rochejaquelein: ali, de acôrdo com o abade Bernier, organizou-se um govêrno e deram-lhe, mesmo, um suposto bispo, Guillot de Folleville. Imediatamente, apelou-se para os inglêses; alguns queriam marchar sôbre Paris, outros, entrar na Bretanha. Mas êles não conseguiram formar um exército permanente: os camponeses acorriam quando os "azuis" eram assinalados; após a vitória, regressavam para suas casas. Foi o que salvou a República. A insurreição obteve, todavia, brilhantes sucessos; os bocages, com seus caminhos vazios, suas fazendas isoladas, cercadas de árvores que atrapalhavam a visão, prestavam-se admiràvelmente à defensiva e à surprêsa, pois as estradas aí eram raras; os vendeanos, como os voluntários, praticaram espontâneamente a tática que convinha a tropas improvisadas: o avanço em atiradores ou a emboscada, depois o ataque em massa contra um inimigo enfraquecido. Durante semanas, a Convenção só enviou contra êles guardas nacionais ou recrutas; a costa pôde ser preservada ou reconquistada, fora Noirmoutier; no decorrer do verão, os "azuis" alcançaram por três vêzes a vitória diante de Luçon. Era essencial, mas a ofensiva preparada sôbre o Layon, em abril, malogrou. Os vendeanos ocuparam Bressuire e Parthenay; a 5 de maio, apoderaram-se de Thouars; derrotados diante de Fontenay, tomaram desforra e pilharam a cidade. A 9 de junho, uma batalha entregou-lhes Saumur; em seguida, êles entraram em Angers; finalmente, a 29 de junho, malograram diante de Nantes. Em maio, o govêrno se havia resignado a operar retiradas de tropas da fronteira; mas os numerosos representantes, instalados em Saumur e em Tours, não chegavam a se entender, nem a concordarem com a outra base, instalada em Niort, onde residia Biron. Westermann, tendo tomado Châtillon a 3 de julho, aí foi derrotado a 5; a 13, em Vihiers, a mesma sorte coube a Santerre. Rossignol, então, assumiu o comando, secundado por Ronsin; mas êstes generais "sans-culottes" não foram mais felizes, e os vendeanos permaneceram invencíveis até outubro.

A traição de Dumouriez e a guerra civil emocionaram os republicanos: foi como um nôvo "terror", e recomeçou-se a deter os suspeitos. Elas os exasperaram mais ainda que a invasão, e levaram-nos às medidas de exceção. Na própria Convenção, encontravam cada vez menos oposição. A pena de morte por simples constatação de identidade foi decretada, a 18 de março, contra os emigrados, e os padres sujeitos à deportação, aprisionados no território da República, depois, no dia seguinte, contra os rebeldes surpreendidos com armas. A 21, surgiram os Comitês de vigilância eleitos e encarregados apenas de controlar os passaportes, os desconhecidos e os estrangeiros; mas tomou-se o costume de chamá-los "revolucionários" e, se os "sans-culottes" nêles se encontravam em grande número, logo monopolizaram a polícia política. A 28, uma lei definiu a emigração, aplicou aos emigrados a morte civil e, não obstante, reservou à República, durante cinqüenta anos, a parte que teriam podido obter pela sucessão de seus pais; os que tornassem a entrar em França seriam punidos com a morte. Enfim, a 5 de abril, o caso dos ministros e dos generais pôsto à parte, a Convenção renunciou a pronunciar a devolução ao tribunal revolucionário, e abandonou esta medida ao acusador público, Fouquier-Tinville.

Por outro lado, na província, as administrações, sob pressão dos jacobinos, constituíam espontâneamente, sob nomes variados, comitês de salvação pública para organização do alistamento de soldados e para medidas de segurança. O departamento do Herault adotou, a 19 de abril, um decreto que se tornou famoso: êle confiava a certo comitê a escolha de 5.000 homens para formar um corpo à sua disposçião, assim como a distribuição de um empréstimo forçado de 5 milhões. Os representantes enviados a 9 de março, e os que lhes sucederam a 30 de abril junto aos exércitos, auxiliaram a germinação de medidas revolucionárias e, até certo ponto, a sua coordenação, porque a Gironda havia considerado hábil ir buscá-los entre os montanheses, para enfraquecer seus adversários na Convenção: o expediente voltou-se contra ela. As instruções de 6 de maio autorizaram os representantes a nomearem delegados e a se cercarem de um conselho que escolheriam naturalmente entre os jacobinos dos clubes. Êles depuraram as administrações, detiveram os suspeitos, elevaram as taxas, prescreveram requisições. Sua atividade chocou mais de uma vez com a violenta irritação das autoridades locais, ainda girondinas ou dizendo-se tal. Um burguês conservador como Carnot cedia à necessidade da luta de morte: "Não há mais paz a esperar de nossos inimigos, escrevia êle a 18 de março, menos ainda dos de dentro que dos de fora. É necessário pulverizá-los, ou ser esmagados por êles."

De que adiantavam, todavia, êsses esforços, se o govêrno permanecia sem energia? A traição de Dumouriez havia acentuado a animosidade dos partidos extremos; sua intimidade com o general comprometia a Gironda e não se deve duvidar, aliás, que aquêles que se acobertavam com seu nome tivessem aplaudido um golpe de Estado. Para impedir o ataque, ela tomou a ofensiva. Na roda de Dumouriez figuravam amigos e parentes de "Filipe-Igualdade", cujo próprio filho, o duque de Chartres, estava entre os lugarestenentes do traidor, que êle seguia em sua fuga: excelente pretexto para acusar novamente os montanheses de orleanismo. O próprio Danton prestava-se à suspeita, devido a suas missões na Bélgica e ao silêncio que havia guardado após seu primeiro regresso. A 1.º de abril, Lasource denunciou o complô e provocou fulminante resposta de Danton que, em lugar de se defender, comunicou, sob frenéticos aplausos da Montanha, sua ruptura com aquêles que tinham desejado salvar o tirano; no dia seguinte, Robespierre propôs, em vão, que êles fôssem acusados.

A Planície não pensava em seguir Robespierre, mas as circunstâncias inclinavam-na para Danton. A 6 de abril, ela criou finalmente o Comitê de Salvação Pública que êle reclamava, e fê-lo entrar com homens, notadamente Barère e Cambon, mais ou menos ligados à Montanha, mas que eram encarados como independentes. Êste primeiro Comitê de Salvação Pública surgiu como um segundo ministério Danton, tanto foi evidente nêle a prepotência dêste último. A despeito do brilho de 1.º de abril, êle continuou sua política de conciliação, e de adiamento. Ela, coinvinha à Planície e, aliás, esta última, ao instituir o Comitê, proibiu-lhe ordenar prisões e reduziu-o à vigilância dos ministros cuja autoridade se encontrou diminuída sem proveito. Não era essa a solução desejada pela Montanha e, por sua vez, a Gironda a repudiava. A luta continuou.

A 1.º de abril, Birotteau tinha obtido um decreto, estabelecendo que a inviolabilidade não atingia o representante suspeito de alta traição, abrindo assim caminho às proscrições, que deviam dizimar a Convenção: seus amigos contavam tirar partido disso contra os montanheses, e a ocasião não tardou. A 5 de abril, numa circular que Marat assinou como presidente, os jacobinos convidaram os patriotas da província a virem em auxílio de Paris, ameaçado por Dumouriez, e lhes denunciaram, como cúmplices do traidor, os convencionais "apelantes", aquêles que, no decorrer do processo do rei, se haviam pronunciado pela apelação do povo. Os girondinos retrucaram, obtendo da Convenção, a 13 de abril, a acusação de Marat diante do tribunal revolucionário. No intervalo, a 10 de abril, a seção de la Halle-au-blé havia tomado a iniciativa de uma petição que tendia a reenviar os apelantes diante de seus eleitores, para que se lhes retirassem os mandatos; a Planície certamente não aceitaria e, aliás, os girondinos não cessavam de reclamar semelhante medida contra os montanheses. Robespierre protestou contra esta confusão: mas os comissários de seções adotaram o texto. Êle partia de amigos de Danton, e Philippeaux, outro de seus fiéis, propôs à Convenção que o rejeitasse; a 20 de abril, ela o declarou "caluniante" para os apelantes. Parecia evidente que Danton baralhou as cartas, esperando ainda reconquistar a Gironda. Quanto a Marat, foi absolvido a 24.

Todavia, um fato importante vinha de modificar a situação: os montanheses associavam-se francamente aos "sans-culottes" das seções e dos franciscanos, reunindo-se à economia dirigida. Robespierre iria justificar implìcitamente esta última, propondo, a 24, incorporar à Declaração dos Direitos do Homem quatro artigos que definissem a propriedade como "a porção de bens... garantida pela lei" e que limitariam sua extensão, estipulando que ela não podia "prejudicar a segurança, nem a liberdade, nem a existência, nem a propriedade de nossos semelhantes". A 11 de abril, a Convenção interditou o tráfico de numerário, assim como a prática de dois preços, e puniu a recusa de receber o "assignat". A 18, os delegados de diversas autoridades do departamento de Paris apresentaram uma petição em favor da taxação. Os convencionais discutiram-na em comitê até o dia 25, depois em sessão: a 30, os do bairro Saint-Antoine compareceram à barra; as mulheres de Versalhes vieram em seguida, em seu socorro. A 4 de maio, uma lei instituiu um preço teto departamental dos cereais e forragens, ordenou seu recenseamento e sua requisição pelos distritos para abastecer os mercados, fora dos quais, daí para diante, era proibida a venda.

Nesse momento, os "sans-culottes" encontravam-se às voltas com uma agitação, cuja origem remontava aos desastres da Vendéia. A 25 de abril, a seção Bon Conseil solicitou a remessa de um contingente parisiense contra os "facínoras" e, no início de maio, a Comuna decidiu o levantamento de 12.000 homens e um empréstimo forçado, confiando-os aos comitês revolucionários, seguindo os princípios do decreto do departamento do Herault, que a Convenção acabava de aprovar. Uma agitação violenta espalhou-se por Paris. Os "sans-culottes" queriam recrutar, em primeiro lugar, os escreventes e os "caixeiros de loja"; êstes jovens recusavam-se enèrgicamente e, de 4 a 6 de maio, fizeram comícios no Luxembourg e nos Champs-Elisées. Os seccionários também não desejavam partir, e, prevalecendo-se, como sempre, da democracia direta, reivindicavam a escolha dos meios. A Convenção terminou por reconhecê-los: ergueram-se, como sempre, "heróis de 500 libras" e, para andar depressa, solicitou-se o adiantamento de fundos, que a assembléia consentiu, sem esperanças de restituição. A partir dessas jornadas, numerosas assembléias de seções foram agitadas; os adversários dos "sans-culottes" estavam decididos a aí comparecerem, prestando os dois partidos auxílio a seus sectários de um bairro para outro, e não hesitando em usar a fôrça. A 8 de maio, Robespierre, assinalando o perigo, reclamou a formação de um exército revolucionário à custa das "culottes dorées".

Êstes acontecimentos mostravam que as massas testemunhavam zêlo moderado em se bater pela República: o govêrno iria obrigá-las, apoiando-se nelas, e esta contradição não pressagiava nada de bom. Mas, no momento, o que atraía a atenção dos montanheses e dos "sans-culottes", é que também em Paris se preparava um "movimento seccionário", de que várias cidades já davam o exemplo.

Êle remontava ao primeiro Terror, e a morte do rei o reanimou. Os girondinos o auxiliavam com seus pedidos de socorro; os representantes montanheses também, irritando os notáveis; o recrutamento e, nos portos, o bloqueio, que acarretavam o desemprêgo, conseguiam-lhe partidários. Alguns departamentos tentavam formar batalhões com destino a Paris, e o Finistère enviou-lhe um. A 16 de março, em Orleãs, os representantes foram insultados, e um dêles, Léonard Bourdon, assaltado e ferido. Pouco a pouco, tomou-se como senha a assistência às assembléias de seções, até então desdenhadas, e a permanência nessas reuniões: esta permanência existia em Paris desde julho de 1792; por que não na província? Sem aguardar o consentimento da Convenção, passaram-se aos atos.

Em Bordéus, as seções satisfizeram-se, em 9 de maio, com um requerimento ameaçador. Em Marselha, onde os jacobinos haviam rompido com Barbaroux, êles perderam a chefia da cidade e, a 29 de abril, os representantes se evadiram; as seções formaram um comitê geral e voltaram contra os "sans-culottes" o tribunal popular, constituído em setembro de 1792, sem autorização legal. Em Lião, foi pior: a 29 de maio, uma insurreição atirou-se contra a Comuna jacobina e, após um combate nas ruas, os representantes a suspenderam; Chalier foi aprisionado. A 24 de maio, o departamento do Jura tinha proposto reunir a Bourges os deputados suplentes; Ain aderiu, e a Côte-d'Or sugeriu que se enviasse um exército para protegê-los. Em Caen, a 30 de maio, levantou-se a questão da remessa de um batalhão para Paris. Republicanos sinceros, hostis, como a Planície, aos democratas extremados, figuravam, mas em minoria, no movimento seccionário; a fôrça dêste vinha da burguesia monarquista, dos fiéis aos refratários, dos partidários do Antigo Regime. Todos se diziam girondinos; não era senão mistificação. "As duas principais facções que nos dilaceram são execráveis", escrevia Griolet, procurador-geral-síndico do Gard; "Brissot, Pétion, Guadet são tão temíveis quanto Marat, Danton ou Robespierre". Se os girondinos tivessem obtido vantagens, graças a tais aliados, a reação os teria ràpidamente ultrapassado; como disse Michelet, "o gênio da Revolução não estava mais nêles". Os "sans-culottes" não podiam dissimular que a maioria da nação, afeiçoada à obra da Constituinte, mas impaciente por retomar sua vida calma e sossegada, teria aceitado um acôrdo para estabelecer a paz. Se o movimento seccionário, enquanto se espalhava na província, se acentuasse em Paris, os girondinos, um dia ou outro, ditariam, em seu nome, suas vontades à Convenção. Assim, a revolução de 2 de junho foi nôvo sobressalto defensivo e punitivo contra o "terror", que despertava o que montanheses e "sans-culottes" encaravam como um avatar do complô dos aristocratas.

Com sua leviandade costumeira, os girondinos apressaram a peripécia final, antes de haverem combinado os meios de se assegurarem o sucesso. Tendo a Comuna decidido formar um exército revolucionário e deter os suspeitos, como recomendava Robespierre, os delegados dos comitês de vigilância reuniram-se, e os propósitos se extraviaram: dois administradores de polícia propuseram, mesmo a 19 de maio, raptar os principais girondinos, matá-los secretamente e, em seguida, dá-los como emigrados. Elevaram-se protestos, e Pache reconduziu a reunião para a ordem do dia; mas Guadet, ao corrente dos conciliábulos, denunciou, mais uma vez, no dia 18, a conspiração popular, e Barère, entrando no jôgo, fêz nomear uma comissão de doze membros, com fins de inquérito. Composta de girondinos, suas resoluções não podiam ocasionar dúvidas: a 24, ela fêz prender quatro "sans-culottes", entre outros Varlet, e sobretudo Hébert, substituto do procurador da Comuna, cujo jornal "Le Père Duchesne" gozava de grande popularidade. Na manhã seguinte, a Comuna protestou e Isnard, então presidente da Convenção, estendeu-se em ameaças contra Paris, em "um nôvo manifesto de Brunswick". A 27, a multidão reuniu-se pouco a pouco ao redor das Tulhérias, onde a Convenção se reunia desde 10 de maio, e invadiu a sala, à noite; à meia-noite, intervindo Danton, um decreto suprimiu os Doze. No dia seguinte, os girondinos obtiveram outro, que os restabelecia. Na verdade, a Convenção, logo depois, os desautorizou, libertando os prisioneiros. Mas já estava decidido: na mesma noite, no Évêché, uma reunião de "sans-culottes" constituiu uma comissão insurrecional, cuja cravelha-mestra foi, provàvelmente, Varlet.

Na noite de 30 para 31 de maio, os comissários das seções cassaram a Comuna, depois a reinvestiram e se uniram a ela. Hanriot assumiu o comando da guarda nacional. Foi dada ordem de deter ou desarmar os suspeitos. Os montanheses, concordando com a eliminação da Gironda, não se inquietavam menos. As proposições apresentadas a 19 de maio, na reunião dos comitês revolucionários, chamavam a atenção sôbre o que se passaria, se a Convenção resistisse: era necessário evitar que a dispersassem e sobretudo que se renovassem os massacres de setembro. O Departamento convocou então as autoridades e fêz designar uma comissão que se iria juntar à dos insurretos. Pache e Chaumette agiram como moderadores. Aliás, as seções não se movimentaram a não ser lentamente: 31 de maio caía numa sexta-feira, e os operários estavam em seus trabalhos. A manifestação não se esboçou senão à tarde, e absolutamente não intimidou a assembléia. Os Doze foram novamente suprimidos; quanto à petição, que reclamava a prisão dos girondinos, foi reenviada ao Comitê de Salvação Pública para examinar os fatos e apresentar um relatório em três dias. A situação era crítica. No dia seguinte, após nôvo requerimento que também não teve efeito, o comitê insurrecional decidiu cercar a Convenção no domingo, 2 de junho, e exigir solução imediata. Foi a "jornada" mais bem organizada da Revolução. Desta vez, Danton cedeu, e o Comitê de Salvação Pública, dividido, não opôs nenhuma resistência aos seccionários, que cercaram as Tulhérias. Um momento crítico apresentou-se, todavia, quando a Convenção se deixou persuadir a sair em cortêjo, na esperança de se impor: o menor incidente tê-la-ia perdido. Mas, para grande pesar de Varlet, Hanriot contentou-se em repeli-la; ela tornou a entrar, e resignou-se a decretar a prisão de 29 deputados assim como de Clavière e Lebrun. O exército revolucionário tinha também sido criado, em princípio; do programa social dos Furiosos nada se manteve.

Os montanheses levavam vantagem: desembaraçaram-se do comitê insurrecional, substituindo-o, a 8 de junho, por um comitê de salvação pública do departamento de Paris, de onde afastaram Varlet e seus amigos; persistindo a Convenção, êles governariam em seu nome. Na realidade, ela jamais os perdoou e, aliás, detendo os girondinos em suas casas, não os pôs em acusação, única maneira de exclusão que seria compatível com o regime representativo. No lado oposto, os "sans-culottes" permaneciam de mãos vazias. Os montanheses arriscavam-se a se encontrarem entre dois fogos, e a "revolução de 31 de maio" não passou de uma etapa para êles.

II. A crise revolucionária durante o verão de 1793

O sucesso logo pareceu duvidoso. Setenta e cinco deputados assinaram um protesto; outros deixaram Paris ou desertaram da assembléia; a oposição seccionária movimentou-se contra os alistamentos para a Vendéia e o exército revolucionário; as novidades da província logo assustaram. A partir de 6 de junho, Barère e Danton, quer dizer o Comité de Salvação Pública, propuseram suprimir os comitês de vigilância e enviar garantias aos departamentos onde tinham sido detidos deputados. Robespierre fêz recusar semelhantes medidas; mas os montanheses, inquietos, não temporizavam menos. Se o número dos girondinos detidos cresceu pouco a pouco, deixou-se entretanto sua sorte em suspenso; ainda a 8 de julho, Saint-Just aconselhou que não se atacasse a não ser aquêles que fomentavam a guerra civil. Não se organizou o exército revolucionário; as deliberações sôbre o empréstimo forçado não chegaram a têrmo. E, sobretudo, discutiu-se precipitadamente a Constituição de 1793, que foi terminada em 24 de junho. Precedida de nova Declaração dos Direitos, que completava a de 1789 pela liberdade de culto e pela liberdade econômica, ela instituiu a democracia política: um corpo legislativo eleito por sufrágio universal e direto, por escrutínio uninominal; um conselho executivo escolhido pelo corpo legislativo entre os candidatos que seus próprios eleitores designassem. Como havia proposto Condorcet, a exemplo de vários Estados americanos, alargou-se o exercício da soberania popular pela introdução do referendo: a Constituição seria ratificada pelo povo; mas esta sanção não foi instituída para os decretos de urgência e subordinou-se a das leis a condições estreitamente limitativas. Quanto à democracia social, evitou-se insistir; a Declaração contentou-se em proclamar que a meta da sociedade é "a felicidade comum", e a assistência, "uma dívida sagrada", o que conferia ao indigente um direito; após sua reunião, a Convenção não cessava, aliás, de afirmar o princípio de solidariedade nacional, prometendo pensões aos combatentes mutilados, concedendo abonos aos parentes dos "defensores da pátria", pondo a cargo da República os danos devidos à guerra e às calamidades coletivas. Mas Robespierre não disse palavra sôbre os famosos artigos de sua proposta anterior, que podiam alarmar a burguesia e, a 27 de junho, Barère trovejou contra os partidários da "lei agrária", que um decreto de 18 de março já punia com a pena de morte. Os montanheses esperavam que a Constituição dissipasse o temor de uma ditadura dos "sans-culottes" parisienses; mas não negligenciaram, todavia, de satisfazer os camponeses, de modo que foi a êstes últimos que a revolução de 31 de maio, como as de 14

309

de julho e de 10 de agôsto, acarretou um benefício substancial e definitivo. A 3 de junho, decretou-se a venda dos bens dos emigrados em pequenos lotes, pagáveis em dez anos; a 10, a partilha facultativa dos bens comunais por cabeça de habitante; a 17 de julho, a abolição, sem indenização, de tudo que subsistia dos direitos senhoriais.

Malgrado tudo, não se pôde evitar nova guerra civil. Em maio, o movimento seccionário já havia tomado a iniciativa, como se viu. Primeiros a agir em Paris, os montanheses sobreexcitaram necessàriamente o espírito de rebelião. A ciumeira provincial com respeito à capital e a sobrevivência do particularismo, sem dúvida ajudaram; por outro lado, as autoridades locais, tendo rompido com a Convenção, erigiram-se em soberanas, o que permitiu acusá-las de "federalismo" opondo-lhes a unidade e a indivisibilidade da República. Não se pode negar que a concepção federalista teria seduzido certos revolucionários, mesmo Billaud-Varenne em 1791, e sobretudo girondinos como La Revellière. Mas os "federalistas" queriam simplesmente apoderar-se do poder; sob a pressão das circunstâncias, êles levaram ao extremo a descentralização, que prevalecia desde 1789, e manifestaram a iniciativa independente que os revolucionários sempre tinham demonstrado e à qual os jacobinos, por seu lado, não cessavam de recorrer. Como o movimento seccionário que sua revolta prolongava, êles agrupavam a burguesia inquieta pela propriedade, os Feuillants hostis ao sufrágio universal, os católicos ligados aos refratários, os partidários do Antigo Regime; acrescentaram os democratas, aos quais indignava o atentado perpetrado contra a representação nacional, e cuja adesão reforçou singularmente seus efetivos. A complexidade de semelhante grupo minou sua coesão. O apêgo à revolução de 1789 e o cuidado pela independência nacional não se conciliavam com a guerra civil: os girondinos recusaram-se a se misturar com os Vendeanos e a apelar para o estrangeiro. Igualmente o fato consumado foi aceito, sem grandes dificuldades, por uma trintena de departamentos ao redor de Paris, nas regiões do Loire, alarmadas pela proximidade da Vendéia, e ao longo das fronteiras, enquanto a insurreição se obstinou no suleste, onde os contra-revolucionários, estranhos a êstes escrúpulos, tomaram sua direção.

Todavia, na Bretanha e na Normandia, no Franco-Condado, no Meio Dia, as administrações departamentais fizeram secessão. Cada uma delas acompanhou as autoridades da sede do distrito, apelou aos outros distritos, convocou mesmo as assembléias primárias e reuniu seus delegados. Tornados "federalistas", os cabeças do movimento seccionário continuaram a imitar os jacobinos: formaram comitês de salvação pública ou de vigilância, detiveram os suspeitos, fecharam os clubes, decidiram reunir as tropas; em Lião, Marselha, Toulon, tribunais "populares" fizeram guilhotinar ou enforcar os patriotas. O resultado foi lastimável. A luta dos girondinos e dos montanheses não interessa à massa; como a Convenção, os dirigentes da secessão foram de encontro à repugnância que o serviço militar provocava e ao descontentamento provocado pela penúria. Aliás, para ter bom êxito, teria sido preciso organizar nôvo poder central, reunindo, em Bourges, esta Convenção dos suplentes, de que já se havia cogitado. Mas os departamentos fiéis interpunham-se entre o noroeste e o Meio Dia, a Vendéia entre a Bretanha e a Aquitânia; Lião viu-se separado da Côte-d'Or pelo Saône-et-Loire que Allier apoiava, e da Provença pelo Drôme que conseguiu a adesão de Isère. Mesmo a cooperação regional não se realizou; Toulouse terminou por repelir as solicitações de Bordéus e rompeu assim o liame entre a Aquitânia e o Bas-Languedoc. Enfim, por tôda parte encontraram-se distritos e municipalidades que recusaram sua adesão, funcionários patriotas que embaraçavam a rebelião, como Descombel, em Toulouse, ou conseguiram a adesão de "sans-culottes", como Joseph Payan, em Valence. A impotência levou muitos federalistas a pedir perdão pùblicamente, aproveitando-se dos prazos de mercê que os montanheses tiveram a prudência de conceder, ou porque o voto da Constituição lhes fêz esperar que a próxima eleição do corpo legislativo os desembaraçasse da Convenção.

Para esta, o perigo imediato encontrava-se na Normandia: nenhuma tropa cobria Paris, e as remessas de víveres cessaram para a capital. Reunidos em Caen, Buzot, Pétion e Barbaroux instavam os departamentos a agir. Mas o Sena-Inferior não os atendeu e deixou passar os cereais; a tomada de Saumur, a 9 de junho, reteve o Orne e o Maine; apenas o Finistère mostrou-se devotado. Antes que os bretões os tivessem atingido, os normandos se puseram a caminho; a 13 de julho, perto de Pacysur-Eure, quando êles repousavam, viram surgir alguns milhares de homens penosamente agrupados pelo Comitê de Salvação Pública; fugiram sem combater; todo o noroeste se submeteu, e os girondinos deixaram Caen, depois a Bretanha, para Bordéus. Também não se guerreou no leste contra a Côte-d'Or, o Doubs, o Haute-Saône, o Jura e Ain, nem ao sul contra Toulouse e o Bas-Languedoc. Bordéus, isolada, deixou entrar os representantes a 19 de agôsto, depois os expulsou, e os jacobinos não recuperaram a superioridade, a não ser em outubro: a cidade foi ocupada apenas a 19; pelo menos não tinha resistido pelas armas.

Foi o sudeste que pôs verdadeiramente em perigo a causa dos patriotas. O exército dos Alpes e o da Itália viram-se cortados de suas retaguardas; Précy, que os lioneses encarregaram do comando, apelou aos sardos, Marselha e Toulon aos inglêses e a Paoli, na Córsega. Quando Carteaux, sustentado pelos clubes do Drôme, repeliu o exército marselhês e retomou Avinhão, a 27 de julho, a revolta lionesa viu-se cercada, salvo a oeste, onde ela ocupou o departamento do Loire até setembro. Em fins de agôsto, Carteaux retomou a ofensiva e, a 25, apoderou-se de Marselha justo a tempo de adiantar-se aos inglêses. O mesmo não se deu em Toulon, que se abriu aos inimigos e libertou a esquadra do Mediterrâneo, em 29 de agôsto. Os republicanos só entraram em Lião em 8 de outubro, e Toulon resistiu até 19 de dezembro. Nesta região, a guerra civil revestiu-se do mesmo encarniçamento que na Vendéia, e acarretou as mesmas represálias sangrentas. A partir de agôsto, o perigo foi pelo menos circunscrito; mas, em julho, parecia que a França iria se desagregar.

Nas fronteiras, o perigo não parecia menor. Após seu retôrno ao poder, Danton negociava. A 13 de abril, a seu pedido, a Convenção repudiou implìcitamente o decreto de 19 de novembro de 1792: a República não se imiscuiria nos negócios internos de nenhum povo. Que Danton tentasse ganhar a Suécia, os turcos, o Piemonte ou mesmo Kosciuzko, ou lisonjear as côrtes de Nápoles e de Florença, era medida inteligente, embora ineficaz, pois as pequenas potências nunca prestavam de bom grado ouvidos aos vencidos. Mas êle procurava também a paz do lado da Inglaterra, da Prússia e da Áustria. Grenville o remeteu desdenhosamente aos Estados-maiores, e Forster, encarregado de aguardá-los, não obteve sucesso. Que poderia oferecer Danton? O abandono das conquistas da República? Os coligados as haviam recuperado e contavam desmembrar a França; zombavam das propostas irrisórias de um regicida em apuros. Esta diplomacia, muitas vêzes louvada depois, supunha a vitória ou a capitulação, disfarçada em compromisso. Também os montanheses desconfiavam que Danton pensava em entregar a rainha e seus filhos, talvez mesmo em restabelecer a monarquia: a 13 de abril, êle estipulou que a soberania do povo deveria ser reconhecida; ela não era incompatível com a realeza. O fato é que Robespierre determinou à Convenção que proibisse, sob pena de morte, qualquer negociação que sacrificasse o regime republicano, assim como confirmasse as anexações; a 10, êle já havia solicitado que Maria Antonieta fôsse interpelada diante do tribunal revolucionário. Em junho, um artigo da Constituição declarou que o povo francês não faz a paz com um inimigo que ocupa seu território. Danton não deixou de persistir, e, aguardando, as fabricações de guerra não progrediram, enquanto os ataques contra os fornecedores se multiplicavam: em julho, por um relatório de Dornier, d'Espagnac foi condenado à prisão. Os reveses se sucediam. Após o revés de

Dumouriez, Cobourg sitiava Condé e Valenciennes; os ataques de Dampierre nos bosques de Raisme e de Vicoigne malograram, e êle foi morto; a 23 de maio, seu sucessor teve que evacuar o campo de Famars e ganhar o campo de César, entre o Escalda e Sensée, descobrindo Cambrai e a estrada de Paris. Embora Custine tivesse tentado em vão retomar a ofensiva para socorrer Mayenne, o Comitê de Salvação Pública ainda o encarregou de assumir o comando do exército do Norte. Êle aplicou-se a isso, não sem sucesso. Mas êste grande senhor tratava o govêrno com desenvoltura. Êle oprimia com seu desprêzo o Ministro da Guerra, Bouchotte, simples tenente-coronel; seu secretário, o hebertista Vincent; seus comissários nos exércitos e os oficiais jacobinos que, em Lille, sustentavam o governador Favart contra o general La Marlière. Êle não tardou a se tornar suspeito, apesar do apoio dos representantes em missão, e foi chamado a Paris, a 12 de julho, sem nada haver feito. Os sardos ameaçavam a Sabóia e Nice; os espanhóis, forçando os Pirineus, avançavam em direção a Perpignan e Bayonne. O oeste, Westermann, a princípio vencedor em Châtillon-sur-Sèvre, aí foi desbaratado em julho; depois foi a vez de Santerre, em Vihiers.

A crise econômica acentuava-se dia a dia. Não se aplicava exatamente a lei de 4 de maio; as autoridades, freqüentemente "moderantistas", só faziam requisições para salvar as aparências, e o tabelamento acabava apenas por esvaziar os mercados; sendo a taxa departamental e não dando conta das despesas de transporte, as regiões mal providas nada mais recebiam; na anarquia geral, as administrações interditavam a saída dos cereais. Longe de reforçar a lei, a Convenção a abandonava: a 1.º de julho, ela permitiu às autoridades que comprassem fora dos mercados; os exércitos assim se abasteciam; deixou-se que os representantes em missão e os departamentos suspendessem o preço-teto. Em Paris e nas grandes cidades, fazia-se fila nas padarias e, a cada instante, estouravam agitações. Todavia, o "assignat" caía, em julho, abaixo de 30%; os capitais fugiam para o estrangeiro; na Bôlsa, especulava-se com frenesi; monopolizavam-se as mercadorias; os preços subiam sem cessar. De 25 a 28 de junho, a alta do sabão provocou novas revoltas em Paris.

Quanto mais a Convenção se mostrava impotente, tanto mais as petições se faziam numerosas e urgentes: nôvo esfôrço era necessário para pôr o govêrno "à altura". Nada de paz possível: os coligados queriam restabelecer o Antigo Regime e, no Norte, os austríacos já se aplicavam em fazê-lo. Obrigados a optar entre a vitória e a submissão, os "sans-culottes" reclamavam uma guerra de morte: "a liberdade ou a morte". Neste perigo supremo, por que tardar em pôr em jôgo tôdas as fôrças do país? A idéia do recrutamento

313

em massa caminhava, favorecida, aliás, pelo instinto igualitário e a reeordação de Jemappes. O "rico egoísta" tornava-se suspeito: exigia-se agora a pena de morte contra os açambarcadores, o fechamento da Bôlsa, a supressão das companhias por ações; o movimento ganhava profundidade, porque parecia fácil reprimir a especulação pela opressão. Uma reação nacional também se esboçava; os revolucionários assumiam uma atitude de desprêzo e ódio contra os "escravos" que seguiam cegamente seus tiranos, os estrangeiros que pilhavam as mercadorias para as exportar: parecia muito simples que a França os proibisse, e guardasse seus lucros. Os Furiosos, reforçados pelo lionês Leclerc d'Oze e apoiados pela sociedade das "Mulhères Revolucionárias", dirigida pela atriz Claire Lacombe, não deixaram de atiçar a cólera popular; a 25 de junho, Jacques Roux, na barra da Convenção, reprovou-lhe, em nome dos franciscanos, sua inércia com uma violência patética: "Deputados da Montanha, não termineis vossa carreira com ignomínia!" Chamaram-no de contra-revolucionário; Robespierre denunciou-o aos jacobinos; Marat, Hébert e Chaumette fizeram côro, encantados que estavam de prejudicar os rivais. As revoltas do sabão vieram a propósito: responsabilizou-se Jacques Roux; a Comuna e os franciscanos o abandonaram. Mas, se todos aquêles que em seguida foram chamados hebertistas, embora Hébert jamais tenha sido chefe de partido, pregavam a guerra de morte e o extermínio dos aristocratas, não tardariam em tomar por sua conta o programa social dos Furiosos, pois os "sans-culottes" escutavam a êstes com fervor. E, se êles preferiam o acôrdo com os montanheses, enquanto pudessem esperar dirigir a Convenção por seu intermédio, ainda assim não se repugnavam por uma nova "jornada" que, talvez, os levasse ao poder. Ora, êles dominavam os franciscanos, ocupavam os escritórios de Bouchotte, podiam arrastar a Comuna: a Convenção estaria em suas mãos.

Esta situação apresentava graves perigos. A República deveu sua salvação ao entusiasmo do povo "sans-culotte" cujas idéias sumárias, rudeza e próprias necessidades levavam direto diante dela. "Ousai!" escreverá ainda Saint-Just, algum tempo após; em julho de 1793, a Convenção resmungava e os montanheses discutiam: o impulso veio de fora. Mas o ardor popular nada podia fazer sem um govêrno que o disciplinasse, sem a concordância da burguesia, grande ou pequena, que forneceu os quadros: a salvação da Revolução, obra do Terceiro Estado, dependia da união dêste. A Convenção era seu símbolo, porque ela representava a única autoridade que se impunha a todos os patriotas; a Constituição, votada por ela e ratificada por 1.800.000 vozes, reagrupava os republicanos. Ao dissipar ou mutilar novamente a assembléia, arriscava-se a reanimar a guerra civil e a deixar o esfôrço revolucionário se esgotar na anarquia. Pitt

314

não deixou de pensar nisso. O banqueiro Perregaux distribuíu dinheiro, por sua conta, àqueles que se encarregavam de "atiçar o fogo"; em fins de julho, encontrou-se em Lille a pasta de um espião inglês, que tinha a missão de provocar a desordem. Um audacioso aventureiro, o chamado barão de Batz, que, após haver tentado salvar o rei, preparava a evasão da rainha, pensava também que só se chegaria ao têrmo da Revolução provocando os republicanos a se despedaçarem mùtuamente. Tão ardente em especular quanto em conspirar, conseguiu ligar-se com numerosas pessoas corrompidas pelos prazeres ou pelo jôgo, muito freqüentemente inclinadas a pescar em águas turvas — deputados, oradores de clubes, refugiados estrangeiros — que nem sempre eram os últimos a preconizar medidas extremas, enquanto jogavam na baixa com as ações das companhias que Delaunay, em julho, e Fabre d'Églantine, em agôsto, atacavam na tribuna. Desde o primeiro momento, Robespierre suspeitou haver, entre os extremistas, agentes da contra-revolução.

Mas sucedeu que finalmente a França viu constituir-se um govêrno. Em princípio de julho, a agravação constante da situação exacerbou as críticas; além disso, acusou-se o general Dillon de projetar uma revolta em favor da rainha e de seus filhos; talvez tenha sido o golpe de misericórdia. A 19 de julho, a Convenção renovou o Comitê de Salvação Pública e dêle eliminou notadamente Danton. Foram precisos, todavia, dois meses para que, pouco a pouco, se constituísse o grande Comitê do ano II. Gasparin, fiel a Custine, logo se retirou; Thuriot, amigo de Danton, imitou-o em setembro; Hérault de Séchelles, amante de Mme. de Bellegarde, cujo marido servia no exército sardo, imediatamente tornou-se suspeito. Couthon, Saint-Just, Jean Bon-Saint André e Prieur de la Marne formavam um grupo de montanheses decididos, que conseguiram a adesão de Barère e Lindet, depois atraíram sucessivamente Robespierre, a 27 de julho, Carnot e Prieur de la Côte d'Or, a 14 de agôsto, Billaud-Varenne e Collot d'Herbois, a 6 de setembro. Entre êles, o acôrdo falhou em mais de um ponto; Lindet tinha aversão pelo terrorismo; Billaud e Collot inclinavam-se para os "sansculottes"; as tendências sociais sobretudo, embora todos pertencessem à burguesia, divergiam profundamente entre Robespierre e Saint-Just, partidários de uma democracia social, e Carnot ou Lindet, nìtidamente conservadores; os temperamentos diferiam, também, e choques pessoais terminaram por se transformar em ódios. Todavia, durante meses, o perigo da Revolução adiou a cisão que deveria perdê-los. Êstes homens eram probos, trabalhadores e autoritários; tinham algumas idéias claras e que se cumpriam: comandar, combater e vencer; o trabalho em comum, o perigo, a satis-

315

fação e o orgulho do poder criaram uma solidariedade que fêz do Comitê um organismo autônomo; êles reagiram contra as fôrças que, na Convenção e no seio do Terceiro Estado, tendiam a introduzir entre êles a discórdia, a fim de abatê-los. A maior parte consagrou-se essencialmente à obra administrativa que assumiu amplidão esmagadora; freqüentemente afetou-se louvá-los, para opô-los aos demais, como se êles tivessem podido permanecer indiferentes à estabilidade, de que dependia seu sucesso. Foi sobretudo Robespierre quem, auxiliado por Barère, Saint-Just, Billaud, lhes assegurou a duração, definindo e defendendo sua política diante da Convenção e dos jacobinos.

Depois que em 1789, deputado dos Estados gerais, havia deixado Arras, sua cidade natal, onde, após brilhantes estudos como bolsista no colégio Louis-le-Grand, gozava, no tribunal, de reputação honrosa, Maximilien Robespierre, defendendo sem esmorecer, diante da Constituinte, nos jacobinos e na imprensa, os princípios democráticos, atraía para si a simpatia do povo revolucionário. Todavia, êle não pôde impedi-lo de se abandonar à paixão da propaganda e da guerra, que a eloqüência dos girondinos superexcitava. No momento em que todos seus temores se mostravam justificados, êle assumia, mais que qualquer outro, por um regresso trágico, a terrível responsabilidade de salvar a Revolução, no auge da tempestade que em vão êle havia procurado desviar. A confiança dos patriotas encontrava-se bem colocada. Por preocupação com sua dignidade pessoal, tanto quanto por convicção, Robespierre atestava corajosamente seu respeito pelos princípios que professava; mas não era o teórico abstrato que se retratou. Na longa crise que se seguiu, êle foi visto, pelo contrário, singularmente atento às circunstâncias e soube se manter com a agilidade de homem de Estado. Há muito êle sustentava que a autoridade revolucionária devia exercer-se em nome da Convenção, para permanecer estável, mas em comunhão estreita com os "sans-culottes", para permanecer forte; era necessário que o Comitê se colocasse por cima de uma e de outra, escolhida entre as aspirações populares, aquela que conviria impor à assembléia para realizar seu desígnio: esmagar os inimigos da República e arruinar as últimas esperanças da democracia. Governar em nome da Convenção, constrangendo-a, dominar o povo, sem extinguir seu ardor, era uma' temeridade. Mas Robespierre e seus colegas, parlamentares experimentados, sabiam também como se preparava uma "jornada": êles conseguiram subsistir durante um ano, em meio à assustadora tormenta.

Todavia, não se deve cometer enganos: em julho de 1793, se princípios diretores os guiavam, restava precisar sua aplicação, pois o essencial de seus meios de ação ainda faltava; êles lhes foram, em grande parte, impostos, no decorrer do verão, pelos impulsos populares, que provocaram crises políticas, militares e econômicas.

III. A organização da ditadura montanhesa (julho-dezembro de 1793)

Apenas instalado o nôvo Comitê, os acontecimentos desastrosos se multiplicaram, e êle quase foi derrubado pela Convenção. A 13 de julho, Marat foi assassinado por Charlotte Corday, uma jovem monarquista da Normandia; a 16, os rebeldes lioneses decapitaram Chalier. Clamores furiosos exigiram represálias, e os girondinos foram os primeiros a sofrê-las. O federalismo ia desmoronar-se no noroeste; mas, a 17, em Vihiers, os vendeanos desbarataram o exército de Santerre; os representantes, em missão no Loire, não entravam em acôrdo com Biron, que comandava em Niort, e seus desentendimentos com respeito aos chefes "sans-culottes", Ronsin e Rossignol, refletiam os da Convenção; Phillippeaux os denunciava e Choudieu os apoiava; Ronsin foi logo enviado de volta a Paris, e Rossignol, detido. Nas fronteiras, era pior: Condé capitulou no dia 10, Valenciennes no dia 23, Mogúncia no dia 28.

O Comitê tornou a chamar Biron e, a 22, prendeu Custine. Imediatamente, os amigos dêsses generais e dos representantes que os apoiavam, protestaram com violência, e Gasparin abandonou seus colegas; simultâneamente, atacava-se Bouchotte, seus escritórios e os oficiais "sans-culottes"; decidiu se mesmo substituir o ministro. A intervenção de Robespierre restabeleceu a situação, e foi então que êle entrou no Comitê. A 25, Rossignol foi substituído por Biron; a 28, Custine e os girondinos viram-se acusados e colocaram-se os deputados fugitivos fora da lei. A 1.º de agôsto, as medidas terroristas foram decididamente postas em prática: a Convenção enviou Maria Antonieta perante tribunal revolucionário e ordenou que se destruíssem os túmulos reais de Saint-Denis; prescreveu que se transformasse a Vendéia em deserto, após evacuação dos patriotas, e para aí expediu a guarnição de Mogúncia, deixada em liberdade pelos prussianos. Tendo Barère denunciado as manobras da espionagem inglêsa, decidiu-se, a 3, deter todos os súditos britânicos e, a 7, foi Pitt declarado "inimigo do gênero humano". Até então, haviam-se controlado os lyoneses e, em fins de julho, êles pareciam inclinar-se à reconciliação mediante a anistia; mas, a 12 de julho, a Convenção a havia recusado a seus chefes, e, a 4 de agôsto, o Comitê de Salvação Pública ordenou a Nellermann que empreendesse o sítio da cidade.

317

Malgrado êsses rigores, as agitações não pareciam impossíveis. A resistência contra-revolucionária, nas seções, persistia; corria o rumor, mais uma vez, de que se preparava uma "Noite de São Bartolomeu" de patriotas, e que ela seria evitada por nôvo massacre de suspeitos. Uma grande festa, preparada por Davi, iria celebrar o aniversário do 10 de agôsto e a promulgação da Constituição, os comissários das assembléias primárias chegavam, para notificar os resultados do plebiscito. Podia ser a oportunidade para uma "jornada", e a raridade de alimentos ajudava muito. O Comitê, desta vez, conseguiu manter a tranqüilidade: a cerimônia se desenvolveu sem obstáculos.

Tendo os comissários solenemente entregado à guarda da Convenção a "arca" que continha a Constituição, ir-se-iam agora preparar as eleições? Delacroix, amigo de Danton, o solicitou; os Furiosos, Hébert e numerosos chefes populares tinham a mesma opinião, e não cessaram, daí para diante, de recriminar o adiamento. Imaginavam, uns e outros, que o escrutínio os favoreceria? Infantilidade, a menos que se eliminasse o voto de todos aquêles que desaprovavam a revolução de 31 de maio; o desejo de suplantar os membros do Comitê de Salvação Pública os tornava cegos. Bastou um discurso de Robespierre nos jacobinos: a aplicação da Constituição foi implìcitamente devolvida à paz.

Os comissários e os "sans-culottes" das seções não resistiam: êles reclamavam com paixão a prisão dos suspeitos, o recrutamento em massa, o tabelamento geral dos gêneros de primeira necessidade. Na província, cá e lá, adotavam-se espontâneamente estas medidas; a 4 de agôsto, os representantes em missão recorreram às duas primeiras, no norte, e aí desencadearam o Terror; a 18, ocorreu o mesmo na Alsácia. Para os suspeitos, não havia dificuldade: por proposta de Danton, a Convenção decreta o internamento dêles, a 12 de agôsto. Quanto ao recrutamento em massa, o Comitê hesita e a Convenção tergiversa: que se fará desta barafunda? Entretanto, é necessário ceder, e Carnot, chamado com êste fim, redige o decreto de 23 de agôsto. O apêlo restringe-se aos celibatários de 18 a 25 anos, sendo todos os demais cidadãos apenas requisitados para serem eventualmente empregados na fabricação de material de guerra e nos serviços da retaguarda. Assim, começou a se precisar o papel do Comitê. O impulso popular tinha pôsto à sua disposição tôdas as fôrças da nação; mas, do recrutamento em massa, idéia sumária, êle fazia uma mobilização organizada.

Restava o tabelamento de preços. Parecia, então, que era inevitável; porque o recrutamento em massa, requisição de pessoas, acarretava inevitàvelmente a das coisas; a despesa anunciava-se enorme, e apenas a taxação conteria a inflação; assim, o interêsse do Estado

318

concordava com o desejo popular. Todavia, o Comitê e a Convenção, desesperadamente presos aos princípios da economia liberal, não recuavam a não ser passo-a-passo. A 26 de julho, um decreto condenou à morte os "açambarcadores", quer dizer, os mercadores que, detentores de mercadorias e gêneros de primeira necessidade, não fizessem sua declaração e não afixassem a lista em suas portas; cada Municipalidade teve que nomear comissários especialmente encarregados de procurá-los; esta inquisição policial não seria suficiente para moderar os preços? A 1.º de agôsto, a saída dos capitais foi interditada; a 15, suspendeu-se a exportação de grande número de produtos, o que acarretou um embargo, que interrompeu o tráfico marítimo mantido até então pelos neutros. A 9, outro decreto ordenou que se criassem celeiros de abundância, em benefício da colheita. Na segunda quinzena do mês, resignou-se finalmente a instituir o tabelamento para os combustíveis, o sal, o tabaco. Fornecedores e financistas sofriam graves atentados; após 27 de junho, fechou-se a Bôlsa; em fins de julho, assumiu-se a direção dos correios e transportes militares; um decreto de 24 de agôsto suprimiu a Caixa de Descontos, a Companhia das Índias a tôdas as sociedades por ações. Tendo assim ganho tempo, Cambon o empregava em reduzir a abundância do "signe" e em diminuir a despesa. A 25 de julho, êle demonetizou os "assignats" com o cunho real, que só passaram a servir para pagar as contribuições e os bens nacionais; a 24 de agôsto, empreendeu uma grande operação, ao mesmo tempo política e financeira; todos os títulos do Estado foram "republicanizados" pela inscrição no "Grande livro da dívida pública", em nome de cada portador, do total da renda, não do capital, sem distinção de origem. Isentaram-se as rendas vitalícias; mas, mais tarde, no 23 floreal ano II (12 de maio de 1794), a mesma sorte lhes coube. Devido às circunstâncias, numerosos títulos não puderam ser apresentados e, além disso, o cupom sofreu, pela retenção, o mesmo impôsto que a propriedade predial. Um ódio tenaz ligou-se ao nome de Cambon, "o carrasco dos proprietários". Além do mais, o empréstimo obrigatório de um bilhão entrou em vigor a 3 de setembro; a êle acrescentou-se um empréstimo voluntário ilimitado, por inscrições no Grande livro, válido para a compra de bens nacionais e dispensando o empréstimo obrigatório. Mas o deficit não permanecia menos assustador; foi preciso admiti-lo: até à paz, a República estava condenada à inflação. Desde então, como escapar à requisição e à taxação? Para resolver a questão, seria necessária, todavia, nova crise.

Embora a colheita fôsse boa, as agitações comprometiam a duração e depois, em fins de agôsto, a sêca e a falta de vento pararam os moinhos. Novamente, os Furiosos se fizeram ouvir e, então, Hé-

319

bert invectivou juntamente com êles. Como de hábito, agora que a penúria punha a massa em movimento, os chefes pensavam sobretudo nas medidas políticas. Custine subiu ao patíbulo a 27 de agôsto; mas em vão se reclamava o processo da rainha, o dos girondinos, e se denunciavam os "enfadonhos", sem poupar Danton e Robespierre. A êsse respeito, sobreveio a notícia de uma traição inaudita: Toulon e sua esquadra entregues ao inimigo. De golpe, Billau e Collot, a Comuna e os jacobinos se reuniram para a ação. A 4 de setembro, na Prefeitura invadida pelos "sans-culottes", ela é fixada para o dia seguinte. No dia 5, a Convenção, cercada pelos manifestantes, põe o Terror "na ordem do dia" e adota um programa, ao qual o Comitê concede finalmente sua adesão, e que se realiza nos dias que se seguem: de 6 a 8, prisão dos súditos das potências inimigas, confiscação de seus bens, fixação de selos nas portas dos banqueiros e agentes de câmbio; a 9, organização do exército revolucionário, cujo comando Ronsin assumiu; a 17, lei dos suspeitos, que os definiu de maneira tão elástica, que os comitês revolucionários são, daí para diante, todo poderosos; a 21, obrigação do porte de distintivo tricolor. A economia dirigida fêz progressos: a 11, o regime de cereais e forragens é reorganizado, e sua taxação uniformizada em tôda a República; a 21, um ato de navegação, baseado no dos inglêses, afastando os navios neutros, torna quase impossível a importação por mar; a 22, começa a discussão do tabelamento geral dos gêneros de primeira necessidade e dos salários.

Todavia, nem tudo tinha sido dito ainda. Dos grandes processos, não se falava quase, e os Furiosos recriminavam mais que nunca, porque, a 5, Danton havia feito suprimir a permanência das assembléias de seção, reduzidas a duas por semana. Como, em troca, um prêmio de 40 *sous* era doravante distribuído aos "sans-culottes" presentes, o Comitê, tendo, aliás hàbilmente, anexado Billaud e Collot, julgou chegado o momento de se desembaraçar dos Furiosos e fêz prender Roux e Varlet; Leclerc desapareceu; em outubro, seria a sociedade de Claire Lacombe suprimida.

Bem mais perigosa, surgiu a oposição montanhesa, que tomava corpo na Convenção. Chabot, Julien e outros "pervertidos" tinham feito anular ou atenuar os decretos e resoluções tomadas contra os estrangeiros e financistas: a 14 de setembro, demitiram-nos do Comitê de Segurança Geral, onde se entrincheiravam. Mas, pelos chamados e suspeitas, o Comitê de Salvação Pública perdia vários representantes: Reubell e Merlin de Thionville, regressados de Mogúncia; Briez, voltando de Valenciennes; Duhem, sustentáculo de Custine; Bourdon de l'Oise, que havia prendido Rossignol. Após a vitória de Hondschoote, a luta ia mal: Houchard deixara escaparem os inglêses, fazia-se bater em Menin; Le Quesnoy capitulava; tentando socorrer esta praça, a guarnição de Cambrai tinha sido aniquilada em Avesnc-le-Sec. O general foi destituído e prêso. A esta notícia, um grande assalto esboçou-se contra o Comitê. Thuriot apresentou sua demissão e, a 25 de setembro, ampliando o debate, atacou a extensão da economia dirigida e a influência crescente dos "sans-culottes", à custa dos notáveis. A Convenção aplaudiu e acrescentou Briez ao Comitê. Então, Robespierre ergueu-se: se fôsse continuar assim, que a Convenção renovasse o Comitê. Foi um de seus mais belos discursos: "Eu vos prometi a verdade completa; vou dizê-la: a Convenção não demonstrou tanta energia quanto deveria... Eu vos declaro: aquêle que estava em Valenciennes quando o inimigo aí entrou, não foi feito para ser membro do Comitê de Salvação Pública... Isto poderá parecer duro, mas o que é mais duro ainda para um patriota, é que, após dois anos, 100.000 homens tenham sido massacrados por traição e por fraqueza; é a fraqueza para com os traidores que nos perde." A Convenção, petrificada, declarou que o Comitê conservava tôda sua confiança; mas os parlamentares não perdoam jamais a quem os obriga, com tanto vigor e clareza, a assumirem responsabilidade. É o que êles chamaram "uma ditadura de opinião".

Não obstante, a sorte desta vez foi lançada. A 29, o tabelamento geral é decretado; a 9 de outubro, as mercadorias inglêsas são proibidas, os britânicos internados, seus bens confiscados; a 16, ordena-se novamente a prisão de todos os súditos inimigos. Os grandes processos começam. A 10 de outubro, por um relatório de Saint-Just, a Convenção proclama enfim, oficialmente, que "o govêrno da França é revolucionário até à paz".

A partir daí os terroristas reinaram em Paris com a aprovação do comitê. Até setembro, o tribunal revolucionário havia procedido com lentidão, e seu presidente, Montané, se havia comprometido a moderar os rigores; num total de 260 pessoas, 66 tinham sido condenadas à morte, ou seja 26%. No decorrer da jornada de 5 de setembro, decidiu-se aumentar seu pessoal e dividi-lo em quatro seções; Herman assumiu a presidência, Fouquier-Tinville permaneceu acusador público. De outubro a dezembro, as execuções se precipitaram. A rainha foi guilhotinada a 16 de outubro; um decreto especial sufocou a defesa dos 31 girondinos, entre os quais Vergniaud e Brissot, e êles morreram no dia 31; a exterminação do partido prosseguiu nos meses seguintes, tanto em Paris como na província; decapitaram-se notadamente Mme. Roland, Rabaut, Lebrun; outros, Roland, Clavière, Pétion Buzot, se mataram. Alguns Feuilants, como Bailly e Baranave, subiram também ao cadafalso, assim como Felipe-Igualdade e Biron. O trimestre contou 177 sentenças capitais para 395 acusados, ou seja 45%, aumento que explica a abolição dos chefes de partido. As prisões continuavam: de 1.417, a 1.º de agôsto, o número de detidos subiu a 4.525, em 1.º nivoso (21 de dezembro). Os comitês das seções, as sociedades populares, as administrações aperfeiçoavam-se como melhor podiam, e embora a Convenção se recusasse a retirar-lhes o direito de cidadania, só eram mantidos em funções com conhecimento de causa. Paris se tornava mais calma porque, pouco a pouco, os "sans-culottes" tornavam a encontrar os meios de subsistir: o recrutamento em massa e a formação do exército revolucionário desbastavam suas fileiras; muitos, agora, trabalhavam nas fábricas de armas e de equipamentos, ou nos ofícios dos Comitês e dos ministérios, que assumiam uma extensão prodigiosa; as seções sustentavam outros ainda, por meio de taxas revolucionárias, como guardas nacionais permanentes, comissários e guardas de celeiros; seus comitês de beneficência distribuíam auxílios. Tentou-se, também, fazer respeitar o tabelamento por meio de uma vigilância policial rigorosa, e a Comuna instituiu o racionamento do pão e do açúcar, por meio de cartões. Mas, uma vez esvaziadas, as lojas não tornavam a se abastecer; Chaumette ameaçava mercadores e fabricantes de nacionalizar-lhes as emprêsas. Após a perseguição ao "rico egoísta", a perseguição ao mercador, mesmo "sans-culotte". Era exatamente o que temia o Comitê.

Sua autoridade tornava-se precária. Realmente, os chefes dos "sans-culottes", aproveitando-se da sucessão dos Furiosos, restabeleciam a permanência das seções, criando sociedades populares de bairro; na região parisiense, o exército revolucionário evoluía e seu chefe, Ronsin, passava por capaz de imitar Cromwell, na cabeça de seus "carmagnoles". Tornava-se evidente que o Comitê, tendo adotado a economia dirigida, pretendia reservar seu principal lucro para o exército e os serviços públicos, e que só se preocupava com a consumação popular para assegurar o pão, alimento essencial. As dificuldades técnicas explicam esta política, mas também o desejo de dirigir o camponês, a pequena burguesia do artesanato e das lojas, e ao mesmo tempo, os compradores abastados. Assim, a 2 brumário (23 de outubro), a Convenção decidiu que a venda do gado permanecia livre, e a comissão das subsistências jamais obteve que ela voltasse atrás nesta concessão, que transformava em burla a taxação da carne. O Comitê, por seu lado, proibiu em Paris as visitas domiciliares em busca de provisões, não tomou nenhuma medida contra o comércio clandestino e jamais demonstrou indulgência aos comissários para o monopólio que o acossava. Como o abastecimento de víveres se tornasse insuficiente e irregular, a irritação dos "sans-culottes" punha o govêrno à beira de uma crise.

Na província, apresentavam-se dificuldades de outra ordem. Nenhum "sans-culotte" aí contestava ou ameaçava a autoridade da

Convenção e do Comitê, mas freqüentemente tomavam-se decisões sem os consultar. Uma grande missão de representantes dirigia o recrutamento em massa; investidos de um poder discricionário, êles agiam "revolucionàriamente", isto é, ràpidamente e por medidas de exceção, sob sua própria responsabilidade, para obrigar todos os cidadãos a trabalharem pela salvação comum. O alcance mesmo de seus podêres, a demora das comunicações, a urgência, lhes conferiam independência, e o Comitê não podia controlar de perto suas atividades. Na verdade, devia-se supor que o espírito da Montanha os animava mais ou menos e, em certa medida, êles congregaram os intendentes de Richelieu e de Colbert, como instrumentos de centralização, no meio de circunstâncias extraordinárias. Entraram em acôrdo com as sociedades populares para depurar as autoridades, fizeram prender os suspeitos, reuniram os recrutas, equiparam-nos e armaram-nos como melhor puderam, por meio de requisições, e nutriram a população pelo mesmo método. Mas, de uma região a outra, a situação diferia, e o meio se modificava; êles apresentavam também grande variedade quanto às tendências, ao temperamento e mesmo à moralidade. Muitos se limitaram às medidas indispensáveis de segurança e de defesa nacional; outros, aplicaram enèrgicamente a política social, que prevalecia em Paris; Fouché na Nièvre, Baudot e Taillefer no sudoeste, Isoré e Chasler no norte, organizaram os desempregados em exército revolucionário, taxaram os ricos, criaram fábricas, oficinas, asilos, e fizeram respeitar o tabelamento; não foram os únicos. As diferenças mais sensíveis eram notadas na aplicação do Terror, que, a não ser por exceção, não se tornou sangrento. A maior parte dos representantes contentou-se em fazer prisões; outros causaram mais mêdo que mal, como Dumont, no Oise; ou ainda, êles só castigaram, duramente, é verdade, insurretos ou traidores, como o próprio Lebon, quando de sua primeira missão. Os federalistas, notadamente, foram tratados de maneiras diversas: alguns foram guilhotinados, enquanto, em outros lugares, eram admitidos à reconciliação; na Normandia, Lindet e Frémanger não os perseguiram. Mas alguns representantes instituíram, por sua própria conta, tribunais revolucionários; nas regiões de guerra civil, alguns, como Collot d'Herbais e Fouchré, Barras e Fréron, em Toulon, procederam a execuções em massa e, em Nantes, Carrier ordenou que se executassem prisioneiros, sem mesmo um julgamento sumário. Por outro lado, a integridade de Barras e Frédon, em Provença, de Rovère, no Vaucluse, de Tallien, em Bordéus, foi com razão suspeitada.

Se o regime variou assim, no espaço e no tempo, com os representantes, sua diversidade não foi menor na energia de cada um dêles. Não podendo tudo fazer nem tudo ver, êles recorreram aos

323

jacobinos do lugar e aos comissários do 10 de agôsto, mandados de volta para seus lares pela Convenção, com missão de cooperar com o recrutamento em massa: êles apoiaram suas iniciativas, ou endossaram suas responsabilidades, como Carrier, por exemplo, no que concerne aos afogamentos em massa; preencheram as administrações, delegaram seus podêres e alguns dentre êles, formaram comitês de salvação pública — assim Couthon, em Ambert — comitês revolucionários, de departamento ou de distrito, que a lei absolutamente não previa. Entregues a si próprios, os "sans-culottes" aplicaram com energia as medidas revolucionárias, mas interpretaram à sua moda os decretos, e mais de uma vez os ultrapassaram. Ora, como os representantes, êles diferiam uns dos outros e, instalados nas cidades, não podiam vigiar de longe os burgos e aldeias, onde não dispunham de muitos homens seguros e capazes. Aqui, seguia-se dòcilmente o impulso jacobino, mas sem ardor; só se descobriam poucos suspeitos; ali faziam-se prisões, sob o menor pretexto. Nas próprias cidades, as duas tendências se defrontavam freqüentemente, e os mais violentos nem sempre eram os democratas da véspera, mas muito freqüentemente os "sans-culottes" recentes, que queriam fazer esquecer seu feuillantismo, escapar às taxas revolucionárias, ou desfrutar do poder. Os moderados e os exagerados, os "citra" e os "ultra" ocupavam os diferentes corpos administrativos. Então, comitês de vigilância, municipalidades, distritos, entravam em luta; disputava-se a sociedade popular; rodeava-se o representante, para obter uma depuração e fazer prender o adversário. Os melhores patriotas não se sentiam ao abrigo de acontecimentos perigosos. Freqüentemente, também, houve conflito entre o representante e o partido dominante: Saint-Just e Lebas expulsaram Euloge Schneider e os extremistas alsacianos, Hentz e Guiot, os do Norte. A oposição das tendências não foi sempre a única em causa; quando Barras e Fréron pronunciaram a dissolução da "convenção das sociedades populares do Meio Dia", quando Tallien e Fouché se desentenderam com os terroristas locais, parece que as rivalidades de autoridades e os ciúmes pessoais tiveram muito que ver com o fato. Os jacobinos de província, em Lião notadamente, queriam permanecer senhores em sua terra, e não viam com bons olhos a intromissão dos parisienses. Não se deve esquecer também que, em certas regiões, diferentes missões contribuíram para colaborar; mais de uma vez, êles se desentenderam: Lebas e Saint-Just, com Baudot e Lacoste; Hentz e Guiot, no Norte, com Chasles e Isoré. Acrescentemos, enfim, que os representantes, sucedendo-se no mesmo lugar, manifestaram orientações diferentes, cada um modificando, mais ou menos, a obra de seu predecessor, desgraçando ou punindo alguns, libertando ou favorecendo outros.

Na carência de govêrno, foram as iniciativas dos jacobinos e dos representantes que salvaram a República, no verão de 1793: êles restabeleceram a unidade nacional, recrutaram e abasteceram os exércitos, alimentaram a população. Todavia, havia excesso de autoridade e falta de coordenação e disciplina; as prisões e as taxas excitavam a cólera; os exércitos revolucionários podiam voltar-se contra a Convenção; os conflitos locais arriscavam desorganizar a administração ou, pelo menos, diminuir a eficácia do esfôrço revolucionário. A ação popular espontânea tinha sido salutar; mas, como observou Levasseur, a "anarquia" devia terminar. O Comitê julgava necessário organizar o regime e reforçar a centralização. A questão era de saber se êle não ia, assim, quebrar o entusiasmo revolucionário, entravar o espírito de iniciativa, enervar a repressão. Todavia, admitindo que tivesse podido hesitar, do ponto de vista político, a situação econômica não lhe deixava escolha.

O decreto de 29 de setembro encarregava as administrações de distrito de taxar as mercadorias, e as Municipalidades de fixar os salários, aumentando o preço de 1790 de um têrço para os primeiros e da metade para os segundos. Constataram-se imediatamente as mais chocantes desigualdades entre as tarifas: parece que os distritos estimaram, em geral, mais alto os artigos produzidos no país e inversamente. Além disso, o decreto nada dizia sôbre o preço dos transportes e a taxa do benefício comercial; a taxa seria imposta sôbre o produtor, o atacadista ou o varejista? A circulação e a fabricação diminuíram ou cessaram. Para os cereais e a forragem, o decreto de 11 de setembro fixava, pelo contrário, um preço máximo nacional, sem omitir o transporte; mas a colheita, que tinha sido boa, encontrava-se em parte destruída pela guerra ou absorvida pelo exército; a partida dos recrutas retardava a debulha; também os distritos tomavam cuidado em não requerer, para os mercados, senão o indispensável, e assim mesmo só o obtinham com dificuldade; naturalmente, só com dificuldade autorizavam as compras que iriam beneficiar os vizinhos; algumas regiões, em particular o Meio Dia, pareciam condenadas à penúria, tanto mais que qualquer importação do estrangeiro se anunciava pràticamente impossível. Todavia, era preciso viver, e o comércio exterior se reanimou espontâneamente: em Bordéus, em outubro, em Marselha, em dezembro, os representantes, de acôrdo com os negociantes, criaram comitês encarregados de adquirir cereais fora do país, por intermédio dos neutros e, como êstes recusavam o "assignat", permitiram a saída de certas mercadorias, requisitaram fundos sôbre o estrangeiro, cunharam moedas com os metais preciosos subtraídos às igrejas, ou mesmo prescreveram a troca obrigatória do numerário contra papel-moeda, na esperança, aliás, que o curso dêste último se veria retificado.

Impossível renunciar à regulamentação: seria romper com os "sans-culottes" e fazer o jôgo dos extremistas; empreendendo grande fabricação de material de guerra e obrigado a alimentar os exércitos, o Comitê não podia renunciar à requisição; sem a taxação, o "assignat" desabaria, enquanto o preço máximo, pelo contrário, o fazia subir, em dezembro, de 50%. Restava, portanto, organizar o govêrno econômico, unificando o tabelamento das mercadorias e repartindo eqüitativamente os recursos entre tôdas as regiões da República, por meio de requisições decididas pelo poder central. O comércio exterior também devia ser nacionalizado; pois, desde o primeiro momento, o Comitê decidiu importar, de qualquer maneira, matérias-primas e substâncias, e reprimiu, por conseqüência, as iniciativas locais, que arriscavam a esgotar os meios de troca, em benefício particular de certos departamentos. As necessidades econômicas, mais ainda que as políticas, impeliam o Comitê a atribuir a si, sôbre tôda a vida da nação, autoridade absoluta e tal como jamais se tinha visto.

De outubro a dezembro, êle constituiu, portanto, pouco a pouco, uma doutrina para si, um plano de ação, órgãos de execução. Billard, em seu relatório de 28 brumário (18 de novembro), definiu, após Saint-Just, os princípios e meta do govêrno revolucionário; seus traços essenciais foram fixados pelo grande decreto de 14 frimário, ano II (4 de dezembro de 1793): qualquer iniciativa estrangeira ou contrária à lei é condenada; qualquer acôrdo entre administrações ou sociedades populares é proibido; qualquer delegação de poder interdita, mesmo aos representantes; os exércitos revolucionários da província serão licenciados, as taxas revolucionárias suprimidas. Desde 22 de outubro, tinha sido criada a comissão de subsistência, que assumiu o govêrno econômico; a 18 de novembro, foi-lhe atribuído o monopólio das importações e, a 10 de dezembro, a missão de autorizar as exportações; a partir do 24 pluvioso (12 de fevereiro de 1794), ela conservará apenas o direito de requisição, exceto o abastecimento local dos mercados. A 10 brumário (1.º de novembro de 1793) um decreto a havia encarregado de estabelecer tarifa nacional das mercadorias, por lugar de produção, e ela abriu, com êste fim, uma sindicância gigantesca. A Convenção recusou-se a retirar o numerário da circulação; mas, a 5 nivoso (25 de dezembro), Cambon submeteu os banqueiros à requisição do câmbio. Ao findar o ano, o govêrno revolucionário começava a tomar forma.

Todavia, a existência do Comitê de Salvação Pública, suas bases só se agüentavam à custa de incessantes esforços; a desintegração

326

do partido montanhês, visível desde setembro, agravava-se dia a dia, e cada uma das duas "facções" pretendia subordinar-se a êle, esperando assumir-lhe o lugar.

IV. A descristianização

Em novembro, a descristianização violenta provocou uma perturbação inesperada, e inaugurou a crise final: no decorrer desta, que só terminou com o inverno, a atitude do Comitê oscilou por várias vêzes.

O movimento tinha causas profundas. Fora certo número de "curas vermelhos", as conseqüências religiosas da jornada de 10 de agôsto alarmaram os padres constitucionais; não aprovando a morte do rei, nem a queda dos girondinos, êles se tornaram suspeitos e, a 25 de outubro, codificando as penas a serem aplicadas contra os refratários, a Convenção ordenou também a deportação de qualquer constitucional que fôsse denunciado por seis cidadãos. De outro lado, um número crescente de republicanos julgava inútil prosseguir a experiência tentada pela Constituinte: desde novembro de 1792, Cambon propôs, em vão, aliás, não mais assalariar o clero. E, como se hesitasse em acreditar que o Estado pudesse passar sem uma Igreja, como as cerimônias religiosas tivessem faltado à maior parte dos próprios "sans-culottes", erigisse pouco a pouco, diante do culto tradicional, êsse culto revolucionário, em gestação desde 1789, que até então se lhe associava. A festa de 10 de agôsto de 1793 foi, pela primeira vez, puramente leiga; a nova religião adotava símbolos e uma espécie de liturgia, honrava a "Santa Montanha" e venerava seus mártires, Lepeletier, Marat, Chalier. A 3 brumário (24 de outubro), após os relatórios de Romme e de Fabre, a Convenção adotou o calendário republicano: ela tentou descristianizar a vida cotidiana, substituindo, como era, o nascimento de Jesus pela data de 22 de setembro de 1792, primeiro dia da República; substituindo a menção das cerimônias religiosas e dos santos por denominações emprestadas à ferramenta e às produções familiares dos franceses; e, sobretudo, eliminando o domingo e trocando-o pelo "decadi". A 15 brumário (5 de novembro), um relatório de Marie-Joseph Chénier sôbre as festas cívicas inaugurou a organização oficial do culto nacional. Até então, o dos católicos ainda não tinha sofrido nenhuma restrição oficial.

Todavia, os montanheses toleravam-no com impaciência. A 22 de setembro, em Nevers, de acôrdo com Chaumette, que viera res-

327

pirar "o ar natal", Fouché celebrou uma festa em honra de Brutus, na própria catedral; a 10 de outubro, êle proibiu qualquer cerimônia religiosa fora das igrejas e secularizou os cortejos fúnebres assim como os cemitérios. De regresso a Paris, Chaumette recomendou medidas semelhantes à Comuna. Outros representantes adotaram disposições parecidas, e igualmente os exércitos revolucionários. Alguns padres se demitiram de suas funções e o distrito de Corbeil declarou que a maior parte de seus administrados não queria mais o culto católico; a 16 brumário (6 de novembro) a Convenção concordou em que uma comuna tinha o direito de renunciar a êle. Então, alguns extremistas precipitaram os acontecimentos; na noite de 16 para 17, êles forçam Gobel, bispo de Paris, a abdicar; a 17, êle tem, com seus vigários, de demitir-se solenemente, perante a Convenção. Uma "Festa da Liberdade" estava prevista para 20 brumário (10 de novembro): a fim de celebrar a vitória da filosofia sôbre o fanatismo, a Comuna apodera-se de Notre-Dame; edifica-se uma montanha no côro; uma atriz personifica a Liberdade; a Convenção, posta a par, dirige-se à catedral, batizada "templo da Razão", e assiste a uma nova celebração da festa cívica. Algumas seções imitam êste exemplo; a 30 (20 de novembro), os cidadãos da seção da Unidade, anteriormente das Quatro Nações, revestidos de ornamentos sacerdotais, desfilam, cantando e dançando diante da Convenção. Depois, a 3 frimário (23 de novembro), a Comuna fecha as Igrejas.

A maioria da Convenção, adotando o calendário republicano, tinha mostrado sua hostilidade ao cristianismo. Mas as mascaradas lhe desagradavam e a abolição do culto parecia-lhe um êrro político: a República já contava com muitos inimigos para que se evitasse lançar na oposição todos aquêles que desejassem assistir à missa. A assembléia recusou-se a suprimir o tratamento dos padres. O Comitê de Salvação Pública tinha a mesma opinião. Aliás, é provável que conservadores, como Carnot, consideravam, como Voltaire e mais tarde Bonaparte, que era necessária uma religião para o povo, a fim de prevenir uma subversão social. Aos olhos de Robespierre, a questão era mais elevada; atrás da descristianização, êle desconfiava estar o ateísmo — doutrina de ricos, estranha ao povo — que não separava da imoralidade pública e privada; nos jacobinos, êle tinha feito rejeitar o busto de Helvétius.

Mas, para o Comitê de Salvação Pública, havia uma preocupação mais urgente: não esconderia a de descristianização uma manobra política? Que ela respondia ao sentimento dos "sans-culottes" das "jornadas", não havia a menor dúvida; a prova é que, daí para diante, a hostilidade pelo clero subsistirá nas classes populares, onde, até então, o voltairianismo das altas classes sociais não contava com adeptos. A crise agravava, portanto, a agitação, que, nas seções e nos clubes, ameaçava o Comitê. E ainda havia pior: por volta de 12 de outubro, Fabre d'Eglantine, desgostoso com os extremistas, os havia denunciado como cúmplices de uma "conspiração do estrangeiro", por conta de Pitt e do barão de Batz, e o Comitê vigiava de perto os refugiados, notadamente Proli, rico brabantino que se acreditava ser bastardo de Kaunitz; já Guzman havia sido prêso. Ora, entre aquêles que tinham provocado a abdicação de Gobel, figuravam o barão alemão Cloots e o português Pereira. De outro lado, entre os deputados favoráveis aos descristianizadores, notava-se que, suspeitos de agiotagem, como Chabot, ou mesmo de moderantismo, como Thuriot, amigo de Danton, manejavam na mesma ocasião a investida contra o Comitê, dentro da Convenção. A execução de girondinos provocava nos representantes surda inquietude: permitiriam êles, no futuro, que o Comitê fizesse prender um dêles para exigir em seguida que a assembléia o pusesse em acusação sem ouvi-lo e sem tomar conhecimento dos autos? Para dizimar os convencionais, não iria êle dominá-los pelo terror de tal maneira que se furtaria ao seu contrôle? A 19 brumário (9 novembro) precisaram abandonar-lhe Osselin, por haver subtraído à prisão uma cidadã, que se tornara sua amante. No dia seguinte, voltando atrás de sua adesão, a Convenção decidiu que, doravante, ela ouviria os deputados acusados e, a 22, Barère só com grande dificuldade conseguiu a revogação dêste decreto. A êsse respeito, Chabot, violentamente criticado após seu recente casamento com a irmã dos Frei, judeus austríacos muito suspeitos, quis proteger-se e, a 24 (14 de novembro), fêz ao Comitê revelações, que Basire confirmou, e que justificavam as acusações de Fabre: contou que Delaunay e Julien de Toulouse, de acôrdo com Batz, lhe haviam oferecido um jarro de vinho para convencer o próprio Fabre a assinar a redação falsificada do decreto que regulava a liquidação da Companhia das Índias. Os Comitês de Salvação Pública e de segurança geral decidiram prender acusadores e acusados. Imediatamente Danton, que, tendo tornado a se casar no Verão precedente, morava em Arcis desde outubro, regressou precipitadamente no dia 30 (20 de novembro), aparentemente para vir em socorro de Basire e de Fabre, seus íntimos. O Comitê começou a suspeitar que a "conspiração do estrangeiro" interessava às duas "facções": os hebertistas, de um lado, com os quais Chabot se entendia, os concussionários, de outro, dos quais o mesmo Chabot era cúmplice e que, associados ao barão de Batz e amigos de Danton, traziam o concurso dos convencionais hostis aos "homens de sangue".

Deve-se crer que a coalizão pareceu perigosa, porque Robespierre fêz obstrução à direita para combater a descristianização, de combinação com Danton. Fabre explicou que havia assinado o falso decreto, preparado por Delaunay, sem o ler e, longe de ser molestado, foi incluído no inquérito; os concussionários não foram julgados. Robespierre arrastou os jacobinos contra os descristianizadores e Danton suplicou à Convenção que "desfizesse a barreira". A 16 frimário (6 de dezembro), um decreto afirmou que a liberdade dos cultos subsistia; a 29, uma lei sôbre o ensino o declarou igualmente livre, sem exclusão dos padres; a 4 nivoso (24 de dezembro) uma circular do Comitê advertiu os perigos da violência.

Na realidade, o sucesso do Comitê foi absolutamente relativo. A 18 frimário (8 de dezembro), a Convenção estipulou que os decretos dos representantes que haviam fechado as igrejas permaneceriam em vigor; a Comuna admitiu que os constitucionais pudessem celebrar seu culto a título privado, mas as igrejas de Paris permaneceram fechadas. Os representantes se conformaram com as intenções do Comitê; mas a maior parte considerou que as medidas de segurança não se confundiam com a violência; a influência dos padres constitucionais não lhes parecia favorável, e êles ridicularizaram aquêles que se recusavam a abdicar. A 6 germinal (26 de março) a própria Convenção suspendeu o pagamento das pensões eclesiásticas, e mais de um distrito deixou de pagar os emolumentos. Todavia, a descristianização seguiu essa marcha desigual, que já se assinalou; ela dependia muito das autoridades locais; aqui, apressava-se em fechar a igreja, o que aliás não impedia que se prendessem aquêles que, precedentemente, não assistiam à missa do constitucional; ali, não se suspendeu o culto, senão tardiamente, e com pena. Em algumas regiões, as perturbações, que disso resultavam, recomendavam prudência. Em termidor, ainda restavam igrejas abertas, mas elas se tornavam cada vez mais raras. O espírito hebertista venceu afinal — e desta obstinação, a ditadura montanhesa não tirou o menor proveito, porque a descristianização só podia semear a cisão no seio das classes populares.

A vitória do Comitê era sobretudo política: êle havia destruído a manobra que supunha destinada a excedê-lo, a fim de destruí-lo. Vitória de Pirro, porque os moderalistas, auxiliando Robespierre a combater os "sans-culottes", esperavam atraí-lo para seu lado, a fim de desarticular o Comitê. A situação militar lhes servia de argumento. A necessidade de vencer justificava o govêrno revolucionário; ora, as vitórias se sucedendo, não perdia êle a razão de ser? Para o Comitê, foi outro perigo.

330

V. As primeiras vitórias do govêrno revolucionário (setembro-dezembro de 1793)

No curso do verão, a requisição de 300.000 homens tinha terminado por se executar; por volta de julho, os efetivos atingiam 650.000. Era com essas tropas que o Comitê de Salvação Pública rematava a campanha de 1793; deixaram-se nas guarnições, por muito tempo, os homens do recrutamento em massa que não se podiam armar. Apesar de tudo, as dificuldades foram enormes. As fabricações de material de guerra, iniciadas em setembro, não deram resultados importantes, a não ser no fim do ano. O comando estava em plena crise de depuração; uma nova geração, saída dos diversos elementos do Terceiro Estado e também de nobreza pobre, foi levada para as primeiras filas: revelaram-se chefes incomparáveis, mas numerosos incapazes se fizeram abater. Preparando as futuras vitórias, o Comitê todavia teve que improvisar umas imediatas, para suspender a invasão, e terminar a guerra civil; fôsse qual fôsse sua energia, êle precisava de tempo e oportunidade. A insurreição da Polônia, as brigas dos coligados, a mediocridade de seus generais os forneceram.

Em agôsto, o exército aliado se deslocou, a guerra de sítio o mobilizou. O duque de York desejava, antes de mais nada, tomar Dunquerque, que, após Luís XIV, estava vedado, por causa do trajeto, aos armadores britânicos. Cobourg agarrou-se à pequena praça do Quesnoy. Carnot, oficial da engenharia, atribuía também às fortalezas uma importância essencial e, se soube tirar partido, ao concentrá-las, das massas que a Revolução mobilizava, nem sequer sonhou em travar com Cobourg uma batalha decisiva, que abriria a Bélgica: êle reforçou o exército de Houchard e o enviou em socorro de Dunquerque, onde a situação parecia alarmante. Houchard repeliu Freytag, que cobria o sítio, e venceu-o em Hodschoote, a 8 de setembro; em lugar de cortar a retirada dos anglo-hanovrianos, êle os deixou escapar; pouco depois, deixou-se bater em Menin pelos holandeses: foi guilhotinado. Todavia, tomado Le Quesnoy, Cobourg atacou Maubeuge e estabeleceu-se no sul do Sambre, para deter o exército de socorro. Como Bruswick não se mostrava bastante ousado, Carnot enviou ao norte parte do exército do Moselar. Uma formação de manobra foi agrupada para Guise, sob o comando de Joudon, e o próprio Carnot a alcançou em 8 de outubro. A 15, os "carmagnoles" assaltaram de frente as tropas de Cobourg, que os repeliram; mas, a 16, êles voltaram sua esquerda a Wattignies, e Maubeuge foi libertada; a guarnição não se havia mexido: seu chefe, o general Chancel, foi igualmente guilhotinado. Entrementes, os

331

austríacos que, desde julho, batalhavam contra o exército do Reno, ao norte do Lauter, tomaram a ofensiva; a 13 de outubro, Wurmser levantou as trincheiras chamadas "linhas de Wissembourg" e, bloqueando Landau, invadiu a Alsácia; os franceses foram repelidos, tanto sôbre os Vosges, como sob a artilharia de Estrasburgo. Felizmente para êles, Brunswick, menos agressivo, não tentou tirar do exército do Mosela a linha do Sarre. Saint-Just e Lebas tiveram tempo para preparar a réplica e, tendo a luta terminado no norte, Carnot transladou as fôrças para o leste. Pichegru recebeu, então, o comando do exército do Reno e assumiu a ofensiva, a 18 de novembro, sem grande sucesso. Para o exército do Mosela, enviou-se Hoche, que se distinguira em Dunquerque; de 28 a 30, êle atacou Brunswick, em Kaiserslautern; os prussianos o repeliram, mas só o seguiram de longe. Hoche, então, transpôs os Vosges e, por Froeschwiller e Woerth, desembocou atrás de Wurmser, que bateu em retirada. Alcançado por Pichegru e impôsto como general-chefe por Baudot e Lacoste, Hoche retomou as linhas de Wissembourg, levantou o bloqueio de Landau em 29 de dezembro e ocupou Spire. A invasão encontrava-se por tôda parte repelida ou detida. Os espanhóis retrocederam ao sul de Baione e, nos Pirineus Orientais, retiraram-se para trás de Tech. Kellermann havia libertado a Savóia em outubro.

As insurreições monarquistas foram reduzidas simultâneamente, mas exigiram quase tantos esforços quanto as fronteiras. Dubois-Crancé anunciava, em agôsto, a pronta capitulação de Lião; realmente, o bombardeamento mesmo venceu a resistência; aliás, o bloqueio da cidade só se fechou a oeste em 17 de setembro, após a chegada do exército erguido em Auvergne por Couthon; o assalto decisivo de 29 entregou notadamente Fourvière aos republicanos, que entraram em Lião a 8 de outubro. O Comitê irritou-se violentamente com êste longo adiamento, que comprometia os exércitos dos Alpes, e havia impedido Carteaux de salvar Toulon; para cúmulo, Précy escapou; suas tropas, na verdade, foram dispersadas mas, no primeiro momento, temeu-se que êle não chegasse à Provença: o Comitê chamou Dubois-Crancé. A Convenção decretou que Lião se chamaria "Cidade Libertada" e que aí seriam demolidas as residências dos ricos; Robespierre determinou que se organizasse a repressão. Couthon não a realizou sem moderação; mas, em novembro, Collot e Fouché o substituíram e, desde então, as execuções se multiplicaram; as comissões revolucionárias pronunciaram, até março, 1.667 condenações capitais. Após a queda de Lião pôde-se compelir o sítio de Toulon; o ataque final, preparado por Dugommier, que assistia o capitão de artilharia Bonaparte, começou a 15 de dezembro; a

19, a cidade tombou em mãos dos republicanos; Barras e Fréron fizeram fuzilar várias centenas de rebeldes.

A primeira guerra da Vendéia terminou ao mesmo tempo, após peripécias mais numerosas. A chegada da guarnição de Mogúncia permitiu que se desse um golpe fatal ao exército católico-real. Ainda foi necessário repetir duas vêzes, tornando-se difícil a harmonia entre os representantes e os generais que conduziam o ataque concêntrico. Ronsin e Santerre foram batidos em Coron, e Kléber em Torfou (18 a 19 de setembro). Enfim, a 17 de outubro, os exércitos azuis se encontraram em Cholet e esmagaram os brancos, que perderam quase todos os seus chefes. Mas La Rochejaquelein e Stofflet passaram o Loire com 20 a 30.000 homens, que foram encontrar no Maine os bandos de Jean Chouan. Êles não foram alcançados senão no sul de Laval, em Entrammes, a 25 de outubro, pelos republicanos, ao quais infligiram tal derrota, que em seguida puderam tranqüilamente atingir Granville, defendida pelo convencional Le Carpentier (13 e 14 de novembro). Repelidos, voltaram para o sul e derribaram sucessivamente as colunas dispersas que tentaram detê-los. Terminaram por atingir Angers e, novamente, malograram (3 e 4 de dezembro). Em lugar dos generais "sans-culottes", era agora Marceau quem comandava; êle acorria com o exército reformado. Os vendeanos tomaram o caminho do Mans, onde uma terrível batalha de ruas os exterminou; os que sobraram arrastaram-se até Savenay, onde foram aniquilados, no dia 23. Todavia, La Rochejaquelein e Stofflet tornaram a passar o Loire, e Charette não havia deixado o Marais: êle surpreendeu mesmo Noirmoutier, que Haxo retomou a 3 de janeiro de 1794. A guerrilha prolongou-se então, e Turreau, que assumiu o comando, lançou através da Vendéia as "colunas infernais" para pôr em execução o plano de devastação decretado a 1.º de agôsto.

As comissões militares condenaram grande número de "facínoras"; em Angers, uma "comissão de recenseamento" fêz serem executados mais de 2.000 outros, sem julgamento. O representante Francastel, menos conhecido que Carrier, mostrou-se igualmente implacável. As mais célebres execuções sumárias haviam começado em Nantes antes da derrota final. Como as comissões militares não eram suficientes para a tarefa faziam-se retroceder para lá os prisioneiros; os tribunais de Nantes viram-se igualmente excedidos; as prisões transformaram-se em focos de infecção, e não se sabia como nutrir os detentos; desembaraçaram-se dêles, sem formalidades, afogando-os no Loire. O primeiro afogamento em massa pode ter sido obra dos terroristas locais; mas Carrier os deixou continuar; o número de afogamentos e o de mortos, refratários, suspeitos, "facínoras", acusados de direito comum, permanência constatada e a lenda aumentaram ainda o horror destas hecatombes noturnas; mas, no decorrer de dezembro e de janeiro, morreram pelo menos de 2.000 a 3.000 pessoas.

A Vendéia não estava ainda completamente vencida e não se podia duvidar de que os coligados, na primavera, fariam novo esfôrço. Todavia, o perigo imediato se dissipava. Convinha então continuar a esticar as molas do govêrno? Sim, respondia o Comitê, alegando que a vitória decisiva seria apaixonadamente disputada: os acontecimentos provarão que a razão estava com êle. Não se podia, pelo menos, atenuar a repressão? Muitos convencionais assim o pensavam, e vários montanheses o diziam; motivo pelo qual os "sansculottes" protestaram que estava havendo traição. Novamente, o Comitê encontrou-se entre dois fogos.

VI. *O triunfo do Comitê de Salvação Pública (dezembro 1793-maio 1794)*

A reprovação da descristianização semeou a discórdia entre os extremistas; acusando Chaumette de deserção, os franciscanos o excluíram. Os amigos de Danton instigaram o ataque contra êles, com a aprovação tácita de Robespierre. Camille Desmoulins lançou um nôvo jornal, "Le Vieux Cordelier", cujos primeiros números obtiveram sucesso espantoso; Fabre, Boudon e Philippeuax encarniçavam-se contra Ronsin e Vincent e, a 26 frimário (16 de dezembro), fizeram que fôssem condenados à prisão.

Simultâneamente, esboçou-se uma manobra moderantista: o terceiro número do "Le Vieux Cordelier" dedicou-se, a 15 frimário (5 de dezembro), à lei dos suspeitos; a 30, numerosas mulheres vieram suplicar à Convenção que libertasse os detentos injustamente acusados, e o próprio Robespierre fêz nomear um comitê encarregado de rever as detenções. A 2 nivoso (22 de dezembro), um negociante, condenado por açambarcamento, foi pôsto em liberdade pela Convenção, que suspendeu, pouco depois, o decreto de 26 de julho.

A fôrça secreta da ofensiva patenteou-se pelos ataques contra o ministro Bouchotte e contra Héron, um dos agentes do govêrno. Desde 22 frimário (12 de dezembro) Bourdon propunha mesmo depurar o Comitê de Salvação Pública, e Merlin de Thionville propunha que êle fôsse renovado de um têrço todos os meses. Robespierre parecia estar comprometido com os "Indulgentes" e haver abandonado a atitude arbitral e dominante que assegurava a unidade do Comitê; nesse mesmo 22 frimário êle fêz expulsar Clootes

334

dos jacobinos. Certamente, Billaud e Collot não o seguiram; o Comitê, uma vez dividido, poderia ser renovado, e todo mundo pensava que Danton se tornaria seu chefe.

Êste achava, sem dúvida, como após Valmy, que, não estando mais a pátria em perigo, poder-se-iam atenuar os rigores: "Solicito que se poupe o sangue dos homens", exclamava êle a 2 de dezembro. Pôr fim ao govêrno revolucionário, supunha a paz; o rumor de que se negociava espalhava-se; em Copenhague, o ministro Bernstorff dava a entender que êle poderia intervir. Não mais que Hébert, Danton não foi chefe de partido; mas a tática e as esperanças dos indulgentes concordavam com sua política anterior e com o oportunismo conciliante que a caracteriza. Infelizmente, entre os partidários da "clemência", contavam-se "corruptos", que "queriam quebrar os cadafalsos, porque tinham mêdo de subir nêles", e, como Danton passava por venal, bastava um só passo para transformar os indulgentes em uma seção da "conspiração do estrangeiro", tendendo para o mesmo fim que os exagerados e para o mesmo salário, embora por caminhos diferentes.

Ora, a corrente mudou bruscamente depois que Callot d'Herbois, chegando de Lião, defendeu ousadamente os terroristas perante os jacobinos, em 1.º nivoso (21 de dezembro). Robespierre, corrigindo-se visìvelmente, denunciou novamente o duplo perigo da direita e da esquerda. A 6 nivoso, Billaud, provàvelmente de acôrdo com o Comitê de segurança geral, fêz suprimir o "comitê de justiça" ou "de clemência". Logo, incriminou-se o "Le Vieux Cordelier" aos jacobinos; Robespierre afetou no início tratar Camille como "enfant terrible"; mas êste, ouvindo-o aconselhar a queimarem exemplares de seu jornal, replicou: "Queimar não é responder". No dia seguinte, 19 nivoso (8 de janeiro de 1794), Robespierre, retomando o tema das duas facções, notificou a ruptura, o que não o impediu, todavia, de evitar o cancelamento de Camille. Mas, contra os indulgentes, o govêrno dispunha de um meio mais eficaz: guardava como reféns os concussionários aprisionados, entre os quais sabia existirem amigos; a demanda saiu de sua letargia. Percebeu-se que a escusa de Fabre, pretendendo haver assinado o falso decreto sem o ler, não se mantinha em pé: na noite de 23 para 24 nivoso (12-13 de janeiro) êle foi prêso. Alegando Danton, como já o havia feito em novembro, que era necessário ouvir os deputados acusados, Billaud o ameaçou claramente. Em pluvioso, Mazuel, Ronsin, Vincent saíram da prisão.

Ao retomar o Comitê sua posição, as duas facções se combateram em vão durante dois meses. Desmoulins e Philippeaux continuavam sua campanha; os hebertistas, por sua vez, denunciaram os açambarcadores, reclamando a expulsão dos 75 reclamantes contra o 2 de junho, aos quais Robespierre havia poupado a remessa ao tribunal revolucionário, e dos signatários das petições de 1792, chamadas dos 8.000 e dos 20.000 e, mesmo, de Luís XVII. No Comitê, Lindet exigia, pelo contrário, que se adiasse qualquer processo contra os federalistas, até o depósito de seu relatório, que jamais foi feito; também não foram julgados os 132 mantenses enviados para Paris no auge do inverno. Na província, a ruptura do govêrno e dos hebertistas espalhava a má vontade para com os "sans-culottes". Fouché, farejando o vento, rompeu com os de Lião, e Gouly com os de Bourg. Feitas as contas, os indulgentes não perdiam as esperanças; pois, se o Comitê não lhes cedia o passo, pelo menos reprimia a ação popular. Jacques Roux matou-se na prisão. Aliás, os representantes reputados como terroristas, Carrier, Tallien, Javogues, Barras, e Fréron, foram chamados novamente e, no Franco-Condado, Augustin Robespierre fazia Bernard de Saintes bater em retirada.

Finalmente, a incerteza se dissipou: no fim do inverno, a conjuntura econômica agravou-se, e precipitou o desenlace. O pão tornou-se raro e detestável; a carne faltava; os camponeses, atemorizados pelos comissários das seções, que se apoderavam de suas mercadorias, para distribuí-las, cada vez forneciam menos. Os hebertistas excitavam os "sans-culottes" a reclamarem grandes medidas; greves estouravam nas oficinas de armas. Robespierre, doente, contava sem dúvida com Bilaud, Collot e Saint-Just. De fato, o Comitê mostrava-se conciliante. A 13 pluvioso (1.º de fevereiro de 1974), a Convenção votou 10 milhões de auxílios; a 3 ventoso (21 de fevereiro), Barère apresentou os novos preços-teto; a 8 Saint-Just fêz decretar o sequestro dos bens dos suspeitos e sua distribuição entre os indigentes; a 9, leu-se o projeto de uma nova lei sôbre o açambarcamento. Os franciscanos julgaram que, se acentuassem a pressão, venceriam definitivamente: a 12 ventoso (2 de março), Ronsin falou em insurreição e, a 14, Hébert igualmente citou Robespierre nominalmente. A 16, Callot dirigiu-se aos franciscanos, de parte dos jacobinos, para provocar uma reconciliação; mas os propósitos ameaçadores continuaram. Não se tratava provàvelmente senão de nova manifestação, como em setembro: a polícia, sobretudo, como sempre em semelhantes casos, sustentava que alguns se estavam armando e que uma conspiração estava sendo tramada nas prisões. Concebe-se que o Comitê se inquietasse; mas não bastariam algumas prisões para tranqüilizá-lo? O fato é que êle perdeu a paciência e, a 22 ventoso (12 de março) estando Robespierre novamente presente, decidiu terminar com os hebertistas; a Hébert, Ronsin, Vincent e Momoro, êle acrescentou refugiados, Proli, Pereira, Cloots, a fim de apresentá-los como cúmplices do "complô do estrangeiro"; todos foram executados a 4 germinal (24 de março). Os decretos da Convenção, as acusações de improbidade levantadas contra Hébert, as distribuições de víveres, a dispersão do exército revolucionário atingiram seu fim: os "sans-culottes" não se moveram. Cinco dias antes, os "corrompidos" Fabre, Chabot, Masire e Delaunay, haviam sido acusados. Na noite de 9 para 10 germinal (29-30 de março), o Comitê resolveu juntar-lhes Danton, Delacroix, Philippeaux e Camille Desmoulins. Provàvelmente, Callot e Billaud, sustentados pelo Comitê de Segurança Geral, alegaram que era necessário, tendo golpeado à esquerda, intimidar igualmente os indulgentes; Billaud, de regresso de sua missão em Saint-Malo, mostrou-se, parece, estupefato pela perda dos hebertistas e reprovou a Robespierre, mais tarde, sua resistência contra a nova proscrição. Quando Robespierre cedeu, êle nem mesmo aceitou a responsabilidade, auxiliou Saint-Just a redigir seu relatório e encarregou-se de abafar na Convenção, consternada e palpitante, os protestos em favor de um "ídolo apodrecido há muito tempo". Reuniram-se aos indulgentes o abade d'Espagnac, notório especulador; Westermann, cujo passado, dizia-se, não era sem máculas; Hérault de Sécheles, membro do Comitê, que seus colegas mantinham afastado depois que lhe imputaram revelações sôbre suas deliberações; Guzman e os irmãos Frei, para ligar os acusados à "conspiração do estrangeiro". Um projeto de complô, com a finalidade de subtrair os acusados de suas prisões, foi alegado, a fim de estrangular a defesa de Danton, como se havia abafado a dos girondinos. Êle foi guilhotinado, com os outros, a 16 germinal (5 de abril). A conspiração denunciada teve por epílogo, a 24 germinal (13 de abril) uma nova "fornada" misturada, onde morreram Chaumette, a viúva de Hébert e Lucile Desmoulins.

Esta crise foi decisiva; na história do movimento revolucionário, a queda dos hebertistas marca o início do refluxo. Pela primeira vez desde 1789, o govêrno havia precedido a ação popular, suprimindo os chefes. Êle completou arrojadamente sua vitória: o exército revolucionário foi licenciado a 7 germinal (27 de março); pela supressão do "conselho executivo provisório", quer dizer dos ministros, a 12 germinal (1.º de abril), as repartições da Guerra, já privadas de Vincent, escapam a Bouchotte, que terminou também por ser aprisionado, a 3 de termidor (21 de junho); o departamento, a Municipalidade, o conselho geral da Comuna, a administração da polícia são depurados e compostos de homens de confiança; o prefeito Pâche é detido a 21 floreal (11 de maio); dêste 8 germinal, a comissão de subsistência tomou em suas mãos o abastecimento de pão e carne para Paris; o clube dos franciscanos reduziu-se à insignificância e os clubes das seções, sob a pressão do govêrno, pro-

337

nunciam, um após outro, sua dissolução, no fim de floreal e em prarial. Ao mesmo tempo, os chefes populares, acusados de hebertismo, sentem-se suspeitos; em Paris, certo número dêles é encarcerado, e alguns guilhotinados; em Bourg, são presos após a partida do convencional Albitte, remetido para a Sabóia; em Lião, Fouché expurga a sociedade popular e a Municipalidade; no Orleanais, Demaillot, agente do comitê, envia terroristas para Paris, sob boa guarda. Assim desorganizados, os "sans-culottes" parecem, daí para diante, incapazes de intimidar o Comitê: a autoridade governamental estava restabelecida.

Robespierre e seus colegas contavam, é verdade, permanecer em comunhão com o povo. Mas não haviam medido a influência moral do drama de ventoso: após os Furiosos, o "Père Duchesne" e os franciscanos haviam sido os verdadeiros chefes dos "sans-culottes"; os sobreviventes reprovaram ao Comitê a morte de seus amigos. Já hostis à ditadura revolucionária desde que haviam deixado de exercê-la, daí para diante êles a combateram sem tréguas. Na multidão, ao ver êstes patriotas atacados como traidores, quem não ficaria desencorajado e desiludido? A política econômica do Comitê surgia agora a descoberto e, inteiramente voltada para a guerra, não era propícia a satisfazer o povo. Sua política social seria suficiente para uni-lo aos montanheses?

Na verdade, o Comitê encontrava-se à mercê da Convenção. Tendo-a obrigado a entregar Danton depois dos girondinos, êle se acreditava seguro da maioria. Enganava-se: ela jamais lhe perdoou êsses sacrifícios. Tantos lugares vazios espalhavam um secreto terror que, fàcilmente, se transformaria em rebelião, porque era sua posição de mediador entre a assembléia e os "sans-culottes" que havia dado fôrça ao Comitê; rompendo com êstes últimos, êle libertava a assembléia e, para terminar de se perder, não lhe restava mais que se cindir.

VII. *Característicos e organização do govêrno revolucionário*

De 16 germinal a 9 termidor, ano II (5 de abril-27 de junho de 1794), o govêrno revolucionário não deixou de evoluir ainda sob a influência das circunstâncias; todavia, tendo chegado à ditadura incontestе do Comitê de Salvação Pública, êle passa a oferecer certa instabilidade.

É um govêrno de guerra: esta é a idéia fundamental do Comitê. A Revolução se defende nas fronteiras e no interior: "Os inimigos de dentro", exclama Robespierre, "não estarão de acôrdo com os inimigos de fora?". A revolução luta pela existência, e esta "necessidade" justifica as medidas de exceção; quando a República vitoriosa tiver feito a paz, o regime constitucional recuperará seu império.

Para fazer a guerra, não é suficiente votar grandes medidas; é necessário que um govêrno as faça executar e coordene os esforços. Não o é até Bonaparte que, em 1.º termidor (19 de julho), observa ao irmão de Maximilien "a necessidade absoluta, numa luta imensa como a nossa, de um govêrno revolucionário e de uma autoridade central que tenha um sistema estável". O tempo urge: é necessário que êle aja "como um raio", com a rapidez e o poderio imperioso do relâmpago. Tôdas as administrações lhe serão subordinadas pela centralização; todos as resistências serão quebradas por sua fôrça coativa", quer dizer, pelo Terror; todo rebelde à sua lei será declarado "inimigo do povo" e merecerá a morte. O govêrno revolucionário é, em sua essência, uma restauração da autoridade.

Mas seus agentes não devem fazer uso dela senão pelo bem da nação: sua "virtude" é a salvaguarda dos patriotas. Após a traição, prevaricar é o pior dos crimes. "A alma da República", escreveu Robespierre em 1792, "é o amor pela pátria, o devotamento magnânimo, que confunde todos os interêsses privados no interêsse geral." Como conciliar êstes sentimentos com a imoralidade privada? Esta, portanto, é suspeita; "os inimigos da República são os covardes egoístas, são os ambiciosos e os corrompidos". Montesquieu e Rousseau já o haviam dito.

Embora provisório e obrigado a adaptar-se com destreza às circunstâncias, o govêrno revolucionário tem necessidade de uma armadura orgânica. Sua carta é a lei de 14 frimário do ano II (4 de dezembro de 1793), diversas vêzes comentada: por Billaud, desde o 18 de novembro, depois em 1.º floreal (20 de abril de 1794); por Robespierre, a 5 nivoso (25 de dezembro de 1793) e a 17 pluvioso (5 de fevereiro de 1794); por Saint-Just, Barère, Carnot e Couthon; pelas circulares do Comitê; pelas proclamações dos representantes em missão. Em princípio, êle permanece democrático, porque é a Convenção que possui a autoridade suprema e são seus Comitês que governam, sob seu contrôle; do mesmo modo, os patriotas podem falar nas sociedades populares, e seus jornais são submetidos à censura. Mas o poder executivo é o órgão essencial do regime; nada deve contrariar-lhe a ação ou prejudicar-lhe o prestígio. Também, após germinal, as sessões da Convenção tornam-se sombrias; os Comitês trabalham em silêncio; os clubes desaparecem, com exceção do dos jacobinos, onde a maior parte dos freqüentadores são funcionários terroristas; na província, os comitês revolucionários e

339

as sociedades populares ajudam e aconselham as autoridades, mas a crítica torna-se suspeita; a imprensa independente desapareceu. Os Comitês da Convenção são numerosos: 21 no ano II; mas dois tiveram mão forte: o Comitê de Salvação Pública e o de Segurança Geral. O primeiro, reduzido a 11 membros após a morte de Hérault, é reeleito todos os meses sem modificações. Está "no centro de execução", ordena as prisões, dirige a diplomacia, conduz a guerra por seu escritório topográfico, os argumentos, por sua comissão de armas e munições, a vida econômica, por sua comissão de susbsistência, que cede lugar, em 11 floreal (30 de abril), à do "comércio e abastecimento"; êle comanda as 12 comissões executivas que, após o 12 germinal, substituem os ministros; seu secretariado foi gradualmente se subdividindo em um mundo de escritórios e agências. Investido do poder regulamentar, êle toma os decretos pela execução das leis e, assim sendo, não hesita em transgredi-las ou em legislar êle mesmo. O Comitê de Segurança Geral aplica a lei dos suspeitos, dirige a polícia e a justiça revolucionária: em princípio, é o ministério do Terror; durante muito tempo menos estável que o Comitê de Salvação Pública, êle agora o é da mesma forma.

Na província, a organização é simplificada. A administração do departamento, suspeita de federalismo, reduzida em seu diretório, perde a maior parte de suas atribuições. As principais engrenagens são o distrito e a Municipalidade: êles correspondem diretamente com o poder central; os comitês revolucionários subsistem; todavia, a maioria das cidades não os possui mais. Ao lado de cada administração assenta-se um agente nacional, substituto do procurador; é eleito por ela, mas responsável pela execução das decisões do govêrno, ao qual o agente nacional de distrito envia um "relatório decadário". Quanto ao mais, o papel da eleição é puramente teórico; de fato, a depuração confia ao poder central e aos representantes em missão a escolha de todos os funcionários; Saint-Just sonhou com um magistrado único, que, em cada circunscrição, governaria em nome do Estado. Entre as administrações locais e os Comitês interpunham-se os representantes. Uma última grande missão interveio, no final de dezembro de 1793, para aplicar a lei de 14 frimário; mas esta lei limitava implìcitamente a iniciativa dos representantes: não mais delegação de podêres, não mais exército nem taxas revolucionárias; a 19 floreal (8 de maio), seus tribunais revolucionários são suprimidos. Nesse momento, a maior parte dêles, aliás, reintegrou a Convenção: Fouché foi chamado desde 7 germinal (27 de março) e 27 outros a 30 (19 de abril). Multiplicando-os, disse Billaud, a 18 de novembro de 1793, diminui-se sua autoridade pelo hábito e rouba-se a faculdade de bem escolhê-los. Realmente, a independência de seus colegas e a diversidade de suas políticas, pois que elas embaraçam a

340

centralização, desagradam aos membros do Comitê; êstes preferem seus próprios agentes, como Julien de Paris, filho de um convencional do Drôme, que provocou, aliás, o chamado de Carrier e de Tallien, ou então um dêles se dirige à província ou aos exércitos, quando se faz necessário "montar de nôvo a máquina".

Na verdade, o Comitê de Salvação Pública não tem tempo para impelir até o fim a centralização. Após, como antes de germinal, êle deve controlar a convenção e os outros Comitês. Nas finanças reina Cambon; independente, a Tesouraria passa, não sem motivos, por um ninho de contra-revolucionários. O Comitê de Segurança Geral resiste às usurpações do Comitê de Salvação Pública, e seu conflito vai acarretar a queda do regime. Na província, os representantes prosseguiram com sua política pessoal; os conflitos locais não cessaram; ainda se está bem longe da ordem napoleônica. Todavia, a descentralização da Constituinte não é mais que uma recordação. "Os "sans-culottes" haviam reclamado a ditadura: êles a possuem, mas exercida pelos Comitês e a burocracia, e não lhes resta senão obedecer silenciosamente, como os outros.

Os Comitês não poupam nada, é verdade, para obter sua adesão consciente. Mas a teoria do govêrno revolucionário, por mais coerente que seja, não aceita todos os fatos, e os próprios chefes não podem pôr-se plenamente de acôrdo sôbre sua aplicação. A maioria do Comitê de Salvação Pública não pensa senão na guerra; desde então, é natural que êle aceite os serviços de todos aquêles, mesmo os ligados ao antigo regime, que o sentimento nacional leva à obediência; que êle reintegre na cidadania os ricos, os negociantes, os financistas, desde que sejam dóceis e fiéis; que limite a regulamentação ao estritamente necessário, e se abstenha de fazer dela um instrumento de reforma social, a fim de não provocar disputas entre os diferentes elementos do Terceiro Estado. Quem não está contra nós está conosco, diria êle de bom grado. Esta tendência é manifesta, a ponto que se fica tentado a encarar o govêrno revolucionário como um simples govêrno de defesa nacional. Êle o é, certamente, mas não ùnicamente. Porque, nesta hipótese, esperar-se-ia, após germinal, ver a descristianização cessar, e o Terror se moderar. Ora, nada disso se deu.

É que esta guerra não é sòmente nacional: é também uma guerra de classes. O Terceiro Estado defende o solo da pátria; mas, ao mesmo tempo, prossegue, contra a aristocracia, a luta começada em 1789. Êle viu passar para o inimigo parte de seus membros, ricos e pobres; os "sans-culottes" são mais ardentes em terminar a extermínação da classe adversa e de todos os trânsfugas. "O "grande terror" do "complô dos aristocratas" se perpetua, assim como a vontade defensiva que êle desperta, e a reação repressiva que engendra o Terror. Também o espírito hebertista sobrevive: todos os "sans-culottes" são imbuídos dêle; subsiste na Convenção e nos Comitês, semeando nêles a separação.

E do ponto de vista econômico e social, o espírito de guerra não inspira, senão em parte, o movimento que criou a ditadura: se os "sans-culottes" reclamaram a regulamentação, foi em seu benefício, embora devesse a burguesia sofrer com ela, muito mais que no interêsse da defesa nacional e revolucionária. Utilizando-a principalmente em benefício do Estado, os chefes montanheses terminam por decepcioná-los: então, do ponto de vista social, como do ponto de vista político, êles se encontram suspensos no vácuo.

VIII. *O exército do ano II*

A vontade de vencer, todavia, era unânime. Ao exército, os montanheses, sem distinção, tudo sacrificaram. E todo aquêle que estava ligado mais ou menos à Revolução, reconhecia-se obrigado a lhe dar razão. O exército do ano II foi o símbolo da unidade revolucionária.

No Comitê de Salvação Pública, dois oficiais de engenharia, Carnot e Prieur de la Côte-d'Or, secundados até germinal por Bouchotte, ministro da Guerra, encarregaram-se de organizar e de conduzir êste exército. Prieur ocupou-se sobretudo do armamento; foi auxiliado por Londet para os abastecimentos e os transportes; Carnot, chefe supremo, dirigiu as operações.

Após o recrutamento em massa, dispunha-se de mais de um milhão de homens; mas eram de origens diversas: a elite de um lado, e do outro, os voluntários e os requisitados, os "culs blancs" e "la faïence bleue", os brancos e os azuis. Em fevereiro de 1793, a "amálgama" tinha sido decretada em princípio, os voluntários, mais ardentes mostrando-se menos sólidos e sobretudo menos disciplinados que a elite. Era uma operação difícil, devido às prevenções dos homens e do grande número de oficiais; os voluntários, arrolados temporàriamente para repelir os invasores, não se encaravam como "militares"; a elite não os via com bons olhos e, além disso, até à depuração, seu civismo provocou inquietações. Aguardando, cessou-se de formar novos batalhões; o recrutamento de 300.000 homens e o recrutamento em massa foram incorporados nas formações existentes. Na primavera de 1794, empreendeu-se enfim a amálgama, que tomou bastante tempo. Dois batalhões de voluntários se associaram a uma batalhão de elite, para constituir uma semibrigada ou regimento; reagruparam-se, em seguida, as companhias, para tornar a mistura mais íntima; às vêzes refundiam-se as próprias companhias. O exército encontrou-se finalmente refeito: não havia mais que "azuis", embora os antigos uniformes, devido à penúria, tenham tido longa vida.

Ao mesmo tempo, terminou-se a reconstituição do comando. A depuração terminou, excluindo os nobres, mas não todos: o decreto de 27 germinal (16 de abril de 1794) autorizou o Comitê a conservar aquêles que julgasse úteis. A nova geração atingia agora os mais altos postos e a "Escola de Marte" recebeu seis jovens por distrito, para melhorar os quadros em 1793; pouco a pouco, êles desapareceram, em parte, diante dos novos, principalmente tirados dos voluntários, mais jovens, freqüentemente mais cultos, e entre os quais a guerra operou a seleção. O decreto de 21 de fevereiro de 1793, identificando as modalidades de promoção para a elite e os voluntários, havia atribuído um papel à antiguidade, cara aos graduados da primeira, e consideràvelmente reduzira o da eleição, que havia designado os outros. Os soldados não elegiam senão seus caporais; postos superiores eram atribuídos à antiguidade por um têrço; para os dois outros, os soldados designavam apenas três candidatos; e ainda deveriam tomá-los entre os graduados do pôsto inferior ao que deveria ser preenchido, escolhendo os titulares do mesmo pôsto o promovido. Chegava-se a coronel pela antiguidade; os generais eram nomeados um têrço por antiguidade e os dois outros por eleição. Os exércitos em campanha respeitaram exatamente estas disposições complicadas? Pode-se duvidar, e é provável que a eleição prevalecesse, à medida em que a autoridade se fortificava. Quanto aos chefes do exército, a Convenção reservou para si a sua designação.

Paralelamente, prosseguia-se o restabelecimento da disciplina. Foi preciso começar pelo alto comando: o Comitê, que temia a traição e a ditadura militar, desconfiava dêle. Poderia êle esquecer La Fayette e Dumouriez? A execução de Custine, suspeito de seguir seus exemplos, impôs aos chefes uma submissão passiva ao poder civil; outros sofreram a mesma pena porque a incapacidade e a negligência, no decorrer do tremendo verão de 1793, presumiram o incivismo. Os representantes em missão encarnaram a autoridade republicana como, antigamente, os intendentes dos exércitos encarnaram a do rei. Em 1793, os comissários do ministro e mesmo, na Vendéia, os da Comuna, puseram-se a vigiar o comando, ao mesmo tempo em que distribuíam os jornais "sans-culottes" e peroravam aos soldados nos clubes; mas, na primavera de 1794, êles haviam desaparecido. O contrôle dos próprios representantes não era sempre isento de inconvenientes, tanto mais que alguns, às vêzes, se intrometeram na direção das operações; mas a República não podia

343

restaurar a autoridade dos chefes, sem se assegurar de sua fidelidade. De resto, se, na Vendéia, a intervenção, nos planos de campanha, de representantes numerosos e divididos, deixou triste recordação, não se dava o mesmo em tôdas as partes; mais de um, e notadamente Saint-Just, foram artífices da vitória. Quanto às tropas, foram-lhes interditadas, em 21 de dezembro de 1793, as petições coletivas: "A fôrça armada não delibera", diz Carnot, "ela obedece às leis, ela as faz executar". Os clubes cessaram de intervir na administração do exército; o júri foi mantido nos tribunais militares; mas, quando se apresentou a ocasião, quando as circunstâncias pareceram urgentes, os representantes estabeleceram côrtes marciais: assim, no exército de Mosela, a 18 floreal do ano II (7 de maio de 1794). Todavia, não era à guilhotina, como repetia a reação européia, que o Comitê remetia para estimular o zêlo dos generais e para fazer respeitar a disciplina: antes de mais nada, êle contava com a confiança e o amor pela pátria e pela Revolução. No ano II, êle se tornou suficientemente seguro de seus generais para não mais imputar os reveses à traição. Ainda uma vez, Carnot falou, com uma simplicidade sublime: "Uma derrota não é um crime, quando tudo se fêz para alcançar a vitória. Não é absolutamente pelos acontecimentos que julgamos os homens, mas por seus esforços e por sua coragem. Nós estimamos que não se desespere pela salvação da pátria." Quanto aos tribunais militares, se foram impiedosos para com os rebeldes, os emigrados, os desertores apanhados com armas nas mãos, como, aliás, a lei lho ordenava, mostraram-se clementes para com os soldados e também, o que é particularmente digno de nota, pelos insubmissos: de 7 brumário (28 de outubro de 1793) a 16 ventoso (6 de março de 1794), o tribunal do exército do Reno julgou 660 acusados; absolveu 282, fêz-lhe incorporar 188 e pronunciou 190 condenações, das quais apenas 62 à morte. O exército conservava seu caráter democrático: os soldados do ano II continuavam a freqüentar os clubes; o govêrno os punha ao corrente da situação política, enviando-lhes os jornais patriotas. A Convenção prometeu reservar-lhes um bilhão em bens de emigrados; ela havia concedido pensões aos mutilados e abonos aos pais dos "defensores da pátria". "Não é apenas do número e da disciplina dos soldados que deveis esperar a vitória, dizia Saint-Just; não a obtereis senão em razão do progresso que o espírito republicano tiver feito no exército." O do ano II não compreendia ùnicamente republicanos ardentes; mas continha muitos dêles, e que se encontravam em perfeita comunhão com os do interior. Não é justo opor, como foi freqüentemente feito, os soldados do ano II, exclusivamente preocupados pela salvação da pátria, aos "sans-culottes" do interior, absorvidos pela caça à aristocracia. O revolucionário, transformado em soldado, não esquecia seus ódios; a abnegação e o risco não faltavam aos republicanos da retaguarda; Hoche havia sido maratista; Kléber e Marceau louvaram a energia de Carrier; Bonaparte ligou-se aos homens de Robespierre. A verdade é que o trabalho, no exército, é mais simples, e a união mais fácil; também, muitos anos depois, homens como os próprios Marmont e Soult não evocavam sem emoção a recordação da atmosfera luminosa que êles conheceram a serviço do "Indivisível".

Pela primeira vez depois da Antiguidade, um exército verdadeiramente nacional partia para o combate; pela primeira vez também, uma nação conseguia armar e sustentar tal número de soldados: tais são as características originais do exército do ano II. As inovações técnicas resultaram sobretudo de sua própria massa, e muitas não duraram, ou só se manifestaram com lentidão e hesitação. O armamento permaneceu o mesmo das tropas reais: fuzil de 1777, de tiro preciso a 100 metros; artilharia de Girbeauval, principalmente o canhão que lançava uma bala de 4 libras a 400 ou 500 metros. Na prática, a tática dependia da instrução da tropa. Em geral, os soldados do ano II combatiam como atiradores, utilizando o terreno, depois, no momento favorável, carregavam à baioneta, em massa mais ou menos confusa. Mas o regulamento de 1791 permaneceu como lei para os oficiais. Quando podiam fazê-lo, nas ações decisivas, êles agrupavam seus homens seguindo a ordem linear e delgada; êles não os julgavam suficientemente instruídos para' manobrarem em coluna de ataque e para formarem o quadrado contra a cavalaria; essas formações reapareceram em 1795, e assim, à medida em que a modificava, o exército da República voltou à tática do Antigo Regime. A principal novidade, a formação de brigadas e de divisões sistemáticas, deduziu-se da importância dos efetivos. Como unidade tática, a divisão, em 1793, continuava de composição incerta; a noção precisou-se em 1794: Jourdan transformou-a então em verdadeiro corpo de exército de duas brigadas de infantaria, dois regimentos de cavalaria, uma bateria a cavalo, sem contar as peças anexadas a cada batalhão, ao todo 8.000 a 9.000 homens. Quanto à estratégia, renovou-se em princípio pela necessidade de tirar proveito da fôrça numérica; também o antigo método dos cordões e dos sítios perdeu seu prestígio. Interpondo-se entre os exércitos coligados, a França podia, em certa medida, praticar a manobra por linhas internas, fazer escorregar parte de suas tropas ao longo das fronteiras, e aproveitar-se da inação de um de seus inimigos para vencer os outros. Agir por massas, abater o adversário pelo número, tal foi o princípio de Carnot. Restava aplicá-lo e não se conseguiu fazê-lo, a não ser muito imperfeitamente, até Bonaparte. Carnot e seus auxiliares, d'Arçon, por exemplo, eram engenheiros que conferiam às praças-fortes importância capital. A "fronteira de ferro" permaneceu, em 1793, a base de suas operações; conduzindo esta campanha como sob o Antigo Regime, êles pensavam a princípio libertar uma praça sitiada pela manobra, tentando uma digressão; depois, quando sua derrota parecia iminente, formavam uma tropa de socorro, sempre apenas com parte das fôrças disponíveis, 40.000 homens em Hondschoote, 50.000 em Wattignies sôbre cêrca de 200.000, formando o resto um cordão, ou guarnecendo as fortalezas. A emprêsa conseguia fazer recuar o inimigo, mas não o destruía. Em 1794, hipnotizados pela praça de Ypres e a conquista de Flandres, êles manobraram pela ala esquerda, enquanto a ala direita, saindo por Charleroi, podia sòzinha cortar as comunicações de Cobourg e anulá-lo; terminou-se por chegar, hesitantemente, a ameaçá-lo de semelhante sorte, mas tarde demais: Cobourg, vencido, evacuou a Bélgica e seu exército subsistiu. A habilidade técnica, visìvelmente, desempenhou papel menor que a prontidão e a energia: eram precisamente as qualidades essenciais do govêrno revolucionário; Carnot, reconduzindo o exército ao combate no segundo dia de Wattignies, Saint-Just impelindo incansàvelmente o exército de Sambre-et-Meuse ao ataque de Charleroi "como uma matilha de cães", eis os verdadeiros donos da vitória. No campo de batalha, a mesma obstinação feroz os animava, e, no interior, mobilizava, como se verá, todos os recursos da nação para dar ao exército os meios para combater.

Para a Marinha, o esfôrço do Comitê foi mais tardio e menos feliz. A indisciplina havia desorganizado os arsenais e, nos navios, ela reinava mesmo diante do inimigo. Restavam poucos oficiais; o decreto de abril de 1791 admitia o oficial da marinha mercante ao grau de segundo tenente após um ano de serviço, ao de capitão após dois outros; em 1793, êle podia pretender o comando da esquadra. Muitos preferiam, como Surcouf, fazerem-se corsários. Foi um antigo capitão da marinha mercante que se tornara pastor, Jean Bon Saint-André, quem dirigiu a guerra naval, em Brest primeiro, depois em Toulon. Êle restabeleceu a disciplina, tornou a pôr os arsenais a trabalhar e fêz saírem esquadras. Mas não se improvisa uma frota tão fàcilmente como então se fazia com um exército: êle não pôde recuperar o tempo perdido, nem reparar o mal causado pela traição de Toulon.

IX. *O govêrno econômico*

Aceitando o recrutamento em massa, o Comitê percebeu que iria encontrar dificuldades extraordinárias para alimentar e, sobretudo, para vestir, equipar e armar essas multidões humanas. A maior parte das manufaturas de armas, Maubeuge, Charleville, Douai, Klingenthal estavam ao alcance do inimigo; Saint-Etienne nas mãos dos rebeldes; a arrecadação da pólvora e do salitre não conseguia satisfazer às necessidades; o bloqueio privava a França do aço alemão, do salitre das Índias, da potassa do Báltico, da soda espanhola, do enxofre italiano. Era necessário desenvolver a fabricação de material de guerra, reanimar o comércio externo, encontrar, na própria França, novos recursos. E o tempo urgia. A iniciativa individual jamais teria conseguido vencer tantas dificuldades e restabelecer a harmonia entre as fabricações. Como o fornecedor teria feito pagar muito caro os seus serviços, a inflação, no final de 1793, reduzira o "assignat" a zero. Por outro lado, a França parecia uma fortaleza sitiada, e os civis ter-se-iam começado a lutar entre si, para disputar os artigos de subsistência, se o Comitê não tivesse intervido para reservar a parte do exército, regular a distribuição do resto e manter a ordem. Pouco a pouco, as circunstâncias obrigaram-no a assumir o govêrno econômico do país: a organização do exército que, por um lado, é inseparável do resto, é o traço mais original de sua obra.

Apenas eram incorporados os celibatários de 18 a 25 anos: ainda concederam-se "sursis" e dispensas a muitos homens que pareciam necessários na retaguarda, o que abriu caminho às isenções fraudulentas; numerosos indivíduos ter-se-iam pôsto ao abrigo, fazendo-se recrutar para a administração dos transportes; além do mais, os funcionários públicos permaneceram em seus postos.

Para todos os outros, o recrutamento em massa não passa de mobilização civil; êle visa todo mundo, mas, para se tornar efetivo, exige uma requisição expressa. Embora se improvisem, de acôrdo com as necessidades, esforça-se entretanto por levar em conta as competências, sem se preocupar sempre com as objeções de ordem política; o Comitê emprega Périer e Chaptal, nas qualidades de grandes industriais, e Perregaux, como banqueiro, embora se saiba estar Chaptal comprometido com o federalismo e Perregaux ser um estrangeiro que mantinha relações com Pitt. Faz-se particularmente apêlo aos sábios, dos quais muitos se pronunciaram pela Revolução. Hassenfratz figura entre os principais organizadores da manufatura de armas em Paris; Monge, Vandermonde, Berthollet, Darcet, Fourcroy aperfeiçoam a metalurgia e a fabricação de armas; é Vauquelin quem dirige a pesquisa do salitre, com Chaptal e Descroizilles; novos métodos são imaginados por Carny para refinar o salitre e fabricar a pólvora. Em Meudon, o Comitê criou um laboratório de pesquisas, onde trabalham Berthollet, Conté e Guyton de Morveau; aí se ensaia uma pólvora cloratada para obuses, assim

347

como o balão cativo empregado em Fleurus pela primeira companhia de dirigentes de aeróstatos; Chappe retoma suas experiências de telégrafo ótico e instala a primeira linha, de Paris à fronteira do norte.

Todos os recursos materiais são naturalmente submetidos à requisição; o cultivador fornece seus cereais, suas forragens, a lã, o linho, o cânhamo e, quando preciso, o gado; o operário e o negociante cedem seus produtos fabricados; solicitam-se aos particulares suas armas, seus uniformes de guardas nacionais, às vêzes suas cobertas e sua roupa branca; em Estrasburgo, Saint-Just exige dêles 20.000 pares de calçados. As matérias-primas são procuradas com cuidado: metais de tôda a espécie, sinos de igrejas, assim como suas cordas, papéis velhos, trapos e pergaminhos, muralhas impregnadas de salitre, ervas, urzes e até cinzas dos fogões para a fabricação do sal de potassa, castanhas para a destilação. Tôdas as emprêsas são postas à disposição da nação: as florestas e as minas, as pedreiras, os fornos e as forjas, os curtumes e fábricas de papéis, a grande manufatura de tecelagem e as barracas dos sapateiros. Isso não impede o Estado de criar novas usinas: para o armamento e a fabricação de munições, é necessidade absoluta; mas êle obriga as emprêsas existentes e elevarem sua produção ao máximo, e mesmo a aumentá-la, pela aplicação dos processos recomendados pelos sábios. O regime do ano II é favorável ao progresso da técnica industrial.

O trabalho dos homens e o valor das coisas são sujeitos à taxação. O preço-teto faz sua parte para o benefício comercial e deixa subsistir um prêmio à produção. Contràriamente às asserções correntes, nem tôdas as emprêsas trabalham com prejuízos, no ano II; mas elas não realizam tão grandes lucros como poderiam, à custa da nação. O princípio é que não se tem o direito de especular contra a pátria em perigo.

O vestuário e o equipamento são sobretudo assegurados pelas autoridades locais, que organizam oficinas de mulheres, e fazem os albardeiros trabalharem. Para os calçados, o poder central intervém: os magarefes fornecem as peles dos animais abatidos; os curtidores recebem a casca dos carvalhos das florestas exploradas pela nação e são obrigados a guarnecer suas caldeiras sem cessar; Seguin põe em execução, na ilha que até hoje leva seu nome em Billancourt, um processo rápido de curtir as peles, por êle inventado; os sapateiros são obrigados a fabricar dois pares de sapatos cada dez dias e por companheiro.

O armamento causa muito maiores preocupações. Desde setembro de 1793, empreendeu-se a criação, em Paris, de uma grande manufatura de fuzis e de armas brancas. Utilizando as oficinas privadas, instalam-se operários nos jardins das Tulhérias e do Luxemburgo, na antiga praça Royale e na esplanada dos Inválidos. Depois, reanimam-se as manufaturas da província, e autorizam-se os representantes a criarem outras, o que fazem, por exemplo, Noël Pointe, em Moulins, e Lakanal, em Bergerac. A grande manufatura de Périer, em Chaillot, começa a produzir canhões de bronze, em concorrência com a de Romilly, perto de Ruão. Ferry, Poite e Romme dão vivo impulso à fabricação dos canhões de ferro fundido para a Marinha, no centro e no sudoeste, em Vierzon e no Creusot, em Ruelle e em Abzac.

Mas é na indústria das munições que o Comitê se defronta, sem dúvida, com os maiores obstáculos, e obtém os resultados mais surpreendentes. Falta o salitre, e é necessário encontrá-lo na própria França; tendo sido assinaladas abundantes quantidades em Touraine, Vauquelin é para aí enviado em missão e, através de suas indicações, Prieur de la Côte-d'Or faz decretar a criação de uma organização nacional que termina por absorver a administração. Em tôdas as comunas, a autoridade local nomeia salitreiros para dirigir a pesquisa e a lavagem das terras e muralhas salitradas e para organizar uma oficina de evaporação. Em ventoso, fazem-se seguir alguns dêles para Paris, a fim de receberem cursos práticos. Vinte e oito refinarias são montadas, a principal na abadia de Saint-Germain des Prés. As fábricas de pólvora desenvolvem-se paralelamente, as mais consideráveis em Grenelle e no Ripault.

Os resultados deixaram a Europa estupefata, mas ficaram bem aquém das expectativas. Assim, a manufatura de Paris, que devia dar 1.000 fuzis novos por dia, não forneceu mais que 600 ou 700, contando-se nesse número os fuzis reparados; no decorrer da campanha da primavera, sentiu-se às vêzes, imensa dificuldade para prover o exército das munições indispensáveis. Múltiplas dificuldades se apresentavam, realmente. O Comitê não dispunha absolutamente de estatísticas, sem as quais não pode funcionar uma economia dirigida: êle teve que constituí-las aproximativamente, com auxílio de pesquisas precipitadas e de enorme papelada. A França consagrava-se essencialmente à agricultura; a concentração capitalista apenas se esboçava, a indústria permanecia espalhada de um canto a outro do território: era necessário formar operários, adaptá-los às fabricações ou aos novos processos, deslocá-los, reuni-los e, não obstante, assegurar o sincronismo das produções. Enfim, e sobretudo, colocava-se o problema dos transportes, num país pràticamente desprovido de rios, cujas estradas não podiam ser conservadas, onde cavalos e carroças já deviam prover às necessidades dos exércitos, falho de equipamentos militares, e ao abastecimento das populações civis, sem todavia negligenciar a cultura das terras. Foi necessário requisitar barqueiros e carroceiros, criar uma agência nacional de transportes e começar a lhe preparar material. Sem o Terror, que obrigava o mais indiferente a esforçar-se, nos trabalhos, o Comitê jamais teria conseguido ao mesmo tempo refrear o espírito de especulação e vencer as resistências passivas.

A economia do país encontrou-se, em grande parte, nacionalizada, seja diretamente, pela criação de manufaturas do Estado, seja indiretamente, pelo fornecimento de matérias-primas e da mão-de-obra, pelo contrôle da produção, pela requisição de produtos, pela taxação. Pretendeu-se que o Comitê a socializava com a intenção oculta de encaminhar a França dissimuladamente na direção do comunismo, considerado como o coroamento da democracia. Aos olhos dos "sansculottes", a economia dirigida apresentava incontestàvelmente um valor social. O comunismo nada tinha a ver com isso; mas a política econômica generalizava a regulamentação e, assim sendo, constituía o que se chama hoje em dia reforma de estrutura. É por isso que a comissão das subsistências, até ventoso, e certos representantes, puderam encarar o estatismo com complacência. O Comitê de Salvação Pública, pelo contrário, não viu nisso senão um expediente provisório, forçado pelas exigências da defesa revolucionária; melhor ainda: só recorreu a êle em último caso. Além de seu apêgo à liberdade econômica, tão cara à burguesia, que durante meses o desviou do preço-teto, as circunstâncias, se levavam ao estatismo, ao mesmo tempo lhe limitavam a extensão. Como as administrações locais, os membros do Comitê, autoridade política, não assumiam funções econômicas senão por bem da salvação pública; intelectualmente, elas lhes pareciam estranhas às suas atribuições normais e lhes impunham sobrecarregamento esmagador de trabalho e de responsabilidades, dos quais êles desejavam desembaraçar-se assim que a crise se atenuasse; pràticamente, o estado da produção e dos transportes os impedia de se empenharem em satisfazer a tôdas as necessidades do consumidor. Após a queda dos hebertistas, seus pontos de vista se manifestaram sem rodeios. Evidentemente, a dispersão da indústria exigia o recurso a muitos pequenos patrões, e assim se fêz, por exemplo, no Ponthieu, em Morez, em Thiers, mesmo em Paris; pelo menos, não cabia senão ao Comitê nacionalizar as minas e multiplicar as manufaturas do Estado. Ora, êle nada fêz. Pelo contrário, Carnot pronunciou-se contra a exploração direta daquelas criadas pelos representantes, porque as considerava onerosas e temia a multiplicação de uma burocracia incompetente. Há dois setores em que as tendências do Comitê surgem claramente. Primeiro, o comércio exterior: via-se aí que êle não desejava senão entregar sua gestão aos negociantes. Depois, o abastecimento civil: a êste propósito êle mostrou uma repugnância inegável em estender as atribuições e as responsabilidades do govêrno econômico. Após o mês de novembro de 1793, o comércio exterior concentra-se nas mãos da comissão de subsistência, que se esforça por reanimá-lo; ela envia ao estrangeiro agentes encarregados de suas ordens, requisita os navios mercantes, abre, nos portos, lojas nacionais. Os neutros vêem-se novamente acolhidos: o ato de navegação é suspenso; são-lhes concedidos mercados, amigàvelmente, com pagamento em numerário ou em mercadorias; constituem-se comitês especiais para tratar com êles em Bordéus e em Bourg-Libre (Saint-Louis, na Alsácia). Em Gênova, na Suíça, em Hamburgo, em Copenhague, nos Estados Unidos, a França conseguiu fazer consideráveis aquisições. Restabelecida assim a importação, a comissão, para assegurar-se do pagamento, requisita os vinhos e aguardentes, as sêdas e os tecidos reclamados pelos neutros; utiliza as mercadorias inglêsas seqüestradas; faz procurar, entre os bens dos condenados e dos emigrados, assim como no mobiliário da coroa passado ao domínio nacional, as pedras preciosas, os móveis e os objetos de arte, para exportá-los; enfim, a 6 nivoso (26 de dezembro de 1793), Cambon ordena também a requisição das divisas estrangeiras que êle reembolsa ao par, em "assignats"; a 8 ventoso (26 de fevereiro de 1794), para tentar realizar os capitais saídos da França, obrigam-se os banqueiros parisienses a subscreverem 50 milhões de papel sôbre o estrangeiro. Muitos negociantes franceses e estrangeiros já se encontravam empregados, a despeito das hostilidades dos "sans-culottes"; mas é sobretudo após a queda dos hebertistas que o Comitê descobre seu jôgo. É funesto para a República, é contra-revolucionário, explicam daí para diante Barère e Robespierre, fazer a guerra ao comércio; pelo contrário, é de boa política fazer apêlo às luzes e ao zêlo dos negociantes. Permite-se a êstes, a 21 e 23 ventoso — a prisão dos hebertistas é decidida na noite de 22 (12 de março) — exportarem os produtos que a comissão não tivesse declarado de primeira necessidade, desde que reimportassem o equivalente em mercadorias submetidas ao preço, com direito de preempção por parte da República, ou de remeter ao Tesouro o numerário e os efeitos sacados sôbre o estrangeiro. Os negociantes das principais cidades de comércio, e sobretudo dos portos, são associados em agências comerciais e solicitados a adiantarem determinada soma em letras de câmbio, cujo pagamento deverão assegurar através de suas exportações. Os agentes comerciais da comissão voltam à França e as compras feitas aos neutros são confiadas a comissários privados. O 9 termidor chega antes que estas medidas tenham obtido resultados importantes; mas a evolução é da mesma ordem que para as manufaturas; ela é açentuada, aliás, pela supressão da comissão de subsistência, que é substituída por uma comissão "de comércio e de abastecimento", com pessoal diferente. Sem dúvida, o apêlo aos particulares não pode mais ter sucesso, enquanto subsistir o preço-teto, o Comitê o abranda pela majoração de numerosas taxas em benefício dos fornecedores, sem respeito pela lei, e restringe, tanto quanto possível, a aplicação do regime às necessidades do próprio Estado. É o que demonstra sua política de abastecimento.

Quando um distrito parece possuir cereais em quantidade suficiente, a comissão de subsistência envia-lhe requisições para o exército e para os distritos deficitários; ainda seus agentes não se ocupam dêstes últimos: são as requisições militares que êles exigem, principalmente. Vistas as dificuldades de transporte, nem se pensa mesmo em repartir os recursos com igualdade estrita: a comissão tira o que pode, o mais próximo possível dos exercitos e dos distritos a serem abastecidos, com risco de privar de víveres as regiões produtoras, livre de prometer socorrê-las mais tarde, por sua vez. Também ela não toma o menor cuidado com o próprio consumidor. A 25 brumário (15 de novembro de 1793), a Convenção regulamentou a moedura e prescreveu a mistura de cereais de diferentes espécies para confeccionar o "pão da igualdade". Mas a comissão não se preocupa em aplicar êsse decreto, nem em controlar a sua observação; com mais fortes razões ela se abstém de racionar a população. Podem-se discernir os motivos sem dificuldades. Como proceder a uma amálgama geral, quando não se possuem estatísticas, meios de transportes, pessoal instruído? Vigiar a moedura, quando a maior parte das cidades possui seus moinhos? Fixar a consumação do francês pela distribuição de um talão nacional, se pelas mesmas razões, não se pode gabar de distribuir regularmente, em todos os lugares, o contingente prometido? Aquilo que a concentração capitalista hoje permite a um govêrno de firme propósito era, então, tècnicamente impossível.

Todos êsses cuidados são, portanto, abandonados aos diretórios de distrito e às Municipalidades. Aos primeiros, o de lançar as requisições para o abastecimento dos mercados; às comunas, o de praticar a amálgama, de vigiar os moleiros, de regulamentar a fabricação do pão e o comércio dos pasteleiros e, se fôsse o caso, o de instituir o racionamento. A centralização permanece, por conseqüência, muito superficial. Se a crise acarreta por tôda parte efeitos análogos, êles se manifestam em datas diversas e com gravidade desigual. Nos países férteis, o mercado subsiste às vêzes até o verão, continuando as pessoas abastadas a cozinhar em suas casas, e observando os padeiros certas liberdade. Nas grandes cidades, e em todo o Meio Dia, o mercado logo desaparece: com a chegada dos camponeses, os cereais são armazenados, amalgamados, moídos pelos

352

cuidados da Municipalidade, a farinha repartida entre os padeiros, que distribuem o pão através da apresentação de talões; de fato, o padeiro torna-se um servidor municipal. Algumas vêzes, a comuna coze ela mesmo, nos fornos dos hospitais ou das manutenções; assim, em Troyes a municipalização é completa. Nos campos, os cultivadores exasperados trapaceiam como podem: é necessário recorrer às visitas domiciliares, à ocupação militar, ao velho expediente dos "garnisaires" (*), às prisões; é sob êste aspecto que várias cidades conhecem o Terror. O produtor, pelo menos, sempre consegue reservar para si a sua consumação; o mais infeliz de todos os franceses é o pobre pequeno proprietário, ou o trabalhador agrícola: as cidades lhes fecham as portas, e não lhes resta senão implorar um pouco de cereal ao cultivador, sem que ninguém se encarregue de fazer respeitar o preço-teto.

Quanto aos outros produtos e mercadorias, a comissão de subsistências contenta-se em publicar, em ventoso, a enorme tarifa dos preços-teto nacionais no lugar da produção. Cada distrito deve, em seguida, acrescentar o preço do transporte, o lucro do atacadista (5%), o do varejista (10%), depois fazer imprimir o imenso catálogo. O trabalho prossegue até o fim do verão e, pelo menos para a maior parte dos artigos, nunca serviu para nada. Para aquêles que lhe interessavam, em número relativamente restrito, o Estado limitou-se ao preço-teto, graças à requisição; ainda o Comitê de Salvação Pública concedeu numerosas derrogações. Quanto aos consumidores, deixou-se a êles o cuidado de fazer respeitar a tarifa. No início, a comissão de subsistência tentou vir em seu auxílio: em Orleãs, apoderou-se do açúcar dos refinadores; em Marselha, fêz fabricar sabão; um e outro foram distribuídos através da França. Mas, bem cedo, a política do Comitê de Salvação Pública excluiu as medidas dessa espécie e interditou, além disso, qualquer requisição às autoridades locais. Não sobrou outro recurso aos "sans-culottes", senão intimidar os negociantes pela vigilância policial e pela ameaça terrorista, cujo efeito foi pouco menos que nulo: quando não fraudavam na qualidade e no pêso, os negociantes saíam do embaraço vendendo secretamente. Foi êste o meio preferido pelos camponeses: o comércio clandestino dos produtos rurais tomou impulso prodigioso. Algumas Municipalidades abasteceram os mercados e racionaram o consumidor. Em Paris, após o talão do pão, criou-se, na primavera, o da carne; em Clermont-Ferrand, tentou-se municipalizar o açougue. Em nenhuma parte conseguiram-se resultados satisfatórios, por falta de um plano de conjunto.

(*) Homem que se aloja na casa dos contribuintes que tardam a pagar as contribuições. (N. T.)

353

O govêrno econômico voltou-se então, essencialmente, para beneficiar os exércitos. Parece que êles foram mais ou menos bem nutridos, durante o inverno; ainda os do Reno e do Mosela se auxiliaram com os recursos, explorados a fundo, da parte do Palatinado, que ocuparam a partir de janeiro. Parece certo que o vestuário, o calçado e o equipamento foram insuficientes e que, todavia, os soldados sofreram bem menos, sob todos os pontos de vista, no ano II que no ano III. O Comitê, pelo contrário, absteve-se de nacionalizar completamente o abastecimento civil. Seguramente, como se disse, as dificuldades pareciam intransponíveis; todavia, as representações das autoridades provinciais mereciam consideração. Por que se terá êle recusado a requisitar, no Norte, o azeite para queimar, objeto de especulação desenfreada? Por qual razão êle se obstina em adquirir, em geral, o gado amigàvelmente, em lugar de taxá-lo como a carne? É que desejava agradar ao operariado e aos lavradores. E era-lhes bem necessário, porque os "sans-culottes" eram recrutados principalmente entre êles, e não entre os trabalhadores. O lojista, o artífice, impondo o preço-teto ao camponês e ao negociante, não tinham previsto as conseqüências disso e irritavam-se ao vê-lo aplicado a si; o sapateiro e o padeiro indignavam-se por se encontrarem reduzidos à condição de salariados. Ao camponês, prêsa de maiores exigências ainda, o tráfico do gado e dos produtos rurais oferecia compensação. Aplicado exatamente, o preço-teto teria exasperado a uns e outros, enquanto a burguesia já não suportava com paciência a econômia dirigida. É a razão pela qual o Comitê, preocupado antes de mais nada por manter a unidade do Terceiro Estado revolucionário contra a aristocracia, após haver por muito tempo repudiado o preço-teto, reservou, tanto quanto possível, o privilégio do Estado.

Para os salariados, o preço-teto parecia benéfico, pois aumentava os salários da metade, em relação ao ano de 1790, e as mercadorias, de apenas um têrço. Mas, como o Comitê não o fazia respeitar, a não ser para o pão, êles teriam sido enganados, se não se aproveitassem das circunstâncias favoráveis que uma grande guerra sempre oferece à mão-de-obra. O maximum dos salários, estabelecidos em cada comuna, apresentava incríveis desigualdades de um lugar para outro e, como os operários eram disputados, êles tiravam bom partido disso. Mas, pelo menos nas emprêsas submetidas ao contrôle do Estado, não se podia cedê-los sem que todo o edifício desmoronasse, e o "assignat" com êle; também, a agitação estava aumentando. O Comitê desconfiava, não sem razão, que seus adversários procuravam aproveitar-se disso, sobretudo em Paris: êle enfrentou a situação, condenando a greve, como o Antigo Regime e a Constituinte, sob a capa da requisição, e ameaçando os recalcitrantes com o tribunal

354

revolucionário. Com a aproximação da colheita, êle quis também dominar os jornaleiros agrícolas: requisitou-os e deixou cada distrito taxar seu salário em tôda sua circunscrição, contràriamente à lei. Realmente, êle não conseguiu refrear completamente a ação operária, e os empregados resignaram-se geralmente, ao inevitável. Sem contestação, o govêrno revolucionário salvara a classe operária da extrema miséria, oferecendo-lhe trabalho e pão; foi ela quem mais sofreu com o retôrno à liberdade econômica. Ela não podia, entretanto, deixar de resistir, no momento em que se pretendia fazê-la respeitar o preço-teto que o negociante violara impunemente.

X. A *política social*

O preço-teto havia sido, do ponto de vista social, a grande esperança dos "sans-culottes", uma forma jurdídica do direito à vida. Êle lhes vinha do passado, e a economia dirigida, de que o Comitê de Salvação Pública legou o exemplo às gerações futuras, como o sustentáculo indispensável de uma guerra nacional, parecia-lhes ser o triunfo da regulamentação tradicional que opunham aos progressos invasores do capitalismo. No momento em que seu insucesso se tornou certo, teria sido necessário, para salvá-los do desânimo, dirigi-los para outro programa, voltado para o futuro.

Os montanheses, saídos da burguesia, repudiavam o comunismo; êle não era concebido senão como utopia moralizante, e era identificado com a "lei agrária", que o ensino dos colégios mencionava nos últimos tempos da República romana, e que fazia voltar a uma partilha geral dos bens, objetando que êle não instituiria senão uma igualdade efêmera. O decreto de 18 de março de 1793 determinava a pena de morte contra os partidários da lei agrária, e Robespierre sempre os reprovou: êle encarava a propriedade individual e hereditária como um mal, mas o declarava incurável. As dificuldades que a economia dirigida proporcionava teriam bastado para demonstrar que o comunismo supunha uma concentração da produção, que o capitalismo e a técnica mecanizada ainda não proporcionavam. Pela mesma razão, o proletariado não se encontrava suficientemente concentrado, suficientemente coerente, para constituir um partido de classe. "Sans-culottes" e jacobinos formavam o que hoje chamamos uma "frente popular", onde os negociantes e os artífices, os homens de lei e os funcionários, geralmente abastados, freqüentemente ricos, exerciam predominância incontestável. Aliás, os camponeses que não possuíam terras não aspiravam senão a se tornarem proprietários, e os salariados de mais de uma profissão consideravam democrática a supressão das corporações, porque ela fazia brilhar diante de seus olhos a perspectiva de uma instalação por sua conta.

Mas todos, e os montanheses com êles, sentiam hostilidade pela "opulência", pelo "grosso", quer dizer pela riqueza considerada excessiva, e permitindo a ociosidade. Robespierre, como Saint-Just, cujas "Instituições Republicanas" se mostram particularmente explícitas, considerava, como Rousseau, que a liberdade e a igualdade civil e política se desvaneciam para a maioria dos cidadãos, à medida que se exagerava a desigualdade social. A República devia, portanto, por um lado, limitar as fortunas e multiplicar os pequenos proprietários; por outro lado, fornecer, a todos, os meios de se elevarem na sociedade, graças à instrução, e aos deserdados, certa segurança, através de assistência nacional apropriada. Conservava-se o ideal de uma democracia social de pequenos produtores independentes, camponeses e artífices, sem que se percebesse que, contraditório com a liberdade concorrencial da economia, o que assegurava o futuro à concentração capitalista, êste não se poderia realizar.

A Convenção também não votou leis significativas. As de 5 brumário (26 de outubro de 1793) e de 17 nivoso (6 de janeiro de 1794) asseguravam a divisão dos patrimônios, instituindo a igualdade absoluta dos herdeiros, inclusive dos filhos naturais, com representação ao infinito, e não autorizando o testamento, a não ser favor dos estranhos à família. Por outro lado, a divisão por pequenos lotes, prescrita, a 3 de junho de 1793, para os bens dos emigrados, foi estendida, a 2 frimário (22 de novembro de 1793) a todos os bens nacionais, cuja massa aumentou pela nacionalização dos bens dos estabelecimentos de caridade e das instituições de ensino, assim como pela confiscação dos bens dos condenados e dos padres deportados, que foram assimilados aos emigrados. A fragmentação permitiu, com efeito, a certo número de camponeses, se tornarem proprietários, ou, mais freqüentemente, aumentarem seus domínios; mas como a venda em leilão também não subsistia, a grande maioria dêles não tirou o menor proveito disso. Tal não era o caso da partilha das propriedades comunais, per capita, autorizada em 10 de junho de 1793: cada um recebia o seu lote. Mas não existiam propriedades comunais em tôda parte; aliás, eram consideradas impróprias para a cultura; em certas regiões, repeliu-se a divisão, como funesta para a criação. Para os pobres, a lei de 3 de junho concedia, é verdade, uma jeira através de uma renda anual. Mas, a 13 de setembro, aumentando as dificuldades financeiras, substituíu-se esta concessão pela entrega de um bônus de 500 libras, recebido em pagamento de bens nacionais, e reembolsável em vinte anos sem juros; apresentar-se às adjudicações para utilizá-lo significava tão frágeis chances de sucesso, que ninguém se arriscava a fazê-lo; administrações clarividentes assinalaram inùtilmente a decepção que esta generosidade ilusória provocava nos campos.

É duvidoso que a maior parte dos convencionais tenha ficado desgostosa; êle não se esquecia de que os grandes fazendeiros, assim como os fabricantes, buscavam a mão-de-obra; sentiam que, numa sociedade individualista, onde a população crescia e o capitalismo se desenvolvia, era uma quimera desejar transformar todos os proletários em produtores independentes. Alguns alegavam, além disso, que as grandes propriedades, sòzinhas, vendiam cereais suficientes para abastecer as cidades; bem entendido, a burguesia vigiava êsses domínios e mais de um distrito, de conivência ou por negligência, continuou a vendê-los sem dividi-los, embora, no dedecorrer ,do verão, o Comitê tivesse chamado à ordem as administrações.

Todavia, os pobres continuavam a solicitar que se lhes distribuísse parte dos bens nacionais a preço acessível, ou em arrendamento, ou mesmo gratuitamente. Mas, neste sentido, os que poderiam ter comprado qualquer pedaço de terra e, naturalmente, os cultivadores abastados que mantinham os jornaleiros em sua dependência, não tinham o menor interêsse em sustentá-los. A solidariedade camponesa, que obrigou a Convenção a decretar a abolição pura e simples dos direitos senhoriais, se desvanecia. Os montanheses, a quem, aliás, a defesa do "assignat" parecia de primeira necessidade, puderam fazer ouvidos moucos.

Apenas os robespierristas parecem ter notado que era indispensável dar qualquer satisfação aos pobres "sans-culottes". Em ventoso, Saint-Just fêz decretar que os "indigentes" seriam "indenizados", pela distribuição dos bens confiscados aos suspeitos. Podia haver cêrca de 300.000 dêsses "inimigos da República". A Convenção encararia com bons olhos esta vasta desapropriação? Não é acreditável e, por esta promessa, ela pretendia simplesmente contrariar a propaganda hebertista. Saint-Just, em seu discurso, anunciava a cessão gratuita dessas terras: o decreto não disse uma palavra e, a 22 floreal (11 de maio) o relatório de Barère sôbre a beneficência nacional deixou antes prever que elas também sofreriam o fogo dos leilões. Em todo caso, jamais se precisaram as modalidades de execução e, se isso tivesse sido feito, elas não satisfariam a tantos camponeses como se poderia imaginar. Muitos dos suspeitos não possuíam bens prediais e, em inúmeras cidades, por conseqüência, o decreto ficaria sem objetivo; depois, os estancieiros e os camponeses, já senhores de um pedaço de terra, estariam compreendidos entre os "indigentes"? Havia medidas que êles não cessavam de reclamar: a divisão das grandes fazendas em pequenas propriedades e a re-

357

forma da parceria rural. A primeira provocava as mesmas objeções que o seccionamento dos bens nacionais. A segunda inquietava, porque a Convenção, como a Constituinte e a Legislativa, reservava ao proprietário o benefício do desaparecimento do dízimo e dos direitos senhoriais, tirados antecipadamente antes da partilha da colheita, enquanto o rendeiro, pelo contrário, pretendia, daí para diante, retirar sua porção na totalidade da seara; nos Gers, disso resultaram agitações; foram reprimidas, e a burguesia conservou todo o benefício da libertação do solo que detinha. Como os robespierristas pensavam nos camponeses pobres, é ainda mais característico que êles não tivessem tomado em consideração suas petições. Sua formação, que os ligava à liberdade econômica, talvez tivesse nisso alguma influência: provàvelmente lhes repugnasse a regulamentação agrária tanto quanto o preço-teto. Mas nem sequer fizeram revogar o decreto de 24 de abril de 1793, que condenava as compras coletivas de bens nacionais pelas comunidades rurais, agora que nada impedia a associação e a conclusão entre os particulares: êles não conheciam em sua profundeza as realidades rurais. Quanto a expropriar os grandes domínios, contra uma indenização, por causa da utilidade pública, a fim de reparti-los, ninguém falou nisso: a confiscação de bens privados pela Revolução não se motivou jamais, a não ser como sanção da traição ou da rebelião. Em suma, faltou aos robespierristas, como aos furiosos e aos hebertistas, uma política agrária capaz de comover as massas camponesas. Quanto aos proletários das cidades, desde que se deixou aplacar o preço-teto, nada se encontrou para lhes oferecer em troca, nem mesmo a faculdade de se sindicalizar e o direito de greve. A requisição, é verdade, não permitia o uso desta última. Mas se os montanhêses se tivessem interessado pelo movimento operário, teriam ab-rogado a lei Le Chapelier. Pelo menos êles tentaram cumprir as promessas da Constituinte. A lei de 22 floreal (11 de maio de 1794) nacionalizou a assistência e abriu "o livro de beneficência pública"; estabelecendo o princípio do que nós chamamos segurança social, ela instituiu a assistência médica gratuita a domicílio, as pensões aos velhos, os auxílios às mães de famílias numerosas. A de 29 frimário (19 de dezembro de 1793) ordenava a criação de escolas primárias, obrigatórias, gratuitas e leigas. A criação de estabelecimentos de pesquisas científicas e de cultura superior prosseguiu; mas os montanheses adiaram para mais tarde a reorganização do ensino secundário. Antes de tudo, cederam à necessidade de instruir o povo, a fim de desenvolver o espírito público e também de fortalecer a unidade nacional: o decreto de 8 pluvioso (27 de janeiro de 1794) determinou que se ensinasse francês nas regiões onde êle ainda não era falado. Infelizmente, o pessoal e o material faltavam. Para organizar a assistência e o ensino popular era necessário, ainda, muito tempo e dinheiro.

Os montanheses não contavam apenas com a escola: o "culto decadário" e as festas cívicas deviam continuar seu trabalho. À doutrina republicana que se propagaria, Robespierre entendeu dar por base a existência do ser supremo e, por apoio, as sanções da vida futura que anuncia a imortalidade da alma. O decreto de 18 floreal (7 de maio), que instituiu as festas, reconheceu, em nome do povo francês, estas proposições metafísicas, que Robespierre opôs, sem rodeios, ao materialismo de certos enciclopedistas, e à filosofia positiva. Elas exprimiam sua convicção pessoal; mas êle se justificava, também, pelo pragmatismo, e aí mesclava uma preocupação pessimista a respeito da sorte dos deserdados, que não convinha despojar das esperanças de outro mundo. Ninguém se atreveu a contradizê-lo. Mas muitos convencionais, além de não acreditarem numa única palavra, desconfiaram que êle estava assim estendendo a mão aos católicos; a festa do Ser supremo, ordenada por Davi e na qual Robespierre, então presidente da Convenção, figurou como uma espécie de pontífice da nova religião, tirada em linha direta de Rousseau, celebrou-se a 20 prarial (8 de junho), que correspondia à procissão do Corpus Christi, e em mais de um lugar pretendeu-se que a descristianização terminaria. Associar o nôvo culto e o catolicismo constituía emprêsa quimérica; mas, supondo o contrário, uma propaganda espiritualista não bastava para atingir o proletariado rural que, afinal, o govêrno revolucionário não conseguia satisfazer, e menos ainda os "sans-culottes" das cidades, que haviam criado, e os quais êle dominava, após havê-los decepcionado.

Ora, no decorrer do verão, a situação econômica agravou-se; mesmo nas regiões férteis, como a Beócia, a Limagne, a Flandres marítima, a penúria surgiu; o período de solda, sempre longo nessa época, devido à debulha dos cereais, ameaçava estender-se, devido à raridade dos trabalhadores. Depois, as perspectivas tornavam-se sombrias, porque a colheita anunciava-se má. O Comitê havia feito grandes esforços para assegurar a cultura das terras, encarregando as Municipalidades de vigiá-la com o auxílio da requisição, se fôsse o caso. A Convenção prescreveu que se secassem os reservatórios, e se semeassem os jardins de flôres; uma propaganda ativa, para a qual se utilizou a "Fôlha do Cultivador", tentou melhorar os métodos agrícolas e desenvolver o uso da batata. Algumas vêzes interveiose para impedir os camponeses de abandonar os cereais em benefício das culturas não taxadas ou da criação: o temor da fome foi, a êste respeito, o auxiliar útil do govêrno. Entretanto, êle não podia ter ilusões: parte notável do solo permaneceu inculta ou mal preparada, por falta de carretos, de instrumentos aratórios, ou da mão-de-obra, e também devido às devastações da guerra. Enfim, as intempéries entraram no jôgo. Podia-se prever que o ano II seria de penúria. E por outro lado, embora diminuída, a inflação continuava; o "assignat" depreciava-se novamente: em termidor, na região do Sena, êle se encontrava reduzido a 34%.

O govêrno revolucionário tinha ganho um ano, o tempo de vencer; estava agora ameaçado de se ver arrebatado, por sua vez, por uma crise econômica, como o Antigo Regime e os girondinos. Como a paz ainda estava longe, êle achava, além disso, que lhe era necessário manter o regime. É o motivo pelo qual deixou o Terror na ordem do dia.

XI. *O Terror*

Na mentalidade revolucionária, a vontade punitiva se associou, desde o início, como se notou, à reação defensiva contra o "complô dos aristocratas": elementos inseparáveis, embora um dos dois pudesse predominar e os comportamentos consecutivos diferirem profundamente, segundo as circunstâncias e o temperamento dos indivíduos. A ação repressiva surgiu desde julho de 1789; os comitês permanentes dedicaram-se a uma vigilância e a investigações suspeitas; mas, em qualquer caso, sobrevieram execuções sumárias, pela multidão revoltada. Para preveni-las, nem sempre foi suficiente o desdobramento da fôrça pública; foi necessário acalmar a efervescência, pela perseguição cuidadosa aos conspiradores, e por sanções prontas e rigorosas. As assembléias instituíram comitês de buscas, ou de segurança geral, e conferiram os crimes de "lesa-nação" a uma jurisdição especial, primeiro o Châtelet, em seguida a Alta Côrte, e finalmente o tribunal de 17 de agôsto de 1792. Durante êste primeiro perigo e repudiando a burguesia os processos expeditivos, que ameaçavam a segurança do indivíduo, as sanções pareciam irrisórias; bastava um incidente local, para que as execuções populares reaparecessem. Com a guerra e a invasão, elas se multiplicaram e culminaram, em Paris, pelos massacres de setembro. A reação girondina, longe de reforçar a ação governamental, a suprimiu: a Alta Côrte desapareceu, depois o tribunal de 17 de agôsto, de modo que os processos políticos tornaram a ficar sob a alçada dos tribunais ordinários.

A crise de 1793 suscitou novamente o problema, porque a vontade punitiva uniu-se ao reflexo defensivo para engendrar o govêrno revolucionário. Ela inflamava seus dirigentes, como seus partidários. Mas os massacres de setembro quase os havia perdido, e, decididos a não tolerarem seu regresso, êles empreenderam a or-

360

ganização do Terror: abriu-se um segundo período. Em primeiro lugar, os comitês de vigilância, criados em 21 de março, atribuíram a si a detenção dos suspeitos e, após a lei de 17 de setembro, foi-lhes concedida ampla liberdade de ação, sob o contrôle do Comitê de Segurança Geral. Se se apresentavam motivos de acusação, intervinha o tribunal revolucionário, instituído a 10 de março, modificado em 5 de setembro e nomeado pela Convenção; para certos crimes, o tribunal de cada departamento, agindo "revolucionàriamente", seguia o mesmo método que êle; enfim nas regiões de guerra civil, comissões militares entraram em atividade. Em todos os casos, o processo se achava simplificado: nada de júri de acusação, substituído pelos juízes; nada de recursos ao Supremo Tribunal. Além do mais, a Convenção reduziu o processo a uma simples constatação de identidade e ao pronunciamento da pena de morte para os indivíduos que se encontrassem fora da lei, os rebeldes, os emigrados e os padres deportados, que tivessem regressado ao território da República.

Na realidade, o contrôle da repressão escapou, em parte, ao govêrno. A urgência descentralizou-o, assim como a administração, enquanto nada, em qualidade, pôde fornecer melhor que comitês locais, graças à informação adquirida há longa data por seus membros. A tendência centrífuga encontrava-se refreada, em princípio, pelos representantes em missão. Foi mesmo na escala regional que, durante meses, a concentração dos podêres mais se manifestou: em muitas comunidades, o comitê revolucionário só se constituiu pela forma, ou jamais existiu; tendo dificuldade em recrutar, nas aldeias, municipalidades competentes e de confiança, os representantes preferiram freqüentemente deixar a polícia política, seja ao comitê da sede do distrito ou do cantão, seja a êsses comitês de salvação pública espontâneamente criados pelos revolucionários do lugar. Mas em virtude de seus plenos podêres, os representantes pretendiam dirigir o Terror à sua vontade: ora êles colaboravam com os terroristas da colheita, ora êles os atacavam. Desta diversidade ondulante resultou que o campo da repressão se alargou; todavia, seu rigor foi extremamente desigual.

A suspeição não visava o provável culpado de um fato decidido, devido a circunstâncias definidas, que teriam precisado os têrmos da discussão e da prova, mas o possível autor de um crime eventual, do qual êle era considerado capaz, devido a suas opiniões, ou ainda de sua indiferença real ou simulada. A margem de incerteza e o risco da arbitrariedade, que o procedimento judiciário comum não reduziu senão aproximativamente, graças à sua minúcia e à sua lentidão, aumentavam desmesuradamente. Aumentavam-se ainda êsses perigos, e de maneira singularmente perigosa se se chegava à acusação, quando, explorando o passado do interessado, descobriam-se atos ou declarações irrepreensíveis em sua época, como a adesão às petições dos 8.000 e dos 20.000, ou que legitimavam a preocupação jurídica do respeito devido à Constituição, notadamente o protesto contra o 10 de agôsto ou o 2 de junho, embora nenhuma resistência posterior pudesse ser relevada por conta dêsses "feuillants" ou dêsses "federalistas", entre os quais bom número foi também aprisionado e mesmo guilhotinado.

Por outro lado, o "complô dos aristocratas" não era o único em questão. A situação econômica e suas conseqüências sociais designavam agora outros 'inimigos do povo": os ricos, que escondiam seu dinheiro ou o enviavam para o estrangeiro, os produtores, que burlavam o preço-teto, os que recusavam o "assignat". O Terror tornou-se assim o sustentáculo da economia dirigida, com a qual os "sansculottes" contavam para assegurar sua existência. Sem dúvida, os delitos de ordem econômica nem sempre caíam sob o golpe das jurisdições de exceção; êles expunham, entretanto, seus atôres a se verem detidos como suspeitos e, se suas opiniões e as circunstâncias as levassem a lhes atribuir intenções contra-revolucionárias, arriscavam sua cabeça. Nada, todavia, contribuiu tanto quanto a descristianização para generalizar o Terror: os antigos religiosos, os padres constitucionais, os fiéis praticantes, viram-se tratados como elementos perigosos ou culpados. Assim concebida, a repressão terrorista, incontestàvelmente eficaz porque intimidou muitos adversários, reduziu-os à impotência ou suprimiu-os, não chegou tampouco a golpear ou, bem mais freqüentemente ainda, a inquietar e a irritar uma multidão de pessoas que, hostis sem dúvida ao govêrno revolucionário por uma razão ou outra, se resignavam, entretanto, a obedecer e, em todo caso, não pensavam em conspirar nem em se insurgir.

Mas, deixando grande lugar à apreciação daqueles que o exerciam, seu rigor dependia de seu caráter e das circunstâncias. Os ódios pessoais, o espírito de vingança, que se infiltrou desde o início na vontade punitiva, e sobretudo o autoritarismo impulsivo de certos homens, agravaram, quando se apresentou a ocasião, a severidade, ou a reanimaram após uma calmaria; inversamente, a indulgência, as amizades, o espírito político, freqüentemente a abrandaram, e numerosos representantes limitaram-se a alguns exemplos ou se contentaram em fazer prisões. Os comissários dos comitês foram mesmo diferentemente rigorosos: no distrito de Saint-Pol, um prendeu 141 pessoas no cantão de Frévent, enquanto seus colegas não distinguiam em outros lugares senão três, duas ou apenas uma. As circunstâncias, todavia, exerceram influência mais con-

362

siderável; o perigo mais ou menos exatamente medido, e não mais apenas seu temperamento, determinou certos representantes a criarem, por própria iniciativa, tribunais revolucionários ou comissões populares, que, desapossando o tribunal de Paris, precipitaram as execuções. No que concerne aos suspeitos, distinguem-se rêdes em relação com os acontecimentos; as do mês de agôsto de 1793, época do maior perigo e do recrutamento em massa; as do outono, quando o terror acabava de ser inscrito na "ordem do dia"; as de ventoso, no momento em que o campo se abria. O papel das circunstâncias surge mais claramente ainda de enumeração das condenações capitais por D. Greer: 71% se produziram nas duas zonas da guerra civil, das quais 19 no sudeste e 52 no oeste, contra 15% apenas em Paris. O exame dos motivos de incriminação, aliás, concorda: em mais de 72% dos casos, tratava-se de rebelião. Ao contrário, 6 departamentos não viram nenhuma execução; 31 sofreram menos de 10 e 14 menos de 25.

Bem entendido, não são as porcentagens, mas os próprios números relatam impressão sôbre a opinião pública. Ora, a estatística de D. Greer limita-se às condenações capitais: ela menciona cêrca de 17.000 mil. Mas o número de mortos foi bem superior; sem falar dos rebeldes caídos em combate, é necessário acrescentar as execuções sem julgamento, seja por ordem, como em Nancy e em Toulon, seja por recusa de quartel no campo de batalha, na perseguição ou no decorrer das batidas; além disso, as condições de existência nas prisões ocasionaram grande mortalidade. Sendo impossível conta exata, D. Greer pronuncia-se por 35 a 40.000 mortos. Convém recordar que os bens dos condenados, dos emigrados e dos padres deportados eram confiscados, os dos pais de emigrados seqüestrados até o adiantamento da parte sucessória dos fugitivos. Enfim, não nos esqueçamos dos suspeitos: o distrito de Saint-Pol encarcerou 1.460; o número total, completamente hipotético, de 300.000 nada tem de inverossímil. O pavor e o rancor dos contemporâneos, a recordação que não se pode desarraigar, que êles transmitiram à posteridade, explicam-se por si mesmo.

Mas as constatações de D. Greer importam sobretudo porque elas confirmam o caráter do Terror; foi nas duas zonas onde os contra-revolucionários chegaram à luta armada, que êle grassou com maior furor. A despeito dos elementos que o estenderam consideràvelmente, e poluíram, êle permaneceu, até o triunfo da Revolução, o que havia sido desde o primeiro momento: uma reação punitiva, indissolùvelmente ligada ao impulso defensivo contra o "complô dos aristocratas". Objetar-se-á que 85% dos mortos enumerados — burgueses, artífices, camponeses — pertenciam ao Terceiro Estado, enquanto do clero não contam senão 6,5% e da nobreza 8,5%; mas, em semelhante luta, os trânsfugas suscitam menos cautelas que os adversários originais.

Entretanto, não se encontra aí, de qualquer maneira, senão o aspecto externo do Terror. Descobre-se-lhe outro, se se observar que, associado ao govêrno revolucionário, êle conferia a êste último a "fôrça coativa", que restaurava a autoridade do Estado, e lhe permitia impor à nação os sacrifícios indispensáveis à salvação pública. Se a maioria dos franceses desejava a Revolução e detestava a intervenção do estrangeiro, sua cultura cívica não ia a ponto de comprimir o egoísmo e de curvá-los universalmente diante da disciplina. O Terror obrigou-os a isso, e contribuiu poderosamente a desenvolver o hábito e o sentido da solidariedade nacional. Os montanheses compartilhavam, sem nenhuma dúvida, da vontade punitiva dos "sans-culottes": o que não impediu que, sob êste ponto de vista, o Terror se tornasse um instrumento de govêrno que coagia a nação, sem excetuar, quanto se apresentou a ocasião, os próprios "sans-culottes". Êste é, se assim se pode dizer, o seu aspecto interno.

Desde então, à medida que a ditadura dos Comitês se afirmou, um terceiro aspecto se revelou. Montanheses censuraram a dureza do regime; "sans-culottes" reprovaram-no, por não fazer o bastante por êles; o Terror, desta vez, voltou-se contra aquêles que o haviam criado. O drama de ventoso e de germinal marcou, assim, nova etapa em sua história; ela surgiu como destinada a manter no poder o pequeno grupo de homens que, entrincheirados nos comitês, encarnavam a ditadura revolucionária.

Entretanto, no decorrer dêste terceiro período, seus característicos anteriores subsistiram. A centralização havia progredido lentamente: o Comitê de Segurança Geral exigia justificativas para os aprisionamentos; o Comitê de Salvação Pública enviava agentes para inspecionar aqui e ali: Jullien em Paris, em Nantes e Bordéus, Demaillot, no Orléanais; os terroristas mais notáveis, Carrier, Barras e Fléron, Fouché, Tallien, regressavam um atrás do outro. Logo, o decreto de 27 germinal (16 de abril de 1794) ordenou a supressão dos tribunais revolucionários da província e assim se fêz, realmente, com quase todos, a 19 floreal (8 de maio). Novamente, as circunstâncias criaram exceções. No Norte, a luta tomava feição desagradável: Landrecies capitulou a 10 floreal, e Cambrai encontrou-se ameaçada; Saint-Just e Lebas, despachados para o exército, fizeram apêlo a Lebon, que viera instalar nessa cidade uma seção de seu tribunal de Arras, que se deixou subsistir então até 22 messidor (10 de julho). Na Provença, declarando Maignet ser impossível transferir para Paris milhares de prisioneiros, o Comitê criou, a 21 floreal (10 de maio), a comissão popular de Orange, que funcionava ainda em 9 termidor. Por outro lado, o Comitê de Salvação Pública e o de Segurança Geral dirigiam juntamente a repressão; a centralização levava o primeiro a desapossar o segundo e, em fins de floreal, constituiu-se um ofício de polícia geral: seu rival não cedeu e, como se verá, isso constituiu, no seio do govêrno revolucionário, uma brecha que acelerou seu desmoronamento.

Como instrumento, os métodos terroristas teriam podido chamar à reflexão os Comitês vitoriosos. Todos os regimes autoritários recorrem a isso, e também os outros, em tempo de guerra ou de insurreição; mas é uma regra para os políticos agarrarem-se a exemplos, que asseguram a submissão da multidão, sem a reduzir ao desespêro. Os indícios mostram que, nos Comitês, alguns percebiam o perigo. Robespierre se havia oposto ao julgamento dos deputados detidos em seguida ao seu protesto contra o 2 de junho; graças a Lindet, evitou-se proscrição geral dos federalistas; os vãos esforços contra a descristianização, e a chamada dos grandes terroristas, tendiam ao mesmo objetivo. A 5 nivoso (25 de dezembro de 1793), tinha-se convencionado "aperfeiçoar" o tribunal revolucionário. Não se iriam definir exatamente os crimes a reprimir, aumentar as garantias da defesa, rever as detenções? Não houve nada disso. As circunstâncias, mais uma vez, tiveram grande influência: até o fim de junho, a vitória permaneceu duvidosa, e exigiu desesperada tensão do esfôrço. Não parecia chegado o momento de afrouxar as rédeas; pelo contrário, o decreto de 27 germinal expulsou os nobres e os estrangeiros de Paris e das cidades fortificadas. Por outro lado, banindo indulgentes e extremistas, os Comitês não pretendiam, em troca, controlar os contra-revolucionários: êles compartilhavam a paixão punitiva dos "sans-culottes", e não quériam arriscar a se verem acusados de traição. Em Paris, em floreal, processos retumbantes — os dos parlamentares comprometidos pela atitude assumida em 1789, o dos arrendatários gerais, entre os quais se encontrava Lavoisier, o de Mme. Élisabeth — manifestaram que o Terror, fiel à sua origem, não se tornara instrumento do govêrno. A noção generalizada de complô dos aristocratas, estendida a todos aquêles que se acusavam de hostilidade para com o regime, explica a prática crescente da "amálgama", que, denegando todo processo verdadeiramente jurídico, reunia, na mesma sentença, acusados que se desconheciam, e cujos atos ou palavras nada tinham de comum, a não ser sua solidariedade prejulgada na "conspiração contra o povo francês". Finalmente, êste estado de espírito exasperando-se, porque os atentados ameaçavam a segurança pessoal dos chefes revolucionários, o procedimento terrorista transformou-se realmente, mas para se simplificar ainda mais.

A 1.º prarial (20 de maio), certo Admirat fêz fogo com sua pistola contra Collot d'Herbois, e errou o alvo. No dia 4, à noite, prendeu-se

Cecile Renault, que insistia por ver Robespierre: ela recusou-se a revelar suas intenções, mas declarou contar com a vitória dos coligados. Durante o dia, Barère já havia denunciado Admiral como o agente do complô, pago por Pitt, contra a República. No dia 7 (26 de maio) a Convenção proibiu que daí para diante se fizesse quartel aos soldados britânicos e hanovrianos: decreto inaudito, que o exército jamais poderia aplicar, mas que testemunha uma emoção, aliás explicada pela recordação do assassínio de Lepeletier e de Marat. Esta emoção ainda se traduziu no apêlo do Comitê de Salvação Pública a Saint-Just, no dia 6, no auge da luta: "A liberdade está exposta a novos perigos; o Comitê de Salvação Pública tem necessidade de reunir as luzes e as energias de todos os seus membros." É evidente que, aos olhos dos revolucionários, os atentados que êles ligaram, sem provas convincentes, às maquinações do escorregadio barão de Batz, anunciavam alguma tentativa para desorganizar a defesa nacional, às vésperas dos combates decisivos. Saint-Just chegou a 10; dos entendimentos, nada sabemos, e os preparativos da festa do Ser supremo, fixada para 20, retardaram seu resultado. Êle surgiu a 22 prarial (10 de junho), quando Couthon apresentou a famosa lei, cuja minuta é de sua lavra. Robespierre, que a presidia, desceu à tribuna para conseguir a adesão da Convenção. Mais tarde, os membros do Comitê de Salvação Pública, ameaçados pelos oposicionistas, atribuíram a iniciativa a seus colegas desaparecidos, e afirmaram não terem sido consultados, sem encontrar crédito por parte dos termidorianos. Pelo menos é certo que o Comitê de Segurança Geral não foi chamado a dar sua opinião, e não perdoou isso.

Suprimindo qualquer interrogatório antes da audiência, deixando a inquirição das testemunhas à discrição do tribunal, recusando ao acusado o concurso de um advogado, a lei rematava a ruína das garantias jurídicas da defesa. Além do mais, o tribunal não tinha escolha senão entre a absolvição e a morte. Considerado como um instrumento do govêrno a serviço da defesa revolucionária, o Terror não exigia que se o reforçasse assim. Aliás, Couthon havia dito: "Não se trata de dar alguns exemplos, mas de exterminar os implacáveis satélites da tirania." Era desdenhar o ponto de vista do político, para abandonar-se sem reservas à paixão repressiva, que a ameaça do assassínio matizava com a animosidade pessoal. Na Convenção, por outro lado, a lei levou ao paroxismo uma inquietude que datava de longe: os adversários do Comitê pretenderam, a 23, que ela o autorizava implìcitamente a pôr os deputados em acusação sem comunicar à assembléia; Robespierre obteve, não sem dificuldades, no dia seguinte, que se afastasse a imputação, mas a dúvida persistiu. Daí, impunha-se a conclusão de que os Comitês acentuavam o Terror, para se manterem no poder, de modo que o nôvo aspecto, que se entrevia no dia seguinte à morte de Hébert e de Danton, predominava agora. A lei de 22 prárial engendrou o Grande Terror. Desde o 29, êle foi aplicado a uma "fornada" de 53 pessoas, implicadas nas tentativas de assassínio e na conspiração de Batz. Todavia, foi a atenção inquieta ligada às prisões que se iam estendendo. Em si, nada de nôvo: que uma revolta dos detidos entrasse no complô dos aristocratas, admitia-se em julho de 1789 e em setembro de 1792; o grande número de suspeitos encarcerados — mais de 8.000 em Paris agora — não podia senão acentuar êste temor. O regime das masmorras o justificava; um relatório de prarial reconhecia, em suma, que só cabia aos prisioneiros se insurgirem; indícios de semelhante projeto haviam sido alegados contra os hebertistas, depois contra Dillon e Lucile Desmoulins. No decorrer do mês de junho, tendo sido denunciado em Bicêtre um complô de evasão, três grupos compareceram, por êsse motivo, ao tribunal revolucionário. Como se ligassem os atentados de prarial à conspiração contra-revolucionária, não é de surpreender que as prisões tenham voltado à ordem do dia; mas a intenção de extermínio expressa por Couthon explica também que se acolhessem com benevolência as denúncias dos espiões. Com a aprovação do Comitê de Salvação Pública e sob a direção de Herman, chefe da comissão dos negócios civis e judiciários, tirou-se de Luxemburgo, dos Carmo, de Saint-Lazare, sete grupos de 19 messidor (7 de julho) a 8 termidor (26 de julho); num dêles figurava André Chenier. No total, o Grande Terror custou a vida a 1.376 pessoas enquanto, de março de 1793 até 22 prarial, não se haviam executado em Paris senão 1.251.

A opinião pública emocionou-se, e os costumes da repressão ajudaram nisso: as carretas transportavam lentamente os condenados através do bairro Saint-Antoine até à "barrière du Trône renversé", nôvo lugar do cadafalso; o suplício era público e a guilhotina, cortando a cabeça e espalhando o sangue, excitava a imaginação. Ora, precisamente, não mais parecendo duvidosa a vitória da Revolução, o temor do complô dos aristocratas se esfumava, a vontade punitiva se enfraquecia, a febre popular diminuía.

XII. A *vitória revolucionária (maio-julho de 1794)*

Reprovou-se ao Comitê de Salvação Pública por haver abandonado a política de Danton e por não haver procurado tornar a vitória menos custosa, por meio da diplomacia: ter-lhe-ia sido necessá-

367

rio, ao mesmo tempo, explorar as divisões dos coligados, sustentar os poloneses, levar os escandinavos à ação. Grouvelle o informava de Copenhague, Barthélemy e Bacher da Suíça: na sua opinião, a Prússia e a Áustria inclinavam-se a negociar; Bernstorff, ministro dinamarquês, oferecia seus bons ofícios. O Comitê fêz ouvidos moucos; no interior, negociações teriam encorajado os indulgentes e desafrouxado o esfôrço nacional: ao fim de 1793, espalhou-se o rumor de negociações de paz, ao mesmo tempo em que se falava de "clemência"; fora, êle nada teria obtido: foi apenas após a vitória dos regicidas, que o rei da Prússia se resignou a tratar com êles. Quanto aos poloneses, o Comitê deixou Parandier enviar-lhes Kosciuzko, mas recusou qualquer subsídio. Êle esboçou o plano de uma linha de neutros e contribuiu, por intermédio de Grouvelle, a unir a Dinamarca e a Suécia; falou-se mesmo em financiar os armamentos suecos, mas onde buscar o dinheiro? Sabia-se, aliás, que os escandinavos, como os americanos, só desejavam traficar em paz: à primeira ameaça, os inglêses, cedendo, tornavam vãos os sacrifícios da França. Os poloneses podiam mostrar-se mais úteis, mas quais os meios de ajudá-los? Sua "república" aristocrática e real não atraía, além do mais, a simpatia dos revolucionários; pròvàvelmente, o Comitê não deixava de ter segundas intenções: se se tratasse um dia com a Prússia, seria preciso sacrificar a Polônia, e era, portanto, mais honesto nada lhe prometer.

Se não deu grande importância às manobras diplomáticas, êle entretanto concebeu uma política externa: consistia em controlar os neutros, e evitar tudo que pudesse fazer aumentar o número de seus inimigos. Reatando a tradição, Robespierre, a 27 brumário (17 de novembro de 1793) recordou aos pequenos Estados que sua independência não sobreviveria ao desmoronamento da França. Aos descristianizadores, êle reprovou àsperamente por haverem feito a República perder a simpatia internacional. Recomeçaram as relações comerciais com os neutros, cujas embarcações são controladas. E, sobretudo, renunciou-se à propaganda. A Suíça, principalmente, alarmava-se com isso; também Robespierre cortou a fundo as manobras de Hérault que, a dois passos de Basiléia, procurava anexar Mulhouse; o principado de Montbéliard decidiu a anexação, e ela realmente se operou, mas a Convenção não a pronunciou; em Genebra, onde Soulavie representava a França, os democratas derrotaram o patriciado, mas o Comitê absteve-se de ocupar a cidade. Barthélemy pôde acalmar a desconfiança dos cantões, e uma multidão de agentes aí colocou comandos; forneceu-se aos suíços, além do mais, o sal e os produtos de que êles tinham necessidade. Os conluios contra-revolucionários de Steiger, chefe da aristocracia de Berna, chocaram com a resistência dos cantões de Zurique e de

Basiléia, que pretendiam traficar livremente com a França. Nos Estados Unidos, Genet, emissário girondino, tomava partido com os republicanos contra Washington, para levar seu país à guerra; estêve-se a dois passos de uma ruptura, muito mais deplorável porque a dívida dos Estados Unidos formava o único crédito de que a França dispunha no estrangeiro; Genet viu-se substituído e absteve-se de regressar.

Renunciando à propaganda, o Comitê não obedecia apenas à prudência. A apatia dos povos "escravos" e a "conspiração do estrangeiro" despertaram novamente o egoísmo nacional, e desacreditaram o universalismo cosmopolita, que havia marcado os primórdios da Revolução; os interêsses mercantis felicitavam-se pelo rompimento do tratado de 1786 e pelo fechamento do país ao comércio britânico. O Comitê apressou-se em explorar êste reviramento: êle "nacionalizou" ou "popularizou" a guerra. Barère, em suas "carmanholas", não cessa de ridicularizar o inimigo, e de lisonjear o orgulho da nação. "Eu, eu não amo os inglêses!" grita Robespierre aos jacobinos. Como os povos não renegam seus governos, de agora em diante serão tratados como desejam. A partir de setembro de 1793, o Comitê prescreveu aos exércitos que se apoderassem de todos os recursos dos países que ocupassem, e que fizessem ir para a França tudo aquilo que não houvessem consumido; no decorrer do inverno, o Palatinado é rigorosamente explorado; quando a ofensiva se desenvolveu, o Comitê estabelece perto de cada exército uma agência de evacuação (24 floreal — 13 de maio) e a operação se organiza definitivamente a 30 messidor (18 de julho). Os países conquistados viam-se sistemàticamente despojados; nos Pirineus espanhóis, destruíram-se as fundições que não puderam ser utilizadas. O govêrno abre assim o caminho para a política anexionista dos termidorianos, que eternizará o conflito. Mas seu desígnio é bem diferente. Êle bem vê que o país se esgota; "o povo se cansa" quando a luta se prolonga, havia predito Robespierre aos girondinos; temendo a ditadura militar, o Comitê não pretende se instalar na guerra. Queremos terminar êste ano, escrevia Carnot; de outra maneira, "seria morrer de fome e de esgotamento".

Para o exército do Norte, êle havia dado a Pichegru cêrca de 150.000 homens, com ordem de atacar em Flandres para tomar Ypres e atingir Nieuport; na extrema direita, o exército das Ardenas, que contava com 25.000 homens, devia ameaçar Charleroi, e o do Mosela, com seus 40.000 homens, avançar em direção de Liège. Estratégia do Antigo Regime: o exército se estendia paralelamente ao inimigo, visava fortalezas, manobrava Cobourg para obrigá-lo a recuar, ameaçando as extremidades de suas linhas, em lugar de atacar em massa em Charleroi, para lhe cortar a retirada e aniquilá-lo.

369

Pichegru, aliás, mostrou-se inferior à sua reputação e tergiversou durante um mês. Deixando a iniciativa ao adversário, os republicanos, concentrados em cêrca de doïs-terços à sua esquerda, arriscavam a se verem derrotados no centro e a abrirem o caminho para Paris. É o que Mack havia aconselhado: os austríacos tomaram Landrecies e bateram os. franceses perto do Cateau. Mas Cobourg transportou a ofensiva para Lille, e suas tropas se fizeram rechaçar em Tourcoing pelos lugares-tenentes de Pichegru, a 29 floreal (18 de maio). Durante êsse tempo, Saint-Just dava, enfim, à manobra da direita, as proporções de um verdadeiro assalto: o exército das Ardenas elevou-se pouco a pouco para 50.000 homens; por quatro vêzes, êle o levou em vão contra Charleroi.

A imobilidade dos prussianos decidiu a luta, como em 1793; Jourdan, com uma parte do exército do Mosella, pôde avançar através da Ardena; perseguindo Beaulieu, êle inclinou-se em direção de Dinant. O Comitê decidiu então reunir seu exército ao das Ardenas: êste grupo de 90.000 homens logo iria tomar o nome famoso de "Sambre-et-Meuse". Após nova derrota, Jourdan finalmente conseguiu a capitulação de Charleroi. Nesse momento, Pichegru tomava Ypres. A manobra clássica pelos flancos continuou por apalpadelas: Cobourg retirou-se. Mas já era tarde demais para lhe barrar o caminho, desembocado por Charleroi; pressentindo o perigo, êle veio atacar Jourdan às portas da cidade, na planície de Fleurus, a 8 messidor (26 de junho); rechaçado, não deixou de continuar livre para evacuar tranqüilamente a Bélgica. Pichegru e Jourdan reuniram-se em Bruxelas; ainda Robespierre e Saint-Just tiveram que afastar a inconcebível pretensão de Carnot de retirar, do segundo, um forte contingente para ir preparar, na costa, um ataque contra a Zelândia.

Os coligados estavam separados, os austríacos atirando na direção de Aix-la-Chapelle, os anglo-hanovrianos e os holandeses na direção do Baixo-Reno. Os franceses os imitaram: Jourdan seguiu os primeiros, e Pichegru os outros; êles entraram simultâneamente em Liège e em Anvers a 9 termidor (27 de julho). Detiveram-se então para organizar suas bases na Bélgica, enquanto se retomavam, na retaguarda, as praças fortes do Norte. Em setembro, Jourdan se pôs novamente em marcha, bateu Beaulieu no Ourthe e no Roër, depois atingiu o Reno. Nesse momento, os prussianos retornavam para a Vestfália; os exércitos do Reno e do Mosela avançaram e bloquearam Mogúncia. Pichegru aguardou que os rios estivessem gelados para invadir a Holanda; em dezembro e em janeiro, êle ocupou sem luta: os inglêses tinham-se retirado para Hanôver.

Nos Pirineus Orientais, Dugommier havia tomado o campo de Boulou, a 12 floreal (1.º de maio), retomado as fortalezas e invadido a Catalunha; a oeste, Moncey, tendo dispersado e rechaçado o inimigo, ocupava Fontarabie e Saint-Sebastiem (6 e 7 terminador, 24 e 25 de julho). Por um momento, a invasão da Itália tinha parecido iminente; Bonaparte, agora general de brigada, fêz impor seu plano a Carnot pelos dois Robespierre; mas, após 9 termidor, Carnot regressou a seu próprio desígnio, que era reforçar Dugommier: em novembro, na batalha da Montanha Negra, os espanhóis foram derrotados; Figuéres capitulou; Pérignon, substituindo Dugommier morto, pôde sitiar e tomar Rosas.

No mar, não sucedia o mesmo. Graças ao concurso da Espanha e de Nápoles, os inglêses dominavam o Mediterrâneo, impunham sua vontade à Toscana e a Gênova, faziam a conquista da Córsega, de conivência com Paoli. No Atlântico, todavia, as esquadras republicanas ainda conseguiam sair. Quando, no início de prarial, um grande comboio de cereais chegou dos Estados Unidos, Howe tentou capturá-lo e Villaret-Joyeuse veio, de Brest, combatê-lo, nos dias 9, 10 e 13 (28, 29 de maio e 1.º junho). As perdas dos franceses foram das mais pesadas, e foi aí que se afundou o "Vengeur"; mas Howe abandonou a luta, e o comboio escapou.

Nas colônias, os inglêses ocupavam as feitorias da Índia, Saint-Pierre e Miquelon, mas desdenhavam o Senegal e não tocaram nas Mascarenhas. A luta se concentrava nas Antilhas. Na véspera de se separar, em 24 de setembro de 1791, a Constituinte havia novamente abandonado às assembléias coloniais o cuidado de regulamentar a condição dos homens de côr, a manutenção da escravatura ficando fora de questão; mas seus comissários não conseguiram restabelecer a ordem, nem submeter os negros revoltados. Os girondinos reconheceram aos homens de côr. e aos negros livres a plena condição de cidadãos, a 28 de março de 1792, e despacharam novamente os comissários, entre os quais o mais notável é Sonthonax; quando êstes chegaram ao Haiti, a notícia do 10 de agôsto acabava de levar os brancos para a contra-revolução. Os representantes do Legislativo apoiaram-se nos mulatos, enquanto certos generais, d'Esparbès, depois Galbaud, inclinavam-se em sentido contrário: a guerra civil provocou a destruição de Port-au-Prince e do Cabo francês. Com a conivência dos colonos, os inglêses, que, em Londres, tratavam com seus emissários, por exemplo Malouet ou o martiniquense Dubuc, empreenderam a ocupação dos portos, e Sonthonax resignou-se a prometer a liberdade aos negros que concorressem a expulsar os estrangeiros; depois, a Convenção, a 16 pluvioso do ano II (4 de fevereiro de 1794), aboliu, pura e simplesmente, a escravatura. Êste decreto jamais entrou em vigor nem, com exceção de Guadalupe, nas Ilhas do Vento, porque os inglêses delas se haviam apoderado, nem nas Mascarenhas, onde os plantadores não o le-

371

varam em consideração; mas, em São Domingos, produziu o efeito que os republicanos esperavam. Já Toussaint-Louverture, o mais notável dos chefes negros, brigado com os espanhóis, se havia aliado ao general Lavaux; todos os outros o imitaram e, no final do ano de 1795, a reconquista se concluía. Das Ilhas do Vento, não sobrava aos franceses senão Guadalupe, retomada por Victor Hugues; Goyrand acrescentou-lhe Santa Lúcia, que tornou a perder em 1796, após longa resistência. Hugues não dava tréguas aos inglêses; sem conseguir retomar a Martinica, infligia perdas sensíveis a seu comércio.

Embora a Grã-Bretanha levasse vantagem, a França não se considerava fora de combate. Para se impor aos senhores dos mares, convinha-lhe, antes de mais nada, restabelecer a paz continental. Isso não era impossível: a Prússia e a Espanha iam negociar; os Países-Baixos possuíam grandes recursos; por êles, o tráfico com Hamburgo e o Báltico recomeçaria; a República podia retardar a debacle financeira e econômica, coroar seu triunfo obrigando a Áustria à paz por um supremo esfôrço. Mas teria sido necessário que a armadura revolucionária subsistisse.

XIII. *O 9 termidor (27 de julho de 1794)*

A maior parte da nação era-lhe hostil. Isso era lógico, àqueles que resistiam ao Terceiro Estado desde 1789, ou a quem danos pessoais de interêsse e · de amor-próprio, o apêgo à realeza, a fidelidade aos refratários, o sentimento religioso e o temor da "lei agrária" haviam progressivamente voltado contra a Revolução. Mas tal era também o caso de muitos que, permanecendo, por princípio, fiéis a esta, aspiravam tornar a encontrar a liberdade de emprêsa e de lucro ou, mais freqüentemente ainda, sentiam-se cansados e aspiravam à paz. Os próprios jacobinos dos clubes, cujo número se calculou em um milhão, entravam em desacôrdo: artífices e lojistas burlaram o preço-teto, quando podiam fazê-lo; quanto aos "sans-culottes", decepcionados e reprovando aos Comitês a proscrição de seus chefes, agitavam-se nas oficinas e variados incidentes testemunhavam seu desafeto. A Convenção, saída da burguesia, desejava, por seu lado, terminar com a economia dirigida e restabelecer a autoridade política e social de sua classe. Ela não perdoava aos montanheses nem por se haverem impôsto pela opressão popular, nem por haverem dizimado a assembléia: após a lei de prarial, o rumor de nova depuração alarmava diàriamente. Desde que êles haviam rompido com os "sans-culottes", ela sentia que podia, no momento, emendar-se. Enquanto a Revolução tinha permanecido em perigo, ela havia hesitado em comprometer sua defesa, e a terrível dificuldade da tarefa havia controlado as ambições; doravante, a vitória afastava os escrúpulos e desencadeava a cobiça: quem não se considerava digno de fazer parte do Comitê de Salvação Pública, para recolher orgulhosamente os frutos, após haver, durante tanto tempo, evitado modestamente os riscos?

Todos aquêles que execravam o govêrno revolucionário atiravam-se, antes de mais nada, contra Robespierre. Nada mais natural: era êle quem havia defendido a política dos Comitês, com tanta clarividência quanto coragem, na Convenção e nos jacobinos; o culto do Ser supremo e a lei de prarial acabava de pô-lo em evidência; como esta última surgia como uma maneira de manter no poder os atuais dirigentes, a imputação voltava-se expressamente contra êle, que se tornava suspeito de preparar sua ditadura pessoal. Na verdade, êle não exercia no Comitê de Salvação Pública nenhum poder particular: um dos últimos admitidos, não escolhendo seus membros, nem mesmo o presidindo, êle não agia senão com a aprovação de seus colegas. Todavia, sua incontestável ascendência, sua eloqüência imperiosa, a recusa inflexível dos compromissos que se louvavam no "incorruptível", sua dureza impiedosa para com os traidores, e sua inclinação suspeita a lhes associar qualquer oposição, valiam-lhe, mesmo entre os jacobinos, a acusação de exercer "uma ditadura de opinião".

Como não havia mais imprensa independente nem eleições, a decisão dependia da Convenção que, cada mês, prorrogava o poder dos Comitês. Mas, numa assembléia onde cada um, na falta de partidos organizados, se sentia isolado, e temia por si próprio, quem ousaria acusar os Comitês de tirania e propor seu afastamento, quanto mais sua abolição? Dos representantes regressados de missões, mais de um lhes guardava rancor e, recordando-se dos terroristas, julgando-se pessoalmente ameaçados, agitavam-se para arrastar os colegas, notadamente Tallien, cuja amante, a Cabarrus recentemente detida, chamava em seu socorro, e Fouché, infinitamente mais hábil. O primeiro apresentou-se como autor do 9 termidor e sucedeu que, nesse papel, preferem acusar o segundo. Na realidade, sòzinhos, êles não teriam tido êxito: a Planície não estimava êsses terroristas, entre os quais muitos, homens viciados, não mereciam mesmo a menor estima; e ela bem o demonstrou logo em seguida. Se sua ação se tornou eficaz, foi porque êles se fizeram cúmplices de uma parte dos dirigentes: os Comitês se perderam ao se dividerem, o que concedeu à Convenção a arbitragem que ambicionava.

373

O Comitê de Segurança Geral tinha ciúmes do Comitê de Salvação Pública e, após a lei de prarial, o conflito agravou-se. A tendência à centralização ameaçava também Cambon, único senhor do Comitê das Finanças e do Tesouro. Foi, mais uma vez, sôbre Robespierre que a animosidade se concentrou. Sem a menor dúvida, a organização de um poder central homogêneo que realizaria, no govêrno revolucionário, a unidade de impulso, absorvia seu pensamento e o de Saint-Just, como o indispensável complemento para a centralização. Além disso, a tendência hebertista persistia entre muitos dos membros do Comitê de Segurança Geral; a oposição à descristianização e o culto do Ser supremo os indignava; provàvelmente, Robespierre também os desagradava por suas maneiras que, justamente, o tornavam popular entre a pequena burguesia revolucionária, porque esta se reconhecia nêle; permanecendo sem fortuna, apesar de seu talento, êle levava, em casa do marceneiro Duplay, na rua de Saint-Honoré, uma vida modesta e familiar; fundador do partido democrático, e fraternal para com os humildes, não era menos atento para com sua própria pessoa e desdenhava o desalinho do "sans-culotte", a carmanhola e o barrete vermelho.

Se, pelo menos, o Comitê de Salvação Pública permanecesse unido, êle levaria vantagem: a Planície não seguiria mais o Comitê de Segurança Geral, nem os terroristas em disponibilidade. Mas êle também se decompunha e, como sempre, foi a Robespierre que a maioria acusou. Apenas Couthon e Saint-Just lhe permaneceram fiéis. Que Billaud, que o reprovará por haver tardado em abandonar Danton, e Collot d'Herbois, solidário com Fouché em Lião, tenham tomado partido contra êle, não é de espantar, e êles serviram de ligação com o Comitê de Segurança Geral. Mas, os outros? Prieur de la Marne e Jean Bon Saint-André, em missão, estão fora de causa; Barère, acompanhando a aragem, como sempre, só se pronunciou no último momento. Restam Lindet, Carnot e Prieur de la Côte-d'Or. Todos três representam, aliás como Barère, a parte da Planície que se uniu à Montanha para assegurar a salvação da Revolução, sem se desfazer de seu espírito de conservação burguesa, de sorte que a economia dirigida consistia para êles em um expediente temporário; que a obra social da democracia do ano II lhes parecia pelo menos suscetível·de revisão; que os decretos de ventoso seguramente lhes repugnavam. Lindet manteve-se sempre de lado; Prieur de la Côte-d'Or só contava como auxiliar; o animador da oposição e, finalmente, do 9 termidor, foi Carnot. Todavia, a divergência das concepções sociais contaminou-se, não se pode duvidar, de querelas pessoais engendradas por um individualismo exacerbado. Êstes homens, capazes e probos, eram autoritários; Carnot, sobretudo, irritou-se com as críticas que Robespierre e Saint-

374

Just não poupavam a seus planos; esgotados pelo trabalho, superexcitados pelo perigo, êles mal se podiam conter. Robespierre, cuja saúde enfraquecia, mostrava-se irritável e não perdoava fàcilmente; amável e doce para com seus íntimos, frio e distante para com os de fora, êle não sabia sorrir. As alterações se sucederam.

No fim de prarial, Vadier começou a ridicularizar o Ser supremo e seu pontífice, a propósito de uma velha mulher, Catarina Théot, que se intitulava "mãe de Deus" e angariava inofensivos fiéis. Robespierre opôs-se ao processo e o suprimiu, após cena violenta; logo, êle deixou de comparecer ao Comitê. O mês de messidor transcorreu sem que êle rompesse o silêncio: esta demora apenas contribuiu para favorecer a propaganda de seus adversários e fortalecer seu acôrdo. No início de termidor, êles tentaram um expediente; Saint-Just e Couthon prestaram-se a isso, mas não Robespierre, que não os acreditava sinceros: a arbitragem fatal da Convenção, foi êle quem a impôs. A 8 termidor (26 de julho), denunciou os adversários, solicitando que se realizasse "a unidade do govêrno"; a Assembléia votou a impressão de seu discurso e sua remessa às Municipalidades. Mas, solicitado a nomear aquêles a quem acusava, êle se recusou a fazê-lo, e esta falta de energia o perdeu, porque se chegou à conclusão de que êle solicitava carta branca. A Planície agastou-se: o decreto foi anulado. Mas não voltaria ela atrás, no dia seguinte, como já o fizera, quando Robespierre e Saint-Just voltassem à carga? Decididos doravante a banir os dois a fim de evitar seu próprio banimento, seus inimigos, prevendo que a Comuna chamaria as seções às armas, convencionaram hàbilmente a tática a ser seguida; foi então que os deputados cúmplices assumiram um papel principal. Quando a sessão se abriu a 9 termidor (27 de julho), ao meio dia, êles impediram Saint-Just e Robespierre de falarem. Na algazarra e na confusão, os Comitês fizeram retirar de Hanriot o comando da guarda nacional, que foi restituída, por turnos, aos chefes das oito legiões, e decretaram a prisão de Dumas, presidente do tribunal revolucionário. Depois um obscuro dantonista reclamou e obteve a acusação dos dois robespierristas, de Saint-Just e de Couthon, aos quais Lebas fêz-se juntar heròicamente. Às 3 horas tudo estava terminado.

A Comuna declarou-se em estado de insurreição. Hanriot agitou-se tôlamente e, tentando libertar os amigos, fêz-se capturar. Dois chefes de legião, apenas, responderam ao apêlo que êle lhes havia lançado. Assim, a autoridade da Convenção prevaleceu, e os robespierristas verificavam para onde conduzia a condenação dos hebertistas e a dispersão dos quadros insurrecionais. Todavia, pelas 7 horas, cêrca de 3.000 homens encontravam-se reunidos na praça

375

de Grève, com uns trinta canhões. A esta fôrça temível faltaram chefes. Coffinhal levou-a libertar Hanriot; mas, tendo sido os acusados levados para as prisões, êle voltou atrás, em lugar de dispersar a Convenção. Passado seu temor, esta pôs fora da lei inculpados e insurretos. Intimidados, os comitês revolucionários, as seções, os jacobinos, que deliberavam, nada decidiram, Certamente, libertaram-se os deputados detidos e, das 9 horas à uma hora da madrugada, êles chegaram, um atrás do outro, à Câmara Municipal; mas não tomaram a direção da insurreição. Êles não a desaprovavam; todavia, ela lhes parecia provàvelmente sem saída; tendo sempre afirmado que governavam em nome da representação nacional, a contradição os paralisou, e êles se abandonaram a seu destino. Deixados a si próprios, os "sans-culottes" retiraram-se, pouco a pouco: à uma hora da manhã, a praça estava deserta. Nesse momento, as fôrças da Convenção chegavam. Tendo os guardas nacionais dos bairros ricos fornecido um contingente, êste havia sido confiado a Barras, antigo oficial que, promovido assim a salvador dos termidorianos, abriu para si nova carreira. Mas a seção dos Gravilliers que, segundo Michelet, não se esquecia de Jacques Roux, despachou simultâneamente uma coluna. Desvanecidas tôdas as esperanças, Lebas matou-se; Robespierre deu contra si próprio um tiro de pistola sem outro defeito que o de quebrar o maxilar. A Câmara foi invadida sem ter sido desferido um tiro, e seus ocupantes detidos. Logo começou uma rêde de comunalistas e de jacobinos através de Paris.

Na noite de 10 termidor (28 de julho) Robespierre, Saint-Just, Couthon, Dumas e 18 outros foram guilhotinados na praça da Revolução, para onde haviam levado o cadafalso; na manhã seguinte, seguiu-se uma fornada de 71, a mais numerosa da Revolução; o dia seguinte, uma terceira, de 12. Três outras fora da lei completaram, mais tarde, a hecatombe.

Por tôda a França, terroristas ficaram perturbados: Robespierre, traidor da República, após Hébert e Danton! A maior parte, no fundo, não quis acreditar nisso. Mas a grande maioria da nação mostrou-se satisfeita, julgando o govêrno revolucionário mortalmente atingido: ela não se enganava.

Terceiro capítulo

A REAÇÃO TERMIDORIANA E OS TRATADOS DE 1795

Os termidorianos perseguiram os jacobinos e deslocaram o govêrno revolucionário; sob a cobertura da reação contra os "bebedores de sangue" e do Terror branco, êles eliminaram, ao mesmo tempo, a economia dirigida e a democracia social; tal é o sentido profundo da jornada de 9 termidor, da qual a proscrição dos furiosos e dos hebertistas apareceu, nesse sentido, como o prólogo: a burguesia restaurou o domínio que a Revolução de 1789 lhe havia conferido, e que ela conservou daí para diante. Todavia, não sendo mais sustentada pela economia dirigida, a moeda baixou, e a República viu-se na incapacidade de prosseguir as hostilidades para impor a paz geral. O regime liberal que os termidorianos pretendiam restabelecer ficou assim comprometido pela bancarrota e pela guerra.

I. O deslocamento do govêrno revolucionário

Salvos pela Planície, os inimigos de Robespierre pretendiam conservar o poder. Decidida a tratar jacobinos e "sans-culottes" como melhor lhe convinha, a Convenção não restabeleceu o govêrno constitucional; mas, temendo, acima de tudo, tornar a cair sob seu jugo, apressou-se a recuperar o poder executivo. Em 11 termidor (29 de julho de 1794) decretou que os Comitês se renovariam todos os meses em uma quarta parte e que nenhum de seus membros poderia ser reeleito antes de um mês de intervalo. Passado um mês, os terroristas deixaram de figurar nêles, com exceção de Carnot, que foi conservado por algum tempo. Os convencionais, felizes de fazerem o papel de governantes, aí se sucederam no lugar dêles; alguns adquiriram influência, notadamente Merlin de Douai e Cambacérès; mas a autoridade diluiu-se ao se desmaterializar.

377

A 7 frutidor (24 de agôsto), o Comitê de Salvação Pública, reduzido à guerra e aos negócios estrangeiros, viu-se despojado da direção dominante; o interior e a justiça, com a depuração das administrações, passaram ao Comitê de Legislação. As 12 comissões executivas, que substituíam os ministros, ficaram subordinadas aos 12 principais Comitês da assembléia. Na província, òs representantes em missão multiplicaram-se novamente e, como anteriormente, equilibraram à sua vontade a política do poder central. A autoridade anarquizou-se, fragmentando-se.

Finalmente, era contra a opressão terrorista que a opinião pública se enfurecia. Na manhã de 9 termidor, a lei de prarial havia sido revogada; o tribunál revolucionário, dizimado, cessou de funcionar; reorganizado, não retomou sua atividade assassina, permitindo a "questão intencional" que se absolvesse sob pretexto de que nenhuma intenção contra-revolucionária havia inspirado o culpado. Começou-se a libertar os suspeitos; dos comitês de vigilância, violentamente atacados, não restou mais que um por distrito, a partir de 7 frutidor. O govêrno revolucionário, mantido em princípio, havia perdido simultâneamente seus três atributos essenciais: a estabilidade, a centralização, a fôrça coativá.

Todavia, a Planície não deixava de temer que a reação não fôsse profícua à contra-revolução: ela apelava para a união de todos os republicanos. A Convenção concedia a Marat as honras do Panteon; acabava de secularizar o Estado, separando-o da Igreja constitucional, cujo orçamento desapareceu, no "2.º dia sans-culottide" do ano II (18 de setembro de 1794). Mas, desde o fim de termidor, montanheses e jacobinos protestavam contra a libertação dos suspeitos; em Marselha, os "sans-culottes" amotinaram-se contra os representantes em missão. A cisão estourou e fêz o jôgo da direita, onde estavam os remanescentes dos girondinos, ou que assim se diziam, dos quais Tallien, Fréron, Rovère se fizeram intérpretes desde os primeiros dias. Os jornais, quase todos termidorianos, tornavam-se numerosos. Os salões se reabriam; a festa recomeçava no Palais-Égalité; a Cabarrus, "Nossa Senhora de Termidor", na ocasião Mme. Tallien, servia de modêlo a "todo Paris"; financistas e especuladores tórnaram a freqüentar os políticos. Os republicanos da Planície deixaram-se doutrinar por êste belo mundo e, após haver por tanto tempo ouvido pregar a virtude, acharam agradável se desforrarem.

Não se lhes solicitava apenas a destruição da obra dos montanheses: os reacionários queriam também vingar-se dos jacobinos e dos "sans-culottes", voltando o Terror contra êles. A 12 frutidor (29 de agôsto) e, novamente, a 12 vindimário do ano III (3 de outubro de 1794). Lecointre sustentou que os membros dos antigos Comitês negavam falsamente sua solidariedade a Robespierre e reclamou sua acusação. A Planície não ia tão longe: tendo deixado os Comitês à vontade, repugnava-lhe empreender seu próprio processo e, quanto aos terroristas subalternos, sua política tinha sido a de perseguir apenas aquêles que evidenciassem ilegalmente e abuso de direito comum. Mas a decisão, mais uma vez, foi-lhe imposta de fora.

Os reacionários ressuscitaram o movimento seccionário e organizaram em grupos armados a "juventude dourada", onde fervilhavam os assaltantes, os insubmissos, os desertores com os caixeiros de loja e os escreventes encorajados por seus patrões. Êsses grupos fizeram a lei nas seções e apossaram-se da rua, perseguindo os patriotas a cacetadas, sob as vistas complacentes da polícia. Os jacobinos sucumbiram; êles não formavam um partido de classe estritamente disciplinado; a despeito das depurações, seus clubes jamais tinham sido muito homogêneos; aliás, nêles se havia deliberado, sobretudo recorrendo, para agir, aos planos da democracia política, comuna e comitês revolucionários, seções e guarda nacional, graças à impotência ou com a tolerância do govêrno: dêstes meios nada restava e, a 25 vindimário do ano III (16 de outubro de 1794), a Convenção paralisou os próprios clubes, proibindo-lhes, como o fizera a Constituinte em seus últimos dias, de se afiliar e de apresentar petições coletivas. Enfim, aos "sans-culottes" ocupados com seu trabalho, a ação da massa não era possível senão por "jornadas", enquanto seus inimigos se mobilizavam à vontade.

O comparecimento diante do tribunal revolucionário dos 132 nantenses enviados a Paris, no inverno precedente, por Carrier, abriu uma crise, que subordinou os termidorianos moderados aos novos terroristas. Os nantenses foram absolvidos; mas, tendo os debates pôsto Carrier em foco, a Convenção, após haver regulado o processo para a acusação de seus membros, deu início ao seu processo. A fim de intimidar os hesitantes, Fréron levou a juventude dourada ao assalto do clube da rua de Saint-Honoré, a 21 brumário (11 de novembro), e o govêrno aproveitou-se das agitações para fechá-lo. Carrier, entregue ao tribunal revolucionário, foi guilhotinado a 26 frimário (16 de dezembro). Oito dias antes, a Convenção havia reintegrado 78 deputados detidos ou excluídos após a revolução de 31 de maio; o refôrço dêsses proscritos sedentos de vingança redobrou os ataques da direita. A 7 nivoso (27 de dezembro) uma comissão começou a instruir o caso de Billaud, Callot, Barère e Vadier. Ela não se apressou, e os bandos recomeçaram sua ofensiva nas ruas — destruindo os bustos de Marat, cujos despojos, além disso, fizeram expulsar do Panteon — e nos teatros, onde o "Réveil du Peuple" foi substituir a "Marselhesa", canto dos "bebe-

379

dores de sangue". Na província, a reação acentuou-se; a juventude dourada também aí entrou em ação, aliada aos emigrados e aos refratários que regressavam. No Meio Dia, surgiram as "companhias de Jesus", ou "do sol", que se lançaram não apenas contra os jacobinos, mas também contra os adquirentes de bens nacionais, os padres constitucionais e todos os "patriotas de 89". A 14 pluvioso do ano III (2 de fevereiro de 1795), um primeiro massacre marcou o início do Terror branco em Lião.

Estando os católicos entre os reacionários, a direita desejava também melhorar a sua situação e os acontecimentos do oeste ajudaram-na a obter da Planície concessões que acabavam de caracterizar o período. Charette e Stofflet sustentavam sempre a campanha na Vendéia e, mesmo antes de 9 termidor, a sublevação havia levantado vôo ao norte do Loire. Hoche, que comandava agora na região, e os termidorianos, em missão, achavam que não se terminaria com a insurreição senão devolvendo as igrejas e deixando tôda liberdade aos refratários. A 29 pluvioso do ano III (17 de fevereiro de 1795) a pacificação de La Jaunaye, concluída, reembolsou os bônus emitidos pelos rebeldes, admitiu-os às indenizações dos danos de guerra; a República tomou mesmo a seu sôldo os insurretos com promessa de jamais enviá-los à fronteira. Posteriormente, outros pactos semelhantes intervieram com Stofflet e os insurretos.

Como, desde então, recusar aos outros franceses o restabelecimento do culto que, em teoria havia sempre subsistido? A despeito das administrações, os constitucionais recomeçavam um pouco por tôda parte a dizer a missa, e os refratários reanimavam o culto clandestino. A 3 ventoso (21 de fevereiro), baseada em relatório de Boissy d'Anglas, a Convenção determinou que a celebração do culto não podia ser agitada. Mas ela confirmou a separação: a República não concedia as igrejas, nem nenhuma subvenção; as cerimônias permaneceriam estritamente privadas e os sinais exteriores, os dobres de sinos, a roupagem eclesiástica continuariam vedados.

Os compromissos não eram viáveis. Na Vendéia, Hoche previa que, não desarmando a população, êles lhe forneciam, na realidade, os meios para recomeçar a guerra na primeira ocasião; era exatamente o que pensavam os chefes e, desde 5 prarial (25 de maio), Hoche fêz deter o "soi-disant" barão de Cormation, cuja correspondência êle apreendeu e constatou a deslealdade. Por outro lado, a lei de 3 ventoso não satisfez aos católicos: êles queriam recuperar as igrejas e restabelecer o culto público. Além disso, embora os refratários se reinstalassem no oeste, as leis que os visavam permaneciam em vigor. Mas, no fim da primavera, os termidorianos não recusavam mais nada, mesmo aos monarquistas constatados: uma

380

crise econômica levava o povo ao movimento, e, contra êle, tôda a burguesia se unia.

II. *A crise financeira e econômica; o Terror branco*

Como se disse, a proscrição dos terroristas constitui o aspecto espetacular da reação, não seu traço essencial: o que a burguesia, grande e pequena, rural e citadina, detestava acima de tudo era a economia dirigida. A Convenção não pensava diferentemente; entregue a si própria, ela tornou à liberdade que sempre havia prezado.

Em brumário, ela começou a modificar o preço-teto e o regime das requisições; mas tornava-se cada vez mais difícil fazê-los respeitar, à medida em que o Terror se voltava contra os jacobinos. Dirigindo oblìquamente o ataque, seus adversários reprovaram à burocracia, à comissão de comércio, às emprêsas nacionalizadas, sua arbitrariedade, sua negligência, seu esbanjamento; de resto, não eram os agentes da economia dirigida terroristas dos quais era conveniente se desembaraçar? Por outro lado, a penúria causaria estragos na primavera; era portanto necessário dar aos negociantes e aos neutros a faculdade de importar à sua vontade, a fim de conseguir os cereais e de tirar partido dos capitais refugiados no estrangeiro. Baseada num relatório do próprio Lindet, a Convenção aquiesceu e anexou à comissão de comércio um conselho de homens de negócios onde dominou Perregaux. Mas, como importar, para vender observando o preço-teto? Finalmente, êle foi abolido, o comércio exterior, o câmbio, o tráfico de numerário tornaram-se livres e a Bôlsa se reabriu. A fabricação de material de guerra cessou e, em ventoso, o govêrno voltou a tratar com fornecedores como Lanchère e Cerf-Berr. A alta burguesia obtinha satisfação. Todavia, não completamente. No interior, a requisição continuou autorizada, para guarnecer os mercados; uma nova comissão chamada "dos abastecimentos" conservou o direito de preempção ao serviço do Estado e foi necessário recorrer a ela, porque os fornecedores mostraram-se incapazes de cumprir seus contratos.

O abandono da economia dirigida, realmente, provocou necessàriamente uma catástrofe terrível. Os preços tiveram uma alta prodigiosa e o câmbio afundou-se. A República foi condenada à inflação maciça e arruinou sua moeda: em termidor do ano III o "assignat" valia apenas 3%; camponeses e negociantes apenas aceitavam o numerário. A 3 messidor do ano III (21 de junho de 1795), a própria Convenção consagrou a falência do "assignat", reduzindo-lhe o valor nominal, segundo uma "escala de proporção" em relação com

381

as emissões sucessivas; a 2 termidor (20 de julho), ela ordenou o pagamento em espécie da metade do impôsto predial e das rendas de herdade; depois, restabeleceu a patente e a contribuição mobiliária que os montanheses haviam suprimido; foi-lhe preciso também conceder aos funcionários uma escala móvel de gratificação, de acôrdo com o preço do pão. A confusão foi tão brusca, que a vida econômica pareceu ficar suspensa; os salários, naturalmente, não puderam seguir a alta dos preços, e a compressão do mercado, pela redução do poder aquisitivo, chegou até a provocar a suspensão da produção: as minas de Littry, por exemplo, suspenderam a exploração.

A penúria agravou terrìvelmente a crise. As requisições de mercado, mantidas a princípio por um mês, tiveram que ser prorrogadas até o 1.º messidor; mas os camponeses terminaram por não levar mais nada, a fim de não se verem constrangidos a aceitar o "assignat". O govêrno continuou a abastecer Paris, sem conseguir fornecer as rações anunciadas. As outras cidades experimentaram tremenda dificuldade para se abastecerem: elas recomeçaram a comprar do próprio camponês, ou se dirigiram ao estrangeiro; foram-lhes distribuídas algumas subvenções e foi-lhes autorizado contratar empréstimos, com a condição de não recorrer à opressão. Também a regulamentação municipal tornou-se muito mais severa que no ano II, sem chegar, entretanto, a assegurar distribuições suficientes. A miséria dos jornaleiros dos campos, abandonados por todos, foi muitas vêzes assustadora. Como sempre, numerosos camponeses aproveitaram-se da inflação, só vendendo contra numerário, e comprando por "assignats". A inflação arruinou os credores, em benefício dos devedores. Ela desencadeou especulação inaudita, que engendrou "nouveaux riches" e alimentou o luxo das "maravilhosas" e dos "janotas", que contrastava escandalosamente com a miséria das classes populares.

As inexpugnáveis dificuldades provocadas pelo restabelecimento inconsiderado da liberdade econômica reduziram o govêrno a uma extrema fraqueza. Sem recursos, êle encontrou-se quase incapaz de administrar, e a crise acarretou agitações que quase o arrebataram. No início da primavera, a penúria tornou-se tal, que a rebelião reapareceu quase que por tôda parte. Paris agitou-se novamente; os "sans-culottes", que haviam deixado, sem dizer uma palavra, banirem os jacobinos, puseram-se a evocar o regime do ano II, agora que se viam sem trabalho e sem pão. Os termidorianos acusaram os montanheses de impedi-los à revolta em desespêro de causa: a 2 germinal (22 de março), a Convenção encetou a discussão sôbre a acusação de quatro membros dos antigos Comitês; a 8, começou o processo de Fouquier-Tinville e dos jurados do tribunal revolucionário. Os propósitos dos reacionários anunciavam a preparação de uma nova constituição. Da ação dos jacobinos, não se apresentaram quaisquer provas; mas é um fato que os insurretos tomaram como legenda: "Pão e a Constituição de 1793!" A conjuntura de 1789 e de 1793, portanto, reaparecia: a miséria e a agitação política se conjugavam. Mas, desta vez, contra o movimento popular, quase tôda a burguesia se uniu, dos republicanos aos partidários do Antigo Regime: a experiência do ano II lhe havia ensinado a disciplina de classe. Ora, ela mantinha agora o poder. Pelo contrário, a desorganização do partido popular, acentuada pela partida, para o exército, de seus elementos mais jovens e mais ardentes, encontrava-se tão adiantada que a jornada de 12 germinal (1.º de abril) reduziu-se à reunião desorganizada de uma multidão sem armas, que invadiu a Convenção, mas se deixou dispersar pela guarda nacional dos bairros ricos. Daí resultou apenas uma agravação da reação. Na própria noite de 12 para 13, um decreto deportou sem julgamento, para a Guiana, Billaud, Collot, Barère e Vadier; nos dias seguintes, a Convenção ordenou a detenção de uns vinte deputados, entre os quais Cambon. A 21 (10 de abril), ela prescreveu o desarmamento geral dos indivíduos comprometidos nos "horrores da tirania", e, a 27, nomeou comissão de onze membros, encarregada de elaborar uma constituição. A 18 floreal (7 de maio), Fouquier-Tinville e 14 jurados do tribunal revolucionário subiram ao cadafalso.

Barère não foi embarcado; Vadier escondeu-se; Cambon passou para a Suíça. A Planície, inquieta, mostrou-se novamente reticente. Mas, imperando a penúria, a fermentação aumentava, e foi necessário tomar uma providência. A amálgama e o restabelecimento da disciplina haviam recolocado o exército nas mãos do Estado, e julgou-se possível empregá-lo juntamente com a guarda nacional das seções do oeste. Pela primeira vez, depois de 1789, as tropas entraram em Paris e aceitaram combater contra o povo revoltado: as jornadas de prarial iam, assim, marcar uma reviravolta decisiva.

Nesta data, a sublevação mostrou-se mais violenta, mas não menos confusa que a 12 germinal. A 1.º prarial (20 de maio), a multidão invadiu a assembléia e massacrou o representante Féraud. Esperou-se, para repeli-la, que os montanheses ficassem comprometidos; depois, sem dificuldade, ela foi dispersada. A 2, ela permitiu que se pregasse a fraternização. A 3, o exército cercou o bairro Saint-Antoine que, famito e sem armas, se rendeu sem combater no dia seguinte. Era nessa data que se deveria fixar o limite da Revolução: a sua energia tinha sido quebrada.

Desde então, o Terror branco se desencadeou. Uma comissão militar pronunciou trinta condenações capitais, notadamente as de seis montanheses, "os mártires de prarial". A Convenção fêz deter os membros dos antigos Comitês, salvo Carnot e Prieur de la Côte-d'Or, assim como uma dezena de deputados. Na província, terroristas foram executados, como, por exemplo, os membros da comissão de Orange e Lebon; muitos jacobinos, perseguidos, destituídos, molestados, ameaçados, tiveram que fugir. No sudoeste, em Lião, Lons-le-Saulnier e Bourg, em Montbrison e Saint-Étienne, em Aix, Marselha, Nîmes e Tarascon, êles foram massacrados depois de terem sido aprisionados. As companhias de Jesus e do sol caçavam os patriotas como perdizes. Os "sans-culottes" de Toulon tomaram armas e, após sua derrota, uma comissão popular encarregou-se dêles.

Como sempre, a direita associou-se aos rigores das satisfações para seus amigos. A Convenção restituiu os bens dos condenados e dos deportados, anistiou os federalistas, suprimiu o tribunal revolucionário e os certificados de civismo. A 11 prarial (30 de maio), ela devolveu as igrejas aos fiéis; mas, se o restabelecimento do culto acelerou a partir de então o seu progresso, a pacificação religiosa não se realizou. A interdição das manifestações exteriores do culto subsistia realmente e, nas igrejas reabertas, o decreto previa, para as cerimônias decadárias, o culto dos constitucionais e o dos padres romanos, um "simultaneum" que suscitou contínuos conflitos. Além do mais, êle exigia dos ministros do culto uma declaração de submissão às leis: os constitucionais prestaram-se a isso, e reconstituíram sua Igreja, sob a direção de Gregóire; uma parte dos outros seguiu o exemplo do abade Émery, antigo diretor de Saint-Sulpice; mas, aos "submissos", opuseram-se os não-submissos, que continuaram seu proselitismo clandestino.

A Planície alarmou-se novamente. Ela restabeleceu a ordem em Lião; o Comitê de Segurança Geral, malgrado as seções, e as autoridades provinciais começaram a libertar os jacobinos. Mas, o que atemorizava sobretudo os termidorianos, permanecidos republicanos, era que os monarquistas não mais ocultavam suas esperanças. Citavam-se convencionais dispostos a pactuar com êles. Êles continuavam de pés e mãos atados e, sôbre as concessões a oferecer, os monarquistas não entravam em acôrdo. Uns contavam rever a obra da Constituinte e governar sob o nome de Luís XVII; outros pretendiam restabelecer o Antigo Regime. Infelizmente para os monarquistas constitucionais, o menino-rei morreu no Templo, a 20 prarial (8 de junho). O conde de Provence, então em Verona, tomou o nome de Luís XVIII e publicou, em 24 de junho, um manifesto que prometia a punição dos revolucionários e a restauração da ordem antiga. Não restou aos moderados senão entrarem em acôrdo com os termidorianos da Planície, para votarem uma constituição tolerável. Segundo êles, os absolutistas não tinham mais que

384

uma·falta a cometer: recorrer mais uma vez à guerra civil, de acôrdo com o estrangeiro. Era esta exatamente a sua intenção. Em Paris existia uma agência real; em junho, Pichegru, comandante do exército do Reno, foi solicitado; no Franco Condado e no Meio Dia, esforçavam-se por preparar uma sublevação em previsão da invasão. No início de prarial, os "chouans" retomaram as armas, contando com a agência do Conde d'Artois em Jersey e com a expedição que os inglêses anunciavam finalmente. Êles ocupavam mal seu tempo, porque a coalizão se decompunha. Os absolutistas precipitavam-se numa aventura que devia voltar-se a favor da Revolução.

III. *A diplomacia dos termidorianos*

Como a França continuasse em guerra com a Europa, foi ao exército que o deslocamento do govêrno revolucionário, o abandono da economia dirigida, a ruína da moeda, manifestaram suas mais desastrosas conseqüências. Sempre haviam existido insubmissos e desertores; no ano II, êles eram procurados; no ano III foi-lhes permitido voltar a seus lares, figurar nas seções e na juventude dourada, ir ter com os bandos monarquistas e os "chouans". Muitos, certamente, procuravam escusas. A pátria não estava mais em perigo. A guerra parecia suspensa. A miséria dos combatentes ultrapassava em muito a do ano II. Aliás, deixou-se passar o aniversário do recrutamento em massa, sem chamar os celibatários que tinham atingido os 18 anos: apenas os requisitados em 1793 serviriam indefinidamente. Logo, desde o mês de março, para um efetivo nominal de 1.100.000 homens, contavam-se 450.000 presentes e o deficit aumentou no decorrer do verão, embora, no Reno, os franceses terminassem por perder a vantagem do número. Material e equipamento estavam na mesma proporção, as fabricações de materiais de guerra e os transportes eram abandonados a fornecedores, aos quais não se podia pagar.

Felizmente para os termidorianos, a desorganização não produziu em seguida seus efeitos, de modo que êles puderam apossar-se da Holanda e, um pouco mais ainda, da margem esquerda do Reno. Felizmente ainda, se êles se tinham pôsto fora de condições para combater a coalizão, esta se dissolvia por si só; se buscavam a paz, muitos dentre seus inimigos não desejavam outra coisa. Após novembro de 1794, a Prússia negociava em Basiléia; em Paris, o conde Carletti parecia disposto a tratar em nome da Toscana; a Espanha, enfim, tentava parlamentar.

385

Com cada uma dessas potências, os termidorianos pretendiam tratar separadamente, a fim de dividir os aliados, e porque uma negociação geral acarretaria demoras, de que a Inglaterra e a Áustria se poderiam aproveitar. Mas êles contavam também propor à Prússia e à Espanha que se unissem à República: a diplomacia de Danton ressuscitava e, com ela, a tradição antiaustríaca e a do pacto de família. Não havia nisso mal algum. Na primavera de 1793, a política de Danton não oferecia nenhuma perspectiva de sucesso, estando a França vencida e invadida; ilusória, ela agravava o perigo. No momento, a vitória a tornava aceitável. Na verdade, parecia duvidoso que se conseguisse tão cedo unir os reis aos regicidas; mas podia-se tentar.

Que se fizesse a paz ou uma aliança; pretendia-se assim obrigar os outros beligerantes, e antes de todos a Áustria, a deporem as armas. Sua resistência duraria mais ou menos tempo, conforme as condições da França. Seguramente, a Inglaterra cederia por último e, se a Republica pretendia conquistas importantes, passar-se-iam anos, sem dúvida, antes que ela se resignasse. Em 1793, a Convenção tinha-se deixado levar a estender o território até às "fronteiras naturais" e a anexar, além da Sabóia e de Nice, a Bélgica e a margem esquerda do Reno. Provàvelmente o Comitê do ano II não se julgava amarrado por estas resoluções, até que um plebiscito as declarasse constitucionais. Mas, após o 9 termidor, elas prontamente se tornaram joguete dos partidos. Os contra-revolucionários fizeram campanha a favor da paz a qualquer preço — no que agradavam a grande parte da nação — e do abandono das conquistas que lhes impunha sua cumplicidade com o inimigo. Os republicanos, que acusavam de traição êstes preconizadores dos "antigos limites", viram-se inclinados a associar a aquisição das fronteiras naturais e a defesa da Revolução.

A política do Comitê do ano II havia, aliás, aberto o caminho, fazendo apêlo ao sentimento nacional e ordenando tratar como inimigos os povos resignados à servidão. A preocupação da segurança, o interêsse, o espírito de glória uniam-se, desde então, para recomendar que se conservassem as fronteiras naturais, recompensa e garantia da vitória. O exército não teria visto com bons olhos que se renunciasse a elas; ora, êle mantinha na República um lugar cada vez maior; o govêrno revolucionário não o teria licenciado sem dificuldades e, no meio da crise do ano III, o empreendimento se tornava impossível; era aliás no exército que o lealismo republicano melhor se conservava e os termidorianos o chamaram a defender a Convenção. Se esta era mantida tal e qual, era necessário que a guerra a nutrisse. Melhor: ela presentemente abastecia a nação; sob sua proteção, as agências de evacuação despojavam os países ocupa-

386

dos, sem negligenciar os objetos de arte, e o Comitê de Salvação Pública havia determinado fazer ouvidos moucos aos desejos de reunião, porque a anexação imediata teria entravado a operação. Os termidorianos suprimiram as agências jacobinas, que acusavam de pilhagem; uma administração francesa instalou-se em Bruxelas, e outra em Aix-la-Chapelle para a Renânia, dividida em sete distritos; elas se dirigiram às autoridades locais, por via de requisição, mas pagaram em "assignats" e, até 1795, seguindo o preço-teto. O "assignat" recebeu curso também na República batava, e os termidorianos em suas negociações com esta, insistiram principalmente sôbre a indenização de guerra, que devia pôr à sua disposição uma quantidade de letras de câmbio sôbre Gênova e a Suíça, a fim de financiar as campanhas do Reno, e dos Alpes. Após haver esgotado os países ocupados, impunha-se a tentação de anexá-los, para prevenir uma reação antifrancesa, como após o decreto de 15 de dezembro de 1792, e para conquistar outros a fim de se manter o exército e abastecer o Tesouro. Sem dúvida, aumentavam-se assim as dificuldades futuras; mas os termidorianos haviam destruído para si a faculdade de dirigir os acontecimentos.

Êles se abstiveram, entretanto, primeiro que tudo, de invocar as anexações de 1793; durante muito tempo, hesitaram em decidi-las e se dividiram. Não sôbre a Sabóia e Nice que, bem entendido, não fizeram questão, mas sôbre a Bélgica e, muito mais ainda, sôbre a margem esquerda do Reno. Entre a conquista e a renúncia, uma retificação estratégica da fronteira apresentava, com efeito, um meio têrmo, que se recomendava aos moderados, como aos monarquistas constitucionais: reunindo o entre-Sambre-et-Meuse, Namur e Luxemburgo, a França encontrar-se-ia perfeitamente coberta. Todavia, parece que, para a Bélgica, a anexação acarretou a adesão geral dos republicanos; mas, no verão de 1795, a Merlin de Douai e Merlin de Thionville, por exemplo, repugnavam a anexação das populações germânicas da Renânia, que consideravam inassimiláveis; em sentido contrário, pronunciaram-se o alsaciano Reubell, que considerava esta aquisição indispensável para preservar sua província de invasão, e Sieyes, resolvido a atingir o Reno, a fim de aproveitar as compensações que a Prússia receberia para modificar a carta da Alemanha. A incerteza prolongou-se até o pleno Diretório; como os termidorianos não se pronunciaram, tomaram cautela, desde o primeiro momento, de não ficarem de mãos atadas. Mas o tratado de Basiléia com a Prússia, sem nada decidir, orientou-os. Raciocinando como os coligados, êles podiam entender-se com êstes, com a condição de lhes reservar sua parte; os direitos do homem caíam no esquecimento, ou então as vantagens que os povos anexados deveriam usufruir mascaravam a violência que se lhes iria fazer. Não restava mais

387

que restaurar a antiga diplomacia que, pelos artigos secretos, sabia manejar os pudores e dissimular as traições. Tendo tratado com a Toscana, a 19 de fevereiro de 1795, o Comitê conseguiu fazer aprovar pela Convenção o fato consumado e, a 27 ventoso (13 de março), conseguiu obter carta branca para a redação de acordos secretos, que não seriam submetidos a ratificação.

IV. *Os tratados de Basiléia e de Haia (abril-maio 1795)*

Um enviado prussiano, Meyerinck, tinha chegado a Basiléia em 22 de novembro de 1794; mas as negociações se eternizaram, porque, se Frederico Guilherme II queria a paz, não sabia qual. Como sempre, dois partidos se opunham ao seu redor, e êle ia de um para outro. Os ministros, estreitamente ligados aos interêsses territoriais do reino, só tinham olhos para a Polônia, e pretendiam assinar, a qualquer preço, com a França, uma paz imediata, embora separada; êles não queriam defender a Mogúncia e, se os franceses exigiam a margem esquerda do Reno, êles não viam nisso senão pretexto para reclamar amplificação na Alemanha. Haugwitz, sôbre isso tudo, concordava agora com seus colegas. Hardenberg, que administrava então os domínios prussianos de Francônia, sustentava, entretanto, que o rei não podia isolar sua causa da do Império sem perder tôda influência sôbre os príncipes; êle não aceitava senão uma paz geral, ou pelo menos, imperial. A 22 de dezembro, a Dieta pediu que se negociasse por intermédio da Prússia; os príncipes renanos desejavam negociar; a Baviera havia pôsto tôda a má vontade possível em deixar entrar uma guarnição austríaca em Mannheim e ela a secundou tão mal, que a cidade capitulou em 24 de dezembro. Defendendo os interêsses dos príncipes, Hardenberg esperava aumentar a influência da Prússia; mas, para ganhar sua confiança, era preciso afastar, à primeira vista, qualquer desmembramento da Alemanha. Como êle era de origem hanovriana, os ministros o acusavam de ser mais alemão que prussiano: todavia, o soberano, negando-se a se acomodar com regicidas e a abandonar seus aliados, escutava-o com prazer.

Os ministros o suprimiram, todavia, porque os motivos, que haviam decidido Frederico Guilherme a negociar, nada perdiam de sua fôrça: a situação da Prússia apenas piorava no este. Depois da queda de Varsóvia, Catarina II encontrava-se mais uma vez senhora da Polônia; ela aí fazia reinar o terror, aprisionando ou deportando para a Sibéria os nobres patriotas, confiscando-lhes as terras e as dos emigrados, em benefício de seu tesouro e de seus favoritos. Decidida a proceder à terceira e última partilha, para atingir a linha do Bourg,

388

ela não pretendia excluir disso a Prússia, porque teria sido necessário combater, e ela não podia nem queria, pois uma guerra contra a Turquia era melhor negócio; aliás, a solidariedade dos três cúmplices subsistia, malgrado os mais graves desacordos; enfim, Catarina desejava sempre que se esmagasse a Revolução e, para vencer a Prússia, teria tido que deixar a Áustria negociar, também, com a França. Ela não estava menos decidida a reduzir Frederico Guilherme à porção exata, e destinava à Áustria os palatinados de Cracóvia e de Sandomir, de que os prussianos ocupavam uma fração; cerceando sua parte, restabeleceria o equilíbrio entre as duas potências alemãs e se conciliaria novamente o imperador sem que isso nada lhe tivesse custado. Thugut que, após o início do ano, multiplicava os avanços em São Petersburgo, subscrevia adiantado as decisões da czarina; em suas instruções a Luís Cobenzl, em 29 de novembro de 1794, êle reconhecia novamente a segunda-partilha, desde que se lhe concedesse a troca da Baviera pelos Países-Baixos, e um "acréscimo" a ser tomado em França ou, se não fôsse possível, à custa dos venezianos; para a terceira partilha, êle insistiria sôbre a necessidade de reprimir a ambição prussiana e de conceder à Áustria Cracóvia e Sandomir com Lublin e Radom. Entrou-se em acôrdo sem dificuldades e, a 3 de janeiro de 1795, o tratado foi assinado em duas partes: uma, a ser posteriormente anunciada em Berlim, regulava definitivamente a questão polonesa e não concedia a Frederico Guilherme senão Varsóvia com o norte do país até o Niémen e o Bourg; a outra, destinada a permanecer secreta, assegurava à Rússia a aliança da Áustria, numa eventual guerra contra a Turquia. O embaixador da Prússia, Tauentzien, mantido à parte desde o mês de agôsto, não tinha deixado à sua côrte nenhuma dúvida a respeito do que estava sendo preparado. A 8 de dezembro de 1794, Frederico Guilherme decidiu-se então a enviar à Basiléia o conde de Goltz, de bem conhecidas simpatias francófilas. O Comitê de Salvação Pública, antes de autorizar Barthélemy a negociar, exigia que se lhe enviasse um agente; êle queria se render conta, por si mesmo, das disposições da Prússia e, sobretudo, reforçar seu prestígio, mostrando que era ela que solicitava a paz. Harnier veio então a Paris e, a 6 de janeiro de 1795, recebeu comunicação das intenções da República; enfim, por essa mesma época, Mollendorf abandonou Mogúncia e retirou-se para Vestfália. Barthélemy obteve então instruções: elas comportavam a adesão da Prússia à eventual anexação da margem esquerda do Reno. Para obrigá-la a ficar de mãos atadas, o Comitê fazia brilhar aos olhos de Harnier o atrativo das compensações. Barthélemy redigiu um projeto de tratado e, para aplainar ainda mais o caminho, fêz salientar que a cláusula podia permanecer secreta, ficando a cessão necessàriamente adiada até o momento em que o próprio Império assinasse a paz.

Todavia, o rei ainda hesitava. Os inglêses o intrigavam em Berlim, sem fazer, entretanto, as ofertas de dinheiro que teriam conseguido provocar uma reviravolta. Entrementes, Goltz morreu, a 5 de fevereiro de 1795, e Hardenberg o substituiu, escolha que pareceu um sucesso para os adversários da paz. Realmente, êle se esforçou por adiá-la, arranjou-se para só chegar a Basiléia em 18 de março e propôs nôvo arranjo, no sentido de afirmar a neutralidade da Prússia e de associar à sua causa, pelo menos, parte dos príncipes: tratava-se de traçar uma longa linha de demarcação, que fecharia aos beligerantes a Alemanha do Norte, inclusive o Hanôver. O Comitê de Salvação Pública vociferou; ainda a 10 germinal (30 de março), embora sempre tivesse 80.000 prussianos em Vestfália, êle só falava em ultimato. Hardenberg ter-se-ia de bom grado aproveitado desta oposição para ganhar tempo. Mas, a 31 de março, uma carta do rei ordenou-lhe que fizesse a paz imediatamente, se os franceses cedessem: tornava-se urgente levar para a Polônia o exército da Vestfália. Ora, Barthélemy absteve-se de comunicar o ultimato do Comitê e assumiu a responsabilidade de assinar a paz na noite de 15 para 16 germinal (5-6 de abril). Êle o fêz principalmente porque a "jornada" do dia 12 havia determinado o Comitê a mudar de idéia. A alegria foi real: a Prússia era a primeira grande potência que reconhecia a República. Com a reflexão, veio o desaponto: pùblicamente, ela apenas concedia sua neutralidade e mesmo, pela linha de demarcação, ela cobria o Hanôver. Mas Barthélemy fêz observar, com razão, que esta linha protegia também a Holanda e que, por um artigo secreto, Frederico Guilherme abandonava o estatuderato.

De fato, se o Comitê havia ordenado que se interrompessem as negociações de Basiléia, foi porque desconfiava que os holandeses contavam com a Prússia. Os enviados de Daendels e dos Estados Gerais, chegados a Paris em 20 ventoso (10 de março), resistiam corajosamente às impiedosas exigências do Comitê, invocando sua fidelidade à França e a generosidade da República, de que se julgavam responsáveis perante seus compatriotas. A 10 germinal êles receberam um ultimato e, assim que foi conhecido o tratado de Basiléia, Reubell e Sieyes partiram para Haia, onde extirparam dos Estados o tratado de 27 floreal (16 de maio). A Holanda cedia Flandres, Maëstricht, Venloo e contratava com a França uma aliança defensiva e ofensiva; ela aumentaria sua frota e exército, e manteria até à paz um corpo de ocupação de 25.000 homens. Sobretudo, pagaria indenização de 100 milhões de florins. Para sanear sua circulação monenetária, era-lhe necessário ainda reembolsar a si própria de uma trintena de milhões de "assignats". Envolvida na guerra contra a

390

Inglaterra, ela logo se viu despojada de uma parte de sua colônia, e gravemente atingida em seu comércio.

No mesmo instante, abriam-se em Basiléia as conferências entre Barthélemy e Yriarte, o enviado espanhol; negociava-se também em Bayonne. As propostas de Godoy, anteriores à batalha da Montanha Negra, não tendiam a nada menos que à criação de um reino para Luís XVII, no sul da França, e à restauração do catolicismo romano. De seu lado, o Comitê solicitava Guipuzcoa, São Domingos, a Luisiana. A morte de Luís XVII levantou uma primeira dificuldade; depois, Moncey tomou a ofensiva, derrotou o centro espanhol, transportou a ala esquerda para Bilbao, ocupou Vitória e atingiu Miranda, no Ebro. Enfim, a expedição de Quiberon fêz diminuírem as exigências do Comitê. Apressaram-se para concluir a paz em 4 termidor (22 de julho). Ainda uma vez, a França contentou-se, ou pouco se importou, em neutralizar o adversário: ela recebeu apenas a parte espanhola de São Domingos.

Restava saber se agora ir-se-ia negociar com a Áustria. Dêste lado, o sucesso não parecia provável: Thugut acabava de repelir, em messidor, as proposições do Comitê, exageradas como sempre. As circunstâncias, com efeito, favoreciam o chanceler. À noticia da paz de Basiléia, Catarina manifestou a mais viva indignação, e levou 40.000 homens para Kurzeme, recentemente anexada. Pitt, por seu lado, ofereceu aos austríacos, aos quais garantia já um empréstimo em Londres, o dinheiro desastradamente recusado aos prussianos; a 20 de maio, por um nôvo tratado de aliança, convencionou-se um subsídio de 600.000 libras para a manutenção de 200.000 homens; a Rússia acrescentou sua assinatura, a 28 de setembro. Assim apoiado, protegido por seus aliados contra a Prússia, satisfeito com seu lote polonês, Thugut não se julgava completamente incapaz de recuperar a Bélgica. Todavia, a terceira partilha ainda não tinha sido notificada à Prússia e, por outro lado, Thugut cobiçava Veneza: talvez êle tivesse aceito uma partilha dos Países-Baixos. Desde que o Comitê afastava semelhante solução, não poderia pelo menos tentar reduzir a Áustria à impotência, fechando-lhe a Alemanha, de combinação com os príncipes? Hardenberg, após haver assinado, a 28 floreal (17 de maio), a convenção de demarcação, agia neste sentido. A 3 de julho, a Dieta decidiu aceitar os bons ofícios da Prússia para assinar a paz com a França sôbre a base da integridade da Alemanha; a adesão do imperador foi reservada, mas não se podia duvidar de que, se êle recusasse, os príncipes passariam por alto, como fêz, a 28 de agôsto, o landgrave de Hesse-Cassel. Tudo dependia da França, dizia Hardenberg: bastaria que ela renunciasse ao Reno. Barthélemy não pedia melhor e, em prarial e em messidor, o Comitê hesitou: Merlin de Douai não considerava a anexação sem inconvenientes; Aubry, Henry-Larivière, Gamon, Boissy d'Anglas, mais ou menos comprometidos com os monarquistas constitucionais, deviam batalhar pelos antigos limites. Mas, em termidor, Reubell e Sieyes regressaram ao Comitê, onde as anexações recuperaram a maioria, e, neste momento, a tentativa preparada pelos absolutistas e pelos inglêses fortalecia precisamente, entre os convencionais da Planície, o sentimento revolucionário.

V. *Quiberon, o 13 vindimário do ano IV*

Depois do acesso de Windham ao poder, em julho de 1794, o projeto de expedição na Vendéia ou na Bretanha encontrava-se finalmente interdito pelo govêrno britânico. Dundas oponha-se a êle, e Pitt mostrava-se frio. Êle não desdenhava o auxílio que os monarquistas levavam para a coligação e, após outubro de 1794, seu agente Wickham, instalado em Basiléia, bem provido de dinheiro, sustentava, como melhor podia, os absolutistas, bem como os constitucionais. Pessoalmente, Pitt almejava o sucesso dêstes últimos e, como os termidorianos contavam restabelecer um regime eletivo, renascia a esperança de uma restauração pacífica. Se os absolutistas retomassem as armas, não lhe seria nada agradável; previa uma derrota, em lhes sacrificar uma parte de seus magros efetivos. Todavia, cedeu às instâncias de Puisaye que, embora considerado constitucional, se oferecia para recrutar regimentos de emigrados para um golpe de fôrça: êles vieram em parte da Alemanha, e acrescentaram-se-lhes os prisioneiros que consentiram em se engajar.

A frota inglêsa repeliu a esquadra de Villaret, e a divisão de Hervilly pôde desembarcar na península de Quiberon, a 9 messidor (27 de junho), com uniforme inglês. Hervilly e Puisaye disputavam o comando, perdendo tempo, e, além disso, a segunda divisão, a de Sombreuil, não os alcançou a não ser em meados de julho. Informado pelos despachos apreendidos, Hoche frustrou os projetos dos "chouans": êstes não conseguiram senão algumas manobras ousadas e a maior parte da população não se moveu. Os republicanos fecharam a península por um cêrco; depois, nela, penetraram, na noite de 2 para 3 termidor (20-21 de julho): os emigrados foram atirados ao mar ou capturados. A justiça militar fêz fuzilar 748, entre os quais 428 nobres. Outro corpo de desembarque tomou a ilha de Yeu, onde o conde d'Artois resistiu um pouco. Charette voltou à campanha, para auxiliá-lo. Mas o príncipe não se arriscou no continente e, em dezembro, os inglêses reembarcaram a expedição. O resultado durável de todo negócio reduzia-se a uma nova guerra vendeiana.

O alarma havia sido ardente; não se podia mais fechar os olhos ao perigo monarquista. No aniversário de 14 de julho, a "Marselhesa" ressoou novamente e deixou-se os "sans-culottes" e militares darem caça aos "colêtes negros". A Planície, todavia, não rompeu com a direita; o "Reveil du pleuple" conservou seu lugar; a 21 a 22 termidor (8-9 de agôsto), a Convenção decretou a prisão de seis montanheses a mais, entre os quais Fouché. Por outro lado, a discussão do projeto de constituição, apresentado em 5 messidor (23 de junho) por Boissy d'Anglas, prosseguiu de comum acôrdo até 5 frutidor (22 de agôsto); nesse dia, decidiu-se ainda que os deputados acusados ou detidos não poderiam fazer parte do futuro corpo legislativo e, no dia seguinte, suprimiram-se as sociedades populares.

Um plebiscito deveria ratificar a constituição; em seguida, restaria apenas proceder às eleições. Foi então que, estimulados pela preocupação da conservação pessoal, os termidorianos republicanos descobriram que os monarquistas mais perigosos não eram os que combatiam a República pelas armas, e sim aquêles que se preparavam para serem eleitos no lugar dos convencionais. Era em vão que haviam suprimido os montanheses: a Convenção permanecia solidária com tudo que se havia feito em seu nome e, para esmagar os terroristas, um termidoriano regicida não valia um monarquista, mesmo disfarçado. De resto, a crise monetária e a penúria teriam levado ao desastre qualquer maioria. A inflação prosseguia seu curso torrencial: no momento da supressão do preço-teto, calculava-se o papel em circulação em cêrca de 8 biliões; em 1.º brumário (23 de outubro de 1795), êle era estimado em 20. Após a colheita, medíocre em mais de uma região, tinha sido necessário restabelecer a obrigação da venda sôbre os mercados e a requisição, para abastecer êstes últimos; a lei de 7 vindimário do ano IV (29 de setembro), que subsistiu até 1797, tornou a pôr em vigor, no que concernia aos cereais, o arsenal do ano II, com exceção da taxação. Uma impopularidade prodigiosa ligava-se à assembléia.

Em conseqüência, nos dias 5 e 13 frutidor do ano III (22 e 30 de agôsto de 1795), ela decidiu que dois-terços dos futuros deputados, ou sejam, 500, seriam tirados de seu corpo e, não se podendo estabelecer um acôrdo a respeito da maneira de designá-los, abandonou-se a escolha aos eleitores, acrescentando que, se êles não respeitassem a proporção, os convencionais reeleitos se completariam por cooptação. Assim, embora não tenha prevalecido senão no ano VIII, o processo de cooptação já predispunha os espíritos, como próprio a afastar os democratas e os monarquistas, em benefício dos "notáveis" ligados à Revolução e à República. Mas, votando a constituição, a direita havia precisamente esperado que as eleições lhe dessem o poder e, em tôda a França, seus partidários juntaram aos dela os seus protestos veementes.

Embora a constituição restabelecesse o regime censitário, restabeleceu-se, para o plebiscito, o sufrágio universal; o exército e a marinha nêle participaram. O resultado foi favorável. Como, malgrado tudo, o nôvo regime os desembaraçaria da Convenção, muitos oponentes, provàvelmente, se resignaram em aprovar ou em se abster. A 1.º vindimário do ano IV (23 de setembro de 1795), a Convenção declarou aceita a constituição, assim como os decretos anexos.

Em Paris, a fermentação crescia. A seção Lepeletier, isto é, o bairro da Bôlsa, o dos bancos e dos especuladores, assumia a direção e arrastava os outros; ela propôs constituir um comitê central e convidou, não sem sucesso, as assembléias primárias de tôda a República a imitarem a capital. Em Châteauneuf-en-Thimerais, a 27 frutidor (17 de setembro), declarou-se a insurreição. Assim ameaçada, a Planície rompeu com a direita: ela confirmou os decretos que visavam os emigrados e os refratários; votou, em 7 vindimário do ano IV (29 de setembro de 1795), uma nova lei de policiamento do culto, que obrigava os padres a reconhecerem a soberania do povo e instituía penalidades contra aquêles que atacavam a venda dos bens nacionais ou pregavam o restabelecimento da monarquia. Ela não desdenhou mais o apoio dos "sans-culottes": a 12 vindimário (4 de outubro), revogou o desarmamento dos terroristas. Esta última medida desencadeou o incêndio. Os monarquistas dirigiram a insurreição de 13 vindimário; mas todos aquêles que temiam a volta do govêrno revolucionário os seguiram.

Ainda uma vez, o exército interveio. Tendo Menou, seu chefe, dirigido os oposicionistas, Barras encarregou-se novamente da salvação da Convenção. Dos companheiros que convocou, foi Bonaparte, então em disponibilidade, que teve a ação decisiva: êle esmagou a revolta e assegurou, assim, sua sorte. A repressão foi benigna: fuzilaram-se apenas dois dos chefes. O acontecimento não teve mesmo conseqüências importantes. A guarda nacional foi desarmada; Paris permaneceu ocupada militarmente: seu papel revolucionário tinha chegado ao fim. A Planície manifestou algum rancor contra a direita: três dos membros desta foram detidos. Fréron dirigiu-se para a Provença para reprimir o terror branco. As eleições, começadas a 20 vindimário (12 de outubro), não tendo conservado, acreditava-se, senão 379 convencionais, quase todos da direita ou mesmo suspeitos de monarquismo, alguns falaram em cassá-los, e Tallien reclamou medidas de "ordem pública". A estas palavras temíveis, a efervescência diminuiu e, mesmo, foi apenas no último minuto, a 4 brumário (26 de outubro), que os convencionais concederam a

394

anistia, que salvou seus colegas precedentemente detidos, e numerosos terroristas. Todavia, da mesma maneira que no dia 9 termidor, a união de todos os patriotas contra os monarquistas e a Igreja romana reapareceu na ordem do dia, e o regime diretorial abriu-se sob êstes auspícios.

Mas as conseqüências do assalto monarquista não pararam aí: a reviravolta republicana exerceu profunda influência sôbre a política externa.

VI. *A campanha de 1795 e a anexação da Bélgica*

As condições de existência dos soldados piorando sempre, e faltando material, Jourdan, na chefia do exército de Sambre-et-Meuse, e Pichegru, passado à do Reno, permaneciam imóveis após o inverno. A impotência dos termidorianos foi ali agravada pela traição de Pichegru, que aceitava agora os subsídios do príncipe de Condé. Êste nada ganhou com seu dinheiro, pois o general não ousou libertar Huningue. Pelo menos auxiliou o inimigo abstendo-se, ao contrário de Jourdan, de usar dos poucos meios de que dispunha para preparar a ofensiva.

Em agôsto, todavia, chegou a hora de tomar partido. O imperador acabava de aprovar o voto da Dieta em favor de uma paz que respeitaria a integridade da Alemanha; Hardenberg repetia que a Prússia não podia aliar-se à França, se esta não renunciasse ao Reno. Todavia, o regulamento da partilha da Polônia abria a discórdia entre os austro-prussianos: o tratado de 3 de janeiro tendo sido finalmente notificado a Berlim em 3 de agôsto, cenas violentas assinalaram a conferência que se seguiu. O Comitê de Salvação Pública podia tentar a aliança da Prússia, abandonando a Renânia, ou fazer um tratado com a Áustria, contentando-se com uma retificação de fronteira nos Países-Baixos. Como prevalecia a tendência anexionista, reforçada pelo despertar do espírito revolucionário após Quiberon, não lhe restava senão combater. Ordens formais foram dadas finalmente aos generais.

A 20 frutidor (6 de setembro), Joudan atravessou o Reno, e Clerfayt, recuando para além do Mein, descobriu Mogúncia; desembocando de Mannheim, Pichegru podia tomá-lo pela retaguarda; não tendo concentrado suas tropas, êle só avançou duas pequenas divisões que, resolutamente atacadas, foram derrotadas. Após sua entrevista de 27 de setembro, os dois generais solicitaram ao Comitê instruções, que não lhes foram dadas.

395

Faz-se necessário acreditar que o Comitê estava muito ocupado em vigiar as seções parisienses. E, todavia, êle encontrou tempo para preparar a anexação da Bélgica. Merlin de Douai a propôs e Carnot deu sua adesão. A direita protestou: "Como o Comitê se transforma em órgão dos facínoras?", protestou Lesage, inculpando os montanheses e esquecendo-se de que a iniciativa das anexações pertencia à Gironda. A Convenção adotou a proposição, em 9 vindimário do ano IV (1.º de outubro de 1795). Merlin se havia, além disso, pronunciado em favor da fronteira do Reno, adiando todavia a decisão até à paz geral.

Logo depois, os acontecimentos demonstraram que esta paz não seria feita tão ràpidamente. No início de outubro, Wurmser, vindo do Alto-Reno, surgiu diante de Mannheim; Clerfayt pôde repelir Jourdan, que tornou a passar o Reno, e derrotar as tropas que bloqueavam Mogúncia. Pichegru absteve-se de intervir. Em novembro, os austríacos, voltando-se contra êle, invadiram o Palatinado, repeliram os franceses até o Queich e retomaram Mannheim. Durante êsse tempo, a Rússia aderia à coligação anglo-austríaca, e o rei da Prússia se resignava, em 24 de outubro, em se contentar com a parte que lhe reservavam: Varsóvia e o país ao norte do Narev. Thugut, tranqüilizado no leste, vitorioso no oeste e reinstalado à margem esquerda do Reno, só pensava em preparar a campanha da primavera. Os termidorianos, incapazes de impor a paz geral de mãos armadas, a haviam afastado, orientando-se pelas anexações. E a constituição, que êles punham em vigor, poderia sustentar a prova da guerra?

VII. A *Constituição do ano III*

A Convenção cercou sua existência de palinódias que se inscrevem entre as mais brilhantes da história das assembléias, e seguiu políticas tão contraditórias, que parece impossível, à primeira vista, encontrar-lhes um traço comum. Todavia elas têm um: a vontade do Terceiro Estado de confirmar a vitória alcançada em 1789 contra a aristocracia. Assim, entre a Constituinte e a Convenção, a ruptura é menos profunda do que se disse e, dêste ponto de vista, a solidariedade revolucionária estende-se até os montanheses.

Mas, aos olhos dêstes últimos, a guerra civil e estrangeira exigia um govêrno autoritário e, enquanto durasse, condenava a Revolução à ditadura. Apoiando-se sôbre os "sans-culottes" para instituí-la, êles esboçaram, por outro lado, uma democracia social. O Terceiro Estado se dissociou. A Revolução de 1789, no pensamento dos cons-

396

tituintes, estabelecia a liberdade e conferia o poder político e social à alta burguesia. A maioria da Convenção não a concebia de outro modo. Dêste ponto, revela-se a importância da reação termidoriana: mais que os jacobinos, ela renovou a tradição da Constituinte. Monarquistas constitucionais e termidorianos republicanos se dividiam, sem dúvida, quanto ao título e às atribuições do chefe do poder executivo; mas, elaborando a Constituição do ano III, êles concordaram sôbre a necessidade de restabelecer um govêrno eletivo e liberal como sôbre a atribuição aos "notáveis", quer dizer aos proprietários" pelo menos abastados, da direção política e econômica do país. "Nós devemos ser governados pelos melhores, diz Boissy d'Anglas; os melhores são os mais instruídos e os mais interessados na manutenção da leis. Ora, com muito poucas exceções, não encontrareis homens semelhantes senão entre aquêles que possuem uma propriedade, são ligados ao país que a contém, às leis que a protegem, à tranqüilidade que a conserva, e que devem a esta propriedade e à abastança que ela fornece, a educação que os tornou hábeis a discutir, com sagacidade e precisão, as vantagens e os inconvenientes das leis que fixam o destino da pátria... Um país governado pelos proprietários está na ordem social, aquêle em que os não-proprietários governam está no estado de natureza."

Esta concepção havia exercido certa influência sôbre a obra positiva dos termidorianos, que foi considerável. Fiéis ao espírito do século XVIII, êles continuaram sem dúvida, como os montanheses, a preparação do código civil e do sistema métrico. Do mesmo modo, prosseguiram a criação ou a restauração das organizações de pesquisa e de ensino superior: Bureau de longitudes, Museu, Museu dos monumentos franceses, Escola Politécnica, Escola de Medicina; nas vésperas de sua separação, êles decidiram fundar o Instituto de França. Mas as escolas centrais, que determinaram fôssem abertas em cada departamento, para preparar discípulos, não convinham senão aos adolescentes da burguesia e, após haver, no ano III, restringido o número de escolas primárias públicas, êles as consagraram à ruína, suprimindo a gratificação dos preceptores, em 3 brumário do ano IV (25 de outubro de 1795). A penúria do Tesouro fornecia um pretexto; mas, como Boissy d'Anglas, muitos consideravam imprudente favorecer a formação de uma "minoria parasita e ambiciosa" de pobres instruídos. O motivo financeiro acarretou também o abandono da "beneficência nacional". Se o segundo projeto de código civil não continuou, votou-se um código hipotecário; atenuaram-se as leis sucessórias do ano II; cessou-se de dividir os bens nacionais; falou-se em suspender a partilha dos comunais.

A Constituição do ano III coroou a reação e preparou o progresso. Da nova declaração de direitos que a precedia, eliminou-se, como de alcance perigoso, o famoso artigo: "Os homens nascem e vivem livres e iguais em direitos"; tomou-se cuidado em precisar que "a igualdade consiste no fato de ser a lei a mesma para todos". Desapareceram também os artigos da declaração de 1793, que se consideravam capazes de justificar a democracia social, enquanto a liberdade econômica, não se precisa dizer, foi expressamente confirmada. Enfim, acrescentou-se uma declaração dos deveres dos cidadãos, embora se denegasse a uma parte dos cidadãos o direito de participar da confecção de leis, que todos eram obrigados a respeitar.

O sufrágio cessou, com efeito, de ser universal. Os termidorianos, é verdade, mostraram-se em alguns pontos mais democratas que os constituintes: se suprimiram o referendo legislativo e restabeleceram o regime representativo puro e simples, mantiveram, entretanto, a consulta popular em matéria constitucional, não exigiram dos cidadãos ativos senão uma contribuição qualquer e admitiram, mesmo, um pagamento voluntário. Mas não era senão aparência, porque o sufrágio permanecia em dois graus, e os eleitores designados pelos cidadãos ativos deviam ser proprietários de um bem que tivesse o valor de duzentas jornadas de trabalho nas comunas de 6.000 habitantes ou mais, locatários de uma habitação de um aluguel de cento e cinqüenta jornadas ou de uma exploração rural de uma renda de duzentos: 30.000 eleitores mais ou menos, inevitàvelmente escolhidos entre os notáveis, constituíam, portanto, o "país legal". Êles elegiam, sem condição de censo, um Corpo legislativo, que se dividia em dois Conselhos, não oferecendo mais o bicameralismo inconveniente, agora que não se temia mais a aparição de uma Câmara dos Lordes. O Conselho dos Quinhentos, seus membros, no mínimo, com 30 anos de idade, votava "resoluções"' que o Conselho dos Anciãos, em número de 250, no mínimo com 40 anos de idade, casados ou viúvos, transformava em leis, se isso lhes conviesse. O govêrno foi confiado a um "Diretório" de cinco membros, também com 40 anos de idade, pelo menos, e designados pelos Anciãos sôbre uma lista de dez, elaborada pelos Quinhentos. Êste Diretório nomeava ministros, que dependiam apenas dêle.

Contra os jacobinos e contra-revolucionários, os termidorianos tomaram suas precauções. Os primeiros, sobretudo, pareciam visados. Nada de prefeito, nem de "Comuna" em Paris e nas grandes cidades, mas várias municipalidades; uma guarda militar protegerá o govêrno e os Conselhos, que os Anciãos, todavia, podem transferir para fora da capital. Autorizando novamente os clubes, reduzem-nos a simples reuniões públicas. O Corpo legislativo obtém faculdade de suspender a liberdade da imprensa por um ano e de permitir as visitas domiciliares; o Diretório de fazer deter, sem intervenção da justiça, qualquer suspeito de conspiração. Todavia, a guerra civil prosseguindo, os contra-revolucionários ficaram sendo os mais maltratados: as leis de exceção subsistiram contra os emigrados e os padres; a lei de 3 brumário do ano IV (25 de outubro de 1795) fêz ainda mais: interditou as funções públicas aos parentes dos emigrados, cujos bens permaneciam sequestrados, assim como aos "vindimaristas". De resto, as disposições dirigidas contra os jacobinos ameaçavam igualmente os monarquistas, fôssem êstes absolutistas ou constitucionais.

Em definitivo, os termidorianos pretendiam que a República vivesse, afastando aquêles que a haviam fundado; que fôsse burguesa, recusando o poder a uma parte da burguesia; que permanecesse autoritária, dizendo-se liberal. Seus adversários os cumularam de sarcasmos, e como iriam êles encontrar partidários, agora que a Convenção legava aos franceses a bancarrota e a guerra? De que foi um jôgo, para os termidorianos, entregarem-se ao regime eletivo, o decreto dos dois-terços nos fornece a melhor prova. Enquanto censuravam os montanheses por haverem estabelecido a ditadura, suspendendo as eleições, êles não restabeleceram estas últimas senão acautelando-se para burlá-las; pouco faltava para que tivessem chegado à pura e simples cooptação. Se os futuros escrutínios marcassem sua derrota, êles não se manteriam senão por um golpe de Estado, que restabeleceria a ditadura.

A guerra continuando no interior e nas fronteiras, era mais uma jogada para se combinar tudo e recusar ao govêrno a estabilidade, a prontidão na decisão, a energia na ação. A eleição reaparecia todos os anos, para renovar os Conselhos em um têrço, as Municipalidades pela metade, o Diretório e as administrações departamentais em um quinto. E sobretudo, a burguesia, para se precaver contra a onipotência do Estado, multiplicava os podêres independentes uns dos outros. O perigo foi apercebido, e a Constituição concedeu aos Diretórios atribuições extensas: o "poder regulamentar", quer dizer, o direito de fazer decretos que êle estendia ao infinito, a diplomacia, a guerra, a polícia geral, o domínio sôbre a administração provincial. Se a descentralização reapareceu, administrações departamentais e municipais tornando-se novamente eletivas, concentrou-se a autoridade, e reforçou-se o contrôle governamental. Na capital do departamento não haveria senão uma "administração central" de cinco membros; o distrito desaparecia; as cidades de mais de 5.000 habitantes seriam reduzidas a oficiais municipais, as outras comunas a um agente e seu adjunto, formando-se a Municipalidade, na sede de um cantão, pela reunião de agentes. O Diretório podia cassar sem apelação as deliberações das administrações locais, destituir seus membros e substituí-los, se não restasse nenhum, intervindo a cooptação em caso contrário; êle nomeava junto a cada uma delas um comissário, escolhido em sua jurisdição. Todavia, êste regime estava longe da centralização jacobina ou consular. O impôsto permanecia nas mãos das administrações eleitas, e o Diretório não dispunha da Tesouraria. A menos que recorresse às comissões militares, faltar-lhe-ia a fôrça coativa, porque os juízes continuavam a ser eleitos. Mas o pior era que nada, entre o Diretório e os Conselhos, garantia a cooperação. O primeiro não possuía a iniciativa legislativa e não se comunicava com os segundos a não ser por mensagem; não podia transferi-los, nem dissolvê-los; recìprocamente, os Conselhos, a menos que recusassem o orçamento ou acusassem os detentores do poder executivo, não possuíam nenhum meio de sujeitá-lo aos seus pontos de vista; êles não tinham, mesmo, nenhuma ligação com os ministros. Poder-se-ia pelo menos revisar a Constituição? Sim, mas seria necessário que se passassem pelo menos seis anos. Para modificá-la, será necessário um nôvo golpe de Estado: ela não sobreviverá a isso.

Livro quinto

A OFENSIVA
CONQUISTADORA
DA REVOLUÇÃO

Primeiro capítulo

A EUROPA
E A REVOLUÇÃO
NO FINAL DE 1795

Os tratados de Basiléia marcam uma reviravolta no conflito da Revolução e da Europa aristocrática. Até então, esta última, quase unânime, atacava a França de todos os lados. Conseguiria ela defender-se? A seus inimigos, que a consideravam perdida, o govêrno revolucionário provou que se-enganavam. Daí para diante, é a República, vitoriosa e ampliada, que toma a ofensiva, no meio de uma Europa dividida. Saberá ela vencer, sob a direção dos termidorianos? A esperança desperta entre os vencidos de ontem.

I. *Os neutros e os coligados*

A Prússia, a Espanha e a Toscana tinham voltado para a neutralidade de que a Suíça, os escandinavos, Gênova e Veneza haviam tirado proveito. A Prússia sobretudo, agrupando ao seu redor os príncipes atrás da linha de demarcação, felicitava-se por esboçar uma confederação da Alemanha do Norte que, de fato, desmembrava o Império, em seu benefício. Quanto à Holanda, encontrava-se nas mãos dos franceses. A coligação, restaurada no fim do verão de 1795, não contava mais como beligerantes sérios senão a Inglaterra e a Áustria.

O centro de ação operário tinha sido sempre a Inglaterra, que pagava aos continentais para que continuassem a se bater, enquanto consagrava suas tropas e seus navios a assegurar para si o domínio dos mares e a possessão das colônias. Mas Catarina II também pensava, antes de mais nada, em seus próprios interêsses, de sorte que sua aliança permanecia nominal: pregando sempre a cruzada contra a Revolução, ela para aí enviava os outros, enquanto se limitava a

403

dar um pouco de dinheiro aos austríacos e a expedir alguns navios para o Mar do Norte e para a Mancha. Os príncipes da Alemanha do Sul não aguardavam senão a invasão, para capitular; a Sardenha os imitaria, se as tropas austríacas se afastassem; os outros Estados italianos mantinham-se à distância dos campos de batalha. Assim, os exércitos da República não teriam trabalho, senão com os de Habsburgo.

Ora, Viena e Londres não se entendiam perfeitamente. O que a Inglaterra solicitava à Áustria, era retomar da França a Bélgica e e a Holanda. Fora disso, que ela tomasse o que pudesse. Precisa-- mente, Thugut tinha pouco interêsse nos Países-Baixos; mesmo a Alemanha o preocupava menos que a Itália, e suas vistas se diri- giam de preferência para as possessões venezianas: não mais que a Prússia, o Estado dos habsburgos, dinástico e, por natureza, polimor- fo, não teria de que se lamentar desta guerra, se substituísse a Bél- gica longínqua, senão pela Baviera, pelo menos pelos territórios da Sereníssima. A partilha da Polônia concluída, e prometidos os sub- sídios, êle não teria encarado a paz, a não ser que os franceses tives- sem renunciado a suas conquistas e lhe tivessem deixado as mãos livres.

Tal não era, absolutamente, o caso da Inglaterra, no final de 1795. Não que se sentisse pessoalmente ameaçada: semelhante temor só nasceu após Campomorfio e apenas então o esfôrço se inteiriçou. A guerra, por outro lado, favorecia a classe dirigente. Enfim, Windham e Grenville, de acôrdo com o rei, queriam que se resistisse e que, prosseguindo a cruzada pregada por Burke, se desembaraçasse o mundo dos perturbadores da ordem social. Mas Pitt mostrava-se de- sassossegado. Sem falar das decepções de Quiberon e do 13 vin- dimário, as perspectivas continentais não pareciam brilhantes: para reconquistar a Bélgica, Thugut reclamava um exército russo, a pro- messa de uma amplificação à custa da Holanda e da França, a pro- messa de que o Escalda e Antuérpia permaneceriam de livre acesso. A situação interior, sobretudo, tornava-se sombria. Até então, tendo sido eliminada a concorrência francesa o comércio britânico prospe- rava; se a dívida crescia, as finanças pareciam íntegras, e não se ima- ginava que o Banco de Londres pudesse quebrar. A conquista re- publicana e os tratados de Basiléia mudavam a face das coisas; vastos mercados escapavam à Grã-Bretanhá e, entre os neturos, a concor- rência do comércio francês renascia. Além disso, a colheita de 1795 tinha sido péssima: as massas populares, exasperadas, se agitavam; comícios enormes se sucediam e, a 29 de outubro, indo abrir a sessão parlamentar, Jorge III viu sua carruagem apedrejada. A fala do trono deu a entender que o govêrno aceitaria negociar, se a França o propusesse.

404

II. As disposições dos termidorianos

A Constituição do ano II interditava ao Diretório, se realizasse acordos secretos, de inscrever a alienação de qualquer parte do território da República, cuja composição ela indicava, compreendidas as colônias, com exceção do Senegal esquecido. Na opinião dos termidorianos, esta prescrição valia também para os tratados submetidos à ratificação dos Conselhos: a êste respeito, êles pensavam como os jacobinos. Indo mais longe, sustentavam que a lei de 9 vindimário do ano IV encontrava-se implìcitamente ratificada pelo plebiscito, ao mesmo tempo que a Constituição, de sorte que os nove departamentos da antiga Bélgica retornavam para os "limites constitucionais". Desde então, como se acomodar com a Inglaterra? O resultado provou, todavia, que era possível, com a condição de que, no mar e nas colônias, ela fôsse satisfeita e também que a paz continental parecesse sòlidamente estabelecida. Mas as franceses sonhavam tanto menos em reconhecer o império do mundo à "pérfida Albion", quanto sua ignorância dos recursos do capitalismo lhes fazia sempre encarar a potência britânica, fundada sôbre o crédito e a exportação, como um colosso com pés de argila. De resto, já senhores da Holanda e do Banco de Amsterdão, êles contavam ganhar logo mais o apoio da Espanha.

Quando à paz continental, outra concepção dos limites, a das "fronteiras naturais", arriscava tornar-se-lhe um obstáculo, pois Thugut não pretendia arruinar a autoridade imperial, abandonando a Renânia. Todavia, a opinião dos termidorianos, a êste respeito, não apresentava a mesma unidade, tanto mais que os resultados desastrosos da campanha do outono de 1795 esfriavam muitos dêles. Posteriormente, os Conselhos e o próprio Diretório, malgrado Reubell, mostraram-se muito reservados. Em todo caso, ninguém pensava ainda em ultrapassar as fronteiras naturais e em despertar a propaganda girondina ou hebertista. Mas, por enquanto, os termidorianos julgavam que não convinha à República, aumentada e esperando a aliança da Prússia e da Espanha, moderar oficialmente suas ambições.

Havia-se voltado plenamente à diplomacia tradicional. Cada uma das duas partes, inclinando-se a almejar a paz, esperava que a outra desse o primeiro passo, e revelava um complexo de inferioridade. As tentativas oficiosas de negociações ficaram sem efeito: tudo dependia da próxima campanha, mas também, no espírito dos coligados, da maneira pela qual seria aplicada, em França, a Constituição do ano III.

405

Segundo capítulo   # O PRIMEIRO DIRETÓRIO

A 4 brumário do ano IV (26 de outubro de 1795), os termidorianos abandonaram o poder e o retomaram incontinenti: termidorianos e diretoriais, é tudo uma só coisa: mesmos homens, mesmos fins, mesmos meios. Destruindo o govêrno revolucionário e perseguindo os jacobinos, êles haviam saído do decreto dos dois-terços e das leis de exceção. A história do primeiro Diretório responde a êstes presságios.

I. *A instalação do Diretório*

Em cada departamento, a assembléia eleitoral, respeitando os decretos, havia primeiro elaborado uma lista "principal" de convencionais: os que comporiam os dois-terços da deputação. Mas, como se previa que os mais conhecidos dos reacionários e dos moderados se veriam designados em muitas circunscrições — de fato, 39 departamentos nomearam Lanjuinais, 37, Henry-Larivière, e 36, Boissy d'Anglas — estava determinado que se estabelecesse uma lista "suplementar", três vêzes mais numerosa, de onde se tirariam, na ordem resultante do escrutínio, convencionais que completassem os vazios deixados pelas opções. Após o que os eleitores nomeavam o nôvo têrço, com tôda liberdade: com apenas quatro exceções, os que tiveram seus mandatos extintos foram afastados.

Transportando-se à lista oficial de 6 brumário, os historiadores repetiram que apenas 379 convencionais haviam sido designados: ora, nesta data, não se conheciam todos os resultados, e as operações eram tão complicadas, que muito poucos contemporâneos chegaram, sem dúvida, a uma enumeração rigorosamente exata. As pesquisas ainda inéditas de J. Suratteau estabelecem que, na realidade, 413 convencionais entraram nos novos Conselhos: 394, que mantiveram as assembléias eleitorais e os 19 representantes da Córsega e das colônias, cujo mandato havia sido prorrogado por uma lei. Como o corpo legislativo devia compreender 500, ficava-se, todavia, longe da conta; os deputados reeleitos, constituídos em "assembléia eleitoral da França", forneceram o complemento, revelando, nas listas suplementares elaboradas nos departamentos, aquêles de seus colegas que êles acreditavam mantidos em suspenso, sem se preocupar com o desequilíbrio que devia resultar da repartição geográfica das cadeiras: nomearam 105, dos quais 11 já estavam eleitos, de sorte que apenas 94 foram efetivamente mantidos. Ao acrescentaram-se-lhes 4 outros, os Conselhos diretoriais receberam, no total, 511 convencionais.

As assembléias eleitorais tinham geralmente preferido os mais apagados; o contingente da assembléia eleitoral da França favoreceu um pouco mais à esquerda, enquanto o nôvo têrço reforçou a direita: monarquistas constitucionais ou contra-revolucionários evidentes. Feitas tôdas as contas, permaneceram no lugar mais regicidas do que se disse: 158, além de 37 que, após haverem votado a morte, se haviam pronunciado pelo "sursis"; convém observar, todavia, que alguns já haviam mudado de campo. Dos deputados cuja opinião pode ser determinada com alguma segurança, 305 eram francamente republicanos — aliás, na maior parte, termidorianos — e 158 monarquistas, na maioria liberais; entre êstes dois grupos, 226 contavam como ligados à Constituição do ano III, desde, entretanto, que o regime adotasse uma política moderada. Os termidorianos não podiam, portanto, governar sem o apoio dêstes últimos: disso resultou que, como após o 9 termidor, êles tiveram que manejá-los ao sabor das circunstâncias, a fim de evitar o pior. No momento, sua vitória de 13 vindimiário acarretava a confusão entre seus adversários e impressionava os moderados; também êles conseguiram ditar a escolha dos diretores, que era de interêsse capital.

Os Quinhentos apresentaram uma lista de personagens de segundo plano, com exceção de cinco regicidas, cujo valor se impunha aos anciãos: La Revellière, Reubell, Letourneur, Barras e Sieyes. Êste último recusou: em termidor, ele havia proposto a inserção, na Constituição, de artigos que enfraqueciam ainda mais a autoridade do Estado e, não perdoando sua derrota ao nôvo regime, manteve-se à parte, para se transformar em seu coveiro. Em seu lugar, levou-se Carnot. Êste Diretório mostrava-se tão pouco coerente quanto o Comitê de Salvação Pública. De um lado, Reubell, a cabeça mais forte do grupo, e La Revellière, homem honesto, sem talento nem prestígio, que estavam longe, aliás, do perfeito acôrdo, o primeiro antigo montanhês, e o segundo girondino violentamente antijacobino. No lado oposto, Carnot, sustentado por Letourneur: desconfiando-se de que nutria simpatias pelos democratas, era aceito para conduzir a guerra; mas seu espírito conservador e autoritário, ia pelo contrário, impeli-lo para a direita. Entre êles, o visconde de Barras, o "salvador" do 9 termidor e do 13 vindimário, promovido como tal, e sôbre o qual ninguém podia julgar-se seguro, porque êle apenas pensava em si, cercava-se de homens viciados e de mulheres perdidas e passava, não sem motivos, por venal.

Êstes cinco homens organizaram um secretariado, do qual herdará Bonaparte, e proveram seis ministérios, aos quais se acrescenta em seguida um sétimo: o da Polícia geral. Merlin de Douai recebeu a Justiça, depois a Polícia que, posteriormente, cedeu a Cochon; Ramel-Nogaret logo anuiu às Finanças, que conservou até o ano VII. Muito mais difícil foi a constituição das administrações locais e dos tribunais. Numerosas assembléias eleitorais, não podendo funcionar senão 'durante dez dias, não tinham terminado sua tarefa, e a Constituição lhes proibia qualquer reunião extraordinária. Os Conselhos resignaram-se a encarregar o Diretório de prover às vagas. Multiplicando-se as recusas, as demissões, as destituições, êle atribuiu a si a escolha dos substitutos, quando a maioria dos membros de um corpo desaparecia. Seu poder aumentou assim, sem contar que seus decretos invadiram a competência dos Conselhos, que protestaram em vão.

A guerra civil continuava. Hoche venceu Charette e Stofflet, que foi fuzilado, depois os "chouans", desarmando metòdicamente a população; em junho, pôde-se dissolver o exército do Oeste, mas sobraram grupos esparsos de insurretos, que voltaram à pilhagem. Durante algumas semanas, a união dos republicanos tinha, portanto, permanecido na ordem do dia: o govêrno deixou os jacobinos reabrirem seus clubes, principalmente o do Panthéon, e publicarem seus jornais, notadamente o "Tribun du Peuple" de Babeuf; foram-lhes concedidas funções públicas. Mas a crise monetária não tardou a romper o acôrdo.

II. A crise monetária e a conspiração dos Iguais

No momento em que o Diretório se instalava, a inflação tocava seu último período: o "assignat" de 100 francos valia 15 "sous" e os preços subiam de hora em hora. Foi necessário suspender a venda dos bens nacionais e, por uma moratória, salvar os credores da ruína. Em quatro meses, a emissão dobrou, e atingiu 39 bilhões; imprimia-se durante a noite os bilhetes da manhã seguinte. Os Conselhos aceitaram um empréstimo forçado; mas em vão, porque os fundos só tornaram a entrar muito tempo depois. A 30 pluvioso (18 de fevereiro de 1796), abandonou-se o "assignat".

408

O imediato regresso ao numerário parecia impossível, porque dêle só circulavam 300 milhões, segundo se dizia, em lugar dos 2 bilhões, pelo menos, de 1789. Os financistas ofereceram-se para criar um banco que, tomando a seu cargo a venda dos bens nacionais, garantiria assim suas notas e concederia adiantamentos à República; seu desígnio é explicado pela vantagem, para êles, de dispor de um superbanco capaz de retomar os efeitos comerciais que êles descontavam a seus clientes e de lhes permitir, assim, aumentar o volume de seus negócios. Esta tentativa abortou: se se recorresse a nôvo papel-moeda, os Conselhos queriam ser senhores dêle. A 28 ventoso (18 de março), êles criaram 2.400 milhões de "mandados territoriais", válidos para a aquisição de bens nacionais e contentando-se com uma submissão e uma avaliação, sem leilões; 600 milhões reembolsariam os "assignats" a 30 por 1; o resto iria para o Tesouro. Ninguém confiou nos mandados territoriais, e a troca não se teria podido manter, a não ser com o auxílio de créditos estrangeiros. Em julho, o papel não encontrava mais comprador. Resolveu-se, então, retornar ao numerário, e o principal resultado do expediente foi a dilapidação da maior parte dos bens nacionais ainda disponíveis em benefício da burguesia e dos especuladores.

O inverno tinha sido tremendo, tanto que os camponeses não obedeciam mais às requisições, de modo que os mercados permaneciam desertos. Nos campos, a vagabundagem e a pilhagem dos "fogueiros" assumiram tal extensão que as colunas móveis da guarda nacional e a decretação da pena de morte não conseguiram impedi-las. Em Paris, numerosas pessoas seriam mortas de fome, se o Diretório não tivesse continuado com as distribuições e, todavia, contou-se, no ano IV, um excedente de 10.000 óbitos no Sena. A miséria entreteve uma agitação endêmica, que tornou temíveis as recriminações dos jacobinos. Os montanheses declarados inelegíveis, sobretudo Lindet, faziam, além disso, campanha contra o projeto dos banqueiros, que foi rejeitado a 3 ventoso (22 de fevereiro): a 7, o Diretório retrucou, fechando os clubes. Êle se pôs a destituir os jacobinos e a persegui-lhes os jornais. Novamente postos de lado, êles conspiraram: a aventura termidoriana recomeçou.

Todavia, a ação jacobina revestia-se desta vez de um característico nôvo, porque Babeuf e Buonarroti tomaram sua direção. Êles pretendiam realizar a igualdade de fato; por isso, o complô traz o nome de "conspiração dos Iguais" e, dêsse modo, o socialismo, até então utopia literária, entrou na história política. Êstes dois homens estavam imbuídos do comunismo, moralizante e por muitas vêzes ascético, que seduziu muitos escritores do século XVIII. A Revolução, proclamando a igualdade civil e política, que êles julgaram ineficazes, o acerbo desejo que êles sabiam terem os camponeses de anuir à possessão do solo, a nacionalização parcial da economia no ano II, amadureceram seu pensamento. O babouvismo traz a marca de sua época: o camponês continuaria a explorar seu campo e levaria sua colheita à loja comum; visando à repartição não à produção, cujo individualismo a concentração capitalista ainda não abalara, a doutrina permanecia utópica. Muitos de seus traços não deixam de aparecer como precursores: o projeto fazia apêlo ao interêsse dos proletários, "seu melhor guia", e, não contando, todavia, com o povo subjugado que se devia libertar, êle atribuía a missão revolucionária a uma minoria insurrecional, precisando assim esta idéia de ditadura popular, que vinha de Marat e dos hebertistas. Entretanto, a maior parte dos conjurados absolutamente não professava o comunismo: eram burgueses democratas e alguns convencionais, que queriam reassumir o poder.

Carnot, advertido por um delator, tomou em suas mãos a repressão e, desde então, perseguiu com um sombrio encarniçamento seus antigos companheiros de luta. Babeuf e Buonarroti foram detidos a 21 floreal (10 de maio), e seus documentos permitiram o aprisionamento de grande número de pessoas. Em fins de agôsto, levaram-se os acusados para Vendôme, onde a Alta Côrte se instalou. Seus partidários tentaram, na noite de 23 para 24 frutidor (9-10 de setembro), comprar os soldados do campo de Grenelle. Carnot conhecia seu projeto e deliberadamente guardou silencio: surpreendidos pela cavalaria, vários dêles foram mortos e grande número, aprisionados e entregues a uma comissão militar; o tribunal de cassação mais tarde a declarou incompetente: 30 já tinham sido fuzilados. Em Vendôme, o processo sòmente começou em fevereiro de 1797, e durou três meses: a 8 prarial do ano V (27 de maio de 1797), Babeuf e Darthé foram guilhotinados.

III. *A nova reação antijacobina*

Como no ano III, a ruptura dos diretoriais com os jacobinos modificou o equilíbrio político. A esquerda continuou de má vontade e a direita adquiriu ascendência: Benjamin Constant, que Mme. de Staël, que voltara para a França, lançava na arena, pregava aliás, aos monarquistas constitucionais, união que permitiria constituir um sólido partido conservador. O Diretório destituía os funcionários que os reacionários denunciavam e os substituía por seus candidatos; enviou, por exemplo, o monarquista Willot a comandar na Provença, onde êle permitiu que o Terror branco imperasse novamente. Nos Conselhos, a direita exigia a retirada da lei de 3 brumário do ano

410

IV, e mesmo da anistia do dia 4: ela sòmente obteve que a interdição das funções públicas se estendesse àqueles que se beneficiavam com esta última. Ela pretendia sobretudo melhorar a sorte dos padres. Carnot almejava também uma reconciliação com o papado, aproveitando-se das negociações de paz que Pio VI, ameaçado pelo exército de Bonaparte, começava a entabular. Era possível um acôrdo porque o enviado do papa detinha em sua pasta uma bula que convidava o clero a reconhecer o govêrno da República. Mas êle não a comunicou ao Diretório e, exigindo êste último que o soberano pontífice revogasse tôdas suas decisões relativas aos negócios de França, a partir de 1789, seguiu-se a ruptura. A bula, todavia, chegou ao Diretório, que a publicou, o que mais uma vez acarretou a discórdia entre os padres monarquistas e os submissionários. Pelo menos a direita fêz ab-rogar o artigo da lei de 3 brumário, que tornava a pôr em vigor as leis terroristas contra os eclesiásticos. A questão agora era saber se essas leis também se encontravam revogadas. As administrações, permanecidas republicanas, o negaram. A prática, todavia, tornou-se favorável ao clero, por ordem de Cochon. Abandonou-se a regulamentação do culto. Emigrados e deportados puderam regressar livremente. Interrompeu-se a venda dos bens nacionais.

Como no ano III também, a reação favoreceu os monarquistas. Luís XVIII, retirado em Balnkenbourg, em casa do duque de Brunswick, obstinava-se em recusar qualquer acomodação com os constitucionais, sem proibir a êstes que preparassem boas eleições, e autorizava os absolutistas a recorrerem paralelamente à violência. Sua agência de Paris encetou na guarda do Diretório entendimentos, que, revelados, acarretaram a prisão do chefe da conspiração, o abade Brottier, e seus principais membros; um dêles, Duverne de Presle, revelou o complô anglo-monarquista, que o governo manteve secreto até 18 frutidor.

A agência organizava, por outro lado, uma associação dos "amigos da ordem", que o constitucional Dandré, de acôrdo com os "chouans", transformou num "instituto filantrópico", que lançou raízes profundas em Bordéus. Era Wickham quem fornecia os fundos para sustentar os jornais e organizar a propaganda eleitoral. Mas, em cada região, os reacionários se puseram em ação e, certamente, argumentos não lhes faltavam.

A maioria da nação não tinha saudades do Antigo Regime e não se inquietava com Luís XVIII; mas, não temendo mais seu regresso, ela pensava apenas em pagar menos impostos e em não se sentir mais exposta a se bater. Todavia, a guerra abrandava-se na França, e prosseguia sem sucessos além das fronteiras. Também a opinião pública colocava em primeiro lugar a pacificação interna, o restabelecimento da segurança, o renascimento da prosperidade. A discórdia religiosa preocupava-a muito. A incompatibilidade, que muitos refratários e republicanos denunciavam entre a Revolução e o catolicismo, não lhes surgia; os padres constitucionais a negavam, aliás, e os submissionários, distinguindo, com o abade Émery, o temporal do espiritual, a política da religião, abstinham-se de salientá-la. A fé e, mais freqüentemente ainda, o hábito e a convicção, que tornavam necessário ensinar a moral e pregar a submissão, na família e na sociedade, em nome da divindade, ligavam a maior parte dos franceses ao culto tradicional. A religião civil das cerimônias decadárias, que certo número de burgueses tornavam a encontrar nas lojas maçônicas, que se reabriam, e na "teofilantropia", fundada, no início de 1797, pelo livreiro Chemin, e protegida por La Revellière, não tocava o popular, o qual, além do mais, preferia descansar cada sete dias em lugar de cada dez. Enfim, a divergência de opiniões existia até dentro dos lares. A Igreja constitucional perdia terreno; mas subsistia e sustentou, em 1797, um concílio nacional; em algumas cidades, em Sedan, por exemplo, ela conservava a ascendência. Entre os romanos, a divisão irritava, e a hierarquia se abalava. O atrativo da paz votava à impopularidade a secularizção de combate que os diretoriais praticavam.

Reprovava-se, muito mais geralmente ainda, a êstes últimos os males de tôdas as espécies que resultavam da situação monetária e do deplorável estado das finanças públicas. A catástrofe do mandato havia impôsto nova moratória e, até seus últimos dias, os Conselhos se esforçaram por conciliar os interêsses opostos dos devedores e dos credores. A esta incerteza acrescentava-se aquela que pesava sôbre o patrimônio dos parentes de emigrados. Depois, às misérias da inflação, sucediam-se as da deflação: o numerário permanecendo raro, o crédito continuava também muito raro, e os preços caíram, tanto mais que a colheita de 1796 foi tão abundante que se pôde terminar com a regulamentação. Esta conjuntura agravou ainda mais a dificuldade que o govêrno encontrava para manter os serviços públicos e financiar a guerra. Êle havia indicado aos Conselhos a necessidade de equilibrar um orçamento comum e de encontrar recursos excepcionais para o exército e a marinha. Êles jamais se resignaram a isso, concedendo os créditos a torto e a direito, votando os impostos tardiamente, recusando-se a restabelecer as constituiçies indiretas e, não obstante, atacando o Diretório como se fôsse suficiente prever as despesas, para que o Tesouro se encontrasse em condições de satisfazê-las. A direita contava obrigar o govêrno à paz, cortando-lhe as provisões; a esquerda o criticava para diminuir sua autoridade; uma e outra receava os eleitores. Embora os contribuin-

412

tes tenham sido menos mal pagos do que se disse, o dinheiro continuou a faltar. Quanto à guerra, a venda dos bens nacionais, feita novamente em leilão, desde 16 brumário do ano V (6 de novembro de 1796), foi seu único e mínimo alimento financeiro.

Como em outros tempos o rei, o Diretório viu-se, portanto, reduzido aos expedientes. Êle persistiu em empregar a requisição, contra entrega de bônus. Sobretudo, entabulou transações com financistas de tôda espécie, fornecedores do exército e "fabricantes de serviços"; não os reembolsava de seus adiantamentos senão a conta-gôtas, seguindo uma ordem suspensa em cada década, de acôrdo com os fundos disponíveis, cujo montante exato êle ignorava, pois reinava uma desordem incrível na contabilidade da Tesouraria e dos cobradores. Cedia-lhes também propriedades nacionais, por exemplo diamantes como o "regente", e os "mandados batavos", entregues pela Holanda em virtude do tratado de Haia, para lhes permitir encontrar crédito, hipotecando-os. Êle os autorizava a subscreverem titulos de favor que os bancos descontavam e o Tesouro caucionava. Finalmente, admitiram-se as ordens de pagamento em quitação de bens nacionais e voltaram-se às "antecipações" do Antigo Regime, delegando-se aos credores os cortes de florestas nacionais ou o produto dos impostos em algum departamento. Os fornecedores calculavam seus preços em função dos riscos e, espoliando o Estado, alegavam que êles próprios deviam prestar-se às desonestas exigências dos funcionários sem dinheiro; não se privavam, bem entendido, de corrompê-los e não negligenciavam de se dirigirem aos políticos. As prevaricações de Barras e de Talleyrand, entre outras, jamais constituíram dúvida para ninguém; as negociatas sem escrúpulos de Ouvrard e de Hainguerlot muito menos. A Companhia Dijon e a Companhia Flachat, por seus negócios escandalosos com a República, valeram ao Diretório o descrédito que se liga em tôdas as épocas aos governos com finanças avariadas.

Êle se encontrou ainda mais perigosamente comprometido pelos prejuízos que sofreram os particulares, já gravemente atingidos pela crise monetária e pela deflação. O destino dos rendeiros foi deplorável: apenas eram-lhes enviados "bônus de um-quarto", pagáveis em numerário quando fôsse possível, e "bonus de três-quartos", para os quais não se encontrava emprêgo, assim como bônus de requisição, como quitação das contribuições ou dos bens nacionais. Fazendeiros e camponeses, para conseguirem dinheiro, cediam êsses bônus, a preço baixíssimo, ao primeiro traficante que surgisse. Todo o país sofreu com a deteriorição dos serviços públicos: os policiais vendiam seus cavalos, aos quais não podiam nutrir; as estradas acabavam por se estragar; os tribunais, as escolas, a assistência fóram postos a cargo das administrações locais, igualmente miseráveis. Nada podia

413

ser feito sem dinheiro, e êste deveria provir dos contribuintes; mas, como de costume, o govêrno era responsabilizado pelas dificuldades, assim como pelas deficiências.

IV. As eleições do ano V e o conflito do Diretório e dos Conselhos

O Diretório quase não reagiu contra a propaganda da oposição. Talvez imaginasse que as vitórias de Bonaparte atenuariam seu efeito. Enganava-se, e as eleições de germinal do ano V, para a renovação de um-têrço dos deputados — metade dos "perpétuos" — concederam à direita um estrondoso sucesso. Apenas uns dez departamentos permaneceram fiéis à República; a escolha de personagens tais como Pichegru, Willot, Imbert-Colomès, Royer-Collard, era característica. O Diretório dividiu-se: Reubell preconizava medidas ditatoriais, e Cornot, um acôrdo com a nova maioria. O destino privou êste último de seu amigo Letourneur, que os Conselhos, reunidos a 1.º prarial (20 de maio de 1797), substituíram pelo diplomata Barthélemy, monarquista constitucional, que não se mostrou homem de ação. Mas de que lado se colocaria Barras? Por enquanto, êle não repelia os tentadores monarquistas.

De seu lado, a direita, que se reunia no clube de Clichy, não conseguiu chegar a um acôrdo sôbre a tática a seguir. Pichegru, levado à presidência dos Quinhentos, jamais ousou arriscar-se a tomar a iniciativa de um golpe de fôrça; os monarquistas constitucionais teriam deixado os "chouans" agir à vontade, mas recusavam-se a auxiliá-los; os que formavam o que foi chamado "o Ventre" preferiam contemporizar. Os reacionários mostraram-se sobretudo agressivos na província; o "instituto filantrópico" espalhou por tôda parte suas raízes; muitas administrações e tribunais perseguiram, de acôrdo com seus meios, os republicanos. Êstes tentaram agrupar-se para a resistência, em Paris e no Meio Dia, em "Clubes constitucionais". Os Conselhos os suprimiram.

Desde o início, êles haviam revogado a lei de 3 brumário do ano IV, que interditava as funções públicas aos parentes de imigrados; ab-rogaram posteriormente as leis terroristas contra os padres. Todavia, a esquerda, que continuava numerosa, obteve algumas concessões: por um jôgo de equilíbrio, as funções públicas foram abertas igualmente aos anistiados de 4 brumário do ano IV e uma declaração de submissão às leis passou a ser obrigatória para o clero. Todavia, aos olhos dos republicanos, o perigo essencial se concentrava nos esforços da direita para retirar do Diretório os meios de governar e de prosseguir a guerra: o desmantelamento do poder executivo preparava a restauração e, enquanto se esperava, nada poderia ajudar melhor a Áustria e a Inglaterra, no decorrer das negociações abertas após o armistício de Leoben. Com esta finalidade, Gilbert-Desmolières não obteve nada menos, a 21 prarial (14 de junho), que retirar do Diretório tôda gestão financeira, para confiá-la à Tesouraria, antro de contra-revolucionários. Os anciões rejeitaram a resolução. Mas já Reubell e La Revellière estavam decididos a dar-lhes paradeiro.

Barras aliou-se a êles: tendo Bonaparte lhe comunicado a prova da traição de Pichegru, encontrada nos papéis de Antraigues, êle sem dúvida temeu ver-se pôsto de lado pelos monarquistas. De recorrer à fôrça popular, não se cogitou: La Revellière não admitia mesmo que se apelasse aos "sans-culottes", como em 13 vindimário. Portanto, restava apenas utilizar o exército. Não se podia contar com Moreau: êle deixara a propaganda monarquista trabalhar o exército do Reno; tendo encontrado, também êle, no decorrer de sua campanha, no carro de transporte de um emigrado, algo com que comprometer Pichegru, deixou de informar o Diretório até o 18 frutidor. Bonaparte e Hoche mostravam-se, ao contrário, favoráveis. Hoche, agora na chefia do exército de Sambre-et-Meuse, era o mais próximo. Êle pôs tropas em marcha contra Paris, a 13 messidor (1.º de julho). Entretanto, Carnot, ignorando os conluios dos "triúnviros", insistia para que se conciliasse a direita, trocando-se os ministros. A 26 messidor (14 de julho), êle teve a cruel decepção de ver seus três colegas de acôrdo: os favoritos dos reacionários foram licenciados, enquanto Merlin e Ramel, que êles execravam, continuaram em seus postos. Barras instalou nos Negócios Estrangeiros Talleyrand, que voltara da América, e bem digno de se tornar seu companheiro. Na Guerra, colocou-se Hoche. Mas Pettiet, seu predecessor, apressou-se em revelar aos Conselhos a marcha das tropas e, assim, a crise entrou em sua fase decisiva.

Da solução dependiam não apenas o regime, mas também a orientação da política exterior. Mais do que nunca, os coligados vigiavam o desfalecimento do Diretório, e Bonaparte, de seu lado, não se pronunciava contra os Conselhos, a não ser para se tornar senhor da guerra e da paz.

Terceiro capítulo

O DIRETÓRIO
E A COLIGAÇÃO

Continuando a guerra, a invasão da Alemanha e da Itália impôs-se ao Diretório, para abastecer os exércitos, impor a paz, assegurar a conservação da Bélgica e, talvez, das fronteiras naturais, obtendo garantias para si. Destas novas conquistas deviam nascer novos perigos. Os exércitos afastando-se, seus generais tornar-se-iam seus senhores e a República ficaria à sua disposição. Por outro lado, o espírito de propaganda, as insistências dos refugiados, a política pessoal que determinado general, ao exemplo de Dumouriez, seguiria com o apoio dos fornecedores, impeliriam a abolir o Antigo Regime nos países ocupados e, ao mesmo tempo, a explorá-los como em 1792, o que conduziria igualmente a conservá-los. Os termidorianos, avançando na direção das fronteiras naturais, que certamente se tentaria retomar dêles, tinham condenado a França a novas guerras, num futuro mais ou menos longínquo; pelo menos a paz poderia durar se se deixasse a Áustria, como a Prússia, tirar suas vantagens. Ultrapassar estas mesmas fronteiras, era afastar qualquer conciliação com ela: não se fariam senão armistícios, numa guerra eterna.

I. *Napoleão Bonaparte*

O Diretório percebeu êstes perigos. Reubell insistia em reunir a Renânia, mas opunha-se resolutamente a outras anexações. Sob sua influência, o Diretório, durante meses, afirmou sua vontade de nada conquistar para além das fronteiras naturais, que desejava fazer serem reconhecidas por meio de trocas. Quanto aos generais e aos fornecedores, êle não esquecia que o Comitê de Salvação Pública os mantivera respeitosos, subordinando-os aos representantes em missão; acreditou imitá-lo, criando os "comissários dos exércitos": Joubert e Alexandre nos do Norte e de Sambre-et-Meuse, Haussmann,

416

no do Reno-e-Mosela, Saliceti e Garrau, na Itália. Se em princípio só lhes concedeu direito de vigilância, não tardou em encarregá-los de autorizar a conclusão dos armistícios, de arrecadar as contribuições de guerra, de reprimir as pilhagens. Embora menos extensas que as dos representantes, estas atribuições não podiam deixar de pôr os comissários em conflito com os generais. No ano II, o tribunal revolucionário havia garantido a obediência dêstes últimos. Atrás dos comissários, nada mais que a autoridade duvidosa do Diretório: êles foram sacrificados, e os generais continuaram sua marcha.

O acaso, todavia, precipitou a evolução. No plano de Carnot, na chefia dos exércitos de Sambre-et-Meuse e de Reno-e-Mosela, Jourdan e Moreau deviam dar o golpe decisivo, marchando sôbre Viena; os dos Alpes e da Itália, sob a chefia Kellermann e Schérer, muito mais fracos, conquistariam o Piemonte e a Lombárdia, se pudessem. Mas, a 12 ventoso do ano IV (2 de março de 1796) o Diretório substituiu Schérer por Bonaparte e deixou-o tomar a ofensiva em primeiro lugar porque, esperando fazer um tratado com os príncipes da Alemanha do Sul que alarmavam as veleidades dos revolucionários, esperou que a Áustria denunciasse, a 20 de maio, o armistício concluído em dezembro, sôbre o Reno, para começar a campanha deste lado. As vitórias estrondosas de Bonaparte determinaram o futuro.

Êle nascera em Ajaccio, em 1769, quando os franceses acabavam de ocupar a Córsega. O pai, tendo logo aderido, obteve que se lhe reconhecesse a nobreza, e pôde fazê-lo admitir à escola de Brienne, de onde passou para a Escola militar, para daí sair alferes de artilharia. Pobre e sem futuro, tudo deveu à Revolução; mas, detestando os franceses, a princípio não viu nela senão a oportunidade de libertar seu país natal e de aí desempenhar um papel, sob a direção de Paoli. Aos Bonapartes suspeitos, êste preferiu o clã de Pozzo de Borgo e, quando rompeu com a Convenção e chamou os inglêses, os Bonapartes foram expulsos. Foi então que Napoleão se naturalizou verdadeiramente a serviço dos montanheses; fêz carreira no sítio de Toulon, depois no exército da Itália, para o qual inspirou as brilhantes operações de Saorgio e de Dego. Detido um momento como robespierrista, privado de emprêgo, tornou a subir no 13 vindimário e encarregou-se de fechar, a 7 ventoso, os clubes jacobinos. Tendo obtido, cinco dias depois, o comando de um exército, deixou Paris depois de ter desposado Josefina Tascher de La Pagerie, viúva do visconde de Beauharnais, guilhotinado em 1794. É difícil acreditar que êle ignorasse sua ligação com Barras, e que a influência que ela conservava não lhe aproveitasse; mas êle a amava apaixonadamente e está fora de dúvida que Carnot, aprovando agora seu plano, o nomeou com conhecimento de causa.

Criando o exército nacional, a Revolução havia transformado as condições da guerra sem que Carnot chegasse a distinguir claramente as conseqüências: em 1796 ainda, êle impeliu para a Alemanha dois exércitos que deviam terminar por se fazerem derrotar separadamente. O gênio de Napoleão concebeu a nova estratégia e, jamais tendo duvidado de si, unindo a preocupação racional e minuciosa da execução a uma fecundidade inesgotável da imaginação, êle a praticou com uma habilidade jamais igualada, que a sorte auxiliou, aliás, durante anos. Desde o ano II, os episódios essenciais de sua campanha da Itália se encontravam traçados: pôr o Piemonte fora de causa, conquistar a Lombárdia, depois, negligenciando a península, marchar sôbre Viena.

II. *As vitórias do Diretório e a confusão da Inglaterra*

O exército da Itália ocupava grande parte da Riviera de Gênova e, após a vitória de Schérer em Loano, ocupava o alto vale do Tanaro, assim como as passagens para as duas Bormida. Bonaparte reuniu 38.000 homens para derrotar os 12.000 piemonteses de Colli. Beaulieu comandava 35.000 austríacos; mas, uma brigada francesa ameaçando Gênova para lhe tirar dinheiro, êle correu a detê-la e encarregou Argenteau de lhe cortar a retirada: assim afastado, encontrou-se incapaz de ajudar Colli e seu próprio lugar-tenente. Bonaparte começou por se desembaraçar dêste último que, batido em Montenotte a 12 de abril de 1796, expulso de Dego, perdeu contacto com os piemonteses. Simultâneamente, Augereau repeliu êstes últimos de Millesimo e Sérurier desceu o Tanaro. Atacado em Ceva, a 16, em San Michele, a 18, Colli infligiu derrotas sangrentas a Bonaparte; mas, retrocedendo constantemente e finalmente empurrado para Mondovi, a 21, retirou-se para Turim. Agitando-se os revolucionários, a côrte viu-se prêsa do mêdo, e, a 28, firmou-se um armistício em Cherasco. Beaulieu havia-se retirado além de Tessin; Bonaparte o atacou pelos flancos, interceptando em Plaisance a passagem do Pó; mas, suspeitando o perigo, o austríaco já se retirava e escapou, não deixando senão uma retaguarda sôbre o Adda: em Lodi, a 10 de maio, a ponte foi tomada a viva fôrça. Voltando sôbre seus passos, Bonaparte entrou em Milão. Tendo o rei da Sardenha assinado a paz, a 15 de maio, e cedido a Sabóia e Nice, o exército retomou sua marcha e atingiu sem obstáculo o Míncio: teve início o sítio de Mântua. Não respeitando Beaulieu a neutralidade veneziana, uma convenção entregou Verona aos franceses e lhes concedeu direito de passagem. Os duques de Parma e Modena obtiveram armistícios. As cidades

418

pontificais de Bolonha e de Ferrara abriram as portas, sem se desferir um tiro. Gênova concedeu um empréstimo e fechou o pôrto aos inglêses.

Em Milão, a política de Bonaparte já se iniciara. Êle deixou formar-se um clube, prometeu a independência, deu à guarda nacional a bandeira tricolor da Itália. Mas exigia também dos ricos uma contribuição de 20 milhões, e o exército vivia à custa do país. A contradição apareceu imediatamente: a revolta estourou, e foi duramente reprimida, sobretudo em Pávia. A França não podia, portanto, contar senão com os jacobinos italianos, cuja intenção manifesta era de revolucionar tôda a Itália e dela fazer uma república unitária. O Diretório manifestou intenções claramente opostas: a conquista italiana não constituía senão um penhor, que era necessário explorar a fundo, antes de restituí-lo; logo depois êle negociou, como se viu, com Roma, sem manifestar desejo de destruir o poder temporal do papa. O saque o preocupava a tal ponto que prescreveu a Bonaparte que deixasse a Kellermann a guarda da Lombárdia e se pussesse a espoliar a península. Justamente quando os austríacos iam voltar à carga, a ordem era absurda; mas ela tinha sobretudo a inconveniência de permitir a Bonaparte que, sem riscos, experimentasse sua fôrça: êle apresentou sua demissão, e o Diretório capitulou imediatamente. Seus desejos foram, é verdade, em parte satisfeitos: os duques de Parma e de Modena, assim como o papa, viram-se obrigados a fazer fortes contribuições, além de cederem ainda manuscritos e objetos de arte, que uma comissão veio escolher; uma divisão ocupou Livorno, principal centro do tráfico britânico. Bonaparte parece ter tirado da Itália uns cinqüenta milhões, e o Diretório recebeu uns dez. Precipitava-se assim a emancipação do general. Na noite de Lodi, êle havia tomado consciência de seu destino: "Eu via o mundo desabar a meus pés como se eu tivesse sido elevado nos ares." Êle mantinha a seu redor uma balbúrdia de fornecedores e de indivíduos que tinham acorrido em busca de lucros, como Haller, que se tornou o tesoureiro do exército, e êste Hamelin que Josefina controlou por meio das finanças. Êle mesmo enriquecia. O exército se transformava em coisa sua: êle lhe concedeu metade de seu sôldo em numerário, o que o Diretório não pôde conceder aos outros.

Êste último não se inquietava, entretanto, porque o verão lhe fôra feliz. Tendo Jourdan passado o Reno a 31 de maio, o arquiduque Carlos o repeliu, sem evacuar a margem esquerda. Mas, à notícia dos acontecimentos da Itália, Wurmser, que se opunha a Moreau, foi para aí expedido com parte de suas tropas. Carlos, permanecendo único chefe, abandonou o Palatinado e, tendo finalmente Moreau atravessado o Reno a 24 de junho, Jourdan retomou o ataque Êle avançou até o Naab, e Moreau atingiu Munique. Na Itália, as tropas

419

de Wurmser, descendo do Tirol, de ambos os lados do lago de Guarda, fizeram-se derrotar em Lonato e, a 5 de agôsto, em Castiglione. Voltando a Trento, Wurmser teve esperanças de atingir Mântua pelo vale do Brenta; já Bonaparte o perseguia, e êle foi obrigado a se refugiar na cidadela. O vencedor prosseguia com sua política, auxiliado por Saliceti e Garrau, bons jacobinos, sem se preocupar com o govêrno: a 15 de outubro, Modena e as Legações tomadas ao Papa formaram uma "República Cispadana". O general também desejava desembaraçar-se dos comissários; a Itália se esgotava e a situação do exército agravava-se; tendo sido Saliceti enviado para a Córsega, Garrau ficou só, exposto às recriminações. A 25 de outubro, Bonaparte decidiu encarregar Baraguey, que comandava na Lombárdia, de controlar tôda a administração do país, sem fazer menção aos comissários.

Os negócios da Inglaterra não periclitavam menos que os da Áustria. A 19 de agôsto, o Diretório firmou aliança com a Espanha: a frota britânica deixou o Mediterrâneo, depois da evacuação da Córsega, que os franceses reocuparam em outubro, e Bonaparte encontrou-se assim ao abrigo de qualquer intervenção inglêsa. Após julho, organizou-se uma invasão na Irlanda, de combinação com Wolf Tone, que aí preparava a insurreição; em setembro, o rumor de um desembarque francês lançou o pânico em Londres. A economia também preocupava. Após o fim de 1795, o câmbio havia baixado; o Banco o reergueu, aumentando as taxas de desconto; mas as atividades ressentiram-se com isso. Mais grave ainda parecia a situação monetária: em fevereiro de 1796, a importância em caixa do Banco reduzia-se a 2 milhões e meio. O horizonte iria ficar ainda mais ensombrecido em novembro: a 7, Catarina II morreu; seu filho, Paulo I, não se interessava senão pela Prússia, e não foi sem dificuldades que seus embaixadores, Vorontzov em Londres, Razoumovski em Viena, evitaram a ruptura; pelo menos a coalizão não podia mais contar com a Rússia. Êstes golpes redobrados levaram Pitt a entabular negociações, e o Diretório aceitou entabular uma conferência em Lille: Malmesbury partiu a 14 de outubro.

III. *Os reveses no outono de 1796*

Mas, nessa ocasião, os acontecimentos já haviam começado a tomar mau aspecto para a República. Jourdan e Moreau não tendo procurado se unir, o arquiduque lançou contra o primeiro a maior parte de suas fôrças; sua lentidão permitiu ao exército de Sambre-et-Meuse retirar-se sem grande prejuízo; mas, em fins de setembro, êle tornou a passar o Reno. Carlos tentou então cortar a retirada de Moreau, que apenas tardiamente havia recuado; de nôvo, êle não soube concentrar-se nem apressar-se; o exército do Reno-e-Mosela atravessou o Vale do Inferno e conseguiu alcançar Huningue, a 26 de outubro. Os austríacos encontravam-se livres de passar pela maior parte da Itália; mas, pelo contrário, obstinaram-se em tomar as cabeças-de-ponte de Kehl e de Huningue, que se defenderam durante todo o inverno.

Contra Bonaparte, um nôvo chefe, Alvinczy, também não obteve qualquer êxito. Êle chegou aos portos de Verona e repeliu todos os assaltos de Caldiero. Pelos combates furiosos de Arcola, de 14 a 17 de novembro, seu adversário, entretanto, conseguiu obrigá-lo à retirada; os franceses não escaparam sem dificuldades de um desastre, e seu estado material e moral era lastimoso.

Thugut, desde então, recusou associar-se à Inglaterra nas negociações de Lille. Pitt, corrigindo-se, exigiu o abandono da Bélgica e a cessão de colônias: a 19 de dezembro, o Diretório recambiou Malmesbury. Já a expedição de Irlanda, sob o comando de Hoche, se fizera à vela: ela foi dispersada pela tempestade e saiu do mesmo modo como entrou. Pouco depois, uma "Legião Negra", formada e comandada por um americano chamado Tate, que havia combatido contra os inglêses, durante a guerra da Independência, na qualidade de oficial, desembarcou no País de Gales, mas foi logo capturada. Ao mesmo tempo, a 14 de fevereiro de 1797, Jervis bateu a frota espanhola no cabo de São Vicente, e, com isso, tornou a abrir-se o acesso ao Mediterrâneo.

Tanto quanto por suas vitórias, Bonaparte salientou-se pelas derrotas dos outros: êle permanecia como a única esperança. Após tudo, os generais vencidos não se mostravam muito mais dóceis que êle. Kleber e Bernadotte tiveram o atrevimento, em plena retirada, de apresentar seu pedido de demissão a Jourdan e de abandoná-lo. Beurnonville, que substituiu Jourdan, entrou em conflito com o comissário Alexandre. Moreau havia assinado um armistício com o Wurtemberg, sem consultar Haussmann e voltou para França completamente brigado com êle. O Diretório, desencorajado, suprimiu os comissários: os generais permaneceram os únicos senhores. Por outro lado, as infelicidades do outono deram apoio a Carnot; êle tentou entrar secretamente em entendimentos com Thugut e, em novembro, exigiu que Clarke, chefe de seu escritório militar, fôsse enviado para a Itália, a fim de negociar um armistício e informar-se sôbre a situação. Clarke logo se deixou seduzir pór Bonaparte, e, além do mais, o Diretório, confirmando sua intenção de trocar a Lombárdia pela Renânia, prescreveu-lhe consultar o general sôbre as condições da paz.

IV. A rendição da Áustria: preliminares de Leoben

A sorte, todavia, não tardou em mudar de campo ainda uma vez. Em janeiro de 1797, Alvinczy desceu o Adige, enquanto que, de Frioul, Provera avançava sôbre Mântua. Foi a mais fascinante proeza do exército da Itália. No dia 14, no planalto de Rivoli, Bonaparte rechaçou, para a montanha, as colunas austríacas que o assaltavam e cujos resquícios, no dia seguinte, Joubert dispersou ou capturou; tornando imediatamente a partir com a divisão Massena, o general em chefe fêz capitular Provera, a 16; Mântua finalmente rendeu-se. À excitação da vitória juntou-se, para pôr o Diretório fora de seu caminho, a reação que se seguiu à conspiração de Brottier. Clarke recebeu missão de defender a Cispadana e, a 15 pluvioso do ano V (3 de fevereiro de 1797), uma carta famosa convidou Bonaparte a destruir o govêrno pontifício. A emenda, entretanto, não tardou. Bonaparte e Clarke solicitaram autorização para dar uma constituição à Lombárdia; foi-lhes permitido apenas criar uma administração provisória, emanando apenas do general e não envolvendo o Diretório. Depois, o exército de Sambre-et-Meuse, confiado a Hoche, passou o Reno, a 16 e 18 de abril, e chegou prontamente diante de Francfort; a 20, Moreau também transpôs o rio. Expediu-se a Clarke a ordem de adiar qualquer armistício: a Alemanha ia voltar a ser o principal teatro da guerra. Era tarde demais: Bonaparte já havia cortado o nó górdio.

Após a queda de Mântua, êle marchou sôbre Roma, mas sem intenção de ir muito longe. Sabia, por Clarke, que, se não assinasse a paz pessoalmente, retroceder-se-ia a Lombárdia: era-lhe, portanto, necessário passar na frente dos exércitos da Alemanha diante de Viena. Em Tolentino, concluiu apressadamente a paz com Pio VI, não exigindo senão alguns milhões, além de Avinhão e das Legações. A 20 de março, começou a ofensiva contra os austríacos, comandados agora pelo arquiduque Carlos, sôbre os quais os reforços enviados do Reno davam-lhe a superioridade do número. Sem grande dificuldade, atingiu o Tarvis, de onde a divisão Massena avançou até o pé do Semmering. Em Leoben, a 7 de abril, os plenipotenciários apresentaram-se para negociar. Era o próprio Bonaparte quem, desde 30 de março, oferecera ao arquiduque entrar em entendimentos. Os exércitos do Reno não estavam ainda atacando; os austríacos podiam tomar tempo para fazê-lo sucumbir, e suas retaguardas o inquietavam. Parece que, julgando impossível realizar seu desígnio se não seduzisse Thugut, êle pensou, antes mesmo de entrar em campanha, em oferecer-lhe parte dos territórios venetos. Em março, seus subordinados provocaram a revolução em Bréscia e

422

em Bérgamo: não pode ter sido sem seu consentimento; em seguida, êles tentaram sublevar o continente; mas os camponeses, irritados pela ocupação militar e doutrinados pelo clero e a nobreza, voltaram-se contra os franceses. A 17 de abril, a guarnição de Verona, surpreendida, foi em parte massacrada. A posição aventureira de Bonaparte, tanto quanto sua vontade de aparecer a qualquer preço como pacificador e de conservar suas conquistas, explica a opção extraordinária que êle apresentou ao Habsburgo: ou a Ístria, a Dalmácia e todo o continente até Oglio, com exceção todavia de Veneza, se êle cedesse a Bélgica e a Lombárdia; ou então apenas Veneza, e ainda apenas até o Tagliamento, se êle abandonasse a Renânia além da Bélgica, recuperando a Lombárdia. É o mesmo que dizer que êle ditava a resposta: trocar a Lombárdia pelos territórios vênetos e salvaguardar o prestígio do imperador, conservando a Renânia para a Alemanha, era mais do que Thugut esperava. Sem nenhum poder, sem consultar Clarke, enviado a Torino, Bonaparte assinou ao mesmo tempo o armistício e as preliminares, a 18 de abril. Portanto, estava feito: a República ultrapassava a fronteira natural dos Alpes sem mesmo atingir aquêle que mais lhe interessava; imitando a escandalosa partilha da Polônia, ela sacrificava à sua conveniência um Estado independente e entregava os italianos aos alemães.

Bonaparte despachou imediatamente correios para os exércitos do Reno para detê-los e tomou providências para que a notícia da paz se espalhasse antes que as suas condições fôssem conhecidas pelo Diretório. Poderia êste, no dia que se seguiu às eleições do ano V, desafiar ao mesmo tempo a opinião pública e o general? Não ousou fazê-lo e, malgrado Reubell, ratificou o acôrdo. Instalado em Mombello, no palácio dos Crivelli,. Bonaparte surgia agora como um soberano. Erigiu a Lombárdia em "República cisalpina", deu-lhe uma constituição, reuniu a ela a "República cispadana", a Valtelina e parte das possessões venezianas. Procurou persuadir o Valais a conceder ao nôvo Estado uma estrada para a França através do Simplon; sua derrota logo fêz germinar a idéia de uma intervenção na Suíça. Mas o acesso ao mar foi assegurado quando a República de Gênova, revolucionada pelos jacobinos e tornada "República liguriana", colocou-se sob a proteção de Bonaparte.

Todavia, o tratado definitivo com a Áustria ainda estava para ser concluído. Para manejar o Diretório, o general afirmava que pretendia guardar Mântua e obter a Renânia. Por sua própria conta, declarou guerra a Veneza, a 2 de maio; a 12, os democratas derrubaram a oligarquia e fizeram entrar os franceses; a 16, êle negociou com os representantes do govêrno caído, o que lhe permitiu negarse a reconhecer o nôvo. Podendo dispor de Veneza, êle contava atingir seus fins; Thugut, esperando obter também as Legações, não se recusava a discutir. Entabularam-se conferências em Udine.

V. *A crise inglêsa*

No momento em que a Áustria abandonava a luta, a Inglaterra mal acabava de sair de uma grave crise, de causas complexas, que se anunciava desde 1796. Os tratados de Basiléia e de Haia e a entrada da Espanha na guerra engendravam, parece, algumas dificuldades para o tráfico: em 1797 as exportações teriam diminuído ligeiramente com relação ao ano precedente, embora continuassem sempre superiores às de 1792; os corsários franceses levaram então ao máximo o número de suas apreensões — 700 — e o Parlamento proibiu os navios mercantes de navegar doravante sem escolta. Mas o mal proveio sobretudo dos embaraços do Tesouro. Para financiar a guerra, Pitt quase não recorria ao impôsto; em dezembro de 1796, aumentou um pouco as "assessed taxes" que pesavam sôbre os ricos; todavia, o crescimento das receitas, passadas de 19 milhões de libras em 1792 a perto de 21 e meio em 1797, resultou sobretudo das alfândegas e das contribuições indiretas, tendo as importações ultrapassado de 17% e as exportações de 14% em 1796, as de 1792. Todavia, as despesas subiram de 26 milhões em 1792 a 75 em 1797.

Para suprimir o deficit, Pitt recorreu a empréstimos: em 1797, a subscrição das consolidadas forneceu 43 milhões, 57% das despesas. Como ela não fôsse suficiente, êle exigiu do Banco de Londres adiantamentos, dando como penhor, sobretudo, os bônus da marinha, quer dizer pela futura entrada do impôsto, verdadeira "antecipação" que chegou até 2 milhões, e emitiu "exchequer bills" ou bônus do Tesouro a curto prazo, num total de 15 a 20 milhões, de que o Banco colocou uma parte e conservou o resto: no fim de 1795, detinha cêrca de 13 milhões e, em fevereiro de 1797, cêrca de 10 e meio. A circulação das "bank-notes" não aumentava: de 14 milhões e meio em 1795, desceu mesmo a 9, em fevereiro de 1797; se os preços subiam — 141 em 1797 contra 100 em 1790 — uma inflação vinda apenas dos bancos provinciais contribuiu para a alta dos preços. Mas o Banco cortava a importância existente em sua caixa.

Êle ainda a diminuía quando a Tesouraria devia conseguir ouro, a fim de prover à manutenção das tropas que estavam fora e aos subsídios dos coligados: de 1794 a 1797, perto de 21 milhões saíram assim com destino à Europa, sem contar dois empréstimos da Áustria, que levaram pelo menos 5 milhões. A esta fuga do ouro juntavam-se os gastos das tropas nas colônias, o interêsse das consolidadas possuídas por estrangeiros, o frete e o seguro dos navios neutros a serviço da Grã-Bretanha. Para cúmulo, foi necessário consagrar 2 milhões e meio em 1796 à compra de cereais além-mar. A moeda de ouro tornando-se rara no país, trocavam-se as "banknotes" no Banco contra numerário. O capital desmoronava.

A confiança provàvelmente acabou de uma vez após a tentativa de Hoche. Sempre é verdade que a notícia do desembarque de Tate no país de Gales criou o pânico em Londres, em 25 de fevereiro de 1797. O Banco não possuía mais que 1.086.000 libras. Uma ordem do Conselho suspendeu a conversibilidade do papel-moeda a partir do dia 27: ela sòmente deveria ser reencetada em 1823. A economia sofreu, mas menos que em 1793, e Pitt não considerou indispensável oferecer empréstimos do Estado; o Banco foi suficiente, por uma política liberal de desconto. Posteriormente, o numerário tornou-se ainda mais raro, e o valor do papel-moeda diminuiu. Todavia, a suspensão do padrão do ouro não se transformou numa catástrofe. Os homens de negócios demonstraram espírito cívico e, não lhes escapando a solidariedade dos interêsses capitalistas, comprometeram-se a receber o papel-moeda a par do numerário. Não foi necessário, antes de 1812, conferir poder liberatório à moeda-papel. Ao retomar a nação seu sangue frio, ao reiniciar a circulação dos títulos e depósitos, e ao cessar o envio de subsídios com as hostilidades continentais, o Banco pôde elevar o dinheiro em caixa a mais de 4 milhões desde o mês de agôsto de 1797 e prosseguir na sua restauração.

Concebe-se todavia que, mal dominado êste desfàlecimento, a Inglaterra ressentiu-se dolorosamente com a deserção da Áustria, à qual Pitt justamente acabara de enviar nova proposta de negociação geral: a Grã-Bretanha via-se sòzinha em luta com a França que, de um momento para outro, podia tomar partido da revolta da Irlanda já iniciada. Ora, nesse mesmo momento, a frota, amparo da ilha, revoltou-se. A agitação política nada teve que ver com isso: a vida assustadora dos marinheiros, mal nutridos, págos como no século XVII, privados de licenças, tratados com uma brutalidade impiedosa, reduziu-os ao desespêro. Vendo suas queixas desdenhadas, sublevaram-se em Spithead, a 16 de abril de 1797. Ao cabo de um mês, êles se submeteram, após haverem obtido algumas satisfações; mas, no intervalo, a esquadra do mar do Norte imitou seu exemplo na embocadura do Tâmisa; uma parte da de Duncan, que cruzava ao largo da Holanda, aderiu a ela e as tropas de terra começaram a se agitar. Concessões e uma anistia, que reduziu a 23,

425

entre as quais a do chefe, Parker, o número dos enforcamentos, terminaram por restabelecer a ordem, mas apenas em meados de junho. O Diretório, em conflito com os Conselhos, não se, aproveitou desta ocasião. Todavia, violenta excitação contra o govêrno manifestou-se no Parlamento e na opinião pública. A situação em França e o evento de Barthélemy decidiram Pitt a procurar a calma, oferecendo a paz: Malmesbury retomou o caminho de Lille, com missão de obter tudo que pudesse, sem romper, mesmo que se lhe recusassem tudo. Os entendimentos começaram a 7 de julho de 1797. Êle solicitou Ceilão e o Cabo, que o Diretório recusou, tendo-se comprometido com seus aliados a não sacrificá-los. Ao tornar-se Talleyrand ministro, modificou-se a atmosfera: de acôrdo com o govêrno inglês, êle conseguiu que o Diretório pedisse à Holanda e à Espanha que o deixassem livre. O acôrdo parecia provável, tanto mais que o representante de Portugal, último aliado da Inglaterra, havia assinado a paz.

VI. *Aspectos conexos do 18 frutidor*

Nada ficou estabelecido, entretanto, nem em Udine, nem em Lille. É que Thugut e Pitt sabiam o que se passava em Paris. O primeiro tentou transferir para lá as negociações; um agente secreto viu Carnot e Barthélemy, solicitando que Bonaparte fôsse desaprovado e oferecendo a Renânia contra as Legações e indenizações na Alemanha. Os dois diretores declararam-se impotentes; mas se os Conselhos o suprimissem? Em Lille, a traição entrou em jôgo: Talleyrand e provàvelmente Barras prometiam, desde que fôssem pagos, obter o abandono de qualquer colônia. Maret, sem dúvida de acôrdo com Barthélemy, abandonou o tratado com Portugal, que Grenville se apressou em fazer renegar. Aliás, como Thugut, Pitt esperava que a sorte do Diretório se fixasse. Assim a conexão entre a política exterior da Revolução e suas peripécias internas, permanente desde a origem, tornava-se repentinamente íntima. Se o Diretório sucumbisse aos golpes da conspiração anglo-monarquista, o estrangeiro faria uma pechincha.

Mas a direita, declarando-se contra os generais, ditava suas atitudes. O caso de Veneza havia acendido a fogueira. A 5 messidor (23 de junho de 1797), Dumolard, em veemente discurso, dirigiu contra Bonaparte uma acusação amplamente motivada. O general retrucou por uma proclamação ameaçadora, que fêz ler às tropas, por ocasião do 14 de julho. Na verdade, êle fazia jôgo duplo: continuando a se corresponder com Carnot, enviou ao Diretório Augereau, que executou o golpe de Estado; mas, por conselho de seu ajudante de campo Lavalette, também vindo a Paris, êle não expediu os 3 milhões que prometera. Hoche ignorava tais rodeios e, como se encontrasse habilitado, teria sido escolhido para conduzir a operação, se o Diretório tivesse sido mais hábil. Teria sido diverso o destino da República? Talvez. À nação republicana, a recordação do soldado-cidadão, que a morte carregou alguns dias após o 18 frutidor, permaneceu cara, como o símbolo de sua juventude heróica e fiel.

Os soldados seguiram seus generais. As divisões do exército da Itália enviaram requerimentos violentos; Sambre-et-Meuse não tardou em redigir outros semelhantes. Muitos combatentes conservavam viva simpatia pela Revolução e pelo "Indivisível", que não separavam; tendo arriscado suas vidas por êles, consideravam-se no direito de protegê-los contra os burgueses que indicavam monarquistas. Entretanto, não nos devemos iludir: os exércitos cederam também ao impulso de seus chefes: prova disso é que Reno-e-Mosela, o de Moreau, sòmente imitou de longe aos dois outros.

A influência política dos generais na República resultou, portanto, em grande parte, da ascendência que haviam adquirido sôbre suas tropas: êles a deviam à rápida transformação da mentalidade do soldado. A evolução estava latente na amálgama, que sujeitou voluntários e convocados à disciplina da linha, que o govêrno revolucionário, aliás, se aplicou em restaurar. Os termidorianos não cessaram em seguida de reforçar a obediência passiva: o subordinado não participava mais da escolha de seus superiores; o júri não figurava mais nos tribunais militares; não havia mais simples soldados entre seus juízes. Por outro lado, pode-se dizer que os soldados do Diretório, apartados pela deserção, eram, em certo sentido, voluntários: êles permaneciam, nas fileiras, porque amavam a guerra e a aventura, ou porque, deixado o regimento, não saberiam no que se transformar; pouco a pouco, distinguiam-se do resto da nação, tanto mais que, após o recrutamento em massa, não se chamava mais ninguém, e a conquista os afastava da França. Soldados de ofício, acampados ainda por cima em país estrangeiro, como não se voltariam para o lado de seus chefes? Mas jamais êles se tornaram pretorianos: soldados e generais não deram um golpe de Estado, tanto em 18 frutidor como em 18 brumário, a não ser obedecendo ao apêlo da burguesia.

Quarto capítulo

O 18 FRUTIDOR E O TRATADO DE CAMPOMÓRFIO

A 18 frutidor do ano V (4 de setembro de 1797), o Diretório, quebrando a oposição nos Conselhos, com o auxílio do exército, reconduziu a Revolução à ditadura. As conseqüências do golpe de Estado foram tão complexas quanto suas causas; instantâneamente, êle provocou a ruptura com a Inglaterra, e permitiu a Bonaparte ditar à Áustria as condições de uma paz que não podia ser senão uma trégua.

I. O 18 frutidor (4 de setembro de 1797)

Tomando conhecimento da demissão dos ministros que gozavam de sua confiança, a marcha das tropas de Hoche e a chegada da cavalaria a La Ferté-Alais, perto de Corbeil, no "raio constitucional" interdito ao exército, a direita não duvidou mais de que o Diretório preparava um golpe de fôrça. Ela pensava em acusá-lo, com a cooperação de Carnot; mas êste, informado por Barras da traição de Pichegru, corrigiu-se e salientou claramente que não se prestaria a uma restauração. No outro campo, Hoche, pôsto à parte por Carnot, que êle havia julgado condescendente, atirou-se contra Barras; além do mais, a direita denunciou o acesso do general ao ministério como ilegal, porque êle não tinha 40 anos; foi necessário substituí-lo. O Diretório justificou o deslocamento dos regimentos pela remessa de reforços a Brest, e considerou um êrro sua presença no raio constitucional. Disso resultou um intermédio.

O govêrno aproveitou-se dêle. Hoche compeliu o avanço de seus soldados; seu amigo Chérin assumiu o comando da guarda do Diretório e Augereau o da 17.ª divisão militar, a divisão de Paris; sob

428

diversos pretextos, destacamentos, armas, munições, entraram em Paris, onde recomeçou a caça aos "colêtes negros". A direita protestou, notadamente contra os requerimentos ilegais dos exércitos; o Diretório retrucou imputando a desordem à contra-revolução; La Revellière declarou que não pactuaria com os inimigos da República. Que fazer? Os Conselhos decidiram reorganizar as companhias de elite da guarda nacional, para rearmar a burguesia dos bairros ricos e preparar um nôvo vindimário; mas os triúnviros não tomaram o menor conhecimento da lei, e outras medidas eficazes permaneceram em discussão ou abortaram perante os anciãos. A 17 frutidor resolveu-se, finalmente, acusar os diretores; mas êstes tomaram a dianteira.

Na noite de 17 para 18, a cidade foi ocupada militarmente. Na madrugada, Augereau deteve Pichegru e seus amigos, assim como Barthélemy, enquanto Carnot escapava. Uma proclamação anunciava que qualquer provocador para o restabelecimento da monarquia ou da Constituição de 1793 seria fuzilado sem a menor forma de processo: ninguém protestou. Os Conselhos, consternados, porque a própria esquerda não podia dissimular que a Constituição recebia um golpe mortal, votaram a lei de exceção de 19 frutidor proposta pelos triúnviros, depois a de 22, contra a imprensa.

Quarenta e nove departamentos viram suas eleições cassadas na totalidade, e outros ainda, suas nomeações depuradas. Sessenta e cinco personagens estavam designados para a deportação para a Guiana: expediram-se 17, dos quais 8 morreram no exílio e alguns se evadiram, notadamente Pichegru. Ao todo, 177 deputados viram-se eliminados, sem que fôssem substituídos; muitos outros abandonaram as sessões ou se fecharam no silêncio. Dos jornais de oposição, 42 foram suprimidos, seus proprietários e redatores condenados à deportação, de que, aliás, quase todos se esquivaram. Além disso, colocou-se a imprensa à discrição da polícia por um ano, como o permitia a Constituição.

Os emigrados de regresso receberam ordem de sair da França dentro de dez dias, sob pena de morte; a lei de 3 brumário do ano IV foi recolocada em vigor e agravada, privando-se os parentes de emigrados do direito de voto. Sendo anulada a revogação das leis contra os padres, os deportados tiveram que tornar a partir; todavia, a pena capital que os visava comutou-se em deportação para a Guiana. Em troca, o Diretório adquiriu o direito de para ali enviar, por decreto individual, qualquer padre que fôsse e, à promessa de submissão às leis, substituiu-se um juramento de ódio à monarquia e à Constituição de 1793, que fêz surgir nova categoria de recalcitrantes.

A autoridade do poder executivo aumentou: foi encarregado de substituir as administrações e os juízes destituídos; depurou-se assim o tribunal de cassação; apenas a Tesouraria permaneceu indene; o govêrno recuperou igualmente o direito, de que os Conselhos o haviam despojado, de proclamar o estado de sítio onde e quando bem lhe parecesse.

Violando a Constituição, a "jornada" de 18 frutidor pôs fim à experiência liberal tentada pelos termidorianos e estabelecia, pela fôrça, a ditadura; mas não a organizou. De sua diminuição, o Corpo legislativo não se consolou melhor que a Convenção após o 31 de maio; êle não cooperou mais do que antes com o Diretório, e terminará por abatê-lo. O papel do exército deixou bem nítida a perspectiva de uma ditadura militar, e a ascendência de Bonaparte aumentou.

II. O tratado de Campomórfio (18 de outubro de 1797)

Como o conluio dos monarquistas com o estrangeiro explicava, por um lado, os acontecimentos, a política externa sofreu um contragolpe. Reubell retomou o poder sôbre a diplomacia, e Talleyrand observou uma submissão prudente. Em Lille, novos plenipotenciários intimaram Malmesbury a restituir pura e simplesmente tôdas as colônias da França e de seus aliados, sem que as conquistas da República fôssem postas em questão. Seguiu-se a ruptura. Na Renânia, Hoche morreu e o projeto de República cisrenana apresentado por êle e acariciado notadamente por Görres, desvaneceu-se. Thugut, resignado, enviou Cobenzl a retomar a conversação com Bonaparte, instalado perto de Udine, no castelo de Passariano.

No momento, o Diretório não ponderava mais a questão das fronteiras naturais; êle guardava a Cisalpina; bem mais: pretendia não sacrificar os venezianos. Exigindo tôda a margem esquerda do Reno, não concedia à Áustria senão a Ístria e a Dalmácia e restabelecia a Sereníssima república. Uma campanha de inverno entrou em preparo.

Bonaparte bem sabia que ela se faria na Alemanha e não pretendia que isso o repelisse para o segundo plano. Por sua própria conta, ofereceu o domínio veneziano até Adige, compreendendo a capital mas não as ilhas Ionianas, que êle pretendia reservar para a França; em troca, a Áustria aprovaria a cessão da margem esquerda do Reno, com exceção da região de Colônia. Cobenzl terminou por aceitar; o desmembramento da Alemanha se regulamentaria, em Rastatt, com a Dieta. Assinou-se o tratado a 18 de outubro,

430

em Passariano; mas êle traz o nome da pequena cidade de Campomórfio, onde a cerimônia tinha sido prevista anteriormente.

O Diretório, decepcionado, não deixou de ratificá-lo; além do mais, logo após o golpe de Estado, êle encontrara mil dificuldades; como romper com o imperioso general, agora sem rival, tendo Hoche desaparecido e Moreau, mais que suspeito, sendo mantido à parte? Entretanto, diplomàticamente, as estipulações renanas comportavam conseqüências desastrosas. Thugut excluía da cessão a região de Colônia, porque as possessões prussianas aí se encontravam; assim, a Prússia não teria direito a nenhuma indenização; devia-se então temer que ela se opusesse à cessão e se afastasse da França. Nesse caso, continuando a guerra com a Inglaterra, não se reataria a coligação?

Nada era mais propício a sugerir novas invasões além das fronteiras naturais, que a República entretanto não atingia completamente. Importava que ela estivesse segura dos países que protegia e que lhe serviam de talude: as Repúblicas batava e cisalpina iam aperceber-se disso. Para juntar a segunda à França, Bonaparte sonhava em apoderar-se do Valais, senão da Suíça, e era ainda mais simples instalar-se no Piemonte. Por tôda parte, os novos embaixadores, Delacroix em Haia, Ginguené em Turim, Truguet em Madri mesmo, puseram-se a falar como senhores.

Além disso, sem que oficialmente tivesse sido feito apêlo aos jacobinos, êles aplaudiam o golpe de Estado e prestavam seu concurso; insistindo sôbre o perigo monarquista, o Diretório reavivava o ardor revolucionário e sobreexcitava o espírito de guerra mortal contra os tiranos e o de propaganda universal. Foi no ano VI que os republicanos começaram a se orgulhar de pertencerem à "grande nação" que assumia a missão de libertar o mundo. La Revellière sentia despertar o idealismo girondino; a Barras não repugnavam as confusões; Reubell encarava como êles, com benevolência, a queda do poder pontifício e, ligado aos democratas de Basiléia, não podia deixar de ficar tentado por uma intervenção na Suíça. Enfim, era óbvio que generais e fornecedores, por inclinação natural e por interêsse, far-se-iam por tôda parte os protagonistas da propaganda que lhes seria indispensável e lhes valeria honrarias e benefícios.

Menos de seis meses após o 18 frutidor, os franceses entravam em Berna e em Roma, com a aprovação ou por instigação de Bonaparte, cuja partida para o Egito, logo após, ia acabar de decidir a segunda coalizão.

Quinto capítulo   O SEGUNDO DIRETÓRIO

Na história do regime instituído pelos termidorianos, o 18 frutidor marca uma ruptura: o golpe de Estado punha fim à experiência constitucional e relativamente liberal. O segundo Diretório, como assumimos o hábito de chamá-lo, recorreu às medidas repressivas de exceção, mais ou menos abandonadas anteriormente, imaginou novas e reduziu os adversários ao silêncio. A paz continental ajudando, êle pôde conceder maior atenção à administração interna: todavia não conseguiu se pôr de acôrdo com a opinião pública.

I. *O terror ditatorial*

Se a ditadura diretorial se sustentou por processos terroristas, êstes jamais assumiram a mesma extensão que em 1793, porque o estrangeiro suspendia sua ameaça e a guerra civil se reduzia à pilhagem. A Alta Côrte era lenta e pouco segura; os tribunais criminais comuns, aos quais se recorria quando necessário, não pareciam isentos de tais inconvenientes; todavia, não se restabeleceu o tribunal revolucionário. Como jurisdições de exceção, empregaram-se as comissões militares, que foram multiplicadas por ocasião das agitações que se seguiram ao 18 frutidor, embora não tenham sido sérias, a não ser em alguns pontos do Meio Dia. O Corpo legislativo não autorizou as visitas domiciliares a não ser por um mês, em messidor do ano VI; mas passou-se sem sua permissão, o mesmo se dando para as batidas nos campos. Ao modo do Diretório, embora sem nenhum direito, as autoridades locais ordenaram detenções, mais ou menos duráveis, de suspeitos. O segrêdo das cartas não foi mais respeitado que a liberdade individual. Por muitas vêzes o govêrno suprimiu numerosos jornais, e os que subsistiam tornaram-se remarcàvelmente incolores. Os livros e os teatros não escaparam à arbitrariedade policial.

432

Três categorias de indivíduos foram particularmente visadas: os facínoras, os emigrados e os padres.

Uma nova lei de exceção deferiu os primeiros às comissões militares, estabelecendo a pena de morte para os atentados cometidos por mais de duas pessoas, o que não deixava de recordar a justiça militar e inaugurou os tribunais extraordinários do Consulado.

O caso dos emigrados, calmo em teoria, não deixava de apresentar dificuldades, porque a lista apresentava erros. O Diretório opôs-se sempre à menor atenuação da legislação; as comissões militares e as administrações locais mostraram-se circunspectas; todavia, as execuções persistiram, durante o ano VI pelo menos. Os parentes dos emigrados permaneceram sob o golpe da lei de 3 brumário do ano IV e não puderam dispor de seus bens até a partilha pré-sucessoria. Certos diretoriais pensaram em ir ainda mais longe. Sieyes, notadamente, propôs expulsar todos os nobres. A resistência, muito viva, obteve que se contentassem, a 9 frimário do ano VI (29 de novembro de 1797) em privá-los do direito de cidadania, a não ser na hipótese de naturalização, nas mesmas condições que os estrangeiros; mas isentaram-se aquêles que haviam prestado serviços à Revolução e, como jamais foi elaborada a lista, a lei permaneceu letra morta.

A situação dos padres não teve a clareza da dos emigrados: jamais se decidiu se as leis de 1792 e de 1793 estavam ainda em vigor ou não; pelo menos, o ministro da Polícia recordou, no ano VII, que os deportados que tinham regressado incorriam apenas na expedição para a Guiana; mas muitos figuravam na lista dos emigrados, e conhecem-se uns quarenta que morreram devido a isso; as comissões militares e as administrações salvaram outros e, no ano VII, o ministro especificou que o acusado podia contestar a inscrição.

Por outro lado, os padres que recusavam o juramento de ódio à monarquia e todos os outros, mesmo em regra com a lei, podiam ver-se deportados por ordem do Diretório, por decreto "individual": entrave ilusório, que não se levou em conta para os eclesiásticos belgas, condenados em bloco em número de 9.234. No resto da República, 1.700 a 1.800 padres parece terem sido assim atingidos. Na realidade, três navios apenas partiram para a Guiana: os inglêses capturaram um; os dois outros continham 263 cativos. Um pouco mais de 1.100 ficaram internados nas ilhas de Ré e de Oleron; além disso, colocou-se em reclusão os enfermos e sexagenários. Os prisioneiros sofreram muito e morreram em número bem elevado, o que é em parte explicado por suas idades.

Os fiéis associaram ao nôvo Terror a aplicação, que foi reencetada, da lei de 7 vindimário do ano IV: interdição das cerimônias religiosas públicas; destruição dos sinais exteriores do culto;

433

além disso, começaram-se a vender as igrejas onde nenhum padre oficiava regularmente. Vexatório também pareceu-lhes o zêlo com que se inflaram os diretoriais pelo calendário republicano e pelo culto decadário. O Diretório prescreveu a tôdas as administrações que seguissem estritamente o primeiro; as leis de 17 termidor do ano VI (4 de agôsto de 1798) e de 23 frutidor (9 de setembro) confirmaram o descanso no décimo dia e regularam a celebração das festas. Enfim, o Diretório, incapaz de retomar a seu cargo as escolas públicas e vendo-as expostas à hostilidade dos pais que preferiam o ensino confessional, atirou-se às escolas livres, quase tôdas católicas: êle as submeteu à inspeção das Municipalidades, proibiu aos funcionários que para aí enviassem os filhos e anunciou sua intenção de apenas escolher seus agentes entre os alunos das escolas nacionais. Não parece que estas duas últimas disposições tenham tido o menor efeito; mas certo número de estabelecimentos confessionais fecharam as portas.

A "guilhotina sêca", como se chamou à deportação, deixou péssimas recordações; mas o Terror diretorial foi pouco sangrento. As comissões militares fizeram fuzilar 160 pessoas pelo menos e os tribunais militares acrescentaram condenações capitais que não foram enumeradas. Com o tempo, manifestou-se pelas penas mais cruéis uma repugnância cada vez mais acentuada; após agôsto de 1798, ninguém mais partiu para a Guiana; após março de 1799, cita-se apenas uma expedição de emigrados. Mais hábeis que os jacobinos, os diretoriais não visavam senão categorias determinadas, de sorte que a massa da população não se sentia ameaçada. A repressão permaneceu exclusivamente governamental, e não se restabeleceram os comitês de vigilância, eficazes porque conheciam as circunstâncias locais, mas cujo papel se prestava aos rancores pessoais e às exações. O Terror não ameaçou agravar-se de nôvo a não ser no fim do ano VII, quando o conluio dos monarquistas com o estrangeiro tornou a despertar os furores. Todavia, como numerosos franceses não separavam a política religiosa do Diretório, êle contribuiu muito a manter a impopularidade do regime.

Alguns republicanos, como La Revellière, achavam que a política repressiva não era suficiente e, não hesitando em copiar "o tirano Robespierre", desejavam opor uma religião civil do Ser supremo à Igreja católica. A maioria não quis jamais consentir nisso. A tentativa foi, todavia, empreendida por particulares que, em janeiro de 1797, fundaram a "teofilantropia": êste nôvo culto jamais atingiu o povo, não mais que a franco-maçonaria, de princípios similares, que Roëttiers de Montaleau recolocou em atividade a partir de 1796. O principal esfôrço do regime deveria ter sido feito sôbre o ensino primário; mas nada fêz por êle, em parte por falta de dinheiro, e contentou-se em abrir escolas centrais e em organizar o Instituto onde reinaram os "ideólogos". Êle contava fazer muito pela propaganda, impondo o calendário revolucionário e o culto decadário: não obteve sucesso; porque, além dos crentes, êle também indispôs os indiferentes, modificando seus hábitos.

Se não conquistou a opinião pública, o Diretório, pelo menos, pelo terror, reduziu a contra-revolução à impotência pelo tempo que durou a paz continental e, como nada impedia que êle fôsse voltado para outros fins, muitos de seus processos serviram igualmente contra os jacobinos, quando o Diretório recomeçou a temê-los.

Indispensável a qualquer ditadura, o terror não pôde, todavia, suprir a incapacidade dos dirigentes e a imperfeita organização dos podêres. Merlin tinha entrado no Diretório e aí desempenhava um papel, mas François de Neufchâteau, que lhe foi anexado, não contava a não ser como administrador. Dos ministros do ano IV, só restava ·Ramel e, excetuado o belga Lambrecht, não se tinha ganho com a troca. Muitos diretoriais deram a entender que teria sido necessário não suspender provisòriamente a Constituição como os montanheses, mas — fato característico — modificá-la para reforçar o poder executivo de maneira permanente. Parece que Sieyes, Talleyrand e provàvelmente Mme. de Staël e Benjamin Constant tramaram os projetos mais coerentes. Talleyrand advertiu Bonaparte de que Sieyes contava ir encontrá-lo, e sôbre isso possuía a resposta do general. Êste aconselhava que se retirasse ao Corpo legislativo o direito de paz e de guerra, assim como o voto do impôsto: "O poder do govêrno, em tôda latitude que lhe dou, deveria ser considerado como o verdadeiro representante da nação." Os Conselhos, naturalmente, não o compreendiam assim; mas teriam, por duas vêzes, proposto ao Diretório que suspendesse as eleições durante muitos anos. Em 18 frutidor, os triúnviros, solicitando aos deputados que aprovassem sua iniciativa, não tinham ousado solicitar ao mesmo tempo que ampliassem suas atribuições; passada a ocasião, teria sido necessário nôvo golpe de Estado, a revisão legal exigindo um prazo muito longo. Não se ajustaram para arriscá-lo; La Revellière afirmava que não se havia violado a Constituição a não ser para conservá-la; Reubell desconfiava de Barras e mais ainda de Bonaparte. Embora se tivesse tornado mais poderoso, o Diretório permaneceu desarmado diante dos Conselhos e da Tesouraria, e, nos departamentos; a administração permaneceu instável.

Durante alguns meses, a união dos republicanos pareceu pelo menos restabelecida. Os montanheses inelegíveis tinham sido reabilitados; os jacobinos obtinham sua parte nas nomeações, e orientavam-se os seus jornais. Até o fim do inverno, pode-se crer que o Diretório receou sobretudo os generais. Augereau gritava contra a ingratidão, porque não haviam feito dêle um diretor. Bonaparte, solenemente recebido em Paris a 20 frimário do ano VI (10 de dezembro de 1797), mostrou-se frio e altaneiro; replicando ao discurso de Barras, êle arremessou o célebre lance: "Quando a felicidade do povo francês estiver assentada sôbre melhores leis orgânicas, a Europa inteira se tornará livre." Durante os meses que se seguiram, êle não foi menos consultado sôbre os negócios externos e, mais que nenhum outro, impeliu a República pelo caminho que êle havia encetado.

II. *A terceira reação antijacobina: 23 floreal do ano VI (11 de maio de 1798)*

O regime eleitoral subsistia tal como antes e o mundo político aguardava com ansiedade a reforma que tornaria a pôr em questão, no final da primavera, os resultados do 18 frutidor. A parada era enorme: as recentes exclusões elevavam a 437 o número das cadeiras que deveriam ser preenchidas e, entre elas, figuravam as da segunda metade dos "perpétuos". Adotaram-se, desta vez, as precauções afastadas, no ano V, como contrárias ao regime representativo: a 12 pluvioso do ano VI (31 de janeiro de 1798), o Corpo legislativo atribuiu a si a próxima verificação de podêres, de sorte que os 236 convencionais que iriam sair participariam, de concêrto com os 297 deputados que seriam mantidos, da depuração dos novos eleitos que iriam substituí-los; a 24 (12 de fevereiro), os Conselhos em função fixaram para o 27 floreal (16 de maio) a escolha do nôvo diretor, quer dizer que êles se lhe atribuíram: no dia marcado, êles substituíram François de Neufchâteau por Treilhard.

Pouco a pouco, todavia, percebeu-se que os monarquistas, excluídos ou intimidados, não votariam e que as sufrágios dos descontentes se desviariam dos que iriam sair. Estas circunstâncias não beneficiariam aos jacobinos? Êles dirigiam muitos círculos constitucionais e contavam com vários amigos entre os administradores; sua propaganda causava alarma. La Revellière tremia, persuadido de que os terroristas queriam assassiná-lo; Merlin, por inquietude real ou por tática, apropriou-se do papel de Carnot e advertiu a burguesia contra um regresso à democracia do ano II; o "Moniteur" alertou os proprietários contra "o anarquista descarado que pregava o nivelamento, a igualdade de Robespierre; prometia àqueles que nada têm, dar-lhes os bens daqueles que possuem". De uma maneira mais doutrinária, Benjamin Constant falava no mesmo sentido. De fato, os neojacobinos não mantinham mais relações com os "sans-culottes"; mas "o temor social" serviu aos ditatoriais como aos termidorianos e, em seguida, a Bonaparte. Barras protestou em vão contra a divisão que se disseminava entre os republicanos, porque seus colegas nutriam segundas intenções. A pequena guerra entre êles e os Conselhos reanimava-se: tratava-se, portanto, de conseguir maioria dócil, afastando não apenas os jacobinos, mas também os independentes, como Lamarque, aliás, um girondino. Bonaparte dirá: "É preciso não haver oposição". Tendo tomado seu partido, o Diretório preparou desta vez as eleições com cuidado. Multiplicou as destituições, pôs várias cidades em estado de sítio, mandou inspetores, sob pretexto de vigiar a aplicação do direito de passagem estabelecido sôbre as estradas, levar instruções e fundos aos comissários. O expediente preferido de Merlin foi multiplicar as cisões para que a escolha fôsse feita entre deputações rivais.

Os resultados nada ofereceram que pudesse atemorizar a burguesia; mas pensou-se que o nôvo Corpo legislativo seria provàvelmente menos dócil. Como êle devia reunir-se em 1.º prarial (20 de maio), era necessário apressar-se. Os confidentes do Diretório elaboraram a lista dos excluídos e convidaram os Conselhos a adotá-la em bloco. A lei de 22 floreal do ano VI (11 de maio de 1798) afastou os deputados de 8 departamentos onde não tinha havido cisão, de sorte que suas cadeiras permaneceram vagas; em 19 circunscrições, validaram-se os divergentes; em outras, excluíram-se um ou vários representantes; além disso, baniram-se mais de 60 administradores e juízes. No total, 106 eleitos viram-se "florealizados"; cêrca de sessenta oposicionistas parece terem escapado. O caráter governamental da "jornada" afirma-se em mais alto grau quando se observa que 68 comissários, 17 outros funcionários, mais 106 administradores e juízes entre os quais boa parte devia seus postos ao Diretório, entraram nos Conselhos. A sujeição do poder legislativo seguia seu curso, e a intrusão dos agentes do Estado iria viciar longamente o regime representativo.

Todavia, a decepção não tardou. A maioria, descontente com o sacrifício de vários homens a quem estimava, guardava surdamente rancor para com os dirigentes de sua própria submissão. Na oposição, Lucien Bonaparte criticava o regime com violência e demagogia. Agora que o Diretório atingia o apogeu de seu poderio, sua queda começou a se preparar.

III. *As finanças e a economia nacional*

Foi, contudo, durante os vinte meses que seguiram o 18 frutidor que o Diretório realizou a maior parte de sua obra administrativa, à qual não se rendeu justiça, embora haja, sôbre mais de um ponto, preparado a do Consulado.

O restabelecimento das finanças impunha-se em primeiro lugar. Os Conselhos adotaram depressa demais nova amputação da dívida. O Grande Livro conservou ou registrou um têrço, sendo os títulos admitidos em pagamento das contribuições ou da parte exigível, em numerário, do preço dos bens nacionais; os dois-terços restantes foram reembolsados em bônus admissíveis para o resto dêsse preço, em concorrência com os outros "valôres mortos": tal foi a "liquidação Ramel" ou bancarrota dos dois-terços, regulada a 9 vindimário do ano VI (30 de setembro de 1798) para a renda perpétua e a 24 frimário (14 de dezembro) para as rendas vitalícias, as pensões vitalícias, as pensões e os créditos em suspenso ou dívida flutuante.

O orçamento encontrou-se aliviado de mais de 160 milhões e desembaraçado das dívidas em atraso. Restava pô-lo em equilíbrio. Para apressar a percepção do impôsto direto, criou-se em cada departamento uma "agência de contribuições": os comissários do Diretório estabeleceram a base, com repartidores representando os contribuintes, e asseguraram a confecção das listas. Mas outras ocupações os chamavam, e a competência técnica lhes faltava, de sorte que a reforma não atingiu todos os resultados esperados. Mais eficaz manifestou-se o envio, daí para diante rigoroso, de vigilantes para junto dos falidos. Os Conselhos estabeleceram algumas novas taxas, notadamente o direito de passagem sôbre as estradas, mas persistiram em votar as despesas sem plano de conjunto e os impostos em datas tardias; continuavam a desprezar as contribuições indiretas e não as admitiram senão sob a forma de concessões municipais. No decorrer do outono, nos primeiros meses do ano VII, aprovaram finalmente, talvez porque a guerra continental ameaçasse de nôvo, leis essenciais, que permaneceram por muito tempo ou permanecem ainda em vigor, sôbre as patentes, o sêlo, o registro, as contribuições predial e mobiliária; êles instituíram além disso nôvo impôsto direto sôbre as portas e janelas. As receitas não poderiam lucrar com isso a não ser com o tempo. Quanto às despesas extraordinárias, os bens nacionais não foram suficientes; os principais recursos vieram de um empréstimo de 80 milhões para a guerra contra a Inglaterra e da exploração das repúblicas-irmãs.

A penúria do Tesouro perpetuou-se e os "manejadores de dinheiro" ficaram os senhores; o Diretório continuou a pagá-los na mesma moeda e a sofrer suas exigências. Viu-se aumentar a fama de Ouvrard e de Hainguerlot, de Paulés e de Vanlerberghe, de Seguia, de Simons, o marido de Mlle. Lange. A corrupção fazia sua marcha entre os funcionários e os homens políticos: em agôsto de 1798, vários dos auxiliares de Schérer, ministro da Guerra, foram destituídos, entre os quais seu próprio irmão, e êle foi considerado responsável por suas malversações; numerosos escândalos revelaram as manobras fraudulentas das companhias de fornecedores. O Diretório nada conseguiu com a Tesouraria, e a traição aí se infiltrou: em termidor do ano VI, ela contribuiu para a derrota da segunda expedição da Irlanda, deixando-a sem dinheiro.

A paz continental sòmente durou um ano e meio, em lugar de quatro sob o Consulado que, durante um ano, gozou também da pacificação marítima: não é de surpreender que os resultados tenham sido menos brilhantes. Ao Diretório opunham-se, além do mais, as dificuldades que a deflação acarreta pela ruína do crédito e pelo desmoronamento dos preços. O numerário continuava raro: não se emprestava a menos de 10%, e o empréstimo a curto prazo ia até 7% ao mês. Em 1796, Perregaux e Récamier fundaram, é verdade, a "Caixa de Descontos Correntes" e, em 1797, apareceu uma "Caixa de Descontos do Comércio"; alguns bancos de emissão abriram-se também na província; mas os Conselhos recusaram sempre fazer de seus bilhetes uma moeda, admitindo-os nas caixas do Estado, e êles não serviram, para o desconto, a não ser para os negócios de seus acionistas.

A baixa dos preços contribuiu igualmente para desencorajar o espírito de empreendimento. As colheitas de 1796 e de 1798 foram abundantes; em 1798, houve ainda uma péssima venda do vinho e uma sêca que obrigou os camponeses a se desfazerem de seu gado. O govêrno encontrava nisso alguns proveitos e, a vida tornando-se mais fácil, a tranqüilidade pública com isso se beneficiava; mas esta fraqueza persistente do lucro valeu ao Diretório profunda impopularidade entre os grandes fazendeiros, os cultivadores abastados, os grandes proprietários, entre os quais se recrutavam, em grande parte, os eleitores.

Como sempre, a crise agrícola reagiu sôbre a indústria, agora que os fabricantes reparavam com dificuldades as perdas oriundas de taxação, das requisições e da guerra. Os transportes internos enfrentavam obstáculos de todo gênero: estradas deterioradas, canais abandonados, pilhagem. O comércio marítimo sofria ainda mais: a frota mercante desaparecia pouco a pouco; as colônias

439

quase não mantinham mais relações com a metrópole; a expedição do Egito isolou a Turquia e o Levante.

Estas circunstâncias não prometiam grande fruto aos esforços que o Diretório consagrava à economia, cujo principal mérito cabe a François de Neufchâteau, novamente ministro do Interior no ano VI. Espírito fecundo em projetos, êle teve que se limitar a circulares de informação e a alguns encorajamentos; a 24 vindimário do ano VII (15 de outubro de 1798), inaugurou a primeira exposição nacional. De fato, a produção permaneceu inferior à de 1789; a França continuava a ser um país essencialmente agrícola; mas, mesmo nesse domínio, ela só progredia lentamente. A atonia da economia reagindo sôbre as finanças públicas, já pesadamente sobrecarregadas pelas despesas militares, os desígnios dos filósofos, realizados em princípio pelos montanheses, em favor da educação nacional e da assistência social, surgiam cada vez mais como ambiciosas utopias: era preciso limitar-se, como no passado, aos progressos modestamente concebidos, penosa e lentamente obtidos. François de Neufchâteau, ainda a êste respeito, foi o melhor artífice; um conselho superior da Instrução Pública constituiu-se; projetou-se um "Pritaneu francês" que, internando os bolsistas, completaria as escolas centrais; o "serviço de beneficência", em cada comuna, tomou a seu cargo a assistência que as receitas da alfândega municipal, às vêzes, alimentavam.

A existência dos franceses melhorou um pouco. Ainda o Diretório só se mantinha graças à paz e porque suas tropas viviam em grande parte à custa dos países vassalos; recomeçando a guerra, a derrota levando os exércitos para aquém das fronteiras, os encargos avolumaram-se novamente e tornaram os governantes insuportáveis.

Sexto capítulo

A GUERRA
ANGLO-FRANCESA

Abandonada pelos continentais, a Inglaterra julgou-se em perigo e a guerra, para ela, se nacionalizou em certa medida, de sorte que Pitt pôde aumentar o impôsto e desenvolver o recrutamento. De fato, o Diretório não pôde abalar o poderio marítimo e comercial da Grã-Bretanha e, finalmente, autorizou a expedição do Egito, que inquietou o adversário, mas prestou-lhe o precioso serviço de reatar a coalizão.

I. *O esfôrço inglês*

A sós, em luta contra a França aumentada, senhora da Holanda, aliada à Espanha, o govêrno britânico não desconheceu o perigo. No Atlântico, a situação não parecia inquietante, mas se tornaria séria se a esquadra de Toulon, anexando de passagem a frota espanhola, viesse reforçar a de Brest. Por outro lado, a expansão francesa não iria reduzir a exportação e, com ela, os lucros que alimentavam o empréstimo? O melhor teria sido reanimar a coalizão. A Áustria, fatigada, e a Prússia, atenta às indenizações que esperava na Alemanha, fizeram ouvidos moucos e, até à expedição do Egito, Paulo I, a despeito de sua hostilidade pela Revolução, conservou-se na expectativa. Durante um ano, a Inglaterra só pôde contar consigo própria. Era preciso, então, que seu esfôrço se estendesse.

A solidariedade das classes dirigentes, já manifestada no decorrer da crise da primavera, firmou-se cada vez mais; por algum tempo, as rivalidades políticas se desvaneceram na maioria governamental. Canning, até então suspeito de francofilia, tomou-se de zêlo pelo combate contra a Revolução igualitária e empreendeu a

441

publicação de sua revista, o "Anti-jacobin". Os jornais e os caricaturistas, sobretudo Gilrag, sem renunciar ao direito de crítica, serviam todos à "boa causa". A invasão da Suíça e de Genebra, a Roma calvinista, indignaram numerosos espíritos e inspiraram, por exemplo, a Coleridge uma ode contra a França sacrílega.

No seio da nação, por outro lado, a emoção não se acalmava. Até então, grande parte da população não se preocupava com a guerra: coisa do govêrno, pensavam os povos do Antigo Regime. A política de Pitt controlava prudentemente esta indiferença, poupando a seus compatriotas os embaraços e os sacrifícios, até que enfim, conscientes do perigo, êles viessem reclamá-los. A ameaça de invasão apressou êsse momento. Os democratas, que continuaram a reclamar a paz e a divulgar sua solidariedade com os revolucionários, sofreram a acusação de traição. O próprio Fox e seus amigos "whigs" não escaparam à desaprovação.

Desde o fim daquele ano, Pitt aproveitou-se do despertar nacional para reforçar o fisco. No orçamento de 1798, as "assessed taxes" foram diversamente aumentadas — a medida é conhecida sob o nome de "triple assessment" — e as pessoas abastadas chamadas a subscreverem uma contribuição voluntária. O resultado não deu mais que dois-terços do que se havia esperado. Também, para 1799, Pitt estabeleceu o "impôsto sôbre a renda", na base de 2 shillings por libra, seja 10% do rendimento, acima de 200 libras, com tarifa decrescente e exclusão a partir de 60. O sacrifício das classes dirigentes permaneceu moderado: em 1801, o impôsto direto não recolhia mais que 10 milhões e meio contra mais de 23 milhões tirados dos impostos indiretos; a base do "impôsto sôbre a renda" foi deixada à "gentry", sob a fiscalização de um comissário da Tesouraria; além disso, Pitt autorizou o resgate da "lan tax", mediante subscrição a um empréstimo, para grande benefício dos "landlords".

Foi mais difícil melhorar o recrutamento. Os militares desdenhavam a milícia; após 1794, numerosos voluntários, para evitar a incorporação na milícia, organizavam-se à sua vontade, prometendo combater os invasores no raio que êles fixavam, e permanecendo em seus lares enquanto aguardavam; mais úteis pareciam os "fencibles", cêrca de 25.000, regularmente constituídos para o serviço interno durante a guerra. Estas formações esgotavam o alistamento nas fileiras. Em 1796, havia-se decidido solicitar às paróquias 15.000 conscritos escolhidos por sorteio, sob pena de multa; a medida foi de completa inutilidade, porque elas preferiram pagar a multa. Também em 1798, resolveu-se propor aos milicianos que se engajassem mediante um prêmio. Êste sistema deu resultado e, legalizado a 12 de julho de 1799, serviu até 1815. De 39.000 homens

442

em 1793, o exército viu-se aumentado para 140.000, em 1801; mas grande parte empregava-se nas colônias e, deduzidas as guarnições, êle não podia mesmo enviar em expedição senão uns dez mil homens. Em 1799, pela primeira e única vez entre 1794 e 1801, o exército aventurou-se sôbre o continente e, para atacar a Holanda, anexou a si os "fencibles", que consentiram em reforçá-lo. A tática realizou alguns progressos: em 1797, surgiram baterias montadas, e a artilharia tornou-se corpo independente em 1799; mas a anarquia não teve fim quer na administração militar, quer na direção das operações.

O esfôrço, incontestável, permaneceu medido; os preparativos militares, em todo caso, não garantiam o sucesso contra os invasores e não se tratou do serviço obrigatório. Os inglêses continuavam a contar com sua frota, e com razão; todavia, enquanto uma tentativa dos franceses permanecesse possível e a insurreição irlandesa, capaz de auxiliá-la, não tivesse sido esmagada, a inquietude subsistia. Wolf Tone e seus amigos entretinham relações com os democratas inglêses e com o Diretório. O govêrno, à espreita, aproveitou-se da delação: O'Connor e Fitzgerald foram detidos. Os irlandeses aguardavam Bonaparte: a 19 de maio de 1798, êle içou velas, mas na direção do Egito; mal informados, êles tomaram armas contra os condados do sudeste, no fim do mês; os reforços chegando lentamente da Inglaterra, os rebeldes resistiram até o fim de junho; mas, quando Cornwallis veio assumir o comando, êles haviam sucumbido; dos dois padres, Michel e Murphy, que exortavam os revoltados, o primeiro foi morto e o segundo enforcado. Cornwallis teve apenas que combater a pequena tropa que desembarcou em agôsto, sob o comando do general Humbert, e capturou-a a 8 de setembro. Esta crise permitiu a Pitt acentuar a repressão e terminar com os jacobinos britânicos; em 1798, prorrogou-se a suspensão do "habeas corpus": no ano seguinte, os impressores viram-se submetidos à declaração, e puniu-se com sete anos de destêrro os membros das associações ilegais.

Enfim tranqüilizados, os monarquistas puderam admirar as façanhas de seus marinheiros. Nelson havia destruído a frota de Bonaparte. Malta estava sitiada. No fim do ano, Pitt determinou em vão que se salvasse Nápoles; mas a frota britânica protegeu a Sicília e apoderou-se de Minorca: o Mediterrâneo tornava-se um lago inglês. O império colonial aumentava: Santa Lúcia foi reconquistada; os holandeses perderam a Guiana, Ceilão, o Cabo, escala essencial da rota das Índias, onde Wellesley concluía a conquista do Mysore; os espanhóis, a Trindade, admirável depósito de contrabando, usado pela costa vizinha; além disso, Miranda, expulso pelo Diretório, solicitava agora o apoio da Inglaterra e dos Estados

Unidos para levar a insurreição às colônias espanholas do continente. A exportação progredia: ela teria ultrapassado a de 1792 de 23% em 1798 e de 37% em 1799; a aliança turca abria-lhe o Levante; todo o tráfico colonial caía sob o contrôle da Grã-Bretanha. Sustentando a prova sem fraquejar, a Grã-Bretanha não podia entretanto vencer o adversário sem o concurso dos continentais, ainda que mercenários; no fim do ano de 1798, tudo anunciava que ela iria obtê-lo.

II. *Os projetos da França. Pródromos do bloco continental*

Para os revolucionários, também, a guerra mudou de aspecto, a partir do dia em que não visou mais que a Inglaterra. No mar e nas colônias, ela causava à França graves prejuízos. Suas esquadras só circulavam às ocultas e não procuravam mais o combate; sua navegação comercial caía a zero. Salvo Guadelupe, que Victor Hugues continuava a conservar, salvo também as Mascarenhas, onde, todavia, os colonos da ilha de França, recusando-se a libertar seus escravos, obrigaram o comissário do Diretório a se reembarcar, as colônias haviam sucumbido; o mesmo com a Guiana e o Cabo, perdidos pelos holandeses, e a Trindade, pela Espanha. Em princípio, sobrava São Domingos: Toussaint-Louverture, de acôrdo com Rivaud, um mulato que se havia mantido no sul, obrigou os inglêses à evacuação. Mas êle não tardou em se tornar dono do país: reexpediu para a França o general Lavaux e o comissário Santhonax, enviado em missão, sob pretexto de que êles haviam sido eleitos para o Corpo legislativo; o general Hédouville, que os substituiu, não devia tardar a ceder o lugar. Toussaint, que aliás se aplicava em restaurar a produção, submetendo os negros ao trabalho forçado, não rompeu com o Diretório; a metrópole, todavia, não conservava mais que uma autoridade nominal. Os franceses deviam admitir que se estava talvez bem no último ato da segunda guerra dos Cem anos, começada sob Luís XIV para o domínio dos mares e do mundo.

Êles detestavam os inglêses como inimigos tradicionais, e os republicanos acusavam a pérfida Albion de estipendiar a cruzada contra-revolucionária para satisfazer, com tôda segurança, seu egoísmo e avidez. Já no ano II, jacobinos e "sans-culottes" exprimiam a esperança de que logo o exército da República desembarcaria na ilha, para aí aniquilar a oligarquia mercantil. Agora que a paz reinava no continente, pareceu chegado o momento de destruir a moderna Cartago e, num circular de nivoso do ano VI, Talleyrand, o anglófilo, estourou em imprecações contra os tiranos do mundo, os vampiros do mar. O Diretório pôde emitir um empréstimo de 80 milhões para esta guerra, e inventores propuseram balões dirigíveis e uma espécie de submarinos. Uns cinqüenta mil homens reuniram-se em Brest, e Bonaparte recebeu o comando do "exército da Inglaterra".

A guerra econômica assumiu também nôvo caráter. Em princípio, os termidorianos haviam deixado subsistir a proibição das mercadorias inglêsas. Os Conselhos manifestaram, na oportunidade, tendência liberal em matéria de aduanas, e a tarifa do ano VI foi menos elevada que a de 1791; mas a burocracia continuava de espírito mercantilista, e os fabricantes, sobretudo os algodoeiros, ferozmente protecionistas, assediavam o govêrno. A 10 brumário do ano V (30 de outubro de 1796), uma lei tornou a pôr na ordem do dia a caça aos produtos britânicos, reputando como tais numerosos artigos, fôsse qual fôsse sua real procedência, e exigindo de outros um certificado de origem, fornecido pelos cônsules. Visitas domiciliares, apreensões e mesmo detenções de súditos inglêses se seguiram. Depois, no decorrer do verão, o Diretório notificou aos neutros que êle confiscaria seus bens, mesmo em alto mar, se continuassem a se submeter às exigências do inimigo. Não parece, todavia, que êles tenham cessado de traficar nos portos franceses; o Diretório teve que levar em conta a oposição dos Conselhos, onde Pastoret protestou contra as sevícias anunciadas, alegando que elas levavam à ruptura com os Estados Unidos. Mas, após o 18 frutidor, o ímpeto belicoso fêz passar da ameaça à execução: a lei de 29 nivoso do ano VI (18 de janeiro de 1798) autorizou a apreensão dos navios neutros que estivessem submetidos à regulamentação inglêsa, ou sôbre os quais se descobrisse qualquer objeto de procedência britânica, fôsse êsse objeto a faca do marujo ou o talher do capitão. Esta severidade pareceu inaudita: ela reaparecerá, em 1807, nos decretos de Milão. Os neutros desertaram a França. Êste bloqueio tornado guerreiro, que Napoleão censurará, não conveio nem aos consumidores de mercadorias coloniais, nem aos fabricantes, que precisavam receber as matérias-primas indispensáveis, o algodão em primeiro lugar, e que concebiam o bloqueio da mesma maneira que os inglêses: essencialmente mercantilista e favorável a seus negócios. Foi necessário conceder numerosas isenções à proibição. Assim, a política adotada enfraqueceu a exportação e pôs a França e os Estados Unidos a dois passos da guerra, correndo os americanos, por represália, direto sôbre os navios franceses. Todavia, êles não renunciaram a negociar, o que forneceu a Talleyrand a ocasião para pedir uma "comissão" a seus enviados; a correspondência dêstes últimos, comunicada ao Senado e divul-

445

gada, desencadeou tremendo escândalo na primavera de 1798. A ruptura pareceu iminente.

A guerra econômica assim concebida não podia produzir seu pleno efeito a não ser pela cooperação do continente e conjugou-se então com o espírito de propaganda para favorecer a expansão revolucionária. Acabar a conquista da Itália, pôr a mão sôbre as cidades hanseáticas para fechar a Alemanha ao comércio inglês: tais as medidas recomendadas aos partidários da guerra total. A anexação de Mulhouse e de Genebra, que se tornou a sede de um departamento do Léman, datam de 1798: elas explicam-se, pelo menos em parte, pelo desejo de suprimir dois centros de contrabando. Mas, bem aplicado a um território muito mais extenso que em 1793, o bloqueio do Diretório, longe de restringir a exportação britânica, nem sequer a impediu de aumentar: não passava, portanto, de uma etapa.

III. *A expedição ao Egito*

Quanto aos preparativos para invasão da Grã-Bretanha logo chegaram ao fim. A 11 de outubro de 1797, Duncan derrotou os holandeses em Camperduyn; Jervis bloqueava Cadix, e a esquadra de Nelson entrou no Mediterrâneo; Brueys declarou-se incapaz de levar a Brest seus navios. Os chefes militares não acreditavam no sucesso. A 5 ventoso do ano VI (21 de fevereiro de 1798), regressando de uma inspeção no oeste, Bonaparte resolveu abandonar o projeto. Êste não teve outro resultado que a expedição do general Humbert, enviado em auxílio dos irlandeses e desembarcado dois meses após seu desastre. Motivos não faltavam para justificar o malôgro: a marinha declarava-se impotente, e a paz continental não estava suficientemente segura para que a República se privasse de um exército e de seu melhor general. Mas Bonaparte acrescentava que era necessário levar a guerra ao Egito. Ora, todos os argumentos contrários ao projeto de invasão valiam, com muito mais fôrça ainda, contra semelhante emprêsa que, além disso, fazia nascer várias outras objeções.

Já na Itália, a imaginação de Bonaparte voltava-se, como a de Alexandre, para um Oriente fabuloso: êle conservava as ilhas Iônicas e propunha apoderar-se de Malta. A conquista da Inglaterra teria tido, seguramente, sua preferência; desde que era necessário renunciar a ela, o Oriente voltava ao primeiro plano. Se ficasse inerte, seu prestígio diminuiria. Se sua escolha foi fixada no Egito, isso se deve, sem dúvida, graças a Talleyrand; paira, no entanto, mistério sôbre o papel dêste último. O Egito, é verdade, conservava um lugar na tradição francesa, desde as cruzadas, e no comércio marselhês, desde as Capitulações; os negociantes queixavam-se dos mamelucos, mercenários que exploravam o país sob a autoridade nominal do sultão, e o cônsul Magallon afirmava que uma intervenção seria bem sucedida. Além disso, o Egito abria uma estrada para as Índias, onde Tippou continuava a defender o Mysore contra Wellesley. Em messidor do ano V, Talleyrand preconizava no Instituto a retomada da expansão colonial: que prêsa mais magnífica que o Egito? Mas êle aspirava um acôrdo com a Inglaterra e pretendia, contràriamente à lenda, conservar as fronteiras naturais: não lhe podia escapar que a conquista do Egito tornaria o inimigo irreconciliável e que, reabrindo a questão do Oriente, êle comprometeria as conquistas provocando a guerra com a Turquia e a Rússia. Pode ser que não tenha procurado senão servir Bonaparte; mas é bem capaz de se ter encarregado de levar para o Egito o exército que ameaçava a Inglaterra e de procurar para esta os elementos de nova coalizão. Uma carta de sua amante, Mme. Grand, assegurando que êle queria "favorecer seus amigos inglêses", caiu nas mãos do Diretório, que abafou o caso: sem dúvida, nas vésperas das eleições do ano VI, o Diretório considerou impossível lançar Talleyrand e Bonaparte na oposição. Que haja, por fraqueza e para afastar um general ambicioso, adotado sua temerária proposta, nada testemunha melhor contra êle.

Decidida a 15 ventoso do ano VI (5 de março de 1798), preparada dentro do maior segrêdo, a expedição compreendia 13 navios de linha, 17 fragatas, 35 outras embarcações de guerra, 280 transportes, 16.000 marujos, 38.000 oficiais e soldados e, além disso, uma comissão de 187 sábios, letrados e artistas, de que faziam parte Berthollet, Monge e Geoffrey-Saint-Hilaire. Ela deixou Toulon em 30 floreal (19 de maio). A marcha foi lenta; a expedição só chegou diante de Malta a 6 de junho; o grande chefe da ordem tinha-se deixado corromper e cedeu a ilha sem combate. Prosseguindo sua rota, a frota só por sorte escapou a Nelson que, procurando-a por todos os lados, a ultrapassou sem a ver, chegou às terras de Alexandria e tornou a partir para o mar Egeu, enquanto, atrás dêle, Bonaparte desembarcava e apoderava-se do pôrto. O exército foi avançando ao longo do Nilo e rechaçando os mamelucos em suas escaramuças; a 21 de julho, derrotou-os perto das Pirâmides e entrou no Cairo. Bonaparte perseguiu Ibrahim, um dos dois chefes, até o istmo, enquanto Desaix impelia Mourad para além de Assuan.

Entrementes, Nelson havia voltado à Sicília, onde a cumplicidade da rainha Carolina e do ministro Acton lhe permitiu refazer-se. Enfim informado, êle surgiu, na noite de 31 de julho, na baía de

Aboukir. Brueys ali estava com sua esquadra ancorado, aguardando a ordem de voltar para Corfou. A 1.º de agôsto esta foi destruída, e seu chefe, morto. Êste terrível desastre, que enclausurava Bonaparte em sua conquista, sem esperanças de regresso nem de reforços, teve enorme repercussão em tôda a Europa. A 9 de setembro, a Turquia declarou guerra à França. Nelson foi ter em Nápoles com Lady Hamilton, a aventureira que reinava na côrte, e os napolitanos, contando com o concurso das fôrças inglêsas, decidiram atacar a República romana, que os franceses acabavam de fundar.

Bonaparte, não obstante, organizava sua conquista como se ela devesse ser durável. Deixou permanecer a administração indígena controlando-a, quer dizer, instituiu um protetorado. Seus objetivos tornavam-se claros: inaugurou uma representação, composta de notáveis escolhidos por êle, porque era assim que concebia o regime constitucional e a hierarquia social. Sua política religiosa afirmouse: demonstrou profundo respeito pelo Islã e cumulou seus chefes de favores. Seu despotismo esclarecido empreendeu a modernização do país: medidas contra a peste, reparação dos canais, criação do correio e de mensageiros, introdução da imprensa e de moinhos de vento, projeto de substituir a inundação pela irrigação e de ligar o Nilo ao Mar Vermelho. A comissão científica tornou-se o "Instituto do Cairo" e preparou a célebre "Descrição do Egito". A desconfiança dos muçulmanos, que a Turquia apelava para a guerra santa, revelou-se incurável; êles atacavam soldados isolados e os pequenos postos; os nômades jamais se desarmaram. Entretanto, a população ter-se-ia resignado, se o exército não tivesse tido que viver à custa de contribuições, de requisições, de confiscações; Bonaparte exigiu a declaração das propriedades prediais e impôs taxas sôbre as mudanças, os atos notariais e de estado civil. Disso resultou, a 21 de outubro, uma terrível insurreição no Cairo e uma repressão sangrenta.

Ao preparar a Turquia uma invasão, com o apoio de uma esquadra inglêsa, Bonaparte decidiu ir destruir, na Síria, o exército que ali estava. Pôs-se a caminho com 15.000 homens, em fevereiro de 1799, atravessou o deserto e avançou até Saint-Jean-d'Acre, sem encontrar grande resistência. Mas o pachá Djezzar e o emigrado Philippeaux defenderam a cidade com obstinação, e Sidney Smith capturou os navios que levavam a artilharia de sítio. Bonaparte terminou por bater em retirada, a 20 de maio, e, não sem perdas, voltou para o Egito. Pelo menos, o ataque turco pelo istmo foi adiado. Outro exército desembarcou logo mais em Aboukir: a 25 de julho, êle o destruiu. A situação, entretanto, era sem saída e o Diretório havia em vão tentado enviar Bruix em seu socorro. Em agôsto, Bonaparte, abandonando seu exército a Kleber, foi procurar aventura na França.

Nessa ocasião, a segunda coalizão, que sua iniciativa havia provocado, já há muito assediava a República. Mas a expansão revolucionária, por seu lado, tinha nisso, pelo menos tanto quanto êle, a sua responsabilidade.

Sétimo capítulo **A EXPANSÃO REVOLUCIONÁRIA**

Para conduzir a guerra contra a Inglaterra com alguma probabilidade de sucesso, a paz continental era também tão necessária ao Diretório quanto fôra outrora a Vergennes. Êle não deixou de empreender, desde o início do ano de 1798, novas conquistas, que a Áustria considerou contrárias aos acordos de Campomórfio, desde que ela não aumentava em proporção, de sorte que, pouco a pouco, o partido da guerra recobrou ascendência em Viena. Se, portanto, a expedição ao Egito, unindo a Turquia e a Rússia à Inglaterra, engendrou nova coalizão, a política externa do Diretório a ela fêz entrar a Áustria, e apenas a adesão desta podia permitir aos coligados ameaçar perigosamente o território da República, pondo assim ao abrigo de qualquer ataque a Inglaterra e seu império.

Impondo a conservação da Lombárdia, Bonaparte havia preparado a invasão da Itália. Contribuiu igualmente para provocar a invasão da Suíça. Todavia, por mais poderosa que se reconheça sua influência, por um e outro título, ela não iguala a de sua aventura no Egito; pois, nos limites terrestres da França, outros fatôres concorriam a impelir seu govêrno para um caminho perigoso. Primeiro, em guerra com a Grã-Bretanha, era-lhe importante assegurar-se o concurso das repúblicas-irmãs e retirar do adversário os mercados de que o comércio nacional se beneficiaria. Depois, o exemplo de Bonaparte levou os generais a ambicionarem a criação de outros Estados vassalos, que administrariam, enquanto fornecedores e financistas espreitavam a ocasião de explorá-los por sua vez. Finalmente a exaltação revolucionária, que se seguiu ao 18 frutidor e não deixou o Diretório indene, reanimou sua propaganda; a renovação das regiões ainda submetidas à aristocracia e ao despotismo reapareceu na ordem do dia.

450

I. *A Holanda e a Itália*

O Diretório não tirava grande auxílio da Espanha: nem Godoy nem seus sucessores Saavedra e Urquijo consentiram em invadir Portugal e em contribuir para os preparativos contra a Inglaterra. A outra aliada marítima, a República batava, não atraía maior atenção: era-lhe necessário um govêrno estável, capaz de ajudar a protetora, e isso não existia. Os dirigentes provisórios, no poder desde 1795, haviam feito votar por uma Convenção a constituição, que submeteram à ratificação popular em agôsto de 1797. Mas, explorando o descontentamento excitado pela dominação francesa e suas exigências em homens e em dinheiro, uma coligação dos partidários da casa de Orange e dos democratas unitários obteve a sua rejeição. Após o 18 frutidor, a burguesia moderada, assim desautorada, perdeu o favor do Diretório; Delacroix, enviado a Haia, pôs-se de acôrdo com os democratas para propor em Paris um golpe de fôrça. Daendels, que comandava o exército holandês, e Joubert, chefe do corpo de ocupação, prometiam sua cooperação. A 3 pluvioso do ano VI (22 de janeiro de 1798), a assembléia batava declarou-se constituinte e, após se haver selecionado, redigiu nova constituição que, desta vez, foi aceita.

Não pareceu menos necessário assegurar-se a Cisalpina. A 3 ventoso (21 de fevereiro), o Diretório concluiu com ela um tratado de aliança, que mantinha a ocupação por um corpo de 25.000 homens, à custa da nova república; assinou-se, ao mesmo tempo, um acôrdo comercial liberal, e o que não impediu os conselhos cisalpinos de rejeitarem o conjunto, como exageradamente oneroso. O regime em vigor havia sido instituído por Bonaparte sem ratificação popular, nem aprovação da França; o Diretório considerou-se, portanto, livre de intervir para modificá-lo. Os conselhos foram depurados, e efetuaram-se detenções, após o que foram ratificados os tratados.

A conquista de Bonaparte, por outro lado, tornou-se um centro incendiário. Os próprios conservadores cisalpinos achavam que seu entendimento com a França merecia amplificações; Serbelloni e Visconti, negociadores da República em Paris, falavam do Piemonte, dos Estados pontificais e de Gênova. De todos os pontos da península acorriam aquêles que sonhavam com a unidade italiana; êles se entendiam com os generais e os fornecedores. Bandos penetravam freqüentemente nas Marchas; esperava-se que os revolucionários agissem em Roma. Êles bem tentaram uma revolta, a 28 de dezembro de 1797, mas seus adversários venceram e, responsabilizando os franceses, ameaçaram a embaixada, então confiada a

José, irmão mais velho de Bonaparte; na temerária emprêsa, o general Duphot foi morto, e José deixou a cidade. A hostilidade tão viva do Diretório pelo papado não desdenhou a ocasião: Berthier, agora na chefia do exército da Itália, recebeu ordens de marchar sôbre Roma, com o encorajamento de Bonaparte. Todavia, o Diretório não pretendia constituir para Berthier uma nova Cisalpina e imediatamente enviou, para organizar a República romana, uma comissão civil, onde entraram Daunou e Monge. Berthier, aliás, não gostava da tarefa determinada; chegando diante de Roma, sentiu-se, entretanto, embaraçado, porque Pio VI aceitava tôdas suas condições. Tendo, entretanto, certo número de revolucionários proclamado a República no Forum, no meio de curiosos, e chamado os franceses, êle a reconheceu, ocupou a cidade, expediu o papa para Siena e fêz-se substituir por Massena. A comissão promulgou a constituição redigida por Merlin, que instituía uma assembléia, um senado, cônsules, e submetia as leis e os atos do govêrno à ratificação do general francês, de sorte que a República romana foi, de início, a menos livre de tôdas. Foi também a mais espoliada: desde a primeira hora, generais e fornecedores começaram a razia. Os oficiais subalternos protestaram e amotinaram-se à chegada de Massena: êste era reputado um dos mais audaciosos gatunos, e êles o detestavam de longa data, pertencendo na maior parte aos regimentos do exército do Reno que, vindos como refôrço no início de 1797, tinham contas a ajustar com a sua divisão. A comissão não pôde restabelecer a ordem e, finalmente, o Diretório teve que substituir Massena por Gouvion Saint-Cyr, um lugar-tenente de Moreau. A República romana começou assim sob os mais aborrecidos auspícios.

A hora do Piemonte ainda não soara, mas pouco faltou. Em 1797, o rei da Sardenha reprimiu severamente um movimento revolucionário e deixou em suspenso um tratado de aliança com a França. Após o 18 frutidor, êle apressou-se em ratificá-lo; mas Ginguené, logo que chegou a Turim, e Brune, que havia sido nomeado comandante do exército da Itália, puseram-se a auxiliar os jacobinos, e alguns bandos penetraram no Piemonte. Durante meses, o Diretório agiu como mediador; finalmente, Ginguené tendo conseguido impor ao rei aterrorizado uma convenção, que cedia aos franceses a cidadela de Turim, êle considerou melhor conservá-la.

II. *A Suíça*

A respeito dos cantões confederados, o Diretório não deixava de sofrer danos; mas, após haver por muito tempo malogrado, obtinha agora concessões: a partida de Wickham, dos emigrados, de Mallet du Pan, publicista salariado da contra-revolução; a negociação de um acôrdo que lhe abandonaria os territórios jurássicos e a cidade de Bienna, dependências do bispado de Basiléia, transformado então em o departamento do Monte-Terrível. Todavia, os democratas suíços voltaram os olhos para êles; notadamente Ochs, de Basiléia. Desejando transformar os cantões em uma república unitária e pôr fim à dominação dos patrícios, não contando com a iniciativa de seus compatriotas, êles almejavam, não que a França invadisse o país, mas que se mostrasse suficientemente ameaçadora para que a oligarquia se demitisse. Laharpe, de Vaud, foi um pouco mais longe: e solicitou intervenção, invocando tratado do século XVI, pelo qual o rei de França, reconhecendo os direitos de Berna sôbre o país de Vaud, garantia, contudo, as liberdades dêste último. Até o 18 frutidor, estas sugestões permaneceram sem efeito aparente.

Bonaparte havia-se mostrado menos magnânimo: havia reunido a Valtelina à Lombardia, a despeito das pretensões das "ligas pardas". Resolvido a estabelecer livre comunicação entre a Cisalpina e a França através do Valais e não tendo podido obter o govêrno da estrada do Simplon, levou aos solicitadores suíços apoio decisivo. O negócio fechou-se, em 8 de dezembro de 1797, num jantar que reuniu, em casa de Reubell, Bonaparte e Ochs. Logo, êste agitou-se para fazer ser aceita pelos cantões uma constituição redigida por êle mesmo e Merlin. Muitos prestaram-se a isso. Ao mesmo tempo, uma divisão do exército da Itália se dirigia para a fronteira do país de Vaud, todavia, com proibição de aí penetrar, se não fôsse atacada. Mas os cidadãos de Vaud apressaram-se em aderir à nova constituição. Os de Berna enviaram contra êles algumas tropas; o comandante francês lhes enviou um parlamentar e, na obscuridade, atirou-se contra êle, por equívoco; o país de Vaud foi imediatamente ocupado. A situação não era ainda irremediável. De repente, na noite de 13 para 14 de fevereiro de 1798, o Diretório ordenou que se marchasse sôbre Berna, possìvelmente a instâncias de Bonaparte. Brune avançou de Lausanne, e Schauenbourg, do Jura: a cidade sucumbiu após combates muito vivos.

Imediatamente, o Diretório nomeou um comissário civil, o antigo convencional Lecarlier, ao qual se juntou Rapinat, cunhado de Reubell, para quem o nome valeu motejos tão injustos quanto fáceis, pois era um homem muito honesto. Êles se apoderaram do tesouro de Berna, cuja riqueza motivou, sem dúvida, em parte, a emprêsa e que serviu para financiar a expedição do Egito; como êle compreendia valores estrangeiros que era necessário negociar, Talleyrand também aí encontrou proveito. Os cantões viram ser-lhes imposta uma contribuição de 15 milhões. Uma assembléia, reunida em Aarau,

453

pôs em vigor a constituição; mas nem Ochs nem Laharpe obtiveram as graças da opinião: não conseguiram lugares no Diretório da República helvética. Os comissários esforçaram-se por suprimir as requisições arbitrárias e reprimir a pilhagem; mas a guerra civil estourou: os cantões católicos, Schwytz, Uri e Unterwald, insurgiram-se; o Valais, que instituíra uma constituição, pretendeu permanecer independente; foi necessário quebrar estas resistências.

Os berneses, mais hábeis, compraram Talleyrand e obtiveram, assim, um tratado que reduzia sua contribuição. Rapinat, que acabava de suceder Lecarlier, nomeado ministro da Polícia, indignou-se e recusou-se a pô-lo em execução, o que o indispôs com o Diretório helvético. A 28 prarial (17 de junho), sem consultar Paris, êle operou um golpe de Estado: Ochs e Laharpe tomaram em suas mãos o executivo. A sorte da nova república, embora menos dura que o regime ao qual Roma estava submetida, parecia desde o início muito precária. Logo, é verdade, a abolição dos direitos feudais pessoais, dos pequenos dízimos, a suspensão do pagamento dos direitos reais e dos grandes dízimos satisfizeram os camponeses; mas prescreveu-se o resgate dessas últimas categorias; como, por outro lado, haviam instituído simultâneamente o impôsto predial, o benefício pareceu pequeno.

III. *O Congresso de Rastatt*

Após Campofórmio, a Áustria havia parecido resignar-se com a perda da Bélgica e da Renânia. O congresso de Rastatt, onde os enviados do Diretório deviam negociar com os da Dieta e cessão, pelo Império, da margem esquerda do Reno, abriu-se a 16 de novembro de 1797. Bonaparte aí apareceu por um momento, obteve que a Áustria abandonasse Mogúncia mediante a ocupação de Veneza, depois cedeu lugar a Treilhard. O Diretório aplicava a legislação francesa nos nove departamentos em que se incorporavam os Países-Baixos austríacos, o bispado de Liège e as cessões holandesas; começava-se a vender ali os bens nacionais; as principais dificuldades provinham do cisma religioso e, sem gravidade imediata, preparavam agitações insurrecionais. Na Renânia, o Diretório confiou a administração a um comissário, Rudler, que começou a instituir ali o regime francês e dividiu a região em quatro departamentos. Agir assim, sem aguardar a decisão do Império, podia dar motivos à contestação. Mas como pôde a Áustria ficar indiferente em presença da extensão que tomava a influência francesa além dos limites convencionados em Campofórmio?

Não é que Thugut se irritasse; pensando sempre em distinguir-se na Itália, espreitava simplesmente a ocasião de solicitar compensações. É verdade que a criação, em Roma e na Suíça, de repúblicas reputadas independentes, prestava-se imperfeitamente a isso; mas, em Rastatt, o Diretório ultrapassou a letra do tratado. Reubell lastimava que a região de Colônia permanecesse para o Império e, do ponto de vista da política geral, seus colegas não podiam negar que, se renunciassem a ela, afastariam a Prússia, decepcionada em sua expectativa de indenizações vantajosas na Alemanha. Em conseqüência, Treilhard reclamou a totalidade da margem esquerda do Reno e obteve da Dieta uma adesão em princípio, a 19 ventoso do ano VI (9 de março de 1798). Imediatamente, Cobenzl reclamou uma indenização. A réplica de Treilhard foi tão surpreendente quanto categórica: a região de Colônia, ocupada militarmente já há muito, não podia ser considerada como aquisição nova. Dessa maneira, tardaria a guerra? Ela pareceu iminente quando, em abril, Bernadotte, embaixador em Viena, tendo arvorado a bandeira tricolor, viu-se assaltado por amotinadores, e, como não obtivesse uma reparação conveniente, deixou a cidade; Bonaparte adiou mesmo por um instante sua partida para o Egito. Entretanto a crise se aplacou. Nem Thugut, que não estava preparado, nem o Diretório, preocupado pelas eleições em curso, faziam questão de alimentá-la. Além disso, o vento mais uma vez mudava de rumo em Paris: desde que o Diretório rompia com os jacobinos, sua política exterior não se iria modificar?

IV. *As conseqüências do 22 floreal do ano VI*

Efetivamente, êle se pôs a combater os jacobinos das repúblicas-irmãs, principalmente na Itália, em benefício dos conservadores, e mostrou-se desconfiado dos generais e fornecedores que favoreciam a propaganda. A República batava sofreu o primeiro contragolpe. Os democratas unitários, aliás brigados com Daendels e Joubert, foram denunciados pelos notáveis como perigosos anarquistas; Delacroix foi chamado; a 24 prarial (22 de junho), uma depuração saneou o govêrno; novas eleições lhe concederam maioria. Na Suíça, o Diretório anulou o golpe de Estado de Rapinat; embora destituído, êste permaneceu em função porque não o substituíram e foi quem assinou o tratado de aliança de 19 de agôsto. A contra-revolução não desarmava; os cantões católicos retomaram as armas: sofreram uma derrota sangrenta em Stanz; mas, em outubro, os oligarcas fizeram entrar os austríacos nos Grisons.

455

Em Cisalpina, a mudança repentina do Diretório provocou inex tricável desordem. Êle enviou para a Itália agentes financeiros, em geral capazes, mas odiosos aos generais aos quais iam controlar; hostis aos jacobinos, mas escolhidos entre os que se achavam ligados ao antigo regime e, por isso, denunciados como contra-revolucionários. Eram Faipoult de Maisoncelle, antigo ministro; Amelot de Chaillou, filho de um ministro de Luís XV e antigo intendente de Borgonha, depois diretor da Caixa de Extraordinários, sob a Constituinte; Laumond, que lhe havia sucedido neste último pôsto, depois de haver servido ao contrôle geral; Eymar, irmão de um abade que figurava entre os "negros" na Constituinte. Acrescentou-se-lhes Trouvé, na qualidade de embaixador, criatura de La Revellière e medíocre ambicioso. Sob influência dos nobres lombardos, o Diretório declarou caduca a constituição de Bonaparte e ordenou a Trouvé que redigisse outra, que foi imposta, malgrado Brune, aos cisalpinos. Mas, logo, o general obteve, graças a Barras, provàvelmente, que esta constituição fôsse objeto de um plebiscito, e substituíram-se Trouvé e Faipoult, que protestavam, por Fouché e Amelot. Com a conivência do primeiro, Brune operou, na noite de 17 para 18 de outubro, nôvo golpe de fôrça, pelo qual se expulsou o pessoal de Trouvé; após o que, a ratificação popular interveio. Paralelamente, Ginguené e o lugar-tenente de Brune, em Turim, aí organizaram uma manifestação da qual sem dúvida esperavam agitações que permitiriam ocupar o Piemonte. Desta vez, o Diretório se aborreceu: destituiu Guinguené, revocou Fouché e enviou Brune para a Holanda. Êle mesmo ainda depurou o govêrno genovês.

Foi no momento em que as hostilidades começavam, em que os napolitanos invadiram a República romana, que o Diretório adotou a medida que melhor caracteriza o esfôrço sustentado depois de floreal com tão pouco sucesso: a 5 frimário do ano VII (26 de novembro de 1798), êle restabeleceu os comissários dos exércitos, Rapinat na Suíça, Amelot em Milão, Faipoult em Roma. Estes receberam mais autoridades que seus predecessores, e terminaram pior ainda. Joubert, sucessor de Brune, julgou o contrôle insuportável e apresentou sua demissão; o Diretório terminou por aceitá-lo em janeiro; mas, fiel à sua política vacilante, substituiu Amelot por Laumond. Schérer, que foi substituir Joubert, mostrou-se deferente para com o comissário, e isso, em parte, foi o que atraiu contra si o rancor de seus subordinados: ia custar-lhe caro. Massena, desde sua chegada à Suíça, não tomou o menor conhecimento de Rapinat, que solicitou sua revocação. O pior sobreveio ao exército encarregado de repelir os napolitanos: o conflito de seu chefe, Championnet, com o comissário Faipoult terminou num conflito retumbante.

456

O Diretório suspendeu então, em certa medida, as atividades dos propagandistas; impediu-os de revolucionarem o Piemonte e de atacarem a Toscana. Mas, para recuperar a Áustria, teria sido necessário voltar atrás sôbre as aquisições, e absolutamente não se pensou nisso. Após 22 floreal, o Diretório e Thugut entraram em acôrdo para enviar a conferenciar em Seltz, na Alsácia, François de Neufchâteau e Cobenzl. O primeiro recebeu ordens de restringir a discussão ao incidente de Viena e de recambiar para Rastatt a questão das compensações; a Áustria não podia aí solicitar senão territórios alemães, agora que aspirava à posse da Itália: evidentemente esta última, para o Diretório, continuava a ser caça reservada.

Êle modificou verdadeiramente sua política exterior; o temor de hostilidades prematuras inspirou-lhe certa moderação, mas demora não é arrependimento. A desgraça dos jacobinos nas repúblicas-irmãs, que, na Itália, transformou alguns dêles em inimigos da França, não foi senão conseqüência lógica da política interna marcada pela jornada do 22 floreal, e o contrôle que o Diretório tentou impor aos generais surge sobretudo como complemento de sua ditadura. Sem retardar muito a guerra, a reação antijacobina aumentou a desordem, comprometeu o prestígio da República e valeu ao Diretório inimigos novos e temíveis.

Oitavo capítulo   A SEGUNDA COALIZÃO

Resistindo à França, a Inglaterra não esqueceu, entretanto, que, para derrotar sua rival, era-lhe necessário reanimar a guerra no continente. Os alemães não se dispondo a isso, a expedição do Egito e a fundação da República romana lhe prestaram o serviço de reatar a coalizão. Paulo I, tornando-se aliado da Turquia, obteve o acesso do Mediterrâneo e instituiu-se protetor da ordem de Malta e da côrte de Nápoles. Esta última, já encorajada por Nelson, começou as hostilidades e, voltando assim a ser posta em questão a sorte da Itália, Thugut aceitou o concurso dos russos.

I. *Os russos no Mediterrâneo*

Paulo I, da mesma maneira que a mãe, detestava a Revolução Francesa. Após Campofórmio, tomou a seu sôldo o exército de Condé e autorizou Luís XVIII a instalar-se em Mitau. Contaram-lhe que poloneses notáveis faziam parte do exército de Bonaparte e recebiam boa acolhida do embaixador de França em Viena. Sua côrte, onde figurava Joseph de Maistre, incitava-lhe o rancor. Êle recebeu amigàvelmente os jesuítas que esperaram convertê-lo e, em 1797, tomou a ordem de Malta sob sua proteção: a queda da ilha o deixou furioso; começou a se armar; em outubro de 1798, os cavalheiros o elegeram grão-mestre. Julgando Nápoles em perigo, concedeu sua proteção ao rei.

Esta orientação não resultava ùnicamente de fantasia de um semidoido. Depois que Catarina havia atingido o Mar Negro, os russos dirigiram suas vistas para o Mediterrâneo. Paulo abriu ao comércio estrangeiro os portos da Criméia; os navios gregos aí traficavam; mas a abertura dos Estreitos era bem desejável. Esta política econômica não constituía senão um corolário da penetração do Império otomano, atraído pelo tratado de Kainardgi, que havia

458

atribuído à czarina um direito impreciso de intervenção em favor dos cristãos. A decomposição da Turquia prometia ao czar novos progressos. Selim III esforçava-se bastante, desde 1793, por criar um exército moderno; mas, em numerosas províncias, não conservava senão uma autoridade nominal. Ali-Tepeleni organizava para si um feudo na Albânia e em Epiro; Pasvan-Oglo, apoderando--se de Widin e marchando sôbre Andrinopla, fazia-se nomear paxá; Djezzar reinava na Síria; Abd-ul-Aziz, chefe dos Vaabitas, havia conquistado o Nedjd, ameaçava as cidades santas e o paxá de Bagdá. Os gregos e sobretudo os servos causavam inquietações. Os primeiros aproveitavam-se da guerra para se espalharem pelo Mediterrâneo, nisso também graças à neutralidade turca, e formavam agora colônias em todos os grandes portos; Corais e Rhigas lhes falavam da Revolução, e a bandeira tricolor flutuava sôbre as ilhas jônicas. Os sérvios, exasperados pelas depredações dos janízaros, tinham prestado concurso a José II: Kara-Jorge e Nénadovitch não pediam senão ajudar os russos.

A expedição ao Egito concedeu sucesso imprevisto à expansão moscovita. Tendo declarado guerra à França, os turcos acharam conveniente concluir a aliança que Paulo I se apressou em lhes oferecer. O tratado de 23 de dezembro de 1798 abriu os estreitos e os portos otomanos aos russos enquanto durasse a guerra, e concordou-se em que suas fôrças de terra e mar, penetrando no Mediterrâneo, iriam conquistar as ilhas jônicas; Corfu caiu por último, em 3 de março de 1799. Instalados no circuito do Império otomano da Europa, êles adquiriram assim uma posição privilegiada, que jamais tornaram a encontrar; Malta e Nápoles, se possível, sem contar com outros soberanos italianos, lhes forneceriam outras bases que terminariam por lhes conferir o domínio do Mediterrâneo.

Entretanto, em Nápoles, Maria Carolina, acrescentando fé às afirmações de Nelson, dava ordem de invadir a República romana. Esta iniciativa entusiasmou Paulo I, e, a 29 de dezembro de 1798, êle aliou-se aos napolitanos e aos inglêses, comprometendo-se a enviar contingentes para Nápoles e para a Lombárdia.

II. A guerra na Itália: A República partenopéia

Os napolitanos, sob a direção do general austríaco Mack, ocuparam Roma a 26 de novembro de 1798 e, graças a Nelson, desembarcaram em Livorno. Preparavam assim um supremo sucesso para os propagandistas revolucionários. O Diretório declarou a guerra a seu rei e, além do mais, ao rei da Sardenha, que foi reputado cúmplice e se retirou para Cagliari. O Piemonte foi inteiramente ocupado. De Roma, Championnet havia levado seu pequeno exército para além do Tibre. Atacado em Civita-Castellana, derrotou os adversários, tornou a entrar em Roma e, tomando por sua vez a ofensiva, ocupou Nápoles em 23 de janeiro de 1799. Êle afetava ignorar Faipoult, o comissário civil. No caminho, o exército e vários de seus chefes entregaram-se à pilhagem; o castelo de Caserte, a Versalhes napolitana, foi roubado; em Nápoles, os generais apoderaram-se de tôdas as caixas públicas. Championnet mostrou claramente que se considerava como o Bonaparte da Itália meridional: unindo-se com a burguesia e os nobres liberais, proclamou a "República Partenopéia", cujo govêrno concedeu a êles e prometeu contentar-se com uma contribuição de 60 milhões. Faipoult interveio para fazer respeitar suas atribuições e as intenções do Diretório; êste último não desejava uma nova república, reservava a conquista como moeda de troca, e determinou que a explorassem a fundo: era voltar à política de 1796. Faipoult exigiu que lhe entregassem as prêsas de guerra, que se colocassem sob sequestro os bens da coroa e os dos emigrados que haviam seguido o rei para a Sicília; submeteu o país a uma contribuição mensal. Championnet o enfrentou e finalmente expulsou-o. O Diretório ordenou a ambos que voltassem; depois, melhor informado, fêz deter o general e o levou a conselho de guerra; muitos de seus subordinados tiveram a mesma sorte ou foram destituídos. Pela primeira vez, o Diretório tentava trazer os generais à razão: êles iriam contribuir para a sua queda.

III. *A Áustria entra em guerra. Características da coalizão*

Para assaltar a República, era necessário à coalizão o concurso dos alemães.

Grenville teria preferido o da Prússia; mas ela se esquivou. Aliás, Frederico Guilherme III não escutava mais Sieyes, que o Diretório lhe enviara em maio de 1798. Prósperos atrás da linha de demarcação, "o círculo encantado", dominando a Alemanha do Norte, vigiando o Hanôver, tentando anexar Nurembergue, aguardando pacientemente as indenizações que lhes valeria o abandono de suas medíocres possessões renanas, os prussianos insistiam na neutralidade e colaboraram, sem remorsos, para a decomposição do Império de que Görres havia ironicamente lavrado o atestado de óbito.

Thugut permaneceu por muito tempo na reserva, tanto mais que Pitt não se mostrava solícito para prometer subsídios; secretamente aliado aos napolitanos, o chanceler austríaco, entretanto, não os

460

ajudou; na falta da Prússia, êle queria estar seguro do apoio efetivo dos russos. Quando Paulo I pôs em marcha seu primeiro exército, êle finalmente decidiu-se e concedeu-lhe passagem. Um mês passou-se, antes que o Diretório invocasse o "casus belli": a 22 ventoso do ano VII (12 de março de 1799), êle declarou enfim guerra à Áustria, que se viu assim unida à coalizão, sem nenhum tratado. Logo, os franceses ocuparam a Toscana e levaram Pio VI para Valença, onde êle morreu em agôsto.

Um drama sangrento marca o caráter do conflito aos olhos dos revolucionários. A 28 de abril, durante a noite, quando os plenipotenciários franceses deixavam Rastatt, hussardos austríacos os assaltaram; um dêles, Jean Debry, ferido, escapou, entretanto; os dois outros, Roberjot e Bounier, pereceram. A grandes gritos, "Vingança! vingança!", o Diretório denunciou o assassínio como uma manifestação do ódio cego que os reis e a aristocràcia votavam à República. A preparação do atentado permaneceu obscura. Mas não se poderia duvidar de que êle tivesse por objeto implicar o Império na guerra, quer dizer os soberanos da Alemanha do Sul, pois a Prússia persistia em sua defecção. Thugut sabia que êsses príncipes absolutamente não pretendiam combater: o duque de Wurtemberg, Frederico II, não se livrariam de seus embaraços com os "Stände" e, na Baviera, Maximiliano-José, que sucedeu em 1799 a Carlos Teodoro, temia que os Habsburgos contestassem seus direitos.

A segunda coalizão encontrou-se completa: Gustavo IV a ela acrescentou a Suécia apenas em outubro de 1799 e não forneceu combatentes. Como Thugut nada havia assinado, ela apresentava ainda menos solidez que a primeira. Como sempre, a Inglaterra aí figurava como a cavilha-mestra e teve que financiar, pelo menos, o exército russo: 225.000 libras de contados, depois 75.000 por mês. Suas origens mesmo multiplicavam-se de nôvo na reunião das fendas que a deslocariam. Grenville assegurou a Paulo I que a Grã-Bretanha, sitiando Malta, não pretendia conservá-la; ela terminou por obter a abertura dos Estreitos a seus navios mercantes; mas poder-se-ia crer que ela concederia subsídios aos moscovitas para lhes permitir reinar no Mediterrâneo? Quanto a Thugut, se aceitava seu auxílio, era para conquistar a Itália: Paulo I pretendia fazer-lhe presente dela? E a Inglaterra também não pretendia isso, não pensando senão em retirar da França os Países-Baixos, com que o chanceler não se preocupava mais.

Os aliados não tinham falta de homens; embora a distância não permitisse aos russos enviarem mais que 80.000 para o Ocidente, a superioridade do número passou para o seu lado. Sua organização

461

e seus métodos de guerra não realizaram nenhum progresso; o arquiduque Carlos projetava formar os regimentos das tropas austríacas quando as hostilidades o anteciparam. O dinheiro sobretudo fazia falta. Durante seu reinado, Paulo I elevou a dívida de 43 milhões de rublos para 132 e emitiu 56 milhões; na Áustria, o deficit se perpetuava; a dívida, de 370 milhões de "gulden", em 1792, elevou-se a 572 em 1798, e só se sustentou a guerra por meio do "Banco-zettell", cuja circulação passou de 27 milhões, em 1793, para 200, em 1801.

A economia inglêsa, suporte da coalizão, reencontrou dificuldades no curso do ano de 1799. Suspenso o estalão do ouro, o numerário desaparecia, as pequenas "bank-notes" multiplicavam-se e a inflação fêz ligeiros progressos; é provável que os bancos locais, cujo número crescia, aumentassem suas emissões assim como os empréstimos. Além disso, a Inglaterra sofreu o contragolpe da crise que, no fim do inverno, havia estourado em Hamburgo: 20 falências, pelos menos, declararam-se em Londres; a indústria ressentiu-se disso, agora que o preço do pão estava aumentando, a colheita anunciando-se má. A agitação operária determinou Pitt a aperfeiçoar mais a repressão, estendendo-a ao proletariado: o "Combination act", de 12 de julho de 1799, confirmou a interdição da greve, assim como das associações e das coletas que as preparavam ou as sustentavam. No decorrer do ano, foi necessário, entretanto, comprar fora os cereais, o que fêz saírem 3 milhões e meio de libras. Malgrado tudo, o capitalismo britânico, que o govêrno sustentava com tanta habilidade, suportou perfeitamente os choques. Obrigado a renunciar à conversibilidade da "bank-note", Pitt conteve a inflação; todavia, ela se desenvolvia muito para que, os preços continuando a subir, a emprêsa escapasse à influência deprimente desta deflação que oprimia o Diretório. As finanças públicas permaneceram sãs e o Banco pôde sustentá-las absorvendo quantidade razoável de "exchequer bills".

IV. *Os preparativos do Diretório*

Após o outono, a República preparava-se para resistir; mas o esfôrço não foi comparável ao do Comitê de Salvação Pública, e pensou-se que o Diretório não estava com pressa em engajar as operações: quando a primavera começou, êle ainda não se achava preparado. O 18 frutidor havia devolvido à ordem do dia o armamento geral da nação; todavia, um primeiro projeto de Jourdan, então deputado, apresentado a 23 nivoso do ano VI (12 de janeiro de 1798), teve que ser revisto e sòmente foi aprovado em 19 frutidor (5 de setembro). A lei Jourdan ou lei de conscrição instituiu o serviço militar obrigatório de 20 a 25 anos, excetuando sòmente os homens casados antes de 23 nivoso do ano VI: ela restabelecia, portanto, a título permanente, o recrutamento de 23 de agôsto de 1793. Os conscritos aptos para o serviço deviam ser levados ao Ministério da Guerra, com uma lista nacional em cinco classes e seguindo a data do nascimento. Se um contingente se tornava necessário, o Corpo legislativo o fixava, e o ministro o escolhia, começando pelos mais jovens. Outra lei anulou as dispensas e isenções concedidas desde 1793.

Imediatamente, decidiu-se fazer um apêlo; a 3 vindimário do ano VII (24 de setembro de 1798), êle foi fixado em 200.000 homens. Ainda uma vez, dificuldades consideráveis o contrariaram; o estado civil era incompleto ou inexistente; como nenhuma disposição regulava o exame médico, o ministro o colocou sob a direção de júris recrutados entre os pais dos conscritos, o que deu lugar a abusos notórios; estabelecer a lista nacional pareceu pràticamente impossível. 143.000 inscritos foram reconhecidos aptos, o que já deixava uma diminuição enorme; ora, não se encontraram mais que 97.000 para se apresentarem aos depósitos; foram encaminhados para os exércitos por destacamentos isolados, o que favoreceu a deserção: 74.000 chegaram, afinal, ou seja, 51%. A 28 germinal do ano VII (17 de abril de 1799), o Corpo legislativo decretou que se completasse o contingente, mas modificando profundamente a lei: os convocados foram autorizados a se reunirem prèviamente para encontrar voluntários ou procederem a sorteio entre êles; o conscrito designado podia apresentar um substituto: voltava-se ao recrutamento de fevereiro de 1793. Todavia, 71.000 homens apenas responderam à convocação, dos quais 57.000 chegaram ao "front".

O exército do Diretório, transformado num exército de profissão, retomou, por êste afluxo que acarretava uma nova amálgama, um pouco do caráter popular do exército do ano II. Mas êsses reforços não lhe chegaram inteiramente antes da abertura da campanha e, contràriamente ao seu predecessor, não teriam sôbre o inimigo a superioridade numérica. Também não se conseguiu abastecer convenientemente o exército; para vestir, equipar, e armar os conscritos, o Corpo legislativo pôs à venda 125 milhões de bens nacionais; as grandes leis fiscais do ano VII testemunham provàvelmente esfôrço semelhante. Foi tardio e insuficiente. Os conscritos partiram sem estar completamente preparados e, quanto aos exércitos, viveram na miséria, no meio de países vassalos ou inimigos, já esgotados. Na Itália, tiraram-se os principais recursos do Piemonte, recém-ocupado e explorado a fundo.

463

V. *A campanha da primavera de 1799*

Na concepção da campanha, fêz falta total o espírito da guerra nova. Com os 45.000 homens do exército do Danúbio, Jourdan devia invadir a Alemanha do Sul, cobrindo-o Bernadotte à esquerda, no Reno médio, com 30.000 homens. Dos 100.000 homens que se encontravam na Itália, Schérer não pôde reunir mais que 45.000 no Adige. Entre os dois, Massena conquistaria os Grisons e ameaçaria o Tirol. Os franceses atacavam, portanto, de todos lados ao mesmo tempo, em cordão, em lugar de tirar partido da Suíça, agrupando aí uma massa de manobra que pudesse, à vontade, dirigir-se para a Itália ou para a Alemanha, a fim de assegurar uma decisão. Como bem se pensa, os austríacos fizeram o mesmo: o arquiduque Carlos comandava 75.000 homens na Baviera; Kray tinha 60.000 em Veneza; 20.000 outros guardavam o Tirol. Ignorando, ao que parece, sua superioridade numérica, êles aguardaram os russos, para se empenharem a fundo. Entravada pelas preocupações diplomáticas de Thugut, a campanha, lenta e descosida, apresentou todos os traços de uma guerra do Antigo Regime.

Massena foi quem teve maior sucesso: ocupou os Grisons; mas, entrando em Vorarlherg, malogrou diante de Feldkirch. Jourdan avançou até o lago de Constança, com muita lentidão, e atacou o arquiduque em Stokach, a 25 de março; repelido, levou seu exército de volta para o Reno e apresentou sua demissão; o arquiduque não insistiu, porque Thugut o enviou para a Suíça. Schérer arrebatou as posições fortificadas de Pastrengo e de Rivoli; mas sua manobra contra Verona, mal combinada, maltratou-o duramente; atacado por sua vez em Magnano, a 5 de abril, bateu em retirada, embora a batalha tivesse ficado indecisa, e, sem tentar se deter em nenhum lugar, retrocedeu até o Adda, depois abandonou o exército a Moreau. Kray não persistiu: aguardou Souvorov que, trazendo 18.000 russos, assumiu o comando. Êste homem velho, conhecido por suas vitórias sôbre os turcos e os poloneses, era um famoso dirigente de homens, não um estrategista. De 25 a 27 de abril, atacou as passagens do Adda e forçou várias delas, notadamente em Cassano; a divisão Sérurier foi destroçada. Moreau evacuou o Milanês e reuniu os restantes em Alexandria. Souvorov ia fazer uma entrada teatral em Milão, dispersou boa parte de suas tropas e só atacou Moreau a 12 de maio, sem grande sucesso; entretanto, os franceses recuaram de novo até Gênova e Coni.

Moreau contava com Macdonald, que conduzia penosamente o exército de Nápoles através da península sublevada. Em lugar de atraí-lo a si, marcou um encontro em Alexandria. Macdonald atravessou os Apeninos e viu seu caminho barrado por Souvorov nas margens do Trebia. A batalha durou três dias, de 17 a 19 de junho; não tendo podido forçar a passagem, Macdonald tornou a passar a montanha e, insinuando-se ao longo da costa, atingiu Gênova. Moreau, que havia avançado até Marengo, voltou atrás para alcançá-lo.

As derrotas da Alemanha e da Itália acarretaram o recuo de Massena; êle evacuou os Grisons e, tendo o arquiduque atravessado o Reno, retirou-se para trás do Limmat. Atacado, ganhou, a 4 de junho, a primeira batalha de Zurique; mas julgou prudente tornar a passar o rio e abandonar a cidade, para tomar posição entre o Reno e o lago de Zug, coberto pelo Limmat e o lago de Zurique. Todavia, Lecourbe tendo tido que abandonar São Gotardo e o vale do Reuss, Massena podia ser atacado pela retaguarda por um exército vindo da Itália.

Chegado o verão, aguardaram-se operações de grande envergadura. Nada sucedeu: os governos aliados discutiram o plano durante semanas e, à espera, seus exércitos batalharam onde estavam. Souvorov sitiava as fortalezas, que capitularam, inclusive Mântua, com uma incrível rapidez que, em França, fêz com que se alegasse ter havido traição. Êle teve que quebrar uma volta ofensiva de Joubert que tinha vindo assumir o comando do exército da Itália, conservando Moreau como adjunto. Com pressa de voltar a Paris, onde Sieyes lhe destinava desempenho político, êle atacou, a 15 de agôsto, Novi, sem ter teminado sua concentração. Logo no início da luta êle foi morto. Moreau conteve o inimigo, mas perdeu perto de um têrço de seus efetivos e teve que bater em retirada durante a noite. Senhor do Piemonte, Souvorov aí reinstalou os funcionários de Carlos Emanuel, de acôrdo com as intenções do czar, e projetou invadir o Delfinado.

Suas atitudes não impressionavam Thugut, que o encarava como simples auxiliar e pretendia determinar sòzinho a sorte da Itália: seu comissário recusou-se a reconhecer os agentes do rei da Sardenha. O ministro também não estava menos inquieto com o que se passava no sul da península. Macdonald havia deixado apenas frágeis fôrças; uma esquadra inglêsa entrou no pôrto de Nápoles; o cardeal Ruffo sublevava os camponeses; russos e turcos chegaram de Corfu; em junho, os defensores da capital, sitiados nos fortes, capitularam. Nelson rompeu a convenção e abandonou os patriotas, nobres e burgueses, a uma atroz repressão. Mas o rei Ferdinando não se limitou a isso: êle queria apoderar-se de todos ou parte dos domínios pontificais; em setembro, suas tropas aí entraram e, logo mais, os austríacos aí penetraram pelo norte.

465

Os inglêses inclinavam-se a aprovar o czar por restabelecer na Itália os legítimos soberanos; mas desejariam sobretudo que os coligados concentrassem seus esforços sôbre a Suíça e os Países-Baixos. Em Londres, renascia a esperança de uma restauração dos Bourbons, e os contra-revolucionários, como sempre, ofereciam-se ao inimigo. Wickham tornou a se instalar na Suíça: aí preparou a insurreição do Franco-Condado e do Meio Dia; Bourmont preparava-se para sublevar o oeste ainda uma vez; pretendia-se também comprar Barras. O govêrno britânico insistiu então para que se expulsassem os franceses da Suíça e se invadisse seu país pelo pôrto de Borgonha. Abandonando a Itália a Thugut, êle obteve que o arquiduque Carlos fôsse combater Massena e persuadiu Paulo I a designar a mesma tarefa a um segundo exército, de 28.000 homens, confiado a Korsakov; para derrotar os franceses, sugeriu que Souvorov deixasse a Itália para escalar o São Gotardo. Nada convinha melhor a Thugut. Alegou-se ao czar que a libertação dos cantões constituía um fator digno do salvador da Europa, e Paulo I cedeu.

Bem antes que se passasse à execução, outro projeto inglês a entravou. Tratava-se de reconquistar a Holanda e a Bélgica. Desde o mês de maio, o czar se tinha deixado também convencer a enviar 18.000 homens para que se juntassem à expedição que o duque de York estava preparando. Thugut não se interessava muito pelos antigos domínios austríacos dos Países-Baixos; mas, se fôssem retomados dos franceses, êle pretendia se aproveitar: a 30 de julho, o arquiduque Carlos recebeu ordem de deixar a Suíça e atingir Mogúncia. Como os russos deveriam chegar sòmente em setembro, êle percebeu o perigo, não se apressou, e a discussão continuou durante o mês de agôsto.

Como em 1793, os coligados deram assim à República tempo para se preparar; todavia, a despeito da insistência do Diretório, os generais franceses se julgaram fora de condições para empreender qualquer coisa antes do fim do verão e, a essa época, a guerra havia, já há muito, provocado na França acontecimentos decisivos.

466

Nono capítulo

A CRISE DO ANO VII NA FRANÇA

Sem torná-la popular, a paz continental havia concedido um descanso à ditadura diretorial. Ao recomeçar a guerra, foi-lhe imputada a responsabilidade, e seus dirigentes foram suas primeiras vítimas; depois os reveses, sucedendo-se, comprometeram definitivamente o regime instituído pelos termidorianos. Viu-se renascer a guerra civil, e, com a ameaça de invasão, reapareceram as medidas de salvação pública. Uma última reação antijacobina preparou a ditadura militar.

I. A jornada de 30 prarial do ano VII (18 de junho de 1799)

No início de germinal do ano VI (fim de março de 1799), nenhuma derrota era ainda capaz de fazer com que se esquecesse a conquista de Nápoles. Entretanto, as eleições anunciavam-se mal para o Diretório, porque, desde o outono, a guerra, que se ameaçava, avivava o descontentamento, pela estagnação dos negócios, o aumento dos impostos e sobretudo o recrutamento. O resultado medíocre da lei Jordan testemunha o temor que o serviço militar inspirava; além do mais, ela fêz aumentar por tôda parte a desordem. Em novembro de 1798, uma parte dos campos belgas, valões, bem como flamengos, já agitados pelos conflitos religiosos, insurgiu-se, e esta "guerra de camponeses", que durou dois meses, deixou o país fortemente perturbado. Na França, temia-se de tal modo uma nova Vendéia, que se autorizou o govêrno a suspender, no Oeste, a aplicação da lei; a "chouannerie" não teve com isso menos fôrça: em março, a cidade de Château-Gontier foi surpreendida pela desordem. Por tôda parte, insubmissos e desertores se juntavam aos bandos, cujos atentados se multiplicavam.

467

A opinião mais geral reprovava o Diretório, por haver provocado a guerra, enquanto os jacobinos o acusavam de não saber preparálá-la, e de permitir à contra-revolução que, mais uma vez, fizesse o jôgo do inimigo. A maioria dos Conselhos não se sentia insensível a estas diferentes censuras, tanto mais que suportava com impaciência a ditadura do executivo. Como de costume, o Diretório denunciou a coligação dos monarquistas e dos anarquistas, visando particularmente êstes últimos,. para conquistar para si a burguesia. "Gostaríeis de ver surgir a lei do preço-teto?", dizia uma circular de François de Neufchâteau. Para preparar as eleições, usaram-se procedimentos comuns, com menos energia que no ano VI, provàvelmente porque os funcionários sentiam a pressão pouco eficaz. Foi suficiente muitas vêzes, realmente, que os candidatos fôssem recomendados por êles, para malograrem. Não se poderia pelo menos recomeçar o golpe de 22 floreal? A atitude dos Conselhos não permitiu que se pensasse nisso. Mais uma vez haviam-se encontrado eleitores para formarem assembléias eleitorais cissionárias; mas seus eleitos foram sistemàticamente afastados em benefício dos das "assembléias-mães".

O Diretório tendo principalmente combatido os jacobinos, sua queda foi encarada como a vitória dêstes. Entretanto, não era êsse o caso. Os termidorianos, logo se veria, conservavam a maioria. Esta, muito animada contra os diretores, pôs-se de acôrdo com os jacobinos para derrubá-los; mas suas tendências políticas e sociais continuavam as mesmas. A crise se desenvolveu, assim, em três atos: queda do segundo Diretório; aparente triunfo da esquerda; violenta e vitoriosa reação antijacobina.

Durante as semanas que sucederam às eleições, a situação da República tornou-se crítica: Nápoles e Milão perdidos, a Suíça invadida. No interior, "tudo se decompõe", diz um relatório de 18 prarial. A animosidade contra os diretores aumentou: incapazes ou criminosos? A acusação de traição ressurgiu: os requerimentos que começavam a vir dos departamentos culpavam claramente Schérer, o antigo ministro da Guerra. Lucien Bonaparte fulminava contra os comissários dos exércitos, e os generais fizeram côro. A colusão dêstes com os oponentes, visível na imprensa e nos discursos, torna-se claramente patente pelo lugar que os Quinhentos lhes fizeram em suas listas de candidatos ao Diretório, no decorrer da crise: numa delas, em dez nomes, figuravam sete generais e almirantes. No fim de germinal, o exame das medidas financeiras tornadas indispensáveis estendeu ao extremo as relações do Diretório e dos Conselhos que iam sair; correu o rumor de nôvo frutidor, todavia impossível, estando o govêrno indisposto com os generais, aliás vencidos e sem prestígio.

Antes mesmo que os novos Conselhos se reunissem a 1.º prarial, a sorte pronunciou-se em seu favor: Reubell deixou o Diretório e os anciãos o substituíram por Sieyes. Sabia-se que êste era inimigo dos dirigentes: abriam-se as hostilidades. Não se ignorava também que êle almejava modificar a constituição, e Barras havia ajudado em sua eleição: o cavalo de Tróia entrava em cena. Voltando de Berlim, não assumiu a cadeira a não ser em 21 prarial (9 de junho): dez dias foram-lhe suficientes para atingir seus fins; pode-se então perguntar se esta "toupeira da Revolução", como o chamava Robespierre, já não estaria intrigando há muito tempo.

Repetinamente, a 28 prarial (15 de junho), Poullain-Grandprey recordou que a mensagem do dia 17, solicitando ao Diretório uma exposição da situação, continuava sem resposta, e fêz decidir que os Quinhentos permaneceriam em sessão para aguardá-la; os anciãos os imitaram. À noite, a eleição de Treilhard no ano VI foi atacada, sob pretexto de que êle saíra do Corpo legislativo antes de completar um ano; a objeção havia sido afastada, no ano precedente, devendo-se contar o prazo da saída do cargo até o reinício em função, não até à eleição. Assim mesmo, êle foi expulso do Diretório, onde se fêz entrar Gohier, presidente do tribunal de cassação, que, ministro da Justiça no ano II, passava por jacobino. A 30, reiniciou-se a batalha, contra La Revellière e Merlin, desta vez. Desde a véspera, Sieyes e Barras os apressavam para apresentar sua demissão a fim de evitar a acusação. Uma delegação dos anciãos veio suplicar-lhes que cedessem. Merlin capitulou em primeiro lugar; depois La Revellière resignou. Foram substituídos por Roger-Ducos, designado por Sieyes, e Moulin, general obscuro, jacobino, escolhido por Barras. Os ministros também desapareceram, sem excetuar Talleyrand.

A jornada de 30 prarial do ano VII (18 de junho de 1799) não foi, portanto, um golpe de Estado: os dois diretores não ousaram protestar contra a acusação, que era legal; mas era um 9 termidor, que concedia aos Conselhos supremacia sôbre o executivo. Todavia, ela não subordinou êste, nem o enfraqueceu, como a Convenção havia feito com os Comitês termidorianos. Sieyes impôs seus pontos de vista e, em sua obstinação em preparar a ruína do regime, manifestou uma habilidade e firmeza que contrastam com a mediocridade que demonstrou em 18 brumário.

O 30 prarial foi, por outro lado, a jornada dos generais. Bernadotte recebeu o Ministério da Guerra, Joubert o comando do exército da Itália; Championnet saiu da prisão, e foi-lhe confiado o exército em formação nos Alpes, contra Souvorov. Os comissários dos exércitos acabaram perdendo tôda autoridade: Rapinat havia

469

apresentado sua demissão; chegado na Itália, Joubert fêz Laumond retornar para França.

Enfim, o 30 prarial pareceu a revanche do 22 floreal: os três novos diretores eram "florealistas". A entrada nas finanças de Robert Lindet, antigo membro do Comitê de Salvação Pública, pareceu simbólica. Esta impressão foi confirmada por numerosas destituições e pela nomeação de jacobinos notáveis. Antes mesmo que os anciãos tivessem ratificado o restabelecimento da liberdade de imprensa, os jornais reapareceram. Os clubes também se reabriram; o mais famoso instalou-se na Sala do Manège, que os Quinhentos haviam deixado no ano VI, pelo Palácio do antigo regime dos Bourbons: o primeiro "regulador" foi Drouet, que tinha estado implicado na conspiração de Babeuf.

II. *As leis jacobinas*

Que os jacobinos tivessem triunfado, é o que pareceu demonstrar o voto das leis, que a esquerda obteve sem demoras, invocando o perigo da República, porque, como na Convenção, parte da maioria não era insensível a isso, e esta, ainda excitada pela luta contra os diretores, levou alguns dias para perceber que deslizava para um nôvo govêrno revolucionário.

Proposta pór Jourdan, a lei de 10 messidor (28 de junho) realizou, como êle dizia, "o recrutamento em massa": as cinco classes de conscritos foram chamadas integralmente, e suprimida a substituição. Calcula-se em 223.000 o número de convocados, dos quais 116.000 partiram, ou seja, novamente 51%. Um mês mais tarde, outra lei ordenou a reorganização da guarda nacional: não foi uma palavra vã, pois forneceu as colunas móveis contra os rebeldes.

Com os homens, os bens. As requisições tomaram impulso, abertamente generalizadas, desta vez, por injunções do Diretório às autoridades departamentais. Jourdan havia feito adotar, ao mesmo tempo que o recrutamento, um empréstimo forçado de 100 milhões. As modalidades foram fixadas, com muitas dificuldades, apenas a 19 termidor (6 de agôsto). Êle atingiu, por uma tarifa progressiva, aquêles que pagavam pelo menos 300 francos de impôsto predial, assim como as rendas mobiliárias, estimadas em eqüidade por um júri de cidadãos não submetidos ao empréstimo, a partir de 10.000 francos, com a agravante de que uma fortuna especulativa podia ser taxada pela totalidade do rendimento.

Veio em seguida uma lei repressiva, a dos reféns, a 24 messidor (12 de julho). Nos departamentos declarados, por completo ou em parte, em estado de agitação pelo Corpo legislativo, a administração central devia escolher reféns entre os parentes de emigrados e de rebeldes, a fim de interná-los; em caso de assassínio de um funcionário, de um militar, de um adquirente de bens nacionais, o Diretório deportaria quatro dêles; além disso, todos suportariam solidàriamente uma pena e a totalidade dos danos. Anistia era oferecida aos rebeldes, excetuados os chefes, com a condição de entregarem suas armas; no caso de não se aproveitarem dela, seriam levados perante uma comissão militar, e executados por simples constatação de identidade.

Enfim, nesse mesmo 24 messidor, foi apresentado um relatório sôbre as acusações reclamadas de tôdas as partes: êle concluiu afirmativamente para os quatro diretores depostos e para Schérer. Os Quinhentos admitiram a inculpação; a lei exigia uma instrução que devia levar trinta dias antes mesmo que passasse aos anciãos: a resistência teve tempo para se reorganizar.

III. A *última reação antijacobina*

No fim de messidor, esta resistência já se revelava vigorosa e, a 26 (14 de julho), Sieyes lançou uma primeira advertência. Êle não desdenhava as medidas de salvação pública; a maioria também não; mas, com a condição expressa de reservar para si a aplicação, a fim de controlá-la rigorosamente. Os jacobinos atemorizavam, declarando que as leis recentes permaneceriam vãs, se não se revelasse no povo o ardor de outrora; de onde a conclusão de que, logo, êles pretenderiam associar o povo ao poder, e que se iriam rever, pelo menos, os comitês revolucionários. O relatório de 18 prarial, já citado, aconselhando que se enviassem para a província agentes para estimular a administração, como se havia feito após o 10 de agôsto, tomava a cautela de acrescentar que seria preciso escolhê-los "na classe das pessoas probas e abastadas; êles devem ser os protetores das pessoas e das propriedades". Em sentido contrário, Lamarque sustentava propósitos não menos expressivos: "Uns querem que se ponha em uso a fôrça popular para repelir os bárbaros; outros temem o emprêgo desta fôrça todo-poderosa, quer dizer que temem mais a massa dos republicanos que as hordas do Norte."

Incontestàvelmente, o recrutamento em massa e as requisições redobravam no país o mêdo e a irritação; todavia, êstes sentimentos avivaram-se sobretudo no seio da alta burguesia, a única atingida pelo empréstimo forçado. Lindet conseguiu fazer ser aceita, por

471

certo número de banqueiros e de fornecedores, uma combinação de tesouraria, que mobilizou parte do produto que se aguardava do empréstimo, e Perregaux deu o bom exemplo. Mas, em geral, as recriminações e a resistência passiva anunciaram o malôgro, e não se arrecadou mais que um têrço da soma esperada. Numerosos ricos deixaram Paris e licenciaram seu pessoal, e anunciou-se que algumas manufaturas iriam ser fechadas.

No seio do Diretório e entre seus partidários, as inquietações eram provocadas sobretudo pelas perseguições contra os "prarializados"; se elas tivessem resultado, preparar-se-iam novas "carroças". Barras, e sobretudo Sieyes, eram agora atacados. Dêste último, dizia-se que havia feito um acôrdo em Berlim para o abandono de tôdas as conquistas, ou de parte delas, e o restabelecimento da monarquia, em favor do duque de Orléans ou do duque de Brunswick. Que, na maioria e entre os generais, alguns houvessem pensado em uma restauração, como no ano III, não há dúvidas. Em todo caso, a imputação atemorizava Sieyes. A maior parte dos jornais, das brochuras, dos cartazes invectivavam contra as leis de messidor. Aos clubistas não repugnavam as manifestações provocantes — tal o brado de Jourdan, a 14 de julho: "À ressurreição das lanças!" — e também as manifestações hostis aos ricos. A juventude dourada veio ameaçar o Manège: chegou-se às vias de fato. Em várias cidades, em Ruão, Amiens, Caen, conflitos semelhantes perturbaram. a ordem; em Bordéus, o sangue correu. Embora seus adversários evocassem a lembrança do 31 de maio, a esquerda não podia contar com um movimento das massas, desencorajadas por uma longa reação, e recaídas em sua indiferença; não lhe restava nenhum meio de organizar um movimento dêsses, e ela não pôde juntar mais que algumas centenas de manifestantes, artífices, lojistas, empregados, que tinham permanecido fiéis a suas recordações. O govêrno mantinha tôda a administração em suas mãos e, após o 18 frutidor, conservava em Paris uma guarnição de aproximadamente vinte mil homens. A única precaução que se impunha era de pôr em guarda a maioria e, por uma atitude decidida, impedir que ela se esterilizasse. Foi a isso que Sieyes se dedicou decididamente.

A 8 termidor (26 de julho), Cornet, um de seus agentes, fêz, repentinamente, com que os anciãos decidissem que nenhuma sociedade política seria mais admitida no recinto do Corpo legislativo. Como o Manège era anexo às Tulhérias, e onde se reuniam os anciãos, o clube transportou-se para a igreja da rua du Bac. Mas, após Cornet, Courtois, o desagradável amigo de Danton, havia afirmado que os terroristas planejavam assassinar os diretores e convocar uma Convenção. Uma comissão foi encarregada de investigar; ela não pôde registrar, a 13, senão dois cartazes considerados sediciosos, mas mesmo assim convidou o Diretório a "aplicar a Constituição". Dois dias antes, o ministério da Polícia tinha sido confiado a Fouché e, a 24 (11 de agôsto), o general Marbot, destituído, cedeu o comando da 17.ª divisão a Lefebvre. No mesmo dia, começou a discussão final sôbre as acusações dos "prarializados": a 26, Fouché fechou o clube e, a 1.º frutidor (18 de agôsto), a acusação foi rejeitada por 217 votos contra 214, o que indica que teria sido perfeitamente aceita, se os indecisos não tivessem sido intimidados pelo golpe que Sieyes acabara de desferir. Daí para diante, os clubes não mais deram motivo para comentários, e as recriminaçeõs da esquerda ficaram sendo vãs. Entre Sieyes e os jacobinos, a ruptura estava consumada; Barras, comprometido de ambos os lados, encontrou-se isolado.

A esquerda encontrou, todavia, ocasião de retomar a ofensiva, por duas vêzes. A insurreição realista estourou de repente, a 18 termidor (5 de agôsto), no Alto-Garona e nos cantões vizinhos, sob a direção do ex-general Rougé e do conde de Paulo. Foi tremenda, e por um momento Toulouse encontrou-se sitiada. Mas permaneceu isolada: no oeste, Bourmont apenas surgiu em fim de agôsto, e fixou a tomada de armas em meados de outubro. Toulouse estava nas mãos dos jacobinos desde o ano IV, e não se deixou tomar; nos arredores, administrações e oficiais republicanos resistiram e, após alguns sucessos, os rebeldes foram pouco a pouco dispersados; os que se obstinaram realizaram, em 1.º frutidor (18 de agôsto), em Montréjeau, um combate que terminou por sua derrota.

Em Paris, a notícia chegou a 26 termidor, no momento em que se fechava o clube. A emoção levou os Conselhos a autorizarem as visitas domiciliares durante um mês e, posteriormente, a declararem em estado de agitação um bom número de cantões, sem que, na verdade, a lei dos reféns tenha sido efetivamente aplicada. Sieyes, de seu lado, fêz ordenar a deportação do pessoal de 34 jornais realistas que estava atingido pela lei de 19 frutidor do ano V; mas aproveitou a ocasião para dar um duplo golpe: no dia seguinte, outro decreto determinou a prisão, sob pretexto de conspiração, do pessoal de 16 outros jornais e, desta vez, as fôlhas jacobinas figuravam na lista.

O desastre de Novi data de 28 termidor (15 de agôsto); causou menos impressão que o desembarque dos inglêses na Holanda, a 10 frutidor (27 de agôsto). Entreviu-se a possibilidade de uma nova invasão, se êles marchassem ràpidamente para o sul, e o alarma foi caloroso. A 27 (13 de setembro), Jourdan propôs aos Quinhentos que declarassem a pátria em perigo. O tumulto desencadeou-se, e os tribunos se envolveram: foi a última das sessões dramáticas da Revolução. Lucien Bonaparte voltou-se contra os

473

jacobinos, e Daunou intimidou a maioria: ou a declaração era puramente retórica; ou seria invocada, para em seguida se tomarem medidas que os precedentes deixavam mais que evidentes. Boulay terminou por conseguir o adiamento. Todavia, a multidão se reunia e perguntava-se o que faria Bernadotte, que os jacobinos pressentiram. Êle temia demais os riscos, malgrado suas fanfarronadas, e mantinha-se reservado. Mas Sieyes não estava com meias medidas e fê-lo informar que o Diretório aceitava sua demissão, que êle não solicitara. A 28, a moção de Jourdan foi rejeitada. Logo, estrondosas vitórias vieram modificar completamente a situação e assinalar o descrédito da esquerda.

IV. *A campanha do outono*

O arquiduque Carlos, antes de deixar a Suíça, havia tentado em vão esmagar Massena, a 17 de agôsto; a 30, um ataque dos franceses malogrou do mesmo modo. No início de setembro, Carlos teve que se resignar a obedecer: desceu o Reno, mas de nada serviu. Todavia, os inglêses, à fôrça de insistentes pedidos, haviam obtido de Thugut que Hotze, lugar-tenente do arquiduque, permanecesse em suas posições, com 25.000 homens: êle ficou em Linth, enquanto Korsakov se instalava em Zurique e no Limmat. Enquanto isso, Lecourbe, ajudado por Turreau, vindo do Valais, havia retomado as gargantas do Grimsel e do São Gotardo; êle dominava novamente o vale do Reuss; Molitor havia avançado até Glaris. Assim, o caminho estava fechado para Souvorov, que só deixou a Itália a 11 de setembro. Provisòriamente coberto pela retaguarda, Massena, logo que o arquiduque partiu, surpreendeu a passagem do Limmat a Dietikon e, cortando em dois o exército de Korsakov, repeliu a direita para o Reno, enquanto cercava a esquerda em Zurique. Korsakov, embora com dificuldades, escapou e tornou a atravessar o Reno com o que sobrara de suas fôrças. Simultâneamente, Soult derrotava o corpo de Hotze, que foi morto. A segunda batalha de Zurique havia durado três dias, de 3 a 5 vindimário do ano VIII (25-27 de setembro de 1799).

Todavia, Souvorov, após haver transposto o São Gotardo, repeliu passo a passo Lecourbe até Altdorf. Ali teve que desviar-se através da montanha, não havendo caminho ao longo do lago, e veio se bater contra Mortier, que Massena, vitorioso, correu a sustentar. Deixando diante dêles Rosenberg, Souvorov lançou-se contra Molitor que, rechaçado ao longo do Linth, repeliu todos os assaltos em Näfels. Tomando conhecimento enfim do desastre de Hotze, Sou-

474

vorov não pensou senão em escapulir através dos Alpes. Só o conseguiu graças à resistência de Rosenberg, que barrou o caminho a Massena. Os russos, muito maltratados, atingiram o Reno, a 7 de outubro, em Ilanz, de onde ganharam o Vorarlberg.

Na Holanda, a expedição britânica desembarcou no Helder, a 10 frutidor (27 de agôsto); a frota batava rendeu-se sem combate, e foi, para os inglêses, o único benefício da expedição. Os russos vieram para refôrço, e o duque de York assumiu o comando. Sua ofensiva foi detida em Bergen, a 19 de setembro, pelo exército franco-batavo, sob as ordens de Brune. A 2 de outubro, êste último teve que recuar para Castricum; mas, a 6, êle aí tornou a repelir o inimigo. A insurreição anunciada pelos orangistas não se realizou; a ruptura dos diques e uma chuva contínua, a insuficiência do abastecimento, as epidemias, tornaram logo insustentável a situação dos invasores: a 26 vindimário do ano VIII (18 de outubro) o duque de York assinou, em Alkmaar, uma convenção de evacuação. Transportaram-se os russos para Jersey, na vã esperança de organizar uma descida da Bretanha.

Paulo I, que já havia aceitado pèssimamente a derrota de Souvorov, chamou suas tropas, a 23 de outubro, dirigindo à Áustria uma carta de rompimento: a coalizão se decompunha.

À notícia das vitórias juntou-se outra em França, que pareceu miraculosa: a 17 vindimário (9 de outubro), Bonaparte havia desembarcado em Fréjus, e caminhava para Paris, desencadeando o entusiasmo por tôda parte. O regresso do "invencível" acabava de dar a certeza de que a República estava salva.

Desde o início da guerra, o ritmo tinha sido sempre o mesmo: a derrota suscitava medidas extremas, a vitória as tornava inúteis; no perigo, os jacobinos se impunham por serem audaciosos e intransigentes; passado o perigo, os moderados logo triunfavam. Viu-se então a reação se firmar. Os Quinhentos decidiram modificar a lei dos reféns, e a legislação sôbre os emigrados. Nos anciãos, um relatório sôbre o empréstimo forçado propôs, a 9 brumário (31 de outubro), substituí-lo por um aumento dos impostos diretos. "A contra-revolução está feita", gritava Lesage-Senault. O debate prosseguiu nos dias 16 e 17; devia ser retomado no dia 18: foi o dia do golpe de Estado.

Décimo capítulo O 18 BRUMÁRIO

O perigo imediato desvanecia-se para o Diretório; mas por quanto tempo? O método autoritário, praticado desde o 18 frutidor, era evidentemente ineficiente, porque se pretendia associá-lo à Constituição liberal do ano III, que sustentava a instabilidade e o conflito dos podêres. Desde que os termidorianos reconheciam, após os montanheses, que a guerra impunha a ditadura revolucionária, tornava-se, portanto, necessário organizar esta última, de maneira que não prejudicasse a burguesia. Tal foi o objetivo do 18 brumário. A burguesia teve o benefício durável do golpe de Estado, desejado ou aprovado por ela; mas êle retirou-lhe a direção do Estado porque, na sua execução, as circunstâncias conferiram sùbitamente o papel predominante ao exército, quer dizer, a Bonaparte.

I. *Os revisionistas*

A crise do ano VII estava debelada; mas ir-se-ia esperar, após tão rude prova, que as mesmas causas viessem provocar outra? Na primavera, apenas se iria combater a Áustria, é verdade; entretanto, a guerra recomeçaria, com todos seus imprevistos. No interior, a guerra civil continuava. A 14 de outubro, a um sinal dado por Bourmont, os "chouans" se apoderaram de Mans; depois, foi a vez de Nantes; em seguida, de Saint-Brieuc. Sucessos efêmeros, sem dúvida: na Vendéia, Travot abafou prontamente a rebelião, e, ao norte do Loire, Hédouville pôde logo negociar a pacificação. Todavia, a contra-revolução continuava a ameaçar. Além disso, agora que os exércitos tinham sido levados para as fronteiras, onde se encontraria o dinheiro? Os funcionários e os capitalistas gritavam contra a penúria; todos os serviços públicos padeciam. A nação reclamava a paz, sem se preocupar com o regime que a concederia, se pelo menos êle respeitasse, para o essencial, a obra social da

476

Constituinte. A burguesia via mais longe. No momento, ela se tranqüilizava: Sieyes mantinha em suas mãos a direção do govêrno, e ir-se-iam revogar ou atenuar as leis de messidor. Todavia, o espantalho jacobino continuava a atemorizá-la: que govêrno sairia das eleições do ano VIII? Para os termidorianos, esta questão colocava-se em primeiro plano, porque queriam conservar o poder, a fim de defender a Revolução e a República, mas também por preocupação pessoal. De qualquer maneira, a incerteza tornava-se insuportável: desesperava-se à idéia de que, cada ano, tudo teria que recomeçar.

Enfim, que se iria fazer de Bonaparte? Chegado a Paris em 14 de outubro, mostrava uma discrição tôda republicana, e freqüentava,o Instituto, onde fraternizava com os ideólogos. Todos os olhos, entretanto, voltavam-se para êle. Ninguém parecia recordar-se de que, da nova guerra, êle assumia a principal responsabilidade e que, nas recentes vitórias da República, não tinha tido a menor participação. Não se sonhava em lhe censurar a aventura egípcia: exilado pelos desagradáveis diretores, havia desfeito a trama; e por qual prodígio? Escapando por duas vêzes, miraculosamente, de Nelson! Sua estrêla trazia sorte. Jamais êle teve melhor ocasião para se confirmar na idéia de que lhe era menos importante convencer a medíocre inteligência dos homens que subjugar sua imaginação por emprêsas fabulosas, e ganhar a aprovação dos mais obtusos pelo acaso mágico de inverossímeis sucessos. Após Campofórmio, êle tinha sido o conselheiro do govêrno; podia-se encarregá-lo de conduzir a guerra como generalíssimo. Como acreditar que se contentaria com tão pouco? Legalmente, era muito jovem para ser nomeado membro do diretório ou ministro.

A necessidade de uma revisão da Constituição tornava-se, portanto, cada dia mais urgente. Desde o 18 frutidor, esta idéia não cessou de angariar novos partidários. Os triúnviros, não ousando acreditá-la realizável em França, haviam, entretanto, manifestado seu sentimento, redigindo as constituições das repúblicas-irmãs: elas reproduziam a do ano III, mas a modificavam profundamente, a fim de aumentar a autoridade do poder executivo. Benjamin Constant, Mme. de Staël, os ideólogos herdeiros do pensamento filosófico do século, orientaram-se no mesmo sentido. O revisionista por excelência era Sieyes que, desde o ano III, opunha seu plano ao que fôra adotado; depois, suas idéias haviam evoluído; apenas as conhecemos pelas conversas posteriores ao golpe de Estado, relatadas por Boulay, Daunou e Roederer; mas elas inspiraram, em parte, a Constituição do ano VIII.

Sendo impossível uma revisão imediata, Sieyes planejava um golpe de Estado, para depois de sua eleição. Embora êle o julgasse indispensável, a maioria, nos Conselhos, não tomaria a iniciativa. Portanto, seria militar e antiparlamentar, como em 18 frutidor; mas também com muito maiores probabilidades de êxito. No ano V, os Conselhos haviam cedido ao Diretório, sob pretexto de salvar a Constituição; desta vez, tratava-se, não apenas de violá-la, mas de cercear suas atribuições; se resistissem, seria necessário expulsá-los. A conseqüência terá escapado a Sieyes? Evidentemente, o golpe de Estado, assim executado, conduziria à ditadura militar. Mesmo que êle tivesse, prèviamente, realizado um acôrdo com os chefes militares, nada poderia em seguida impedir êstes últimos de não respeitarem o acôrdo, se isso lhes conviesse. Esperaria êle então que, bastando a intimidação, os Conselhos aceitassem elaborar, de acôrdo com êle, a nova constituição? Como não a preparara, duvida-se que nutrisse semelhante ilusão e, nesse caso, a menos que se suponha que ao mesmo tempo haja pôsto sua pessoa a bom preço, êle dirigiu o negócio com uma ligeireza da qual êle mesmo foi vítima.

Para o exército também, as circunstâncias diferiam muito das do ano V. Havia então, de boa vontade, auxiliado a expulsar os realistas; desta vez, tratava-se de republicanos, e mesmo de jacobinos; embora não amasse os "advogados", era necessário, para arrastá-lo, um chefe de formidável prestígio e, mais ainda, de um passado revolucionário fora de contestações. Sob qualquer dêstes pontos, ninguém igualava Bonaparte: tôdas as circunstâncias apontavam para êle. Êle próprio nada conseguiria, a não ser aliando-se aos conjurados. Tendo deixado seu exército sem ordem, sua situação legal era contestável; general em disponibilidade, não podia assumir o comando em Paris, a menos que encontrasse cúmplices dentro do Diretório e dos Conselhos. A dificuldade foi que êle não queria ouvir falar de Barras, salvo para comprá-lo, sem dúvida, e, além disso, detestava Sieyes. Talleyrand intrometeu-se. Cambacérès, ministro da Justiça, estava aparentemente dentro do segrêdo. Nada se disse a Fouché, ao que parece; mas, bem informado, êle se fêz cúmplice oficioso. Entre os anciãos, o presidente Lemercier e os inspetores da sala desempenharam um papel decisivo; entre os Quinhentos, contava-se com Lucien, levado à presidência. Alguns generais, Jourdan, Augereau e Bernadotte mostraram-se reticentes; a maior parte aderiu alegremente a Bonaparte; o próprio Moreau pôs de lado o rancor, para auxiliá-lo. Collot, o fornecedor, adiantou um pouco de dinheiro, e sem dúvida não foi o único. A 7 brumário (29 de outubro), uma lei suspendeu as delegações concedidas aos financistas até a apuração de suas contas: elas lhes foram devolvidas na noite de 19.

478

II. *Os dias 18 e 19 brumário do ano VIII*
(9 e 10 de novembro de 1799)

Para justificar a emprêsa, alegou-se um complô de terroristas. Esta acusação não encontrou muitos incrédulos, porque surgia nos jornais desde messidor; a que ponto ela aterrorizava os espíritos, Mme. de Staël é testemunha: "Eu estava tão persuadida de que, nesse caso, podiam-se aguardar as mais cruéis perseguições, que reuni todo o dinheiro que possuía então com meus homens de negócios, para distribuí-lo entre mim e dois dos meus amigos mais íntimos, para partir imediatamente para o estrangeiro. Eu recebia, cada quarto de hora, notícias de Saint-Cloud e, segundo as notícias que recebia, apressava ou retardava minha partida."

Pareceu mais seguro operar-se fora de Paris, e a conspiração serviu de pretexto. Convocou-se extraordinàriamente os anciãos, arranjando-se para que os suspeitos fôssem prevenidos tarde demais. A 18 brumário, êles votaram a transferência para Saint-Cloud, que era legal, e a nomeação de Bonaparte para o comando das tropas de Paris, o que não lhe cabia, pois semelhante designação pertencia apenas ao Diretório. Os generais já estavam reunidos, na rue de la Victoire, em casa de Bonaparte, e as tropas reunidas sob pretexto de uma revista. Se a maioria do Diretório se recusasse a reconhecer a decisão inconstitucional dos anciãos, talvez se tivesse encontrado um general para se opor a Bonaparte. Tudo dependia de Barras: êle deixou o lugar. Gohier e Moulin ficaram prisioneiros de Moreau até à apresentação de suas demissões.

Em Saint-Cloud, a 19, o exército cercou o castelo onde se reuniam os Conselhos. Como os conjurados nada tivessem previsto, o negócio correu mal. Os anciãos não possuíam iniciativa, e os ausentes da véspera protestavam. Bonaparte interveio, denunciou novamente os jacobinos, sem nada propor de positivo. Como êle próprio disse, só sabia falar para comandar, ou então quando tinha certeza de que ninguém ousaria replicar. Como algumas vozes invocassem a Constituição, êle se enfureceu: "Vós a violastes; ela não existe mais!" Entre os Quinhentos, foi pior: com que direito êle entrava sem ter sido chamado? Levado à parte pelos deputados tumultuados, deixou a sala aos gritos de: "Fora da lei!" Lucien em vão defendeu seu irmão; granadeiros vieram retirá-lo. Bonaparte havia falado às tropas, sem grande efeito. Foi Lucien quem, a cavalo, denunciando os representantes facciosos, vendidos à Inglaterra, que se haviam lançado sôbre seu general para golpeá-lo com seus punhais, conseguiu fazê-los aderir. A guarda do Corpo legislativo terminou por ceder e, enquanto rufavam os tambores, fêz evacuar a Orangerie, onde os Quinhentos continuavam a deliberar.

Os anciãos, e depois, durante a noite, pequeno número dos Quinhentos, penosamente reunidos, citaram os Conselhos, dos quais, aliás, 61 membros foram excluídos; substituíram-nos por duas comissões encarregadas de votar as leis apresentadas pelos três "cônsules", que substituíram o Diretório, e de preparar, de acôrdo com êles, nova constituição. Os cônsules foram Bonaparte, Sieyes e Roger-Ducos. Dizia-se que eram iguais, mas quem se enganaria? Esta jornada do embuste, os punhais juntando-se à conspiração, era também uma jornada dos simplórios. Bonaparte eclipsava Sieyes.

Livro sexto

O MUNDO NA ÉPOCA DE NAPOLEÃO

Na véspera do 18 brumário, a Revolução Francesa encontrava-se ainda longe do marco que a burguesia lhe estabelecera em 1789: a nova ordem apenas começou a tomar forma definitiva sob a tutela de Bonaparte; sob êste aspecto, sua obra surge como a conclusão da crise, cujas peripécias foram descritas no presente volume.

Nada, por outro lado, anunciava que a paz entre a Revolução e a Europa do Antigo Regime estivesse próxima. A luta exacerbava a hostilidade da aristocracia, das igrejas e dos reis. A guerra havia levado os diretoriais às anexações e à criação de Estados vassalos, de sorte que a fôrça das armas acrescentava, à propagação espontânea das idéias revolucionárias, a destruição da ordem tradicional e a introdução de instituições francesas nos países conquistados. Envenenando-se, assim, o conflito ameaçava eternizar-se se, de ambos os lados, o esgotamento e a fadiga dos povos não induzissem as potências a um compromisso que, equilibrando os interêsses de cada uma delas, permitiria pelo menos uma trégua provisória. Também sob êste ponto de vista, o papel pessoal de Bonaparte exerceu tal influência, que o Consulado e o Império podem ser considerados como um episódio da história da Revolução.

Entretanto, êste volume não o esgota. Como se detém no limiar do domínio napoleônico, parece necessário fazer um esbôço dos resultados da crise e dos problemas que permaneciam em suspenso.

Primeiro capítulo

OS RESULTADOS DA REVOLUÇÃO EM FRANÇA

Já foram expostos os princípios que a Assembléia Constituinte designou em 1789 para a ordem que a burguesia pretendia instaurar, e que continuaram a inspirar a maioria da nação; mas, ao interpretá-los e ao modelar de acôrdo com êles as instituições e a vida pública, terríveis dificuldades se apresentaram. Primeiro, porque a Revolução foi uma guerra civil, no decorrer da qual as destruições se ampliaram, enquanto a obra construtiva vacilava. E também porque o Terceiro Estado se dividiu: no ano II, a economia dirigida e as leis sociais dos montanheses deram um golpe mortal na estabilidade da ordem burguesa.

Para esclarecer o sentido histórico do 18 brumário, convém, portanto, resumir, de um lado, as agitações na estrutura da sociedade e as características do Estado renovado; de outro, as variações às quais as circunstâncias, os interêsses divergentes das classes, as diferentes correntes de idéias, submeteram a reorganização das instituições e a retardaram, sem conseguir fixá-la de maneira tal uma que satisfizesse à burguesia.

I. A destruição da antiga sociedade corporativa

Proclamados os princípios da nova ordem, a burguesia revolucionária não cessou de sustentar que a emancipação do indivíduo implicava na ruína da estrutura social, hierárquica e corporativa, fundada sôbre o nascimento e o privilégio. Individualismo abstrato, disse-se, e além disso quimérico, não devendo os homens tardar em se reagrupar segundo seus interêsses, suas convicções ou seus gostos. Na realidade, a burguesia absolutamente não re-

485

pugnava a associação, desde que ela lhe trouxesse proveito; uma vez assegurado seu predomínio, ela restaurará mais de um corpo. Mas, para estabelecer êsse predomínio, era necessário, em primeiro lugar, destruir tudo que lhe fazia obstáculo. A divisão dos franceses em três ordens não podia subsistir, após a noite de 4 de agôsto, e o decreto de 7 de novembro de 1789 proclamou definitivamente seu desaparecimento. Todavia, uma solução de compromisso teria respeitado muitos dos elementos da antiga sociedade. A guerra civil levou a burguesia a acabar, gradualmente, com os preconceitos e instituições arcaicos, para terminar com a aristocracia, sem mesmo se preocupar com os prejuízos que disso resultariam para si própria.

Foi o clero quem mais sofreu, pois, com suas assembléias e seus tribunais, o voto da "doação gratuita" e uma administração financeira autônoma, a percepção do dízimo e suas imensas propriedades, êste corpo constituía até então um Estado dentro do Estado. Êle desapareceu e, dêsse fato, a "Igreja", que êle personificava, perdeu qualquer existência jurídica, para não ser mais que uma comunidade espiritual; a opinião pública não deixou de conservar-lhe a recordação, sempre reavivada pela secularização crescente do Estado, como um dos traços essenciais da Revolução e da sociedade que ela instituiu. No seio do clero, existiam corporações particulares: a 18 de fevereiro de 1790, suprimiram-se as ordens religiosas e, a 12 de julho, a Constituição civil pronunciou o mesmo a respeito dos cabidos; as congregações dedicadas ao ensino e à caridade se beneficiaram de uma demora, mas não sobreviveram à jornada do 10 de agôsto: foram abolidas a 18 de agôsto. As propriedades eclesiásticas, reputadas sem dono, reverteram à nação e, gradualmente, as exceções foram desaparecendo, como por exemplo aquelas concernentes aos bens das fundações (10 de fevereiro de 1791), das fábricas (19 de agôsto de 1792), da Ordem de Malta (19 de setembro de 1792), dos colégios e todos os estabelecimentos de ensino (8 de março de 1793), dos hospitais e outras instituições de assistência (24 messidor do ano II — 12 de julho de 1794). Os padres seculares, como os religiosos, viram-se levados à condição de simples cidadãos, em parte é verdade, gozando de uma pensão fornecida pelo Estado; além disso, aquêles que aderiram à Constituição Civil inscreveram-se entre os funcionários públicos salariados; mas, no "2.º dia *sans-culottida*" do ano II (18 de setembro de 1794), a Convenção os abandonou.

A nobreza francesa não desfrutava mais de uma organização corporativa; todavia, constituía uma ordem nos Estados gerais e provinciais, assim como nas assembléias provinciais criadas em 1787; seus títulos hereditários, seus privilégios e autoridade senhorial conferiam-lhe uma categoria social particular. Como tal, ela

486

perdeu igualmente a existência e, a 19 de junho de 1790, indo mais longe, a Constituinte aboliu a nobreza hereditária, os títulos, os brasões, contando eliminar tôdas as distinções entre nobres e plebeus. Todavia, o que a maioria dos franceses mais apreciou foi o desaparecimento do senhor feudal. Resultava, em princípio do decreto de 5 a 11 de agôsto de 1789, que registrou as decisões tomadas na célebre noite de 4, e, de resto, pôs imediatamente fim, sem indenizações, à servidão e aos direitos senhoriais pessoais; em fevereiro de 1790, a formação das Municipalidades eletivas privou o senhor de sua autoridade administrativa na aldeia; os decretos de 15 de março e de 19 de junho retiraram-lhe as prerrogativas honoríficas; a reforma judiciária de 16 de agôsto suprimiu seus tribunais.

Transformado, como o padre, num simples cidadão, o nobre viu seus bens perderem seu estatuto especial. Com a feudalidade, desapareceram a distinção entre terras nobres e terras plebéias, a hierarquia dos feudos e seus costumes, o direito de primogenitura, o de retirada, o "franco feudo".(*) A fortuna de várias famílias diminuiu: para várias dentre elas, os direitos senhoriais forneciam a maior parte do rendimento. Os rendimentos prediais, os mais importantes de todos eram resgatáveis, é verdade, e o decreto de 15 de março de 1790 regulamentou a indenização para êsses resgates. Mas os camponeses não o levaram em conta. A 18 de junho de 1792, o Legislativo suprimiu o resgate para o que concernia aos direitos casuais, salvo apresentação do título primitivo; depois, a 25 de agôsto, estendeu esta disposição a todos os rendimentos e, a 27, incluiu as propriedades "congéables" da Baixa Bretanha entre as terras liberadas. Finalmente, a 17 de julho de 1793, a Convenção aboliu pura e simplesmente tudo o que subsistia do regime feudal.

A propriedade predial da nobreza, que, daí para diante, suportava os mesmos encargos fiscais que as outras, foi igualmente atingida. Parte provinha dos bens comunais de que os senhores se haviam apropriado em virtude de seu direito eminente sôbre tôdas as terras de seu domínio, de acôrdo ou não com as ordenações reais. A Constituinte limitou-se, a 15 de março de 1790, a declarar nulas as "seleções" autorizadas, depois de trinta anos, pelo rei, sem consideração pelo decreto de 1669. A 28 de agôsto, de 1792, o Legislativo suprimiu a reserva trintenária, aboliu para o futuro a regulamentação de Colbert, reconheceu às comunas a propriedade das terras incultas de seu território e aos ribeirinhos ou às Municipalidades a das árvores dos caminhos públicos.(*) Um golpe ainda

---

(*) Taxa paga pelos plebeus possuidores de terras nobres. (N. T.)

(**) A 10 de junho de 1793, a Convenção beneficiou novamente os camponeses, concedendo as contestações à arbitragem.

mais rude, embora limitado a determinadas famílias, resultou das leis contra os emigrados. Com efeito, os bens dos fugitivos, seqüestrados pelo Legislativo em março de 1792, foram postos à venda pela Convenção: os bens móveis em novembro de 1792, os imóveis a 3 de junho de 1793. Além disso, o decreto de 28 de março de 1793, punindo os emigrados com a morte civil, atribuía à República a parte que lhes poderia reverter entre os bens de seus pais e, por esta razão, êstes últimos viram-se proibidos de dispor dêles até a partilha de pré-sucessão.

Para as famílias que escapavam a estas penalidades, o futuro anunciava-se ameaçador, porque os revolucionários adotaram disposições que tendiam a fracionar as grandes propriedades. Sem dúvida, a burguesia de então admitia que a nova ordem econômica exigia a mobilidade dos bens e que a estabilidade social ganharia muito com a multiplicação dos possuidores; mas a vontade de diminuir a influência da aristocracia, o encarniçamento que a guerra civil excitou contra ela, e, aliás, também contra os ricos plebeus que eram considerados seus cúmplices, influíram muito sôbre tais disposições. A Constituinte vetou, a 18 de dezembro de 1790, os contratos de arrendamento perpétuo que teriam podido restabelecer sub-reptìciamente os domínios senhoriais; seu código rural suprimiu mesmo a tácita recondução dos contratos. De maior alcance ainda foi o decreto de 5 de abril de 1791, que estipulou a partilha em partes iguais da sucessão *ab intestat*. A 17 de março precedente, o direito de testar e a doação entre-vivos em linha direta haviam sido abolidos, mas apenas em princípio: os golpes decisivos vieram da Convenção. A 28 de outubro de 1792, ela condenou as substituições, os fideicomissos utilizados para assegurá-las, os morgadios que daí resultavam: a perpetuação sub-reptícia do direito de primogenitura tornou-se assim impossível. As leis sucessórias dos montanheses foram muito mais longe; as de 5 brumário e de 17 nivoso do ano II (26 de outubro de 1793 e 6 de janeiro de 1794) confirmaram a partilha em partes iguais da sucessão entre os herdeiros com representação ilimitada e admitiram o direito de testar apenas em favor de não-herdeiros, mas só na proporção de um-décimo, ou de um-sexto, no caso de existirem interessados diretos ou colaterais. A 4 de junho de 1793, os filhos naturais haviam sido admitidos à sucessão, e a lei de 12 brumário (2 de novembro de 1793) concedeu-lhes o direito a uma parte igual à dos filhos legítimos: além disso, estas medidas receberam efeito retroativo a contar de 14 de julho de 1789, e a pesquisa de paternidade foi autorizada para efeito de revisão das partilhas.

A reforma constitucional e administrativa implicou, igualmente, para a nobreza, numa diminuição das rendas e ao mesmo tempo na perda do prestígio que decorria dos privilégios de direito ou de fato. O rei não podia mais mexer à vontade no Tesouro para distribuir dotes e pensões; conservou, evidentemente, a faculdade de concedê-los, incluindo-os em sua lista civil; mas, fixada em 25 milhões, esta fonte prometia pouco. Enquanto Luís XVI pôde dispor de alguns empregos, a alta nobreza continuou a ser preferida para as funções superiores da diplomacia e do exército, e também para a Casa Real. No início, a burguesia, por deferência tradicional bem como por reconhecimento ou habilidade política, honrou com seus votos os gentis-homens que, inclinando-se diante do fato estabelecido, aceitavam colaborar nas novas administrações ou comandar a Guarda Nacional. Os fidalgos provincianos sofreram cruelmente com a transformação do exército; não, para dizer a verdade, com a supressão da venalidade das patentes, mas com a admissão de todos os cidadãos a elas, a 28 de fevereiro de 1790, e com a regulamentação da promoção, em setembro, que concedeu grandes vantagens à antiguidade, sem que ninguém ousasse solicitar uma vantagem qualquer pelo nascimento. Entre os nobres mais duramente atingidos, figuraram certamente os de toga, de administração e de finanças, que figuravam na primeira fileira entre os oficiais. Suprimida a venalidade dos cargos, êles foram reembolsados ao preço oficial, em "assignats", e ficaram sem emprêgo; o golpe abateu os parlamentares, que a nova magistratura eletiva não conservou, assim como os recebedores das finanças, que, além da remuneração proporcional a suas entradas, dispunham sempre destas últimas numa larga medida para conceder crédito em benefício próprio. No fim do Antigo Regime, contavam-se também muitos nobres entre os fazendeiros gerais: êstes desapareceram com as contribuições indiretas.

Gradualmente, a situação do nobre piorou; cada vez mais suspeito, tornou-se raro nas funções públicas, a menos que desse penhores incontestáveis à Revolução, e, antes mesmo da fuga do rei, Robespierre reclamou a depuração do exército. Finalmente, os "sans-culottes", em 1793, pretenderam privar o nobre dos direitos cívicos. O Comitê de Salvação Pública não consentiu nisso e continuou a empregar aquêles que lhe inspiravam confiança. As exclusões, as detenções e as condenações também os maltrataram, e a lei de 27 germinal do ano II (16 de abril de 1794) expulsou os nobres de Paris e das praças fortes. Alguns, Davout, por exemplo, prudentemente se refugiaram na abstenção. A reação termidoriana não melhorou sensìvelmente a legislação relativa aos cidadãos do antigo regime. A lei de 3 brumário do ano IV (25 de outubro de 1794) interditou as funções públicas aos parentes de emigrados; revogada pela maioria realista do ano V, foi restabelecida em 18 frutidor. Pouco depois, Sieyes fêz com que Boulay de la Meurthe propusesse o banimento dos nobres que haviam exercido funções públicas, ou gozado de dignidades, durante o Antigo Regime, e a redução dos outros à condição de estrangeiros. A lei de 9 frimário do ano VI (29 de novembro de 1797) limitou-se à segunda destas medidas, admitindo, entretanto, exceções para aquêles que haviam prestado serviços à Revolução; como jamais se definiram estas isenções, a proscrição permaneceu sem efeito. Todavia, até o 18 brumário, a grande maioria dos nobres, ou viviam fora da França, e até combatiam contra os exércitos da República, ou não obtinham mais nenhum lugar na vida pública da nação.

Não é necessário dizer que se representaria de maneira imperfeita a impressão que deixaram os golpes cada vez mais eficazes dirigidos contra o clero e a nobreza, se não se levasse em conta, não apenas os massacres populares e as execuções terroristas, mas também aquilo a que se chamou o vandalismo revolucionário: castelos desvastados ou incendiados; igrejas espoliadas, demolidas; arquivos danificados; estátuas abatidas; brasões martelados. No auge da tempestade, o Legislativo, e sobretudo a Convenção, não deixaram de fazer côro conforme as circunstâncias; a defesa nacional apoderou-se dos sinos, dos ferros e outros metais, dos pergaminhos para fazer cartuchos para as armas de fogo; a lei de 17 de julho de 1793 ordenou a queima dos títulos feudais. Os decretos de 4 brumário e de 8 pluvioso (25 de outubro de 1793 e 27 de janeiro de 1794) reagiram e os autos-de-fé terminaram por cessar, mas as perdas permaneceram irreparáveis.

Observar-se-á pelo menos que, nesta destruição da sociedade corporativa, o clero e a nobreza, contràriamente ao que se é inclinado a imaginar, não foram os únicos atingidos: a burguesia do Antigo Regime também sentiu fortemente suas conseqüências. Mais de um de seus membros, de posse de títulos nobiliários pessoais ou em vias de obtê-los, viu desvanecer-se a perspectiva lisonjeira que, em todos os tempos, apaixonou os enriquecidos. Mais de um, sem excetuar alguns representantes do povo, possuía feudos, direitos parciais de uma senhoria, "banalidades", por exemplo, e, mesmo, uma senhoria intacta; outros, cedendo à vaidade e também ao interêsse, porque a renda senhorial não era resgatável a não ser por vontade do arrendador, haviam empregado, constituindo rendas prediais, as fórmulas dos feudistas e previsto, por exemplo, um censo: a lei de 17 de julho de 1793 os desapossou. Muitos oficiais continuavam plebeus: o reembôlso de seus cargos, a supressão dos corpos de que dependiam sua categoria social e parte de seu rendimento, prejudicaram-nos como aos outros; os notários transformaram-se em funcionários; o recurso aos procuradores foi daí para diante facultativo; muitos "bedéis" perderam o emprêgo ligado às instituições desaparecidas. Outras profissões liberais ignoravam a venalidade dos cargos: o que não impediu que também sofressem. Dissolvida a ordem dos advogados, o papel de "defensores oficiosos" abriu-se a todos. Os médicos cessaram de constituir um corpo. Sob a direção de Davi, os artistas, a partir de 1791, contestaram vigorosamente aos acadêmicos o monopólio do Salão e a autoridade que exerciam sôbre a Escola de Roma. Finalmente, a 8 de agôsto de 1793, a Convenção, suprimindo as Academias e as Universidades, despojou do seu estado de posse uma parte dos artistas, dos cientistas, dos literatos e dos professôres. Durante o período montanhês, a burguesia de negócios, por sua vez, considerou seu futuro comprometido. A 24 de agôsto de 1793, a Convenção aboliu as sociedades por ações, a forma mais avançada do capitalismo. Êste último ressentiu-se, muito mais que com o desaparecimento da Companhia das Índias, com o da Caixa de Descontos, pois ela assumia já a função de um banco nacional de emissão e de um superbanco. A vinda da economia dirigida, da taxação, da requisição rompeu mais rudemente ainda o seu impulso regulamentando a atividade da emprêsa e limitando o lucro.

O próprio "povo", quer dizer os artífices, os varejistas, os empregados, não ficou imune. Muitos tiveram que procurar outro ganha-pão, quando se suspendeu a percepção das contribuições indiretas, principalmente a gabela, a das outorgas, das aduanas internas e das peagens, o levantamento do dízimo e da jugada. A 8 de fevereiro de 1791, a Constituinte suprimiu as corporações de ofício. Êste decreto pareceu democrático, na medida em que as condições técnicas da época permitiam aos salariados que dêle se beneficiassem para abrir negócios por conta própria. Êle, entretanto, privava os "mestres" de seus monopólios, e, além de lesar seus interêsses, feriu seu amor-próprio, especialmente quando se orgulhavam de privilégios especiais ou de um contrôle cuidadoso da autoridade: assim os cirurgiões, os livreiros e os impressores, os ourives, os cabeleireiros.

A vida privada do Terceiro Estado, enfim, não ficou ao abrigo. As leis sucessórias aplicavam-se tanto aos plebeus como aos nobres e, da mesma maneira arruinaram os seus patrimônios. Não se deverá esquecer também que numerosos burgueses emigraram; que, nas regiões invadidas, uma multidão de pessoas de tôdas as categorias deixaram a França assim que as "carmanholas" reapareceram; enfim, que a grande maioria dos atingidos pela repressão terrorista não eram padres, nem nobres. Mas, além de tudo, importava aos revolucionários relaxar os liames que submetiam o filho e a espôsa ao poder discricionário reconhecido sob o Antigo Regime ao pai de família, e esta consideração valia tanto para o Terceiro Estado quanto para a aristocracia. Foi o que, notadamente, determinou a limitação do direito de testar: na tribuna das assembléias, alegou-se a necessidade de impedir que o chefe de família deserdasse os seus parentes que se pronunciassm a favor da Revolução. A "patria potestas" foi fortemente diminuída; daí para diante, o tribunal de família, instituído a 16 de abril de 1790, compartilhou com o pai da autoridade disciplinar; aos 21 anos — e aos 18 em caso de emancipação — o filho se libertava desta e obtinha a administração de seus bens. A espôsa não se arriscava mais a se ver enclausurada por aviso régio; seu consentimento foi declarado necessário para o casamento de seus filhos; ela pôde, como seu marido, solicitar o divórcio, que a Convenção facilitou, aliás, pelos decretos de 7 nivoso e de 4 floreal do ano II (27 de dezembro de 1793 e 23 de abril de 1794). Enfim, a reabilitação do filho natural anunciou um abalo ainda mais temível da solidariedade familiar. Tôda revolução social inclina-se a atacar esta última: convém-lhe desligar os indivíduos, e sobretudo a juventude, do conformismo tradicional, a fim de lhes permitir adaptar-se à nova ordem, libertando-os das obrigações, sem levar em conta os riscos que disso poderão resultar, quando, uma vez atingido o intento, chegar a hora de restabelecer a disciplina na sociedade renovada.

Se ficássemos por aqui, não se teria ainda senão idéia incompleta da transformação social. Não menos consideráveis se mostraram os efeitos da inflação. Esta, a despeito do regresso à moeda metálica, continuava a ocasionar os danos iniciados no 18 brumário, não cessando o Diretório de inundar o mercado com seus bônus, suas ordens de pagamento sem provisão e seus certificados de requisição. A inflação infligiu golpes sensíveis à riqueza adquirida. No ano III, o aviltamento do "assignat" provocou uma corrida dos devedores ansiosos por se libertarem com pouca despesa, não apenas das contribuições públicas ou do preço dos bens nacionais, mas também das rendas prediais resgatáveis através da restituição do capital. Ora, a burguesia colocava de bom grado suas econo mias em empréstimos hipotecários, cujos rendimentos constituíam o lucro; a 23 messidor (13 de julho de 1795), foi necessário proibir o reembôlso dos fundos adiantados antes de 1.º de julho de 1792 e a liberação dos outros por meio de antecipação. Na maior parte da França, as terras se exploravam à parte dos frutos e o rendeiro restituía, no fim do contrato de arrendamento, ordinàriamente estabelecido por um ano, os pertences fornecidos pelo proprietário, pagando, em caso contrário, o valor determinado no inventário de entrada: ora, desde o ano II, êle se apressava em vender pelo preço mais alto tudo que tinha sido subtraído ao preço-teto, notadamente o gado, para reembolsá-lo ao proprietário em papel-moeda depreciado. O Comitê de Salvação Pública proibiu esta prática, a 2 termidor do ano II (20 de julho de 1794), para o que concernia ao gado vivo e, a 14 frutidor (31 de agôsto) para o gado morto; mas sem sucesso, porque o decreto de 15 germinal do ano III (3 de abril de 1795) reiterou estas interdições; inúmeras petições nos conservam as lamentações dos proprietários desesperados. O arrendatário também ganhava à custa do proprietário, porque pagava o aluguel em papel-moeda; a 3 messidor do ano III (21 de junho de 1795), foi-lhe determinado depositar 6 por 1; depois, a 2 termidor (20 de julho de 1795), decretou-se-lhe pagar em cereais a metade tanto da renda como do impôsto; mas ainda sobrou-lhe o direito de invocar a insuficiência de sua colheita. Durante todo o período diretorial, os Conselhos deliberaram sôbre os meios para encontrar uma conciliação entre os interêsses opostos; sua preocupação em restaurar a riqueza adquirida, desconhecida nos nossos dias, é mais uma prova de que os termidorianos haviam sabido restabelecer em suas fileiras a proeminência da burguesia; mas, em semelhantes casos, os danos dos possuidores não podem nunca ser completamente restaurados. A propriedade construída viu-se ainda mais maltratada. Por exemplo, o decreto de 3 messidor do ano III, que veio em socorro dos proprietários prediais, manteve o pagamento dos aluguéis em "assignats" calculados ao par; então começou, sobretudo em Paris, uma violenta crise de habitação e, ainda no final do Diretório, a deterioração dos imóveis ia sempre se agravando. Finalmente, a burguesia detinha a maior parte dos títulos de dívida pública: ela fêz então principalmente as despesas da redução das dívidas perpétua e vitalícia por Cambon, da "liquidação Ramel", do contínuo descrédito dos títulos públicos sob o Diretório, do pagamento dos cupons com bônus sem valor.

A multiplicidade destas mudanças e a infinita variedade de suas repercussões exerceram profunda influência sôbre os ânimos. Elas alienaram a aristocracia da sociedade moderna, provocaram a adesão de uma parte dos membros da burguesia do Antigo Regime à contra-revolução, impeliram os outros a almejar uma reação conservadora. Esta reação, com o fim de restabelecer a estabilidade, foi perceptível a partir do 9 termidor; mas, no 18 brumário ela estava ainda longe do têrmo. Apenas estavam indenizados aquêles que especularam sôbre a compra dos bens nacionais e sôbre as provisões; mas o principal benefício dessas operações não caiu sôbre a burguesia do Antigo Regime: como sempre sucede, a guerra e a desordem monetária suscitaram o aparecimento de novos ricos, cuja intrusão no seio da burguesia empobrecida conferiu à agitação social um caráter que ela não tinha previsto.

II. O Estado

No fim do Antigo Regime, o Estado, encarnado pelo rei absoluto por direito divino, guardava ainda um caráter pessoal. Todavia, desde o século XVII, uma administração centralizada tendia a fazer prevalecer seus regulamentos burocráticos e emburguesava o Estado, racionalizando-o. Esta evolução chocava com a parcial autonomia conservada pelas províncias e cidades, assim como contra a diversidade caótica de um reino engrandecido e governado empìricamente, ao sabor das circunstâncias históricas, mas, muito mais ainda, contra os privilegiados da hierarquia corporativa. A classe que domina a sociedade encara sempre o Estado, constituído para fazer respeitar a lei positiva e para manter a ordem, como o amparo de suas prerrogativas. Entre o poderio real e os interêsses da aristocracia, a rivalidade engendrou a Revolução, e a burguesia pôs fim à contradição, apoderando-se do Estado.

Ela aboliu os privilégios, os das províncias e das cidades, bem como os da aristocracia, e proclamou a igualdade de todos os franceses perante a lei; os corpos intermediários desapareceram, que Montesquieu considerava como os únicos capazes de refrear o absolutismo do Estado; acabaram-se com as instituições tradicionais e realizou-se a unidade nacional na uniformidade administrativa. Pareceu, desde então, que a vontade do Estado não tornaria a encontrar mais nenhum obstáculo, a não ser a distância e as dificuldades técnicas de comunicações. Nesse sentido, Tocqueville poderia dizer que os constituintes coroaram a obra que vinha sendo realizada há séculos pela dinastia capetiana.

Mas aí não está senão uma parte de sua obra, porque, enunciando os direitos do homem e, em primeiro lugar, a liberdade, êles pretendiam protegê-los contra o Estado e, em conseqüência, metamorfosearam êste último. Substituindo pela soberania do povo a do príncipe, êles anularam o poder pessoal; de atributo do monarca proprietário, o Estado transformou-se em mandatário dos governados, e sua autoridade subordinou-se às prescrições de uma constituição. A monarquia não foi posta em discussão; mas Luís XVI tornou-se o primeiro dos funcionários, quer dizer, dos delegados da nação. Até então, suas ordens se exerciam através do aparelho administrativo, de sorte que o desejo de seus súditos se pronunciava, não sòmente em favor da liberdade, mas também contra a centralização: êles almejavam apossar-se da administração local mais ainda que do poder central. A revolução popular expulsou os agentes reais, que foram substituídos pelos conselhos eletivos instituídos pela

Constituinte. Esta autonomia atendia a uma inclinação natural do homem, que contraria a centralização, mesmo quando ela gira em benefício de representantes do povo, sem dúvida porque a burocracia, às vêzes, dela abusa ou a desacredita por uma lentidão ininteligente e rotineira, ou por negligência, mas também porque a uniformidade irrita a independência individual e choca com a infinita variedade dos interêsses e dos hábitos originais de cada uma das pequenas comunidades que compõem a nação.

A Revolução de 1789, portanto, não reforçou o poderio do Estado: ao contrário ela o enfraqueceu, associando ao rei os eleitos pela nação, ordenando-lhes respeitar os direitos da pessoa, diluindo a autoridade por uma descentralização levada ao ponto de municipalizar a percepção do impôsto e a manutenção da ordem pública. Muitos cidadãos foram mesmo mais longe: em nome da soberania do povo e do artigo 6 da Declaração de Direitos que não afastava a democracia direta, êles pretenderam submeter à revisão as decisões de seus eleitos e mesmo autorizarem-se a revogá-las. Esta tendência à anarquia libertária manifestou-se tanto entre os contra-revolucionários e os moderados, como entre os "sans-culottes", e seu conflito com a indispensável predominância de um poder central revela, assim, uma das ternas contradições de qualquer sociedade: a da liberdade e da autoridade, do indivíduo e do Estado.

A burguesia absolutamente não ignorava a dificuldade; ela ousou correr o risco e, para dizer a verdade, uma classe triunfante jamais se embaraça. Os violentos sobressaltos que a estrutura do Estado sentiu no decorrer da década não testemunham incompetência ou temeridade dos constituintes: resultaram da luta do Terceiro Estado contra a aristocracia, do apoio que Luís XVI concedia a esta última, da cumplicidade dêles com o estrangeiro. A nação teve que retomar consciência, como já sucedera por diversas vêzes no passado, de que sua vontade no interior e sua segurança externa exigem um govêrno cujas atribuições devem ser ampliadas à medida do perigo.

Instalando-se no poder, afastando os pobres do direito do voto e não consentindo aos abastados senão a faculdade de escolher entre os notáveis, a burguesia não teve dúvidas de que aí se manteria e, desde que o Estado nôvo devia proteger seu domínio econômico e social, não lhe convinha que a organização política e administrativa a reduzisse à paralisia. A rigorosa separação dos podêres e a excessiva descentralização a isso expunham o executivo. O regime parlamentar teria remediado a primeira, um contrôle mais ou menos estrito, a segunda: os constituintes não adotaram nem um nem outro. Não podendo confiar em Luís XVI, não ousando substituí-lo, nem proclamar a República, êles não conseguiram constituir um verdadeiro govêrno. A maior parte dos franceses, durante muito tempo, não o lastimou, pois assim puderam eludir os decretos da Assembléia que não lhes agradavam muito; as agitações também não os inquietaram, enquanto as julgaram momentâneas. Foi necessária a guerra civil bem como a ameaça de invasão para pô-los num dilema: ou transigir, se não capitular; ou restaurar a autoridade do Estado. Mas, logo, a burguesia se dividiu: os monarquistas primeiro, os Feuillants, em seguida, optaram pela primeira solução; os intransigentes fizeram prevalecer a segunda.

Êles não o conseguiram, senão alterando a organização social do estado. Como muitos notáveis, que se haviam apropriado dêste, recusavam-se a segui-los, êles apoiaram-se no "povo" e preconizaram a igualdade política. A jornada de 10 de agôsto pareceu cortar o nó-górdio: eliminou a monarquia e, assim, nada mais pareceu opor-se à organização de um executivo eficaz; ao mesmo tempo, a instituição do sufrágio universal pareceu retirar aos nobres a livre disposição do Estado. De fato, os republicanos por sua vez se dividiram. O primeiro Terror atemorizou os girondinos, que passaram a rejeitar a ditadura; a liberdade econômica, sobretudo, constituía para êles um dogma. Os montanheses, ao contrário, unindo-se aos "sans-culottes", obrigaram a Convenção a criar o govêrno revolucionário, atribuíram-lhe a direção da economia, partilharam a administração com seus aliados, e admitiram que as classes populares deviam, elas também, tirar vantagens da Revolução.

Nas mãos dos jacobinos, o Estado então tornou-se autoritário novamente; seu pessoal se democratizou em certa medida; êle apresentou, além disso, alguns dos traços de democracia social. Durante a breve existência do govêrno revolucionário, percebeu-se, como ao clarão de um relâmpago, a infinita importância que apresentava para o futuro essa igualdade de direitos que para condenar os privilégios nobiliários a burguesia proclamou em 1789. Os montanheses não prometeram suprimir a desigualdade das riquezas; mas pretenderam diminuí-la. Não esperavam que a igualdade de direitos beneficiasse plenamente a todos; mas conferiram à república democrática o dever de dar, pelo menos a êste princípio, alguma realidade.

Não foi senão um intermédio. Muitos dos dirigentes não viram nisso senão um expediente de salvação pública. À democracia social teriam sido necessários, para trazer frutos, muito dinheiro e tempo. De imediato, tudo deveria ser sacrificado à vitória. O Estado jacobino recusou-se a privar-se do concurso de todos aquêles, mesmo que fôssem nobres, que consentiam em auxiliá-lo; reprovou a descristianização; subordinou a economia dirigida às necessidades do exército, enquanto o "sans-culotte" a destinava às suas; acentuando, sem cessar, a centralização, suspendendo as eleições, impondo uma disciplina impiedosa, êle irritou a independência libertária e decepcionou as ambições dos chefes populares; depois, quando êstes protestaram, êle os destruiu. Aliás, nem os jacobinos, nem os "sans-culottes", para impor sua ditadura, organizaram-se em partido pròpriamente dito: agiam dentro dos quadros da democracia política — as seções, a guarda nacional, os clubes nos quais, a despeito das depurações, os outros cidadãos também figuravam. Pretendiam comandar em nome da Convenção; se ela sacudisse o jugo e o aparelho do Estado, escapando-se-lhes, seriam reduzidos à impotência. Tampouco representavam uma classe, e recrutavam-se entre todos os elementos do Terceiro Estado, do rico burguês ao proletário; assim, o preço-teto provocou a discórdia dentro de suas fileiras: componeses exploradores, artífices, mercadores, entraram em conflito com seus operários e com os consumidores.

Após o 9 termidor, a burguesia mais ou menos sinceramente republicana recuperou a integralidade do poder e apressou-se em retirar do Estado a direção da economia. A Constituição do ano III restabeleceu o regime eletivo e liberal, inaugurado pela Constituinte: contradizendo o sufrágio universal, os termidorianos pretenderam estabelecer uma república censitária, a dos proprietários, como indicou Boissy d'Anglas. Ela, porém, trouxe a marca das provações, que lhes deixavam acerba recordação: as medidas de exceção subsistiram, com relação aos partidários do Antigo Regime, dos realistas constitucionais e dos padres romanos, de um lado; com relação aos democratas, do outro; a suspensão dos direitos do cidadão continuou mesmo prevista. A necessidade de um executivo vigoroso, agora que a guerra continuava, e que o "assignat" desmoronava, não escapou aos termidorianos: disso dependia, não apenas a salvação da Revolução e de sua República, mas também sua prò pria segurança; porque, expulsos do govêrno, êles arriscavam o mesmo destino que os montanheses. Acreditaram fortificar suficientemente o Diretório. Mas, sem ligar para a contradição, instituíram entre êle e os Conselhos um equilíbrio de autoridade engenhosamente combinado para impedir o Estado de prejudicar de qualquer modo, no país, a liberdade de ação da burguesia. Sieyes, retificando a doutrina que em 1789 dirigira contra a nobreza, explicou que a soberania popular não possuía de maneira alguma o absolutismo que o rei se arrogara, e devia respeitar os direitos naturais anteriores à sociedade; e, antes de mais nada, a propriedade; dêste ponto de vista, êle declarou insuficientes as precauções de seus colegas.

Elas ainda paralisaram o Estado, provocando a pendência entre os podêres executivo e legislativo. O Diretório, graças às circunstâncias, aumentou sua autoridade: além de seus comissários, nomeou grande número de administradores e de juízes; estendeu, sem cessar, por seus decretos, seu poder regulamentar como já o fizera o Comitê de Salvação Pública com o consentimento resignado ou a despeito dos protestos dos Conselhos, que, aliás, tomaram sua desforra, em 30 prarial do ano VII. Todavia, êle não sustentou a guerra senão à custa de expedientes e não conseguiu estrangular completamente a contra-revolução em França, nem impor a paz geral. Aliás, a base social do regime encontrava-se muito restrita: a República passava a repelir o concurso do povo que a havia fundado, enquanto a classe que ela pretendia representar-lhe permanecia, em grande parte, hostil; os dirigentes não se mantiveram a não ser falsificando as consultas eleitorais ou violando abertamente sua própria constituição. O poder legislativo encaminhou-se para a sujeição que o Consulado lhe reservava, sem que o Diretório adquirisse as prerrogativas que considerava indispensáveis, como testemunham as instituições de que dotava as repúblicas vassalas. Finalmente, as derrotas do ano VII e o extremo sobressalto dos jacobinos decidiram a burguesia censitária a associar a si Bonaparte na esperança de revigorar o executivo, sem que sua própria supremacia social se visse prejudicada.

A guerra havia levado a Revolução à ditadura, e a burguesia aceitou que esta ditadura fôsse militar, tanto a experiência popular do ano II a havia aterrorizado. Ainda não brilhava o sol para o govêrno com o qual sonhava em 1789. Êle ainda deveria demorar muito.

III. *A secularização do Estado*

Qualquer que seja o interêsse despertado pela transformação política do Estado, sua secularização não nos parece hoje de menor importância.

Visto que os filósofos fulminavam contra a intolerância das igrejas, parece-nos que, na Declaração de 1789, a liberdade de consciências deveria ter sido inscrita na primeira fila, ao lado da liberdade de pesquisa ou de crítica, e a secularização do Estado decorreria como um dos traços essenciais da Revolução. Entretanto, os constituintes contentaram-se com uma alusão, breve e quase tímida, à tolerância religiosa, e foi sòmente no fim do ano e no início de 1790, que se adiantaram um pouco mais, admitindo aos direitos civis os protestantes e os judeus do Meio Dia. Todavia, não criaram o estado civil, de sorte que, se cada um se tornava livre para escolher sua religião e mesmo para mudá-la, era-lhe necessário professar uma.

A Assembléia demonstrou implìcitamente que sua legislação escapava doravante à censura eclesiástica, recusando, a 13 de abril de 1790, conservar o catolicismo como religião do Estado. Todavia, longe de se mostrar indiferente a seu repeito, ela lhe reconheceu o monopólio do culto público; apenas, aquêles de seus padres que o exerciam foram salariados e alojados a expensas do Estado; até 1792, os bens de fábrica permaneceram intactos; o cura continuou a registrar os nascimentos, casamentos e falecimentos; o ensino e a assistência continuaram a cargo da Igreja, e as congregações educadoras e hospitalares continuaram a subsistir.

Os constituintes controlavam, evidentemente, os curas patriotas e, conhecendo o prestígio do clero, temiam alarmar as populações; aliás, achavam que é necessária uma religião, pelo menos para o povo. É evidente que não tinham idéia clara com respeito à secularização. Ao contrário, sendo na maior parte legistas os representantes do Terceiro Estado sustentavam que a Igreja estava dentro do Estado, e que êste podia regulamentá-la, com a condição de não tocar no dogma universalmente admitido pelos fiéis; ainda os galicanos, a êste respeito, concediam ao Estado a parte maior. Êste legado do Antigo Regime inspirou a Constituição civil do clero, radicalmente contrária em si própria à secularização do Estado, e que se tornou, entretanto, o fermento da evolução dêste último, porque o cisma que engendrou, após haver levado os revolucionários a tratarem os padres refratários como inimigos, destacou-os progressivamente dos constitucionais e finalmente do próprio cristianismo.

Desde 1791, quando a Constituinte concedeu aos refratários o acesso às igrejas, alguns departamentos tomaram espontâneamente contra êles medidas coercitivas; a guerra as generalizou; após o 10 de agôsto, os refratários foram proscritos. Parecia pelo menos que os padres que se haviam comprometido pela Revolução lhe permaneceriam caros; no entanto, a hostilidade que os padres não juramentados inspiravam, estendendo-se à sua religião, prejudicou igualmente os padres constitucionais que também a praticavam. A 20 de setembro de 1792, o Legislativo criou finalmente o estado civil e instituiu o divórcio: era um passo decisivo para a secularização.

A situação dos ajuramentados tornou-se ainda mais penosa; polìticamente, pareceram logo suspeitos, como ligados à realeza, depois aos girondinos; em outubro de 1793, a Convenção permitiu a deportação daqueles que fôssem denunciados por incivismo e, pelo calendário revolucionário e a observação do "decadi", criou-lhes novas dificuldades; finalmente, os "sans-culottes" encetaram o fe-

499

chamento das igrejas, A Convenção e o Comitê de Salvação Pública não aprovaram o recurso à violência, e o decreto de 6 de dezembro confirmou a liberdade de culto. De fato, êste decreto permaneceu letra morta e, nos primeiros tempos, o 9 termidor nada modificou; ao contrário, foi no "2.º dia *sans-culottida*" do ano II (18 de setembro de 1794) que Cambon obteve a supressão do orçamento do clero, de sorte que a Constituição civil se encontrou implìcitamente suprimida, e a separação da Igreja e do Estado consumada.

Uma vez em curso a reação, reanimou-se o culto. Depois, os termidorianos o regulamentaram rigorosamente e devolveram-lhe as igrejas; submissionários e constitucionais aproveitaram-se disso, enquanto os refratários desenvolviam o exercício do culto clandestino. Até o 18 de brumário, o Diretório, ao sabor das circunstâncias, controlou ou maltratou uns e outros.

Paralelamente, a supressão das congregações dedicadas ao ensino ou à caridade, após o 10 de agôsto, e a venda dos bens dos colégios, das universidades e dos hospitais acarretaram a secularização da instrução e da assistência. A primeira permaneceu livre; mas a Convenção decretou a organização de um ensino público, onde os preceitos religiosos não obtiveram o menor lugar. Pelo "grande livro da beneficência nacional", os montanheses conferiram a assistência à República. O Diretório entregou-a às Municipalidades e criou os centros de beneficência; mas não mudou de princípio.

A secularização do Estado parecia, portanto, completa. Na realidade, não estava, no sentido de que a maior parte dos republicanos considerava necessário procurar um fundamento metafísico para a moral utilitária e cívica. Nutrindo a ilusão de que o deísmo satisfaria os crentes e que, pelo menos, o culto decadário e as festas nacionais tomariam eficazmente o lugar das cerimônias católicas, êles aplicaram-se em impor esta espécie de religião nacional, que se havia espontâneamente elaborado nos primeiros anos da Revolução, para opô-la aos cultos tradicionais. A êste respeito, a secularização, realizada pouco a pouco sob a pressão da guerra civil, não se separava, entretanto, do caráter agressivo, que trazia desde sua origem. Assim compreendida, ela não se harmonizava com a liberdade de consciência e de culto, nem com o racionalismo positivo, indiferente à metafísica, e, para dizer a verdade, confirma que o pensamento do século XVIII não se familiarizou com êste último.

A tormenta não extirpou a tradição cristã; mas dela destacou, mais ou menos, parte dos franceses. Desde que o Estado havia cessado de impor a assistência à missa dominical e a comunhão pascal, o conformismo se havia imediatamente enfraquecido em inúmeros departamentos, sobretudo na região parisiense e no centro. Nas vés-

500

peras do 18 brumário, o clero estava fora de condições para navegar contra a corrente; privado de recursos, em parte reduzido à clandestinidade errante, seu efetivo diminuía cada vez mais; já insuficiente, compreendia muitos padres idosos, que não teriam sucessores; estava profundamente dividido, e a hierarquia se abalava; alguns refratários mostravam-se fortemente independentes, com relação a seus bispos, e os curas constitucionais contestavam a autoridade de seus chefes. A prática dos sacramentos tornava-se menos freqüente entre os fiéis; a instrução religiosa das crianças freqüentemente mostrava-se impossível; os costumes desapareciam e, durante a primeira metade do século XIX, serão necessários muitos esforços para restaurá-los. Mas os "sans-culottes" não renunciaram à sua hostilidade, e legaram-na a seus descendentes. A descrença, limitada à nobreza e à burguesia antes de 1789, implantou-se também nas classes populares e, a esta novidade, de incalculável alcance, juntou-se a ruptura entre a Revolução e a Igreja, que não foi de menor conseqüência. A burguesia revolucionária acabou por pensar que os princípios de 1789 e o catolicismo não se podiam conciliar e a Igreja, por seu lado, chegou à mesma conclusão: Pio VI, desde 1790, condenou a Declaração dos Direitos e o clero francês, que no início havia declarado admiti-la ou, pelo menos, se havia abstido de repudiá-la, acabou, consumado o cisma, multiplicando-se os rigores e agravando-se a secularização, por se tornar, com exceção dos constitucionais, inimigo da Revolução.

A maioria da nação não se preocupou com isso. Os princípios não lhe interessavam, e seu conflito ainda menos, ensinando-lhe a experiência quotidiana que a vida condena o pensamento a oscilar entre as contradições. A Revolução de 1789, que ela havia feito, e principalmente seus resultados sociais, continuavam a lhe convir. Mas, simultâneamente, ela se agarrava à sua religião, por convicção, pelo interêsse conservador que lhe trazia, e, mais geralmente ainda, pelo hábito, pela preocupação e pela tranqüilidade, uma vez que as disputas religiosas separavam as famílias e perturbavam a paz doméstica. Que o Estado se arranjasse para pôr fim a isso e para que não houvesse mais que uma missa para todos, tal era o desejo de muitos.

Esta pacificação não parecia próxima, visto que parte do clero, obedecendo aos bispos emigrados, sustentava as conspirações realistas, financiadas pela Inglaterra. Uma solução imediata exigia um acôrdo com o papa, que reduziria seus padres à submissão ou à neutralidade política. O Diretório o havia entrevisto em 1796: deixou seu benefício a Bonaparte.

IV. *Os serviços públicos*

Qualquer diversidade que as circunstâncias tenham valido ao govêrno central, ninguém jamais pôde contestar que a burguesia aí colocara homens capazes, cuja competência foi enriquecida pelo exercício do poder, e dentre os quais Napoleão retirou seus melhores colaboradores. Mas, na vida dos governados, as decisões da autoridade legislativa e as prescrições do poder executivo não são as únicas em causa: é tão importante, senão mais, que o aparelho administrativo se revele eficaz e que seus chefes disponham, além disso, de colaboradores precisos e conscienciosos; porque, estando em contacto direto com o público, os subalternos contam, e muito, na reputação de um regime.

Como as assembléias, as administrações de departamento e de distrito recrutaram seus elementos na burguesia e se democratizaram um pouco, sobretudo as segundas, apenas em 1793. Nas cidades, os homens do artesanato, do comércio a varejo, das artes liberais tiveram acesso, em número mais ou menos grande, ao conselho geral da comuna, senão à Municipalidade; em 1793, êles predominaram. Homens de profissões menos relevadas, de condições mais modestas — caixeiros e, mesmo, em pequeno número, "companheiros" de profissão — uniram-se a êles. Esta contaminação foi um dos fatos que os notáveis mais criticaram; mas o Diretório não pôde pôr-lhe fim inteiramente, porque a maioria dos queixosos continuava realista. Nesses corpos eletivos, os cidadãos acostumaram-se à gestão dos negócios públicos, e, em certa medida, a competência favoreceu àqueles que convinha serem levados para uma função superior. Na Constituinte e na Convenção do ano III, pensou-se, por êste motivo, em introduzir a "gradualidade"; a idéia não prevaleceu; mas, de fato, a maior parte das carreiras políticas começaram por qualquer aprendizado desta espécie. Nos campos, ao contrário, a formação das Municipalidades freqüentemente trouxe desilusões; nelas participaram camponeses totalmente iletrados ou que nem mesmo compreendiam o francês. Prevendo êste inconveniente, Condorcet, entre outros, vinha propondo desde 1789 a constituição de "grandes comunas"; não se recorreu a isso senão no ano III, criando-se as administrações municipais de cantão, que não emprestavam a cada comuna senão um "agente" e seu adjunto; a tentativa ofendeu o espírito de autonomia local, ainda vivo, e não teve resultados.

Os conselhos locais não se reuniam muito freqüentemente nem durante muito tempo, de sorte que seus membros não assumiram obrigações muito pesadas, até o momento em que o govêrno revo-

502

lucionário lhes impôs a permanência. Desde o início, esta se tornou uma necessidade de fato para as Municipalidades, e os diretórios de distrito e de departamento foram obrigados a dirigir e vigiar cotidianamente o curso dos negócios públicos e os encarregados, além disso, de atribuições judiciárias: aos diretórios incumbia a jurisdição administrativa, que a administração e venda dos bens nacionais, a confecção das listas de emigrados, a aplicação de inúmeras leis revolucionárias, tornaram extraordinàriamente ativa; as Municipalidades conservavam o julgamento das contravenções e, a partir de 1793, das infrações ao preço-teto. A aplicação de que deram prova os administradores, numa época tão tempestuosa, lhes faz grande honra. A burguesia revolucionária, aliás, a despeito das restrições censitárias, e, com maior razão ainda, os republicanos democratas, jamais admitiram que, devido a êstes deveres absorventes, apenas os ricos pudessem ser eleitos para os cargos públicos; eram remunerados, assim como os deputados, os "funcionários", cuja tarefa a monopolizava; todavia, mais de um teve que renunciar, porque a assiduidade comprometia sua atividade particular.

Por outro lado, alguns dêsses recém-chegados não tinham capacidade e caráter. Teria sido necessária alguma estabilidade para lhes permitir que se familiarizassem com suas atribuições; ora, as eleições eram freqüentes: a Constituinte renovou pela metade os departamentos e os distritos cada dois anos, as Municipalidades todos os anos; a Constituição do ano III trocou anualmente um membro, em cada cinco, da administração central do departamento, e metade da administração municipal. De 1793 a 1795, as depurações aumentaram ainda mais a instabilidade. As eleições freqüentes harmonizam-se com a concepção democrática e corrigem o sistema representativo: elas aumentam o número dos cidadãos que esperam ver-se chamados à gestão pública, e se interessam por esta; recordam aos eleitos que não são irremovíveis. Todavia, sua repetição, além de aumentar o número de abstencionistas, arrisca a diminuir a experiência dos mandatários: o inconveniente era particularmente sensível, principalmente porque a educação cívica da nação apenas se iniciava.

Sob todos os regimes, a continuidade e o aperfeiçoamento dos métodos administrativos dependem em parte do pessoal subordinado, daqueles que então se chamavam os "empregados". No início, os funcionários públicos do Antigo Regime permaneceram em seus lugares; depois, os partidos, sucedendo-se ao poder, povoaram as repartições com seus adeptos. A multiplicação dos escribas foi um dos traços do govêrno revolucionário, devido às funções que êle assumiu. A instrução e a consciência profissional deixaram muito a

503

desejar entre inúmeros dêles. Após o ano III, a situação melhorou num sentido: os comissários do Diretório, mais estáveis que os corpos eletivos, assumiram a direção dos subalternos. Infelizmente a desordem monetária e a penúria financeira generalizaram a prevaricação, que era quase ignorada, antes de 1789: foram incalculáveis as queixas contra a corrupção lendária dos comissários de guerra e de seus guardas de armazéns. Um dos desígnios dos brumarianos foi estabilizar a autoridade administrativa, pela supressão da eleição, e reconstituir os serviços profissionais, a fim de restabelecer a tôda-potência do Estado, sem dúvida alguma, mas também para assegurar a competência e eficácia da administração em todos os seus graus. Não se pode contestar que, por exemplo, a supressão dos controladores dos "vigésimos" tenha acarretado grave prejuízo ao estabelecimento das listas de impostos diretos, nem que os administradores da época revolucionária negligenciaram a prática da estatística, uma das mais admiráveis inovações de seus predecessores; a economia dirigida, por um instante, trouxe de volta o Comitê de Salvação Pública; mas, no fim do Diretório, François de Neufchâteau continuava a recomendá-la.

O princípio eletivo manteve-se também na organização judiciária, até o Consulado, e não suscitou tantas dificuldades. Com efeito, se não submetia a nenhuma condição técnica a nomeação dos juízes de paz, que, aliás, jamais haviam sido incluídos na magistratura, a lei de 16 de agôsto de 1790 exigiu que os membros dos tribunais tivessem anteriormente exercido, durante cinco anos, as funções de juiz ou de homem de lei regularmente adscrito a uma jurisdição. Esta estipulação desapareceu a 22 de setembro de 1792; mas as assembléias eleitorais continuaram a regular suas escolhas de maneira análoga. Só nomeavam os juízes de paz por dois anos; o mandato dos magistrados durava muito mais: seis anos, segundo a lei de 1790, cinco, segundo a Constituição do ano III; todos eram reelegíveis e, em resumo, menos expostos à instabilidade. A instituição dos juízes de paz permaneceu favoràvelmente apreciada; pelo menos sua eleição atraía geralmente tantos votantes quanto a dos conselhos municipais, e Napoleão aguardará até 1804 para suprimi-la. Não parece que os tribunais de distrito tenham suscitado muitas queixas: elas surgiram principalmente da inextricável complicação processual engendrada pela unificação gradual do direito e pelas contínuas variações da legislação revolucionária. Não é necessário dizer que as jurisdições repressivas de exceção excitaram, como em tôdas as épocas, cóleras furiosas e rancores implacáveis. Mas não parece que os tribunais criminais de direito comum e os júris que a êles se associavam tenham despertado a desaprovação. Suprimindo a eleição, os brumarianos pensaram sobretudo em reforçar a autoridade do Estado e em garantir o monopólio das funções judiciárias para a burguesia, tanto para reforçar seu prestígio, quanto por exigência da conservação social.

Os esforços dos constituintes para dispensar os litigantes de recorrer aos juízes e aos homens de lei, permitindo-lhes que regulassem seus litígios com menos despesas, não obteve sucesso. O procedimento arbitral e os tribunais de família desapareceram, sob o Diretório, porque os particulares chamados a decidir, pouco conhecedores do direito, não inspiravam confiança, ou, não confiando em si próprios, serviam na realidade de pára-vento aos profissionais, que chamavam, para lhes ditarem a sentença. Também não se cessou de recorrer aos procuradores ou "avoués" e aos advogados, ou "defenseurs officieux", de sorte que a justiça continuou a ser custosa. Além disso, a Constituição do ano III não deixou subsistir senão um tribunal civil e de três a seis tribunais correcionais por departamento e, suprimindo os distritos, levou todo o contencioso para a administração central do departamento: as demoras e as despesas aumentaram. De resto, os brumarianos sancionaram oficialmente o custo do processo em favor dos "oficiais ministeriais", restabelecidos em benefício da burguesia.

Na época do 18 brumário, as críticas visavam sobretudo a insuficiência da perseguição repressiva. Suprimida pela Constituição, o "parquet", com efeito, não tinha sido restabelecido; a instrução continuava confiada, em primeiro lugar, ao oficial de polícia e ao juiz de paz; em seguida, ao presidente do tribunal civil, como presidente do júri de acusação; o acusador público, eletivo, intervinha apenas no debate; o comissário nacional, suprimido em outubro de 1792 e restabelecido pela Constituição do ano III, controlava apenas a observação da lei e a execução das sentenças. A restauração do "parquet", aliás, apenas iria realizar-se pouco a pouco, no decorrer da década seguinte.

A reforma do processo criminal havia preocupado a Constituinte, desde o primeiro momento, e foi uma de suas realizações memoráveis; a introdução do júri jamais foi contestada, embora a escolha dos jurados se tenha prestado a discussão, porque os interêsses conservadores pretendiam dirigi-la. Os tribunais comuns parece terem respeitado as novas regras. A Assembléia aplicou-se ainda a preservar o acusado diante das jurisdições especiais que conservou no exército e na marinha; aí introduziu o júri, onde se sentavam soldados ou marujos. Se terminou por criar uma Alta Côrte nacional para os crimes de lesa-nação, regulamentou semelhantemente seu funcionamento.

A guerra civil provocou, todavia, a restrição, o abandono, a violação das garantias de direito comum. Os Comitês de pesquisas,

505

de vigilância ou de segurança geral das assembléias, obtiveram a faculdade de ordenar perseguições e detenções, sem intervenção dos magistrados; o mesmo se deu com o Comitê de Salvação Pública. As autoridades locais os imitaram, sempre que as circunstâncias lhes pareceram exigi-lo e, de 1793 a 1795, as leis terroristas conservaram-lhes um poder discricionário. De fato, o Diretório o herdou, e seus comissários não se privaram mesmo da detenção preventiva, para preparar boas eleições. Quanto aos tribunais extraordinários, as formas processuais se simplificaram, e a Convenção chegou a prescrever a condenação à morte, por simples constatação de identidade, para os emigrados e os deportados, os rebeldes apanhados com armas nas mãos e os indivíduos que ela declarava "fora da lei". O Diretório recorreu também às comissões militares, e não se embaraçou com escrúpulos jurídicos a propósito dos "babouvistas". A opinião pública não mantinha a ilusão de que os dirigentes, fôssem quais fôssem, e sua polícia política, jamais sentiriam escrúpulos, enquanto não fôsse estabelecida a paz. Também não esperava ver o govêrno abandonar a jurisdição administrativa a profissionais independentes.

Entretanto, lamentava-se pelo fato de que a codificação da legislação civil, tão nova e tão móvel desde 1789, sempre se fizesse esperar. A Constituinte não adotou senão um código rural, em setembro de 1791. A Convenção, em 1793, e novamente, após o 9 termidor, encetou a discussão de um código civil, mas não o terminou. O projeto que Cambacérès apresentou em 1796 ficou em suspenso, e os Conselhos contentaram-se em votar, tardiamente, um código hipotecário. A enormidade do trabalho e as circunstâncias agitadas, apenas, não explicam a demora: influíram também a intervenção das leis montanhesas, acompanhadas de retroatividade, depois as hesitações dos reatores e os reajustamentos intermináveis das obrigações, que acarretou a catástrofe monetária. A verdade é que êle não foi terminado.

A organização das contribuições públicas estabelecidas pela Constituinte sofreu modificações contínuas, o que não é de espantar, se se recordar do descontentamento que a distribuição do impôsto predial provocava, e mais ainda o da riqueza móvel, entre as circunscrições territoriais, assim como o medíocre sucesso da "patente" a 21 de março de 1793, depois suprimiu o impôsto sôbre a riqueza móvel e revogou o impôsto predial a 21 floreal do ano II (10 de maio de 1794). No decorrer da guerra civil, a percepção dos impostos diminuiu ainda mais e os montanheses procuraram obter recursos por meio do empréstimo forçado, das taxas revolucionárias, do pagamento dos tributos em cereais, das requisições e da inflação. Em termidor do ano III, arruinado o "assignat", seus adversários restabeleceram o imposto sôbre a riqueza móvel e a "patente", sôbre novas bases; impuseram a aquisição "in natura" de metade do impôsto fundiário: esta medida concedeu importante auxílio ao Diretório, antes que fôsse revogada, a 3 vindimário do ano V (24 de setembro de 1796). Assim, voltando ao sistema da Constituinte, a república termidoriana não pôs fim às recriminações; ela modificou a base do impôsto predial por duas vêzes e muito mais freqüentemente a da "patente"; enfim, no ano VII, os Conselhos procederam a uma modificação geral dos três impostos, das taxas de registro e do sêlo, ao mesmo tempo em que instituíam um quarto impôsto direto, o das portas e janelas. Êste arranjo realizou progressos apreciáveis, e as leis do ano VII permaneceram fundamentais durante mais de um século. Entretanto, não satisfizeram aos contribuintes. As exigências do Estado, é verdade, diminuíram de 1791 para o ano VII. A contribuição do impôsto fundiário passou de 240 milhões para 210: ela tendia a se estabilizar em uma espécie de empreitada, como o desejava o cultivador. O impôsto sôbre a riqueza móvel baixou de 60 milhões para 30, redução que satisfez o particular, quanto à sua quota individual, mas não reduziu muito as queixas, porque beneficiou sobretudo à riqueza citadina; além do mais, o caráter do impôsto progressivo sôbre as rendas, conferido em certa medida à riqueza móvel pela Constituinte e fortemente acentuado pela reforma de 14 termidor do ano V (1.º de agôsto de 1797) desapareceu por efeito de lei de 3 nivoso do ano VII (23 de dezembro de 1798), que proporcionou a taxação ao aluguel, e preparou assim a regulamentação que o Consulado estabeleceu por longos anos. Mas, como o impôsto predial assegurava sempre a principal receita do orçamento comum, sua distribuição executava-se de maneira aproximadamente eqüitativa; mas, entre as comunas e os departamentos, a despeito de contínuos retoques, era impossível atingir o mesmo resultado. Dependia-se da confecção de um cadastro, que se reclamara em 1789, sem se aperceber de que exigia pessoal experimentado, muito dinheiro, e tempo. Apenas o restabelecimento da tranqüilidade interna iria permitir a Napoleão começar o trabalho, que duraria perto de meio século.

Para o Estado, a preocupações essenciais caíam sôbre o recolhimento dos impostos, o financiamento da guerra e a alimentação do Tesouro. A Constituinte deixou às Municipalidades o estabelecimento dos documentos fiscais — matrizes e listas — assim como a exação: era um sistema que vinha do Antigo Regime, e a revolução popular não teria tolerado que se diminuísse, sôb êste ponto fundamental, a autonomia comunal. Mas, antes de 1789, o reinado ainda dispunha, no que concernia pelo menos aos "vigésimos", de controladores que se esforçavam por constituir metòdicamente as ma-

507

trizes, com o concurso do registro e dos contribuintes, e recorria, para recolher as contribuições, aos coletores interessados em apressá-las, porque subscreviam ordens de pagamento em benefício do Tesouro, pois que suas retiradas dependiam do total de suas arrecadações; e estavam autorizados, enfim, a empregar a opressão contra os faltosos, pelo envio de "garnisaires" e pela penhora. Semelhantes motivos não animavam os empregados salariados que a Revolução substituiu a êles, e que não dispunham da opressão, nem da mesma independência. Foi apenas após o 18 frutidor que se criou, em cada departamento, uma "agência de contribuições" para supervisionar a confecção das listas, a qual, confiada ao comissário do Diretório, não a profissionais, não obteve todo o sucesso esperado, e foi também nessa ocasião que se restabeleceu o envio de "garnisaires" aos coletores comunais e aos contribuintes. A entrada do impôsto aumentou mais sensìvelmente do que se propalou; todavia, o primeiro cuidado do Consulado será de estabelecer uma administração especializada, independente das autoridades locais, a fim de assegurar a redação das listas e o recolhimento.

Para a Tesouraria, as percepções diretas, lentas e irregulares, oferecem menos numerário que as receitas cotidianas que retira dos impostos indiretos e de consumo. Ora, um dos primeiros cuidados da revolução popular foi suprimir êstes últimos, e a Constituinte não pôde senão consagrar seu desaparecimento. Sua impopularidade interditou aos Conselhos diretoriais consentirem o impôsto do sal e do tabaco. O próprio Napoleão só recorrerá a isso em 1804. Por outro lado, a Tesouraria viu-se privada das ordens da pagamento, e não podia contar com o empréstimo, senão forçado. Entretanto, foi-lhe necessário prover à liquidação da dívida, depois às despesas extraordinárias da guerra. Sua situação piorou ainda, quando os montanheses, justamente indignados com a avidez e as malversações dos financistas, com seu conluio corruptor com os empregados do Estado e com os representantes do povo, proibiram que se recorresse a êles, embora sempre tivessem socorrido o Tesouro com seu empréstimos a curto prazo e provisto com seus adiantamentos à manutenção das fôrças armadas. A Tesouraria assegurou o serviço comum e sustentou a guerra apenas graças ao "assignat" e à venda dos bens nacionais: não é sem razão que se lhe atribuiu a *salvação* da Revolução. Regressados à liberdade de emprêsa, os termidorianos afrouxaram a rédea aos fornecedores. Privado de um papel-moeda que os "manejadores de dinheiro" em vão solicitavam emitir, formando um banco nacional beneficiado de um monopólio, o que os Conselhos jamais aceitaram, o Diretório encontrou-se reduzido aos expedientes que o Antigo Regime empregou mais de uma vez:

508

o esbanjamento do patrimônio, a multiplicação dos bônus incobráveis, as bancarrotas.

A inflação, depois a mais deplorável penúria do Tesouro, acarretaram conseqüências sociais de que se tratará mais adiante; elas constituíram uma revolução suplementar, e afastaram da Revolução ou desencorajaram aquêles que a padeceram, ou seja, sob títulos diversos, quase tôda a nação. O restabelecimento financeiro foi o primeiro cuidado do Consulado, e, com o poderio do Estado, a popularidade de Bonaparte tirou grande proveito. Ainda não é tudo. Sem dinheiro, a obra dos revolucionários em parte abortou: a Constituinte, e, mais tarde, os montanheses, mesmo, não ousaram utilizar os bens nacionais, como teriam desejado, para multiplicar o número dos pequenos proprietários; dos dois grandes serviços públicos, o ensino e a assistência, que o preâmbulo da Constituição de 1791 prometia, e que os montanheses encaravam como órgãos vitais da República democrática, o primeiro só se realizou pela metade e o outro malogrou completamente.

Ninguém melhor que Condorcet exprimiu as esperanças que, aos olhos dos discípulos dos enciclopedistas, enobreciam a missão conferida ao ensino nacional; a Revolução tinha a obrigação de organizá-lo para que "o progresso crescente das luzes abra uma fonte inesgotável de recursos em nossas necessidades, de remédio a nossos males, de meios de felicidade individual e de prosperidade comum", para "contribuir para êste aperfeiçoamento geral e gradual da espécie humana, meta suprema, na direção da qual deve ser dirigida tôda instituição social". Intérprete de um humanismo bastante generoso para repudiar o egoísmo censitário, o democrata Condorcet, retomando assim a mensagem de Descartes, ampliava singularmente seu alcance, porque, ao ensino nacional conferia a missão de "assegurar a cada um a faculdade de desenvolver um dom recebido da natureza e, assim, estabelecer entre os cidadãos uma igualdade de fato e tornar real a igualdade política reconhecida pela lei". Tratava-se, então, de procurar, por todos os meios, atingir o gôzo dos direitos, dentro do quadro da sociedade burguesa.

Restava determinar os característicos da instituição. Regê-la-ia o Estado? Ou abandonaria a gestão às autoridades locais ou aos chefes de família? Ou ainda iria lhe conferir autonomia? Para que atingisse seus fins, não seria necessário que a freqüência escolar fôsse obrigatória e gratuita? Em caso afirmativo, quem proveria às despesas? Aberta a todos, a escola nacional não podia ser senão leiga, e nunca religiosa; mas substituiria ela seu monopólio ao da Igreja? Sôbre a laïcidade, as circunstâncias não deixavam dúvidas; quanto aos outros problemas, as opiniões sempre divergiram.

509

A Constituinte contentou-se em ouvir a leitura, em 10 de setembro de 1791, de um relatório de Talleyrand. O Legislativo ouviu Condorcet expor seu famoso plano, a 20 e 21 de abril de 1792: ela ordenou sua impressão, sem ir adiante. A Convenção girondina ouviu os relatórios de seu Comitê de Instrução Pública; iniciou a discussão em dezembro de 1792, durante o processo do rei: retomou-a depois sem concluir. Condorcet, sem falar da obrigatoriedade de instrução, parecia admiti-la; mas, recordando que qualquer cidadão podia fundar uma escola, excluía o monopólio. Para a educação nacional, propunha ensino primário, destinado tanto às môças como aos rapazes, que comportaria uma seção elementar e escolas secundárias; depois, um grau intermediário, constituído pelos "institutos"; enfim, um grau superior, composto por nove "liceus". Certo número de jovens selecionados passariam de uma ordem para outra, como "alunos da pátria", a expensas do Estado. Para os outros, conferências e festas nacionais prolongariam até à idade adulta a formação iniciada na adolescência. Uma "Sociedade Nacional", dividida em quatro classes, recrutada por cooptação, assumiria a direção do ensino nacional e, ao mesmo tempo, a da pesquisa. A escolha e a inspeção dos professôres de cada grau pertenceria aos da seção superior. Condorcet criava, assim, e foi recriminado, uma corporação independente, para subtrair a educação às flutuações políticas e à intervenção das famílias, bem como à censura dos clérigos.

Os montanheses não se interessavam menos pelos grandes estabelecimentos de pesquisa científica: a reorganização do "Jardim do rei", transformado em Museu de história natural, começou a 10 de junho de 1793. Todavia, parecia-lhes urgente criar o ensino primário, porque, sem a menor dúvida, esperavam dar aos futuros cidadãos um preparo cívico, mas também porque, desejando-o prático e utilitário, contavam preparar a juventude para a atividade positiva, por meio de uma formação profissional. Por espírito igualitário, os mais radicais preconizam além disso a escola única. A 13 de julho de 1793, Robespierre dá conhecimento à Convenção do plano preparado por Lepeletier de Saint-Fargeau e, a 29, em nome do Comitê de Instrução Pública, propôs sua adoção. Êle instituía o monopólio do Estado: a República tomaria as crianças a seu cargo, dos cinco aos onze anos para as meninas, aos doze para os rapazes; mas colocava a escola sob a direção de um conselho de pais de família, e fazia disso uma espécie de cooperativa, provendo os alunos as suas necessidades, na medida de seus meios, e vendendo, em parte, os frutos de seus trabalhos; ser-lhes-ia inculcado muito menos um saber intelectual, que princípios morais e profissionais: é visível a inspiração do "Émile". Lepeletier aprovava os graus su-

510

periores do ensino, previstos por Condorcet, mas não dizia palavra a respeito de sua organização.

No decreto de 29 frimário de ano II (19 de dezembro de 1792), a Convenção não adotou o plano de Condorcet, nem o de Lepeletier; todavia, como êste último, ela não se ocupou senão das "primeiras escolas". O ensino é livre, e nenhuma prova técnica é imposta ao "preceptor". O pai de família envia os filhos à escola durante três anos pelo menos; mas escolhe a que mais lhe convém. A República subvenciona os mestres, na proporção do número de alunos; se nenhum particular ensina na comuna, a municipalidade pode escolher um preceptor, a quem o Estado concede pagamento fixo. O texto não estipula a secularização, e não proíbe os ministros dos cultos de manterem uma escola; mas, para ensinar é necessário um certificado de civismo; a supervisão da seção ou da municipalidade exerce-se paralelamente com a dos chefes de família; o Comitê de Salvação Pública deve publicar os livros, dos quais os preceptores deverão servir-se e a Declaração dos Direitos estará em primeiro lugar entre êles. Êste ensino rìgidamente controlado pelo Estado, mas descentralizado ao extremo, harmonizava-se com a mentalidade "sans-culotte". Voltados completamente para a guerra, os montanheses acentuaram mais ainda, quando surgiu a ocasião, o caráter utilitário que atribuíam ao ensino, e o concurso que reclamavam da pesquisa científica. Urgidos pelo tempo, êles puseram, como sempre, a celeridade revolucionária na ordem do dia. Assim, chamaram da província os cidadãos designados para o preparo do salitre, e confiaram-nos durante algumas décadas a químicos reputados; retiraram do recrutamento em massa alguns rapazes e reuniram-nos numa "Escola de Marte", para assegurar o recrutamento dos quadros.

No início, os termidorianos não repudiaram a obra dos montanheses. A 10 vindimário do ano III (1.º de outubro de 1794), decretaram mesmo a abertura de uma escola normal, onde mestres de grande reputação prepararam para o ensino 1.300 auditores, enviados pelos distritos. Interessaram-se também pelas pequenas escolas; sua lei de 27 brumário do ano III (17 de novembro de 1794) criou verdadeiramente o ensino público, decidindo que a República abriria uma escola, senão em tôdas as comunas, pelo menos para cada grupo de 1.000 habitantes, e remuneraria seu professor, que seria escolhido e inspecionado por um júri de instrução, designado e controlado pelo distrito. Deixou-se subsistir a liberdade de ensino e alguns não dissimularam que esperavam que as crianças da burguesia dispusessem de escolas pagas.

Desde os primeiros tempos, todavia, os termidorianos demonstraram grande interêsse pelos estabelecimentos superiores: o Conservatório de artes e ofícios data de 19 vindimário do ano III (10 de outubro de 1794); de 1.º brumário (22 de outubro), a Escola dos serviços públicos para o exército, a marinha e pontes e aterros, chamada em seguida Escola dos trabalhos públicos: é a atual Escola Politécnica. Será completada com a Escola de Minas. A 14 frimário (4 de dezembro) criaram-se três escolas de Medicina, e pouco depois o Instituto dos surdos-mudos; estabeleceram-se também novas escolas veterinárias. A 7 messidor (25 de junho de 1795) surgiu o Bureau das longitudes, ao qual se anexou um curso de Astronomia no Observatório. As línguas, a arqueologia, as artes, também receberam sua parte: a Escola das Línguas Orientais foi criada em 10 germinal (30 de março de 1795); o Museu dos Monumentos Franceses havia sido instituído desde 15 frutidor do ano II (1.º de setembro de 1794); o Conservatório de Música remonta igualmente a essa época. Nas vésperas de se separar, a 3 brumário do ano IV (25 de outubro de 1795), a Convenção encarregou, enfim, da direção da atividade intelectual, o Instituto Nacional, realizando assim a Sociedade Nacional de Condorcet, mas sem lhe conceder a autoridade administrativa que êste último lhe atribuía.

Todavia, a organização de um ensino secundário não pareceu tarefa menos urgente: os filhos da burguesia não podiam prescindir de colégios, para se prepararem para as carreiras liberais; o mundo sábio também não, a fim de se recrutar e de se assegurar um público. A 6 ventoso do ano III (24 de fevereiro de 1795), baseada em relatório de Lakanal, a Convenção decidiu então que cada departamento possuiria uma "escola central", cujas despesas ficariam a seu cargo, e nomearia os professôres entre os candidatos habilitados por um júri de instrução. Em princípio, elas não seriam gratuitas.

Os termidorianos, visìvelmente, não compartilhavam, portanto, das intenções democráticas que Condorcet manifestava em 1792; o desastre monetário explica esta mudança, assim como a reação conservadora. O ensino popular não tardou a sentir seus efeitos, também: a 3 brumário do ano IV (25 de outubro de 1795), a Convenção cessou de remunerar o preceptor; sobrou-lhe apenas o alojamento, e êle teve que voltar à contribuição fixada pela Municipalidade, e paga pelos pais. Conseqüentemente, não se falou mais da obrigatoriedade do ensino.

Os termidorianos, tornando-se os diretoriais, nada modificaram em suas leis: doravante, importava a sua aplicação. Para o ensino superior, encontrava-se quase terminada; o Diretório teve sobretudo que instalar o Instituto, onde, ao lado das ciências matemáticas e físicas, uma classe pertencia às ciências morais e políticas, grande novidade, e uma terceira às letras e às artes. Abriram-se as escolas centrais e algumas prosperaram. As aulas, repartidas em três séries sucessivas de dois anos cada, eram facultativas. Também recriminou-se a essas escolas por não constituírem um verdadeiro curso de estudos e parecerem-se mais a Universidades que a colégios, tanto mais que não possuíam classes preparatórias, nem internatos. Alguns remediaram isso espontâneamente, mas parecia necessária uma reforma de conjunto; discutiu-se o assunto, sem nada decidir. Quanto às escolas primárias, os efeitos previsíveis não tardaram: a qualidade dos professôres piorou; sem escolas normais, como poderia melhorar? A escola teria regressado pura e simplesmente às condições do Antigo Regime, se o Diretório, em conflito com a igreja, não tivesse mantido o princípio da secularização. Assim sendo, as escolas privadas, mais freqüentemente religiosas, logo reencontraram sua clientela: o govêrno submeteu-as ao contrôle das Municipalidades, proibiu aos funcionários de para elas enviar os filhos, e decidiu não escolher seus agentes a não ser entre os antigos alunos das escolas públicas. Não parece que estas últimas disposições tenham sido aplicadas; mas o contrôle e a obrigação de assistir ao culto decadário provocaram o fechamento voluntário ou forçado de mais de uma escola privada, sem que com isso o ensino nacional tivesse melhorado.

A evolução traz então traços do período democrático. A guerra e a insuficiência de recursos, a brevidade também das experiências restringiram fortemente as realizações positivas. Aproximava-se, todavia, do regime que a maior parte da burguesia considerava suportável ou satisfatório. Êle diferia profundamente do tradicional. A Revolução pôs fim ao monopólio educativo da Igreja, e inaugurou o ensino público e leigo. Ela conferiu a prioridade à ciência exata e experimental, sem esquecer que ao conhecimento da natureza se devia acrescentar o do homem e da sociedade. Modernizou o humanismo clássico, concedendo a primazia à língua e à literatura nacionais. Estabeleceu, em princípio, que os mestres associariam a pesquisa, a aplicação técnica e a iniciação da juventude a sêus métodos: é um dos traços mais originais de sua obra. Embora esta permanecesse muito longe da perfeição, os enciclopedistas nela teriam reconhecido seu pensamento.

O destino da assistência foi pior. O desaparecimento das esmolas, por mais insuficientes que se as julgassem, dos cobradores de dízimos e dos conventos, a venda dos bens de fundação, depois os dos hospitais e asilos, desferiram-lhe terríveis golpes. As assembléias os ampararam em certa medida, concedendo, de tempos em tempos, subsídios que as Municipalidades distribuíam ou consagravam a casas de caridade. Do esbôço de um sistema de segurança social, decretado a 22 floreal do ano II pelos montanheses, nada sobrou, após o 9 termidor. Os termidorianos limitaram-se a restituir os bens

513

ainda disponíveis dos hospitais asilos; depois, o Diretório criou os serviços de beneficência e autorizou as municipalidades a instituírem, para subvencioná-los, alguns impostos, cujo produto, de fato, elas em geral incorporaram ao seu orçamento. A Revolução havia, também nisso, pôsto sua marca: a assistência tornara-se leiga; mas, se a Declaração de 1793 reconheceu um direito para o deserdado, a burguesia dessa época preferiu limitá-lo a um auxílio, e voltar-se de preferência para a caridade.

V. *O Exército*

Da obra construtiva da Revolução, a criação do exército nacional parecia, em 1799, a parte melhor realizada. Os franceses de 1789 não o teriam imaginado: êles detestavam o sorteio para a milícia, e seu amor pela igualdade não ia ao ponto de desejar o serviço militar para todos. A guerra era um negócio de príncipes e, aliás, a nova ordem não oferecia a paz para o mundo? A Constituinte aboliu a milícia e, malgrado Dubois-Crancé, manteve o recrutamento por engajamento voluntário. Em fevereiro de 1790, suprimiu a venalidade das patentes e declarou-as acessíveis a todos; depois, em setembro, reservou aos suboficiais uma patente de alferes vaga, sôbre quatro, e atribuiu, nas promoções, grande parte à antiguidade. Fora destas reformas, que satisfizeram aos oficiais inferiores e à burguesia, a ordem antiga pouco mudou. Luís XVI continuou a ser o chefe do exército; os oficiais nobres conservaram seus postos, enquanto não lhes conveio emigrar. O conflito do Terceiro Estado e da aristocracia insinuou-se também em suas fileiras, sem que a Constituinte jamais se decidisse a uma depuração. As tropas de linha decompuseram-se e seus efetivos se enfraqueceram.

Todavia, contra a nobreza e contra os facínoras, a Revolução popular havia criado a Guarda Nacional. A Assembléia legalizou-a, depois regulamentou-a. Territorial e sedentária, reunindo todos os cidadãos aptos a carregar armas, elegendo seus chefes, vestida de azul e não de branco, ela se encarava como radicalmente diversa do exército; desconfiando dêste último, as Assembléias olhavam os guardas nacionais como o amparo da Revolução, e não consentiram em subordiná-los aos chefes militares. Mas, quando a fuga do rei pressagiou a invasão, a Constituinte exigiu dessa milícia revolucionária 100.000 voluntários, que se organizaram em batalhões departamentais; começada a guerra, o Legislativo aumentou o seu número e, enfim, a Convenção exigiu 300.000 homens a mais, a 23 de fevereiro de 1793. A Guarda Nacional não durou menos e, embora se visse parcialmente mobilizada em 1792 e em 1793, e depois fornecesse ao Diretório colunas móveis, conservou suas características. A Revolução teve assim duas espécies de defensores, normalmente combatentes. Após o 10 de agôsto, o rei não mais os comandava, e os regimentos suíços haviam sido licenciados; no ano II, uma séria depuração eliminou todos os elementos suspeitos. Todavia, para que o exército se tornasse verdadeiramente nacional, faltava realizar sua unidade e chamar para suas fileiras todos os franceses. Não se conseguiu isso com facilidade.

Em fevereiro de 1793, a Convenção decretou a amálgama das tropas regulares e dos voluntários; em princípio, a regulamentação lhes foi comum; mas a fusão dos corpos não se realizou a não ser lentamente, e não terminou senão no início do Diretório. Entrementes, o serviço obrigatório apareceu, salvo para os homens casados, graças ao recrutamento em massa de 23 de agôsto de 1793, mas sòmente a título excepcional. No ano seguinte, nenhum decreto dos termidorianos prescreveu o recrutamento dos jovens que haviam atingido a idade dos 18 anos, e não foi feita nenhuma chamada; talvez a procura de insubmissos se tenha estendido daí para diante às novas levas; nesse caso, a maior parte seguramente escapou, enquanto os "requisitados" de 1793 permaneceram em suas fileiras pelo menos até o Consulado. Foi a lei Jourdan, de 19 frutidor do ano VI (5 de setembro de 1798) que erigiu em instituição permanente o serviço obrigatório dos 18 aos 24 anos. Ela não isentava senão homens casados antes de 23 nivoso do ano VI (12 de janeiro de 1798), data em que os Quinhentos haviam apresentado a proposta; mas autorizava a substituição; quando esta foi suprimida, a 10 messidor do ano VII (28 de junho de 1799), a evolução parecia terminada. Na realidade, a obrigação não comportava necessàriamente o serviço militar: a lei Jourdan conferia simplesmente aos Conselhos, juízes das circunstâncias, o direito de chamar o contingente necessário para completar ou aumentar os efetivos. Em messidor do ano VII, êles convocaram tôdas as classes: voltava-se, assim, ao recrutamento em massa, e o descontentamento foi tão vivo, que Bonaparte, não contente de restabelecer a substituição para satisfazer aos notáveis, limitou suas exigências até às guerras imperiais.

Pela amálgama, os montanheses contavam estender a todo o exército o caráter popular dos batalhões de voluntários; de fato, como sempre sucede em casos semelhantes, êle se desfez em parte. Todavia, a emprêsa da Revolução permaneceu profunda no exército: hostil aos cidadãos do antigo regime e aos padres, êle manteve-se como a parte da nação mais ligada à Revolução, mesmo depois que Napoleão a tinha herdado. Foi nêle que a democracia sobreviveu;

515

porque, para se elevar na hierarquia, o saber contava pouco: a inteligência, e sobretudo a bravura, eram suficientes. A amálgama foi um de seus traços essenciais. O exército revolucionário jamais viveu encasernado: apenas vestidos e armados, os recrutas partiam para o "front" e misturavam-se aos combatentes.

Pelos traços originais de seu exército, a Revolução transformou os métodos da guerra. Primeiro a tática, pela iniciativa espontânea dos voluntários, de que sempre sobrou alguma coisa; a cavalaria, é verdade, não podia poupar aos arrolados uma longa aprendizagem e, malgrado seus progressos sob o Diretório, permaneceu, até o Império, inferior à dos austríacos. A estratégia, mais ainda, teve que se renovar: como se viu, após a imperfeita tentativa de Carnot e a revelação de Bonaparte na Itália, o progresso parou, e a campanha de 1799 dêle não conservou o menor traço. Aqui ainda, a conclusão tardava: não faltava nada menos que o gênio napoleônico, para que a arma temível forjada pela Revolução trouxesse os famosos golpes que ilustraram as campanhas imperiais.

VI. *A unidade nacional*

Destrutiva ou construtiva, a Revolução Francesa, sob muitos pontos de vista, aperfeiçoava a unidade nacional e, ainda a êste respeito, ela se insere na continuidade histórica do país. Foram abatidas as barreiras que separavam as diversas partes do território. Iguais perante a lei, todos os habitantes obedeciam ao Estado e a uma administração uniforme. Não mais alfândegas internas nem pedágios: o mercado nacional encontrava-se realizado, tanto quanto lhe permitiam os meios de comunicação. A nação delimitava-se rigorosamente diante do estrangeiro: senhores e bispos das regiões vizinhas perderam, em França, uns os direitos feudais, outros sua jurisdição. O "recuo das barreiras" na fronteira política uniu a Alsácia e a Lorena à economia francesa e as fechou do lado da Alemanha. Psicològicamente, não foram menos eficazes a solidariedade do Terceiro Estado em tôrno da Assembléia Nacional e sua união nas federações. Mas nada igualou a criação do exército nacional, a guerra que êle sustentou, as vitórias que alcançou. Materialmente, numerosos indivíduos, tornados soldados ou deslocados pelas circunstâncias, aprenderam a conhecer os diversos aspectos da comunidade nacional, que até então ignoravam.

Todavia, era necessário admitir que a tarefa ainda não atingia seu têrmo. A coordenação do poder central e da administração local precisava ser aperfeiçoada; a codificação, quase tôda, estava por

516

fazer; o ensino primário, tão essencial para a educação cívica, não estava organizado. Mesmo no que concernia à unidade do mercado, a instituição de um sistema uniforme de pesos e medidas, reclamada pelos cadernos, continuava incompleta. A Constituinte havia confiado esta tarefa a uma comissão, que expôs, a 19 de março de 1791, os dois princípios fundamentais do nôvo sistema: êle seria decimal, e baseado na observação científica. De conformidade com êste segundo princípio, a unidade de medida seria igual a uma fração exata do quarto do meridiano terrestre — a décima-milionésima parte — e chamar-se-ia "metro", o que valeu ao conjunto o nome de "sistema métrico"; a unidade de pêso, o "grama", seria fornecida por um centímetro cúbico de água destilada, pesada em determinadas condições. De fato, o recurso à natureza, utilizando medidas necessàriamente aproximativas, não podia chegar senão a unidades convencionais. Foi o sistema decimal a inovação verdadeiramente racional, e de uma incontestável comodidade. A medição do meridiano começou em 1792; no mesmo ano, a Academia de Ciências estabeleceu a nova nomenclatura. Posteriormente, o sistema decimal sofreu um embaraço: a 1.º de agôsto de 1793, a Convenção havia definido a nova unidade monetária, denominada o "franco", como igual ao valor de 10 gramas de prata; mas, a 28 termidor do ano III (15 de agôsto de 1795), ela o reduziu à metade, para identificá-lo mais aproximadamente com a "libra" do Antigo Regime, na evidente intenção de conservar os hábitos, perpetuando a moeda de contado tradicional. Quando o Diretório desapareceu, o conjunto do sistema ainda não tinha sido definitivamente fixado, e seu término foi, também neste campo, obra do Consulado.

Sôbre outro ponto — a extensão da língua francesa — a tentativa da Revolução encontrava-se abandonada, e assim continuou. Nem o cosmopolitismo do século, nem a concepção da nação como uma associação voluntária levaram, no início, os revolucionários a se preocuparem com isso; seu gôsto libertário pela autonomia local também não os inclinava a isso. A Constituinte ordenou, pelo contrário, em 14 de janeiro de 1790, que se traduzissem seus decretos para todos os idiomas falados no país. Nacionalizando a guerra, a Convenção mudou de opinião; aliás, acusavam-se idiomas e dialetos, aos quais o clero essencialmente se agarrava, de favorecerem a contra-revolução, e os representantes em missão, sobretudo Saint-Just, na Alsácia, mostraram-se hostis a êles. A 8 pluvioso do ano II (27 de janeiro de 1794), Barère fêz decretar não sòmente que os atos públicos e notariais seriam doravante exclusivamente redigidos em francês e que o registro não admitiria os documentos privados a não ser nas mesmas condições — reforma que subsistiu — mas que, dentro de dez dias, um preceptor de língua francesa instalar-se-ia em tôdas as comunas dos departamentos designados como fazendo uso de um idioma estrangeiro. A 16 prarial (4 de junho), Grégoire foi mais longe, solicitou à assembléia que convidasse as autoridades e as sociedades populares a se esforçarem por eliminar os dialetos mas não teve sucesso. A sorte do artigo do decreto de 8 pluvioso sôbre os preceptores dependia, evidentemente, da sorte da escola primária e, após o 9 termidor, não se pensou mais nisso. O progresso do francês, como o da mentalidade nacional, resultou daí para diante seja das escolas centrais, e posteriormente dos liceus e colégios, seja da unificação administrativa e econômica do país.

Todavia, enquanto a unidade nacional se aperfeiçoava, a guerra civil tendia a separar dela importante minoria: os emigrados e seus parentes, os padres refratários, e mesmo a maior parte dos nobres, se se consultasse a lei do ano VI. Anistias podiam reintegrá-los; mas previa-se que aquêles que delas se beneficiariam não se reconciliariam com a nova ordem, a não ser em aparência, e meditariam numa desforra. Enfim, volvendo as vistas ainda para mais longe, ter-se-ia reconhecido sem dificuldade que os interêsses, inflamados pelos acontecimentos, acabando de apaixonar os espíritos, o antagonismo religioso, político, social, da tradição e do racionalismo, dividiriam moralmente a nova França, mais ainda que a antiga.

VII. *A vida intelectual*

Os revolucionárjos continuavam mais ou menos fiéis ao racionalismo. A 11 vindimário do ano II (2 de outubro de 1793), a Convenção concedeu as honras do Pantéon a Descartes. Em 1794, Condorcet escreveu seu "Quadro dos Progressos do Espírito Humano", expressão suprema do pensamento do século XVIII, onde, já proscrito, êle atestou sua confiança heróica nos destinos da espécie humana. A metafísica desta, sob forma de pragmatismo preocupado em fundar a moral, ao qual muitos associavam, como Robespierre, a efusão sentimental ou a esperança que implica a ação, não perdeu nada do seu prestígio; em 1791, Volney, em "As Ruínas", atribuíu em parte a perda dos impérios ao abandono da religião natural, impôsto pelo despotismo e a teocracia; depois, em 1793, êle publicou um "Catecismo do Cidadão", que teria servido ao culto do Ser supremo, ao culto decadário e à teofilantropia.

Todavia, na época ditatorial, os "ideólogos" que reinavam no Instituto, de acôrdo com a ciência experimental, quaisquer que pudessem ser os sentimentos pessoais dos que a praticavam, chegavam a levar o conhecimento aos limites do mundo sensível, para torná-lo exclusivamente positivo. Desttut de Tracy propunha-se a determinar pela observação como se formam as idéias: daí o nome da escola. O médico Cabanis inaugurava a psicologia experimental, e Pinel, que estudava as doenças mentais na Salpêtrière, publicava em 1798 uma obra que inaugurava a psicologia patológica. A moral tornava-se, para êles, uma ciência dos costumes. Guinguené e Fauriel introduziam o criticismo histórico no estudo da literatura e das artes; Mme. de Staël editará em 1800 seu livro sôbre "A Literatura Considerada em Suas Relações com as Instituições Sociais". Em 1794, Dupuis, em sua "Origem de Todos os Cultos", havia tentado estender tal método à história das religiões.

As ciências, sempre em progresso, serviram de proteção ao racionalismo. As matemáticas — álgebra, geometria, mecânica, astronomia — continuavam a brilhar em França: Lagrange, Legendre e Laplace, notadamente, impeliam o desenvolvimento da análise pelo estudo das funções; o tratado de Monge sôbre a geometria descritiva data de 1799; em 1796, Laplace havia exposto seu "Sistema do Universo", coroamento da mecânica clássica, sem rival até o século XX. Naquele tempo, a física não apresentava grandes nomes. A química, se deplorava a perda de Lavoisier, seu criador, conservava Berthollet e vários outros. No Museu, ensinavam agora Cuvier, Geoffroy Saint-Hilaire, Lamarck; mas suas controvérsias sôbre a evolução ainda não haviam começado.

Os que detestavam a Revolução repudiavam geralmente o racionalismo do século XVIII, mesmo quando permaneceu espiritualista e deísta, como o responsável pela catástrofe. A volta à tradição e à religião revelada era preconizada por trânsfuga da filosofia: Laharpe, tornado fideísta, ou Fontanes, que invocava a utilidade social. Uma evolução análoga esboçava-se nos meios de emigração, e foi fora da França que Bonald e Maistre publicaram suas primeiras obras, em 1796. Sujeitando o racionalismo experimental à justificação da tradição, segundo o exemplo de Burke, êles deviam tornar-se, no século XIX, os mestres da contra-revolução; mas os contemporâneos do Diretório os ignoraram. Mais rápido foi o sucesso das "Memórias para Servir à História do Jacobinismo", nas quais o abade Burruel procurou, em 1797, reduzir a Revolução a um complô maçônico.

O que embaraçava o racionalismo no mundo das idéias, era sobretudo a influência de Rousseau, maior que nunca, malgrado o descrédito de suas teorias políticas; provava-se nêle o sentimentalismo sensual; êle também não se opunha à supremacia da inteligência, em benefício da intuição. Mas para a maior parte daqueles que deploravam a Revolução, ou que reprovavam o racionalismo por não lhes conceder as consolações emotivas que a dureza da época, como

519

sempre, levava a desejar, a especulação filosófica absolutamente não importava: êles voltavam-se para a religião tradicional, ou o misticismo heterodoxo. O clero católico aplicava-se em restaurar sua influência, sensìvelmente enfraquecida pelas razões expostas mais acima. Suas divisões contrariavam seus esforços. A antiga igreja constitucional subsistia; sobravam-lhe 44 bispos, dos quais Grégoire era o mais famoso; êles realizaram em 1797 um concílio nacional e publicavam um periódico, os "Anais da Religião". Os padres romanos combatiam-nos furiosamente, sem, entretanto, êles próprios entrarem em acôrdo. Em nome dos intransigentes, o jornal do abade de Boulogne, os "Anais Eclesiásticos", condenava os submissionários, entre os quais o mais conhecido era o abade Emery, e que possuíam também o seu jornal, os "Anais Religiosos" do abade Sicard, e atacavam particularmente os "odientos", aquêles que haviam prestado, após o 18 frutidor, o juramento de ódio à realeza. Mas os espíritos que escapavam à disciplina católica nem por isso tornavam-se racionalistas; ligados à concepção mágica do universo, recorriam às doutrinas confusas e esotéricas, que se confundiam sob o nome de "iluminismo". Saint-Martin vivia ainda. A Alsácia e Lyon permaneciam dois centros místicos. Além disso, profetas ou videntes surgiam de vez em quando; Suzanne Labrousse recrutou crentes, durante os primeiros anos da Revolução, e Catherine Théot também, em Paris, em pleno Terror. Importa todavia observar o seguinte: não se pode dizer que as duas modalidades de pensamento correspondessem exatamente à divisão das opiniões a respeito da Revolução. Como salientou Cournot, os franceses, na maior parte incapazes de compreenderem as peripécias e as nuanças complexas da luta dos partidos, dividiam-se em dois campos opostos, de vistas sumárias e enérgicas. Êles opinavam a favor ou contra a Revolução, e a tradição familiar, reforçada pela escola, as relações pessoais e, às vêzes, a profissão, tendia a petrificar a oposição. Além disso, como o conflito ideológico era anterior a 1789, atestava-se a continuidade.

Ela afirma-se igualmente na expressão. Nos primeiros anos, a língua sofreu uma transformação aparentemente profunda. Invariàvelmente associada às idéias de "regeneração", de "progresso", de "utilidade social", de "felicidade", o sentido de certas palavras, ampliado e inflamado pela esperança e pelo ardor apaixonado, adquiriu um poder emotivo temporário — "aristocratas", "déspotas", "tiranos" ou "feudalidade" "Antigo Regime", "Revolução" — ou foi-lhe conferido um valor augusto, que não tardou muito a se dessaborar — "lei", "Constituição", "cidadão" — mas que, às vêzes, foi conservado: "Nação", "Pátria". A excitação acarretando o exagêro do vocabulário, a hipérbole e a ênfase modificaram desmesuradamente o estilo; elas engendraram também fórmulas de cunho inesquecível: "Então fizestes um tratado com a vitória? — Nós fizemos um com a morte!" O falar popular contaminou um pouco a língua clássica; talvez tenha êle contribuído para a decadência do passado simples e do imperfeito do subjuntivo, que, entretanto, os oradores da assembléia usavam correntemente. Feitas tôdas as contas, a continuidade prevaleceu. À parte alguns, os revolucionários, alunos dos colégios, mantinham a expressão polida e o respeito às conveniências. Êles torceram em seu benefício o vocabulário do catecismo e da maçonaria, usaram da perífrase, da alegoria, do apólogo, citaram abundantemente os escritores da Antiguidade, entregaram-se ao sentimentalismo que se tornara moda há algumas décadas. De resto, na véspera do 18 brumário, as digressões, aviltadas como símbolos de jacobinismo e de "sans-culottismo", tornavam-se cada vez mais raras.

A Revolução criou gêneros literários, a eloqüência e o jornalismo políticos, e recomendou ou forneceu temas aos escritores: o jôgo de Pela (*Jeu de Paume*) a André Chénier, Carlos IX a seu irmão, Philinte a Fabre d'Églantine. Ao lado da gazeta, da brochura, dos cortejos e das festas, a propaganda utilizou o teatro; as peças de circunstância, violentamente hostis à nobreza, depois aos reis, por momentos anticlericais e, após o 9 termidor, antijacobinas, não apresentam méritos: a "Oferenda à Liberdade", que estêve durante muito tempo em cartaz, foi sem dúvida a mais importante. No fim do Diretório, os grandes oradores estavam mortos; os temas conformistas e os gêneros clássicos dominavam: escritores afamados e sem gênio, Ducis, Arnaut e Andrieux, Delille e Lebrun-Pindare, mantinham a tradição. Mas esta estava morrendo, tendo desaparecido a sociedade que a vira nascer, e seus efeitos esgotavam-se. Os novos ricos e a pequena burguesia, que não haviam passado pelos colégios, não podiam saborear a inspiração nem as alusões às fontes gregas e latinas; êles se divertiam muito mais com os melodramas de Pixérécourt e de Ducray-Duminil, que foram a origem do drama romântico. Lia-se sempre com o mesmo entusiasmo a obra de Bernardin de Saint-Pierre, "Paulo e Virgínia", que datava de 1787. O "gênero trovador", lançado à moda pelo conde de Tressan, vulgarizado pelo romance e pela gravura, anunciava o entusiasmo dos românticos por uma Idade Média convencional. Os românticos estrangeiros começavam também a seduzir os leitores, e nada iguala a extraordinária fama que conheceram, no tempo do Diretório, os poemas de Ossian, engendrados por Mac-Pherson cêrca de trinta anos antes. O regresso ao antigo, que marcou o fim do Antigo Regime, não renovava a literatura: os poemas helenizantes de André Chenier continuavam inéditos. Mas êle havia reforçado as recor-

521

dações do colégio entre os oradores e os jornalistas da Revolução: não se cessa de constatá-lo durante o Diretório.

O gôsto clássico persistia entre os pintores e escultores. Na educação e na criação artísticas, dir-se-á, a continuidade devia ser alterada pelo vandalismo. Na realidade, se às vêzes as assembléias abandonaram-se a êle, tomaram também medidas para evitá-lo. A "comissão dos monumentos", encarregada de sua preservação pela Constituinte, depois a "comissão temporária das artes", que durante a Convenção veio substituí-la, a 18 de dezembro de 1793, os relatórios posteriores de Grégoire, aplicaram-se a deter as destruições e degradações. A Biblioteca Nacional, os arquivos nacionais, o Museum ou Museu do Louvre, o Museu dos Monumentos Franceses de Alexandre Lenoir, reorganizados ou criados, recolheram e preservaram documentos e obras-de-arte. A emancipação dos artistas agrupados sob a direção de Davi, oficialmente consagrada pelo desaparecimento da Academia e da Escola de Roma, deixaria também presumir uma renovação da inspiração e da técnica. De fato, pintores, desenhistas e gravadores tiraram partido dos acontecimentos contemporâneos: as obras-primas de Davi — o projeto de "Juramento do Jeu de Paume", o "Marat Assassinado" — são testemunhos disso. Êles ordenaram também, sob estímulo do mesmo Davi, as festas republicanas: as da Regeneração, a 10 de agôsto de 1793, e do Ser supremo, a 20 prarial do ano II (8 de junho de 1794), contam entre as mais notáveis expressões da mentalidade revolucionária. Pode-se acrescentar que os quadros de história que Davi expôs, antes e depois de 1789 — os Horácios, os Brutus — concordam com esta mentalidade, pela exaltação da virtude cívica posta a serviço da salvação pública.

Todavia, a tradição não perdeu seus direitos. Fragonard, Houdon, Clodion, Pajou continuaram fiéis à arte do século XVIII. O renascimento da arte antiga, a preponderância do desenho sôbre a côr, que, desde antes de 1789, caracterizavam a escola davidiana, conservaram seu atrativo; nas festas, a decoração concedeu sempre grande parte à arqueologia romana. Na época diretorial, a pintura de história, que o clacissismo colocava em primeiro plano, reportava-se novamente aos precedentes: foi em 1799 que Davi expôs as "Sabinas". A originalidade de Gérard, de Girodet, de Gros, não se distinguia ainda, e o próprio Prud'hon ainda estava longe da celebridade. A moda da arte antiga continuava também a favorecer a arte alexandrina, com motivos pretensamente etruscos ou egípcios, de sorte que, na decoração e no mobiliário, a tradição do Antigo Regime agonizante conservou-se paralelamente e anunciou-se o estilo "império". Assim como o estilo "Luís XVI", o do Diretório era compósito.

O ardor revolucionário tinha invadido muito mais fàcilmente a música que a literatura e as artes plásticas. Grossec, Méhul, Grétry compuseram hinos para as festas públicas; eram escritos ainda no tempo do Diretório. Os republicanos opunham sempre ao "Reveil du peuple" seus cantos ilustres: a "Marseillaise", de Rouget de Lisle, o "Chant du départ" de Méhul, com letras de Antré Chenier, que sobreviveram à Revolução. Mas, na melodia, na música de câmara e no teatro, pelas comédias musicadas, a continuidade persistia: Grétry e Delayrac ainda viviam.

VIII. A *nova sociedade*

Comparada à antiga, a nova sociedade, nas vésperas do 18 brumário, caracterizava-se sobretudo pelo retraimento do clero católico, antes numeroso, honrado, rico e dispondo de influência secular, e agora, dizimado, pobre e em parte errante, tratado como suspeito, e mesmo como inimigo, pelo Diretório, reduzido pelo Estado secularizado à autoridade puramente espiritual que a fé de seus fiéis lhe reconhecia. Nesse tempo, a sorte da nobreza não parecia melhor; todavia, sem falar do prestígio que o nascimento e os títulos suprimidos conservavam subterrâneamente, a classe dos elementos ligados ao antigo regime não estava despojada no mesmo grau que as fontes materiais de sua influência. Mais freqüentemente que se crê, famílias — a do marquês de Ferrières, por exemplo — viveram calmamente, no meio de seus antigos dependentes, e sob sua proteção tácita, que deixaram intactas suas propriedades imóveis; espôsas de emigrados salvaram mesmo seus dotes, por meio de divórcios fictícios; emigrados regressados já haviam tentado, não sem sucesso, durante o Terror branco, obrigar os adquirentes de seus bens a lhos restituírem; mais numerosos ainda, outros os fizeram comprar por "testas de ferro"; finalmente, muitos gentis-homens encontravam-se a serviço da República. .

Não é necessário dizer que a Revolução beneficiava a burguesia, mas não no mesmo grau a todos os seus elementos. Aquêles que, antigamente, vangloriavam-se de "viver nobremente e de seus bens", tinham baixado o tom: chegava a época em que êles se contentariam com o qualificativo de "possuidor" ou de "proprietário", que, correspondia mais exatamente à sua origem e ao nôvo princípio de classificação social. Hostis à Revolução os homens de 89 permanecidos monarquistas, os burgueses do Antigo Regime tinham terminado por se verem tratados em pé de igualdade com os nobres; daqueles que sobreviviam, uns, tendo emigrado, perderam seus bens e comprometeram seus parentes; outros, permaneciam suspeitos, depois do 18 frutidor, perante seus congêneres, transformados em republicanos. A fortuna daqueles que, por prudência, se mantiveram afastados, arruinou-se, pela supressão da venalidade dos cargos, pelas taxas revolucionárias, pelos empréstimos forçados, pela inflação. Os homens de negócios, em parte também atingidos, sofreram, além disso, com a economia dirigida, e não deviam tornar a encontrar a prosperidade de antigamente, enquanto a guerra continuasse e o crédito permanecesse raro e caro; para o negócio marítimo, o bloqueio britânico, a captura das embarcações mercantes e, acima de tudo, a riqueza mobiliária não tinha ainda senão um lugar modesto dentro dos patrimônios; os proprietários fundiários guardaram seus fundos e, reaparecido o numerário, reencontraram seu rendimento. No final do Diretório, sofriam com a baixa dos preços; mas semelhante inconveniente acontece em tôdas as épocas; sem dúvida, aliás, mais de um havia compensado suas perdas, comprando bens nacionais e participando notadamente dos lucros que a lei 28 ventoso do ano IV proporcionou. Aos homens de negócios, ofereceram-se muito mais oportunidades favoráveis, pois suas práticas diárias os predestinavam à especulação; seus capitais, enviados ou deixados no estrangeiro, tornaram a entrar intactos, e foram proveitosamente empregados para reabastecer o país, ou para ajudar o Diretório. Não há dúvida de que os Perregaux ou Récamier, banqueiros, os Périer e Chaptal, manufatureiros, souberam sair-se muito bem de tudo. Outro Périer, chamado "Milord", que figurava, no fim do Antigo Regime, entre os chefes do comércio e da indústria no Delfinado e que, em 1788, abriu seu castelo de Vizille aos promotores da emancipação revolucionária, não perdeu a oportunidade, e seus descendentes atingiram a notoriedade, ao advento do capitalismo e na vida política.

Concluir-se-á, portanto, que sòmente a burguesia perdeu certo número de seus representantes, às vêzes eminentes, e que seu equilíbrio interno se modificou. O grupo que repousava sôbre a fortuna adquirida, ou que exercia funções estranhas à produção — os que viviam de rendas, antigos oficiais, magistrados, homens de lei — sem perder realmente sua estabilidade, não se encontrou, no fim da Revolução, mais rico que antes, segundo se pode julgar hoje em dia. Tendo preparado intelectualmente a Revolução, formulado seus princípios, assumido sua direção, êle considerava sua posição relativamente prejudicada pela ascensão dos novos dirigentes da economia, que se enriqueciam, empregavam seus capitais na compra de terras, aumentavam sua influência e sua consideração no seio dos notáveis. Além disso, a burguesia fortificava-se pela incorporação de homens novos. Entre êsses novos ricos convém, todavia, fazer uma distinção.

Os mais numerosos, saídos daquilo que a burguesia do Antigo Regime chamava "o povo", eram artífices e mercadores, que se aproveitaram das circunstâncias para comprar a casa em que moravam, outros imóveis na cidade e terras nos subúrbios. A especulação favoreceu particularmente, como sempre, àqueles que exerciam, ao menos em parte, o papel de intermediários, especialmente os mercadores de cereais e os moleiros. Alguns dêsses homens aumentaram o efetivo do negócio e dos manufatureiros. Mas a maior parte seguiu o curso ordinário: tendo estendido seu tráfico, e aumentado suas propriedades, satisfizeram-se, enquanto seus filhos, enviados ao colégio, se não lhes sucediam, colocavam-se nas administrações públicas e nas profissões liberais. Êles se esforçaram por participar cada vez mais vantajosamente da nova ordem, pelo casamento, pelas amizades, pelo modo de viver, e não repudiaram o regime censitário, com o qual contavam beneficiar-se. Numa medida menor, porém real, os escritores, os novelistas, os atôres, os artistas, os professôres, que a Revolução ergueu na opinião pública, não raciocinaram de maneira diversa, quando o sucesso os acomodou a serviço da classe dirigente. Esta democratizou-se um pouco, talvez; mas êste afluxo não alterou essencialmente suas características, e não marca senão uma etapa no emburguesamento gradual, que constitui um traço essencial da história social da França.

Aquêles que foram chamados de "novos-ricos" são geralmente de outra têmpera. Trata-se de indivíduos que, desdenhando o trabalho paciente, o progresso lento e medido, arrojam-se como conquistadores na sociedade para atingir, de um salto, a excessiva riqueza. Êstes indivíduos pertencem a tôdas as épocas; mas uma época de agitação social ou econômica chama para a aventura aquêles a quem a prudência ou sua própria mediocridade, em período normal, afastam do risco. Após termidor, êles pululavam. Ávidos de prazeres, mais aplicados ainda a satisfazer sua vaidade pela ostentação de um luxo desabusado, serviram de alvo para o teatro, a sátira e a canção; desde êsse tempo, Mme. Angot foi sua mais célebre caricatura. A maior parte, devendo tudo à sorte, dissipou ràpidamente sua fortuna, ou terminou mal. Mas isso não se deu com todos: dos piratas que extorquiram o Diretório, e entre os quais Ouvrard foi o mais famoso, muitos se mantiveram, por muito tempo, em posição de destaque. Os mais bem dotados dos audaciosos terminaram por fecundar o comércio e a indústria, aí aplicando seus capitais. Êles diferiam da antiga burguesia pela sua incultura, não nutriam o menor gôsto pelo saber desinteressado, e ignoravam totalmente o idealismo revolucionário; um utilitarismo estreito, e por vêzes limitado, foi sua característica e por muito tempo êles conservaram um apetite feroz, sem escrúpulos e quase ingênuo, pelo lucro. Todavia,

525

aquêles que os desdenhavam tinham que reconhecer que tais recrutas sempre trazem para sua classe alguma fôrça e como que um sangue nôvo; sem êles, ela se estiolaria, porque os descendentes do nôvo rico, após algumas gerações, cessam de trabalhar, para agregar-se à aristocracia, como prova a história das famílias ricas do Terceiro Estado.

Na sociedade rural, manifestou-se uma evolução similar, mas ainda mais importante, porque os camponeses formavam a maioria dos franceses, e foi sua rebelião que deu o golpe mortal no Antigo Regime. A igualdade fiscal, a abolição do dízimo e dos impostos senhoriais, eliminaram o fermento revolucionário do espírito dos proprietários rurais. Aprofundou-se a vala entre êles e os deserdados, cujo benefício se reduziu à abolição da servidão e dos direitos pessoais: a dissolução da comunidade camponesa foi precipitada. A partilha das terras comunais vulgarizou a pequena propriedade, nas aldeias que a adotaram; mas a maior parte recusou-se a fazê-lo, ou porque a extensão das terras fôsse insuficiente, ou porque se preferisse conservá-las para a pastagem. Quanto à venda dos bens nacionais, aumentou o número dos cultivadores bem como a extensão de suas propriedades, principalmente durante o segundo período, o das leis montanhesas; porque, sob o Diretório, a predominância dos compradores burgueses, já incontestável no conjunto, pois, além de uma parte das terras, os imóveis das cidades, os castelos, as abadias, assim como as florestas, passaram para suas mãos, tornou-se verdadeiramente esmagadora. Mesmo no momento mais favorável para os rurais, a venda em leilão favoreceu em muito os trabalhadores abastados e os grandes fazendeiros, de sorte que se fortaleceu a ascendência daquilo que se pode chamar a burguesia camponesa. Foram os mesmos a quem a liberdade de comércio favoreceu, antes e depois dos preços-teto. Os arrendatários do clero, além disso, sentiam-se satisfeitos por escaparem à lei "Emptorem", que declarava o arrendamento caduco, quando o benefício mudava de titular, e por saberem que a Constituinte sujeitava o adquirente a sustentar o arrendamento. A Convenção montanhesa mostrou-se mais dura: ela autorizou a anulação do arrendamento pelos adjudicatários de bens nacionais, e a economia dirigida tombou pesadamente sôbre o produtor agrícola; êle não se encontrou senão ainda mais inclinado a achar que um interêsse conservador o unia, daí para diante, ao conjunto da burguesia.

Se a nova ordem trouxe para si, dêsse modo, poderosa minoria, cujo concurso a consolidou cada vez melhor durante o século que se ia abrir, não se pode deixar de convir que, na ocasião, a condição dos franceses não tinha mudado muito. Abaixo da burguesia continuava a se inscrever a multidão dos artífices e dos varejistas, cujo modo de existência continuava imutável; considera-se provável que ela tivesse aumentado um pouco, pelo menos nos lugares e nas profissões em que a corporação, até então, interditava o crescimento, e a segurança dos dirigentes não podia senão ganhar com isso. Muito menos satisfatórias eram as perspectivas nos campos, porque a crise agrária não se encontrava resolvida, de nenhuma maneira: continuavam muito numerosos os camponeses que não possuíam terra suficiente para se sustentarem, e não as encontravam para arrendar; como se viu, os meeiros não obtiveram da lei a menor satisfação.

Quanto aos proletários, beneficiavam-se, como os outros, da supressão das contribuições indiretas, pelo menos porque, nas cidades, ainda não existiam os impostos municipais; nas aldeias, êles escapavam também aos direitos senhoriais pessoais. Os salários resistiram à baixa dos preços: permaneciam superiores de um-quarto ou de um-têrço aos de 1790, e as abundantes colheitas dos últimos anos do Diretório forneceram aos pobres uma trégua provisória. Todavia, a ameaça do desemprêgo subsistia integralmente, sobretudo para os jornaleiros dos campos, e a decadência da assistência agravava a insegurança. Enfim, a condição legal dos operários não havia de modo algum melhorado: as associações de operários se restabeleciam, e fundavam-se algumas associações de socorro mútuo que, quando se apresentava ocasião, se transformavam em sustentáculos de resistência; mas a interdição da "coalizão" e da greve permaneceu em vigor.

Nas vésperas do 18 brumário, enquanto que, em suas camadas superiores, esta sociedade parecia ainda como em estado de fusão e tôda fervilhante, os notáveis que desejavam retomar as rédeas para operar uma reclassificação e restabelecer sua primazia honorífica, ao mesmo tempo que útil, não se enganavam, entretanto, ao contarem em se apoiar sôbre a persistência das condições e dos costumes da nação. Esta, tolerando de boa ou de má vontade os golpes dados contra a antiga ordem corporativa a fim de terminar com a aristocracia, tolerando também o triunfo retumbante de pequeno número de personagens aos quais não estimava, nunca viu aí mais que expedientes temporários e lastimáveis exceções. É bem verdade que, ao lado dos salões de Mme. de Staël, de Mme. Récamier, de Mme. de Condorcet, em Auteuil, se abriam outros, onde se viam reunirem-se pessoas de qualquer origem e cultura, ao redor de Barras e de Ouvrard ou das mulheres de pequenas virtudes a quem êles se ligavam — a Tallien, a Fortunée Hamelin, a Joséphine de Beauharnais — cujo desmazêlo e sem-vergonhice serviam aos piadistas para caracterizar a época diretorial. Mas o espetáculo desmoralizante do que se chama "a sociedade", quer dizer, de algumas centenas de pessoas, não afetava o povo francês. Se os pessimistas julgaram abalado o conformismo dos costumes, foi devido aos desvios inevitáveis, engendrados sempre pelo desarraigamento de grande número de indivíduos e pela desordem monetária. É indubitável que o desejo de reduzi-los explica, em parte, o apêgo ao catolicismo e à escola confessional, porque a educação moral parecia inseparável dêles. O próprio divórcio, embora regularizasse situações que o Antigo Regime condenava à clandestinidade ou ao escândalo, não foi pôsto em uso nos burgos e nas aldeias; só se recorreu a êle nas cidades; e assim mesmo, mais de uma vez, apenas como expediente para iludir as confiscações. Os revolucionários mais ardentes em reivindicar para si próprios a liberdade e a igualdade na vida pública, exerciam, em seus lares, a autoridade marital e paterna, e o comando patronal, com tanta energia quanto antes de 1789, sem tomarem consciência da contradição. Os jacobinos, hostis à imoralidade da vida privada, impiedosos para com a mulher galante, não pretendiam dissolver a família, nem mesmo emancipar a mulher; embora ela tenha desempenhado um papel em certas "jornadas", êles a afastaram da política, e fecharam seus clubes.

IX. *A liberdade econômica e a igualdade de direitos*

A continuidade revela-se então mais extensa do que se é levado a crer, quando, deduzindo lògicamente as conseqüências dos princípios proclamados pela Constituinte, abandona-se à extravagância. Foi posteriormente que os progressos da concentração capitalista alteraram a estrutura social, e que as inovações técnicas da ciência experimental aumentaram a independência individualista, metamorfoseando as condições materiais da vida. Devido a tais conseqüências, a liberdade econômica surge como um traço fundamental da nova ordem e, além disso, os homens de negócios lhe subordinavam todos os demais. Mas, no fim do século XVIII, espíritos mais audaciosos não mediam bem seu alcance, e seus efeitos imediatos nem mesmo acarretavam a anuência geral.

É incontestável que, por um de seus aspectos, ela seduzia os franceses: queremos dizer que cada um se felicitava por poder finalmente ter a sua oportunidade, se conseguisse meios para empreender, e que o próprio salariado se agarrou aos direitos de trabalhar onde e quando isso lhe satisfizesse. Não é necessário dizer que não foi a Revolução que engendrou estas ambições, inerentes à existência da pessoa: ela as legitimou, ao libertá-las. Nesse sentido, a liberdade econômica tornou-se inseparável das outras, e até a mais preciosa de tôdas, e como seu símbolo.

A opinião pública mostrou-se muito mais reticente em relação às inovações técnicas, desembaraçadas então de todos os entraves. Os artífices não se mostraram mais dispostos que antes, por prudência, rotina, amor-próprio ou falta de capitais, a adotá-las sem madura reflexão. A repugnância transformava-se em hostilidade, quando a adoção de novos processos, sobretudo da máquina e do vapor, acarretavam, evidentemente, a concentração capitalista: o artífice temia ver-se transformado em salariado; o operário sabia que a máquina começava por estender o desemprêgo; o camponês previa que, suprimidos seus direitos coletivos, ser-lhe-ia necessário abandonar a terra. Quanto aos métodos agronômicos, a burguesia desejaria sua renovação, porque a riqueza fundiária continuava a ser a mais apreciada, e a produção agrícola fornecia o principal da renda nacional; mas, com relação ao capitalismo industrial, não se dava exatamente o mesmo. A burguesia das profissões liberais, educada pelos economistas e enciclopedistas, estimava a grande emprêsa, porque ela associava a ciência à produção, e apresentava a vantagem de empregar parte dos indigentes. Todavia, sua extensão a deixava hesitante: ela aí notava mãos dos financistas, de que continuava a desconfiar, um apêlo ao enriquecimento rápido, que não respondia à sua tradição, uma eventual primazia da economia, que enfraqueceria o papel da vida espiritual, de que se orgulhava, e o da política, cujo monopólio atribuía a si. Mesmo entre os homens de negócios, a iniciativa permanecia moderada, e a insuficiência da instituição bancária demonstra sua timidez. Que o espírito do capitão de indústria fôsse raro, nada o atesta melhor que o prejulgado quase universal da nação contra a economia inglêsa, e a convicção de que esta, assentada sôbre o crédito e votada pela máquina a uma superprodução, que absorvia tôda a exportação, se desmoronaria, caso a Europa lhe fôsse fechada.

Pelo choque psicológico, a Revolução teria alargado a perspectiva da economia francesa, se a França tivesse possuído hulha em abundância, como a Grã-Bretanha, ou, pelo menos, se a introdução das mecânicas britânicas e seus técnicos se tivesse acelerado. A guerra suspendeu, pelo contrário, a ação dos progressos estrangeiros. Pelo fim do Diretório, ela recomeçou, lentamente; mas quase que apenas a fiação do algodão disso tirou algum proveito; ela ainda não utilizava o vapor; a fôrça hidráulica, mesmo, freqüentemente lhe faltava: tal era o caso em Paris, que durante muito tempo permaneceu sendo o centro mais importante. Tomando posse das construções nacionalizadas, empregando mão-de-obra miserável, notadamente as crianças, encontradas reunidas pela assistência, alguns grandes empreendedores capitalistas se distinguiram então: Richard e Lenoir em Paris, Bauwens em Paris e em Gand, Boyer-Fonfréde em Toulou-

529

se. Como na Inglaterra, êles estavam longe de se especializarem estritamente, e continuavam, Ternaux, por exemplo, a tradição do capitalismo comercial, dirigindo a mão-de-obra a domicílio e a mão-de-obra rural, ao mesmo tempo que suas manufaturas, e acrescentando à fabricação o negócio, a comissão, o transporte e o banco. Contràriamente à impressão que seus sucessos, muito reais, deixaram a mais de um historiador, êles não permitem que se esqueça de que a emprêsa manufatureira continuava de pequeno porte, e extremamente dispersa, que o artesanato reinava de maneira exclusiva na maior parte do país, e que a França continuava sempre essencialmente agrícola. Também a estagnação da técnica cultural testemunha particularmente a fraqueza do impulso capitalista. Qualquer que fôsse sua simpatia pelos métodos britânicos, as assembléias revolucionárias não ousaram recorrer ao cercado, que permitia generalizá-los. A Constituinte autorizou o cercado, estipulando, para atenuar a hostilidade popular, que o proprietário que, graças a êle, se subtraísse à "vaine pâture", renunciaria, assim, a enviar seu gado para a terra alheia; ela decidiu que o prato artificial permaneceria indene, sem que houvesse necessidade da cêrca; suprimiu tôda regulamentação da cultura, de que resultou o desaparecimento da "obrigação do alqueive" — o afolhamento obrigatório — sem o qual a "vaine pâture" não se concebia mais, a não ser sôbre os bens comunais. Mas o efeito destas disposições manifestou-se tão lentamente, que os contemporâneos o julgaram irrisório. Quando a Convenção permitiu a partilha dos bens comunais, disso não resultou senão aumento das pequenas herdades. A penúria encorajou a cultura da batata, da chicória, dos oleaginosos, assim como a desaparição dos auxilios provocou considerável aumento da vinha: estas modificações não rompiam, absolutamente, a continuidade, e absolutamente não significavam o evento da agricultura moderna.

Os progressos do capitalismo não se aceleraram, portanto, durante a década: os acontecimentos, pelo contrário, antes os amortizaram. A grande emprêsa continuou a inquietar artífices e camponeses, sem que se pudesse dizer que ela lhes tenha causado mais prejuízos que antes; ela tampouco concentrou a mão-de-obra, e não se esboçou, sequer, uma classe estritamente proletária. Em todo caso, no espírito dos homens dêsse tempo, a distinção permaneceu flutuante, entre a multidão dos pequenos empregadores e seus companheiros de profissão.

Também entre a liberdade econômica e a igualdade de direitos, as contradições eventuais não se revelaram claramente. A burguesia não viu nenhuma, porque a igualdade, a seus olhos, significava simplesmente que a lei, doravante, era a mesma para todos. Todavia, proclamando êste princípio para eliminar os privilégios do nascimento nobiliário, ela pôs em foco a oposição de interêsses entre as diferentes categorias sociais, que se comprimiam no seio do Terceiro Estado, e, notadamente, acentuou a desintegração da comunidade rural; dizendo de outra forma, a desigualdade das condições subiu ao primeiro plano. Também, mesmo em julho de 1789, quando se felicitava pela revolução popular, que salvava a Assembléia Nacional, a burguesia não se afastou do temor que o "povo", e a "populaça", sempre lhe inspiraram. Antes mesmo que a Declaração anunciasse que todo cidadão tinha o direito de participar da confecção da lei, os constituintes seguiram Sieyes, fazendo depender o voto, e sobretudo a elegibilidade às funções públicas, da capacidade suposta pela abastança.

Atribuindo o regime censitário à burguesia a direção do Estado, foi a seu propósito que se colocou em primeiro lugar o problema da igualdade dos direitos: a democracia política pareceu constituir a melhor solução. Mas, desde o início, os democratas foram mais longe. Êles denunciaram o poderio do possuidor sôbre o salariado, e suas críticas virulentas preludiaram as dos futuros teóricos socialistas; mostraram a inutilidade da igualdade de direitos e das próprias liberdades, para aquêles que não tinham o poder de gozá-las. Todavia, sua reflexão permaneceu dominada pela oposição tradicional entre ricos e pobres: se defenderam, em geral, a causa do "indigente", jamais enunciaram ·sôbre ela uma definição precisa; sua análise, cuja fraqueza é explicada pela persistência da antiga economia, não ia até o ponto de acentuar a apropriação privada dos meios de produção e sua evolução técnica. Foi sob a pressão da crise de subsistências que êles saíram das generalidades: ela os conduziu, de um lado, a defender o consumidor contra o produtor — na realidade, o citadino contra o camponês — e, de outro, a reivindicar a propriedade do solo para a coletividade, não para tirá-la do cultivador, mas para legitimar a nacionalização dos produtos, quer dizer, a requisição. É característico que Momoro, em setembro de 1792, sustentando esta tese, tenha acrescentado que a propriedade industrial e comercial permanecia, pelo contrário, garantida pela nação: assim atesta-se, com a influência todo-poderosa das circunstâncias, o caráter essencialmente agrícola da economia de então. Finalmente, os montanheses pretenderam impor a arbitragem da República democrática aos possuidores e aos salariados: protegeram os primeiros, pronunciando a pena de morte contra os partidários da "lei agrária", mas tentaram limitar suas fortunas através de leis sucessórias; puseram à disposição dos segundos um ensino público, e ofereceram aos mais deserdados o esbôço de um sistema de segurança. Esta democracia social representou uma segunda solução do problema da igualdade dos direitos, cuja recordação não se perdeu, mas à qual a burguesia, durante muito tempo, opôs a sua própria solução. Note-se, todavia, que os montanheses não contestavam o princípio da propriedade hereditária, como Saint-Simon logo fará, e tampouco a liberdade econômica, porque não aceitaram o regime do preço-teto senão como expediente de guerra. Artífices e varejistas não pensavam de modo diverso: êles não estimavam o "atacado"; mas por uma contradição fundamental, não rejeitavam a idéia de se elevarem entre si. Entre os camponeses, inúmeros peticionários lastimaram-se de que uma parte, pelo menos, dos bens nacionais não lhes fôsse reservada; não desejariam, então, senão aceder à propriedade. Os "sans-culottes", é verdade, davam mais importância à regulamentação que os montanheses; mas, nos movimentos populares, as necessidades imediatas, que exasperavam a carestia e o desemprêgo, contaram muito mais que as ideologias e os projetos de futuro; parece mesmo provável que os remédios que êles impuseram perderam seu prestígio, ao serem postos à prova, porque, ao serem recordados, a êles se associaram a penúria e a balbúrdia das distribuições burocráticas. Aliás, os proletários rebelaram-se contra o tabelamento dos salários; daí, aquêles menos favorecidos pela ordem liberal terminaram involuntàriamente por aderir a êles.

Política ou social, a democracia já expirava, quando Babeuf e Buonarroti vieram propor o comunismo, como condição indispensável da igualdade dos direitos. Mas mesmo a prédica dêles guarda a marca da época. Preconizando a "lei agrária", propunham, com efeito, partilhar a terra entre os cultivadores, e de modo algum sonharam em instaurar uma produção coletiva. Seu comunismo limitava-se a socializar os produtos, o que resultava em generalizar a economia dirigida do ano II. Desta terceira solução, ficaram sendo, na época, os únicos apóstolos.

Mas já a experiência jacobina havia sido suficiente para afastar a maior parte da burguesia desta fraternidade, que a beneficência "sensível" e o otimismo recomendavam antes de 1789, e que aconselhou, durante os primeiros meses da Revolução, a necessária solidariedade do Terceiro Estado. Os notáveis tinham tido mêdo, e não o esquecerão nunca. O 9 termidor inaugurou longo período de reação política e social. A Constituição do ano III restabeleceu o regime censitário, e tomou cuidado em definir a igualdade e a propriedade, tal como a burguesia as concebia. Sob o Diretório, a maior parte do que restava dos bens nacionais lhe escapou e quando, a 14 ventoso do ano VII (4 de março de 1799), a República abandonou a seus detentores, gratuitamente ou a preço módico, os domínios empenhados pela monarquia, foi ainda a burguesia quem mais se aproveitou. Ela encontrou vantagens, também, em ab-rogar a lei de 17 de julho de 1793, para recuperar as rendas prediais tornadas caducas, no caso em que o contrato contivesse expressões emprestadas ao vocabulário feudal. Aprovou-se a lei, sem se ousar passar ao ato; pelo menos, tornou-se a impor, aos camponeses bretões que ocupavam domínios recuperáveis, a obrigação do resgate, e é significativo que a nova lei sôbre a posse convencional tenha sido votada pelos Quinhentos antes, e pelos anciãos depois de 18 frutidor: em semelhante matéria, a burguesia encontrava-se unânime. Os rurais viram novamente serem contestados seus direitos coletivos, pelo menos nas florestas, e suspensa a partilha dos comunais. Retocou-se a reforma judiciária: os tribunais de família desapareceram; o processo arbitral perdeu sua extensão; os direitos de chancelaria ressuscitaram. A família também chamou a atenção: elevaram-se vozes contra o divórcio, e revogaram-se as leis do ano II que o facilitavam; Cambacérès explicou que a pesquisa da paternidade não tinha sido autorizada em 1793 senão para o passado, e seu projeto de código restaurou, em certa medida, a autoridade paterna e marital, ao mesmo tempo em que reduzia os direitos do filho natural.

Todavia, a reação não foi muito longe porque, malgrado tudo, os notáveis continuavam divididos: os que eram a favor do Antigo Regime não perdoavam aos outros; os mantenedores da Revolução de 1789 permanecidos monarquistas reprovavam os republicanos, e execravam os regicidas; os diretoriais temiam os neojacobinos; o anticlericalismo agressivo, comum a tantos revolucionários, aumentava mais a confusão.

X. *O empobrecimento e a guerra*

No crepúsculo do século XVIII, a grande maioria da nação, julgando o Antigo Regime desaparecido para sempre, não dava mais grande importância à vida política e às rivalidades sociais, de sorte que foi a burguesia quem saiu lucrando. A juventude não conservava nada do entusiasmo apaixonado de 1789. Criadas ao acaso, durante as agitações, cheias de amargura pela recordação das provas que haviam ensombrecido suas infâncias, as gerações que cresciam sentiam-se mais inclinadas que nunca a defender sentimentos opostos aos de seus pais e não pensavam senão em gozar a vida. Entre os homens maduros, a lassidão entorpecia o espírito: êles almejavam envelhecer em paz, e ver renascer, se possível, a prosperidade.

A Revolução custava-lhes caro, e a França saía dela empobrecida. O deplorável estado dos serviços públicos o testemunhava,

533

como também, mesmo em Paris, a ruína dos edifícios e das vias públicas. A mortalidade havia aumentado: só o exército havia perdido, crê-se, 600.000 homens, mortos ou desaparecidos. A República, é verdade, estendia-se presentemente até às "fronteiras naturais"; mas perdia suas colônias e, devido ao bloqueio, exportava menos da metade que em 1789. Além disso, para conservar as conquistas, era necessário combater novamente; durante a última campanha, havia-se perdido a Itália e metade da Suíça, e mal se conseguiu escapar à invasão. ·

Ora, antes de mais nada, almejava-se que a guerra estrangeira terminasse e, com ela, a guerra civil. Apenas os fornecedores e os industriais, que temiam a concorrência inglêsa, achavam alguma vantagem nas hostilidades. Entre os próprios diretoriais, que encontraram por várias vêzes seu supremo recurso no exército, não faltavam homens que teriam aceitado renunciar a tôdas, ou a parte das anexações, se disso dependesse a obtenção da paz. A 2 brumário do ano VIII (23 de outubro de 1799), os anciãos repeliram a resolução dos Quinhentos, condenando à morte quem quer que propusesse ou apoiasse um desmembramento do território, e até quem aceitasse receber ofertas nesse sentido; combatendo-a, Porcher havia mostrado, sem rodeios, que considerava como insensatos aquêles que, para negociar, recusassem abandonar uma parte de seus compatriotas ao domínio estrangeiro. A 10 brumário (31 de outubro), um artigo da "Década", que se atribuiu a Daunou, um dos brumarianos, reprovou à Convenção por haver, declarando intangíveis os limites da República, decretado a "guerra eterna e o aniquilamento de todos os franceses". O heroísmo dos republicanos de 1793 não aparecia mais, a êsses franceses fatigados, senão como um ridículo exagêro.

XI. *O sentido do 18 brumário*

Pôsto de lado o exército, a obra construtiva da Revolução permanecia inacabada; contestava-se mesmo, sôbre mais de um ponto, a dos constituintes; a reação em curso após o 9 termidor não lhe imprimia ainda o caráter que a burguesia então almejava. Por outro lado, a experiência liberal da Constituição do ano III havia tido mau resultado, e fôra corrigida por expedientes ditatoriais, sem, entretanto, conferir ao regime a eficácia necessária. Enfim, a eleição ameaçava cada ano os diretoriais de se verem excluídos pelos contra-revolucionários, ou pelòs democratas. Organizando nôvo golpe de Estado, êles pensavam antes de tudo em substituir pela cooptação a eleição, a fim de assegurar para si a conservação do poder; os detratores dos "perpétuos" tiveram assunto para reprovar-lhes êste nôvo subterfúgio. Na realidade, êste grupo, por demais estreito, não servia ùnicamente a seus próprios interêsses: com o triunfo da contra-revolução ou com o da democracia, a burguesia inteira sofreria. Também a jornada de 18 brumário, ou mais exatamente, a de 19, reveste-se, na perspectiva histórica, de certo brilho que lhe confere o evento ao poder de Bonaparte, um significado mais amplo e mais em harmonia com a evolução social da França.

O predomínio que as circunstâncias, transformando o golpe de Estado em ditadura militar, concederam a Bonaparte, beneficiou grandemente a burguesia. Êle não podia consolidar e organizar seu poder sem o concurso dos brumarianos; mas, para se elevar até o trono, era-lhe necessário subtrair-se ao seu contrôle: então, reconciliou-se com a igreja, anistiou os emigrados, tomou a seu serviço todos aquêles — aristocratas e burgueses, realistas e republicanos — que consentiram em colaborar. Controlou, assim, os diversos elementos da moderna classe dominante, com uma reconciliação temporária, que permitiu a esta classe, sob a tutela de seu protetor, organizar as instituições e codificar a legislação à sua maneira, instalar-se nas altas funções do Estado e de tôda a administração, apressar o renascimento da economia, em resumo, consolidar sua supremacia e acabar assim a obra da Revolução, tal qual tinha sido representada, em 1789, a sua intenção.

Terminou a guerra civil, e mesmo realizou-se, por um momento, a paz européia, dela dependendo a popularidade de Bonaparte, sem que a França sacrificasse suas conquistas e suas colônias.

Todavia, os brumarianos não fizeram idéia justa do temperamento imperioso de Bonaparte, e menos ainda do incoercível romantismo de sua imaginação. Esperavam que êle governasse de acôrdo com êles, mas não foram consultados; que a liberdade subsistisse, pelo menos para a burguesia, e êle a privou dela. Mas ficaram ainda mais decepcionados, ao vê-lo ultrapassar as "fronteiras naturais", retomar a guerra de conquistas, eternizá-la além de qualquer prudência, e levar a nação à catástrofe.

535

Segundo capítulo

A EXPANSÃO REVOLUCIONÁRIA E A REAÇÃO

As ambições das potências, estimuladas pelas hostilidades, atenuavam o caráter essencial da luta entre a Revolução e a Europa do Antigo Regime. Os contemporâneos, todavia, sempre tiveram consciência disso. Conflito social, antes de tudo: entre a aristocracia e a burguesia, sustentada pelo resto do Terceiro Estado, especialmente pelos camponeses. Conflito político também, porque o despotismo dos reis sentia-se ameaçado e, tomando a aristocracia sob sua proteção, êles se expunham a perecer com ela. Conflito intelectual, finalmente, os inimigos da Revolução representando-a como a filha do racionalismo, cuja crítica ímpia dissipava os mistérios e arruinava as tradições sôbre as quais se apoiava a ordem antiga. Sustentou-se, erradamente, que os próprios soberanos não combateram senão para se engrandecerem. O egoísmo minou seu entendimento; mas a cruzada, pregada por Burke e recomendada pelos publicistas que os serviam — Mallet du Pan e Frédéric de Gentz, no primeiro plano — não lhes ficou jamais indiferente; aliás, a aristocracia teria recordado a êles, se tivesse sido necessário, que se tratava de uma guerra "ideológica", para defender a sociedade e a civilização. Pitt e Grenville, declarando que não fariam acordos, a não ser depois de restabelecido o equilíbrio europeu, e salvaguardados os interêsses da Grã-Bretanha, jamais deixaram de estigmatizar a obra destrutiva de que a França dava espetáculo, e de convidar o adversário a restabelecer a monarquia, que concederia à hièrarquia social suas bases indispensáveis. O espírito da "Santa Aliança" já animava os coligados, como ia também uni-los contra Napoleão.

I. *A expansão revolucionária*

O Antigo Regime não existia mais, na Bélgica e no antigo bispado de Liège, reunidos à França, divididos em departamentos, submetidos a tôdas as leis da República. Na Renânia não se dava exatamente o mesmo: a cessão da margem esquerda do rio pelo Império, aliás incompleta, permanecia em suspenso, e a assimilação administrativa apenas começava; todavia, a aristocracia ali havia desaparecido. Nas novas Repúblicas batava e helvética, fundadas sob a tutela dos exércitos franceses, a renovação prosseguia. Ela tinha tido um grande impulso na Cisalpina; mas austríacos e russos, reconquistando a Itália, anulavam-lhe os efeitos, ao mesmo tempo em que a detinham na Ligúria e a preveniam em Roma e Nápoles.

Todavia, era pelas armas, à custa de esforços ainda inauditos e de trágicas convulsões, que a Revolução estendia seu império. Nos países conquistados, as simpatias que podia despertar foram alteradas pelos estragos da guerra, os encargos da ocupação, a autoridade arbitrária dos militares e de agentes, muito freqüentemente sem escrúpulos. Por tôda parte os acontecimentos espalharam o temor no seio das populações, a tristeza e o desencorajamento entre os partidários da nova ordem. Nem todos renegaram seus princípios; na Alemanha, Kant e Fichte permaneceram-lhe fiéis e, na Inglaterra, os "whigs", agrupados em tôrno de Fox, não cessaram de defender sua causa. Mas era crescente o número dos que se refugiavam no silêncio, ou que admitiam sua desilusão, mesmo quando não mudavam de campo. Aliás, havia bem poucas pessoas que acreditavam que se podia dispensar os reis, e não se via na República senão um monstro efêmero. Sua interpretação da igualdade de direitos e seu caráter popular causaram indignação: mais ainda que em França, a democracia horrorizava por tôda parte a burguesia. Foi na Grã-Bretanha e nos Estados Unidos, onde o regime constitucional satisfazia esta classe, e, em todo caso, parecia permitir reformas pacíficas, que seu espantalho fêz particularmente o jôgo das oligarquias; Washington e os federalistas utilizaram-no contra Jefferson e os republicanos, tanto mais que, no povo, as manifestações de Genet não tinham permanecido sem eco. Falta muito, todavia, para que o argumento tenha sido ineficaz no continente.

O evento do Diretório, seus sucessos militares e diplomáticos, deram alguma confiança aos partidários da nova França. Emburguesada pela Constituição do ano III, a República tornava-se aceitável; vitórias e conquistas provavam que um Estado não se desmoronaria, necessàriamente, ao repudiar a monarquia. Nas regiões anexadas à França, o Diretório viu burgueses e nobres liberais cooperarem, no processo de assimilação, e, nas repúblicas vassalas, na instauração de um regime análogo ao seu.

Se a Revolução recuperou, assim, algum crédito, não convém conceder-lhe tôda a difusão das idéias liberais. A influência britânica não diminuíra; vários adeptos dos princípios de 1789 continuaram anglófilos, porque o govêrno da Grã-Bretanha lhes parecia moderar tão bem sua aplicação que a democracia nada tinha a temer; mais ainda, os nobres e os funcionários persistiram em voltar complacentemente os olhos para um país, onde os primeiros viam a aristocracia proeminente e, os segundos, um modêlo para a renovação da economia. O exemplo dos Estados Unidos tampouco perdeu seu prestígio; os crioulos da América Latina inspiraram-se nêle, ao mesmo tempo que no da França. Enfim, foram sobretudo a evolução e as conseqüências da guerra que provocaram movimentos de opinião, onde a infiltração revolucionária se manifestou, sem dúvida, quando se apresentou ocasião, mas de que não se poderia dizer tivesse sido a principal inspiradora, embora, naturalmente, os governos do Antigo Regime a tivessem responsabilizado por isso.

Na Prússia, o tratado de Basiléia encorajou, entre os *Aufklärer*, a tendência favorável a um acôrdo com a França: o pastor Riem, por exemplo, exprimiu-a sem rodeios. Esta opinião persistia entre os oficiais e mesmo na côrte; mas ela invocava o interêsse do reino. Na Alemanha do Sul, o Diretório, em 1796, esperou em certo momento que a agitação se desenvolvesse; é que a perspectiva da invasão excitava o descontentamento; a nobreza bávara e os *Stände* do Wurtemberg continuavam com sua oposição; mas o pensamento de renunciar a seus privilégios não os atingia. Hamburgo permanecia um centro de influência francesa, porque os homens de negócios, se os governos não lhes concediam interêsses para os fornecimentos, não escondiam sua irritação ao ver a guerra prolongar-se. Na Inglaterra, pela mesma razão, as petições multiplicavam-se em favor da paz; em janeiro de 1797, Erskine publicou um "Coup d'Oeil sur les Causes et les Conséquences de la Guerre Actuelle avec la France", que obteve sucesso extraordinário. O pêso dos impostos, as dificuldades econômicas, e sobretudo a penúria, emocionaram também ao popular: mencionou-se mais atrás a revolta dos tecelões silesianos, em 1794, e as graves perturbações que sobrevieram em Londres, durante o outono de 1795, e que não foram estranhas à decisão de Pitt de abrir as negociações. O esfôrço que êste último impôs ao país, a partir de 1797, quando o perigo culminou, não deve causar ilusões: sua impopularidade agravou-se, e êle considerou prudente enviar de nôvo Malmesbury à França.

Ao contrário do continente, a influência da Revolução Francesa na Inglaterra não podia levar senão à democracia; também o govêrno britânico, ao contrário dos outros, se inquietava com o descontentamento dos artesãos e com a agitação esporádica que a

538

carestia exercia na classe operária, pois as circunstâncias favoreciam a propaganda hostil à oligarquia. A 18 de maio de 1797, num banquete londrino, brindou-se à reforma eleitoral, à liberdade da Irlanda e à aliança francesa. As sociedades mantinham-se, clandestinamente ou não; um panfleto deu-se como intérprete de 80.000 jacobinos irredutíveis. À supor que esta asserção não fôsse exagerada, não quer isso dizer que um movimento insurrecional estivesse sendo preparado, e os relatórios alarmantes que afluíam ao "Home Office" não continham provas. Mas o govêrno exagerou suas inquietudes, para justificar a repressão.

Ninguém podia mais contestar que a ascensão da burguesia constituía um traço dominante da civilização europeia; as revoluções anglo-saxônicas o haviam testemunhado; seu advento em França manifestava, de maneira completamente radical, a potência dessa classe, pois ela eliminava a nòbreza. O futuro prometia, portanto, à Revolução Francesa, infinitas repercussões. Mas, às vésperas do 18 brumário, nada subsistia das esperanças que os girondinos haviam acariciado: nenhum povo tinha ainda imitado os franceses. Por tôda parte, os partidários interessados do Antigo Regime mantinham sòlidamente em suas mãos o aparelho repressivo e, já há muito, bem o demonstravam.

II. A reação

Soberanos e publicistas vilipendiavam o govêrno revolucionário, que invocava a relatividade dos direitos individuais, para justificar sua suspensão, em caso de revolução ou de guerra civil e estrangeira. Os governos britânicos pareciam particularmente levados a se indignarem com isso, pois a Inglaterra, no século XVIII, passava por um dos raros países onde a pessoa se via respeitada. Na realidade, o empirismo jamais se privou de ir mais além, se a salvação pública o exigia, e a reação experimentou-o mais de uma vez. Suspenso o "habeas corpus", a arbitrariedade do policial não conheceu mais entraves; os legalistas e suas associações, por sua vigilância e suas denúncias, atribuíram a si missão análoga à dos clubes e dos comitês revolucionários; em 1799, as medidas contra as assembléias e as publicações sediciosas foram reforçadas; os impressores ficaram sujeitos a declarações. A Grã-Bretanha não teve Vendéia a reprimir, de sorte que a repressão se limitou ao que se chamava, em França, sob o Diretório, de "guilhotina sêca": a "prensa" permitiu o embarque dos suspeitos nos navios de Sua Majestade, e seus chefes foram condenados à deportação para a

Austrália; mas não se criaram tribunais de exceção. O Terror só se tornou sangrento na Irlanda, onde a insurreição acarretou massacres e execuções.

Os déspotas continentais não se embaraçavam com escrúpulos constitucionais; seu arsenal de coação estava sempre preparado: bastava-lhes utilizá-lo, com a severidade que as circunstâncias exigiam. Nos Estados ibéricos e no domínio pontifical, a Inquisição tinha apenas que fazer novas instruções; na América Latina, Narino foi condenado a dez anos de prisão e, após um complô, que custou a vida a numerosos indivíduos, Rodrigues achou prudente expatriar-se em 1797; Bolívar, seu discípulo, imitou-o dois anos depois. O czar Paulo I agia do mesmo modo; no primeiro momento, êle libertou Novikov, Raditchev, Kosciuzko; nutrindo pela Revolução o mesmo rancor que a mãe, não tardou em devolver seu rigor ao regime opressivo, ao mesmo tempo em que tomava a seu cargo o exército de Condé, e instalava Luís XVIII em Mitau. No Habsburgo, Colloredo, o "Kabinetts-Minister", aperfeiçoou os métodos policiais de José II, e deu os últimos retoques ao sistema de que Metternich mais tarde endossou a paternidade: polícia todo-poderosa; contrôle de correspondência e censura; espionagem generalizada, particularmente à custa dos funcionários; aprisionamentos arbitrários. Depois das execuções da Hungria, reinava o silêncio nos domínios hereditários. Os outros Estados do Império imitaram, mais ou menos exatamente, êste exemplo, seguindo as disposições de seus soberanos; mesmo em Iena, Fichte, acusado de ateísmo, teve que abandonar sua cátedra em 1799; os mais renitentes emigraram: assim, Rebmann atingiu Paris em 1796. Na Prússia, certamente, os *Aufkärer* continuaram a resistir; em 1797, Frederico Guilherme II morreu, e seu filho Frederico Guilherme III pôs fim às perseguições de Wölner, que foi destituído; uma extrema prudência também se impôs ao próprio Kant. Não é necessário dizer que, expulsos os franceses da Itália, o Terror branco aí não conheceu limites, em Roma, e sobretudo em Nápoles, sob os olhos de de Nelson.

Da manutenção da autoridade, não resultava necessàriamente que se devesse renunciar a tôda reforma. Pitt não podia negar que as melhoras preconizadas pelos "whigs" traziam outrora seu assentimento. No continente, a renovação da agricultura, à imagem da Inglaterra, recomendava-se à atenção dos governantes e dos nobres inteligentes, com suas conseqüências naturais: a abolição da servidão, e o resgate dos direitos senhoriais, ao lado da supressão dos direitos coletivos. Na obra construtiva da Constituinte, e até do Comité de Salvação Pública, alguns elementos convinham ao despotismo esclarecido, e a guerra punha em foco os defeitos de um aparelho administrativo herdado do passado.

A grande maioria dos privilegiados detestava, entretanto, qualquer mudança, como contaminação jacobina, que acarretaria outras; as pessoas ignorantes, declarava o bispo anglicano Horsley em 1795, nada têm a fazer com as leis, senão obedecê-las. Os governos não pensavam de modo diverso; Pitt considerava que tôda reforma encorajava o movimento popular; êle teria julgado de modo diverso, se seu pacto com Jorge III não lhe atasse as mãos. O aperfeiçoamento dos órgãos e dos métodos de execução permaneceu mínimo e lento, ou completamente nulo, devido à surda oposição da burocracia e de seus chefes.

Na Áustria, Francisco obstinava-se em ajustar tudo sòzinho, só se comunicando com seus ministros por escrito, ou por intermédio de Colloredo. Êle reservava, sistemàticamente, aos nobres tôdas as funções superiores. Enterrou a reforma agrária, e recambiou, em 1798, a comutação das corvéias a acordos entre senhores e rendeiros, concluídos sob aprovação da administração.

Não se podia esperar melhor de Paulo I. Êle era, todavia, considerado favorável aos servos: efetivamente, proibiu que êstes fôssem vendidos sem a terra, na Pequena-Rússia, e fixou as corvéias a três dias por semana; mas, pràticamente, ninguém observou isso. Na Livônia, contentou-se em arrancar da Dieta algumas atenuações para a servidão, e Kisselev, seu comissário nos principados do Danúbio, fêz a mesma côisa. Por outro lado, Paulo distribuiu, também, muitos servos da coroa, cuja sorte, reputada menos rigorosa, era assim destinada a agravar-se. Suas veleidades de reforma administrativa não progrediram; o reinado caracterizou-se por entusiasmos passageiros e desgraças súbitas, que não poupavam os servidores devotados, tais como Panine, Rostoptchine ou Souvorov. Esta "lanterna mágica", que ameaçava todo mundo, ao mesmo tempo em que desarranjava o govêrno, preparava uma revolução de palácio, realizada pelo assassínio.

A opinião a favor da reforma sobrevivia na Prússia entre os funcionários, como Schön e Schrötter, formados em Königsberg na escola de Kant e de Kraus, que professavam o liberalismo econômico; alguns emigrados igualmente a representavam, vindos da Alemanha Ocidental — como o renano Stein e o hanovriano Hardenberg — ou da Dinamarca — Struensee, por exemplo. Frederico Guilherme III pareceu, no início, disposto a conceder a igualdade fiscal; refletindo, nada fêz; Stein não pôde operar na administração financeira senão modificações técnicas, e não conseguiu sequer suprimir as alfândegas internas. A nobreza conservou o monopólio dos altos postos: em 1800, entre 6 a 7.000 oficiais, não se encontravam mais que 695 plebeus. Correu o rumor de que o nôvo rei desejava pôr fim à "Untertänigkeit", e com isso afluíram as petições. A reforma agrária continuou durante o domínio real; mas o "gut" do "Junker" permaneceu indene. Como na Áustria, a organização do reino não realizou progressos. Ao contrário, as recentes aquisições feitas à custa da Polônia, administradas separadamente por um "oberpräsident", devido às dificuldades de assimilação, escaparam ao "General-Direktorium", como a Silésia. A insurreição de 1794 provocou a confiscação das terras do clero e das estarostias, quer dizer dos domínios reais abandonados a famílias nobres; deixaram-se apenas, aos benefícios eclesiásticos, 35% do rendimento, a título de vencimentos, e 61% aos estarostes, que não figuravam entre os rebeldes. O rei tornou-se assim o maior proprietário do país anexado, apossando-se de 1.500 quilômetros quadrados; o arrendatário geral dêste domínio arrendou-o através de rendas tão fracas, que Zerboni, o assessor da "Kammer", denunciou a malversação, pelo que foi acusado de participação numa sociedade secreta, e condenado à prisão perpétua.

Dois países apenas merecem exceção. Na Baviera, Montgelas, em 1799, subiu ao poder e começou a reorganização administrativa, que ia marcar o reinado de Maximiliano, nôvo eleitor e futuro rei: êle substituiu os colégios por ministros e criou o "Geheim Rat". Na Dinamarca, a transformação agrária prosseguiu, especialmente em Slesvig e em Holstein; regulou-se o resgate das corvéias e acelerou-se o término do desmembramento com conseqüências análogas às do cercado britânico, notadamente a transformação dos arrendatários em jornaleiros, a serviço dos proprietários nobres. Os reformadores encontravam-se então quase tão impotentes quanto os amigos da Revolução. Eram os exércitos da República que tinham começado a rejuvenescer o mundo. Mas, desde que os franceses desejassem a paz, que iria suceder? Levando Bonaparte ao poder, os brumarianos decidiram: o Grande Exército, em seu caminho, abaterá por tôda parte o Antigo Regime.

III. *Os Estados Unidos*

Embora permanecessem neutros, os dirigentes conservadores dos Estados Unidos — o partido que então era chamado "federalista" — não deixaram, entretanto, de deplorar a volta dada pela Revolução em 1792; a execução de Luís XVI, a fuga de La Fayette, os relatos dos emigrados — por exemplo Talleyrand e, mais tarde,

Dupont de Nemours — os indignaram. O triunfo momentâneo da democracia irritou-os, sobretudo porque, entre êles, a fermentação popular não cessava. Numerosos clubes haviam sido abertos e era perceptível a influência dos acontecimentos da França. O "excise" sôbre o álcool acentuou os temores, porque provocou viva resistência nos campos, onde as pequenas destilarias eram contadas aos milhares; na zona fronteiriça da Pensilvânia ocidental, Washington teve que enviar a fôrça armada, em 1794, para quebrar a resistência oposta às diligências. Não é de espantar que Genet, enviado pelos girondinos com missão de obter pagamentos antecipados a serem descontados da dívida americana ou dos créditos para compra de gêneros alimentícios, para não dizer o concurso que o tratado de aliança parecia prometer, tenha encontrado eco favorável quando, repelido por Washington, apelou para a opinião pública. O presidente imputou aos clubes a responsabilidade das agitações do "excise" e falou em suprimi-los, exatamente como na França os Feuillants, La Fayette e os termidorianos.

Em sua própria classe, e nas fileiras de seu partido, os federalistas não conseguiram manter a unanimidade. Jefferson, plantador, êle próprio não aprovava a política de Hamilton, e deixou o secretariado de Estado que havia aceitado: reprovava ao govêrno o torcer a Constituição em benefício dos homens de negócios, em prejuízo dos agricultores e especialmente da multidão de pequenos exploradores. O tratado Jay permitiu invocar a dignidade nacional, e acusar Hamilton de abraçar servilmente a causa dos britânicos. Assim, pouco a pouco, constituiu-se um partido de oposição, o dos "republicanos", que se deu por democrata. Quando, em 1797, Washington deixou o poder, John Adams substituiu-o; mas não havia vencido senão por pequena margem, sôbre Jefferson. Êle tampouco se entendia com Hamilton, que se retirou; mas, também muito hostil ao movimento popular, como aliás à República francesa, aproveitou a ruptura com o Diretório para fazer votar, não sòmente um "alien bill" a fim de expulsar os franceses suspeitos, mas um "sedition bill", que permitiu atingir os clubes e os escritos considerados perigosos. A Virgínia e o Kentucky protestaram em vão. Assim, preparou-se a eleição de 1800, que devia levar Jefferson à presidência.

Se se fizer abstração das condições naturais e das circunstâncias históricas, extraordinàriamente diferentes, que distinguiam o nôvo mundo do antigo, notar-se-á que os temores dos possuidores, agravados pelo pessimismo ou moderados pelo otimismo, de acôrdo com os temperamentos, tornam a se encontrar, assim como em outros lugares, como o princípio propulsor do movimento geral da história. Os federalistas sentiam certa simpatia pelas idéias de Burke;

543

não tendo a defender um rei, nem lordes, nem igreja oficial, ter-se-iam encontrado mais perto ainda da burguesia francesa, transformada em conservadora, e de Sieyes, seu extremo intérprete, se as peripécias da Revolução e suas medidas anti-religiosas não os tivessem assustado.

O espírito democrático de Jefferson, mesmo, não o levava tão longe quanto se poderia crer. Êle não se interessava pelo sufrágio universal e seu ideal, que agradava a uma república de pequenos produtores rurais independentes, não diferia muito do dos montanheses e de certos constituintes. Proprietário de terras, êle desconfiava do capitalismo industrial, do qual temia a formação de um numeroso proletariado, que lhe parecia, como a Rousseau, Robespierre ou Saint-Just, incompatível com a democracia política. Acreditava dispor de uma escapatória: que os Estados Unidos deixassem a indústria à Europa, para permanecer um país agrícola. Era uma quimera, e os homens de negócios que, entregues aos lucros momentâneos, não se preocupavam com os tempos futuros, eram, inconscientemente, os motores da história. Pelo menos, Jefferson nutria a esperança de que os pequenos proprietários rurais se multiplicariam e, por êste aspecto, seu otimismo justifica-se melhor que o dos mais generosos revolucionários franceses.

No velho mundo, as terras cultiváveis só se podiam estender ao preço de difíceis arroteamentos, cada vez menos lucrativos, enquanto na América a imensidão das terras virgens e dos recursos naturais inexplorados, atraindo os audaciosos e independentes, adiava a pressão social. É por isso que, se os pequenos camponeses da região atlântica, permanecendo hostis aos grandes, iam levar Jefferson ao poder, se a vida rude e perigosa do povo da "fronteira" o orientou, mais francamente ainda, na direção da democracia política, o domínio da burguesia pôde estabelecer-se nos Estados Unidos da maneira mais completa, e menos contestada.

IV. *O conflito das idéias*

O conflito político e social continuava a se refletir no mundo das idéias. No seio das classes dominantes, a autoridade e a tradição voltavam a ficar em moda e, seja por convicção, seja para controlar seus leitores, um número crescente de escritores mostrava-se reticente ou hostil à Revolução. Canning havia fundado na Inglaterra seu "Anti-jacobin" e Cobbett, que mais tarde estará entre os chefes dos radicais, fulminava então contra os inovadores. Os governantes, apreciando a importância da propaganda, consa-

544

gravam-lhe algum dinheiro; Pitt deu uma pensão a Gillray, o mais famoso dos caricaturistas. Os refugiados genoveses, Joseph des Arts, d'Ivernois, Mallet du Pan, mantiveram um lugar importante na campanha. As recriminações do vienense Hoffmann, do suíço Girtaner, do hanovriano Zimmermann, contra a conspiração dos iluminados e dos franco-maçons, faziam escola na Alemanha e, em 1797, Robinson, um oficial, retomou a tese em Edimburgo.

Os emigrados franceses participavam da campanha. Na verdade, entre êles não reinava o acôrdo; assim, Mounier logo tomará a defesa da maçonaria; os constitucionais resistiam aos absolutistas; em Londres, Boisgelin concebeu um plano de propaganda, ao qual se ligou, talvez, o "Gênio do Cristianismo" que Chateaubriand começou a escrever em 1799, após haver publicado, em 1796, seu "Ensaio Sôbre as Revoluções". Villiers, por outro lado, entusiasmou-se pelo kantismo. Mas a grande maioria maldizia a Revolução, sem excetuar nada, e a obra de Barruel, editada em 1798 e 1799, obteve sucesso que o tempo não devia apagar.

Era na Inglaterra que a nova ordem conservava os melhores defensores. Os "Direitos do Homem", de Paine, cuja segunda parte chegava ao início de 1792, permaneciam como a mais ardente expressão das simpatias despertadas pela Revolução. Em 1793, Godwin havia publicado seu "Enquiry Concerning Political Justice", e, no ano seguinte, em suas "Aventuras de Caleb Williams", êle satirizou a "sociedade" contemporânea. A seus olhos, a desigualdade social representava a suprema injustiça, e a propriedade tradicional, a pedra do escândalo; como Babeuf, visava principalmente a do solo; mas, democrata libertário, nada esperava dos governantes ou dos partidos políticos, e não contava, para atingir ao comunismo, senão com o aperfeiçoamento individual e com uma evolução pacífica e legal. Que tenha feito escola, então, é de duvidar, e sua mulher, Mary Wollstonecraft, que reivindicou, pela primeira vez, os direitos da mulher, teve menos sucesso ainda. Os advogados e os oradores que, de maneira mais ou menos explí- cita, se inclinavam para os democratas, atingiam, pelo contrário, o grande público, e as publicações clandestinas, malgrado a polícia, jamais cessaram completamente. Todavia, desde que a Grã-Bretanha se considerava ameaçada de invasão, o recuo era evidente. Burns morreu, em 1796; os outros poetas calavam-se; Coleridge, à notícia da entrada dos franceses na Suíça, havia mesmo se retratado, e reprovado, numa "Palinódia", o inimigo ímpio e pérfido, a raça ligeira e cruel. No copioso repertório das caricaturas, algumas há que os desenhistas contra-revolucionários dirigiam contra a côrte e contra o ministério, devido à sua política interna, ou sua maneira de conduzir a guerra; mas não se vê coisa alguma

545

que emane dos democratas: não teria encontrado compradores, nem, provàvelmente, impressores.

No continente, os amigos da Revolução não podiam intervir fran-camente, na polêmica cotidiana, a não ser por vias clandestinas e à custa de temíveis riscos: Hegel não publicou sua violenta filípica contra a tirania do duque de Wurtemberg. Os pensadores que se pronunciavam em favor dos novos atinham-se, o mais freqüentemente, aos propósitos filosóficos e não temporais. Ainda a Alemanha conservava mais ou menos seu monopólio. Herder, Kant e Fichte permaneciam, pelo menos, fiéis a *Aufklärung*, não sem excitar a reprovação. Fichte havia publicado, em 1793, seu "Apêlo aos Príncipes para a Reivindicação da Liberdade de Pensamento" e sua "Contribuição Destinada a Retificar o Julgamento do Público sôbre a Revolução Francesa"; mostrava-se profundamente influenciado por Rousseau, fundava o Estado sôbre o contrato, elevava-se contra os privilégios, não legitimava a propriedade, senão em função do trabalho; em resumo, surgia como um individualista, violentamente hostil ao Estado. Mas, em 1796, em seus "Fundamentos do Direito Natural, Segundo os Princípios da Teoria da Ciência", onde estabeleceu as bases do idealismo transcendental, não falou mais da Revolução Francesa, e orientou sua concepção política num sentido diferente: os homens só vivem em sociedade; de suas relações nasce o direito, e o Estado o garante pela coação; portanto, é apenas graças ao Estado que o indivíduo se pode realizar; logo mais, em 1800, Fichte, para assegurar o direito à vida, conferirá a direção da economia a seu "Estado comercial fechado".

As "Cartas Sôbre o Progresso da Humanidade", que Herder apresentou de 1793 a 1797, mantiveram-se mais perto da *Aufklärung*. Kant, em seu escrito "Sôbre a Paz Universal", em 1795, em sua "Metafísica dos Costumes", em 1797, no "Conflito das Faculdades", em 1798, desenvolveu os princípios de um "Estado de Direito" e das relações jurídicas entre as nações, que permaneciam em harmonia com o ideal entrevisto pelos homens de 1789. O próprio Guilherme de Humboldt, em seu "Ensaio Sôbre os Limites do Estado", que não editou, mostrou-se partidário de um individualismo ilimitado, que sem dúvida não teria desagradado ao Sieyes do 18 brumário.

Nada, entretanto, havia nesses exercicios especulativos, que excitasse à ação. O pensamento alemão caracteriza-se por sua insistência em subordinar a libertação do homem ao progresso intelectual, e sobretudo moral, do indivíduo: a liberdade resulta, antes de mais nada, de um esfôrço pessoal de submissão ao imperativo categórico de Kant. Os homens que se envolveram na vida política,

546

a ponto de se comprometerem ao serviço da França — Forster, Rebmann, Görres — declamando contra a inferioridade moral dos franceses, que comprometera sua Revolução, fazem eco ao ensinamento dos filósofos, cuja conclusão não tarda. Para Kant, se o chefe do Estado se inclina para a tirania, a revolta não continua a ser menos condenável. O povo não pode governar-se a si próprio, assegura Fichte, porque se êle violasse o direito, quem interporia seu veto?

Outros pensadores, sem se preocuparem em defender o Antigo Regime, tampouco se associavam à reação, embora condenassem violentamente o que se passava em França. Tais são principalmente os weimarianos e, na primeira fileira, Goethe e Schiller, que, após uma juventude tumultuosa, se haviam adaptado, tornando-se o primeiro ministro de Carlos Augusto de Weimar, o segundo, professor em Iena. Graças à Antiguidade grega, êles pretendiam ter descoberto como as tendências divergentes do ser podem harmonizar-se na arte, o impulso vital e a paixão conciliar-se com a razão. Êste nôvo humanismo, que recomendava ao indivíduo isolar-se, para se cultivar em sua "totalidade", e que, filosòficamente, se inclinava ao panteísmo, exerceu durante algum tempo vivo atrativo; leu-se, com encanto, "Wilhelm Meister", que Goethe publicou de 1794 a 1796, a trilogia de "Wallenstein" e o "Lied von der Glocke", publicados por Schiller em 1798 e 1799. Guilherme de Humboldt agregou-se a êste classicismo, e Hölderlin não lhe permaneceu estranho. A insistir sôbre a cultura intelectual e artística, êles não saíam do imobilismo político.

Lendo-se todos êsses escritores, guarda-se a impressão de assistir às conversações de personagens confortàvelmente instalados no Antigo Regime, sem ilusão a seu respeito, mas temendo, mais que tudo, perturbar suas comodidades. Seu assentimento tácito de impotência denota uma transformação insuficiente, e seus ensinamentos, menos originalidade do que supunham. Que a liberdade e a democracia não se concebem sem a moralidade cívica, que se separa penosamente da moralidade privada, já tinha sido dito inúmeras vêzes, desde Aristóteles, e os alemães tinham tido que provar que conheciam Montesquieu, Rousseau, e até Robespierre. Mas os franceses sabiam, também, que a "virtude" não pode florescer, senão ao abrigo das instituições, que preservam a liberdade, e põem o homem em condições de elevar seu espírito. Não é tristemente cômico que os escritores alemães, aconselhando seus compatriotas ao esfôrço intelectual e moral, nem sequer sonhassem em libertá-los da servidão? Que o homem, por outro lado, não se reduz apenas à inteligência, e que sua conduta depende igualmente de seus sentimentos, de seus sentidos, de seu corpo, os antigos bem o sabiam, e, desde o Renascimento, os libertinos não cessavam de repeti-lo. Enfim, cada vez que, na história, as circunstâncias tiram tôda esperança de refrear um domínio tirânico, surge sempre uma filosofia, ou uma religião, para demonstrar ao povo que apenas são importantes, para êles, a liberdade interior e a salvação espiritual; nesse sentido, os alemães, embora reprovassem o ascetismo e a ignorância, não deixavam de imitar os estóicos e os cristãos, privados de qualquer esperança terrestre pelo impiedoso jugo das legiões romanas.

Fora da França, o império do racionalismo aparecia menos sòlidamente assentado. Em primeiro lugar, as ciências não o apoiavam no mesmo grau, porque, sob êste aspecto, a prioridade francesa, na época, não sofria contestações. Nas matemáticas, Gauss, na Alemanha, começava apenas. Os químicos inglêses, Cavendish e Priestley, refugiados na América, envelheciam; Nicholson, muito estimado, não tinha ainda decomposto a água; Davy e Dalton não estavam senão em seus inícios; o sueco Berzelius, idemy. Os físicos franceses não tinham outros rivais que os anglo-saxões Wollaston e Rumford; preparava-se, é verdade, na Itália, uma revolução, no conhecimento da eletricidade: a experiência de Galvani, professor de Anatomia em Bolonha, vinha de 1790; Volta, que ensinava em Pávia e a quem o eletróforo e o eudiômetro já honravam, encontrava-se prestes a revelar ao mundo a corrente elétrica; mas sua pilha data de 1801. Quanto aos naturalistas, Alexandre de Humboldt ainda viajava na América Latina, e Pallas, alemão também, no Império russo. A êstes observadores, a êstes experimentadores, a despeito de seu alto valor, faltavam o gênio sintético, que ilustrou Lavoisier, e a penetração especulativa, que conduzia então os ideólogos à concepção positiva da ciência. Até sua morte, Priestley, coletor genial de fatos novos, conservou obstinadamente seu apêgo ao "flogístico" de Stahl e jamais aderiu à química moderna.

Por outro lado, o empirismo inglês, ficado já há muito, como se disse, conservador, com Hume e depois com Bentham, contestando a pretensão dos filósofos franceses de reconhecer ao homem a faculdade de dirigir seu destino, aplicava-se em restaurar a autoridade e as convenções morais, não por considerações metafísicas, mas pela observação histórica e a experiência política. Assim como o método experimental procura as constantes do mundo físico para o reger em conformidade com elas, assim também permitirá constatar, observando a vida social, que as instituições costumeiras, pelo fato de sua duração, estão em harmonia com a "natureza das coisas" e apresentam uma "verdade" de fato e completamente relativa, porque elas se revelam úteis. Em Burke, êste pragmatismo complicava-se com um vitalismo social emprestado à medicina, tal como a ensinavam em França a escola de Montpellier, no século XVIII, e Bichat, ainda no tempo do Diretório, porque a fisiologia experimental, inaugurada por Lavoisier, não prevalecia. Considerava-se o ser vivo como o fruto de uma germinação espontânea e progressiva, devida a uma fôrça irracional e misteriosa, que se chamava vida; anàlogamente, Burke falava da sociedade como se se tratasse de uma planta ou um animal, figurando o indivíduo apenas como um de seus órgãos, de sorte que a autoridade social impunha a êle, como uma condição de sua existência, que não saberia repudiar, como não podia repudiar às necessidades corporais. Da Inglaterra, êste racionalismo experimental, misturado com um misticismo, que o pôs em conexão com o romantismo, passou na Alemanha pelo Hanôver: Rehberg e Brandes aderiram a êle. A nova maneira de Fichte, reconhecendo ao Estado a primazia sôbre o cidadão, ia filosòficamente no mesmo sentido. Frederico de Gentz, que traduziu Burke em 1793, desembaraçou-se do aparato místico, para se ater a justificar o conformismo pela observação utilitária, e sustentou-se que assim se preparou a filosofia política, se assim se pode dizer, que Metternich, de quem mais tarde êle se tornou o braço direito, pôs a serviço do Habsburgo. Até a economia política por vêzes esforçou-se em humilhar o orgulho da razão. Observando a Inglaterra de seu tempo, Malthus, em 1798, sustentou que o progresso indefinido da humanidade não era senão quimera, porque, a despeito dos progressos da técnica, a população cresce mais depressa que os meios de subsistência. Qualquer melhoria social, contribuindo para a multiplicação da espécie, não faz senão agravar o mal, e são a doença, o vício, a miséria e a guerra que restabelecem o equilíbrio. Malthus, sendo liberal, encontrava uma escapatória: recomendava ao pobre resignar-se à castidade. Os tradicionalistas, todavia, achavam que êle dava um golpe mortal às esperanças de Condorcet e de Godwin.

Bonald e Joseph de Maistre, que, em 1796, publicaram, no exílio, o primeiro, sua "Teoria do Poder Político e Religioso", o segundo, suas "Considerações Sôbre a França", não deixam de estar em relação com êsses conservadores experimentais; Bonald, por exemplo, invoca freqüentemente a "natureza das coisas". Êles também subordinam o indivíduo à sociedade e, nesse sentido, foram catalogados como "socialistas". Mas, à operação da fôrça vital, êles substituem a ação da Providência. Segundo Bonald, espírito dogmático e autoritário, que, além do mais, adora a tradição realista tanto quanto o catolicismo, as leis que Deus fixou para a sociedade permanecem imutáveis; a primeira de tôdas, a famíla, lança suas raízes na própria existência do gênero humano, e o rei apresenta-se como o pai de uma família ampliada em sociedade. Para Joseph de Maistre, que tem o senso da história e, como bom transmontano, mostra-se por demais indiferente para com a forma do govêrno temporal, o Criador limita-se a conservar o estado social pela ação infinitamente suave que lhe inspira sua sabedoria, de sorte que é necessário inclinar-se diante dos fatos.

À ciência positiva e ao racionalismo, fôsse qual fôsse a orientação, opunha-se, com muito mais fôrça que em França, o movimento hostil à primazia da inteligência, que havia inspirado Rousseau e o "Sturm und Drang" antes de 1789, e que os acontecimentos reforçavam então, divulgando o gôsto pelo acaso e pelo mórbido, como o testemunha o sucesso dos romances de Anne Radcliffe, enquanto o espetáculo de tantos infortúnios ressuscitava o senso do trágico, de uma luta do homem contra as fôrças da natureza e o destino. O poderio desta tendência, todavia, não surge claramente, a não ser que se leve em conta o temperamento e a condição social daqueles que ela atraiu; a maior parte eram incapazes de se adaptar ao meio, doentes ou instáveis, cuja impotência votava à melancolia, e até ao suicídio, jovens ávidos de independência e de prazer, a quem a coação social irritava, ou que buscavam seu caminho e chocavam com os privilégios da classe, da fortuna ou da reputação consagrada. Não é uma surprêsa que tenham mostrado inclinação pelo "facínora" defensor dos fracos e que, com a idade ou o sucesso, muitos dentre êles se tenham tornado sensatos. Sempre existiram românticos; mas êles multiplicavam-se, porque a ascensão da burguesia deslocava os quadros sociais, e numerosos homens jovens indignavam-se ou se desesperavam.

Em nenhum lugar, êste estado de espírito manifestou-se melhor que na Alemanha. Êle dissipou o prestígio da *Aufklärung*, e o breve atrativo do humanismo goetheano. Não foi um acaso, porque, em nenhum país, o misticismo reinava como lá. Êle já animara o luteranismo e, pelo pietismo e os irmãos morávios, pode-se estabelecer uma filiação entre Boehme, o sapateiro teósofo do século XVII, e os românticos; sábios como Werner, Fitter e Baader davam a seus conhecimentos experimentais interpretações simbólicas as mais imprevistas. Assim, o ocultismo heterodoxo, infiltrado na maçonaria e no iluminismo, pretendia apoiar-se sôbre vistas ou descobertas científicas: à medicina, êle emprestava o vitalismo; à física, o magnetismo, encarado, êste também, como fôrça irracional; o sonambulismo levava o espírito à inconsciência estática, onde entrava em contacto com o mundo sobrenatural. À sua maneira, êstes homens cultos reconciliavam-se com a concepção mágica do universo, que traduzia as superstições primitivas do popular, a quem a *Aufklärung* permaneceu sempre estranha. Mas o misticismo inva-

550

dia também a filosofia. Após haver arruinado a metafísica, Kant havia reconstruído outra, fundando-a sôbre a consciência moral que, para êle, era um retôrno, em suma, a uma intuição divina. Neste caminho, os alemães, depois dêle, chegaram ao idealismo transcendental. Fichte, em sua "Doutrina da Ciência", surgida em 1794, havia, por uma visão espiritual, pegado o Eu como única realidade, a qual é pura atividade, e construiu o Não-Eu, para se dar uma razão de agir, procurando absorvê-lo. Depois, Schelling concedeu ao Não-Eu uma existência própria, aliás também puramente ideal; a natureza e o Eu tornaram-se dois aspectos do absoluto, de quem a reflexão dissocia a unidade inconsciente, mas que o gênio artístico pode atingir pela intuição, e exprimir em suas obras. Enfim, a corrente romântica beneficiava-se dos progressos da música instrumental, arte moderna, que não tirava suas regras senão dela mesmo, e romântica por excelência, porque sugere, em lugar de descrever, e atém-se essencialmente em comover a sensualidade e o sentimento. Ela brilhava na Alemanha, com incomparável esplendor.

A década ainda não estava terminando, quando um grupo, destacando-se de Goethe e mais ainda de Schiller, tomou como símbolos de adesão estas palavras "romântico" e "romantismo", que êle lançou. Em 1798, Frederico Schlegel, com o auxílio de seu irmão Augusto, lançava em Berlim uma revista chamada o "Athenaeum", que viveu três anos. Primeiro em Dresde, depois em Iena em 1799, êles ligaram-se a Novalis, cujo verdadeiro nome era barão de Hardenberg, com Schelling e com Tieck, que acabava de publicar as "Confidências de um Irmão Leigo Amigo das Artes" deixadas por seu amigo Wackenroder, falecido prematuramente. Êles esboçaram uma filosofia, que jamais assumiu uma forma coerente e sistemática. Discípulos dos clássicos, conceberam primeiro o mundo como o fluxo inesgotável e perpetualmente instável das criações da fôrça vital; sob a influência dos sábios e de Schelling, aí introduziram uma "simpatia universal", que se manifestava, por exemplo, na afinidade química, o magnetismo e o amor humano; as efusões religiosas de Schleiermacher havendo-os tocado, terminaram por emprestar a Boehme a idéia do "Centrum", alma do mundo e princípio divino. De tôdas as maneiras, é o artista do gênio quem, sòzinho, pela intuição ou mesmo pelo sonho e a magia, entra em contato com a realidade verdadeira e, nêle, esta experiência misteriosa transmuda-se em obra-de-arte. O poeta é um padre, e esta filosofia conduz ao milagre. Êstes estetas esperavam o milagre, como os pobres coitados com quem pouco se preocupavam; para êles, infelizmente, não se pode dizer que êle se tenha produzido; êles não deixaram grandes obras; as melhores surgidas

551

foram as de Novalis, e principalmente os "Hinos para a Noite", que datam de 1798 e 1799.

Como na França, as artes plásticas não se emanciparam ao mesmo ponto. A arquitetura neoclássica continuava a servir de guia; a escultura de Canova unia, à inspiração da escola, a tradição voluptuosa do século XVIII. Na Inglaterra, todavia, a paisagem tendia a renovar a pintura, e as visões sobrenaturais de Blake aparen tavam-se com os sonhos românticos. A música alemã igualmente evoluía; a inspiração de Haydn, que apresentava então suas maiores obras, as "Estações" e a "Criação", recordava ainda o otimismo sorridente e confiante do século XVIII; mas a alma trágica de Beethoven já animava suas primeiras sonatas.

Em si próprio, o romantismo não se afirmava como doutrina política. Mas, como, também nesse setor, êle se dirigia ao sentimento, seus adeptos dependiam das circunstâncias. A reação triunfava: tendo sua carreira a fazer, êles não tardaram em se tornar ardentes contra-revolucionários. Aliás, descontentes com o presente, procuraram um refúgio num passado visionário; descobrindo o Santo Império e o papado medieval, Novalis, desde 1799, cantou os louvores da unidade cristã, que fêz a honra dos séculos anteriores; o catolicismo emocionava-os, por sua liturgia e pela música; o próprio Novalis dedicou um hino à Virgem. Êle continuou protestante; mas, posteriormente, tendo a Áustria mais funções a oferecer, muitos de seus amigos passaram ao serviço desta potência, e se converteram.

Seja qual fôr o interêsse das novidades, é preciso evitar exagerar a influência que teve sôbre a opinião pública. A maior parte daqueles que detestavam a Revolução não se inspiravam em motivos filosóficos e, se sentiam necessidade disso, êles os solicitavam às igrejas. Os últimos anos do século XVIII foram testemunhos, mais ainda no resto da Europa que em França, de um renascimento religioso, que o pragmatismo conservador e o intuicionismo favoreceram, mas que germinou espontâneamente. Assim como se aproximava dos tronos, a aristocracia sentiu-se solidária pelos cultos do Estado, e disse-se que Lúcifer tinha sido o primeiro dos jacobinos; aliás, as grandes catástrofes e as longas guerras conduzem sempre para os altares as multidões inquietas ou temerosas.

O catolicismo tinha grande necessidade dêste retôrno, porque era quem mais sofria. A França e os países que ela ocupava não eram mais que "países de missão". Na Alemanha, um nôvo desastre ameaçava, porque os tratados de Basiléia e de Campofórmio anunciavam uma secularização geral, e os protestantes, mesmo contrarevolucionários, encaravam com entusiasmo a idéia de "levar o exército negro para fora do Reno". Por outro lado, o despotismo esclarecido mantinha sua tutela; a Baviera obrigou o clero a pagar impostos; na Espanha, Saavedra e Urquijo, sucessores de Godoy desde 1798, davam-se como filósofos: interditaram os apelos à côrte de Roma, em 1799 e, para conseguirem dinheiro, pensavam nos bens eclesiásticos. Pio VI acabava de morrer, prisioneiro do Diretório, e a Áustria não escondia mais o desejo de partilhar o domínio temporal da Santa Sé com o reinado de Nápoles. Todavia, contra as esperanças de seus adversários, as infelicidades da Igreja lhe foram salutares, porque acarretaram simpatias para ela. A Inglaterra havia de bom grado acolhido os padres franceses deportados, e devia-lhes os primeiros germes de seu renascimento católico. Acrescentemos que, para acalmar os irlandeses, Burke não cessava de recomendar que se lhes concedesse liberdade religiosa, e Pitt pessoalmente pensava o mesmo. Na Alemanha, em redor de Fürstenberg e de Overberg, constituiu-se em Münster um pequeno grupo ardente, "a Santa Família", onde brilhavam a princesa Galitzine e a marquesa de Montagu, irmã de Mme. de La Fayette: em 1800, a conversão de Stolberg pareceu cheia de promessas. Paulo I dava também grandes esperanças. Êle autorizou o culto católico na Polônia; Joseph de Maistre e o P. Gruber persuadiramno a solicitar o restabelecimento dos jesuítas, e êle tomou sob sua proteção a ordem de Malta, que o elegeu grão-mestre.

Quanto ao protestantismo, que a Revolução não aprovava, o renascimento religioso apenas favoreceu. Na Alemanha, Schleiermacher renovava o fervor místico por seus "Discursos", que apareceram em 1799, enquanto Wackenroder e os românticos retornavam à religião pela intuição estética. Na Inglaterra, Wesley tinha morrido em 1791; criando, ao lado dos "preachers" leigos, uma hierarquia recrutada por cooptação, êle havia reaproximado o metodismo da igreja estabelecida e, em 1797, disso resultou um primeiro cisma; excitando o misticismo popular, a seita não interrompia suas conquistas. Ela exerceu sôbre o *dissent* profunda influência; foi ao adotar seus métodos, que os batistas progrediram, enquanto o presbiterianismo sociniano e racionalista de Priestley e de Price desaparecia ràpidamente. Formou-se mesmo, na igreja anglicana, uma corrente de evangelistas, dos quais Wilberforce foi o mais notável, que tentou, aliás, sem sucesso, revivê-la. O *dissent* renovado abandonou suas simpatias pela Revolução e, se se exagerou a influência conservadora que exerceu sôbre as massas populares, ela não parece, todavia, contestável. Na Alemanha, o círculo de Münster encontrava algo semelhante em Enckendorf, no Holstein, onde Reventlow sustentava a piedade protestante; Stolberg os freqüentou antes de sua conversão, e aí viu-se também o católico Portalis, futuro diretor dos cultos de Bonaparte. Reventlow, aliás, estendia seu zêlo a todo o ducado: êle depurou notadamente a Universidade de Kiel. Ao mesmo tempo, sem que se pudesse ficar surprêso, defendia com energia a autonomia da província contra o govêrno dinamarquês, a fim de que o poderio da aristocracia alemã ficasse ao abrigo do menor risco.

Aos olhos dos soberanos e dos reacionários de tôdas as categorias, a idéia nacional, orgulhosamente pregada pelos revolucionários, despertava hostilidade sem reservas, ou viva repugnância. Para os primeiros, ela representava a soberania do povo, e êles mediam o perigo por seus Estados compósitos. Aos olhos dos outros, ela associava-se à igualdade: "Nation, das klingt Jakobinisch." Nos Países-Baixos, a nobreza e o clero preferiram recair sob o jugo da Áustria, a perder seus privilégios; semelhantes temores enfraqueceram, na Polônia, a resistência nacional; na Hungria, os magnatas permaneceram fiéis aos Habsburgos e deixavam-se germanizar em parte, desde que se lhes abandonassem os camponeses. Os soberanos continuaram a consultar apenas às suas conveniências. Êles terminaram de dividir a Polônia. A Dieta húngara inùtilmente solicitou concessões a Viena: o magiar como língua oficial, vantagens aduaneiras, um acesso ao mar pela reunião da Dalmácia e de Fiume. Francisco fêz ouvidos moucos, malgrado as recomendações do regente, arquiduque José. Após a insurreição da Irlanda, Pitt resolveu-se a destruir o que restava de autonomia na ilha, pela supressão do govêrno e do Parlamento de Dublin: a união ia realizar-se em 1800.

Todavia, a guerra substituía pouco a pouco o nacionalismo ao cosmopolitismo. Ainda uma vez, os revolucionários deram o exemplo. A combatê-los, a Inglaterra acabava por se apaixonar também. O que restava do partido "whig" sob o estandarte de Fox, afetou, durante muito tempo, de acôrdo com as classes populares, a maneira de encarar o conflito como o negocio de Pitt e dos "tories"; mas quando, após Campofórmio, viu-se a Inglaterra isolada e a revolta estender-se na Irlanda, quando, sobretudo, se esperou o desembarque de um exército francês, o terror atingiu a opinião pública, e a guerra nacionalizou-se. Por outro lado, na Holanda, na Cisalpina, na Suíça, a França, desenraizando o Antigo Regime e introduzindo a unidade do território e do Estado, favorecia o despertar ou o progresso da nacionalidade. Sua intervenção favoreceu sobretudo à Itália, onde os unitários, mais numerosos do que se pode crer, contavam com o seu auxílio. Cedendo às necessidades da guerra, ela tratava êsses países como mercados militares, e assim nutria seus soldados; ela assim os fazia medir o preço da independência e, por um retôrno fatal, que Robespierre havia predito, voltava-os contra si própria: em 1799, os italianos acolheram como libertadores os austríacos e os russos. Mas o contágio apenas começava: a Alemanha não tinha sido tocada. Se o magnífico impulso das letras e das artes, o retôrno ao passado, suscitado pelo romantismo, e a ligação ao Santo Império, conservada pelas recordações históricas, exaltavam, entre os letrados, o sentimento nacional, êste ainda não havia assumido forma política; êle opunha a Alemanha, "Kulturnation", aos povos constituídos em Estados, e a suas metas bárbaras; de sua própria fraqueza, tirava-se a prova de sua superioridade e de sua missão divina. A orgulhosa resignação dêste imperialismo intelectual não devia sobreviver à invasão.

Terceiro capítulo

AS CONSEQÜÊNCIAS DA GUERRA: A POLÍTICA INTERNACIONAL

Os coligados sonharam sempre em esmagar a Revolução. Mas, por um lado, conduziram a guerra segundo seus métodos habituais, e a obra militar do Comitê de Salvação Pública os desconcertou; por outro lado, jamais perderam de vista o "engrandecimento", tampouco suas rivalidades tradicionais, de sorte que não combinaram seus esforços, dividiram-se, e finalmente separaram-se. A Inglaterra levava vantagens no mar e nas colônias; apenas a guerra terrestre, todavia, reduziria a França. Ora, ela engrandecia-se, no continente; tinha-se tirado dela a Itália, mas a segunda coalizão, por sua vez, decompunha-se. Assim como no interior da França os resultados da Revolução permaneciam em parte incertos, o nôvo equilíbrio da Europa estava para ser fixado.

I. *A guerra anglo-francesa*

Assim como se viu, a Grã-Bretanha conduziu sua guerra como as precedentes. Preocupou-se, sobretudo, em aumentar a frota e, pouco a pouco, chegaram-se a multiplicar as fragatas para a caça aos corsários, a escolta de navios mercantes, a vigilância dos portos inimigos. Foi apenas no final da década que se empreendeu aumentar sensìvelmente os efetivos no exército. Para controlar a opinião pública, Pitt absteve-se de recorrer ao serviço obrigatório, e aumentou moderadamente os impostos; o empréstimo e o recurso ao Banco para a dívida flutuante financiaram o orçamento extraordinário. Como de costume, o melhor das fôrças foi empregado a expulsar o adversário do mar, a conquistar-lhe as colônias, a bloquear-lhe as costas. Salvo no início, e novamente na Holanda em

1799, a Inglaterra deixou aos aliados, que subvencionava, o cuidado de combater no continente. Grenville justificava sem cessar êste traço clássico, alegando que valia mais pagar os coligados que enviar-lhes reforços, em prejuízo da indústria, que assim seria privada de mão-de-obra; o dinheiro, aliás, não era perdido, porque êle pagava as provisões necessárias aos exércitos mercenários.

Resultados importantes iam-se concretizando. O domínio colonial dos franceses, dos holandeses e mesmo dos espanhóis, via-se cortado. Desde 1798, Jervis, conde de Saint-Vincent, organizava cruzeiros permanentes, a curta distância dos portos inimigos, com auxílio de um serviço de reabastecimento e tendo os navios ordem de regressarem para o canal da Mancha, se esquadras inimigas forçassem o bloqueio. No mesmo ano, os britânicos tornaram a entrar no Mediterrâneo, apoderaram-se de Minorca, instalaram-se na Sicília, anexaram a si os navios portuguêses e napolitanos. Em 1799, a frota batava foi capturada, e Nelson destruiu a de Brueys, em Aboukir; o exército do Egito estava bloqueado, e Malta sitiada. A menos que Paulo I a isso se opusesse, o Mediterrâneo ia tornar-se inglês. As linhas de comunicação encontravam-se relativamente asseguradas pelo tráfico em comboios escoltados; a Grã-Bretanha não tinha perdido mais que 500 navios por ano, 3% do efetivo, apenas um pouco mais que pelos riscos do mar; de 1793 a 1800, a segurança, que subia a 50% durante a guerra da América, não ultrapassou 25 (em 1802, após a paz de Amiens, ela só desceu a 12); capturaram-se 743 navios corsários e, desde 1798, mantinham-se prisioneiros 22.000 marinheiros. Enfim, o bloqueio colocava os navios neutros sob a dependência do govêrno de Londres, assegurava-lhe o monopólio, tão desejado, das mercadorias coloniais e estendia consideràvelmente as exportações.

O final da guerra, todavia, não parecia próximo. Os franceses conservavam a aliança da Espanha, e dispunham da Holanda. Êles ainda se aventuravam pelo mar: em 1799, Bruix saiu de Brest, atingiu Toulon e voltou. Tôdas suas colônias não estavam perdidas, e as de seus amigos menos ainda. Sua marinha mercante declinava, mas a cabotagem continuava. Sofriam graves danos econômicos; entretanto, podiam viver, e mesmo prosperar novamente, se conservassem suas conquistas e restabelecessem a paz continental. Além disso, esta lhes permitiria consagrar todos os recursos à guerra marítima. Longe de sonhar em capitular, êles não abandonavam a esperança de desembarcar, algum dia, um exército, na Grã-Bretanha ou na Irlanda, e, desprezando a economia da "pérfida Albion", contavam atingi-la através de seu comércio; as mercadorias inglêsas eram proibidas em França e, depois do decreto adotado pelo Diretório a 29 nivoso do ano VI (18 de janeiro de 1798), a ruptura com os neutros punha fim à importação fraudulenta. Êste "bloqueio continental" não demonstrava apenas o ardor combativo: a burguesia manufatureira, profundamente protecionista, e não esquecendo seu rancor pelo tratado de 1786, regozijava-se por eliminar a concorrência de seus rivais britânicos; os algodoeiros, sobretudo, desejavam apaixonadamente a proibição, senão dos fios finos imediatamente, pelo menos dos outros, assim como dos tecidos; Fontenay, o grande negociante dè Ruão, transformara-se um advogado dêles e, após o 18 brumário, também manejarão Bonaparte. Esta política, além de apresentar faca de dois gumes, pois privava a França de matérias-primas e de mercadorias de consumo de origem colonial, conduzia a reconhecer que, limitada à República, sua eficácia não seria decisiva: era necessário associar a Europa. Ela era imposta aos países ocupados e, em princípio, a Espanha aderiu; e pensava-se que, apoderando-se das cidades hanseáticas, poder-se-ia fechar ao inimigo o acesso ao mercado alemão.

A Inglaterra não triunfaria, a não ser que seus aliados vencessem em terra; a França não realizaria seu desígnio, a não ser obtendo o concurso da Europa, seja conciliando-a, seja submetendo-a à sua hegemonia. Assim sendo, a guerra corria o risco de se eternizar, e o fim da "segunda guerra dos Cem anos" dependia da política continental.

II. A *guerra continental*

No continente, os inimigos da Revolução também conduziam as hostilidades segundo suas tradições. Não lhes faltavam homens. Calcula-se que de 1792 a 1799 êles perderam 140.000 mortos, 200.000 feridos, 150.000 prisioneiros: era muito, sem dúvida, mas êles não estavam esgotados. Sobretudo faltava-lhes dinheiro. Na Áustria, malgrado o aumento dos impostos, o deficit aumentava sem cessar; recorreu-se ao empréstimo, às vêzes forçado, e a Inglaterra, além de seus subsídios, teve que autorizar, ou mesmo garantir, emissões em Londres. Malgrado tudo, não se pôde sustentar, a não ser graças ao papel-moeda, o "Banco-zettell", ao qual se deu curso forçado, para sustentar a campanha de 1800. O florim começou a se depreciar; na troca, êle perdia 16% em Augsburgo, em 1801. O rublo mostrava-se mais fraco ainda: em Leipzig, só era adquirido a 60%; no govêrno de Paulo I, a dívida, contraída principalmente na Holanda, elevou-se de 43 a 132 milhões de florins e a isso acrescentaram-se, cada ano, 14 milhões de rublos-papel.

558

A Suécia também imprimiu cédulas, que perderam mais de uma quarta parte do valor, em 1798. Sem as subvenções de Pitt, os aliados continuariam dificilmente a guerra. Mas existia ainda uma coalizão?

Paulo I acabava de fazer voltar o exército de Souvorov, e não se podia contar com o seu regresso, porque Rostoptchine, hostil à intervenção contra a França, obtivera vantagem sôbre Panine, e tinha sido nomeado chanceler. A ruptura com a Áustria arriscava fazer a Rússia romper com a Inglaterra. Os estreitos sendo-lhes abertos, o czar exercia, na Turquia e no Mediterrâneo, uma influência que seus sucessores jamais tornaram a encontrar, erigia as ilhas jônicas em república, sob seu protetorado, participava da ocupação do reino de Nápoles, sustentava o rei da Sardenha contra Thugut, lançava suas vistas sôbre a Córsega, e contava instalar-se em Malta, na qualidade de grão-mestre: a 3 de novembro de 1799, Grenville prometeu que a Inglaterra, após haver conquistado a ilha, aí não permaneceria. No momento, todavia, em que Paulo I rompesse a luta contra a Revolução, não se daria o contrário? Conseqüências de grande alcance poderiam resultar disso, porque bastaria à Rússia ressuscitar a linha dos neutros, e fechar assim o Báltico, para que se desferisse um golpe terrível à exportação e ao reabastecimento da Grã-Bretanha.

Em todo caso, a Áustria, pelo momento, continuava sòzinha na Europa, contra a França. Oficialmente, a Dieta a sustentava; mas, depois da paz de Basiléia, o Santo Império não passava de uma sombra. A Prússia mantinha sob sua garantia a neutralidade da Alemanha do Norte, inclusive o Hanôver. Atrás da linha de demarcação, o "círculo encantado" como dizia o austríaco Hudelist, estas regiões gozavam de perfeita tranqüilidade e de grandes proveitos comerciais; o prestígio da Prússia aumentava, e Frederico Guilherme tornava-se uma "estrêla polar", um "antiimperador": êle bem pretendia colocar-se à frente de uma confederação da Alemanha do Norte. Bem entendido, também pensava em se engrandecer, esperava impacientemente as secularizações, vigiava Hanôver, manobrava para anexar Nurembergue. Expulsada do Norte, a Áustria via-se desconsiderada, no sul, pelo abandono da margem esquerda do Reno, e mal servida, pelas pretensões que conservava sôbre a Baviera: Maximiliano José que, em 1799, substituiu Carlos Teodoro, temeu um momento por sua sucessão. Quanto a Wurtemberg, seu Landtag, em conflito crônico com o duque Frederico II, enviava agentes a Paris. Nestas condições, os príncipes da Alemanha do Sul só seguiam a Áustria por mêdo, e não esperavam senão a ocasião propícia para se entenderem com a França. Uma reunião dos alemães contra a República afirmava-se então impos-

559

sível, e o desaparecimento do Império parecia mesmo provável. O chanceler Thugut não se preocupava exageradamente com isso e lastimava ainda menos a perda dos Países-Baixos; sem negligenciar de se indenizar na Polônia, êle havia absorvido os Estados venezianos e, expulsos os franceses da Itália, esperava ir substituílos. Nesse caso, considerava não sem razão que, feitas tôdas as contas, seu chefe não teria muito de que se lamentar.

Contra a Áustria, nova campanha impunha-se à República: foi em parte para que a conduzisse eficazmente, que os brumarianos cederam o poder a Bonaparte. Conquistada a vitória, a França encontrar-se-ia numa encruzilhada. A paz continental não teria dificuldades, se ela renunciasse à pretendida "fronteira natural" do Reno; em caso contrário, ela não era irrealizável, por algum tempo, com a condição de que não se ultrapassasse esta fronteira e que, unindo-se por esta aquisição à política do Antigo Regime, se concedesse às outras potências vantagens correspondentes; nesse caso, a Inglaterra, isolada, poderia, cansada de guerra, resignar-se também a um compromisso, guardando a França suas conquistas, bem como suas colônias, e deixando à sua rival domínio dos mares, com a faculdade de terminar a submissão da Índia. O outro têrmo da alternativa seria franquear as "fronteiras naturais", e condenar-se a submeter a Europa, na esperança de levar a Grã-Bretanha à capitulação pelo "bloqueio continental".

Não há dúvida de que a opinião pública, em França, preferia a primeira dessas alternativas. Mesmo à maioria dos republicanos se lhes repugnava renunciar às "fronteiras naturais", porque a aquisição, a seus olhos, não se separava mais da causa da Revolução, sabiam bem que o interêsse nacional exigia que se limitasse a isso. Mas a decisão dependia exclusivamente de Bonaparte.

Quarto capítulo

AS CONSEQÜÊNCIAS DA GUERRA: O IMPULSO DO CAPITALISMO NA GRÃ-BRETANHA; A EXPANSÃO EUROPÉIA NO MUNDO

A guerra, como sempre, alterou as vias do tráfico internacional; contrariou também, no continente, o impulso do capitalismo. Do conflito, a Inglaterra retirou, todavia, apreciáveis benefícios, e estendeu o império. Mas a expansão européia entravou-se, e o abalo do sistema colonial agravou-se, orientando-se a América Latina para a emancipação, e a França abolindo mesmo a escravatura.

I. *O comércio internacional*

Destituída dos mercados que a França controlava, mas desembaraçada da concorrência francesa, a Grã-Bretanha indenizou-se à custa de seus aliados e dos neutros. Pelos portos hanseáticos, lançou-se à conquista da Alemanha: em 1800, expediu para Hamburgo 500 navios, em lugar de 49 em 1789; nas feiras de Francfort e de Leipzig, entrou em contacto com os suíços e os austríacos, os poloneses e os russos; seus algodões, e sobretudo seus fios, expulsaram os produtos helvéticos e saxões; seu tráfico com a Alemanha passou de 2 milhões de libras em 1789 para 13,5 em 1801. Amsterdão tombada nas mãos dos republicanos, a finança orientou-se para Londres: o eleitor de Hesse aí colocava seus fundos, e foi ao auxiliá-lo que Meyer Amschel Rothschild, de Francfort, desenvolveu seus negócios; em 1798, seu filho Natham instalou-se na Inglaterra, e aí logo enriqueceu. A importância do Báltico aumentou no comércio britânico: 72% das importações dêste vinham, no

561

início do século XIX, da Prússia e da Rússia, três-quartas partes dos cereais, só do pôrto de Dantzig. Os navios dos hanseatas e dos escandinavos prestavam-se a seu serviço e, providos ou não de licenças, continuaram a atingir os portos franceses, pelo menos até que o Diretório rompeu com os neutros. A decadência da Holanda acelerou-se, ao contrário, e Amsterdão cedeu lugar a Hamburgo; o ativo de seu banco, que atingira 13 milhões de florins em 1793, caía a 1,5 em 1799.

No Atlântico, a preponderância da marinha inglêsa acentuava-se, de ano para ano; associada à marinha dos neutros, ela atribuiu-se o tráfico triangular entre a Europa, as costas da África, de onde se retiravam os escravos negros, e as regiões americanas de culturas tropicais. Todavia, a expansão dos Estados Unidos contrabalançou, em certa medida, esta ascendência: seus navios desenvolveram também um percurso triangular entre seus próprios portos, as Antilhas ou a América Latina, e a Europa. Tendo obtido o tratado Jay, os britânicos acomodaram-se, tanto mais que a atitude do Diretório levou John Adams a romper com a França. Na parte meridional do oceano, a aliança da Espanha com a França permitiu aos inglêses reduzir a quase nada as relações com suas colônias, e a rota do Cabo passou a ver apenas comboios britânicos. Nos mares asiáticos, êles não encontravam mais que alguns americanos: a Companhia Francesa das Índias desapareceu em 1791, e a Companhia Holandesa, em 1798.

No Mediterrâneo, a França resistiu melhor; Gênova e Livorno, os barbarescos e os gregos vieram em seu auxílio; conquistando a Itália, ela aí atrapalhou o inimigo, sem eliminá-lo; mas perdeu-a em 1799 e, desde 1798, viu-se expulsa do Levante.

Entre o Mediterrâneo e os mares setentrionais, a guerra marítima aumentou a importância da união continental. Assegurada, até então, por uma boa parte, através da França, Itália, Suíça e Holanda, ela foi comprometida pelo fechamento do caminho renano. Desde 1790, a França interrompera o trânsito pela margem esquerda, levando sua alfândega ao rio; a ocupação da Renânia e da Holanda foi, para êste caminho, um nôvo golpe; em 1798, o Diretório aplicou sua tarifa à passagem do Reno; fechando-se a embocadura, o tráfico de Colônia já havia periclitado e encontrou-se reduzido, em 1800, a menos de um têrço. Uma parte apenas do tráfico insinuava-se pelo Emdèn para Francfort, para alimentar o contrabando, ou atingir a Suíça. Esta última, por outro lado, via-se separada de Gênova. A transversal européia recuou, portanto, para o leste, como no tempo de Luís XIV: ela passou, daí para diante, por Hamburgo e Leipzig, para atingir Veneza, e de preferência Trieste.

II. A produção

O comércio inglês ultrapassou, em 1800, 30 milhões de libras na importação, e 35 na exportação: 53% a mais que em 1792 e o saldo credor atingia quase o dôbro. A tonelagem dos navios saídos havia aumentado de um têrço, e elevava-se a perto de dois milhões de toneladas. Foi durante a guerra que se construíram as docas de Londres e as adotaram com o sistema de: entrepostos. A extensão do mercado explica em parte êstes progressos, tanto mais que, graças aos neutros e ao contrabando, as expedições para a França e os países por ela controlados não diminuíram muito. O avanço da Inglaterra, no caminho da produção racionalizada ou mecanizada, e da concentração capitalista, devia encontrar-se aumentado.

A alta dos preços foi também um fator favorável. A guerra acentuou-o por tôda parte e contribuiu também indiretamente, para o aumento da emissão fiduciária em quase todos os países. A França não a sofreu sòzinha: na Espanha, o banco de São Carlos só por pouco escapou à bancarrota, em 1799. Na Inglaterra, ao contrário, parece que a conjuntura monetária e o desenvolvimento da organização bancária favoreceram a emprêsa. Os capitais estrangeiros para lá afluíam; em 1794, o Banco de Londres comprou por 3 milhões 3/44 de metais preciosos; após a ocupação da Holanda, êle tornou-se o refúgio mais seguro, e o balanço do tráfico externo, em ativo, atingiu o mesmo resultado. A cunhagem do ouro pôde ser reencetada: 2 milhões em 1797, perto de 3 em 1799. Após a crise de 1793, os bancos dos condados tornaram a multiplicar-se: em 1800 seu número elevava-se, diz-se, a 386; êles continuavam a emitir cédulas sem contrôle, e, além disso, acrescentavam, pròvàvelmente, certa inflação de crédito à inflação do papel. O Banco de Londres estendia, pouco a pouco, suas operações: em 1800, êle tratava com 1.340 clientes. A suspensão da conversibilidade da "bank-note" em 1797 teria podido desferir à economia inglêsa um golpe terrível. Como se viu, entretanto, ela não provocou o menor pânico; a inflação permaneceu o suficientemente moderada para não arruinar a -moeda, e poupou aos inglêses a deflação, de que sofreu o Diretório. Aliás, uma baixa - da libra favorecia a exportação, pois os chefes de emprêsas guardavam o numerário, enquanto pagavam seus operários em papel-moeda. Em seu empirismo, a política financeira da Grã-Bretanha testemunhou um contrôle de que país algum era então capaz.

Os preços subiram de maneira mais ou menos contínua; em relação aos de 1790, tomando-se como índice 100, êles se elevaram a 109 em 1793, e atingiram 156 em 1799; o "quarter" de trigo, que valia em média 45 shillings de 1780 a 1789, subiu a 55, durante a década seguinte.

Todavia, segundo Beveridge, o índice de atividade industrial, em pleno crescimento até à guerra (112 em 1792, em relação a 1785), teria descido em seguida até 85 em 1797, para subir posteriormente até 107, apenas, em 1803. É necessário reconhecer que a extensão da exportação resultou, em boa parte, da revenda dos produtos coloniais, dos quais a guerra pràticamente assegurava o monopólio à Grã-Bretanha, a ponto de os plantadores se lamentarem sôbre a baixa do açúcar, cujo consumo interno, todavia, aumentava sem cessar. Todavia, as necessidades do exército e da marinha sustentavam a procura. O desaparecimento do aço alemão favoreceu também a metalurgia; esta incrementou o emprêgo da hulha na fundição, e a extração se desenvolveu; em 1800, a Inglaterra exportou, aliás, 2 milhões de toneladas de carvão e 1 milhão e meio de toneladas de metais e ferro. Mais que nenhuma outra, a indústria do algodão prosperou: de um milhão e meio de libras, suas exportações elevaram-se a 6 milhões em 1800; em 1797 ainda, ela não importava senão 734.000 libras esterlinas de algodão; três anos depois, ela atingia 1.663.000 libras.

Em todo caso, não se pode duvidar de que a revolução industrial prosseguiu seus progressos. Todavia, é necessário repeti-lo, ela não avançava tão depressa quanto às vêzes se pensa. A fiação do algodão vinha na frente, mas êle continuava a ser tecido a mão: o tear mecânico de Cartwright só foi adotado, pela primeira vez, em 1801, em Glascow, e não se difundiu senão depois da invenção, por Radcliffe, da "dressing-machine", por volta de 1804. A lã continuava nas experiências; ela empregava mesmo pouco a "jenny", e a máquina de Cartwright, para a fiação dos fios penteados, não ficou pronta a não ser em 1806. A exploração carbonífera permanecia atrasada, malgrado a utilização crescente do *rail*, e a introdução do vapor. Êste último não penetrava na indústria, senão através de algumas fiações de algodão, contentando-se as outras com o "water-frame". Quanto às comunicações, os canais sobretudo retinham a atenção e havia poucas estradas boas. Graças à lentidão dos transportes, e aos salários cada vez mais baixos, as fábricas tradicionais defendiam-se enèrgicamente, e a concentração continuava a se manifestar sob a forma comercial, de preferência à criação de usinas. Dos capitães de indústria dessa época, Davi Dale, sogro de Robert Owen, Radcliffe, de Stockport, começaram por fazer trabalhar a domicílio. Todavia, o "mule", sem ser adotado por tôda parte, conferia à fiação algodoeira uma superioridade irresistível; as fábricas de chapéus prosperavam; a metalurgia modernizava-se, em grande parte, e os "engineers", entre os quais o mais famoso era Bramah, inventor da prensa hidráulica, multiplicavam as máquinas-ferramentas.

A alta dos preços favorecia também a agricultura. A Inglaterra, agora, não produzia mais quantidade suficiente de cereais para se nutrir, e a guerra tornava as compras custosas, embora a "corn-law" não vigorasse mais, tão caro estava o trigo; êle dava mais lucro que a criação de gado, e semeava-se mais. Também a alta dos preços estendia mais que nunca o cercado: foi a idade de ouro para os "landlords" e também para os fazendeiros. A técnica continuava a melhorar e, em 1793, havia-se colocado J. Sinclair e A. Young à testa de um "Board of agriculture". A revolução agrária aumentava, na Escócia, onde os chefes de clãs, reconhecidos "landlords", para se consagrar à criação, despojavam os arrendatários das terras, os quais eram obrigados a emigrar. Esta prosperidade agrícola reforçava o poderio do país, pois o tornava menos vulnerável, quanto a seus meios de subsistência; auxiliava também os pequenos proprietários a se manterem, e mesmo a aumentar em número, em certos condados; sobravam poucos, na verdade; pelo menos êles se consideravam satisfeitos com a sorte e, com os arrendatários, constituíam um elemento de estabilidade.

Malgrado seus progressos, o capitalismo inglês não pensava ainda na livre troca. Longe de renunciar à "corn-law", proprietários e fazendeiros solicitavam que ela fôsse reforçada; os industriais permaneciam fiéis ao mercantilismo, a ponto de interditar a exportação das máquinas. Mas, no interior, êles iludiam cada vez mais a regulamentação, que limitava o número de aprendizes, e autorizava a fixação de um mínimo para os salários. Ao contrário, os operários continuavam a invocar os "statutes of labourers", e sustentavam suas reclamações pela colocação no índex e pela greve, proibidas em princípio, mas que os juízes hesitavam em condenar, quando os próprios patrões davam o exemplo de violar a lei. Também, o "Combination act", de 12 de julho de 1799, que renovou as penalidades contra os grevistas e as associações operárias, quando a autoridade deixava cair em desuso os regulamentos favoráveis aos salariados, é digno de menção. Deprimidos pela afluência das crianças confiadas à assistência pública, de mulheres, de camponeses despojados de terras, os salários só de longe seguiam à alta das mercadorias, e ainda eram cerceados pelo "truck-system", ou pagamento em espécie, e por multas arbitrárias; mas eram completados, depois de 1795, à custa da "poor-tax", por meio de auxílios proporcionais ao preço do pão, e é o que explica a relativa resignação das classes populares.

A supremacia econômica da Grã-Bretanha afirmava-se mais ainda porque, no continente, a guerra retardou, mais ainda que na França, a renovação da indústria. A Suíça e o Saxe, para sustentar a concorrência, pensavam em modificar seu ferramental algodoeiro: a máquina de tricotar surgiu em Chemnitz, em 1797, e o "waterframe" em 1798; a concentração da fiação aí tornava-se patente. Em geral, o capitalismo nem sempre ultrapassava a forma comercial. Produções tradicionais, aliás, sofriam pela conjuntura: a do linho ficou arruinada, na Silésia. Para a agricultura, a Dinamarca apenas imitava sèriamente a Inglaterra, que não podia deixar de se felicitar com isso, pois ela importava seus cereais. Via com os mesmos olhos o progresso dos Estados Unidos, sobretudo para o algodão "sea island", levado das Bahamas em 1786, oferecido em Glascow, pela primeira vez, em 1792 e logo apreciado pelos donos das fiações. Quando as dificuldades da debulha foram resolvidas pela máquina de Whitney, em 1793, a exportação foi imediatamente de 8 milhões de libras, e elevou-se em 1800 até perto de 20, valendo 5 milhões de dólares. Foi um acontecimento de grande alcance para os Estados Unidos, porque a escravatura tornou-se, desde então, para o sul, uma instituição fundamental, e os plantadores puseram-se a cobiçar a Flórida e a Luisiânia. Mas, no momento, o Norte não viu aí senão uma ocasião de empregar seus capitais e navios; as máquinas inglêsas apenas começavam a ser introduzidas: em 1790, Slater criou a primeira fiação, segundo o sistema de Arkwright. O país continuava puramente agrícola, e a indústria britânica para aí duplicou suas remessas. As grandes fortunas dos Astor e dos Girard edificaram-se sempre pelo comércio e as especulações prediais. Entretanto, a situação, no momento da subida de Bonaparte ao poder, tornava-se tensa, na Inglaterra. A guerra continuava a levar seus males ao continente, e a penúria obrigava a comprar os cereais: isso custou perto de 3 milhões e meio; o ativo do banco diminuiu, e o câmbio baixou: a libra perdeu 8% em Hamburgo, e 5, em Cadix. No interior, as pequenas "bank-notes" de uma ou duas libras se espalhavam: no fim do ano, elas representavam uma décima-parte da emissão; o numerário tornou-se raro e fêz ágio; generalizou-se a prática ilícita dos dois preços; Pitt, por outro lado, percebia que lhe seria necessário agravar os impostos. O mal havia piorado, porque Londres sofreu o contragolpe da catástrofe que abateu Hamburgo. As condições do comércio internacional não eram completamente sãs, devido à guerra: Londres, Hamburgo e Amsterdão especulavam sôbre mercadorias coloniais, concedendo-se créditos recìprocamente e imobilizandò seus capitais, para constituir estoques. Em 1799, no decorrer do inverno, a alta tornou-se vertiginosa em Hamburgo, porque o Elba tinha sido tomado, e as chegadas dos barcos suspensas; quando sobreveio a debacle, antes das feiras da primavera, os navios afluíram, o que

566

acarretou uma baixa fulminante: o açúcar perdeu 72%; ao mesmo tempo, a guerra recomeçou e, em agôsto, às vésperas da invasão anglo-russa, os banqueiros de Amsterdão cortaram os adiantamentos. Cento e trinta e seis casas de Hamburgo estouraram, e os Parish perderam mais de um milhão de marcos. Tôdas as praças da Europa foram atingidas, mas sobretudo Londres; a indústria algodoeira despediu empregados, ou diminuiu os salários, enquanto o preço do pão subia exageradamente; o "quarter" de trigo, de 49 shillings no início de 1799, iria atingir 101 shillings, em fevereiro de 1800.

Esta crise não ia tardar a comprometer o moral da nação. Ela reforçou os franceses em sua convicção do caráter artificial e frágil da economia britânica.

III. *A expansão européia*

Senhora dos mares, a Inglaterra encontrava-se, sòzinha, em estado de impor a autoridade do branco no mundo. Ela não se mostrava muito inclinada a isso. A opinião mercantil não adotava a hostilidade de Bentham para com as colônias; mas a emancipação dos Estados Unidos não a encorajava a multiplicá-las. O Canadá, é verdade, mantinha-se tranqüilo, depois que o "bill" de 1791, deixando de lado a Nova Escócia, o Nôvo Brunswick, a ilha do Príncipe Eduardo, havia organizado duas províncias, uma francesa, outra inglêsa, providas cada uma de uma assembléia eleita, sem govêrno parlamentar; o clero católico, aliás, não sentia nenhuma simpatia pela França revolucionária. Êste país, todavia, não interessava aos negociantes britânicos. Êstes só se preocupavam com as ilhas açucareiras, e, mesmo, não pensando senão no lucro, consideravam sobretudo a expansão do tráfico: seu imperialismo, portanto, apresentava sobretudo um caráter comercial.

O império aumentava, todavia: as Antilhas francesas eram uma prêsa interessante; Curaçao e a Trindade, também; enormes capitais foram investidos na Guiana holandesa, ocupada de 1796 a 1800, e aí decuplicaram a produção; a marinha tinha necessidade de escalas, como o Cabo, do qual se apoderou em 1795; os chefes coloniais, filhos da aristocracia, satisfaziam o gôsto pela ação, desenvolvendo espontâneamente a conquista.

Na África, a colônia de Sierra Leone havia sido fundada em 1792; Mungo-Park explorou o Niger até Tombuctu. Na Austrália, Philipp desembarcou o primeiro comboio de degredados, em Sidney, em 1788. Era na Índia, sobretudo, que os inglêses se expandiam. Sem se mostrar empreendedor, Cornwallis teve, entretanto, que sustentar o Nizam contra Tippou que, no fim de 1789, tornou a entrar em batalha. Em 1791, o governador terminou por assumir a direção das operações e, no ano seguinte, impôs a seu adversário a cessão de um têrço de seu domínio, e o pagamento de uma indenização de 3 milhões de libras. A guerra européia permitiu, em seguida, a ocupação dos territórios sobrados à França. Ela endividou a Companhia: com uma renda que subiu em 1797 a 8 milhões de libras, ela só se manteve pelo empréstimo, e sua dívida, que se elevava, então, a 10 milhões, iria duplicar-se em 1805. Cornwallis aplicou-se principalmente às reformas. Êle dotou a Bengala de tribunais, constituídos por juízes inglêses e assessores hindus. O "permanent settlement" de Bengala, em 1793, permaneceu, entretanto, como o traço mais conhecido de seu govêrno, e constitui um bom exemplo de exploração colonial, assegurada à custa da população indígena, pela colusão dos conquistadores com sua própria classe dominante: os zamindars, que consolidavam tradicionalmente a percepção das rendas coloniais e do impôsto, foram reconhecidos proprietários do solo, de sorte que os camponeses se viram reduzidos a arrendarem dêles as terras.

Cornwallis deixou a Índia em 1793, e seu sucessor manteve a paz. Todavia, a situação se ensombrecia; Tippou mantinha-se em entendimentos com a ilha de França, e a presença de Bonaparte no Egito dava que pensar; a Índia e os Mahrattas agitavam-se; não se podia confiar no Nizam. Mas, em 1798, chegou Richard Cowley, conde de Mornington, depois marquês de Wellesley. Êle impôs sua aliança ao Nizam, e ocupou Haïderabad. Depois, em 1799, atacou o soberano do Mysore, que morreu em sua capital, Seringapatam, tomada em 4 de agôsto. Cowley dividiu sua conquista entre a Companhia e o Nizam. Após o que, atirou-se às Mahrattas. Êle vigiava também o Pundjab, onde Randget Singh havia feito os afegães lhe cederem Lahore, em 1794. Na Pérsia, Malcolm ia obter, em 1801, um tratado, que abriu ao comércio inglês a costa do gôlfo. Perim foi ocupada no Mar Vermelho, em 1798. Para o leste, Malaca e as Molucas igualmente sucumbiram.

Sem a guerra européia, o Extremo Oriente teria provàvelmente sido abordado. Na Indochina, Nguyen-Ahn reconquistava, pouco a pouco, o Annam e o Tonkin; mas a influência francesa tinha caído a zero. Em Pequim, o inglês Macartney, enviado em 1793, não obteve nenhuma concessão; todavia, após a morte de K'ia King (1796-1820), beberrão e cruel, ameaçado pelos revoltados das sociedades secretas, não estava mais em condições de resistir, se o tivessem atacado pela fôrça. O Japão, mais fraco ainda, não via

568

sem inquietação os navios inglêses, e sobretudo russos, abordarem Sakhalin, as Kurilas e mesmo Yeso, em 1792.

Os missionários continuavam a se ocupar sobretudo da América. Na China, K'ien-Long havia perseguido os lazaristas, sucessores dos jesuítas, e sua missão, cujo recrutamento fôra detido pela Revolução, desapareceu em 1800. A novidade foi a entrada dos protestantes em campo, os quais, até então, apenas alguns irmãos morávios representavam além-mar, fora da América anglo-saxônica. A Inglaterra, também nesse setor, transtornou a situação: em 1792, os batistas tomaram a iniciativa; em 1795, os anglicanos fundaram a "London Missionary Society"; em 1799, Marsham desembarcou em Bengala, onde a Companhia, pouco preocupada com um proselitismo capaz de irritar os indígenas, acolheu-o, aliás, muito mal.

Quanto à emigração branca, estava pràticamente nula. É pelo excedente dos nascimentos que os colonos da América do Norte se multiplicavam, e avançavam, para o interior, guerreando contra os indígenas. Nos Estados Unidos, o Kentucky e o Tennessee foram admitidos, à Federação, em 1791 e em 1796; o Ohio constituiu-se no fim do século. Mas o Oeste não contava ainda, em 1800, senão 370.000 habitantes, sôbre mais de 3 milhões. Entre o Atlântico e o Pacífico, onde Vancouver explorou a costa, de 1790 a 1795, e onde os russos acabavam de surgir, não havia outra ligação que os postos da Companhia do mar de Hudson, que atingiam a Colúmbia; no norte, Mackenzie explorou, em 1793, as solidões árticas.

IV. *O abalo dos impérios coloniais*

Medìocremente aumentado, o domínio colonial da Europa preparava-se para novos desmembramentos, desta vez à custa das potências latinas.

No da França, a convocação dos Estados gerais, como se viu, encorajou a ambição autonomista dos crioulos; depois, ao desejo de escapar ao exclusivismo, o aspecto que a Revolução tomou acrescentou a vontade de manter os homens de côr em sua condição inferior, e de prevenir tôda tentativa de libertar os escravos. Os plantadores terminaram por se unir com a Inglaterra e, mais tarde, l'Ille de France, recusando reconhecer a Constituição do ano III, expulsou o representante do Diretório.

Naquela ocasião, as possessões americanas da Espanha ainda não lhe escapavam; mas a tempestade aí se preparava. A influência da Revolução francesa, corroborando a da filosofia das luzes

569

e a da emancipação dos Estados Unidos, não pôde senão aumentar a independência de espírito entre certos crioulos, e encorajar os plantadores a sacudirem o jugo da metrópole, para se assegurarem a liberdade de comércio. Desta, Belgrano, iniciado nas novas idéias, em 1789, no decorrer de sua estada em Espanha, fêz-se o apóstolo em Buenos Aires, onde se tornou, em 1794, secretário do "Consulado", quer dizer, da Câmara de Comércio. Mas a aliança de Carlos IV com o Diretório excitou muito mais a fermentação. O bloqueio britânico reduziu a quase nada as exportações dos portos da América espanhola: de 5.470.000 piastras em 1796, as de Buenos Aires desceram a 35.000 em 1797. Os navios neutros e aliados receberam autorização para aí entrarem; o remédio foi de fraco resultado e, aliás, foi suprimido em 1800. Esta crise, que devia prolongar-se, foi uma das principais causas do movimento de independência.

Desde cedo, pessoas aventureiras haviam conspirado; em 1796, na Venezuela, um complô provocou execuções e a fuga de Rodriguez e depois de Bolivar; descobriram-se três complôs no México, de 1794 a 1799. Outros, mais prudentes, pensaram em aproveitar as cobiças seculares da Inglaterra, sôbre a América espanhola, e os interêsses comerciais dos Estados Unidos, assim como o conflito das potências européias. Brissot, desde 1792, não havia sonhado em encarregar Miranda, que servia então no exército comandado por Dumouriez, de provocar a revolução em sua pátria? Após a paz de Basiléia, e sobretudo quando a Espanha passou para o campo dos republicanos, o venezuelano voltou-se para a Inglaterra, com a qual, aliás, jamais perdera o contacto. Em 1795, êle teria feito criar, em Madri, de acôrdo com Olavide, uma "junta" da América do Sul; em Cadix, constituiu-se outro grupo, do qual o chileno O'Higgins fêz parte, em 1799. Quando o Diretório, após o 18 frutidor, expulsou Miranda, êste último foi solicitar auxílio a Pitt, como "agente geral" das colônias; os inglêses ocupavam Curaçao e Trindade: estas ilhas, já centros de contrabando, seriam excelentes pontos de apoio para expedições insurrecionais. Londres tornou-se um quartel-general para os crioulos refugiados; Narino terminou dirigindo-se para lá; êles teriam fundado uma associação, chamada "loja Lautaro", para preparar a libertação. Pitt só recebeu Miranda após Aboukir, e orientou-se na direção dos Estados Unidos que, tendo rompido com a França, talvez entrassem no seu jôgo. Êles também se endividaram. No 18 brumário, o negócio ficou em suspenso.

Metropolitanos ou crioulos, os europeus não contavam, no início da Revolução, com que as populações indígenas, um dia, aspirassem também à independência. As novas idéias inspiraram apenas,

570

na América Latina, alguns raros defensores em favor dos indianos e, na França, apenas os direitos dos homens de côr, no princípio, encontraram defensores. Os "amigos dos negros" deploravam a escravatura, mas, como na Inglaterra, lançaram-se apenas contra o tráfico: a Constituinte suspendeu o pagamento dos prêmios que o favoreciam sob o Antigo Regime, e que foram, depois do 10 de agôsto, suprimidos pelo Legislativo. A revolta dos negros de São Domingos, em 1791, não havia aumentado o debate, porque se pensava apenas em reprimi-la. Não se atingiu o objetivo, e a situação modificou-se, quando os inglêses, de acôrdo com os plantadores, empreenderam a conquista da ilha; Sonthonax ofereceu a liberdade aos rebeldes que tomassem partido pela França; depois, a Convenção aboliu a escravatura, a 16 pluvioso do ano II (4 de fevereiro de 1794), não apenas para ficar, finalmente, conforme com a Declaração dos Direitos, mas na evidente esperança de aliar os negros à causa da República e de suscitar a revolta dos escravos nas colônias britânicas. Disso resultou que os inglêses terminaram por abandonar São Domingos, onde Toussaint-Louverture, tornado chefe da colônia, não reconheceu mais à França senão uma autoridade nominal. Nem Sonthonax, nem Hugues, na Guadelupe, nem Toussaint-Louverture, mesmo, libertaram completamente os escravos, pois os sujeitaram a trabalhos forçados. Nas Mascarenhas, o decreto da Convenção permaneceu letra morta. Todavia, a Revolução havia conseguido, não só estender a igualdade dos direitos aos homens de côr e aos negros, como também provocar, pela primeira vez, a criação de um Estado indígena, subtraído ao império dos europeus.

CONCLUSÃO

"A Revolução terminou", logo dirá Bonaparte: assim assinava êle um têrmo à obra destrutiva. Mas a nova ordem, tal como a concebia a burguesia em 1789, estava longe da perfeição; além disso, a experiência democrática do ano II exigia sérios retoques. É uma das razões que fazem do período napoleônico o complemento da década revolucionária: de acôrdo com o chefe, os notáveis reorganizaram a administração e restabeleceram a hierarquia social, conforme suas conveniências. Todavia, o govêrno lhes escapou. Em 1814, a Carta lhes permitiu crer que se veriam associados a êle; mas a aristocracia se opôs. Nesse sentido, a Restauração representa o epílogo do drama: a Revolução de 1789 não terminou, verdadeiramente, senão em 1830, quando, tendo levado ao trono um príncipe que aceitava seus princípios, os notáveis tomaram posse da França.

Antes, Napoleão havia levado o Grande Exército à conquista da Európa. Se nada sobrou do império continental que êle sonhou fundar, todavia êle aniquilou o Antigo Regime, por tôda parte onde encontrou tempo para fazê-lo; por isso também, seu reinado prolongou a Revolução, e êle foi o soldado desta, como seus inimigos jamais cessaram de proclamar.

Após êle, o prestígio dos princípios de 1789 não se desvaneceu. A evolução social, o despertar das nacionalidades, o atrativo ideológico não o sustentaram sòzinhos; uma emoção romântica de grande fôrça ligou-se, fora, como em França, à recordação da insurreição popular e das guerras pela liberdade, realçada pela própria lenda napoleônica. Todavia, se a ordem burguesa caminhou, pouco a pouco, através do mundo, não foi apenas devido à Revolução Francesa. Ela havia sido precedida pelas revoluções dos anglo-saxões, que continuaram a exercer sua influência, graças ao aspecto tranqüilizador, que seus compromissos conservadores apresentavam

573

aos possuidores. Por outro lado, o capitalismo, estendendo gradualmente seu império, impôs, na medida correspondente aos interêsses de seus representantes, o regime considerado como o quadro mais favorável à produção.

Episódio da ascensão geral da burguesia, a Revolução Francesa permanece, entretanto, entre tôdas as outras, como a mais retumbante, não apenas devido a suas peripécias trágicas, mas também porque comportava, para as gerações futuras, o germe de nôvo conflito, como os acontecimentos de 1793 permitiam prever. Opondo à nobreza a igualdade dos direitos, e abrindo, simultâneamente, pela liberdade econômica, a carreira ao capitalismo, a própria burguesia francesa havia preparado um movimento de idéias e uma transformação social, cuja contradição terminou por caracterizar nova época, na marcha dialética da história. Ao lado da interpretação burguesa da igualdade de direitos, a Revolução havia visto nascer duas outras — a democracia social e o comunismo — que se julgava, na época do 18 brumário, desaparecidos para sempre, mas que, reaparecidos no decorrer do século XIX, não cessaram de servir de argumentos àqueles que a detestam e àqueles que a admiram: para uns e outros, ela é a Revolução da Igualdade e, a êste título, se o passar do tempo a relega, pouco a pouco, para o passado, seu nome não está prestes a desaparecer dos lábios dos homens.

Impressão e Acabamento